Noel Yuhanna

Oracle8*i*
Administração de bancos de dados

Tradução
Savannah Hartmann

Supervisão de revisão técnica
Paulo Santana

Revisão técnica
Marcos M. S. Rezende

Translation copyright© 2001 by Editora Ciência Moderna Ltda.
Oracle8i Database Administration
Copyright© 2000 by Manning Publications Co. All Rights Reserved.
Published by arrangement with original publisher, Manning Publications Co.

Todos os direitos para a língua portuguesa reservados pela EDITORA CIÊNCIA MODERNA LTDA.

Nenhuma parte deste livro poderá ser reproduzida, transmitida e gravada, por qualquer meio eletrônico, mecânico, por fotocópia e outros, sem a prévia autorização, por escrito, da Editora.

Editor: Paulo André P. Marques
Supervisão Editorial: Carlos Augusto L. Almeida
Produção Editorial: Friedrich Gustav Schmid Junior
Capa: Marcia Lips
Diagramação e Digitalização de Imagens: Arezza Menezes
Tradução: Savannah Hartmann
Supervisão de Revisão Técnica: Paulo Santana
Revisão Técnica: Marcos M. S. Rezende
Revisão: Tereza Queiroz
Assistente Editorial: Daniele M. Oliveira

Várias **Marcas Registradas** aparecem no decorrer deste livro. Mais do que simplesmente listar esses nomes e informar quem possui seus direitos de exploração, ou ainda imprimir os logotipos das mesmas, o editor declara estar utilizando tais nomes apenas para fins editoriais, em benefício exclusivo do dono da Marca Registrada, sem intenção de infringir as regras de sua utilização.

FICHA CATALOGRAFICA

Yuhanna, Noel
Oracle8i — Administração de bancos de dados
Rio de Janeiro: Editora Ciência Moderna Ltda., 2001.

Bancos de dados em microcomputadores
I — Título

ISBN: 85-7393-123-X   CDD 001642

Editora Ciência Moderna Ltda.
Rua Alice Figueiredo, 46
CEP: 20950-150, Riachuelo – Rio de Janeiro – Brasil
Tel: (021) 201-6662/201-6492/201-6511/201-6998
Fax: (021) 201-6896/281-5778
E-mail: lcm@lcm.com.br

Sumário

Prefácio XI

Agradecimentos XII

Sobre este livro XIII

Capítulo 1 — Início 1
  1.1 — Como instalo Oracle8 em Windows NT? 2
  1.2 — Como posso iniciar automaticamente meu banco
     de dados Oracle quando o computador é reiniciado? 7
  1.3 — Como crio um banco de dados a partir do zero? 10
  1.4 — Como sei quais opções de bancos de dados foram instaladas? 17
  1.5 — Como posso recriar um arquivo de controle? 19
  1.6 — Como posso mudar o nome de meu banco de dados (DBNAME)? 22
  1.7 — Como posso ver os parâmetros atuais de inicialização
     de meu banco de dados? 24
  1.8 — Como executo múltiplas instâncias do Oracle em um servidor? 26
  1.9 — Como posso gerar um relatório completo do banco de dados? 28
  1.10 — Como eu instalo Oracle8*i* no UNIX? 37
  1.11 — Como instalo o Oracle8*i* no Windows NT? 45

Capítulo 2 — Administração de tabela & índice 53
  2.1 — Como crio um grande objeto (LOB) no Oracle8? 54
  2.2 — Como implemento restrições diferidas? 58
  2.3 — Como crio um índice bitmap (com mapeamento de bits)? 62
  2.4 — Os índices com mapeamento de bits são realmente
     pequenos e rápidos? 66
  2.5 — O que é uma tabela de índice organizado? 69
  2.6 — Como eu crio um índice de chave inversa? 72

2.7 — Como posso criar um índice de bloco? 74
2.8 — Como crio um bloco de número único? 80
2.9 — Como posso avaliar a quantidade de espaço necessária
para uma tabela? 83
2.10 — Como posso avaliar a quantidade de espaço necessária
para um índice? 86
2.11 — Como posso ver e eliminar linhas migradas e encadeadas? 88
2.12 — Como crio uma tabela de teste com dados simulados? 93
2.13 — Como crio um índice baseado em função? 95
2.14 — Como crio uma tabela individual de bloco de número único? 98
2.15 — Como largo uma coluna sem recriar a tabela? 99
2.16 — Como posso criar um índice online? 102
2.17 — Como posso mover uma tabela não particionada? 105

Capítulo 3 — Administração de tablespace **107**
3.1 — Como faço um tablespace ser de apenas de leitura? 108
3.2 — Como posso fundir o espaço disponível em um tablespace? 112
3.3 — Como posso listar manualmente um tablespace em Oracle,
para melhorar o desempenho? 115
3.4 — Como posso mover tabelas de um tablespace para outro? 120
3.5 — Como posso diminuir o tamanho do tablespace? 126
3.6 — Como posso ajustar a cota do tablespace para usuários? 129
3.7 — Oracle pode expandir automaticamente um tablespace? 131
3.8 — Como posso criar um tablespace em um dispositivo bruto? 135
3.9 — Posso mover um arquivo de dados do arquivo de sistema
para um dispositivo bruto e vice-versa? 140
3.10 — Eu gostaria de saber quantas linhas há em um arquivo
de dados para determinada tabela. 143
3.11 — Como posso mover um arquivo de dados para outro lugar? 145
3.12 — Como posso determinar o uso de tablespace por um usuário? 148
3.13 — O que você precisa saber sobre extensões ilimitadas 150
3.14 — Como crio um tablespace transportável? 153
3.15 — Como distribuo meus dados Oracle em CD? 160
3.16 — Como crio um tablespace localmente gerenciado? 164

Capítulo 4 — Administração de triggers, PL/SQL & stored procedure **169**
4.1 — Quais são os novos recursos disponíveis em PL/SQL8? 170
4.2 — Como posso criar um trigger de banco de dados em Oracle8? 172
4.3 — Como posso gerar um relatório sobre triggers? 179
4.4 — Como posso implementar a funcionalidade INSTEAD OF dos triggers? 181
4.5 — O que é um stored procedure e como faço para criá-lo? 187
4.6 — Como posso gerar um relatório sobre stored procedures? 196

4.7 — Como posso ver o código-fonte de todos os stored procedures em meu banco de dados? 198
4.8 — Como posso criar um arquivo contendo o código-fonte de meu stored procedure? 201
4.9 — Como posso ocultar o meu código PL/SQL? 204
4.10 — Como posso gerar números seqüenciais para a minha tabela? 206
4.11 — Como posso gerar um relatório sobre números seqüenciais no banco de dados? 209
4.12 — É possível executar SQL dinâmica usando PL/SQL? 211
4.13 — Como posso ler e escrever um arquivo externo usando o procedimento PL/SQL? 215
4.14 — Como faço uma chamada a procedimento externo em Oracle8/? 219
4.15: Como crio uma função definida por usuário? 225
4.16 — Como posso usar o pacote DBMS_ALERT? 228
4.17 — Como submeto um trabalho a uma fila de trabalho? 231
4.18 — Como monitoro trabalhos na fila de trabalhos? 237
4.19 — Como gerencio os meus trabalhos? 241
4.20 — Como implemento o recurso de bloco PL/SQL autônomo? 243
4.21 — Como posso escrever SQL dinâmica em PL/SQL? 248
4.22 — Como posso implementar volume de ligações usando PL/SQL? 250

Capítulo 5 — Como particionar a administração 255
5.1 — Como crio uma tabela particionada de faixa? 256
5.2 — Como posso converter uma tabela existente em uma tabela particionada de faixa? 264
5.3 — Como posso criar uma view de partição? 269
5.4 — Como posso converter uma view de partição para uma tabela particionada? 272
5.5 — Como posso gerenciar uma tabela particionada de faixa? 277
5.6 — Como posso monitorar as tabelas particionadas em Oracle8? 283
5.7 — O que preciso saber sobre condensação de partição? 286
5.8 — Como posso criar um índice local particionado em Oracle8? 288
5.9 — Como posso criar um índice global particionado em Oracle8? 293
5.10: Como monitoro um índice particionado em Oracle8? 298
5.11 — Como crio tabela particionada hash? 301
5.12 — Como crio uma tabela particionada composta? 306
5.13 — Como faço fusão de partições? 309
5.14 — Como habilito o movimento de linhas entre partições? 312

Capítulo 6 — Backup e recuperação 315
  6.1 — Quais são as várias opções de backup no Oracle8? 316
  6.2 — Como usar o Oracle RMAN para fazer backup e recuperação? 320
  6.3 — Como faço backups 'quentes' de banco de dados
     em Windows NT usando o método de backup OS? 326
  6.4 — Como faço um backup "quente" de banco de dados
     em UNIX usando o método de backup OS? 331
  6.5 — Como faço um backup completo de banco de dados
     no Windows NT usando o backup OS? 335
  6.6 — Como faço um backup completo do banco de dados
     em UNIX usando o backup OS? 339
  6.7 — Como agendo o backup de um banco de dados usando
     o método de backup OS? 342
  6.8 — Como recupero o banco de dados em determinada ocasião? 345
  6.9 — Como posso copiar meu banco de dados usando
     o utilitário Export/Import? 348
  6.10 — Como posso copiar o banco de dados em paralelo, usando
     o Recovery Manager (gerenciador de recuperação)? 352
  6.11 — Eu perdi um dos meus arquivos de dados e não posso iniciar
     o Oracle. O que posso fazer? 354
  6.12 — Como posso garantir que os blocos sendo lidos a partir
     dos arquivos de dados não estão corrompidos? 357
  6.13 — Como posso verificar o arquivo de dados para saber sobre
     a integridade da estrutura física dos dados? 358
  6.14 — Como posso retomar/interromper o banco de dados? 360
  6.15 — Como posso aumentar a quantidade de processos de arquivo? 362

Capítulo 7 — Desempenho & ajuste 365
  7.1 — Qual tamanho de bloco Oracle devo usar para o meu banco
     de dados? 366
  7.2 — Como posso criar um tablespace em um dispositivo bruto? 368
  7.3 — O que é o recurso de combinação de buffer múltiplo
     e como posso usá-lo? 373
  7.4 — O que é o novo formato ROWID no Oracle8? 377
  7.5 — Qual nível RAID (Redundant Array of Inexpensive Disks 1)
     devo escolher para o meu banco de dados? 380
  7.6 — Como posso ajustar meu banco de dados Oracle8 no UNIX? 385
  7.7 — Como posso ajustar meu banco de dados Oracle8
     no Windows NT? 391
  7.8 — Como posso balancear a I/O de meu banco de dados através
     de controladores/discos? 394
  7.9 — Como melhoro o desempenho de consulta? 398

Sumário | VII

7.10 — Como posso ver registro de entradas usando o utilitário
Log Miner? 401
7.11 — Como posso melhorar o desempenho da minha cópia
de processo de recuperação? 408
7.12 — Que aperfeiçoamentos de separação existem no Oracle8*i*? 409
    7.13 — Obter scripts? 410
    7.13.1 — Como posso gerar um relatório sobre I/O do banco de dados? 410
    7.13.2 — Como posso gerar um relatório sobre os comandos executados
na cópia? 410
    7.13.3 — Como posso gerar um relatório sobre as declarações SQL
que estão sendo executadas na cópia? 410
    7.13.4 — Como posso gerar um relatório sobre chamadas de I/O
para cada declaração SQL sendo executada na cópia? 410
    7.13.5 — Como posso gerar um relatório sobre uma comparação
de razão? 411
    7.13.6 — Como posso gerar um relatório sobre bloqueios mantidos
por usuários? 411
    7.13.7 — Como posso gerar um relatório sobre os processos ativos? 411
    7.13.8 — Como posso gerar um relatório sobre tabelas e índices
que foram analisados? 411
    7.13.9 — Como posso gerar um relatório sobre o espaço gasto
por cada usuário? 411
    7.13.10 — Como posso gerar um relatório detalhado sobre um usuário? 412
    7.13.11 — Quais são as diversas tabelas V$ no Oracle8? 412
    7.13.12 — Como posso gerar um relatório sobre espaço disponível
em tablespace? 412
    7.13.13 — Como posso gerar um relatório sobre segmentos de rollback? 412
    7.13.14 — Como posso gerar um relatório sobre transações ativas? 412
    7.13.15 — Como posso gerar um relatório sobre extensão de alocações? 412
    7.13.16 — Como posso gerar um relatório sobre o número de objetos
mantidos pelos usuários? 413
    7.13.17 — Como posso gerar um relatório sobre os registros redo? 413
    7.13.18 — Como posso gerar um relatório sobre demoras? 413
    7.13.19 — Como posso gerar um relatório sobre estatísticas de sistema? 413
    7.13.20 — Como posso gerar um relatório detalhado sobre todas
as estatísticas? 413
    7.13.21 — Como posso verificar a utilização da CPU de várias sessões? 413
    7.13.22 — Como posso gerar um relatório sobre uma sessão
de comparação de razão? 414
    7.13.23 — Como posso gerar um relatório sobre tabelas
que não têm índices? 414
    7.13.24 — Como posso gerar um relatório sobre o método de acesso
à tabela da cópia? 414
    7.13.25 — Como posso gerar um relatório sobre os parâmetros Oracle
não documentados? 414

Capítulo 8 — Execução paralela **415**
8.1 — O que é a execução paralela de Oracle e como a configuro? 416
8.2 — Como posso ajustar meu banco de dados para fazer
carregamento paralelo? 421
8.3 — Como posso criar um índice em paralelo? 428
8.4 — Como executo uma consulta usando o recurso de execução
paralela do Oracle? 432
8.5 — Como posso copiar dados selecionados de uma tabela
em uma nova tabela, usando o recurso de execução paralela? 434
8.6 — Qual é o novo recurso DML paralelo Oracle8 e como posso
configurá-lo? 436
8.7 — Como configuro o recurso de atualização paralela? 438
8.8 — Como configuro o recurso de remoção paralela? 441
8.9 — Como configuro o recurso de inserção paralela? 443
8.10 — Como posso automatizar a sintonização de consulta paralela? 445

Capítulo 9 — Banco de dados standby **451**
9.1 — Quais são as soluções de alta disponibilidade acessíveis
em Oracle? 452
9.2 – Como implemento uma solução de banco de dados standby? 456
9.3 — Como posso converter meu antigo banco de dados principal
em um banco de dados standby? 473
9.4 — Como posso implementar uma solução de banco de dados standby
com recuperação até a última transação feita? 479
9.5. — Como posso automatizar a transferência de meus registros
de arquivo e recuperá-la no servidor de banco de dados standby? 485
9.6 — Quais são as precauções para garantir que o banco de dados
standby será adequadamente ativado e é consistente? 491
9.7 — Como posso colocar o banco de dados standby no modo
de recuperação gerenciada? 494
9.8 — Como posso colocar um banco de dados standby no modo
apenas de leitura? 520

Capítulo 10 — Reprodução avançada de banco de dados **525**
10.1 — Quais formas diferentes de reprodução estão disponíveis .
no Oracle8*i*? 526
10.2 — Como implemento uma tomada instantânea básica apenas
de leitura? 530
10.3 — Como implemento uma reprodução assíncrona bidirecional
em algumas de minhas tabelas? 540
10.4 — O que é reprodução processual e como posso implementá-la? 559
10.5 — Como soluciono conflitos em meu ambiente reproduzido? 568

10.6 — Como posso comparar tabelas através de dois bancos
de dados remotos? 578
10.7 — Como posso retificar tabelas que não são idênticas? 581
10.8 — Como implemento uma reprodução síncrona bidirecional? 584
10.9 — Como posso implementar reprodução avançada no Oracle8*i*? 594

Capítulo 11 — Oracle8 em Linux **603**
11.1 – Quais são as exigências básicas para executar o Oracle8
em LINUX? 604
11.2 – Como instalo o Oracle8 em LINUX? 606
11.3 – Como configuro o Oracle Net8 em LINUX? 615
11.4 – Como posso monitorar o desempenho em LINUX? 618
11.5 – Como compilo meus programas PRO*C em LINUX? 621
11.6 – Como posso migrar meu banco de dados Oracle
de outra plataforma UNIX para o LINUX? 622
11.7 – Como posso migrar o meu banco de dados Oracle do Windows NT
para o LINUX? 625

Índice **629**

Prefácio

Todos os dias, no mundo todo, DBAs (administradores de banco de dados) são confrontados com uma multidão de aspectos que lidam com o suporte aos seus ambientes de banco de dados. Este livro discute esses aspectos, no que se referem a Oracle7, Oracle8 e Oracle8i, juntamente com as estratégias para lidar com os desafios em curso.

Eu trabalhei com diversos bancos de dados conexos nos últimos quinze anos. Meu primeiro contato com um produto de banco de dados aconteceu no meu primeiro emprego como projetista de aplicativo. A empresa, Eicher Goodearth Limited, um fabricante de tratores, usava Micro Ingres Database, que se executava em uma versão BSD UNIX em um sistema baseado em Motorola 68000. O uso de ferramentas vifred, qbe (query-by-example – processo de recuperação de informações de banco de dados) e qbf proporcionava uma quantidade de recursos para tal sistema, que suportava bem mais de doze usuários. Eu estava envolvido em projetos para desenvolver aplicativos para folhas de pagamento, depósitos fixos, ações, recursos humanos e alguns outros. Mais tarde, o meu chefe na Eicher deixou a empresa e juntou-se a uma firma chamada NIIT, e quis que eu o acompanhasse. Na NIIT, que era direcionada a educação e consultoria, comecei a desenvolver programas de cursos em UNIX e bancos de dados e, depois, os ministrei por todo o país. Finalmente, comecei a oferecer consultoria para cliente/servidores e em bancos de dados como Oracle e Sybase. Então, trabalhei na HCL America, onde era um consultor da área de sistemas abertos, até que assumi a minha posição atual, onde tenho trabalhado principalmente com Oracle, Informix e Sybase em ambientes UNIX e Windows NT. Tenho estado envolvido, principalmente, em testes de bancada, desempenho e sintonização, migrações e capacidade de planejamento. Também tive a oportunidade de executar o teste de bancada mais rápido TPC-B e fazer um teste de 2 terabytes (usados para verificação de capacidade de discos rígidos extremamente grandes) em Oracle.

Este livro é destinado a leitores com algum conhecimento de Oracle e um entendimento básico de um sistema operacional, tal como Windows NT ou UNIX. Você pode ler o livro seqüencialmente ou escolher qualquer um dos capítulos que possam ser do seu interesse. Cada capítulo inclui uma Tabela de Referência rápida no início, para ajudá-lo a localizar o tópico apropriado.

Diferente de outros livros, todos os scripts (pequenos programas ou conjunto de instruções) deste livro foram testados na produção de lançamento do banco de dados Oracle, garantindo, portanto, a sua qualidade. Eles foram testados na produção dos lançamentos de Oracle 8.0.5 e Oracle 8.1.5.

Agradecimentos

Eu gostaria de agradecer à minha esposa, Namrita, minha filha, Alisha, e meu filho, Varun. A Namrita por seu apoio, inspiração e compreensão, sem o que este livro não teria sido possível. Aos meus filhos, por seu amor e paciência. A Alisha, parabéns pela sua primeira comunhão e que Deus a abençoe. A Varun, que adora brincar com seu carro de bombeiros Tonka até a meia-noite.

Gostaria de agradecer aos meus pais: À minha mãe pelo seu amor e por cozinhar aqueles pratos maravilhosos. Ao meu falecido pai, só gostaria que ele pudesse estar aqui para compartilhar deste acontecimento comigo. À minha irmã, Elizabeth, e ao meu cunhado, Richard, pela sua visita recente e por compartilhar seu amor e felicidade. Ao meu irmão, Vivian, e à minha cunhada, Clarice, por nos apoiar de todas as formas. Aos meus parentes, pelo seu amor.

Gostaria de agradecer à ótima equipe de revisores, que dedicaram tanto tempo revisando este livro: Siva Sahoo, Lang Mach, Bert Scalzo, Jan Nowitzky, Doug Cha, Nayan Ruparelia, Jared Still, Krishnan Raganthan, Ross Mohanand e Chas Dye, por seus esforços.

Aos outros, que me inspiraram e com quem eu trabalhei: Neil Barton, Marty Carangello, Siva Ramamoorthy, Lochen Chiang, Steve Tellen, Jane Dixion, Robert Cleveland, Rick Woodcock, Kin Chu, John Howell, Steve McCann, Nick Taddeo, Lang Mach, Vasant Kumar, Enrique Vargas, Les Deane, o falecido T.J. Monoco, Vivian March, Veronica Veroulis, Paul Aurish, Joe Harakal, Warren Eggly, John Khang, V. Jagganathan, Mark Tinges, Paul Lue, Cliff Rodriguez, A N. Chaturvedi, Pardeep Narayan, S. Kumar, Abba Gupta e Michael Baikie. Ao meu chefe atual, Richard Heffel, por me apoiar enquanto escrevia este livro. Ele, sempre pronto a ajudar, é um dos chefes mais trabalhadores que jamais conheci.

Aos meus amigos que me ajudaram a saber mais sobre LINUX: Adrian Booth e Manmeet Singh, bem como muitos outros que me deram seu apoio.

Para os companheiros da Manning Publications que também me deram apoio pessoal e profissional: Ted Kennedy, Editor de Revisão, cuidou para que todas as avaliações fossem feitas em tempo; Mary Piergies, por fazer este livro chegar à produção; Syd Brown e Sharon Mullins, por revisá-lo. E, finalmente, o editor, Marjan Bace, por sua orientação e excelente apoio, sem o qual este livro não estaria em suas mãos.

Sobre este livro

Atualmente, o Oracle é o líder no mercado na área de banco de dados. Ele é executado em mais de 100 plataformas e suporta diversos tipos de sistemas operacionais. O lançamento do Oracle8 levou a Oracle a novas alturas. Ele inclui recursos que vão muito além de qualquer funcionalidade normal de banco de dados. Para melhor explorar tais recursos, este livro os desvenda e explica como podem ser implementados com exemplos do mundo real e scripts.

Além das informações conceituais, o livro oferece uma abordagem de solução de problema para manter o seu banco de dados Orable8 sendo suavemente executado. Com o sempre crescente tamanho dos bancos de dados e o aumento de uso de bancos de dados distribuídos, as complexidades em administrá-los têm crescido. Hoje em dia, alguns dos aplicativos exigem disponibilidade de banco de dados integrais. Sempre há uma possibilidade de que algo dê errado, e um banco de dados pode chegar a uma interrupção ruidosa. Este livro tenta apresentar alguns dos problemas mais comuns e complexos enfrentados por DBAs de todos os lugares.

Quem deve ler este livro?

Ler este livro beneficiará administradores de banco de dados Oracle e profissionais de Oracle que são responsáveis pelo gerenciamento diário de bancos de dados Oracle8. O autor supõe que o leitor esteja familiarizado com o banco de dados Oracle e tenha um conhecimento básico de sistemas operacionais.

Embora ele se destine a DBAs de Oracle intermediários e avançados, pode ser uma fonte valiosa para DBAs iniciantes, projetistas, gerenciadores de projetos, administradores de sistemas e qualquer um interessado em Oracle.

Por que este livro precisa ser lido

A estrutura é está no formato Pergunta e Resposta, encaminhando preocupações específicas de administradores de bancos de dados que trabalham com Oracle. Também fornece informações técnicas profundas sobre os novos recursos que estão disponíveis em Oracle8. Você encontrará dicas muito úteis sobre como configurar, sintonizar e gerenciar seu banco de dados Oracle, inclusive algumas informações não documentadas. Cada pergunta tem um cabeçalho que fornece a pergunta e esboça a complexidade das soluções, variando de fáceis a avançadas.

O livro contém muitos scripts e exemplos do dia-a-dia testados. Os scripts ajudam a afastar a complexidade no gerenciamento do banco de dados Oracle e a tornar a sua administração muito mais simples. Cada uma das soluções foi apresentada usando ferramentas Oracle e/ou scripts DBA. Os scripts podem ser personalizados e reutilizados para encaminhar quaisquer necessidades específicas e se adequar a qualquer ambiente de banco de dados.

Este livro cobre uma variedade de tópicos, tais como os novos recursos Oracle8, instalação de banco de dados, criação de banco de dados, administração de armazenamento, manutenção de banco de dados, sintonização, backup (cópia) e recuperação, sustentação de banco de dados, reprodução avançada, execução paralela e mais. Esses tópicos práticos apóiam o DBA na execução mais eficiente do banco de dados e com um mínimo de tempo de inatividade. É mais do que um simplesmente um livro de perguntas e respostas, ele serve como uma boa referência com relação às últimas informações sobre Oracle.

Como usar scripts DBA

Todos os scripts usados neste livro estão disponíveis online no site da Web da Manning, em http://www.manning.com/yuhanna. Os scripts podem ser baixados a partir do site da Web nos formatos UNIX ou Windows 95/NT. Uma vez que o arquivo compactado esteja baixado, você precisará executar o programa de iniciação para instalar os scripts. Cada script contém comentários que você deve conhecer para executá-los e personalizá-los.

Convenções usadas neste livro

Cada capítulo contém um conjunto de perguntas que se referem a um tópico em particular. Uma visão geral oferece um resumo dos assuntos cobertos e a referência rápida no início de cada capítulo esboça mais especificamente o material. Esse formato ajuda a localizar rapidamente uma solução, ao invés de precisar ler todo o capítulo.

Cada uma das perguntas é seguida por um cabeçalho que especifica se a resposta se refere a Oracle7 e/ou Oracle 8 ou Oracle8i. Independentemente da versão do Oracle, alguns cabeçalhos podem conter informações específicas de sistema operacional. O cabeçalho também contém uma palavra-chave de CD, que pode ser usada para buscar pela documentação do Oracle, usando a janela Oracle Information Navigator (navegador de informações sobre o Oracle) para obter informações adicionais relativas àquela pergunta.

Sobre este livro | **XV**

Exemplo de layout
(disposição/apresentação)

A seguir está um exemplo de layout do formato Q & A (Pergunta & Resposta). Esta não é a solução completa e está sendo mostrada aqui apenas com objetivos de apresentação.

1.1 Como instalo o Oracle8 no Windows NT?

Aplica-se a: Oracle8	**Índice no CD:** Install (instalar)
Sistema operacional: Windows NT	

Problema

Eu acabei de comprar uma nova licença de Oracle8 em Windows NT. Como instalo Oracle8 e também crio um pequeno banco de dados de teste?

Solução

A instalação de Oracle8 em Windows NT é bem simples, se você souber de antemão quais produtos estará instalando, onde ficará o seu software Oracle8, onde ficarão os bancos de dados e assim por diante. Em menos de uma hora você será capaz de instalar completamente o software Oracle8, inclusive montar um pequeno banco de dados de teste.

Autor online

A compra de *Oracle8i — Administração de banco de dados* inclui acesso gratuito a um fórum particular na Internet, onde você pode fazer comentários sobre o livro, fazer perguntas técnicas e receber ajuda do autor. Para acessar o fórum, aponte o seu browser da Web para http://www.manning.com/yuhanna. Lá você poderá se inscrever no fórum. Uma vez que você esteja registrado, esse site também oferece informações sobre como acessar o fórum, que tipo de ajuda está disponível e as regras de comportamento no fórum.

Código-fonte

O código-fonte dos exemplos apresentados neste livro está disponível para download a partir de www.manning.com/yuhanna.

1
Início

Referência rápida
Se você quiser...
A — Instalar:
- Oracle8 em Windows NT... veja 1.1
- Oracle8*i* em UNIX... veja 1.10
- Oracle8*i* em Windows NT... veja 1.11

B — Fazer uma configuração básica:
- Iniciar automaticamente o banco de dados Oracle na reinicialização... veja 1.2
- Criar um banco de dados a partir do zero... veja 1.3
- Recriar o arquivo de controle Oracle... veja 1.5
- Mudar o nome do banco de dados... veja 1.6
- Executar múltiplas instâncias do Oracle... veja 1.8

C — Acessar informações de banco de dados:
- Descobrir quais opções do banco de dados foram instaladas... veja 1.4
- Ver os parâmetros de inicialização de Oracle... veja 1.7
- Gerar um relatório completo do banco de dados... veja 1.9

Visão geral

O Oracle8*i* oferece um novo instalador baseado em Java para todos os produtos Oracle. Ele é chamado de Oracle Universal Installer (instalador universal Oracle) e é projetado para oferecer o mesmo *modus operandi* em todas as plataformas suportadas por Oracle. Você pode executar a instalação em modo silencioso, pré-definindo as respostas aos diálogos de instalação. No Oracle8*i* para Windows NT, você também pode ter múltiplos *Oracle homes* (bases de instalação Oracle) para incorporar diferentes versões do Oracle. O Oracle Universal Installer (OUI) agora automaticamente dispara o Database Configuration Assistant (assistente de configuração de banco de dados) ao final da instalação, permitindo que você personalize seu banco de dados. Ao mesmo tempo em que você pode instalar o software Oracle a partir do CD, também pode instalá-lo usando a Web.

A instalação do Oracle8*i* irá variar de plataforma para plataforma. No UNIX, o programa instalador pode ser executado usando-se motif, X-windows ou um terminal burro. No Windows NT, a interface é muito mais amistosa para com o usuário e fornece ajuda online. Independentemente da plataforma na qual você está instalando o software Oracle, o processo de instalação é relativamente simples.

Neste capítulo, abordaremos algumas perguntas básicas de instalação, tais como instalar Oracle em ambientes Windows NT e UNIX, como criar o arquivo de controle, no caso de você perdê-lo, como criar um banco de dados a partir de rascunho, como gerar um relatório completo de seu banco de dados e muito mais. Este capítulo é focalizado, principalmente, em montar o seu banco de dados e executá-lo. Se você já tem um banco de dados Oracle instalado e sendo executado, então pode seguir para os outros capítulos, para explorar a gama de recursos que o Oracle tem a oferecer.

Perguntas

1.1 — Como instalo Oracle8 em Windows NT?

Aplica-se a: Oracle8	Índice no CD: Instalar
Sistema operacional: Windows NT	

Problema

Acabei de comprar uma nova licença Oracle8 para Windows NT. Como instalo Oracle8 e também crio um pequeno banco de dados de teste?

Solução

A instalação do Oracle8 no Windows NT é bastante simples se você souber de antemão quais produtos estará instalando, onde ficará o seu software Oracle8, onde ficará o banco de dados e assim por diante. Em menos de uma hora você será capaz de instalar completamente o software Oracle8, inclusive montar um pequeno banco de dados de teste.

Etapas

Etapa 1. Primeiro, registre-se no servidor Windows NT com uma conta de usuário que seja um membro do grupo do administrador. Insira o CD do Oracle8, e o Windows NT deve abrir automaticamente a janela de auto-execução que exibe a mensagem "Oracle8 Release 8.0 for Windows NT", mostrada na Figura 1-1. Escolha Begin Installation (começar instalação), que iniciará o processo de instalação do Oracle (orainst.exe). Se você tiver problemas ao acessar a janela de auto-execução inicial, pode iniciar manualmente o instalador, executando o programa setup.exe encontrado no diretório-raiz do CD-ROM.

Figura 1-1: Tela inicial do Oracle8

Etapa 2. O instalador perguntará a você, em primeiro lugar, pelo idioma.

Selecione o idioma de sua escolha e clique em OK.

Etapa 3. Forneça o nome da empresa e o diretório base de instalação do Oracle. O diretório*default* será C:\ORANT.

Etapa 4. Na janela seguinte, você será solicitado a escolher um dos produtos. As escolhas são Oracle8 Enterprise Edition (edição empresarial de Oracle8), Oracle8 Client (cliente Oracle8) e Custom Installation (instalação personalizada). A Custom Installation permite que você escolha quais produtos gostaria de instalar. Vamos supor que você estará instalando a Oracle8 Enterprise Edition. Assim, selecione a primeira opção.

Etapa 5. Agora você verá um aviso na tela orientando-o a escolher as opções Oracle Cartridges (cartuchos Oracle). Se você tiver uma licença, poderá escolhê-la; caso contrário, clique no botão OK.

Etapa 6. Na janela seguinte, você verá a janela Starter Database Installation Options (iniciador de opções de instalação de banco de dados), mostrada na Figura 1-2. Você pode informar o tipo de banco de dados que gostaria de instalar: Typical (típico), Custom (personalizado) ou None (nenhum). O *default* é Typical. A essa altura, o Oracle exibirá a confirmação de que está analisando as dependências dos produtos a serem instalados.

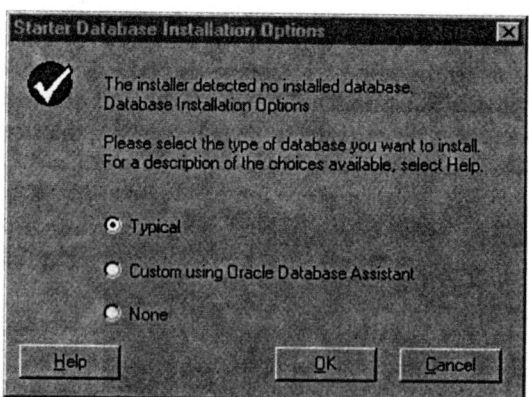

Figura 1-2: Iniciador de banco de dados

Etapa 7. Uma vez que o Oracle tenha completado suas análises, você será solicitado a optar por instalar a documentação online em seu disco rígido ou acessá-la a partir do CD-ROM, conforme necessário.

Etapa 8. Depois de fornecer a preferência de localização da documentação, o Oracle começa a copiar os arquivos em seu disco rígido, conforme mostrado na Figura 1-3.

Capítulo 1 - *Início* | 5

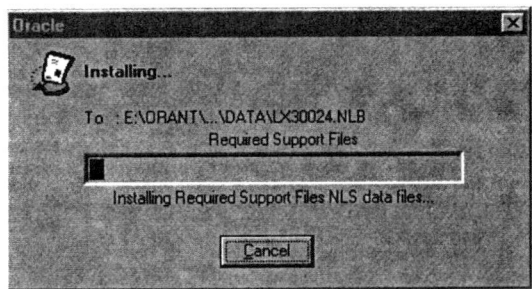

Figura 1-3: Instalação de arquivos Oracle

Etapa 9. O Oracle irá então criar o banco de dados e modificará o registro do Windows NT. O banco de dados de teste criado é do seguinte tamanho:

```
System                       60MB
Temporary_data Tablespace    2MB
Rollback_data Tablespace     20MB
User_data Tablespace         3MB
```

Como você pode ver na Figura 1.4, o Oracle está executando o script CREATEDB.SQL para criar um banco de dados de teste em seu sistema.

Etapa 10. Uma vez que todos os arquivos do banco de dados tenham sido copiados, o Oracle exibirá uma mensagem indicando se a instalação foi bem-sucedida ou não.

Figura 1-4: Criação de um banco de dados de teste

Para ver quais produtos foram instalados, clique na seleção de menu Start/Programs/Oracle for Windows NT (Iniciar/Programas/Oracle para Windows NT) e escolha o Oracle Installer. A caixa de diálogo mostrada na Figura 1-5 permite que você veja uma lista de todos os produtos instalados.

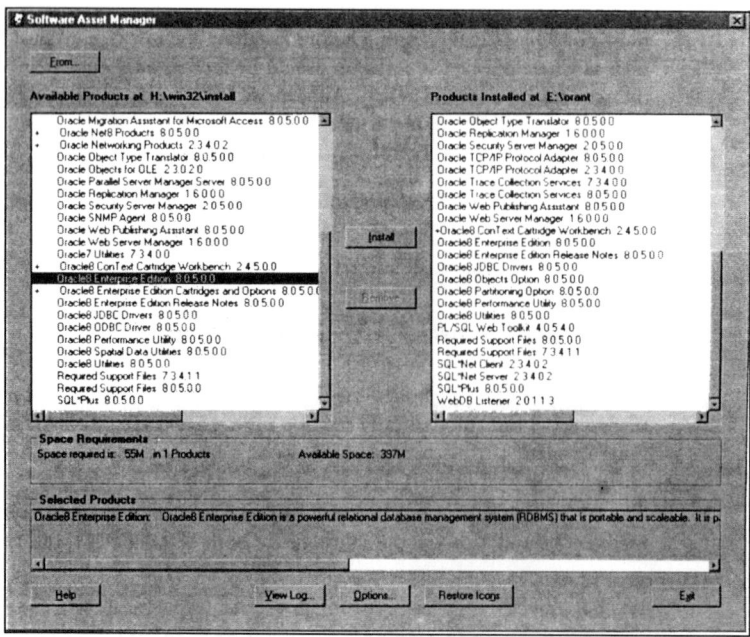

Figura 1-5: Produtos instalados

Para ver o Oracle Services (serviços Oracle), você pode clicar na opção do menu Start/ Settings/Control Panel (Iniciar/Configurações/Painel de controle) e clicar no ícone Services. Na Figura 1.6 você vê que alguns serviços Oracle se iniciaram. O OracleTNSListener80, o processo de escuta Oracle, está entre eles. O banco de dados de exemplo, chamado ORCL também se iniciou, com duas *threads* associadas a ele, chamadas OracleServiceORCL e OracleStartORCL.

Capítulo 1 - *Início* | 7

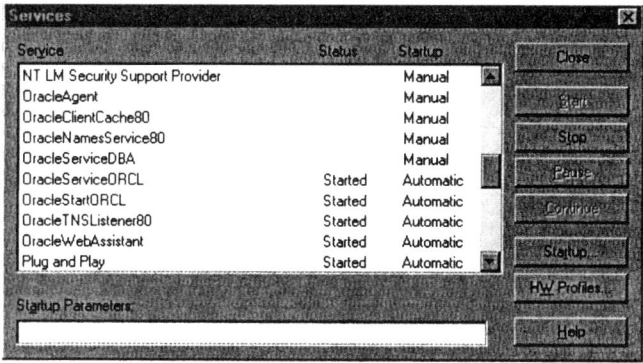

Figura 1-6: Serviços Oracle

Conclusão

Instalar Oracle8 em Windows NT é simples e direto. No entanto, você precisa fazer algum planejamento cuidadoso antes de instalar o software, para lidar com aspectos tais como onde o software Oracle deve ser localizado em seu sistema e onde deve ficar o banco de dados de teste. Separe pelo menos 1 GB de armazenagem para ambos, o software Oracle e o banco de dados de teste. Depois, antes de colocá-lo em produção, dedique algum tempo pensando sobre como o seu banco de dados deve ser desenhado.

1.2 — Como posso iniciar automaticamente meu banco de dados Oracle quando o computador é reiniciado?

Aplica-se a: Oracle7, Oracle8 e Oracle8*i* oratab

Índice no CD: Services (Serviços),

Sistema operacional: Windows NT e UNIX

Problema

Sempre que o sistema reinicia, o banco de dados Oracle precisa ser iniciado manualmente. Há uma maneira pela qual eu possa iniciar automaticamente o banco de dados Oracle sempre que o computador reiniciar?

Solução

A resposta ao problema depende do tipo de sistema operacional que está sendo usado. Vamos analisar as soluções para ambos, Windows NT e UNIX.

Etapas

Windows NT

No Windows NT, os processos Oracle são, de fato, serviços sendo executados no sistema. Você pode configurar esses serviços para iniciarem-se automaticamente, configurando a caixa de diálogo Services (Serviços).

Etapa 1. Primeiro, escolha o comando Start (Iniciar), seguido por Settings (Configurações) e Control Panel (Painel de controle). Clique na caixa de diálogo Services (Serviços) e será exibida a janela mostrada na Figura 1.6.

Etapa 2. Clique no serviço Oracle para seu SID (Service ID, identificador de serviço). Por exemplo, se o seu SID for ORCL, o serviço será chamado de OracleService ORCL, como mostrado na Figura 1.7. Se você clicar no serviço e escolher a opção Startup (inicializar) a partir da caixa de diálogo, então será capaz de configurar automaticamente a sua iniciação. Na Figura 1.7 você pode ver que os serviços OracleServiceORCL e OracleStartORCL estão ambos programados para iniciar por ocasião do reinício.

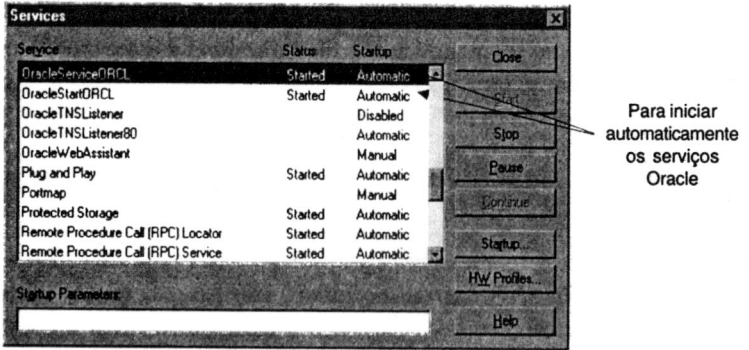

Figura 1-7: Auto-início de Oracle Services

UNIX (Solaris)

Etapa 1 — Editar o arquivo oratab. O arquivo ORATAB é um arquivo criado por root.sh após o processo de instalação. Ele contém uma linha para cada banco de dados no sistema. O formato do arquivo é como a seguir:

```
ORACLE_SID:ORACLE_HOME:{Y/N}
```

Assim, por exemplo, se o seu SID for "man" e você quiser que o banco de dados se inicie automaticamente, então a seguinte linha deve ser acrescentada ao arquivo ORATAB:

```
man:/export/home/oracle8.0.5:Y
```

Se você não tiver privilégios para editar o arquivo ORATAB, terá então que se tornar o superusuário (root).

Etapa 2 — Criação do arquivo dbora no diretório /etc/init.d. Como root, crie um arquivo DBORA com as seguintes entradas:

```
#!/bin/sh
ORACLE_HOME=/export/home/oracle8.0.5
ORACLE_OWNER=oracle
if ["$1" = "start"] ; then
    su - $ORACLE_OWNER -c $ORACLE_HOME/bin/dbstart &
exit 0
fi
if ["$1" = "stop"] ; then
    su - $ORACLE_OWNER -c $ORACLE_HOME/bin/dbshut &
exit 0
fi
echo "Usage: $0 [start|stop]"
```

Etapa 3 — Link do arquivo dbora ao diretório /etc/rc.

```
# ln -s /etc/init.d/dbora  /etc/rc0.d/K10dbora
# ln -s /etc/init.d/dbora  /etc/rc2.d/S99dbora
```

O diretório rc0.d é usado para operações de *shutdown* (encerramento), enquanto rc2.d é usado para inicializar o sistema. Se você observar, os nomes de arquivo são diferentes em cada um dos diretórios. O S99dbora no diretório rc2.d implica que o script será executado depois que todos os sistemas de arquivo tiverem sido montados, inclusive o sistema de arquivo NFS, e os outros processos de segundo plano tiverem iniciado. Quando o sistema se encerra, primeiro ele verifica o diretório rc0.d e começa a executar qualquer script começando com K00 até K99, naquela seqüência. Portanto, em nosso caso, o banco de dados será interrompido antes que o sistema desmonte qualquer sistema de arquivo ou interrompa quaisquer processos de sistema.

Etapa 4 — Teste. Para testar a operação, você precisa reiniciar o sistema e se assegurar de que o banco de dados foi iniciado. Se não tiver sido, então verifique o arquivo de registro de eventos do sistema, em busca de quaisquer mensagens de erro.

Conclusão

Como você pode ver pelas etapas anteriores, a implementação da funcionalidade de inicialização e encerramento depende muito do seu sistema operacional. No Windows NT você precisa configurar a caixa de diálogo Services para capacitar o auto-início de seu banco de dados, enquanto no UNIX (Solaris) você configura os diretórios rc0.d e rc2.d junto com o arquivo ORATAB em seu sistema. É sempre preferível ter o seu banco de dados automaticamente iniciado. Assim, se o DBA não estiver disponível, os usuários ainda poderão continuar a se registrar no sistema e trabalhar.

1.3 — Como crio um banco de dados a partir do zero?

Aplica-se a: Oracle7 e Oracle8	**Índice no CD:** Database Assistant
Sistema operacional: Windows NT e UNIX	

Problema

Instalei Oracle8 em meu servidor e também criei um pequeno banco de dados de teste, usando o instalador. Agora, estou pronto para criar um novo banco de dados a partir do zero, para colocá-lo em produção. Como devo proceder?

Solução

Você pode criar um novo banco de dados a partir do zero depois que tiver instalado o Oracle Server (servidor Oracle) e os produtos. Se estiver executando o Windows NT, pode usar o Oracle Database Assistant para criar e apagar bancos de dados. No UNIX, você pode usar o Server Manager (gerente de servidor) junto com scripts SQL (Structured Query Language — linguagem estruturada de pesquisa) para criar um banco de dados. Independentemente do método que você escolher, assegure-se de que sabe onde ficarão seus arquivos de dados. Você pode querer espalhar os arquivos de dados em muitos discos para evitar quaisquer gargalos de I/O (input/output — entrada/saída).

Capítulo 1 - *Início* | **11**

Etapas

No Windows NT

Etapa 1. Clique no botão Start (Iniciar) no servidor Windows NT e escolha Oracle for Windows NT, seguido por Oracle Database Assistant.

Etapa 2. Na janela Oracle Database Assistant, mostrada na Figura 1.8, você encontrará uma opção para Create (criar), Delete (apagar) ou Modify (modificar) um banco de dados. Escolha *Create a database* (Criar um banco de dados) e clique no botão Next (Próximo).

Etapa 3. A tela a seguir pedirá que você escolha Typical ou Custom. Se você estiver familiarizado com Oracle, então pode selecionar Custom; caso contrário, escolha Typical.

Etapa 4. Agora será pedido que você selecione os vários *data cartridges* (cartuchos de dados) e *advanced replication options* (opções avançadas de replicação) que deseja incluir no banco de dados. Você pode clicar em Next ou escolher várias opções a serem instaladas.

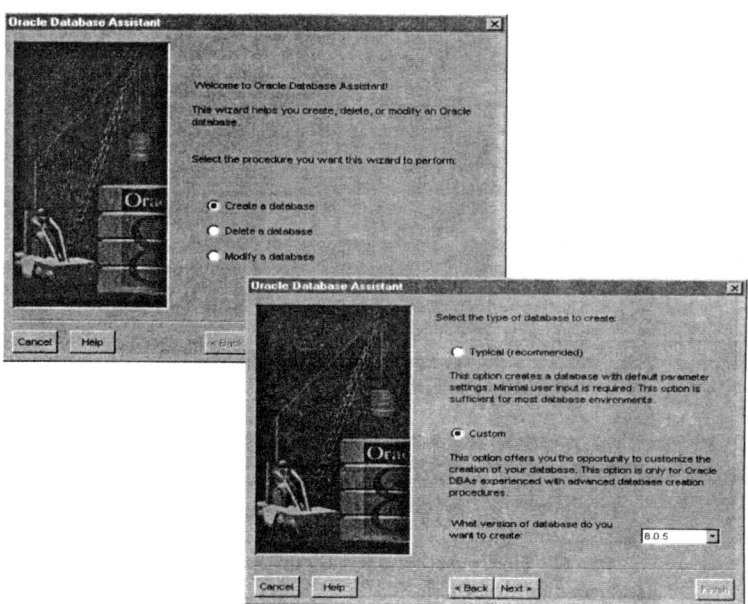

Figura 1-8: Assistente de banco de dados Oracle

Etapa 5. Se você tiver escolhido a opção Typical, será solicitado a *Copy existing database files from your CD* (Copiar arquivos de banco de dados existentes de seu CD) ou *Create a new database file* (Criar um novo arquivo de banco de dados). Se tiver o CD Oracle à mão, economizará tempo escolhendo a primeira opção. Para completar o Wizard (assistente) Database Assistant escolha o botão Finish (encerrar). Você receberá automaticamente um SID e começará a copiar os arquivos de banco de dados.

Se você tiver escolhido Custom, precisará fazer várias entradas, incluindo:
- SID, Database Name (nome de banco de dados)
- *Tablespace size, extent size* (Tamanho do tablespace, tamanho da extensão)
- *Shared memory parameters* (Parâmetros de memória compartilhada)
- *Control files, redo logs* (Arquivos de controle, registro de eventos de reconstrução)

A opção Custom, mostrada na Figura 1.9, oferece mais flexibilidade na criação de um banco de dados.

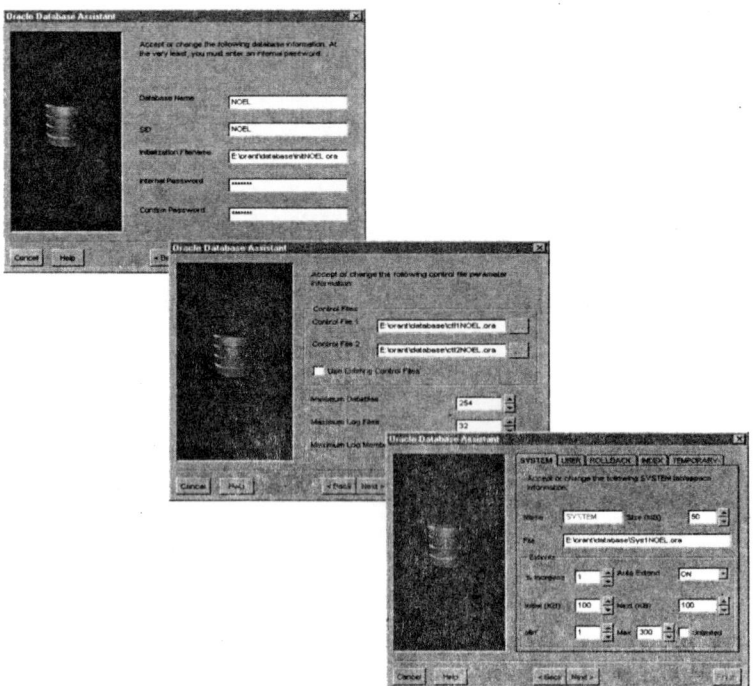

Figura 1-9: Instalação personalizada

Etapa 6. Finalmente, verifique a caixa de diálogo, para ter certeza de que os serviços Oracle iniciaram aquele SID Oracle.

No UNIX

Etapa 1. Primeiro, você precisa ajustar ORACLE_SID para algo único. No exemplo (veja a Listagem 1.1), estamos ajustando SID para "man".

Listagem 1.1: create_database.sql

```
$ ORACLE_SID=man
$ export ORACLE_SID
Create_database.sql
REM
REM Step 1. Create the Database
REM
spool create_database.out;
connect internal;
startup nomount
       pfile=initman.ora;      — ❶ Define o arquivo init.ora
CREATE DATABASE"man"
   maxinstances 8              — ❷ Cria um novo banco de dados
   maxlogfiles 32
   character set "US7ASCII"
   national character set "US7ASCII"
   datafile
      '/raid5/DATA/system01.dbf' size 50M
   logfile
      '/raid5/DATA/redoman01.log' size 5M,
      '/raid5/DATA/redoman02.log' size 5M,
      '/raid5/DATA/redoman03.log' size 5M;
disconnect;
spool off;
```

❶ Antes de executar o script CREATE_DATABASE.SQL (Listagem 1.1), você precisa editar o initman.ora para configurar o seu ambiente. Se você já tiver um banco de dados sendo executado em seu servidor, poderá simplesmente copiar aquele arquivo INIT.ORA para initman.ora e editar o DBNAME e controlar localizações de arquivo.

❷ O comando CREATE DATABASE cria um banco de dados chamado "man" com todos os arquivos de dados localizados em /raid5/DATA. O *system tablespace* (tablespace do sistema) tem 50 MB de tamanho, e temos 3 arquivos de *redo log* (registro de eventos de reconstrução), cada um de 5 MB.

Etapa 2 — Como executar o script create_database. Agora, inicie o Server Manager e execute o script CREATE_DATABASE. Como você pode ver na Listagem 1.2, executamos o script CREATE_DATABASE e a instância iniciou-se com sucesso.

Listagem 1.2: Como executar o gerente de servidor Oracle

```
/export/home/oracle8.0.5> svrmgrl
Oracle Server Manager Release 3.0.5.0.0 - Production
(c) Copyright 1997, Oracle Corporation. All Rights Reserved.
Oracle8 Enterprise Edition Release 8.0.5.0.0 - Production
With the Partitioning and Objects options
PL/SQL Release 8.0.5.0.0 - Production
SVRMGR> connect internal
Connected.
SVRMGR> @create_database
Connected.
ORACLE instance started.
Total System Global Area     5164560 bytes
Fixed Size                     48656 bytes
Variable Size                4222976 bytes
Database Buffers              819200 bytes
Redo Buffers                   73728 bytes
Statement processed.
Disconnected.
SVRMGR>
```

Etapa 3. Uma vez que a cópia e o banco de dados tenham se iniciado, o Oracle Catalog (catálogo do Oracle) precisa ser instalado. Ele está localizado no diretório ORACLE_HOME, no subdiretório rdbms/admin e é chamado de CATALOG.SQL. Depois de instalar o catálogo, criaremos os *rollback segments* (segmentos de recuperação) e algumas *user tablespaces* (tablespaces de usuário), conforme mostrado na Listagem 1.3.

Listagem 1.3: create_tblspace.sql

```
REM Step 2. Install Catalog, tablespace, rollbacks
REM
connect internal;
REM
REM A) Install the Catalog
REM
@/export/home/oracle8.0.5/rdbms/admin/catalog.sql    —❶ Instalando o catálogo
REM
REM B) Install the System Procedures
REM
@/export/home/oracle8.0.5/rdbms/admin/catproc.sql
REM
REM C) Create rollback segment in SYSTEM Tablespace and make it online
REM
CREATE ROLLBACK SEGMENT r0   —❷ Cria o segmento de rollback
      TABLESPACE system
STORAGE
      (initial 16k
      next 16k
      minextents 2
      maxextents 256);
```

```
ALTER ROLLBACK SEGMENT r0 ONLINE;
REM
REM D) Create Temporary Tablespace
REM
Create TABLESPACE temp      — ❸ Cria a tablespace temporária
      DATAFILE
      '/raid5/DATA/temp.dbf' size 15M
DEFAULT STORAGE (
      initial      512K
      next         512K
      pctincrease  0
      minextents   2
      maxextents   256
);
REM
REM E) Create User Tablespace
REM
CREATE TABLESPACE userts    — ❹ Cria a tablespace de usuário
      DATAFILE
      '/raid5/DATA/userts.dbf' size 50M
DEFAULT STORAGE (
      initial      1M
      next         1M
      pctincrease  0
      minextents   2
      maxextents   256
);
REM
REM F) Create Tablespace for Rollback Segments
REM and make rollback segments
REM
CREATE TABLESPACE rbs    — ❺ Cria a tablespace de rollback
      DATAFILE
      '/raid5/DATA/rbs01.dbf' size 15M
DEFAULT STORAGE (
      initial      512K
      next         512K
      pctincrease  0
      minextents   2
      maxextents   256
);
CREATE ROLLBACK SEGMENT r01    — ❻ Cria os sgementos de rollback
      TABLESPACE rbs;
CREATE ROLLBACK SEGMENT r02
      TABLESPACE rbs;
CREATE ROLLBACK SEGMENT r03
      TABLESPACE rbs;
ALTER ROLLBACK SEGMENT r01 ONLINE;
REM * alter rollback segment r02 online;
REM * alter rollback segment r03 online;
ALTER ROLLBACK SEGMENT r0 OFFLINE;
DROP ROLLBACK SEGMENT r0;
```

```
REM
REM G) Create Users
REM
CREATE USER noel        — ❼ Cria usuários
        IDENTIFIED BY noel;
REM
REM H) Assign Tablespace to Users
REM
ALTER USER system
        TEMPORARY TABLESPACE temp;
ALTER USER noel

        DEFAULT TABLESPACE userts,
        TEMPORARY TABLESPACE temp;
spool off;
```

❶ No script CREATE_TBLSPACE.SQL, primeiro criamos o catálogo ORACLE para o novo banco de dados. Normalmente, esse arquivo está localizado no subdiretório /rdbms/admin.

❷ Depois, precisamos criar o primeiro segmento de *rollback* na *tablespace* do sistema, de nome r0.

❸ A *tablespace* temporária está localizada no diretório /raid5/DATA e terá 15 MB.

❹ Também precisamos de *tablespace* adicional para os usuários. Assim, criamos aqui uma *tablespace* do usuário de 50 MB. Todos os usuários podem ter a eles atribuídos esta *tablespace* como sua *tablespace default*.

❺ Agora criamos uma *tablespace* de *rollback* de nome "rbs", localizada no diretório /raid5/DATA. Isso é necessário para que, quando criarmos segmentos de *rollback* adicionais, eles possam ser alocados nesta tablespace. Isso limitará a incidência de à tablespace do sistema.

❻ Depois, criamos segmentos de *rollback* de nome r01, r02 e r03 na *tablespace* "rbs" criada na etapa anterior.

❼ Finalmente, acrescentamos um usuário, e atribuímos a ele dados e *tablespace* temporária *default*.

Etapa 4. Para executar o script CREATE_TBLSPACE.SQL, simplesmente inicialize uma sessão Server Manager e, como SYS (sistema) ou INTERNAL (interno), execute o script, conforme mostrado na Listagem 1.4.

Listagem 1.4: Execução do script CREATE_TLBSPACE

```
SVRMGR> connect internal
Connected.
SVRMGR> @create_tblspace
<<OUTPUT from the SCRIPT>>
SVRMGR>
```

Etapa 5 — Como iniciar uma instância. Antes que você possa inicializar uma instância, precisará editar o INIT.ORA para incorporar nele a entrada dos segmentos de *rollback*, como mostrado a seguir:

```
Rollback_segments = (r01, r02, r03)
```

Uma vez criados os três segmentos de *rollback* r01, r02 e r03, devemos colocá-los no arquivo INIT.ORA. Uma vez que o arquivo tenha sido editado, você pode reiniciar a instância.

Conclusão

Criar um novo banco de dados é bastante simples se você usar as ferramentas GUI (Graphic User Interface — interface gráfica de usuário), tal como o Database Assistant em Oracle8.

1.4 — Como sei quais opções de bancos de dados foram instaladas?

Aplica-se a: Oracle7, Oracle8 e Oracle8*i*   **Índice no CD:** *Release* (Versão)

Sistema operacional: todos

Problema

Nossa empresa tem diversos bancos de dados Oracle que são usados para várias aplicações. Como podemos dizer qual versão do Oracle e opções de banco de dados foram instaladas? Podemos gerar um relatório contendo essas informações?

Solução

Para ver as informações pertencentes às versões e opções Oracle, você consulta as tabelas de sistema do Oracle. Para ver as versões do Oracle instaladas em um banco de dados, você pode consultar a tabela de sistema V$VERSION. Embora a tabela de sistema V$OPTION exiba as informações sobre as opções de banco de dados que foram instaladas, você também pode ver tais informações executando o script MON_VERSION.SQL (veja a Listagem 1.5). A saída desse script é mostrada na Listagem 1.6.

Listagem 1.5: Script MON_VERSION.SQL

```
set echo off feedback off verify off heading off;
set linesize 80 pagesize 60;

REM NAME              : mon_rows.sql
REM AUTHOR            : Noel.Y
REM USAGE             : Run from SQLPLUS
REM DESCRIPTION       : Generates a report on the
REM                         Oracle Version and options
REM REQUIREMENTS      : Must be run as DBA

col banner      format a70 heading "Oracle Versions"
col parameter   format a40 heading "Options Installed"
col value       format a10 heading "True/False"
col TODAY       NEW_VALUE_DATE

set termout off;
select to_char(SYSDATE, 'fmMonth DD, YYYY') TODAY from DUAL;
set termout on;

TTITLE left _DATE CENTER "Oracle Version and Options Installed" Skip 1 -
CENTER "= = = = = = = = = = = = = = = = = = " skip 2

spool &output_filename;
set heading on;
select
      banner
from
      v$version;
ttitle off
select
      parameter,
      value
from
      v$option;

clear columns;
spool off;
set feedback on verify on echo on;
```

Listagem 1.6: Saída de MON_VERSION.SQL

```
SQL> @mon_version
December 7, 1998      Oracle Version and Options Installed

Oracle Versions
- - - - - - - - - - - - - - - - - - - - - - - - - - - - - - - -
Oracle8 Enterprise Edition Release 8.0.5.0.0 — Production
PL/SQL Release 8.0.5.0.0 — Production
CORE Version 4.0.5.0.0 — Production
TNS for Solaris: Version 8.0.5.0.0 — Production
NLSRTL Version 3.3.2.0.0 — Production
```

```
Options Installed   True/False
-----------------------------------------
Partitioning                    TRUE
Objects                         TRUE
Parallel Server                 FALSE
Advanced replication            TRUE
Bit-mapped indexes              TRUE
Connection multiplexing         TRUE
Connection pooling              TRUE
Database queuing                TRUE
Incremental backup and recovery TRUE
Instead-of triggers             TRUE
Parallel backup and recovery    TRUE
Parallel execution              TRUE
Parallel load                   TRUE
Point-in-time tablespace recover TRUE
SQL>
```

Conclusão

O script MON_VERSION é muito útil para mostrar quais versões Oracle você tem instaladas e com quais opções de banco de dados. Esse script pode ser mudado para se adequar ao seu ambiente e, possivelmente, gerar um relatório de todos os bancos de dados em sua rede.

1.5 — Como posso recriar um arquivo de controle?

Aplica-se a: Oracle7, Oracle8 e Oracle8*i* **Índice no CD:** *Control file* (Arquivo de controle)

Sistema operacional: todos

Problema

Perdi meu arquivo de controle e o banco de dados não inicializa. Tenho todas as informações documentadas sobre o meu banco de dados, mas não tenho a última cópia do arquivo de controle. Eu posso recriar esse arquivo?

Solução

O arquivo de controle é um dos arquivos mais importantes no banco de dados, pois sem ele o seu banco de dados não se iniciará. Por esse motivo, é altamente recomendado que você mantenha múltiplos arquivos de controle. Cada um dos seus arquivos de controle deve ficar em um disco e controlador separados, para evitar qualquer ponto isolado de falha. Além disso, você pode copiar o arquivo de controle para maior disponibilidade.

Oracle permitirá que você recrie um arquivo de controle em caso de emergência. Isso pode ser feito usando-se o comando CREATE CONTROLFILE.SQL. Esse comando pode ser executado sem que seja necessário montar ou abrir o banco de dados. No entanto, requer algumas informações importantes sobre os arquivos que compõem o banco de dados. Portanto, você deve sempre documentar os arquivos de banco de dados — por exemplo, nome de arquivo, localizações de arquivo, tamanho etc. A Listagem 1.7 esboça a sintaxe usada para recriar o arquivo de controle.

Listagem 1.7: Sintaxe para criar o arquivo de controle
```
CREATE CONTROLFILE [REUSE]
     DATABASE name
     [LOGFILE filesepec [, filesepec] ...]
     RESETLOGS | NORESETLOGS
     [MAXLOGFILES integer]
     [DATAFILE filespec [,filespec] ...]
     [MAXDATAFILES integer]
     [MAXINSTANCES integer]
     [ARCHIVELOG | NOARCHIVELOG]
     [SHARED | EXCLUSIVE]
```

Etapas

Etapa 1. Se possível, faça um *backup* completo do banco de dados.

Etapa 2. Inicialize o banco de dados com a opção NOMOUNT.

Etapa 3. Entre com o comando CREATE CONTROLFILE. Refira-se à Listagem 1.8 para um exemplo de criação de um arquivo de controle. Se você estiver usando outro sistema operacional que não o UNIX, pode ter que substituir o nome do arquivo. Por exemplo, no Windows NT ele deve ser G:\oracle\data\log1.dat.

Listagem 1.8: Exemplo de criação de um arquivo de controle
```
CREATE CONTROLFILE
     DATABASE "PAY" NORESETLOGS NOARCHIVELOG
     LOGFILE
          GROUP 1 ''/usr1/oracle/data/log1.dat' size 100M,
          GROUP 2 ''/usr2/oracle/data/log2.dat' size 100M,
          GROUP 3 ''/usr3/oracle/data/log3.dat' size 100M
```

```
DATAFILE
    '/usr1/oracle/data/system.dat' size 50M,
    '/usr2/oracle/data/user.dat' size 500M
    '/usr3/oracle/data/temp.dat' size 100M
```

Etapa 4. Depois de criar o arquivo de controle você precisa executar uma recuperação. Emita o comando RECOVER DATABASE a partir do Server Manager.

Etapa 5. Abra o banco de dados, usando o comando ALTER DATABASE OPEN.

Etapa 6. O banco de dados agora deve estar disponível, e é recomendável que você o feche e faça um *backup* completo.

No exemplo mostrado na Listagem 1.8, conseguimos recuperar o arquivo de controle, pois tínhamos os detalhes sobre os arquivos do banco de dados e seus tamanhos. No entanto, se tais informações não estivessem disponíveis, não teríamos êxito. Portanto, é uma boa prática sempre fazer um *backup do* arquivo de controle para *trace* (análise). Isso permite que você tenha informações "legíveis" detalhadas sobre o seu arquivo de controle e salve-as em um arquivo de *trace*. Agora, vamos detalhar o processo de *backup* do arquivo de controle para *trace*.

Etapa 1. Inicialize o banco de dados com a opção MOUNT.

Etapa 2. Emita o comando ALTER DATABASE com a opção de arquivo de controle, conforme mostrado a seguir. Isso gerará um arquivo de *trace* especificado pelo parâmetro USER_DUMP_DEST no arquivo INIT.ORA. Um exemplo de cópia do arquivo de *trace* em uma plataforma UNIX é mostrado na Listagem 1.9.

Listagem 1.9: Exemplo de cópia de arquivo de busca

DML 1. Issue the ALTER DATABASE command
```
    ALTER DATABASE BACKUP CONTROLFILE to TRACE;
```

OUTPUT 1. Output from the trace file
```
    # The following commands will create a new control file
    # and use it
    # to open the database.
    # Data used by the recovery manager will be lost.
    # Additional logs may
    # be required for media recovery of offline data files. Use this
    # only if the current version of all online logs are available.
    STARTUP NOMOUNT
    CREATE CONTROLFILE REUSE DATABASE "TEST"
       NORESETLOGS NOARCHIVELOG
          MAXLOGFILES 32
          MAXLOGMEMBERS 2
          MAXDATAFILES 30
          MAXINSTANCES 8
```

```
            MAXLOGHISTORY 843
LOGFILE
        GROUP 1 '/raid2/oracle/REDO1.LOG' SIZE 50M,
        GROUP 2 '/raid2/oracle/REDO2.LOG' SIZE 50M,
        GROUP 3 '/raid3/oracle/REDO3.LOG' SIZE 50M
DATAFILE
        '/raid1/oracle/SYSTEM.DBF',
        '/raid1/oracle/RBS.DBF',
        '/raid1/oracle/TEMP.DBF',
        '/raid1/oracle/TOOLS.DBF',
        '/raid2/oracle/USER.DBF'
;
# Recovery is required if any of the datafiles are restored backups,
# or if the last shutdown was not normal or immediate.
RECOVER DATABASE
# Database can now be opened normally.
ALTER DATABASE OPEN;
```

Conclusão

Você deve manter sempre múltiplas cópias do arquivo de controle em discos separados, para evitar qualquer ponto isolado de falha. Além dessas precauções, também deve copiar regularmente o conteúdo do arquivo de controle para o arquivo de *trace*. Isso permitirá que você recrie o arquivo de controle em caso de emergência.

1.6 — Como posso mudar o nome de meu banco de dados (DBNAME)?

Aplica-se a: Oracle7, Oracle8 e Oracle8*i*   **Índice no CD:** DBNAME

Sistema operacional: todos

Problema

Originalmente criei meu banco de dados com o nome de TEST. No entanto, agora que o banco de dados está indo para produção, eu gostaria de mudar seu nome para algo mais significativo, sem precisar recriá-lo. Como posso fazê-lo?

Solução

Não existe uma maneira fácil de mudar o nome do banco de dados com um único comando. O arquivo de controle contém informações críticas sobre o banco de dados, incluindo seu nome. A única forma de mudar este nome é copiar o arquivo de controle para *trace*, editar as informações, salvá-las e depois executá-las para gerar um novo arquivo de controle. Obviamente, isso exige que você faça um backup antes de prosseguir.

Etapas

As seguintes etapas guiarão você na troca do DBNAME de um banco de dados.

Etapa 1. Primeiramente, é uma boa idéia fazer um *backup* do seu banco de dados, por segurança.

Etapa 2. Uma vez que você tenha feito o *backup* do banco de dados, pode copiar as informações no arquivo de controle para o arquivo de *trace*, emitindo o comando ALTER. Isso gerará um arquivo de *trace* especificado pelo parâmetro USER_DUMP_DEST no arquivo INIT.ORA. A Listagem 1.10 mostra o exemplo de saída do arquivo de *trace*. Os nomes de arquivo são relevantes para o UNIX. No entanto, se você estiver usando qualquer outro sistema operacional, verá o nome do diretório e o nome de arquivo apropriados.

Listagem 1.10: Conteúdo de arquivo de controle lançado em um arquivo de busca

```
ALTER DATABASE BACKUP Controlfile to Trace;
Thu Jun 18 12:50:40 1998
# The following commands will create a new control file and use it
# to open the database.
# Data used by the recovery manager will be lost. Additional logs may
# be required for media recovery of offline data files. Use this
# only if the current version of all online logs are available.
STARTUP NOMOUNT
CREATE CONTROLFILE REUSE DATABASE "TEST" NORESETLOGS NOARCHIVELOG
      MAXLOGFILES 32
      MAXLOGMEMBERS 2
      MAXDATAFILES 30
      MAXINSTANCES 8
      MAXLOGHISTORY 843
   LOGFILE
      GROUP 1 '/raid2/oracle/REDO1.LOG' SIZE 50M,
      GROUP 2 '/raid2/oracle/REDO2.LOG' SIZE 50M,
      GROUP 3 '/raid2/oracle/REDO3.LOG' SIZE 50M
   DATAFILE
      '/raid1/oracle/SYSTEM.DBF',
      '/raid1/oracle/RBS.DBF',
      '/raid1/oracle/TEMP.DBF',
      '/raid1/oracle/TOOLS.DBF',
      '/raid2/oracle/USER.DBF';
```

```
# Recovery is required if any of the datafiles are restored backups,
# or if the last shutdown was not normal or immediate.
RECOVER DATABASE
# Database can now be opened normally.
ALTER DATABASE OPEN;
```

Etapa 3. Você nunca deve mudar quaisquer informações armazenadas em um arquivo de *trace*. Em vez disso, faça uma cópia do arquivo e edite a cópia.

Etapa 4. Em nosso exemplo, copiamos o arquivo de busca em um script de arquivo chamado DBNAME.SQL. Você precisa editar o arquivo para mudar NORESETLOGS para RESETLOGS e o nome de DATABASE especificado na declaração CREATE CONTROLFILE. Em nosso exemplo, mudaremos o nome DATABASE de TEST para PROD.

Etapa 5. Antes de executar o novo script de arquivo, você deve renomear os antigos arquivos de controle.

Etapa 6. Edite INIT<SID>.ORA para especificar o db_name=<new name>.

Etapa 7. Inicialize o banco de dados com a opção NOMOUNT.

Etapa 8. Agora você pode executar o script DBNAME.SQL a partir do *server manager* (gerenciador de servidor).

Etapa 9. Uma vez que o script tenha sido executado, você pode entrar com ALTER no banco de dados para abri-lo (OPEN).

Etapa 10. Quando você estiver confiante de que tudo está sendo bem executado, deve fechar o banco de dados e copiá-lo para *backup*.

Conclusão

O Oracle não oferece uma maneira fácil de mudar o DBNAME de um banco de dados. Se você precisar mudá-lo, será necessário copiar o arquivo de controle para *trace*, editar as informações e executá-las. Também precisará editar o arquivo init.ora para refletir o novo nome do banco de dados.

1.7 — Como posso ver os parâmetros atuais de inicialização de meu banco de dados?

Aplica-se a: Oracle7, Oracle8 e Oracle8*i*	**Índice no CD:** *Parameters* (Parâmetros)
Sistema operacional: todos	

Capítulo 1 - *Início* | 25

Problema

Eu gostaria de ver todos os parâmetros de inicialização Oracle que são usados atualmente pelo meu banco de dados. Como posso vê-los?

Solução

Além dos parâmetros INIT.ORA, o Oracle usa muitos outros para inicializar o banco de dados. Se um parâmetro não existe no arquivo INIT.ORA, o Oracle assume o valor *default*, que pode ou não ser dependente do sistema operacional. Para ver todos os parâmetros de inicialização, você pode emitir o comando SHOW PARAMETER (exibir parâmetro) do Server Manager, conforme mostrado na Listagem 1.11.

Listagem 1.11: Comando SHOW PARAMETER
```
SVRMGR> show parameter
NAME                                     TYPE         VALUE
-------------------------------------------------------------------
07_DICTIONARY_ACCESSIBILITY              boolean      TRUE
allow_partial_sn_results                 boolean      FALSE
always_anti_join                         string       NESTED_LOOPS
aq_tm_processes                          integer      0
<<<<<<<< Deleted >>>>>>>>
transaction_auditing                     boolean      TRUE
transactions                             integer      66
transactions_per_rollback_segment        integer      11
use_ism                                  boolean      TRUE
```

Você também pode fazer uma metabusca, usando o comando SHOW PARAMETER para ver os parâmetros que se relacionam com uma string em particular. Por exemplo, se quisesse ver todos os parâmetros associados à palavra "block" (bloco), deveria emitir o comando a seguir, mostrado na Listagem 1.12:

Listagem 1.12: Exibir comando de parâmetro com uma opção de metabusca
```
SVRMGR> show parameter block
NAME                                     TYPE         VALUE
-------------------------------------------------------------------
db_block_buffers                         integer      200
db_block_checkpoint_batch                integer      8
db_block_checksum                        boolean      FALSE
db_block_lru_extended_statistics         integer      0
db_block_lru_latches                     integer      1
db_block_lru_statistics                  boolean      FALSE
db_block_max_dirty_target                integer      4294967294
db_block_size                            integer      4096
db_file_multiblock_read_com              integer      8
delayed_logging_block_cleanouts          boolean      TRUE
hash_multiblock_io_count                 integer      1
log_block_checksum                       boolean      FALSE
SVRMGR>
```

Conclusão

Embora você só possa ver alguns parâmetros Oracle no arquivo INIT.ORA, existem pelo menos 200 parâmetros em Oracle8 e Oracle8*i*. É sempre bom saber o que esses parâmetros fazem e como eles afetam o banco de dados. O comando SHOW PARAMETER exibe todos os parâmetros usados para inicializar o banco de dados.

1.8 — Como executo múltiplas instâncias do Oracle em um servidor?

Aplica-se a: Oracle8 e Oracle8*i* **Índice no CD:** *Instance* (Instância)

Sistema operacional: UNIX e Windows NT

Problema

Eu gostaria de executar múltiplas instâncias em um único servidor. É possível implementar tal funcionalidade?

Soluções

Uma instância Oracle é composta dos processos System Global Area (SGA — área global de sistema) e os processos em segundo plano do Oracle. Para iniciar múltiplas instâncias do Oracle, você precisa configurar determinados parâmetros. Duas variáveis de ambiente importantes precisam ser configuradas para identificar uma instância: ORACLE_HOME e ORACLE_SID.

Um banco de dados consiste de uma *tablespace* de sistema, *logs* (arquivos de registros de eventos), arquivos de controle e arquivos de dados. Cada instância Oracle é associada a um banco de dados. Entretanto, você pode compartilhar os bancos de dados quando o recurso Oracle Parallel Server (OPS — servidor paralelo Oracle) é instalado.

Quando você tem múltiplas instâncias em um servidor, pode ter ou um ORACLE_HOME comum ou um diferente para cada instância. Por exemplo, você poderia ter ambas as instâncias de Oracle7 e Oracle 8 sendo executadas no mesmo servidor. Para ajustar ORACLE_HOME usando o Bourne Shell em UNIX, você deve fazer o seguinte:

ORACLE_HOME = /opt/oracle8

ORACLE_SID = NOEL

Etapas em Windows NT

Etapa 1. Primeiro, assegure-se de que você já criou cada instância e iniciou os serviços usando ORADIM80 ou a caixa de diálogo Services.

Etapa 2. Ajuste o parâmetro de configuração ORACLE_SID no aviso do MS-DOS, como a seguir:

```
C:\> SET ORACLE_SID = NOEL
```

Etapa 3. Inicie o Server Manager, executando o comando SVRMGR30 no aviso de comando do MS-DOS:

```
C:\> SVRMGR30
SVRMGR> connect internal/<password>
SVRMGR> startup pfile=ORACLE_HOME\DATABASE\INIT<sid>.ora
```

onde SID é o nome da instância, depois do que você pode inicializar o banco de dados.

Em Oracle8*i* para Windows NT, você pode ajustar muito facilmente o ORACLE_HOME. Para fazê-lo, simplesmente escolha a opção do menu Oracle Installation Products (instalação de produtos Oracle) de seu menu Start (Iniciar) e escolha Home Selector (seletor de *Home*). O Oracle então exibirá a janela Home Selector (Figura 1.10) e você conseguirá selecionar o Oracle Home.

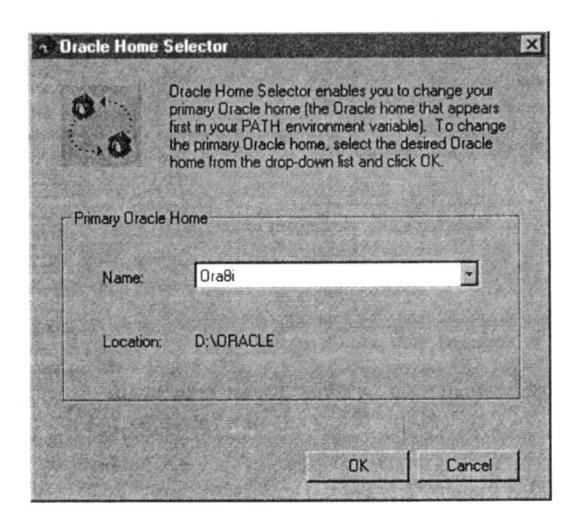

Figura 1.10: Oracle Home Selector (seletor Oracle de Home)

Conclusão

A maioria dos clientes de Oracle executa múltiplas instâncias para suportar mais do que um aplicativo, bem como com objetivos de teste. Implementar múltiplas instâncias é muito fácil e só requer uma mudança no ORACLE_SID — e, claro, criar um novo banco de dados. Você pode ter tantas instâncias em um servidor quantas quiser, limitadas apenas pelos recursos de seu sistema, tais como memória e espaço em disco.

1.9 — Como posso gerar um relatório completo do banco de dados?

Aplica-se a: Oracle8 e Oracle8*i*
Índice no CD: *System tables* (Tabelas de sistema)

Sistema operacional: todos

Problema

Meu banco de dados entrou recentemente em produção e tem diversas tabelas, índices e *stored procedures* (rotinas armazenadas). Há uma maneira de gerar um relatório completo sobre a estrutura e objetos do banco de dados?

Solução

O Oracle, como qualquer outro produto de banco de dados, tem um dicionário de dados que mantém todas as informações relativas ao banco de dados. Isso inclui informações pertencentes a *tablespaces*, arquivos de dados, tabelas, índices, *functions* (funções), *procedures* (rotinas) e assim por diante. Se você quiser documentar o seu banco de dados, pode consultar as respectivas tabelas de sistema em Oracle. Incluído na Listagem 1.13 está um script chamado DOCUMENT.SQL que consulta algumas das tabelas do sistema para obter a documentação completa de seu banco de dados. A saída para o script é mostrada na Listagem 1.14.

Listagem 1.13: DOCUMENT.SQL
```
set echo off feedback off verify off;
clear breaks;
clear computes;
set linesize 100 pagesize 60;

REM NAME              : database_doc.sql
REM AUTHOR            : Noel.Y
REM USAGE             : Run from SQLPLUS
REM DESCRIPTION       : Generates a documentation of
REM                     the Database.
REM REQUIREMENTS      : Must be run as DBA

col database_name    noprint new_value db_name
col TODAY            noprint NEW_VALUE_DATE
set termout off;
select to_char(SYSDATE, 'fmMonth DD, YYYY') TODAY from DUAL;
set termout on;

TTITLE OFF
spool &output_filename;
set heading on;
select
      name database_name
from
      v$database;
set pagesize 132

REM - - - - - - - - - - - - - - - - - - - - - - - - - - - - - - - - - -
REM Retrieve Oracle Version and Options         — ❶ Obtém versão Oracle
REM - - - - - - - - - - - - - - - - - - - - - - - - - - - - - - - - - -

TTITLE left _DATE CENTER "1. Oracle versions and Options Installed for
     "db_name " database" Skip 1 -
CENTER "= = = = = = = = = = = = = = = = = = = = = = = = = " skip 2

col banner          format a60   heading 'Oracle Version"
col parameter       format a40   heading 'Database Options'
col value           format a20   heading "VALUE'
select
      banner
from
      v$version;
TTITLE OFF
select
      parameter,
      value
from
      v$option;
REM - - - - - - - - - - - - - - - - - - - - - - - - - - - - - - - - - -
REM Retrieve SGA information      — ❷ Obtém informações SGA
REM - - - - - - - - - - - - - - - - - - - - - - - - - - - - - - - - - -
```

```
TTITLE left _DATE CENTER "2. SGA Details for " db_name " database" Skip 1 -
CENTER "= = = = = = = = = = = = = = = = = = = = = = = =" skip 2
col name          format a20                heading 'NAME'
col value         format 999,999,999        heading 'VALUE'
select
      name,
      value
from
      v$sga;
REM - - - - - - - - - - - - - - - - - - - - - - - - - - - - - - - - - - - -
REM Retrieve Datafiles information    —❸ Obtém arquivos de dados
REM - - - - - - - - - - - - - - - - - - - - - - - - - - - - - - - - - - - -
TTITLE left _DATE CENTER "3. Datafiles used by" db_name "database" Skip 1 -
CENTER "= = = = = = = = = = = = = = = = = = = = = = = =" skip 2

col file_name             format a40                heading 'File Name'
col tablespace_name       format a20                heading 'Tablespace Name'
col status                format a10                heading 'Status'
col file_size             format 999,999,999        heading 'Size in | (KB) '

select
      file_name,
      tablespace_name,
      bytes/1024 file_size,
      status
from
      dba_data_files
order by
      file_name;
REM - - - - - - - - - - - - - - - - - - - - - - - - - - - - - - - - - - - -
REM Retrieve RedoLogs information    —❹ Obtém informações de registros redo (refazer)
REM - - - - - - - - - - - - - - - - - - - - - - - - - - - - - - - - - - - -

col group_number     format 99999        heading "Group|Number"
col file_name        format a30          heading "Redo Log|File Name"
col bytes            format 9,999        heading "Size|(in MB)"
col archived         format a8           heading "Archived|Yes/No?"
col status           format a8           heading "Log|Status"

TTITLE left _DATE CENTER "4. Redologs Information for" db_name "database" -
   Skip 1-
CENTER "= = = = = = = = = = = = = = = = = = = =" skip 2
select
      log.group#                    group_number,
      logfile.member                file_name,
      log.bytes/1024/1024           bytes,
      log.archived                  archived,
      log.status                    status
from
      v$log log,
      v$logfile logfile
```

```
where
      log.group# =
      logfile.group#;

REM - - - - - - - - - - - - - - - - - - - - - - - - - - - - - - - - - - -
REM Retrieve Tablespace information    — ❺ Obtém informações da tablespace
REM - - - - - - - - - - - - - - - - - - - - - - - - - - - - - - - - - - -

TTITLE left _DATE CENTER "5. Tablespace used by" db_name "database" Skip 1 -
CENTER "= = = = = = = = = = = = = = = = = = = = = =" skip 2
col tablespace_name       format a20           heading 'Tablespace Name'
col initial_extent_size   format 999,999       heading "Initial|Extent|in (KB)'
col next_extent_size      format 999,999       heading "Next|Extent|in (KB)'
col min_extents           format 999           heading "Min|Extent'
col max_extents           format 999,999,999   heading 'Max|Extent'
col status                format a9            heading 'Status'
col contents              format a9            heading 'Contents'
col logging               format a9            heading 'Logging'
select
      tablespace_name,
      initial_extent/1024initial_extent_size,
      next_extent/1024next_extent_size,
      min_extents,
      max_extents,
      status,
      contents,
      logging
from
      dba_tablespaces
order by
      tablespace_name;
REM - - - - - - - - - - - - - - - - - - - - - - - - - - - - - - - - - - -
REM Retrieve Users information    — ❻ Obtém informações de usuários
REM - - - - - - - - - - - - - - - - - - - - - - - - - - - - - - - - - - -
TTITLE left _DATE CENTER "6. User List for" db_name "database" Skip 1 -
CENTER "= = = = = = = = = = = = = = = = = = = = =" skip 2
col username              format a10           heading 'User Name'
col user_id               format 9999          heading 'User ID'
col default_tablespace    format a15           heading 'Default|Tablespace'
col temporary_tablespace  format a15           heading 'Temporary|Tablespace'
col created               format date          heading 'Created|on Date'
col profile               format a10           heading 'Profile'
col account_status        format a10           heading 'Account|Status'
select
      username,
      user_id,
      default_tablespace,
      temporary_tablespace,
      created,
      profile,
      account_status
```

```
        from
              dba_users
        order by
              username;
REM - - - - - - - - - - - - - - - - - - - - - - - - - - - - - - - - - - - -
REM Retrieve Table Information — ❼ Obtém informações de tabela
REM - - - - - - - - - - - - - - - - - - - - - - - - - - - - - - - - - - - -
TTITLE left _DATE CENTER "7. List of Tables for " db_name " database" Skip 1 -
CENTER "= = = = = = = = = = = = = = = = = = = = =" skip 2

col table_name              format a32          heading 'Table Name'
col owner                   format a10          heading 'Owner'
col tablespace_name         format a10          heading 'Tablespace Name'
col min_extents             format 999          heading 'Min|Extents'
col max_extents             format 99,999       heading 'Max|Extents'
col initial_extent_size     format 99,999       heading 'Initial|Extent | in
                                                         (KB)'
col next_extent_size        format 99,999       heading 'Next|Extent|in (KB)'
col pct_free                format 99           heading 'PT|Fr'
col pct_used                format 99           heading 'PT|Us'
col pct_increase            format 99           heading 'PT|In'
select
      table_name,
      owner,
      tablespace_name,
      min_extents,
      max_extents,
      initial_extent/1024 initial_extent_size,
      next_extent/1024 next_extent_size,
      pct_free,
      pct_used,
      pct_increase
from
      dba_tables
order by
      table_name;
REM - - - - - - - - - - - - - - - - - - - - - - - - - - - - - - - - - - - -
REM Retrieve Index Information — ❽ Obtém informações de índice
REM - - - - - - - - - - - - - - - - - - - - - - - - - - - - - - - - - - - -

TTITLE left_DATE CENTER "8. List of Indexes for" db_name "database" Skip 1 -
CENTER "= = = = = = = = = = = = = = = = = = = =" skip 2
```

```
col index_name              format a25       heading 'Index Name'
col owner                   format a10       heading 'Owner'
col table_name              format a22       heading 'Table Name'
col min_extents             format 999       heading 'Min|Extents'
col max_extents             format 99,999    heading 'Max|Extents'
col initial_extent_size     format 99,999    heading 'Initial|Extent|in (KB)'
col next_extent_size        format 99,999    heading 'Next|Extent|in (KB)'
col pct_free                format 99        heading 'PT|Fr'
col pct_used                format 99        heading 'PT|Us'
col pct_increase            format 99        heading 'PT|In'
select
      index_name,
      owner,
      table_name,
      min_extents,
      max_extents,
      initial_extent/1024 initial_extent_size,
      next_extent/1024 next_extent_size,
      pct_free,
      pct_increase
from
      dba_indexes
order by
      index_name;
REM - - - - - - - - - - - - - - - - - - - - - - - - - - - - - - - - - -
REM Retrieve Stores Procedures Information
REM - - - - - - - - - - - - - - - - - - - - - - - - - - - - - - - - - -

TTITLE left _DATE CENTER "9. List of Stored Procedures for" db_name
   "database" Skip 1 -
CENTER "= = = = = = = = = = = = = = = = =" skip 2

col object_name       format a40      heading "PROCEDURE-NAME"
col created           format DATE     heading "CREATED"
col status            format a7       heading "STATUS"
SELECT
      object_name,
      created,
      status
FROM
      user_objects
WHERE
      object_type = 'PROCEDURE'
ORDER BY
      object_name;
clear columns;
clear breaks;
clear computes;
spool off;
set feedback on verify on echo on;
```

⑨ Obtém informação das stored procedures

❶ Primeiro, obtemos o número da versão do Oracle, consultando a coluna de banner a partir da tabela de sistema V$VERSION. Também obtemos as opções que foram instaladas no sistema, consultando a tabela de sistema V$OPTION.

❷ Depois, obtemos as informações SGA, que detalha o tamanho de SGA em Fixed (fixo), Variable (variável), Database Buffers (áreas de armazenamento temporário de banco de dados) e Redo Buffers (áreas de armazenamento temporário para reconstrução). Essas informações são obtidas da tabela de sistema V$SGA.

❸ A seguir, veremos todos os arquivos de dados que foram ligados a essa instância. Para essas informações, consultamos a tabela de sistema DBA_DATA_FILES.

❹ As informações de *logs* de Redo são obtidas de V$LOG e V$LOGFILE.

❺ Depois, olhamos as tablespaces existentes para o banco de dados. Essas informações são obtidas da tabela de sistema DBA_TABLESPACES.

❻ A lista de usuários que têm acesso ao banco de dados é mostrada nessa categoria. Consultamos a tabela DBA_USERS e obtemos as informações específicas de usuário.

❼ Depois, listamos as tabelas que foram criadas no banco de dados.

❽ A seguir, consultamos a tabela de sistema DBA_INDEXES para obter informações relativas aos índices que existem no banco de dados.

❾ E, finalmente, consultamos a tabela USER_OBJECTS por OBJECT_TYPE como PROCEDURE para obter informações sobre as *stored procedures* do banco de dados.

Listagem 1.14: Saída de DOCUMENT.SQL

```
SQL> @document
December 7, 1998  1.   Oracle versions and Options Installed for MAN database
                      = = = = = = = = = = = = = = = = = = = = = = = = = = = = =
Oracle Version
- - - - - - - - - - - - - - - - - - - - - - - - - - - - - - - - - - - - - - -
Oracle8 Enterprise Edition Release 8.0.5.0.0 - Production
PL/SQL Release 8.0.5.0.0 - Production
CORE Version 4.0.5.0.0 - Production
TNS for Solaris: Version 8.0.5.0.0 - Production
NLSRTL Version 3.3.2.0.0 - Production
Database Options                         VALUE
- - - - - - - - - - - - - - - - - - - - - - - - - -
Partitioning                             TRUE
Objects                                  TRUE
Parallel Server                          FALSE
Advanced replication                     TRUE
Bit-mapped indexes                       TRUE
Connection multiplexing                  TRUE
Connection pooling                       TRUE
Database queuing                         TRUE
Incremental backup and recovery          TRUE
Instead-of triggers                      TRUE
Parallel backup and recovery             TRUE
Parallel execution                       TRUE
Parallel load                            TRUE
Point-in-time tablespace recovery        TRUE
```

```
December 7, 1998        2. SGA Details for MAN database
                        ===================
NAME                    VALUE
-----------------------------------------------
Fixed Size              48,656
Variable Size           4,222,976
Database Buffers        819,200
Redo Buffers            73,728

December 7, 1998        3. Datafiles used by MAN database
                        ===================
                        Tablespace      Size in
File Name               Name            (KB)            Status
--------------------------------------------------------------------
/raid5/DATA/system01.dbf  SYSTEM        51,200          AVAILABLE

December 7, 1998        4. Redologs Information for MAN database
                        =========================
Group Redo Log                          Size    Archived Log
Number    File Name                     (in KB) Yes/No?         Status
--------------------------------------------------------------------
1       /raid5/DATA/redoman01.log       5       NO              CURRENT
2       /raid5/DATA/redoman02.log       5       NO              INACTIVE
3       /raid5/DATA/redoman03.log       5       NO              INACTIVE

December 7, 1998        5. Tablespace used by MAN database
                        =====================
            Initial Next
Tablespace  Extent  Extent  Min     Max
Name        in (KB) in (KB) Extent  Extent  Status  Contents    Logging
--------------------------------------------------------------------
SYSTEM      12      12      1       249     ONLINE  PERMANENT   LOGGING

December 7, 1998        6. User List for MAN database
                        =================
User    User  Default      Temporary   Created     Account
Name    ID    Tablespace   Tablespace  on Date     Profile  Status
--------------------------------------------------------------------
SYS     0     SYSTEM       SYSTEM      05-Dec-98   DEFAULT  OPEN
SYSTEM  5     SYSTEM       SYSTEM      05-Dec-98   DEFAULT  OPEN
```

```
December 7, 1998        7. List of Tables for MAN database
                        ======================
Table Name      Owner   Table-  Min.    Max.    Initial Next        PT PT PT
                        Space   Extents Extents Extents Extent      Fr Us In
                                                In (KB) in (KB)
------------------------------------------------------------------------
AQS_MESSAGE
  _TYPES        SYS     SYSTEM  1       249     12      12          10 40 50
AQS_QUEUES      SYSTEM  SYSTEM  1       249     12      12          10 40 50
AQS_QUEUE
 _STATISTICS    SYS     SYSTEM  1       249     12      12          10 40 50
AQS_QUEUE
 _TABLES        SYSTEM  SYSTEM  1       249     12      12          10 40 50
AQS_SCHEDULES   SYSTEM  SYSTEM  1       249     12      12          10 40 50

<<<<CUT>>>>

UET$            SYS     SYSTEM  1       249     20      48          0  0  50
UGROUP$         SYS     SYSTEM  1       249     12      12          10 40 50
UNDO$           SYS     SYSTEM  1       249     12      12          10 40 50
USER$           SYS     SYSTEM  1       249     12      12          0  0  50
USER_ASTATUS
 _MAP           SYS     SYSTEM  1       249     12      12          10 40 50
USER_HISTORY$   SYS     SYSTEM  1       249     12      12          10 40 50
VIEWS$          SYS     SYSTEM  1       #######  12     100         10 40 0
_default_audit-
 ing_options_   SYS     SYSTEM  1       249     12      12          10 40 50

December 7, 1998        8. List of Indexes for MAN database
                        ======================
                        Table   Min     Max     Extent  eXTENTS  Fr    In
Index Name      Owner   Name    Extents Extents in (KB) in (KB)
------------------------------------------------------------------------
AQS_MSGTYPES            AQS_MESSAGE
  PRIMARY       SYS      _TYPES  1      249     12      12       10    50
AQS_QUEUES_             AQS_
  CHECK         SYSTEM   QUEUES  1      249     12      12       10    50
<<CUT>>
I_UNDO1         SYS     UNDO$    1      249     12      12       10    50
I_UNDO2         SYS     UNDO$    1      249     12      12       10    50
I_USER#         SYS     C_USER#  1      249     12      12       10    50
SYS_IL
0000001742C             DEF$_TEMP
00002$          SYSTEM  $LOB     1      249     12      12       10    50
SYS_IL
0000001742C             DEF$_TEMP
00003$          SYSTEM  $LOB     1      249     12      12       10    50
```

Capítulo 1 - *Início* | 37

```
December 7, 1998      9. List of Stored Procedures for MAN database
                      ================================
PROCEDURE-NAME        CREATE          STATUS
- - - - - - - - - - - - - - - - - - - - - - - - - - - - - - - - -
ORA$_SYS_REP_AUTH     22-APR-98       VALID
```

Conclusão

O script DOCUMENT.SQL é muito útil para documentar o seu banco de dados mensalmente. Você pode personalizar o script para incluir detalhes específicos ao seu ambiente de trabalho.

1.10 — Como eu instalo Oracle8i no UNIX?

8i	**Aplica-se a:** Oracle8*i*	**Índice no CD:** *Install* (Instalar)
	Sistema operacional: UNIX	

Problema

Acabei de comprar uma nova licença de Oracle8*i* em SUN Solaris. Como eu o instalo e também crio um novo banco de dados?

Solução

A instalação no Solaris é muito simples. A partir do Oracle8*i*, o software inclui o Oracle Universal Installer (OUI), que é escrito em JAVA. Ele oferece uma interface semelhante em qualquer sistema operacional ou plataforma e, portanto, é muito mais fácil de instalar e utilizar.

Para instalar Oracle8*i* no Solaris, você precisa ter instalado o Solaris 2.6 ou 2.7. Atualmente, o Oracle não é suportado em Solaris 2.3, 2.4 ou 2.5. Se você não tiver espaço de *swap* suficiente, o instalador pode abortar inesperadamente. Mantenha o espaço de *swap* em torno de 256 MB em tamanho, ou duas vezes o tamanho de sua memória, o que for maior.

A Tabela 1.1 mostra as exigências de hardware para instalar Oracle8*i* em um sistema SUN SPARC Solaris. Para outros sistemas UNIX, consulte o manual de instalação ou notas de versão.

Tabela 1.1: Exigências de hardware em Solaris

Componente	Mínimo	Recomendado
Memória (RAM)	128 MB	256 MB ou mais
Disco	700 MB	1 GB
Unidade de CD-ROM	Unidade suportada	
SWAP (troca)	256 MB	256 MB ou mais

As exigências de software para instalar Oracle8*i* em sistema SUN SPARC Solaris são mostradas na Tabela 1.2.

Tabela 1.2: Exigências de software em Solaris

O/S Software	Exigências
Sistema operacional	Solaris 2.6 ou 2.7
Patches	No mínimo, *patch* de kernel jumbo nº 105181-06
Pacotes	SUNWarc, -SUNWbtool, SUNWlibm, SUNWlibms, SUNWsprot, SUNWtoo, SUNWhea
Window manager (Gerenciador de janela)	Qualquer gerenciador de janela suportado por SUN.

Etapas

  Etapa 1 — Configuração do kernel UNIX. Em um ambiente UNIX o Oracle faz uso de memória compartilhada e semáforos. Antes de instalar o Oracle8*i*, você deve ajustar os parâmetros de kernel UNIX referentes a memória compartilhada e semáforos. Esses parâmetros não afetam a quantidade de memória compartilhada ou usada pelo Oracle 8i, oferecendo apenas o limite máximo de recursos.

A Listagem 1.15 mostra um exemplo de como configurar parâmetros da memória compartilhada e semáforos em um sistema SUN Solaris.

  Listagem 1.15: O arquivo /etc/system

```
Parâmetro  Descrição
SHMMAX     Tamanho máximo de segmento de memória compartilhada
SHMMIN     Tamanho mínimo de segmento de memória compartilhada
SHMMNI     Tamanho máximo de identificadores de memória compartilhada
SHMSEG     Número máximo de segmentos de memória compartilhada por
           processo de usuário
SEMMNI     Número máximo de identificadores de semáforo
SEMMSL     Número máximo de semáforos em um conjunto
SEMMNS     Número máximo de semáforos no sistema
SEMOPM     Número máximo de operações por chamada semop
SEMVMX     Valor máximo de semáforo
```

```
A — Configuração de parâmetros de memória compartilhada do Kernel
set shmsys:sfmindo_shmmax=4294967295
set shmsys:shminfo_shmmin=1
set shmsys:shminfo_shmmni=100
set shmsys:shminfo_shmseg=10

B — Ajuste de parâmetros de semáforo
set semsys:seminfo_semmni=100
set semsys:seminfo_semmsl=100
set semsys:seminfo_semmns=200
set semsys:seminfo_semopm=100
set semsys:seminfo_semvmx=32767
```

Depois que você tiver acrescentado os parâmetros como ROOT, precisará reiniciar o sistema.

Etapa 2 — Adicionando os grupos de DBA e de operador. Visto que a instalação de Oracle8*i* será atribuída a uma conta de usuário, que por sua vez refere-se a um grupo, primeiro você precisa criar o(s) grupo(s) antes de começar a instalar Oracle8*i*. Os grupos recomendados são DBA e OPERATOR. Na documentação de Oracle8*i* esses grupos são chamados de grupos OSDBA e OSOPERATOR.

Para acrescentar os grupos, você pode usar o *admintool* (ferramenta administrativa) ou usar manualmente o comando *groupadd*. Como você pode ver a partir da Listagem 1.16, *groupadd* é executado com sucesso, sem retorno de mensagens de erro. Uma vez que você tenha executado o comando *groupadd*, pode ver a entrada no arquivo /etc/group, conforme mostrado na Listagem 1.17.

Listagem 1.16: Execução do comando groupadd
```
# groupadd dba
# groupadd operator
```

Listagem 1.17: Revisão da entrada do arquivo /etc/group
```
...
...
dba::100:
operator::101:
```

Etapa 3 — Adição do usuário Oracle. Uma vez acrescentado o grupo, então você pode adicionar o usuário Oracle que será o proprietário do software Oracle8*i*. Você precisa executar a instalação de Oracle a partir desse usuário. Pode usar a admintool para criar esse usuário ou usar a interface de linha de comando, executando o comando *useradd*. A sintaxe do comando *useradd* é mostrada na Listagem 1.18 e um exemplo de como executar o comando, com os parâmetros, é mostrado na Listagem 1.19. O arquivo /etc/password agora deve conter a entrada de usuário ORACLE, conforme a Listagem 1.20.

Listagem 1.18: Sintaxe do comando USERADD
```
usage:    useradd [  -u uid        # Is the user ID
                     -g group      # The Group name
                     -d dir        # The login directory
                     -s shell      # The shell to be used
                     -c comment    # Comments
                     ] login       # Username
```

Listagem 1.19: Como executar o comando USERADD
```
# useradd -u 101 -g dba -d "oracle8i" -s "/bin/sh" -c "Oracle8I DBA" oracle
```

Listagem 1.20: Visão do arquivo /etc/password
```
oracle:x:101:100:Oracle8i DBA:/oracle8i:/bin/sh
```

Etapa 4 — Como configurar as variáveis de ambiente. Uma vez que você tenha criado o grupo e o usuário, pode executar o *login* como usuário ORACLE. Edite o arquivo .profile ou .cshrc para ajustar as variáveis de ambiente que serão usadas pelo Oracle. Um exemplo de .profile é mostrado na Listagem 1.21.

Listagem 1.21: Configuração de variáveis de ambiente
```
ORACLE_SID-mars
export ORACLE_SID
ORACLE_HOME=/Oracle8i
export ORACLE_HOME
PATH=.:$PATH:/Oracle8i/bin
export PATH
PS1="Oracle8i>"
```

Etapa 5 — Criação dos diretórios necessários. Se você estiver criando um banco de dados inicial na instalação, assegure-se de ter bastante espaço em disco no diretório pessoal Oracle ou em qualquer outro lugar do diretório.

Etapa 6 — Como configurar o DISPLAY. Configure o parâmetro DISPLAY para o nome da máquina ou endereço IP do servidor X. Você também pode usar "0:0.0" para especificar a sua estação de trabalho local. Pela Listagem 1.22 você pode ver como configurar a variável DISPLAY em um Bourne e Korn Shell. A Listagem 1.23 mostra a configuração do C Shell. Uma vez que você tenha ajustado a variável DISPLAY, execute o comando XHOST como ROOT, para permitir a conexão com o servidor X (Listagem 1.24).

Listagem 1.22: Para Bourne and Korn Shell
```
ORACLE8i> DISPLAY=0:0.0
ORACLE8i> export DISPLAY
```

Listagem 1.23: Para C Shell
```
ORACLE8i> setenv DISPLAY 0:0.0
```

Listagem 1.24: Execução do comando XHOST
```
Xhost +server_name
# xhost +mars
mars being added to access control list
#
```

Etapa 7 — Montagem do CD-ROM Oracle8i. Quando você coloca o CD-ROM Oracle8i, o software de gerenciamento de volume deve montá-lo automaticamente. Se tiver problemas, então pode montar manualmente o CD-ROM, usando o comando mount, como mostrado na Listagem 1.25.

Listagem 1.25: Montagem do CD-ROM sem o software de gerenciamento de volume
```
# mount -r -F hsfs device_name /cdrom
```

Etapa 8 — Execução do instalador Oracle. Execute o *login* como usuário ORACLE e vá para o local do diretório do CD-ROM Oracle. O local do diretório provavelmente será /cdrom/Oracle8i. Agora, execute o OUI, usando o comando RUNINSTALLER, conforme mostrado na Listagem 1.26. Então você verá a tela *Welcome* (de boas-vindas), exibida na Figura 1.11.

Listagem 1.26: Execução do programa Oracle Universal Installer (instalador universal Oracle)
```
ORACLE8i> cd /cdrom/Oracle8i
ORACLEI> ./runInstaller .
```

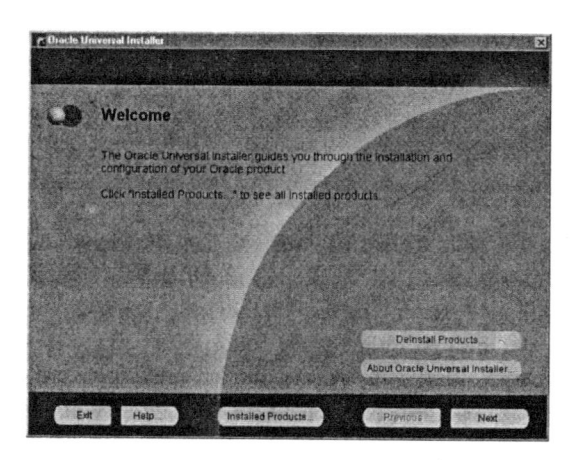

Figura 1.11: Tela Welcome

Etapa 9 — Execução do Oracle8*i* Universal Installer. A partir da tela de boas-vindas, você pode desinstalar um produto, ver os produtos instalados ou instalar um novo produto, clicando no botão Next.

Etapa 10 — Tela File Locations (localização de arquivos). A janela File Locations aparecerá com a Source (origem) e o Destination (destino). A origem é o seu diretório de CD-ROM, enquanto o destino é o lugar onde você deseja instalar o Oracle8*i*. A localização *default* é a unidade com maior espaço em disco.

Etapa 11 — Tela Inventory Location (localização de inventário). Na tela Inventory Location, você precisa especificar a localização do diretório básico para os arquivos de instalação do Oracle8*i*. O *default* é /oraInventory, mas você pode configurá-lo para qualquer outro local. Esse diretório conterá arquivos permanentes e por produto, e precisa ser passível de escrita por usuários que instalarão e desinstalarão produtos Oracle.

Etapa 12 — Tela Available Products (produtos disponíveis). Quando você clicar em Next, Oracle exibirá outra janela com os produtos disponíveis. Aqui as escolhas são Oracle8*i* Enterprise Edition 8.1.5.0.0, Oracle8*i* Client 8.1.5.0.0 e Oracle8*i* Programmer 8.1.5.0.0, como mostrado na Figura 1.12. Como estamos instalando a Enterprise Edition, escolheremos a primeira opção e clicaremos no botão Next.

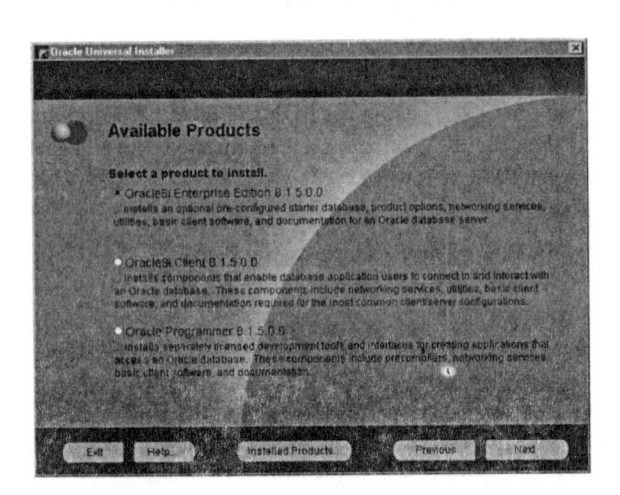

Figura 1.12: Tela Available Products (produtos disponíveis)

Etapa 13 — Tela Installation types (Tipos de instalação). Na Oracle8*i* Enterprise Edition você pode fazer três tipos diferentes de instalação: Typical (típica), Minimal (mínima) e Custom (personalizada). A opção Typical instala um banco de dados inicial pré-configurado, opções Oracle, software de rede, documentação online e utilitários. A opção Minimal dá a você a oportunidade de instalar um banco de dados inicial, software de rede e utilitários; a opção Custom permite que você escolha quaisquer dos produtos a serem instalados. Lembre-se de que você precisa de pelo menos 600 MB de espaço em disco para instalar o Oracle8*i*.

Etapa 14 — Escolha da localização para a documentação. A janela a seguir mostrará o local da documentação Oracle. Você pode selecionar o CD-ROM ou o disco rígido como a sua escolha.

Etapa 15 — Tela Upgrading or migrating an existing database (Atualizar ou migrar banco de dados já existente). Nesse ponto da instalação, Oracle pode solicitar que você faça um upgrade (atualização) de seu banco de dados se ele detectar quaisquer versões anteriores. Você pode escolher migrar um banco de dados já existente, clicando na caixa de verificação apropriada. Se escolher migrar, Oracle iniciará o Oracle Data Migration Assistant (assistente de migração de dados Oracle) imediatamente depois que a instalação de Oracle tiver sido completada.

Etapa 16 — Tela Create database (Criação de banco de dados). Você também pode criar um banco de dados inicial durante a instalação do Oracle8*i*. É uma boa idéia garantir que Oracle possa ser colocado online sem qualquer problema antes de tentar migrar/atualizar ou montar a produção de um banco de dados. Dependendo do tipo de instalação que você selecionou, Oracle exibirá a janela Create Database.

Etapa 17 — Tela Database identification (Identificação do banco de dados). Clique em Next e a janela Database Identification será exibida. Aqui você entra com o nome global do banco de dados e o SID. O nome de banco de dados global é um identificador único do ambiente de banco de dados. Em geral ele tem a forma de name.domain, tal como apple.world. Você também precisa fornecer um Oracle System Identifier (SID) que seja único — por exemplo, "apple".

Etapa 18 — Tela Database file location (Localização do arquivo de banco de dados). Oracle também pode pedir que você forneça a localização do arquivo de banco de dados. É uma boa prática separar o local do diretório do software Oracle do banco de dados para que você tenha menos sobrecarga de I/O. Escolha um local de diretório que tenha espaço em disco suficiente para o banco de dados.

Etapa 19 — Tela Oracle protocol support (Protocolos suportados no Oracle). O Oracle também pode pedir que você selecione ou desfaça a seleção de quaisquer protocolos de rede. No UNIX você verá protocolos TCP/IP, SPX e LU6.2 escolhidos como *default*. Você pode selecionar um mais apropriado, dependendo de seu ambiente. Se não tiver certeza, simplesmente selecione TCP/IP, que é o mais recomendável.

Etapa 20 — Tela Summary (Resumo). Uma vez que você tenha clicado no botão Next, Oracle exibirá a janela Summary, que mostra a lista dos produtos sendo instalados. Clique no botão Install (instalar) para prosseguir. Você deverá ver o ícone animado (Figura 1.13), que indica qual instalação está acontecendo, embora isto demore um pouco.

Etapa 21 — Execução de root.sh. Ao final da instalação, Oracle pedirá que você execute root.sh no diretório base do Oracle. Você deverá executar este comando como root em outra janela.

Etapa 22 — Tela Configuration tools (Ferramentas de configuração). O Oracle agora executará o Net8 Configuration Assistant (assistente de configuração) para ajudá-lo a configurar o *listener* (processo de escuta). Embora seja recomendado que você configure o Net8, na verdade não é necessário. O Oracle também executará o Oracle Database Configuration Assistant para criar um banco de dados inicial. Aqui você pode escolher um banco de dados Typical ou Custom. A escolha Typical exige mínimas entradas do usuário, enquanto a opção Custom permite que se personalize a criação do banco de dados. Uma vez que o processo de criação tenha se iniciado, ele mostrará o progresso e, ao final, aparecerá a mensagem "Database Creation Completed" (criação de banco de dados completada). Clique em OK.

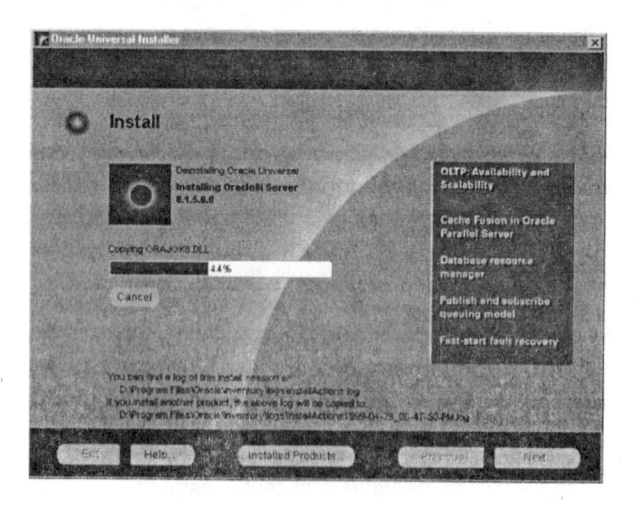

Figura 1.13: Arquivos de instalação de Oracle

Etapa 23 — Tela End of installation (Final de instalação). Uma vez completada a instalação, Oracle exibirá a janela End of Installation. Clique em Exit para sair do OUI ou selecione outro produto para ser instalado.

Conclusão

A instalação de Oracle8i em UNIX é bem simples se você seguir as etapas. Assegure-se de ter memória e espaço de *swap* suficientes em seu sistema, caso contrário o instalador abortará. Assegure-se também de ter espaço em disco suficiente para poder completar a instalação e até criar um banco de dados inicial. Consulte sempre as notas de lançamento de seu CD-ROM de Oracle8i para ficar a par das informações mais recentes sobre o porte específico para o seu sistema operacional.

1.11 — Como instalo o Oracle8i no Windows NT?

8i	Aplica-se a: Oracle8i	Índice no CD: *Install* (Instalar)
	Sistema operacional: Windows NT	

Problema

Acabei de comprar uma nova licença de Oracle8i no Windows NT. Como devo instalar Oracle8i no Windows NT e também criar um pequeno banco de dados de teste?

Solução

A instalação de Oracle8i no Windows NT é bastante simples se você souber antecipadamente quais produtos irá instalar, onde ficará o seu software Oracle8i, onde ficará o banco de dados e assim por diante. Em menos de uma hora você deve conseguir completar a instalação de Oracle8i, inclusive montando um pequeno banco de dados para teste.

O CD-ROM Oracle8i contém mais componentes do que jamais teve, incluindo: Oracle8i Enterprise Edition, Oracle8i Client e Oracle8 Programmer. Os vários componentes para cada um deles, junto com os números de versão, estão relacionados na Tabela 1.3.

Tabela 1.3: Componentes Oracle8i / Enterprise Edition

Componentes Oracle8i / EE	Lançamento
AAssistant Common File (Arquivo comum dos assistentes)	8.1.5.0.0
Authentication and Encryption (autenticação e criptografia)	8.1.5.0.0
Data Management Services Common Files (arquivos comuns de serviços de gerenciamento de dados)	8.1.5.0.0
Development Tools (ferramentas de desenvolvimento)	8.1.5.0.0

Hotjava Browser Bean (Bean (componente Java) do navegador Hotjava)	1.0.0.3
CE Browser (Navegador ICE)	4.0.3.3.3
Intelligent Agent Data Gatherer (agente inteligente de coleta de dados)	8.1.5.0.0
JDBC Common (JDBC comum)	8.1.5.0.0
Java Runtime Environment (ambiente de tempo de execução Java)	1.1.7
Java Swing Components (componentes Java Swing)	1.1.0.3
Oracle Advanced Security – Export Edition (segurança avançada de Oracle – edição de exportação)	8.1.5.0.0
Net8 Assistant (assistente Net8)	8.1.5.0.0
Net8 Client (cliente Net8)	8.1.5.0.0
Net8 Products (produtos Net8)	8.1.5.0.0
Net8 Server (servidor Net8)	8.1.5.0.0
OCI Common	8.1.5.0.0
Object Type Translator (tradutor de tipo de objeto)	8.1.5.0.0
Oracle Administration Assistant for Windows (assistente de administração Oracle para Windows)	8.1.5.0.0
Oracle Advanced Security (segurança avançada de Oracle)	8.1.5.0.0
Oracle Call Interface (interface de chamada Oracle)	8.1.5.0.0
Oracle Configuration Assistants (assistentes de configuração do Oracle)	8.1.5.0.0
Oracle Data Migration Assistant (assistente de migração de dados Oracle)	8.1.5.0.0
Oracle Database Configuration Assistant (assistente de configuração de banco de dados Oracle)	8.1.5.0.0
Oracle Database Utilities (utilitários de banco de dados Oracle)	8.1.5.0.0
Oracle Documentation (documentação Oracle)	8.1.5.0.0
Oracle Enterprise JavaBeans and Corba Tools (Ferramentas JavaBeans e Corba do Oracle Enterprise)	8.1.5.0.0
Oracle Enterprise Manager Products (produtos de gerenciamento empresarial Oracle)	8.1.5.0.0
Oracle Help for Java (ajuda Oracle para Java)	3.0.7.4
Oracle Installation Products (produtos de instalação Oracle)	8.1.5.0.0
Oracle Intelligent Agent (agente Inteligente Oracle)	8.1.5.0.0
Oracle JDBC Drivers (Drivers JDBC para Oracle)	8.1.5.0.0
Oracle JDBC Thin Driver for JDK 1.0.2 (Driver JDBC Oracle de cliente fino para JDK 1.0.2)	8.1.5.0.0
Oracle JDBC Thin Driver for JDK 1.1 (Driver JDBC Oracle de cliente fino para JDK 1.1)	8.1.5.0.0
Oracle JDBC/OCI Driver for JDK 1.0.2 (Driver JDBC/OCI Oracle	

para JDK 1.0.2)	8.1.5.0.0
Oracle JDBC/OCI Driver for JDK 1.1 (Driver JDBC/OCI Oracle para JDK 1.1)	8.1.5.0.0
Oracle JServer Enterprise Edition (edição empresarial de Oracle JServer)	8.1.5.0.0
Oracle Java Products (produtos Oracle para Java)	8.1.5.0.0
Oracle Java Tools (Ferramentas Oracle para Java)	8.1.5.0.0
Oracle ODBC Driver (Driver ODBC para Oracle)	8.1.5.0.0
Oracle Objects for OLE (Objetos Oracle para OLE)	8.1.5.3.3
Oracle Partitioning (Particionador Oracle)	8.1.5.0.0
Oracle Product Options (opções de produtos Oracle)	8.1.5.0.0
Oracle Remote Configuration Agent (agente de configuração remota Oracle)	8.1.5.0.0
Oracle SQLJ	8.1.5.0.0
Oracle Services for Microsoft Transaction Server (serviços Oracle para servidor de transações Microsoft)	8.1.5.0.0
Oracle Snap-in Common Files (arquivos comuns de módulos adicionais Oracle)	8.1.5.0.0
Oracle Spatial	8.1.5.0.0
Oracle Time Series	8.1.5.0.0
Oracle Universal Installer (instalador universal Oracle)	1.6.0.8.0
Oracle Utilities (utilitários Oracle)	8.1.5.0.0
Oracle Visual Information Retrieval (recuperação visual de informações Oracle)	8.1.5.0.0
Oracle Web Publishing Assistant (assistente Oracle de publicação na Web)	8.1.5.0.0
Oracle for Windows NT Performance Monitor (monitor de desempenho de Oracle para Windows NT)	8.1.5.0.0
Oracle interMedia	8.1.5.0.0
Oracle interMedia Audio	8.1.5.0.0
Oracle interMedia Common Files	8.1.5.0.0
Oracle interMedia Image	8.1.5.0.0
Oracle interMedia Locator Service	8.1.5.0.0
Oracle interMedia Text	8.1.5.0.0
Oracle interMedia Video	8.1.5.0.0
Oracle8*i* Enterprise Edition	8.1.5.0.0
Oracle8*i* Enterprise Edition Release Notes (notas de versão da edição empresarial de Oracle)	8.1.5.0.0
Oracle8*i* Server (servidor Oracle8*i*)	8.1.5.0.0

Oracle8*i* Visual Information Retrieval Client (Cliente de recuperação visual de informações do Oracle)	8.1.5.0.0
Oracle8*i* interMedia Client Library and Demo (demonstração e biblioteca de cliente Oracle8*i* interMedia)	8.1.5.0.0
SQL *Plus	8.1.5.0.0
SQLJ Runtime (módulo de tempo de execução do SQLJ)	8.1.5.0.0
SQLJ Translator	8.1.5.0.0
SSL Common Files (arquivos comuns Secure Sockets Layer – soquetes de camada seguros)	8.1.5.0.0
Oracle Parallel Server (servidor paralelo Oracle)	8.1.5.0.0
Oracle Connection Manager (gerenciador de conexão Oracle)	8.1.5.0.0
Oracle SNMP Agent (Agente SNMP para Oracle)	8.1.5.0.0
Legato Storage Manager (gerenciador de armazenamento da Legato)	5.5

Exigêngias de hardware

As exigências de hardware para instalar Oracle8*i* em Windows NT são mostradas na Tabela 1.4. Você precisa de, no mínimo, um Pentium III 500 MHz com cerca de 256 MB de RAM.

Tabela 1.4: Exigências de hardware para Windows NT

Componente	Mínimo	Recomendado
Processador	Pentium 133	Pentium 200 ou superior
Memória (RAM)	64 MB	128 MB ou mais
Disco	600 MB	1 GB
Vídeo	16 cores	256 cores

Exigências de software

As exigências de software para instalar Oracle8*i* em plataformas Windows variam. Se você quiser o componente servidor, então precisa instalá-lo no Windows NT 4.0. A Tabela 1.5 mostra os sistemas operacionais suportados na plataforma Windows.

Tabela 1.5: Sistemas operacionais suportados

Sistemas Operacionais	Componentes Cliente Oracle	Componentes Servidor Oracle
Servidor Windows NT 4.0	SIM	SIM
Estação de trabalho Windows NT 4.0	SIM	SIM
Windows 95	SIM	NÃO
Windows 98	SIM	NÃO

Capítulo 1 - *Início* | 49

Como instalar Oracle8i

Primeiro, execute o *login* no servidor Windows NT com uma conta de usuário, que seja um membro do grupo do administrador. Assegure-se de que seu servidor possa conectar-se com outros computadores pela rede.

Etapas

Etapa 1. Insira o CD de Oracle8*i*. O Windows NT deve abrir, automaticamente, a janela de auto- execução que exibe a mensagem do Oracle8*i* Enterprise Edition com essas opções. Você pode Instalar/desinstalar produtos, Explorar o CD ou Folhear a documentação. Escolha Install/DeInstall Products (instalar/desinstalar produtos), que iniciará o processo de instalação de Oracle, orainst.exe, conforme mostrado na Figura 1.14. Se tiver dificuldade em obter a janela de auto-execução, pode iniciar manualmente o instalador, executando o programa setup.exe encontrado no diretório do CD-ROM.

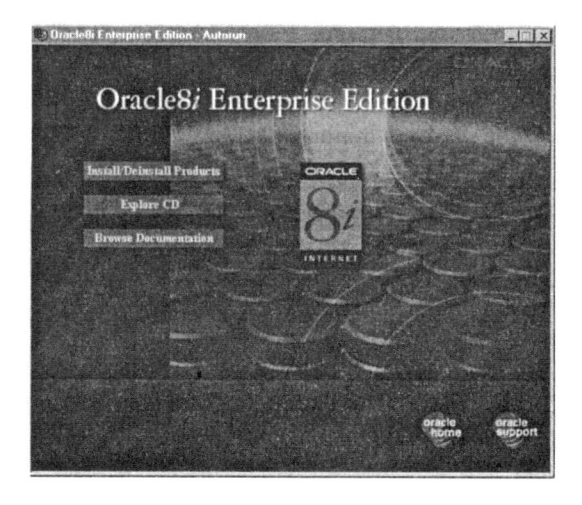

Figura 1.14: Tela inicial de Oracle8i

Etapa 2. O OUI então exibirá a janela Welcome. Aqui, você pode desinstalar um produto, ver os produtos instalados ou instalar um produto, clicando no botão Next.

Etapa 3. A janela File Location (localização de arquivos) aparecerá com a Source (Origem) e o Destination (Destino) (Figura 1.15). A origem é o diretório de seu CD-ROM, enquanto que o destino é o lugar onde você deseja instalar Oracle8*i*. A localização *default* é a unidade com maior espaço em disco.

Etapa 4. Uma vez que você tenha clicado em Next, Oracle exibe uma janela mostrando Available Products (Figura 1.16). Aqui as escolhas são Oracle8*i* Enterprise Edition 8.1.5.0.0, Oracle8*i* Client 8.1.5.0.0 e Oracle Programmer 8.1.5.0.0.Visto que estamos instalando a Enterprise Edition, escolheremos a primeira opção e clicaremos no botão Next.

Etapa 5. No Oracle8*i* Enterprise Edition você pode escolher entre três diferentes tipos de instalação: Typical, Minimal e Custom. A opção Typical instala um banco de dados inicial pré-configurado, opções Oracle, software de rede, documentação online e utilitários. A opção Minimal oferece a oportunidade de instalar um banco de dados inicial, software de rede e utilitários. A opção Custom permite escolher quaisquer dos produtos a serem instalados. Entretanto, você precisará de um mínimo de 600 MB de espaço em disco para instalar o Oracle8*i*.

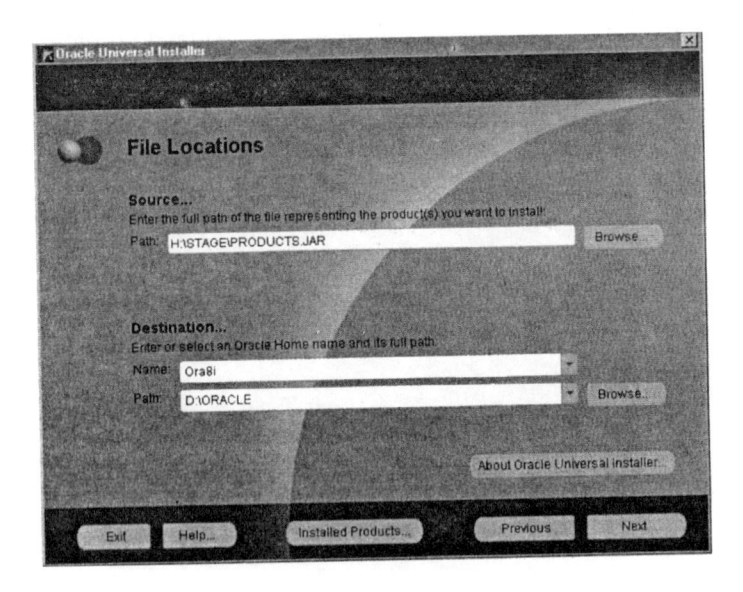

Figura 1.15: Tela File Locations (localização de arquivos)

Capítulo 1 - *Início* | 51

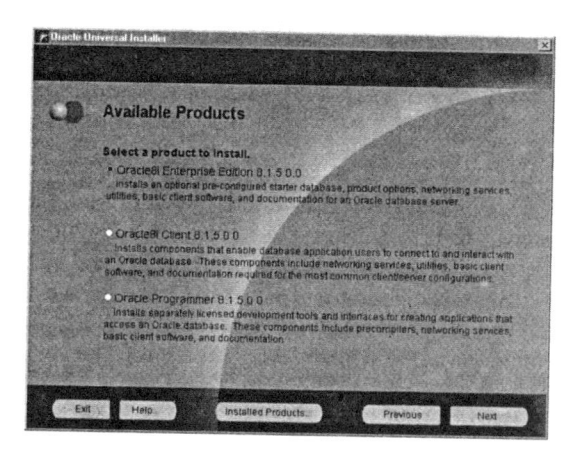

*Figura 1.16: Tela Available Products
(Produtos disponíveis)*

Etapa 6. A janela a seguir mostra a localização da documentação do Oracle. Você pode selecionar o CD-ROM ou instalá-lo em seu disco rígido.

Etapa 7. Nesse ponto da instalação, o Oracle pede que você faça o upgrade (atualização) do seu banco de dados, se ele detectar quaisquer versões anteriores do mesmo. Você pode selecionar a caixa de verficação Migrate an Existing Database para que o Oracle Data Migration Assistant se inicie imediatamente após a instalação.

Etapa 8. Clique em Next e a janela de identificação do banco de dados será exibida. Aqui você precisa fornecer o nome global do banco de dados e o SID.

Etapa 9. Uma vez que você tenha clicado no botão Next, Oracle exibirá a janela de resumo, que mostra a lista dos produtos sendo instalados. Clique no botão Install para prosseguir. A instalação levará algum tempo, durante o qual você deverá ver o ícone animado na barra de progresso (Figura 1.17).

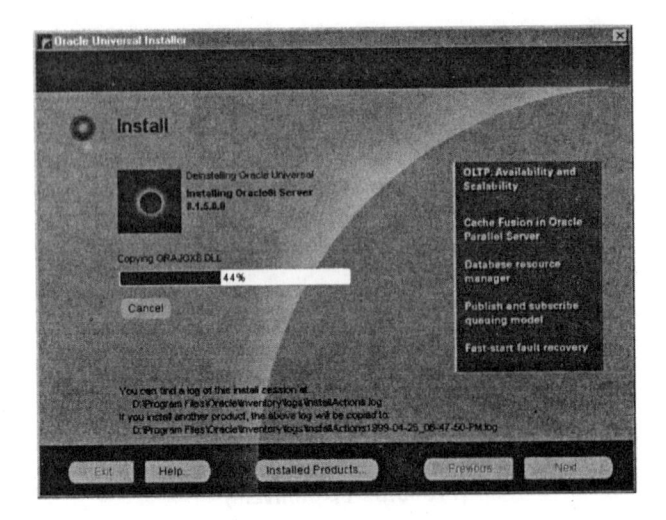

Figura 1.17: Instalação de Oracle8i

Etapa 10. Uma vez completada a instalação, Oracle exibirá a janela End of Installation. Clique em Exit para fechar o OUI, ou selecione outro produto a ser instalado.

Conclusão

Instalar Oracle8*i* no Windows NT é simples e direto. No entanto, você precisa fazer algum planejamento antes de instalar o software: por exemplo, determinar onde o software Oracle se localizará no sistema e onde o banco de dados de teste ficará. Você deverá alocar pelo menos 1 GB de espaço de armazenamento em disco para ambos, o software Oracle e o banco de dados de teste. Ao ir para a produção, assegure-se de que você planejou cuidadosamente o banco de dados.

2

Administração de tabela & índice

Referência rápida
Se você quiser...

A. Fazer uma tabela de administração
- Tabela organizada por índice... veja 2.5
- Número único de grupo... veja 2.8
- Dimensionamento de tabela... veja 2.9
- Gerar tabela de teste... veja 2.12
- Número único de grupo de tabela única... veja 2.14
- Adicionar uma coluna... veja 2.15
- Mover uma tabela não particionada... veja 2.17

B. Fazer um índice de administração
- Índice bitmap ... veja 2.3
- Desempenho em índice bitmap... veja 2.4
- Índice de chave inversa... veja 2.6
- Índice de grupo... veja 2.7
- Dimensionamento de índice... veja 2.10
- Índice baseado em função... veja 2.13
- Criar índice online... veja 2.16

C. Trabalhar com outros
- Usar objetos grandes (LOB)... veja 2.1
- Implementar restrições diferidas... veja 2.2
- Linhas encadeadas... veja 2.11

Visão geral

O Oracle8i oferece ainda mais recursos e funcionalidade do que antes. A relação de recursos inclui itens que disponibilizam o seu banco de dados o tempo todo. Além da disponibilidade, Oracle8i oferece suporte para tabelas e índice bem extensos, o que é especialmente útil para aplicativos de armazenagem de dados. Posso lembrar de dez anos atrás, quando havia apenas funcionalidade básica para tabelas e índices. Hoje, a diversidade de maneiras para implementar uma tabela mudou dramaticamente. Agora você pode criar uma tabela normal, uma tabela de grupo, uma tabela com número único de grupo, uma única tabela de número único de grupo, uma tabela organizada por índice e uma tabela particionada, só para mencionar algumas. Quanto aos índices, você tem um índice normal, um índice baseado em função, índice de chave inversa, um índice com mapeamento de bits, um índice particionado etc. Com tantas opções, qual você escolhe? A resposta depende do tipo de aplicativo e do tamanho da tabela ou objeto. (Para detalhes sobre particionamento, consulte o Capítulo 5).

Neste capítulo, revisaremos alguns dos novos recursos implementados em Oracle8i, tais como índice baseado em função, número único de grupo em tabela única, como adicionar uma coluna, a criação de um índice online e como mover uma tabela não particionada. Criar um índice baseado em função dá a você a capacidade de criar um índice em uma expressão. Agora você pode adicionar uma coluna sem precisar recriar uma tabela. No Oracle8i você pode criar um índice enquanto a tabela está sendo acessada por outros aplicativos. Anteriormente, havia um bloqueio exclusivo na tabela. Agora, você pode mover uma tabela não particionada de um tablespace para outro, para maior disponibilidade e desempenho. Todos esses recursos oferecem excelente administração de tabelas, índices e objetos.

Veremos também outros recursos do Oracle relacionados com tabelas, índices e outros objetos que têm estado disponíveis desde o Oracle7 e Oracle8, incluindo a tabela organizada por índice, índice de chave inversa, restrições deferidas, grandes objetos (LOB — large objects), índice mapeado de bits, grupo de tabela, tabela de número único de grupo e assim por diante. Neste capítulo, faremos alguns testes para descobrir se os índices mapeados de bits são realmente compactos e oferecem acesso mais rápido. Veremos também uma nova forma de armazenar uma tabela usando uma opção de índice organizado. O índice de chave inversa oferece uma nova maneira de armazenar os seus índices. Também examinaremos uma forma de armazenar imagens e outras informações binárias no Oracle, usando o recurso LOB, e daremos uma olhada em como avaliar o tamanho de uma tabela e índice no Oracle8. Finalmente, veremos um script que permitirá a você preencher uma tabela com dados simulados com objetivos de teste.

Perguntas

2.1 — Como crio um grande objeto (LOB) no Oracle8?

Aplica-se a: Oracle8 e Oracle8i	Índice no CD: LOB
Sistema operacional: Todos	

Problema

Eu gostaria de armazenar imagens e outras informações binárias em meu banco de dados. Tenho visto alguma documentação que menciona ter grandes objetos (LOB) definidos em Oracle8. Como posso implementar LOB em meu banco de dados?

Solução

O Oracle8 suporta diversos tipos de grandes objetos de tipos de dados. Esses podem ser informações de texto, vídeo, imagens, som e assim por diante. O Oracle oferece acesso aleatório a esses objetos. Cada objeto pode ter até 4 GB de tamanho. Você pode usar o pacote DBMS_LOB, PL/SQL, SQL ou OCI para manipular os LOBs no banco de dados. A seguir estão os novos tipos de dados LOB apresentados em Oracle8:

- BLOB
- CLOB
- NCLOB
- BFILE

BLOB

Esse objeto de tipo de dados pode armazenar quaisquer dados binários não estruturados. Você pode manipular BLOB usando o pacote DBMS_LOB, PL/SQL ou OCI. Uma vez que BLOB é interno no banco de dados, ele pode participar de uma transação, isto é, você pode dar um commit ou rollback. Um exemplo, conforme a Listagem 2.1, mostra que a coluna da foto tem um tipo de dados BLOB.

Listagem 2.1: Criação de objetos BLOB
```
SQL> create table employee
  2      (ecode    number,
  3      name      char (40),
  4      dept      char (1),
  5      salary    number (7,2),
  6      photo     BLOB );
Table created.
SQL>
```

CLOB e NCLOB

Os CLOBs armazenam dados com caractere de byte único, enquanto NCLOBs armazenam conjuntos de caracteres de múltiplos bytes de comprimento fixo (NCHAR). Visto que CLOB é um LOB interno, ele pode participar de qualquer transação de banco de dados; por exemplo, pode ser certificado com commit ou abortado com rollback.

Vamos criar uma tabela semelhante à criada com o tipo de dados BLOB. No exemplo mostrado na Listagem 2.2, acrescentamos uma nova coluna chamada resumo, que armazena todo o currículo de um conjunto de caracteres de dados. Também, uma outra coluna foi acrescentada: resume_kanji, mostrada na Listagem 2.3, com um objeto NCLOB, para armazenar no Kanji.

Listagem 2.2: Criação de objetos CLOB

```
SQL> create table employee
2       (ecode     number,
3        name      char(40),
4        dept      char(1),
5        salary    number (7,2),
6        photo     BLOB,
7        resume    CLOB);
Table created.
SQL>
```

Listagem 2.3: Criação de objetos NCLOB

```
SQL> create table employee
2       (ecode         number,
3        name          char(40),
4        dept          char(1),
5        salary        number(7,2),
6        photo         BLOB,
7        resume        CLOB,
8        resume_kanji  NCLOB );
Table created.
SQL>
```

BFILE

Esse tipo de dado pode armazenar quaisquer dados binários não estruturados fora do banco de dados. Basicamente, o tipo de dados BFILE armazena um arquivo localizador que aponta para um arquivo do sistema operacional. Tipos da dados BFILE são sempre apenas de leitura e, portanto, não podem ser atualizados por um usuário. Eles só suportam acesso aleatório aos dados. Antes de criar um tipo de dados BFILE você deverá ter certeza de que o arquivo externo já existe. Conforme mostrado na Listagem 2.4, estamos criando um diretório localizado em raid3, chamado vídeos. Se você não estiver usando um sistema operacional UNIX, então substitua o nome do diretório por um nome relevante apropriado ao seu sistema operacional, tal como D:\RAID3\VIDEOS para Windows NT. Depois, criamos uma tabela chamada employee (empregado), com uma coluna chamada vacation_video de tipo BFILE, como na Listagem 2.5.

Listagem 2.4: Criação de um diretório

```
SQL> create directory videos as '/raid3/videos';
Directory created.
SQL>
```

Listagem 2.5: Criação de uma tabela com o objeto BFILE

```
SQL> create table employee
  2   (ecode                number,
  3    name                 char(40),
  4    dept                 char(1),
  5    salary               number(7,2),
  6    photo                BLOB,
  7    resume               CLOB,
  8    resume_kanji         NCLOB,
  9    vacation_video       BFILE );
Table created.
SQL>
```

Para preencher um localizador BFILE, pode ser usada a função interna chamada BFILENAME, como mostrado na Listagem 2.6.

Listagem 2.6: Função BFILENAME

```
SQL> UPDATE employee
  2  set vacation_video =
  3      (BFILENAME ('videos', 'vacation.vid'))
  4         where ecode = 1;
1 row updated.
SQL>
```

Agora vamos rever as especificações de arquivos que modificamos usando o comando UPDATE. Um exemplo de código PL/SQL é mostrado na Listagem 2.7. Esse exemplo mostra como usar o pacote DBMS_LOB para recuperar as informações de BFILE. Se você não vir qualquer saída em SQL*Plus a partir da função DBMS_OUTPUT.PUT_LINE, então terá que habilitá-la, executando o comando SET SERVEROUTPUT ON.

Listagem 2.7: Código PL/SQL para ver o tamanho de BFILE

```
SQL> DECLARE
  2     video_bfile BFILE;
  3     video_size INTEGER;
  4     BEGIN
     SELECT vacation_video
     INTO video_bfile
     FROM employee;
  8
     video_size := DBMS_LOB.GETLENGTH (video_bfile);

  9     DBMS_OUTPUT.PUT_LINE('TheVideo size is: ' ||
 10     video_size || ' (in Bytes) ');
 11 END;
 12 /
The Video size is: 287852 (in Bytes)
PL/SQL procedure successfully completed.
SQL>
```

Conclusão

O Oracle8 suporta vários tipos de dados de objetos grandes, que podem conter informações de texto, vídeo, imagens, som e assim por diante. O tamanho máximo permitido para um objeto pode ser 4 GB, que é grande o suficiente para a maioria dos objetos. Oracle oferece o pacote DBMS_LOB, ou você pode usar os programas normais PL/SQL, SQL ou OCI para manipular LOBs.

2.2 — Como implemento restrições diferidas?

Aplica-se a: Oracle8 e Oracle8*i*   **Índice no CD:** Restrições diferidas

Sistema operacional: Todos

Problema

Eu gostaria de diferir a verificação de minhas restrições até a aplicação da transação COM-MITS. Como posso implementar a funcionalidade de restrição diferida?

Solução

No Oracle8 há um novo recurso chamado Deferred Constraints (restrições diferidas). Esse recurso permite que você difira a verificação das restrições até o final da transação. Em restrições não diferidas (padrão), Oracle valida imediatamente a restrição após cada declaração.

Se quaisquer das declarações na transação violarem as restrições aplicadas à tabela, então a transação não será imediatamente retomada, como mostrado na Figura 2.1. A vantagem de usar restrições diferidas é um desempenho aperfeiçoado. O Oracle não dará qualquer restrição de verificação durante a transação, usando portanto menos recursos do sistema. No entanto, uma desvantagem é que, se qualquer uma das declarações violarem uma restrição, toda a transação será retomada, o que significa que o usuário terá que esperar até entrar com um comprometimento que descubra se as transações foram ou não válidas. Isso pode significar mais desperdício de tempo.

Capítulo 2 - *Administração de tabela & índice*

Início da transação	Início da transação
Seleção	Seleção ....
Atualização	Atualização ....
Inserção	Inserção ....
Comprometimento	Comprometimento
Sem implementação de restrições diferidas	Com implementação de restrições diferidas

Retomada de transação

Figura 2.1: Restrições diferidas

Quando você cria uma tabela, pode usar a opção CONSTRAINT para especificar se a restrição é DEFERRABLE (diferível) ou NON-DEFERRABLE (não-diferível) e INITIALLY IMMEDIATE (inicialmente imediata) ou INITIALLY DEFERRED (inicialmente diferida). Embora você possa usar NON-DEFERRABLE com INITIALLY IMMEDIATE, não pode usá-lo com INITIALLY DEFERRED. O seguinte mostra a sintaxe de utilização da opção constraint na declaração CREATE TABLE (criar tabela).

```
CREATE TABLE <table_name>
   <column_name datatype> <column_constraints>
CONSTRAINT <constraint>
   [NON DEFERRABLE/DEFERRABLE]
      INITIALLY [IMMEDIATE/DEFERRED]
```

NON-DEFERRABLE. Isso implica que a restrição será verificada ao final de cada declaração DML.

DEFERRABLE. Implica que a restrição não será verificada até o final da transação, tal como quando ela está comprometida.

INITIALLY IMMEDIATE. Implica que o padrão é verificar a restrição ao final de cada declaração DML.

INITIALLY DEFERRED. Implica que o padrão é verificar a restrição apenas ao final da transação.

Etapas

Para habilitar restrições diferidas, use a declaração SET CONSTRAINTS (ajustar restrições). A Listagem 2.8 mostra a sintaxe da declaração SET CONSTRAINT. Você pode ajustar a opção DEFERRED/IMMEDIATE para uma restrição em especial ou para todas as restrições em determinada transação. A opção IMMEDIATE verifica imediatamente a restrição, após cada declaração DML. A opção DEFERRED difere a verificação até que a transação tenha sido comprometida. Você também pode criar uma nova tabela usando a opção DEFERRED.

Listagem 2.8: Sintaxe para ajustar restrições
```
SET CONSTRAINT/S [constraint/ALL] [IMMEDIATE/DEFERRED];
```

Etapa 1. Em primeiro lugar, criaremos uma tabela com uma restrição UNIQUE (única). Esse modo será imediato e, desde que você insira quaisquer linhas na tabela, a restrição será verificada. A Listagem 2.9 mostra a criação de uma tabela EMPLOYEE_NONDEFERR, com uma restrição. O padrão é a restrição IMMEDIATE.

Listagem 2.9: Criação de uma tabela com não-diferido
```
SQL> CREATE TABLE employee_nondeferr
  2  (ecode integer,
  3  name char(40),
  4  room integer
  5     CONSTRAINT rm2 UNIQUE,
  6  salary number(7,2));
Table created.
SQL>
```

Etapa 2. Agora acrescentaremos linhas à tabela. Como você pode ver a partir da Listagem 2.10, assim que entrarmos com o mesmo número de espaço do employee número 3, obtemos uma mensagem "unique constraint violated" (restrição única violada).

Listagem 2.10: Inserção de linhas em uma tabela não diferida
```
SQL> INSERT INTO employee_nondeferr
  2      values (1, 'NOEL', 201,5000);
1 row created.
SQL> INSERT INTO employee_nondeferr
  2      values (2, 'JAMES', 501,4000);
1 row created.
SQL> INSERT INTO employee_nondeferr
  2      values (3, 'BRUCE', 201,6000);
INSERT INTO employee_nondeferr
            *
ERROR at line 1:
ORA-00001: unique constraint (BENCH.RM2) violated
SQL> INSERT INTO employee_nondeferr
  2      values (4, 'RICHARD', 401,7000);
1 row created.
SQL> COMMIT;
Commit complete.
SQL>
```

Etapa 3. Vamos agora ampliar o exemplo anterior e criar outra tabela, chamada EMPLOYEE_DEFERR, que tem uma restrição DEFERRED no espaço de coluna, como mostrado na Listagem 2.11.

Listagem 2.11: Criação de uma tabela com restrições DEFERRED

```
SQL> CREATE TABLE employee_deferr
  2   (ecode integer,
  3    name char(40),
  4    room integer
  5    CONSTRAINT rm1 UNIQUE
  6    INITIALLY DEFERRED DEFERRABLE,
  7    salary number (7,2));
Table created.
SQL>
```

Etapa 4. Uma vez que a tabela tenha sido criada, iremos acrescentar-lhe algumas linhas. Conforme mostrado na Listagem 2.12, nada acontece com o mesmo conjunto de inserções até a transação COMMIT. Agora a restrição DEFERRED está em efeito.

Listagem 2.12: Inserção de linhas em uma tabela diferida

```
SQL> INSERT INTO employee_deferr
  2       values (1, 'NOEL', 201,5000);
1 row created.
SQL> INSERT INTO employee_deferr
  2       values (2, 'JAMES', 501,4000);
1 row created.
SQL> INSERT INTO employee_deferr
  2       values (3, 'BRUCE', 201,6000);
1 row created.
SQL> INSERT INTO employee_deferr
  2       values (4, 'RICHARD', 401,7000);
1 row created.
SQL> COMMIT;
COMMIT
*
ERROR at line 1:
ORA-02091: transaction rolled back
ORA-00001: unique constraint (BENCH.RM1) violated
SQL>
```

Etapa 5. Agora, mudemos dinamicamente a restrição, de diferida para imediata. Como mostrado na Listagem 2.13, usamos o comando SET CONSTRAINT para ajustar a restrição para IMMEDIATE.

Listagem 2.13: Mudança do modo para imediato

```
SQL> set constraints rm1 immediate;
Constraint set.
SQL>
```

Etapa 6. Acrescentaremos algumas linhas na tabela para ver se Oracle verifica as restrições, imediatamente ou não. Como você pode ver da Listagem 2.14, as restrições são imediatamente verificadas.

Listagem 2.14: Inserção em uma tabela imediata
```
SQL> INSERT INTO employee_deferr
  2      values (1, 'NOEL', 201,5000);
1 row created.
SQL> INSERT INTO employee_deferr
  2      values (2, 'JAMES', 501,4000);
1 row created.
SQL> INSERT INTO employee_deferr
  2      values (3, 'BRUCE', 201,6000);
INSERT INTO employee_deferr
            *
ERROR at line 1;
ORA-00001: unique constraint (BENCH.RM1) violated
SQL> INSERT INTO employee_deferr
  2      values (4, 'RICHARD', 401,7000);
1 row created.
SQL> COMMIT;
Commit complete.
SQL>
```

Conclusão

Os recursos de restrições diferidas permitem que você difira a verificação de restrições até o final da transação. A vantagem é que são necessários menos recursos e, portanto, o desempenho da transação é aprimorado. No entanto, a desvantagem é que a transação continuará até o final para determinar se quaisquer restrições foram violadas.

2.3 — Como crio um índice bitmap (com mapeamento de bits)?

Aplica-se a: Oracle7, Oracle8 e Oracle8*i*   **Índice no CD:** Índice bitmap

Sistema operacional: Todos

Problema

Tenho um banco de dados muito grande, que está sendo usado para aplicativos de decisão de suporte. Algumas das tabelas são bem substanciais, assim como os índices. Consultas levam muito tempo para serem executadas, especialmente aquelas grandes tabelas com índices. Parece que o Oracle não é capaz de armazenar o índice em SGA. Como posso implementar um índice com mapeamento de bits que diminuirá o tamanho do índice, além disso, dando ao meu aplicativo um tempo mais rápido de resposta?

Solução

Em Oracle7, foi introduzido um recurso-chave para suportar aplicativos de armazenagem de dados – o recurso de índice bitmap. Esse recurso fornece ganhos dramáticos de desempenho e economia de armazenagem. Um índice lhe permite acessar as linhas de dados com base em um valor-chave. Diferente de um índice normal, onde Oracle armazena o valor chave e o ROWID (identidade de linha), em um índice bitmap só o valor-chave é armazenado. Basicamente, cada bit do bitmap mapea para uma linha. Se o bit é ajustado, então a linha mapeada contém o valor-chave. Índices bitmaps não apenas utilizam menos espaço, aproveitando a vantagem de uma tecnologia patenteada de compactação de dados, mas também aperfeiçoam consultas *ad hoc* (especiais). Normalmente, eles são apenas uma fração do tamanho de um índice normal. No entanto, índices bitmaps não são tão úteis para aplicativos OLTP, especialmente quando você tem muitos usuários simultâneos, tentando atualizar os dados.

Os benefícios de usar índices bitmap são apresentados a seguir:
- são úteis para aplicativos de armazenagem de dados
- oferecem DML paralelo eficiente
- são úteis para tabelas muito grandes
- exigem menos espaço de armazenagem
- oferecem carregamentos paralelos eficientes
- índices bitmap podem ser montados em paralelo
- promovem tempo de resposta reduzido a consultas
- são úteis para perguntas importantes em ambientes DSS
- o otimizador de consulta é ciente do índice mapeado de bits

Índices bitmap são um novo tipo de método de indexação, que possibilita um desempenho aperfeiçoado e uma economia de armazenamento. Esse método só é apropriado para tipos de dados com nível de cardinalidade baixo, isto é, uma coluna que contenha apenas alguns valores únicos — por exemplo, uma coluna de situação matrimonial contendo apenas três valores: MARRIED (casado), DIVORCED (divorciado) ou SINGLE (solteiro). Você não precisa ter só dois ou três valores. Pode ter mais, desde que a porcentagem de valores únicos seja menos do que dois por cento do número total de linhas. Assim, se você tiver um milhão de linhas, não poderá ter mais do que 20.000 linhas únicas.

Índices bitmaps exigem menos armazenamento do que índices normais de B-Tree. De fato, em alguns casos você pode ver até 100 vezes menos espaço de uso.

A seguir estão dois dos novos parâmetros INIT.ORA em Oracle8:

CREATE_BITMAP_AREA_SIZE

Esse parâmetro determina a quantidade de memória a ser alocada enquanto se está criando índices BITMAP(com mapeamento de bits). O padrão é 8 MB para Oracle8. Esse parâmetro não pode ser dinamicamente mudado; portanto, se você for mudá-lo, precisará reiniciar o banco de dados. Se você tiver um nível de cardinalidade muito baixo em sua criação de índice bitmap, então o tamanho de memória padrão deve ser suficiente.

BITMAP_MERGE_AREA_SIZE

Com esse parâmetro você pode alocar memória para ser usada para fundir bits mapeados. Se suas consultas incluem uma faixa grande de digitalização de índice usando o índice bitmap, esse parâmetro aperfeiçoará o desempenho. Em Oracle8 o padrão é de 1 MB.

Etapas

Para criar um índice bitmap você precisa usar a declaração CREATE BITMAP INDEX. Vamos caminhar através de um exemplo de como isso é feito.

Etapa 1. Primeiro, criamos uma tabela chamada CUSTOMER, que tem 8 colunas e usa o tablespace USERTS, conforme mostrado na Listagem 2.15.

Listagem 2.15: Criação de tabela personalizada

```
SQL> CREATE TABLE customer (
2       cust_number         number NOT NULL,
3       cust_name           varchar(25),
4       cust_address        varchar(40),
5       cust_city           varchar(40),
6       cust_country        number,
7       cust_phone          varchar(15),
8       cust_balance        number,
9       cust_comment        varchar(120)
5  )
6  TABLESPACE userts
7  storage ( initial    10M
8            next       50M
9            minextents 1
10           maxextents 255
11           pctincrease 0
12 );
Table created.
SQL>
```

Etapa 2. Uma vez que a tabela tenha sido criada, então criamos o índice bitmap chamado COUNTRY_BITMAP no tablespace CUST_BIT_IDX, conforme mostrado na Listagem 2.16.

Listagem 2.16: Criação de um índice BITMAP

```
SQL> CREATE BITMAP INDEX country_bitmap
  2  ON customer (cust_country)
  3  TABLESPACE cust_bit_idx;
Index created.
SQL>
```

Você também pode criar um índice bitmap usando o Oracle Enterprise Manager, como mostrado na Figura 2.2.

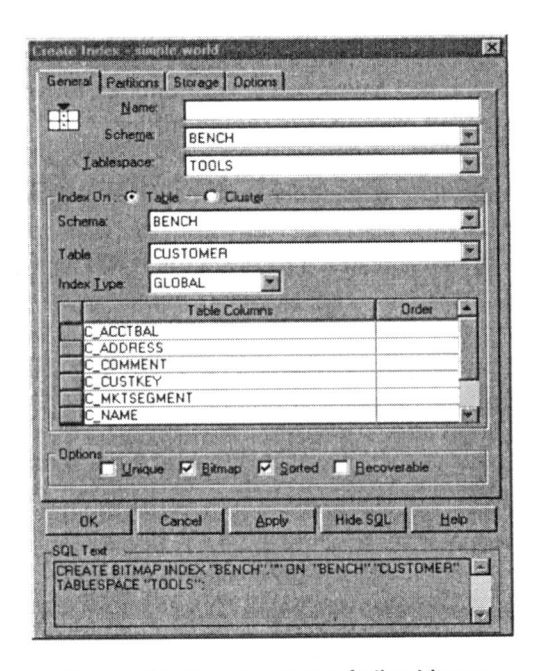

Figura 2.2: Criação de um índice bitmap

Conclusão

A indexação mapeada de bits foi introduzida no Oracle 7.3. Esses índices são muito menores do que os índices padrão B-Tree e oferecem um desempenho aperfeiçoado e economia de armazenagem. Esse método de indexação geralmente só é apropriado para tipos de dados de cardeais baixos.

2.4 — Os índices com mapeamento de bits são realmente pequenos e rápidos?

Aplica-se a: Oracle7, Oracle8 e Oracle8*i*	**Índice no CD:** Índice bitmap
Sistema operacional: Todos	

Problema

Agora que sei o que são índices com mapeamentos de bits, gostaria de implementá-los em algumas de minhas tabelas. Existe um real aperfeiçoamento de desempenho em usar um índice bitmap? Quanto de armazenamento um índice bitmap usa quando comparado com um índice normal?

Solução

Para esse teste eu usei um sistema UNIX com memória e espaço em disco suficiente. Instalei o Oracle versão 8.0.5 e criei um pequeno banco de dados de teste. Para esse teste, criei uma tabela CUSTOMER, com 8 colunas, com um comprimento de linha de cerca de 200 bytes. O esquema para a tabela de customer (cliente) é mostrado na Tabela 2.1. Uma vez criada a tabela (veja a Listagem 2.17), carreguei aproximadamente 1.5 milhões de linhas na tabela, que geraram cerca de 250 MB de dados brutos. Depois de carregar, montei dois tipos diferentes de índices. Um foi um índice normal B-Tree, enquanto o outro foi um índice bitmap. Cada um dos índices estava em um espaço diferente de tabela. A coluna que escolhi para o índice foi CUST_COUNTRY, pois ela era a candidata perfeita para um índice bitmap. Era uma coluna de cardeais baixos, visto que existem apenas 25 países únicos na tabela de cerca de 1.5 milhões de clientes.

Tabela 2.1: Esquema de tabela customer

Coluna	Tipo de dados
Cust_number	NUMBER NOT NULL (números não nulos)
Cust_name	VARCHAR(25)
Cust_address	VARCHAR(40)
Cust_city	VARCHAR(40)
Cust_country	NUMBER (número)
Cust_phone	VARCHAR(15)
Cust_balance	NUMBER
Cust_comment	VARCHAR(115)

Como usar índices regulares

Primeiro, eu criei um índice regular na tabela CUSTOMER. A declaração SQL com a saída é mostrada na Listagem 2.17. Embora pudesse ter usado a opção PARALLEL para montar o índice em paralelo, eu escolhi não fazê-lo, pois queria comparar ambos os índices (regular e bitmap) com o mesmo conjunto de restrições. Cronometrei a montagem de índice, que terminou em 20 minutos e 12 segundos. A quantidade de armazenamento da criação do índice ocupou cerca de 32 MB, que era de aproximadamente treze por cento do tamanho da tabela.

Listagem 2.17: Criação de índice normal na tabela customer
```
SQL> CREATE INDEX country_index
  2  ON customer (cust_country)
  3  TABLESPACE cust_idx;
Index created.
Elapsed: 00:20:12:13
SQL>
```

Uma vez montado o índice, executei dois tipos de consultas: uma que recuperou uma combinação exata de um país e outra que era uma faixa de países. Se você observar a Listagem 2.18, verá que foram encontrados cerca de 55.752 clientes no código de país 15. Essa consulta demorou pouco mais de 1 segundo para se completar. Em uma segunda consulta, mostrada na Listagem 2.19, você verá que a consulta digitalizou o índice, para descobrir quem vivia em países de códigos 6 a 11. Essa pesquisa encontrou 321.075 clientes e levou pouco mais de 4 segundos para se completar.

Listagem 2.18: Combinação exata de consulta em índice normal
```
SQL> select count(*) from customer
  2  where cust_country = 15;
   COUNT(*)
- - - - - - - -
      55752
Elapsed: 00:00:01.51
SQL>
```

Listagem 2.19: Faixa digitalizada de índice normal
```
SQL> select count(*) from customer
  2  where cust_country > 5
  3  and cust_country < 12;
   COUNT(*)
- - - - - - - - - - - -
     321075
Elapsed: 00:00:04.39
SQL>
```

Índices bitmap

Antes de criar o índice bitmap, adicionei o índice normal, criado anteriormente, para evitar erros do Oracle. Basicamente, você não pode ter a mesma coluna indexada duas vezes, por razões óbvias. De qualquer modo, a criação do índice de bitmap levou pouco mais de dois segundos, como mostrado na Listagem 2.20. A quantidade de armazenagem da criação do índice usou cerca de 4 MB, ou aproximadamente 1.6 por cento do tamanho da tabela.

Listagem 2.20: Declaração SQL para criar índice bitmap
```
SQL> CREATE BITMAP INDEX country_bitmap
  2   ON customer (cust_country)
  3   TABLESPACE cust_bit_idx;
Index created.
Elapsed: 00:02:47.78
SQL>
```

A consulta de combinação exata levou apenas meio segundo, usando o índice mapeado de bits mostrado na Listagem 2.21. A faixa de digitalização de consulta do índice usando o índice bitmap também foi muito rápida. Novamente, levou menos de um segundo para se completar, conforme mostrado na Listagem 2.22.

Listagem 2.21: Consulta de combinação exata de índice mapeado de bits
```
SQL> select count(*) from customer
  2   where c_nationkey = 15;
COUNT(*)
---------
   55752
Elapsed: 00:00:00.30
SQL>
```

Listagem 2.22: Digitalização de índice a partir do índice bitmap
```
SQL> select count (*) from customer
  2   where c_nationkey > 5 and c_nationkey < 12;
COUNT (*)
---------
  321075
Elapsed: 00:00:00.62
SQL>
```

COMPARAÇÃO

A Tabela 2.2 mostra o tempo que levei para criar um índice bitmap e um índice normal na chave nation (nação). Além do tempo de criação, ela também mostra o espaço usado pelo tablespace depois que o índice foi montado. Com base nesses números, você pode ver que índices bitmap são o caminho certo. Em termos de tempo de criação, o índice bitmap foi montado quase que 666 por cento mais rápido do que o índice normal. Quanto à utilização de armazenamento, o índice mapeado de bits consumiu apenas 4 MB, o que é 800 por cento menos do que um índice normal. No que se refere às consultas, de novo o índice bitmap terminou mais rápido em ambos os tipos de consultas, pois o índice é tão pequeno que se ajusta dentro de SGA.

Isso significa que você deve converter todos os seus índices para índices bitmap? Absolutamente, não. A resposta é: depende dos dados de cardeais que estejam na coluna. Se a coluna tiver dados com cardeais baixos, então ela é uma candidata perfeita para índice bitmap. Em nosso exemplo, o fato de que tínhamos uma coluna country (país) contendo apenas 25 valores únicos a torna uma candidata perfeita.

Tabela 2.2: Comparação de índice normal com índice mapeado de bits

	Índice normal	Índice bitmap
Criação de índice	Levou cerca de 20 minutos	Levou menos de 3 minutos
Espaço usado	Usou mais de 32MB de tablespace para armazenar o índice	Usou apenas 4MB de espaço de tabela para armazenar o índice
Combinação exata de consulta de verificação do índice	Levou cerca de 1 segundo	Levou menos de um segundo
Digitalização de consulta do índice	Levou cerca de 4 segundos	Levou menos de um segundo

Conclusão

Se você tiver uma tabela muito grande contendo dados de cardeais baixos, então, definitivamente, deve considerar usar o índice bitmap. Ele não só oferece economia de armazenamento em disco, mas também acesso mais rápido às informações. Se você estiver fazendo DSS, então pode querer implementar índices bitmap para grandes tabelas, independentemente dos cardeais, para utilizar a funcionalidade START TRANSFORMATION de Oracle8.

2.5 — O que é uma tabela de índice organizado?

Aplica-se a: Oracle8 e Oracle8*i* **Índice no CD:** Tabela de índice organizado
Sistema operacional: Todos

Problema

Tenho uma tabela muito grande que estou usando para um aplicativo DSS. Ela tem uns bons índices que ocupam muito espaço de armazenagem. Posso combinar ambos, dados e índice, e armazená-los juntos?

Solução

Você pode armazenar ambos, os dados e o índice juntos, usando um novo recurso chamado tabela de índice organizado, disponível no Oracle9 (veja a Figura 2.3). Uma tabela de índice organizado é mais um índice do que uma tabela. Ao invés de manter uma tabela e um índice separados, ela permite que você funda ambos em uma tabela. Os dados atuais são armazenados no próprio índice B-Tree.

Esse tipo de tabela oferece desempenho aperfeiçoado e requer menos espaço de armazenagem. Ele é especialmente útil para aplicativos grandes do tipo DSS, ou quando se usa o Oracle8 ConText Cartridge. Embora a tabela de índice organizado seja diferente, ela é transparente ao aplicativo. Você pode usar declarações SQL normais para consulta ou para fazer operações DML, no entanto precisa especificar uma chave principal para uma tabela de índice organizado.

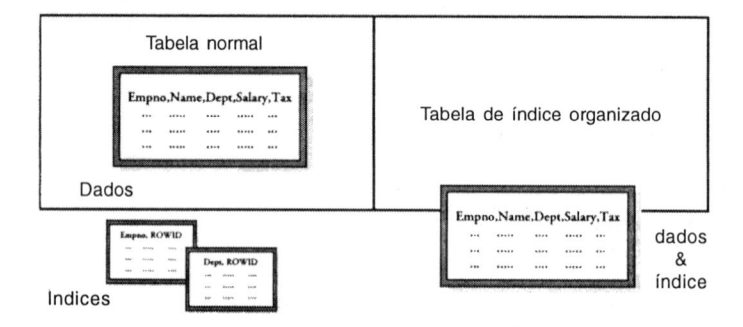

Figura 2.3: Tabela de índice organizado

Tabela 2.3: Diferenças entre tabela vs. tabela de índice organizado

	Tabela normal	Tabela de índice organizado
ROWID	Usado	Não usado
Linha identificada por	ROWID	Chave principal
Digitalização seqüencial	Permitida	Não permitida (apenas digitalização de índice)
Triggers	Permitidos	Permitidos
Restrições UNIQUE	Permitidas	Não permitidas
Índices secundários	Permitidos	Não permitidos
Particionamento	Permitido	Não permitido
Reprodução	Permitida	Não permitida

A Listagem 2.23 mostra a sintaxe CREATE TABLE da tabela de índice organizado.

Listagem 2.23: Sintaxe para criar uma tabela de índice organizado

```
CREATE TABLE <table_name>
    (column_name datatype [ , ]
    constraints constraint_name
    primary key column_name
ORGANIZATION INDEX
TABLESPACE <tablespace_name>
[PCTTHRESHOLD <value>]
[INCLUDING <column_name>]
[OVERFLOW TABLESPACE <tablespace_name>]
```

onde:

- ORGANIZATION INDEX especifica qual tabela está sendo criada como uma tabela de índice organizado;
- PCTTHRESHOLD especifica a porcentagem de espaço reservado no bloco do índice. O limite precisa estar entre 0 e 50; e
- INCLUDING especifica uma coluna que dividirá agora uma tabela de índice organizado em partes de índice e excesso.

Agora, vamos criar uma tabela de índice organizado. Criaremos uma tabela CUSTOMER, que tem C-CUSTKEY como a chave principal, conforme mostrado na Listagem 2.24.

Listagem 2.24: Criação de uma tabela de índice organizado

```
SVRMGR> create table customer (
  2>    c_custkey      number NOT NULL PRIMARY KEY,
  3>    c_name         varchar(25),
  4>    c_address      varchar(40),
  5>    c_nationkey    number,
  6>    c_phone        varchar(15),
  7>    c_acctbal      number,
  8>    c_mktsegment   varchar(10),
  9>    c_comment      varchar(117)
 10> )
 11> ORGANIZATION INDEX
 12> TABLESPACE USERTS
 13> INCLUDING c_nationkey
 14> OVERFLOW TABLESPACE USERTS;
Statement processed.
SVRMGR>
```

Não há opção no Oracle Enterprise Manager (OEM) para criar e gerenciar uma tabela de índice organizado.

Conclusão

A tabela de índice organizado aperfeiçoa dramaticamente o desempenho de consulta e exige consideravelmente menos espaço em disco, visto que os dados de fato são armazenados no índice B-Tree. Uma tabela de índice organizado é muito útil para grandes aplicativos DSS ou quando usada com o recurso Oracle8 ConText Cartridge.

2.6 — Como eu crio um índice de chave inversa?

Aplica-se a: Oracle8 e Oracle8*i*   **Índice no CD:** Índice de chave inversa
Sistema operacional: Todos

Problema

Atualmente, tenho uma tabela com 12 milhões de linhas e um índice associado a ela. Essa tabela passa por numerosas inserções e remoções por dia, e noto que acessar a tabela está se tornando algo muito lento. As inserções são feitas usando-se um número seqüencial. Há uma forma de aperfeiçoar o desempenho de ambas, inserções e remoções, inerentes a Oracle8?

Solução

O índice de chave inversa é um novo recurso em Oracle8. Basicamente, ele inverte os bytes da coluna indexada e depois os armazena em um índice normal B-Tree. Por exemplo, se o valor-chave do índice é 12345, então Oracle o armazenaria como 54321. Agora, você pode pensar: por que ter tal índice? A vantagem é, principalmente, melhorar o desempenho. Isto é particularmente útil no ambiente Oracle Parallel Server (OPS) e para ambientes não-OPS com alto número de inserções, bem como de remoções.

Vamos caminhar através de cada um desses dois ambientes e ver como um índice de chave inversa pode ser útil.

Oracle parallel server (servidor paralelo Oracle)

O recurso de índice de chave inversa ajuda o ambiente OPS, distribuindo as folhas de entradas do índice em blocos diferentes, evitando assim a contenção. Por exemplo, se houver muitos usuários conectados a dois servidores que estejam executando OPS e eles acessarem as mesmas tabelas, há uma possibilidade de que, se o aplicativo inserir linhas em chaves seqüenciais, os mesmos blocos ficarão indo e vindo entre os dois servidores. Assim, se o valor-chave for 22001, 22002, 22003, há uma possibilidade de que duas cópias exijam o mesmo bloco. Com o índice de chave inversa, os valores da chave tornam-se invertidos, isto é, 10022, 20022, 30022, o que faz com que as páginas se espalhem em outros blocos ao invés de em um único. Em termos gerais, o recurso de chave inversa reduz a contenção e, portanto, aperfeiçoa o desempenho.

Ambiente não-OPS

O recurso de índice de chave inversa também é útil para ambientes não-OPS. Se o seu aplicativo faz muitas inserções na mesma tabela, é provável que o índice fique distorcido.

Desvantagem

A maior desvantagem é que você não pode fazer digitalizações na faixa de índice, visto que as chaves adjacentes não são armazenadas próximas umas das outras.

Etapas

Para criar o índice de chave inversa, Oracle8 oferece a palavra-chave REVERSE, que pode ser usada com a declaração CREATE INDEX.

Etapa 1. A Listagem 2.25 mostra como criar um índice de chave inversa. Não há processo de conversão que permita fazer isso. Se um índice de chave inversa for benéfico para a sua tabela, você precisará excluir o índice e depois recriá-lo, usando a palavra-chave REVERSE.

Listagem 2.25: Como criar um índice de chave inversa
```
SQL. CREATE INDEX emp_idx
  2  ON employee
  3  (ecode) REVERSE;
Index created.
SQL>
```

Etapa 2. Se você já tem um índice de chave inversa e quiser remontá-lo para um índice normal, pode fazê-lo usando a palavra-chave NOREVERSE (não inverter). O exemplo apresentado na Listagem 2.26 mostra como remontar o índice em um índice normal sem excluí-lo.

Listagem 2.26: Uso da declaração ALTER (alterar) para remontar um índice para inverso
```
SQL> alter index emp_idx rebuild noreverse;
Index altered.
SQL>
```

Não há opção para criar um índice de chave inversa usando o OEM.

Conclusão

O índice de chave inversa é um novo recurso, introduzido pela primeira vez em Oracle8. O conceito por trás desse recurso é que ele permite melhorar a inserção de dados simultâneos em uma tabela. Basicamente, ele inverte os bytes da coluna indexada e depois os armazena em um índice normal B-Tree. Isso é especialmente útil em ambientes OPS e não-OPS que têm altos volumes de inserção e remoção em uma tabela.

2.7 — Como posso criar um índice de bloco?

Aplica-se a: Oracle8 e Oracle8i	**Índice no CD:** Índice de bloco
Sistema operacional: Todos	

Problema

Eu tenho uma tabela que com freqüência é unida a outra, durante a realização de consultas. Embora cada uma das tabelas tenha um índice, a resposta parece tornar-se mais e mais lenta. Há uma maneira pela qual eu possa pré-unir minhas tabelas, para que o tempo de resposta à consulta seja melhorado?

Solução

Grupos são outra forma de armazenar dados em uma tabela. Eles compreendem duas ou mais tabelas que compartilham colunas comuns. Esses arquivos com freqüência são recuperados juntos, reunindo as tabelas. Esse recurso aperfeiçoa dramaticamente o desempenho de consulta, pois as duas ou mais tabelas não precisam ser unidas para acessar os dados. A título de ilustração, digamos que temos uma tabela CUSTOMER e uma tabela CARS, que armazenam o perfil do cliente e informações sobre o veículo, respectivamente. Vamos supor que sabemos qual veículo é vendido a um cliente e, portanto, há uma coluna comum chamada VEHICLE_ID. Quando você agrupa as tabela CUSTOMER e CARS, o Oracle armazenará fisicamente juntas as informações de ambas as tabelas, com base em VEHICLE_ID.

A seguir estão alguns dos benefícios de usar um grupo:
- independência de design (projeto) de aplicativo
- número reduzido de I/O em disco para acessar tabelas agrupadas
- menos espaço de armazenagem pode ser necessário, pois o valor-chave só é armazenado uma vez.

Entretanto, uma desvantagem é que o desempenho das declarações INSERT pode ser diminuído, devido ao fato da sobrecarga do Oracle, associada ao gerenciamento do grupo. Um grupo precisa ter um índice de grupo associado a ele. O índice de grupo compreende em um grupo feito de uma ou mais colunas.

Etapas

Para criar um grupo você precisa usar a declaração CREATE CLUSTER SQL. A sintaxe para criar um grupo é mostrada na Listagem 2.27.

Listagem 2.27: Declaração CREATE CLUSTER
```
CREATE CLUSTER <cluster_name>
(column datatype .. . . .)
SIZE <bytes>
STORAGE <options>
```

SIZE refere-se ao número de bytes nos quais armazenar todas as linhas com o mesmo valor-chave de grupo. Se esse valor não for especificado, então o padrão é um bloco de dados para cada grupo-chave.

Etapa 1. A primeira etapa é criar um grupo. Caminharemos através de um exemplo de criação de um grupo e associação deste a tabelas. O grupo será chamado de CARS e teremos 200 entradas. Ele será armazenado no tablespace USERTS, conforme mostrado na Listagem 2.28.

Listagem 2.28: Criação de um grupo
```
SQL> CREATE CLUSTER cars
  2  ( vehicle_id integer )
  3  SIZE 200
  4  TABLESPACE userts
  5  STORAGE
  6  (Initial    1M
  7   Next       1M
  8   MinExtents 1
  9   MaxExtents unlimited);
Cluster created.
SQL>
```

Etapa 2. A seguir, criaremos uma tabela chamada CUSTOMER com o CUST_NUMBER como a chave principal e armazenaremos a tabela no grupo chamado CARS, como mostrado na Listagem 2.29. Um ponto importante a lembrar é que o grupo precisa ser criado *antes* que você possa atribuir-lhe uma tabela. Você também precisa atribuir uma coluna da tabela ao grupo-chave. No exemplo mostrado na Listagem 2.29, criamos uma tabela de grupo chamada CUSTOMER.

Listagem 2.29: Criação de uma tabela de grupo
```
SQL> CREATE TABLE customer
  2  (cust_number     integer PRIMARY KEY,
  3   cust_name       char(40),
  4   cust_address1   char(40),
  5   cust_address2   char(40),
  6   cust_city       char(20),
  7   cust_state      char(2),
  8   cust_zip        integer,
  9   vehicle_id      integer)
 10  CLUSTER
 11  cars (vehicle_id);
Table created.
SQL>
```

Etapa 3. Também criaremos outra tabela de grupo chamada VEHICLE, com VEHICLE-ID como o grupo-chave, conforme mostrado na Listagem 2.30.

Listagem 2.30: Criação de uma tabela de grupo

```
SQL> CREATE TABLE vehicle
  2  (Vehicle_id        integer PRIMARY KEY,
  3   License_number    char(10),
  4   Vehicle_make      char(15),
  5   Vehicle_model     char(10),
  6   Vehicle_color     char(12),
  7   Vehicle_year      integer,
  8   Vehicle_bought DATE)
  9  CLUSTER
 10  cars (vehicle_id);
Table created.
SQL>
```

Etapa 4. Agora, tentamos inserir uma linha na tabela VEHICLE, mas obtemos a mensagem de erro mostrada na Listagem 2.31, pois uma tabela de grupo precisa ter um índice agrupado *antes* que possa ser usada.

Listagem 2.31: Inserção na tabela vehicle

```
SQL> INSERT INTO vehicle
  2  values (2345,'2CK197A','NISSAN','MAXIMA','White',1995,3/12/1995) ;
INSERT INTO vehicle
            *
ERROR at line 1:
ORA-02032: clustered tables cannot be used before the cluster index is built
SQL>
```

Etapa 5. Finalmente, criamos um índice agrupado no grupo "CARS", conforme mostrado na Listagem 2.32.

Listagem 2.32: Criação de um índice agrupado

```
SQL> CREATE INDEX cars_idx
  2  ON CLUSTER cars:
Index created.
SQL>
```

Etapa 6. Uma vez que a tabela de grupo tenha sido criada, podemos inserir uma linha nas tabelas VEHICLE e CUSTOMER, como mostrado na Listagem 2.33.

```
SQL> INSERT INTO vehicle
  2    values (2345,'2CK197A','NISSAN','MAXIMA','White',1995,'03-MAR-
  1995');
  1 row created.
SQL> INSERT INTO customer
  2    values (450, 'Noel Y', '324 Jackson Street','',
  3    'Wastonsville', 'TX', 75642,2345);
  1 row created.
SQL>
```

Etapa 7. Uma tabela de grupo também pode ser criada a partir do OEM. Como você pode ver na Figura 2.4, temos um grupo chamado CARS com um índice chamado CARS_IDX.

Para criar uma tabela agrupada usando OEM, clique com o botão direito na pasta Clusters e escolha Create. Então, você obterá a janela Create Cluster (criar grupo), conforme mostrado na Figura 2.5. Apenas siga as instruções da janela para criar um grupo e um índice de grupo.

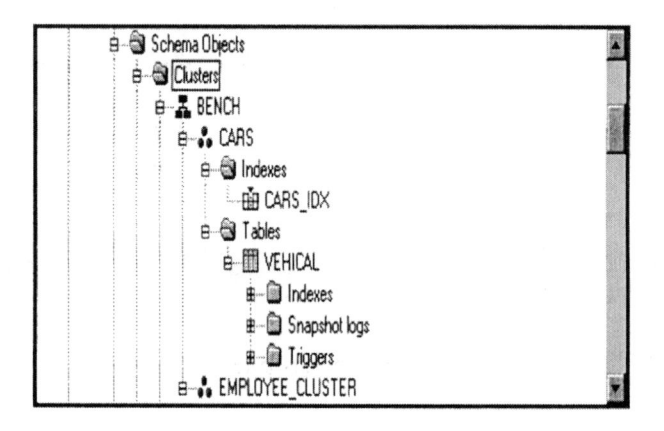

Figura 2.4: Uso de OEM para criar uma tabela agrupada

Capítulo 2 - *Administração de tabela & índice* | 79

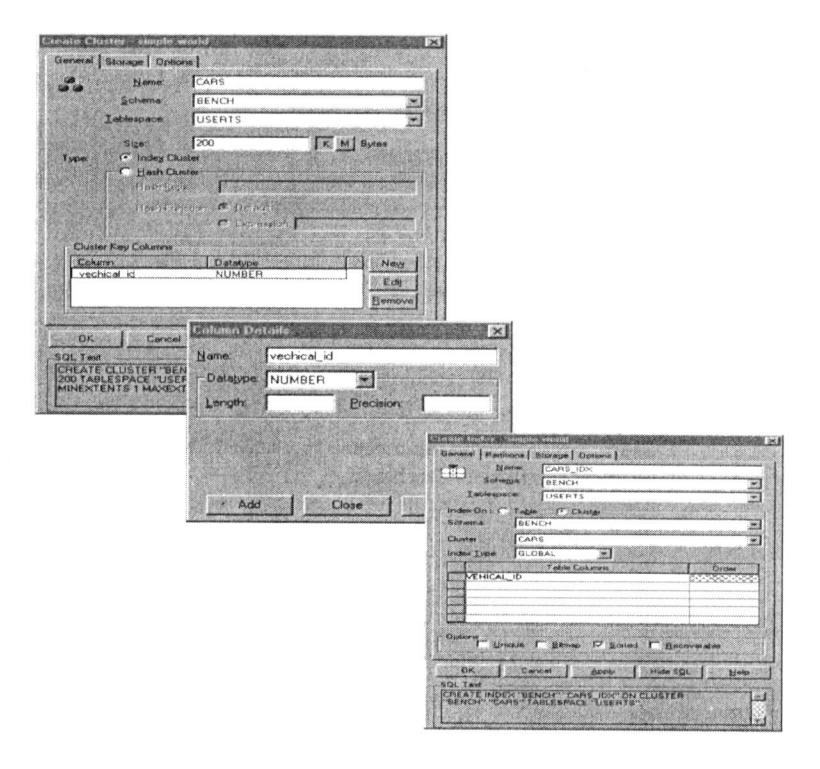

Figura 2.5: Criação de um grupo usando OEM

Conclusão

Usar uma tabela agrupada é outra maneira de armazenar os seus dados. Um grupo pode ser composto de duas ou mais tabelas que compartilham dados comuns. Ele reúne duas ou mais tabelas, aperfeiçoando, portanto o desempenho de consulta. Um índice agrupado é um índice que é criado em uma tabela agrupada.

2.8 — Como crio um bloco de número único?

Aplica-se a: Oracle8 e Oracle8*i*	Índice no CD: Bloco de número único
Sistema operacional: Todos	

Problema

Tenho uma tabela que usa uma série de números como a chave principal. Essa tabela é sempre acessada usando-se essa chave principal única. Agora que a tabela cresceu para mais de 2 GB em tamanho, o tempo de resposta é muito lento. Como o Oracle pode me ajudar a melhorar o desempenho de tal tabela?

Solução

Um bloco de número único é outra forma de armazenar dados em uma tabela. Em um bloco de número único, todas as linhas relacionadas são armazenadas juntas, no mesmo bloco de dados, e usam a função hash (número único) para armazenar e recuperar dados do grupo. A função hash gera uma distribuição de valores chamada "hash values", valores esses baseados em um valor-chave do grupo chamado de "hash key". O hash key pode ser uma coluna única ou múltiplas colunas.

A seguir estão algumas das vantagens de usar bloco de número único:
- acesso rápido a linhas aleatórias
- a linha não migra ou se excede

A desvantagem dessa opção é que a digitalização da tabela demora, visto que as linhas são escrutinadas em diversos blocos de dados.

Etapas

Vamos percorrer as etapas para criar um bloco de número único.

> **Etapa 1.** Neste exemplo, criaremos um bloco de número único chamado EMPLOYEE_CLUSTER, que terá 5000 hash keys, conforme mostrado na Listagem 2.34.

Listagem 2.34: Criação de um bloco de número único
```
SQL> CREATE CLUSTER employee_cluster
  2  (emp_no integer)
  3  TABLESPACE userts
  4  HASH IS emp_no
  5  HASHKEYS 5000;
Cluster created.
SQL>
```

> **Etapa 2.** Uma vez que tenhamos criado o bloco de número único, podemos atribuir-lhe uma tabela. No exemplo mostrado na Listagem 2.35, criamos uma tabela de bloco de número único chamada EMPLOYEE.

Listagem 2.35: Criação de uma tabela de bloco de número único
```
SQL> CREATE TABLE employee (
  2  emp_no          integer PRIMARY KEY
  3  emp_name        char(20),
  4  emp_job         char(10),
  5  emp_mgr         integer,
  6  emp_location    char(2),
  7  emp_salary      number(7,2))
  8  CLUSTER
  9  Employee_cluster (emp_no);
Table created.
SQL>
```

> **Etapa 3.** Você também pode criar o bloco de número único usando o OEM, como mostrado na Figura 2.6.

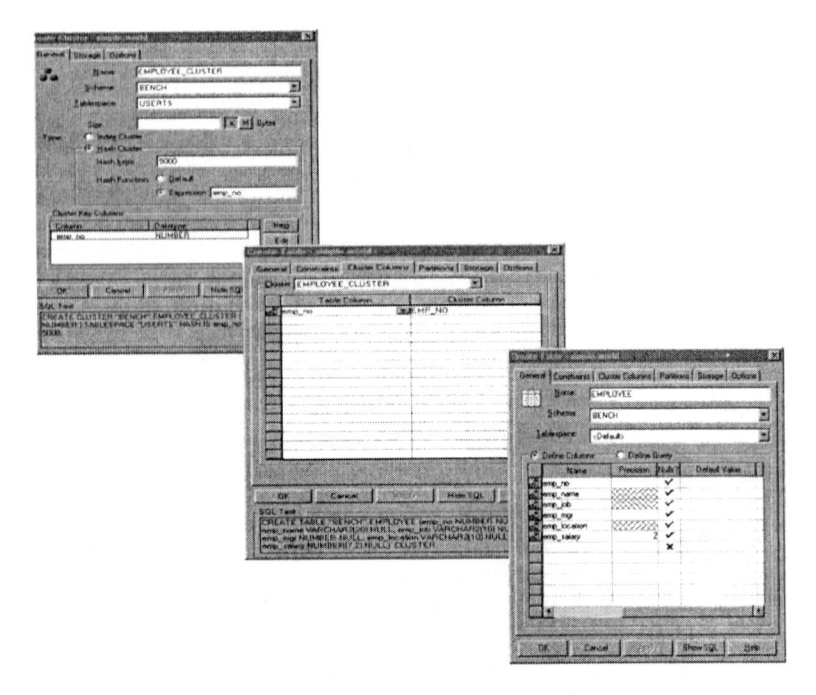

Figura 2.6: Criação de uma tabela de bloco de número único

Conclusão

O bloco de número único é um recurso que permite acessar mais rapidamente grandes tabelas. As linhas são armazenadas e recuperadas com base em uma hash key, que é computada pelo Oracle. No entanto, esse recurso é bom principalmente para acesso a linhas individuais, em vez de digitalizações seqüenciais.

2.9 — Como posso avaliar a quantidade de espaço necessária para uma tabela?

Aplica-se a: Oracle8	**Índice no CD:** Avaliação de tamanho de tabela
Sistema operacional: Todos	

Problema

Estou tentando carregar alguns dados em uma tabela em Oracle. Esses dados estavam previamente armazenados em DB/2 e tinham mais de 50 milhões de linhas. Embora o tamanho do arquivo de dados seja de aproximadamente 1200 MB, não tenho certeza de quanto espaço seria preciso se eu carregasse os dados. Como posso avaliar a quantidade de espaço necessário para uma tabela?

Solução

Avaliação de tamanho de tabela

De fato, é uma boa prática avaliar o tamanho de uma tabela antes de criá-la. Isso ajuda a distribuir igualmente as tabelas através de diferentes "tablespaces"(espaços de tabela), para melhor desempenho e gerenciamento. Também ajuda a evitar situações onde os aplicativos falham devido à falta de espaço. O Oracle aloca espaço para a tabela com base nas extensões que são obtidas do segmento de dados. Cada uma das extensões pode ser de qualquer tamanho, dependendo dos parâmetros de armazenamento especificados no comando CREATE TABLE. Embora em lançamentos anteriores você só pudesse ter um número limitado de extensões, tal limite já não existe (consulte a questão 3.13 para uma discussão sobre extensões ilimitadas). Agora você pode ter extensões ilimitadas, embora o Oracle ainda exija muita sobrecarga para gerenciar essas extensões adicionais. Portanto, é uma boa idéia armazenar as tabelas em uma pequena quantidade de extensões maiores, ao invés de em um grande número de extensões menores.

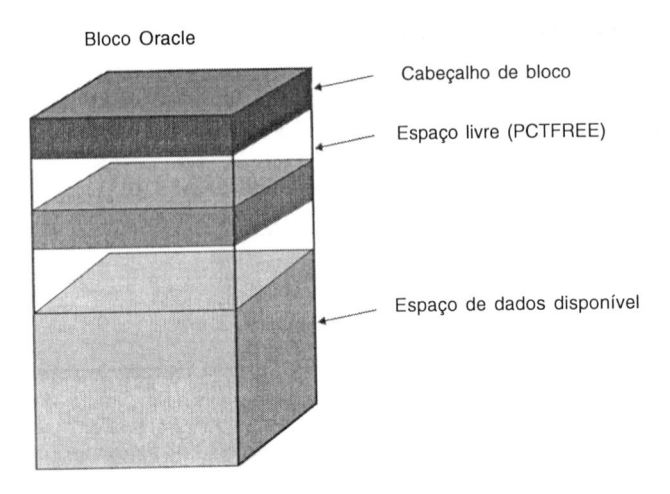

Figura 2.7: Interrupção de um bloco Oracle

Etapas

Etapa 1 — Cálculo do tamanho do cabeçalho de bloco. Embora você possa definir o tamanho do bloco do banco de dados como 2K, 4K, 8K ou 16K, o Oracle usa um pouco de código extra para manter cada um dos blocos. Esse código extra pode ser calculado usando-se a fórmula relacionada a seguir. O código extra é mais ou menos estático sobre o tamanho da página. Em outras palavras, ele não aumenta dramaticamente o tamanho de um bloco maior. A fórmula para calcular o tamanho do cabeçalho do bloco é como a seguir:

Block Header size - DB_BLOCK_SIZE-KCBH-UB4-KTBBH-(INITRANS-1)*KTBIT-KDBH

onde
- DB_BLOCK_SIZE é o tamanho do bloco de banco de dados. Isso pode ser obtido a partir da view V$PARAMETER. Normalmente isso tem 2K, 4K, 8K ou 16K.
- KCBH, UB4, KTBBH, KTBIT, KDBH são valores de sistema que podem ser obtidos da view V$TYPE_SIZE.
- O valor INITRANS é o número inicial de entradas de transações alocadas a uma tabela.

Etapa 2 — Cálculo do espaço disponível para dados em cada bloco. Na verdade, o espaço disponível para dados não será o valor calculado na etapa 1. Isso porque você pode ajustar o parâmetro PCTFREE para uma tabela que usa mais espaço para atualizações. Assim, só depois de levarmos em conta os valores PCTFREE e KDBT podemos obter o espaço disponível para os dados.

A fórmula para calcular o espaço disponível para dados é como a seguir:
available data space = CEIL (header_size* (1 − PCTFREE/100)) − KDBT

onde
- CEIL é usado para arredondar o valor para o inteiro mais alto a seguir
- header_size é calculado na Etapa 1
- PCTFREE é a porcentagem de espaço reservado para futuras atualizações à tabela
- KDBT é um valor de sistema que pode ser obtido de V$TYPE_SIZE.

EEtapa 3 — Cálculo do espaço necessário para uma linha. Agora que temos o espaço disponível para um bloco, podemos calcular o espaço necessário para uma linha. Isso pode ser conseguido de duas formas. Se já tivermos uma tabela, então podemos obter o valor da linha atual consultando o banco de dados. A outra maneira é calculá-lo manualmente, conforme mostrado nas seguintes etapas:

Etapa 3.1- Cálculo de tamanho de colunas de uma tabela.
- Tamanho de coluna = Tamanho da coluna + (1 if size < 250 else 3)
- Tamanho total da coluna = Tamanho da coluna + tamanho das outras colunas

Etapa 3.2- Cálculo de tamanho da linha.
- Tamanho de linha = row header(3 * UB1) + Tamanho total da coluna

Etapa 3.3- Cálculo de espaço usado por uma linha. Espaço usado por uma linha = MIN (UB1 * 3+ UB4 + SB2, Tamanho da linha) + SB2

Etapa 4 — Cálculo do número de linhas que se ajustam em um bloco. Agora que sabemos quanto espaço é necessário para uma linha, podemos calcular quantas linhas cabem em um bloco.

Número de linhas em um bloco = FLOOR (Available_space/ Row-space)

Etapa 5 — Cálculo de número de blocos necessários para linhas. Visto que sabemos quantas linhas cabem em um bloco, estamos em uma posição de prever a quantidade de blocos necessária para determinado número de linhas. Isso é conseguido usando-se a fórmula a seguir:

Quantidade de blocos necessária para x linhas= (Número de linhas / Número de linhas em um bloco)

Etapa 6 — Cálculo da quantidade de MB necessária para determinado número de linhas. A fórmula é:

Quantidade de MB = (Número de blocos necessários para x linhas * BLOCK_SIZE) / 1024

Não há uma ferramenta em Oracle que possa avaliar a quantidade de espaço exigida por uma tabela. Nem mesmo a ferramenta OEM tem esse recurso.

Conclusão

A única maneira de calcular a exigência de espaço de uma tabela é passando pelas etapas citadas, que só darão a você uma estimativa bruta. Você deve sempre acrescentar pelo menos vinte e cinto por cento a mais de espaço à estimativa, especialmente se estiver carregando dados a partir de arquivos ASCII.

2.10 — Como posso avaliar a quantidade de espaço necessária para um índice?

Aplica-se a: Oracle8

Índice no CD: Avaliação de tamanho de índice

Sistema operacional: Todos

Problema

Tenho uma tabela que contém 50 milhões de linhas. Eu gostaria de criar um índice nessa tabela. No entanto, não tenho certeza de quanto tablespace é necessário. É possível avaliar a quantidade de espaço necessária para um índice?

Solução

Avaliação de espaço para índices

Avaliar o tamanho do índice ajuda a gerenciar melhor o espaço em disco e o desempenho. O Oracle aloca as páginas de índice com base em uma extensão obtida do segmento de índice existente em um tablespace. Cada uma das extensões pode ser de qualquer tamanho, dependendo de como você cria o índice com base nos parâmetros de armazenagem. O ponto importante a observar é que você deve estar disposto a usar um número menor de extensões maiores, para melhor desempenho. Isso também permitirá armazenar os dados de índice em um espaço de disco relativamente contíguo, e o Oracle terá que lidar com menos extensões.

Se você tem uma tabela e índice grandes, é uma boa idéia separá-los em diferentes tablespaces, para melhor gerenciamento e desempenho. Se você executar em fragmentação de índice devido a crescimento aumentado ou dimensionamento impróprio, sempre pode remontar ou fundir o índice. Isso pode ser feito usando-se ALTER INDEX e especificando a opção COALESCE (aglutinar).

Etapa 1 — Cálculo do tamanho do cabeçalho de bloco. O cálculo do tamanho do cabeçalho do bloco de índice não é igual ao do tamanho do cabeçalho de bloco. A fórmula para calcular o tamanho do cabeçalho de bloco é:

Tamanho de cabeçalho de bloco = 113 + (24 * INITRANS)

Etapa 2 — Cálculo do espaço disponível para dados em cada bloco. Agora que sabemos quanto código extra existe em um bloco, podemos calcular o espaço disponível para dados em cada bloco. Assim:

Espaço disponível para dados = (BLOCK_SIZE-BLOCK_HEADER) — espaço por bloco ((BLOCK_SIZE-BLOCK_HEADER) *(PCTFREE/100))

Etapa 3 — Cálculo de espaço necessário pelas colunas indexadas. Com o espaço exigido para cada bloco computado, podemos calcular o espaço necessário para uma linha. Isso pode ser conseguido de uma de duas maneiras. Em uma tabela existente, podemos obter o valor atual da linha, consultando o banco de dados. A outra maneira é calculá-lo manualmente, conforme mostrado nas seguintes etapas:

Etapa 3.1- Cálculo de tamanhos de coluna de uma tabela.

- Tamanho de coluna = Tamanho da coluna + (1 if size <250 else 3)
- Tamanho total de coluna = Tamanho da coluna + ...

Etapa 3.2- Cálculo do tamanho de linha.

- Tamanho de linha = cabeçalho da linha (3 * UB1) + Tamanho total da coluna

Etapa 3.3- Cálculo de espaço usado por uma linha.

- Espaço usado por uma linha = MIN (UB1 * 3 + UB4 + SB2, Tamanho da linha) + SB2

Etapa 3.4- Cálculo do tamanho médio de cada entrada de índice.

- BYTES/ENTRY = entry header + ROWID length+ F + V + D

onde:

- entry header (entrada de cabeçalho) tem 2 bytes;
- comprimento de ROWID é de 6 bytes;
- F é o total de bytes de todas as colunas indexadas que têm menos de 127 bytes. Para cada coluna, acrescente 1 byte;
- V é o comprimento total de bytes de todas as colunas indexadas que têm mais do que 127 bytes. Para cada coluna, acrescente 2 bytes;
- D é o valor de espaço de dados, como calculado na Etapa 3.3.

Etapa 5 — Cálculo do número de blocos necessários para o índice. O número de blocos necessários é calculado usando-se a seguinte fórmula:

Número de blocos necessários = 1.05 *# Linhas não nulas* FLOOR (Espaço de dados disponível por bloco/Tamanho médio de entrada)

Agora que sabemos a quantidade de blocos necessária para determinado número de linhas, podemos calcular os MB necessários.

Espaço necessário em MB = (Número de blocos * BLOCK_SIZE) / 1024

Não existe ferramenta no Oracle que possa avaliar a quantidade de espaço necessária para uma tabela, portanto você precisa fazer seus próprios cálculos.

Conclusão

O espaço necessário para índices variará tremendamente. Isso devido à árvore de índice e à quantidade de entradas na árvore. Às vezes, um índice torna-se distorcido e resulta em um pobre desempenho. Ao criar um índice, esteja certo de que você tem mais vinte e cinto por cento de espaço adicional estimado em disco, especialmente se sua tabela contiver mais de um milhão de linhas.

2.11 — Como posso ver e eliminar linhas migradas e encadeadas?

Aplica-se a: Oracle8	**Índice no CD:** Linha encadeada, linha migrada
Sistema operacional: Todos	

Problema

Meu aplicativo faz muitas inserções, atualizações e remoções em mais de 50 tabelas no banco de dados. No último mês ou algo parecido, notei que o tempo de resposta do aplicativo piorou. No entanto, vendo o Oracle e estatísticas de sistema, não parece haver qualquer utilização alta do CPU ou dos discos. Eu suspeito que as linhas possam estar se separando e se encadeando. Há uma maneira de ver linhas encadeadas e eliminá-las?

Solução

Se uma linha é atualizada, o que leva o tamanho da linha a aumentar, de modo que a linha não cabe mais em seu bloco de dados original, o Oracle tentará mover aquela linha para outro bloco. Se o Oracle encontrar outro bloco com espaço livre suficiente, moverá a linha para esse novo lugar (veja a Figura 2.8). Isso é chamado de linha migrada, isto é, uma única linha que foi movida de seu lugar em um bloco para outro. Por outro lado, se o Oracle for incapaz de encontrar espaço disponível suficiente para aquela linha nos blocos de dados, então a única opção é separar a linha em múltiplas peças e armazenar cada uma das peças em blocos diferentes. Isso é chamado de uma linha encadeada — uma única linha que agora está localizada em dois ou mais blocos de dados (veja a Figura 2.9).

Capítulo 2 - *Administração de tabela & índice* | **89**

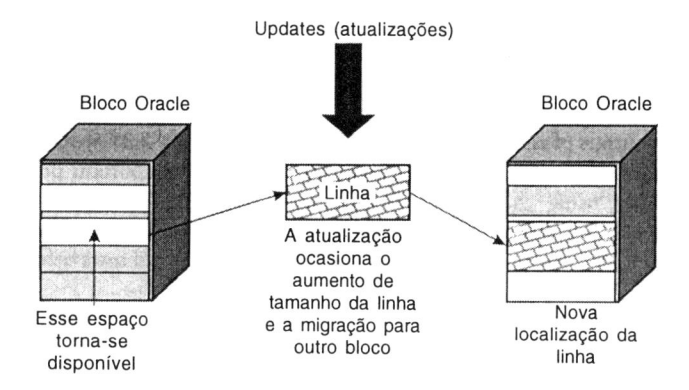

Figura 2.8: Linha migrada

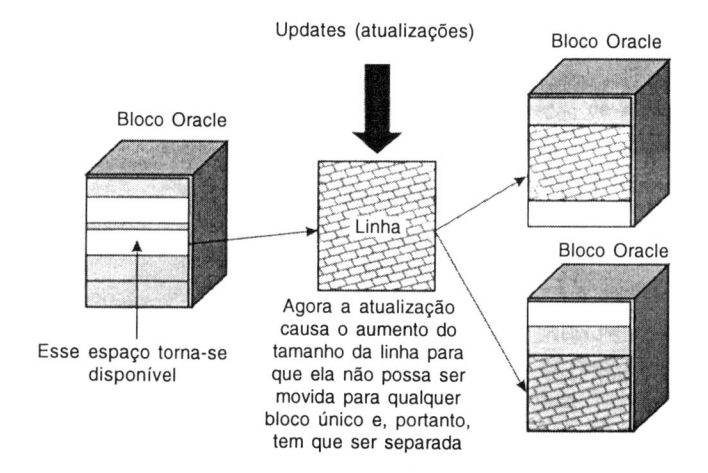

Figura 2.9: Linha encadeada

Etapas

Etapa 1 — Análise da tabela. Antes de você executar o comando ANALYZE TABLE (analisar tabela), precisa criar uma tabela de linha encadeada. Se você não criar essa tabela, obterá uma mensagem de erro do Oracle, ORA-01495, conforme mostrado na Listagem 2.36. Para criar essa tabela, execute o comando de arquivo UTLCHAIN.SQL, localizado em seu diretório admin. Esse arquivo pode ser executado a partir de SQL*Plus, do Server Manager ou de OEM. O comando de arquivo UTLCHAIN.SQL criará a tabela chained_rows com as colunas apropriadas.

Listagem 2.36: Saída do comando ANALYZE TABLE

```
SQL> analyze table employee listing chained rows;
analyze table employee listing chained rows
*
ERROR at line 1:
ORA-01495: specified chain row table not found
SQL>
SQL> @/export/home/oracle/rdbms/admin/UTLCHAIN
```

Etapa 2 — Descubra se você tem linhas encadeadas. Uma vez que você tenha executado o comando ANALYZE, se existirem quaisquer linhas migradas ou encadeadas, os resultados aparecerão na tabela CHAINED_ROWS que foi criada usando-se o UTLCHAIN.SQL. Use o script MON_CHAIN.SQL, mostrado na Listagem 2.38, para gerar um relatório de linhas encadeadas. A partir da saída de MON_CHAIN.SQL, conforme mostrado na Listagem 2.37, você pode ver que temos algumas linhas encadeadas na tabela EMPLOYEE. Um ponto importante a notar é que, ao usar o comando ANALYZE, a saída é anexada à tabela CHAINED_ROWS. Assim, se você tiver analisado uma tabela com a opção anterior, LISTING CHAINED (listagem de encadeadas), pode querer apagar as antigas linhas antes de executar novamente o comando ANALYZE.

Listagem 2.37: Saída de MON_CHAIN.SQL

```
SQL> analyze table emp listing chained rows;
Table analyzed.
SQL>
```

Listagem 2.38: Script MON_CHAIN.SQL

```
Set echo off feedback off verify off heading off;
Set linesize 80 pagesize 60;

REM NAME                : mon_chain.sql
REM AUTHOR              : Noel.Y
REM USAGE               : Run from SQLPLUS
REM DESCRIPTION         : Generates a report on the
REM                       CHAINED ROWS for the table that
REM                       has been ANALYZED
REM REQUIREMENTS        : Must be run as DBA or Object owner

col owner_name    format a10    heading "ROWID"
col table_name    format a20    heading "Owner Name"
col head_rowid    format a20    heading "ROWID"
col TODAY NEW_VALUE _DATE
set termout off
select to_char(SYSDATE,'fmMonth DD, YYYY') TODAY from DUAL;
set termout on

TTITLE left _DATE CENTER "REPORT ON CHAINED ROWS " Skip 1 -
CENTER "= = = = = = = = = = = = = = = = = =" skip 2
```

```
break on owner_name on table_name

spool &output_filename;
set heading on;
select
  owner_name,
  table_name,
  head_rowid
from
  chained_rows:    — ❶ Consulta à tabela de sistema
clear columns;
spool off;
set feedback on verify on echo on;
```

❶ Para obter informações sobre linhas encadeadas, você precisa consultar a tabela CHAINED_ROWS, que foi criada pelo script UTLCHAIN.SQL.

Listagem 2.39: Saída de MON_CHAIN.SQL

```
August 8, 1998             REPORT ON CHAINED ROWS
                           ===================
ROWID     OWNER NAME      ROWID
----      ----------      -----
BENCH     EMPLOYEE        AAAC1cAATAAAQxLAAA
                          AAAC1cAATAAAQxLAAB
                          AAAC1cAATAAAQxLAAC
                          AAAC1cAATAAAQxLAAE
                          AAAC1cAATAAAQxLAAF
                          AAAC1cAATAAAQxLAAG
                          AAAC1cAATAAAQxLAAI
                          AAAC1cAATAAAQxLAAJ
                          AAAC1cAATAAAQxLAAK
                          AAAC1cAATAAAQxLAAL
                          AAAC1cAATAAAQxLAAN
                          AAAC1cAATAAAQxLAAO
                          AAAC1cAATAAAQxLAAP
                          AAAC1cAATAAAQxLAAQ
                          AAAC1cAATAAAQxLAAS
                          AAAC1cAATAAAQxLAAT
```

Etapa 3 — Eliminação de linhas migradas ou encadeadas. Existem duas maneiras de eliminar linhas migradas/encadeadas. Você pode fazer a exportação da tabela e importá-la de volta ou criar uma outra tabela como SELECT (seleção), apagar as linhas migradas/encadeadas e depois inseri-las de volta na tabela original. O último procedimento é descrito nas etapas a seguir:

Etapa 4. Crie uma tabela intermediária com as mesmas colunas que na tabela original.

```
CREATE TABLE <temp_table_name>
   AS SELECT *
      FROM <table_name>
      WHERE ROWID IN
         (SELECT head_rowid
            FROM chained_rows
            WHERE table_name = 'table_name');
```

Assim, se tivermos uma tabela chamada EMP, então a tabela intermediária chamada TEMP_EMP pode ser criada usando-se o seguinte:

```
CREATE TABLE temp_emp
   AS SELECT *
      FROM emp
      WHERE ROWID IN
         (SELECT head_rowid
            FROM chained_rows
            WHERE table_name = 'emp';
```

Etapa 5. Apague as linhas migradas e encadeadas da tabela original (emp).

```
DELETE from emp
   WHERE ROWID IN
      (SELECT head_rowid
         FROM chained_rows
         WHERE table_name = 'emp');
```

Etapa 6. Insira as linhas da tabela intermediária (temp_emp) na tabela original (emp).

```
INSERT INTO emp
   SELECT *
      FROM temp_emp;
```

Etapa 7. Agora você pode ir em frente e excluir a tabela intermediária (temp_emp)

```
DROP TABLE temp_emp;
```

Etapa 8. Finalmente, apague todas as chained_rows da tabela CHAINED_ROW que são relevantes para a tabela EMP.

```
DELETE FROM chained_rows
   WHERE table_name = 'emp';
```

Outras maneiras de eliminar linhas migradas/encadeadas
  1. Faça uma exportação/importação da tabela.
  2. Crie outra tabela usando o comando CREATE TABLE AS SELECT (criar tabela conforme seleção).

Conclusão

Uma linha migrada é uma em que uma linha foi atualizada de tal modo que não pode mais caber no bloco de dados Oracle original e precisa ser movida para outro bloco. Uma linha encadeada é uma em que o Oracle não pode encontrar espaço disponível para aquela linha atualizada em qualquer bloco de dados, assim, a única opção é separar a linha em múltiplos pedaços.

2.12 — Como crio uma tabela de teste com dados simulados?

Aplica-se a: Oracle7, Oracle8 e Oracle8*i*   **Índice no CD:** Nenhum
Sistema operacional: Todos

Problema

Estou tentando testar um programa, mas não quero usar qualquer das tabelas de produção. Posso criar uma tabela, mas não tenho os dados. Eu posso criar uma tabela com alguns dados de teste?

Solução

Existem muitas maneiras de preencher uma tabela com dados. Você pode ter um programa C que gerará dados em algum arquivo ASCII, que pode então ser baixado para o banco de dados. Você também pode usar um programa PL/SQL para fazer um loop e inserir (INSERT) linhas na tabela. Embora isso vá causar mais lentidão do que carregar dados de arquivos ASCII, a vantagem é que você não tem que escrever um programa C.

Etapas

Nós criamos um script chamado TEST_TABLE que primeiro cria uma tabela chamada MYTEST_TABLE, conforme mostrado na Listagem 2.40. Depois, ele executa um código PL/SQL que realiza um loop e insere linhas na tabela. A saída do script é mostrada na Listagem 2.41.

Listagem 2.40: Script TEST_TABLE.SQL

```
SQL> CREATE TABLE mytest_table
  2   (serial_no        NUMBER PRIMARY KEY,
  3    name             CHAR(20),
  4    dept             NUMBER,
  5    code             NUMBER,
  6    comments         CHAR(20));
Table created.
SQL> DECLARE
  2      a   NUMBER;
  3      b   NUMBER;
  4      c   NUMBER
  5   BEGIN
  6      c := 0;
  7         FOR a in 1..100 LOOP        — ❶ Loop externa
  8            FOR b in 1..100 LOOP| #2. Inner Loop   — ❷ Loop interna
  9               c := c + 1;
 10               INSERT INTO mytest_table values
                     (c, 'NAME', a, b, 'COMMENTS');   — ❸ Insere na tabela
 11            END LOOP;
 12         END LOOP;
 13      COMMIT;
 14   END;
 15   /
PL/SQL procedure successfully completed.
SQL>
```

❶ O loop externo controlará o número de departamento em nosso exemplo. Ele realizará um loop de 1 a 100 como variável "a".

❷ O loop interna será executado 100 vezes para cada loop externo. Isso nos permitirá preencher a coluna de código de cada valor de departamento.

❸ Finalmente, inseriremos os valores em MYTEST_TABLE.

Listagem 2.41: Saída de TEST_TABLE.SQL

```
SQL> select * from mytest_table;
 SERIAL_NO   NAME       DEPT      CODE    COMMENTS
 ---------   ----       ----      ----    --------
         1   NAME          1         1    COMMENTS
         2   NAME          1         2    COMMENTS
         3   NAME          1         3    COMMENTS
         4   NAME          1         4    COMMENTS
         5   NAME          1         5    COMMENTS
<<CORTA>>
      9996   NAME        100        96    COMMENTS
      9997   NAME        100        97    COMMENTS
      9998   NAME        100        98    COMMENTS
      9999   NAME        100        99    COMMENTS
     10000   NAME        100       100    COMMENTS
10000 rows selected.
SQL>
```

Conclusão

Embora existam muitas maneiras de preencher com dados simulados uma tabela, o script TEST_TABLE oferece uma maneira fácil.

2.13 — Como crio um índice baseado em função?

8i	Aplica-se a: Oracle8*i*	Índice no CD: Índice baseado em função
	Sistema operacional: Todos	

Problema

Eu tenho um aplicativo de armazenagem de dados que consulta uma tabela baseada em expressão computadorizada. A consulta leva muito tempo para se completar, visto que digitaliza todas as linhas. Há uma forma de armazenar expressão computadorizada em um índice e, portanto, aperfeiçoar o desempenho de consulta? Como crio um índice baseado em função?

Solução

P partir do Oracle8i, você pode criar índices baseados em função e expressão. Um índice baseado em função pré-computa o valor da função e o armazena no índice. O índice pode ser um índice B-Tree ou bitmap. Esse recurso melhora dramaticamente o desempenho de consulta de dados armazenados. O índice baseado em função também oferece suporte para separações baseadas em chaves de separação lingüística.

A função pode ser: expressão aritmética que pode conter uma função PL/SQL, uma função JAVA, ou uma função SQL ou C. Entretanto, não pode conter qualquer função agregada ou coluna LOB.

Vantagens
- Pré-computa uma função intensa computacionalmente e a armazena no índice.
- Permite que você crie índices em objeto colunas e colunas REF.
- Permite que você faça separações de letras maiúsculas com as funções UPPER e LOWER.

Restrições

- Apenas um otimizador baseado em custo pode usar um índice baseado em função.
- Um índice baseado em função não pode conter qualquer função agregada, coluna LOB ou uma coluna de tabela REF ou aninhada.
- Não pode ser usada se retornar uma VARCHAR2 ou RAW da função PL/SQL.

Etapas

Vamos percorrer um exemplo de como criar um índice baseado em função.

Etapa 1. Primeiramente, vamos criar uma tabela chamada EMPLOYEE que tem 10 colunas, como mostrado na Listagem 2.42.

Listagem 2.42: Criação de uma tabela employee
```
SQL> CREATE TABLE employee
  2    (emp_number            NUMBER PRIMARY KEY,
  3     emp_name              CHAR(40),
  4     emp_address_1         CHAR(40),
  5     emp_address_2         CHAR(40),
  6     emp_city              CHAR(20),
  7     emp_state             CHAR(2),
  8     emp_dept              CHAR(2),
  9     emp_salary            NUMBER(7,2),
 10     emp_bonus             NUMBER(7,2),
 11     emp_hire_date         DATE)
 12  TABLESPACE MY_TBLSP
 13  STORAGE (INITIAL 1M NEXT 1M);
Table created.
SQL>
```

Etapa 2. A seguir, inseriremos 2 linhas na tabela EMPLOYEE. Como você pode ver da Listagem 2.43, os números de empregados 1001 e 1002 são inseridos com sucesso.

Listagem 2.43: Inserção de linhas na tabela employee
```
SQL> INSERT INTO employee
  2    VALUES (1001, 'Noel', 'ABC 123', '', 'Santa Clarito', 'CA', '08',
  3    90000.00,25000.000,'01-JAN-1990');
1 row created.
SQL> INSERT INTO employee
  2    VALUES (1002,'John','XYS 123','', 'New York', 'NY', '07',
  3    75000.00,15000.000, '23-MAR-1995');
1 row created.
SQL> commit;
Commit complete.
SQL>
```

O nosso objetivo é criar um índice que nos permitirá obter o salário mensal dos empregados, visto que esta informação é consultada por muitas pessoas no departamento de RH. Lembre-se de que só estamos armazenando o salário anual e a bonificação anual daquele empregado.

Etapa 3. Agora, vamos criar um índice baseado em função, especificando a coluna emp_salary mais a coluna emp_bonus como uma chave composta. Como você pode ver a partir da Listagem 2.44, criamos um índice baseado em função chamado MONTH_SAL_IDX.

Listagem 2.44: Criação de um índice baseado em função
```
SQL>
SQL> CREATE INDEX month_sal_idx ON employee
  2  ((emp_salary+emp_bonus)/12);
Index created.
SQL>
```

Etapa 4. Finalmente, podemos consultar a tabela do empregado na expressão emp_salary+emp_bonus/12, onde o salário mensal é mais do que $9.000 por mês. Como você pode ver a partir da Listagem 2.45, a consulta é executada com sucesso, com o valor de 9583.33333 sendo exibido em retorno.

Listagem 2.45: Consulta à tabela employee
```
SQL> select emp_name, (emp_salary+emp_bonus)/12
  2  from employee
  3  where (emp_salary+emp_bonus)/12 > 9000;
EMP_NAME        (EMP_SALARY+EMP_BONUS)/12
-----------------------------------------
Noel            9583.33333
SQL>
```

Conclusão

Um índice baseado em função pré-computa o valor da função e o armazena no índice. A função pode conter qualquer expressão aritmética e a função PL/SQL, JAVA, SQL ou C, mas não pode conter funções agregadas ou colunas LOB. Esse recurso pode aperfeiçoar dramaticamente o desempenho de consulta a dados armazenados, visto que a expressão computacionalmente intensa é armazenada no próprio índice.

2.14 — Como crio uma tabela individual de bloco de número único?

8i	Aplica-se a: Oracle8*i*	Índice no CD: Tabela individual de bloco de número único
	Sistema operacional: Todos	

Problema

Eu tenho uma tabela muito grande que preciso acessar com base em um valor-chave. Embora eu tenha um índice B-Tree na tabela, preciso melhorar meu tempo de resposta de acesso. Sei que o Oracle8i tem um recurso de tabela individual de bloco de número único que me permite acessar minha tabela muito mais rapidamente. Como crio uma?

Solução

P pertir do Oracle8i, você pode criar um bloco de número único com apenas uma tabela. A vantagem de ter uma tabela individual de bloco de número único é que você ganha acesso mais rápido às linhas. O Oracle pré-aloca o espaço para cada um dos valores-chave hash quando é criada a tabela individual de bloco de número único. Não há mais do que uma linha por valor-chave hash. Você também só pode ter uma tabela presente no bloco em cada ocasião, o que significa que precisa apagar uma tabela existente do bloco de número único, de modo a adicionar-lhe outra tabela.

Etapas

A sintaxe para criar uma tabela individual de bloco de número único é mostrada na Listagem 2.46.

Listagem 2.46: Sintaxe para criação de uma tabela individual de bloco de número único
```
CREATE CLUSTER <cluster_name> (column, columns... .)
SINGLE TABLE HASHKEYS (value) HASH IS <expression>
```

Etapa 1. Vamos criar uma tabela individual de bloco de número único chamada PEOPLE_CLUSTER, que tem EMP_DEPT como a chave de bloco e um máximo de 400 valores-chave hash (veja a Listagem 2.47). Uma vez que tenhamos criado a tabela individual de bloco de número único, podemos adicionar-lhe a tabela EMPLOYEE, conforme mostrado na Listagem 2.48.

Capítulo 2 - *Administração de tabela & índice* | 99

Listagem 2.47: Criação de uma tabela individual de bloco de número único

```
SQL> CREATE CLUSTER people_cluster
  2    (emp_dept char(2))
  3    TABLESPACE MY_TBLSP
  4    SINGLE TABLE
  5    HASHKEYS 500;
Cluster created.
SQL>
```

Listagem 2.48: Acréscimo de uma tabela à tabela individual de bloco de número único

```
SQL> CREATE TABLE employee
  2    (emp_number           NUMBER PRIMARY KEY,
  3     emp_name             CHAR(40),
  4     emp_address_1        CHAR(40),
  5     emp_address_2        CHAR(40),
  6     emp_city             CHAR(20),
  7     emp_state            CHAR(2),
  8     emp_dept             CHAR(2),
  9     emp_salary           NUMBER(7,2),
 10     emp_bonus            NUMBER(7,2),
 11     emp_hire_date        DATE)
 12    CLUSTER
 13    people_cluster(emp_dept);
Table created.
SQL>
```

Conclusão

No Oracle8i há um novo recurso que permite criar uma tabela individual com bloco de número único. Esse recurso oferece acesso mais rápido às linhas. O Oracle pré-aloca o espaço para cada um dos valores-chave hash quando a tabela individual de bloco de número único é criada.

2.15 — Como largo uma coluna sem recriar a tabela?

81	**Aplica-se a:** Oracle8*i*	**Índice no CD:** Excluir coluna
	Sistema operacional: Todos	

Problema

Atualmente, estou fazendo o desenvolvimento de um aplicativo que requer trocar a estrutura da tabela com freqüência. Como posso excluir uma coluna sem recriar a tabela?

Solução

Iniciando com Oracle8*i* você pode excluir colunas não usadas de uma tabela; isso está de acordo com o padrão de transição SQL92. Anteriormente, tínhamos que usar o utilitário de exportação/importação para excluir uma coluna e criar o comando CREATE TABLE...AS SELECT (criar tabela...conforme seleção).

A opção DROP COLUMN (excluir coluna) do comando ALTER TABLE remove a coluna da tabela, inclusive descrição, comprimento e dados da coluna. Excluir uma coluna pode levar um tempo considerável, especialmente em grandes tabelas. Assim, você deve excluir uma coluna só quando o sistema estiver menos ocupado. Outra maneira de sobrepujar isso é marcar uma coluna como UNUSED (não usada) com a opção SET UNUSED do comando ALTER TABLE. Isso exclui logicamente as colunas, mas os dados ainda permanecem na linha, embora não estejam acessíveis. A coluna marcada pode ser completamente excluída mais tarde, por reivindicação de espaço.

A sintaxe do comando ALTER TABLE é mostrada na Listagem 2.49.

Listagem 2.49: Sintaxe para excluir uma coluna usando a declaração ALTER TABLE

```
ALTER TABLE <table_name>
DROP COLUMN <col_name> (CASCADE CONSTRAINTS) CHECKPOINT n
OR
SET UNUSED COLUMN <col_name> (CASCADE CONSTRAINTS)
OR
DROP UNUSED COLUMNS CHECKPOINT n
```

Onde:

DROP COLUMN especifica a liberação de espaço, excluindo as colunas que não são necessárias.
SET UNUSED COLUMN especifica marcar a coluna, mas, na verdade, não removê-la.
DROP UNUSED COLUMN especifica remover todas as colunas que foram marcadas.
CASCADE CONSTRAINTS larga todas as restrições de referencial de integridade.
CHECKPOINT especifica que um ponto de verificação deve ser feito depois de processar <n> número de linhas.

Quando os dados da coluna são apagados, todos os índices que foram criados em quaisquer dessas colunas apagadas também são apagados, e todas as restrições que referenciam uma coluna-alvo são removidas.

Etapas

Vamos agora percorrer um exemplo de como excluir uma coluna. Usaremos a tabela EMPLOYEE, como mostrado na Listagem 2.50. Depois de estudo cuidadoso, decidimos que não precisamos da coluna EMP_ADDRESS_2, pois todos os endereços dos empregados vêm na coluna EMP_ADDRESS_1.

Listagem 2.50: Criação da tabela employee

```
SQL> CREATE TABLE employee
  2   (emp_numer           NUMBER PRIMARY KEY,
  3    emp_name            CHAR(40),
  4    emp_address_1       CHAR(40),
  5    emp_address_2       CHAR(40),
  6    emp_city            CHAR(20),
  7    emp_state           CHAR(2),
  8    emp_dept            CHAR(2),
  9    emp_salary          NUMBER(7,2),
 10    emp_bonus           NUMBER(7,2),
 11    emp_hire_date       DATE)
 12   TABLESPACE MY_TBLSP
 13   STORAGE (INITIAL 1M NEXT 1M);
Table created.
SQL>
```

Etapa 1. É uma simples questão de excluir a coluna EMP_ADDRESS_2. Como você pode ver da Listagem 2.51, o comando ALTER TABLE com a opção DROP COLUMN foi executado com sucesso. Uma vez que a tabela continha apenas algumas linhas, ela foi excluída bastante rapidamente, mas se contivesse muitas linhas, então isto poderia ter demorado algum tempo.

Listagem 2.51: Como excluir a coluna emp_address_2

```
SQL> ALTER TABLE employee
  2   DROP COLUMN emp_address_2;

Table altered.
SQL>
```

Etapa 2. Depois de excluir a coluna, vamos validar a definição de tabela, executando o comando DESCRIBE, usando SQL*Plus. Como você pode ver da Listagem 2.52, a coluna EMP_ADDRESS_2 foi apagada.

Listagem 2.52: Definição da tabela employee

```
SQL> desc employee
Name                   Null?           Type
-----                  -----           -----
EMP_NUMBER             NOT NULL        NUMBER
EMP_NAME                               CHAR (40)
EMP_ADDRESS_1                          CHAR(40)
EMP_CITY                               CHAR(20)
EMP_STATE                              CHAR(2)
EMP_DEPT                               CHAR(2)
EMP_SALARY                             NUMBER(7,2)
EMP_BONUS                              NUMBER(7,2)
EMP_HIRE_DATE                          DATE
SQL>
```

Se a sua tabela for muito grande, é recomendado marcar a coluna como UNUSED para remoção posterior. Para fazer isso, use o comando ALTER TABLE com a opção SET UNUSED COLUMN, como mostrado na Listagem 2.53.

Listagem 2.53: Como marcar uma coluna como não utilizada
```
SQL> ALTER TABLE employee
  2  SET UNUSED COLUMN emp_address_2;
Table altered.
SQL>
```

Etapa 3. Finalmente, quando você quer reivindicar o espaço das colunas marcadas, pode excluir aquele espaço permanentemente, executando o comando ALTER TABLE com a opção DROP UNUSED COLUMNS. Como você pode ver da Listagem 2.54, finalmente largamos todas as colunas não utilizadas da tabela employee.

Listagem 2.54: Como excluir todas as colunas não utilizadas
```
SQL> ALTER TABLE employee
  2  DROP UNUSED COLUMNS;
Table altered.
SQL>
```

Conclusão

No Oracle8i, há um novo recurso que permite excluir colunas não usadas de uma tabela. Anteriormente, você tinha que usar o utilitário exportação/importação, que desperdiçava tempo e exigia espaço em disco adicional. A nova opção DROP COLUMN da declaração ALTER TABLE remove a coluna da tabela.

2.16 — Como posso criar um índice online?

8i	**Aplica-se a:** Oracle8i	**Índice no CD:** Índice online
	Sistema operacional: Todos	

Problema

Tenho uma grande tabela à qual novas linhas são acrescentadas com freqüência. Enquanto carrego linhas, eu tenho que excluir e recriar o índice, para permitir a inserção mais rápida. No entanto, quando recrio o índice, todas as operações DML da tabela são alteradas. Há uma maneira de montar um índice online e ainda fazer consultas e executar declarações DML?

Capítulo 2 - *Administração de tabela & índice* | 103

Solução

Antes do Oracle8i, sempre que um índice era criado em uma tabela, todas as operações DML eram alteradas pelo bloqueio DML S. Entretanto, agora você pode criar um índice online e executar livremente declarações DML na mesma tabela, sem nenhum bloqueio.

Restrições durante a montagem do índice online:
- Você não pode fazer DML paralelo
- Você não pode realizar operações DDL

Para montar um índice online, você pode usar o comando ALTER INDEX com a opção REBUILD ONLINE (remontar online) ou o comando CREATE INDEX com a opção ONLINE. A sintaxe para usar ALTER INDEX e CREATE INDEX é mostrada na Listagem 2.55.

Listagem 2.55: Sintaxe para criar índice online
```
ALTER INDEX <index_name> REBUILD ONLINE;
CREATE INDEX <index_name> ON <table_name> ONLINE;
```

O Oracle recomenda que enquanto você estiver montando o índice online, não execute grandes operações DML na tabela.

Etapas

Etapa 1. Primeiro, vamos percorrer um exemplo do que acontece quando tentamos executar declarações DML em uma tabela que tem a montagem de um índice sendo executada (veja a Listagem 2.56).

Listagem 2.56: Criação de um índice online
```
SVRMGR> CREATE INDEX cust_phone_idx
   2> ON customer (c_phone);
WAITING...
```

Etapa 2. Enquanto executando a declaração CREATE INDEX, o Oracle começa a montar o índice. A partir de outra sessão, tentamos executar uma simples consulta na tabela, como você pode ver na Listagem 2.57. O Oracle retorna os resultados quase que imediatamente, visto que já temos um índice na coluna CUSTKEY.

Listagem 2.57: Consulta à tabela customer
```
SQL>    SELECT c_name, c_phone
    2   FROM customer
    3   WHERE c_custkey = 123456;
C_NAME                              C-PHONE
-------------------------           ---------------
Customer#000123456                  27-335-998-3001
SQL>
```

Etapa 3. Então, executamos a declaração UPDATE na tabela CUSTOMER, na qual o índice está sendo montado. Como você pode ver na Listagem 2.58, não há resposta à declaração UPDATE, pois o Oracle colocou um bloqueio em nível de tabela e nenhuma operação DML é permitida.

Listagem 2.58: Atualização da tabela customer
```
SQL> UPDATE customer
    2   set c_acctbal = 345.00
    3   WHERE c_custkey = 123456;
```

Etapa 4. Assim que o índice é montado, o Oracle libera o S-LOCK e UPDATE é executada. Agora vamos montar um índice com a nova opção ONLINE.

Primeiro, começamos a montar um índice na tabela de cliente, usando a opção ONLINE, conforme mostrado na Listagem 2.59. Como você pode ver, não há resposta imediata da execução da tabela CREATE INDEX, já que o processo de criação de índice demora.

Listagem 2.59: Criação de um índice online
```
SVRMGR> CREATE INDEX cust_phone_idx
    2>  ON customer (c_phone) ONLINE;
```

Etapa 5. Enquanto isto, vamos atualizar (UPDATE) a tabela CUSTOMER e ver o que acontece. O Oracle permitirá que UPDATE tome lugar? Como você pode ver a partir da Listagem 2.60, a declaração UPDATE não foi executada com sucesso.

Listagem 2.60: Atualização da tabela customer
```
SQL> UPDATE customer
    2   set c_acctbal = 5000.00
    3   WHERE c_custkey = 45678;
1 row updated.
SQL>
```

Conclusão

O Oracle8i oferece um novo recurso que permite criar um índice ONLINE. Anteriormente, tais operações levavam todas as operações DML a serem alteradas. No entanto, a única restrição atual é que você não pode fazer operações paralelas DML ou DLL naquela tabela.

2.17 — Como posso mover uma tabela não particionada?

8i	Aplica-se a: Oracle8*i*	Índice no CD: Mover tablespace
	Sistema operacional: Todos	

Problema

Atualmente estou tendo um problema de desempenho, no qual um dos espaços de tabela parece ser pesadamente acessado. Esse tablespace contém mais de 14 tabelas diferentes. Eu gostaria de mover uma das tabelas não particionadas para outro tablespace. Como posso conseguir isso?

Solução

Oracle8*i* permite que você realoque os dados de uma tabela não particionada para um novo segmento ou um tablespace. Esse recurso é muito útil se você estiver testando aplicativos com tabelas e quiser mover tais tabelas para seu próprio tablespace. Ele é igualmente útil se você tiver muitas tabelas em um tablespace e precisar mover algumas delas. Use o comando ALTER TABLE com a opção MOVE (mover), conforme mostrado na Listagem 2.61, para conseguir isso.

Listagem 2.61: Sintaxe para mover uma tabela
```
ALTER TABLE <table_name>
    MOVE ONLINE
    (TABLESPACE <tablespace_name> , STORAGE parameters)
```

Restrições
- Você só pode especificar essa cláusula para uma tabela não particionada
- DML paralelo não é suportado durante MOVE (movimento) online.

Etapas

Para fazer este exercício, primeiro determine qual tablespace contém a tabela EMPLOYEE. Como você pode ver na Listagem 2.62, a tabela EMPLOYEE está no tablespace MY_TBLSP.

Listagem 2.62: Consulta ao sistema de tabela user_tables
```
SQL> SELECT table_name, tablespace_name
  2  FROM user_tables
  3  where table_name = 'EMPLOYEE';
TABLE_NAME              TABLESPACE_NAME
-----------------------------------------------
EMPLOYEE                MY_TBLSP
SQL>
```

Etapa 1. Agora moveremos a tabela para um tablespace chamado NEW_TBLSP, conforme mostrado na Listagem 2.63.

Listagem 2.63: Como mover uma tabela para outro tablespace
```
SQL> ALTER table employee move tablespace NEW_TBLSP;
Table altered.
SQL>
```

Etapa 2. Finalmente, consultaremos user_tables para ver se a tabela EMPLOYEE foi de fato movida para o novo tablespace. A Listagem 2.64 verifique que a tabela EMPLOYEE agora está movida para NEW_TBLSP.

Listagem 2.64: Como consultar o sistema de tabela user_tables
```
SQL> SELECT table_name, tablespace_name
  2  FROM user_tables
  3  where table_name = 'EMPLOYEE';
TABLE_NAME              TABLESPACE_NAME
-----------------------------------------------
EMPLOYEE                NEW_TBLSP
SQL>
```

Conclusão

A nova opção MOVE na declaração ALTER TABLE permite que você mova muito facilmente uma tabela não particionada para outro tablespace. Esse recurso também permite que você equilibre I/O através dos espaços de tabela.

3

Administração de tablespace

Referência rápida
Se você quer aprender sobre...
A — Administração de tablespace
- Fazer tabela de espaço ser apenas de leitura... veja 3.1
- Diminuir o tamanho do tablespace... veja 3.5
- Ajustar a cota do tablespace... veja 3.6
- Ampliar o tamanho do tablespace... veja 3.7
- Tablespace transportável... veja 3.14
- Distribuir dados em CD... veja 3.15
- Gerenciar localmente tablespace... veja 3.16

B — Desempenho relacionado ao tablespace
- Fundir espaço disponível no tablespace... veja 3.2
- Listar tablespace... veja 3.3
- Mover tabelas entre tablespaces... veja 3.4
- Tablespace em dispositivo bruto... veja 3.8
- Mover arquivos entre dispositivo bruto e sistema de arquivo... veja 3.9
- Mover arquivo de dados para outra localização... veja 3.11

C — Informações de tablespace
- Fileiras em arquivo de dados... veja 3.10
- Relatório de uso de tablespace... veja 3.12
- Extensões ilimitadas... veja 3.13

Visão geral

Tablespace (espaço de tabelas) é uma unidade de armazenamento lógico que é composto de um ou mais arquivos de dados em um banco de dados. O DBA tem autoridade total sobre o gerenciamento do tablespace. Ele é um importante componente do banco de dados que precisa ser adequadamente gerenciado. Um tablespace oferece uma interface entre os arquivos de sistema operacional e como esses arquivos são ligados no Oracle. Você pode montar o tablespace usando declarações SQL de linha de comando ou através de OEM.

O Oracle8*i* oferece alguns novos e excitantes recursos que permitem a você gerenciar com mais eficiência o tablespace. Veremos como criar um tablespace transportável, para que você possa mover, rapidamente, dados entre dois bancos de dados Oracle. Isso é muito útil se você movimentar grandes quantidades de dados com freqüência, especialmente em um aplicativo de armazenamento de dados. Também veremos algo novo que nos permite distribuir seus dados em um CD-ROM. Há também um novo recurso que permite criar um tablespace localmente gerenciado que pode ser usado com o recurso de sustentação de banco de dados. Anteriormente, todas as informações referentes ao tablespace eram armazenadas no diretório de dados; agora, com esse novo recurso, as informações são armazenadas dentro do tablespace, para melhor acesso e gerenciamento. Todos esses aperfeiçoamentos oferecem maior disponibilidade, escalabilidade e desempenho.

Neste capítulo, também veremos outros recursos, tais como: fazer seu tablespace apenas ser de leitura, renomear um tablespace, fundir um espaço disponível, listar um tablespace, mover tabelas de um tablespace para outro, ampliar e diminuir o tamanho do tablespace, colocar um tablespace em um dispositivo bruto, descobrir quantas linhas há em um arquivo de dados e muito mais. Criar um tablespace em um dispositivo bruto oferece um desempenho ampliado sobre o sistema de arquivos, mas também acrescenta a complexidade de gerenciá-lo. Veremos como criar um tablespace em um dispositivo bruto em plataformas Windows NT e UNIX, além de um novo recurso que permite ampliar automaticamente um tablespace. Isso é muito útil, especialmente se você não estiver certo de quão grande é um tablespace que deseja criar. Anteriormente, o aplicativo ou a declaração DML falharia se não houvesse espaço de sobra no tablespace. Tudo isso lida com alguns dos aspectos mais importantes das faces DBA.

Perguntas

3.1 — Como faço um tablespace ser de apenas de leitura?

Aplica-se a: Oracle7, Oracle8 e Oracle8*i*	Índice do CD: Apenas de leitura
Sistemas operacionais: Todos	

Problema

Eu gostaria de fazer um tablespace ser apenas de leitura de modo que nenhuma das tabelas possa ser modificada. Como posso implementar isso?

Solução

O Oracle permite que você altere um tablespace para ser apenas de leitura, usando o comando ALTER TABLESPACE. Uma vez que o tablespace tenha sido alterado, não são permitidas adições ou mudanças em quaisquer tabelas que estejam naquele tablespace apenas de leitura. Além disso, o escritor do banco de dados não escreve no tablespace apenas de leitura. Por padrão, todos os tablespaces que são criados são habilitados para READ (leitura) e WRITE (escrita). Você pode mudá-lo para ser apenas de leitura e voltar para leitura-escrita sempre que quiser.

A vantagem de ter um tablespace apenas de leitura é que ninguém pode alterar informações nas tabelas. Essas tabelas se parecem com tabelas de acesso irrestrito ou podem conter informações que sejam estáticas por natureza ou altamente confidenciais. Outra vantagem é que você não precisa copiar o tablespace apenas de leitura. Isso permite que você se concentre em copiar apenas aqueles tablespaces que foram alterados, reduzindo assim o tempo necessário para a cópia do banco de dados.

Para fazer um tablespace ser apenas de leitura, você emite o comando ALTER TABLESPACE com a opção READ ONLY, mostrada na Listagem 3.1.

Listagem 3.1: Declaração SQL de alteração de tablespace
```
ALTER TABLESPACE <tablespace_name> READ ONLY
```

Etapas

Etapa 1. Antes de alterar um tablespace, você deve fazer uma cópia. Depois, para fazer o tablespace ser apenas de leitura, você também precisa garantir que não há transações ativas. Se você observar a Listagem 3.2, tentamos alertar os users_ts de que o tablespace é apenas de leitura, mas falhamos. O motivo é que há transações ativas, assim, o Oracle não pode mudar as suas propriedades. Uma maneira de evitar isso seria fechar o banco de dados e iniciá-lo novamente.

Listagem 3.2: Declaração SQL para criar um tablespace apenas de leitura
```
SQL> alter tablespace users_ts read only;
alter tablespace user_ts read only
*
ERROR at line 1:
ORA-01640: cannot make tablespace read only with active transactions
SQL>
```

Etapa 2. Quando não há mais quaisquer transações ativas de usuário, você pode reemitir o comando ALTER TABLESPACE. A Listagem 3.3 mostra que, dessa vez, o comando ALTER TABLESPACE foi executado com sucesso.

Listagem 3.3: Declaração SQL para criar um tablespace apenas de leitura
```
SQL> alter tablespace users_ts read only;
Tablespace altered.
SQL>
```

Etapa 3. Uma vez que o tablespace tenha se tornado apenas de leitura, nenhum usuário será capaz de emitir um comando DML em qualquer tabela que esteja no tablespace. Vamos tentar inserir algo na tabela de cliente que pertencia ao tablespace USERS_TS. Examinando a Listagem 3.4, você descobrirá que a inserção na tabela customer (cliente) falhou com erro Oracle, números ORA-00372 e ORA-01110.

Listagem 3.4: Inserção de dados em uma tabela cujo tablespace é apenas de leitura
```
SQL> insert into customer values (3, 'BRUCE', '765 Water Ave CA', 5000,
'O');
insert into customer values (3, 'BRUCE', '765 Water Ave CA', 5000, 'O')
       *
ERROR at line 1:
ORA-00372: file 7 cannot be modified at this time
ORA-01110: data file 7: '/raid2/oracle/USERS_TS.DBF'
SQL>
```

Etapa 4. Alternativamente, você pode fazer um tablespace ser apenas de leitura a partir do Storage Manager (gerente de armazenamento) (Figura 3.1), que é encontrado no utilitário OEM. Quando você clica no tablespace, o Storage Manager exibe as propriedades. Se você olhar na opção Status, saberá que há três escolhas, nomeadamente Online, Offline e Read Only. Para habilitar Read Only, clique naquela opção e o seu tablespace se tornará apenas de leitura.

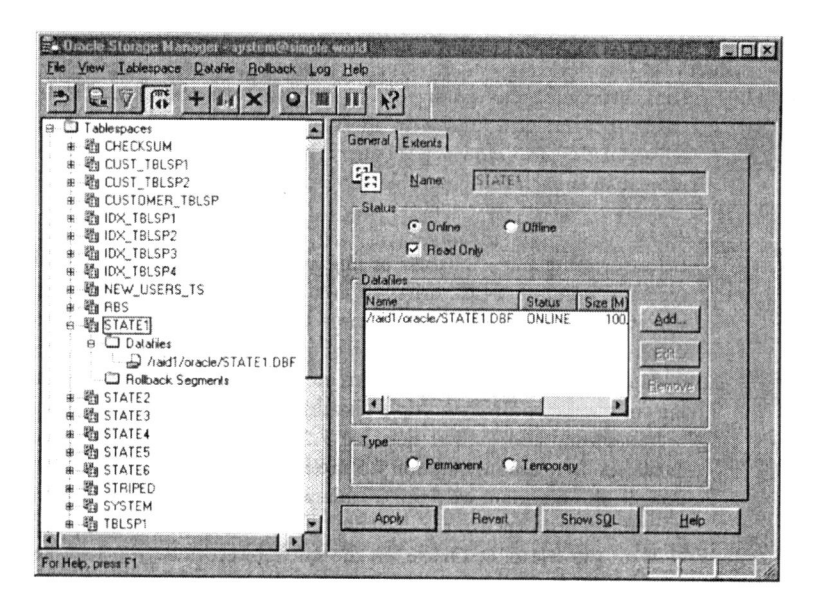

*Figura 3.1: O Storage Manager
(gerente de armazenagem) de Oracle*

Etapa 5. Uma vez que você tenha um tablespace apenas de leitura, também pode convertê-lo para leitura-escrita. Para fazer isso, emita o comando ALTER TABLESPACE com a opção READWRITE. No exemplo mostrado na Listagem 3.5, estamos convertendo o tablespace USERS_TS de volta para leitura e escrita.

Listagem 3.5: Conversão de um tablespace para leitura-escrita
```
SQL> alter tablespace users_ts read write;
Tablespace altered.
SQL>
```

Conclusão

A partir do Oracle7.1, você pode alterar um tablespace para apenas de leitura. A vantagem de ter um tablespace apenas de leitura é que:

- Você pode proteger tabelas contra atualização
- Você não precisa fazer cópias do tablespace
- O tablespace pode ficar no CD-ROM ou no WORM (Write Once, Read Many — grava uma vez, lê diversas vezes).

3.2 — Como posso fundir o espaço disponível em um tablespace?

Aplica-se a: Oracle7.3, Oracle 8 e Oracle8*i*	**Índice do CD:** Coalesce (fundir/unir)
Sistema operacional: Todos	

Problema

Estou tendo problemas na criação de objetos em um tablespace em especial. O Oracle reporta a mensagem ORA-01659 "unable to allocate MINEXTENTS beyond 1 in tablespace NEW_USERS_TS"(incapaz de alocar MINEXTENTS além de 1 no espaço de tabelas NEW_USERS_TS). No entanto, se eu consulto a tabela FREE_SPACE, descubro que há espaço disponível mais do que suficiente. Como posso fundir manualmente um tablespace?

Solução

Antes de criar um novo banco de dados ou migrar um, você deve sempre saber qual tipo e quantidade de drives de disco ou sistema de array de disco você tem. Isso o orientará na colocação de seu banco de dados mais eficientemente. Você também deve ter um bom entendimento sobre o comportamento de I/O de seus aplicativos. Por exemplo, se eles fazem mais atualizações ou consultas e mais acesso aleatório ou acesso seqüencial. Listar manualmente os seus arquivos de dados através de múltiplos drives de disco ajudaria na distribuição de I/O.

Você também deve observar a pergunta 7.2, referente ao uso de dispositivos brutos em seus bancos de dados. Além disso, a pergunta 7.5 verifica como usar uma configuração RAID (Redundant Array of Inexpensive Drives — compartilhamento de discos rígidos baratos). Nessa pergunta, listamos um tablespace através de múltiplos drives de disco para aumentar o desempenho do banco de dados.

Com o lançamento do Oracle7.3, o software deu uma opção para COALESCE (fundir/unir) espaço disponível em um tablespace em especial. Em lançamentos anteriores a 7.3, era preciso escrever algumas linhas de código SQL para fundir o espaço disponível. Agora, o mesmo pode ser feito com uma única linha de comando.

Além de permitir a fusão manual, o Oracle também a faz automaticamente. No processo SMON o Oracle funde o espaço disponível no banco de dados, regularmente, em tablespaces cujo padrão de armazenagem PCTINCREASE não está ajustado para zero.

Listagem 3.6: Script mon_free_space.sql

```
set echo off feedback off verify off;
set linesize 100 pagesize 100;

REM NAME            : mon_free_space.sql
REM AUTHOR          : Noel.Y
REM USAGE           : Run from SQLPLUS
REM DESCRIPTION     : Generates a report on the
REM                       FREE SPACE IN A TABLESPACE
REM REQUIREMENTS    : Must be run as DBA
REM

col tname          format a15        heading "Tablespace_name"
col n_frag         format 999,999,999 heading "Number of Fragments"
col largest_frag   format 99,999,999 heading "Largest|Fragment| (in KB) "
col available      format 99,999,999 heading "Total|Free Space| (in KB) "
col total          format 999,999,999 heading "Total|Space| (in KB) "
col TODAY          NEW_VALUE_DATE

set termout off;
select to_char(SYSDATE, 'fmMonth, DD, YYYY') TODAY from DUAL;
set termout on;

TTITLE left _DATE CENTER "Tablespace Freespace Report" Skip 1 -
CENTER " = = = = = = = = = = = = = = = = =" skip 2

spool &output_filename;
Set heading on;

select   T.tablespace_name    tname,
         sum(F.bytes)/1024    total,
         sum(T.bytes)/1024    available,
         count(F.bytes)       n_frag,
         max(F.bytes)/1024    largest_frag
from
         dba_free_space_T,    ── ❶ Consulta as tabelas de sistema
         dba_data_files F
where
         T.tablespace_name = F.tablespace_name
group by
         T.tablespace_name, T.bytes;
clear columns;
spool off;
set feedback on verify on echo on;
```

❶ Para obter um relatório sobre o número de fragmentos e seus tamanhos, de cada tablespace, você pode consultar a tabela de sistema DBA_FREE_SPACE junto com DBA_DATA_FILES.

Simplesmente execute o script como um DBA, usando o utilitário SQL*Plus. Como você pode ver da saída mostrada na Listagem 3.7, o número de fragmentos do tablespace STRIPED é 64 e o fragmento maior tem apenas 40 MB de tamanho.

Listagem 3.7: Saída de mon_free_space.sql

```
SQL> @mon_free_space
SQL> set echo off
June 27, 1998
```

```
                Tablespace Freespace Report
                ===========================
```

Tablespace_name	Total Free Space (in KB)	Largest Space (in KB)	Number of Fragments	Fragment (in KB)
CHECKSUM	307,200	73,918	1	307,200
CUSTOMER_TBLSP	5,120	998	1	5,120
CUST_TBLSP1	5,120	4,088	1	5,120
CUST_TBLSP2	5,120	4,088	1	5,120
IDX_TBLSP1	10,240	8,178	1	10,240
IDX_TBLSP2	10,240	8,178	1	10,240
IDX_TBLSP3	10,240	8,178	1	10,240
IDX_TBLSP4	10,240	8,178	1	10,240
NEW_USERS_TS	102,400	7,924	1	102,400
RBS	51,200	40,898	1	51,200
STATE1	102,400	99,308	1	102,400
STATE2	102,400	99,308	1	102,400
STATE3	102,400	99,308	1	102,400
STATE4	102,400	99,308	1	102,400
STATE5	10,240	10,238	1	10,240
STATE6	10,240	10,238	1	10,240
STRIPED	2,621,440	2,621,312	64	40,960
SYSTEM	51,200	33,312	1	51,200
TBLSP1	10,240	8,178	1	10,240
TBLSP2	10,240	8,178	1	10,240
TBLSP3	10,240	8,178	1	10,240
TBLSP4	10,240	8,178	1	10,240
TEMP	102,400	20,480	2	51,200
TEMP	51,200	30,718	1	51,200
TOOLS	51,200	620	1	51,200
TOOLS	51,200	48,158	1	51,200
TS1	102,400	102,398	1	102,400
TS2	102,400	102,398	1	102,400
TS3	102,400	102,398	1	102,400
TS4	102,400	102,398	1	102,400
USERS	102,400	102,398	1	102,400

```
SQL> spool of
```

Etapas

Para fundir manualmente o espaço disponível, você terá que executar o comando ALTER TABLESPACE com a opção COALESCE. Esse comando forçará o Oracle a fundir o espaço disponível em extensões contíguas maiores. A sintaxe para fazer uma fusão manual é mostrada na Listagem 3.8. Quando você especifica COALESCE no comando ALTER TABLESPACE, esta deve ser a única opção.

Listagem 3.8: Sintaxe SQL para fundir um tablespace
```
ALTER TABLESPACE <tablespace_name> COALESCE;
```

Conclusão

Diferente dos lançamentos anteriores a 7.3, o novo lançamento oferece uma opção para fundir com facilidade o espaço disponível. O processo SMON funde automaticamente o espaço disponível, periodicamente, em todos os tablespaces, se o padrão PCTINCREASE for maior do que zero. Você também pode fundir manualmente o espaço disponível, usando ALTER TABLESPACE com a opção COALESCE.

3.3 — Como posso listar manualmente um tablespace em Oracle, para melhorar o desempenho?

Aplica-se a: Oracle7, Oracle8 e Oracle8*i* **Índice do CD:** Tablespace
Sistemas operacionais: Windows NT, UNIX

Problema

Recentemente, estou tendo retenção de I/O em alguns dos meus tablespaces. O tempo de resposta do usuário, em alguns aplicativos, tem se tornado pior. Isso é, em grande parte, devido ao aumento do número de usuários. A maioria dos meus tablespaces está em discos independentes, mas parece que está havendo retenção. Como posso listar meu tablespace através de discos e controladores para melhorar o desempenho?

Solução

Em primeiro lugar, você deve descobrir qual tablespace é o limite I/O. O script MON_FILEIO.SQL (Listagem 3.9) fornece um relatório referente a quais tablespaces estão sendo pesadamente usados, com base em leituras e escritas físicas.

Listagem 3.9: Script mon_fileio.sql

```
set echo off feedback off verify off;
set linesize 100 pagesize 100;

REM NAME            : mon_fileio.sql
REM AUTHOR          : Noel.Y
REM USAGE           : Run from SQLPLUS
REM DESCRIPTION     : Generates a report on TABLESPACE/DATAFILE IO
REM REQUIREMENTS    : Must be run as DBA

col tablespace_name     format a15 heading "Tablespace|Name"
col file_name           format a35 heading "Datafile|Name"
col phyrds              format 999,999 heading "Physical|Reads"
col phywrts             format 999,999 heading "Physical|Writes"
col phyblkrd            format 999,999 heading "Physical|Block|Reads"
col phyblkwrt           format 999,999 heading "Physical|Block|Writes"
col TODAY     NEW_VALUE   _DATE

set termout off;
select to_char(SYSDATE, 'fmMonth DD, YYYY') TODAY from DUAL;
set termout on;

TTITLE left_DATE CENTER "Tablespace/Datafile DISK-IO Report" Skip 1 -
CENTER "= = = = = = = = = = = = = = = =" skip 2

spool &output_filename;
set heading on;
select  D.tablespace_name,
    D.file_name,
    phyrds,
    phywrts,
    phyblkrd,
    phyblkwrt
from
    dba_data_files D,      — ❶ Consulta as tabelas de sistema
    v$filestat F
where
    D.file_id = F.files#
Order by
    D.tablespace_name,
    D.file_name;

clear columns;
spool off;
set feedback on verify on echo on;
```

❶ Para obter estatísticas de I/O em cada um dos arquivos de dados do tablespace, você pode consultar a tabela de sistema V$FILESTAT. Ela fornecerá estatísticas cumulativas sobre leituras e escritas físicas de cada um dos arquivos de dados. Entretanto, a tabela de sistema V$FILESTAT não contém o nome do arquivo, mas sua ID. Assim, temos que consultar a tabela de sistema DBA_DATA_FILES para obter tais informações.

Para executar o script, simplesmente use o seu utilitário SQL*Plus e execute-o como DBA.

Listagem 3.10: Saída do script MON_FILEIO.SQL

```
SQL>@mon_fileio
June 27, 1998
                        Tablespace/Datafile DISK-IO Report
                        ==================================
```

Tablespace Name	Datafile Name	Physical Reads	Physical Writes	Physical Block Reads	Physical Block Writes
CHECKSUM	/raid2/oracle/CHECKSUM.DBF	128,042	3,677	986,386	113,366
CUSTOMER_TBLSP	/raid2/oracle/CUSTOMER_TBLSP.DBF	0	44	0	44
CUST_TBLSP1	/raid2/oracle/CUST_TBLSP1.DBF	0	5	0	5
CUST_TBLSP2	/raid2/oracle/CUST_TBLSP2.DBF	0	5	0	5
IDX_TBLSP1	/raid2/oracle/IDX_TBLSP1.DBF	0	24	0	24
IDX_TBLSP2	/raid2/oracle/IDX_TBLSP2.DBF	0	23	0	23
IDX_TBLSP3	/raid2/oracle/IDX_TBLSP3.DBF	0	25	0	25
IDX_TBLSP4	/raid2/oracle/IDX_TBLSP4.DBF	0	23	0	23
NEW_USERS_TS	/raid2/oracle/NEW_USERS_TS.DBF	6	9,066	6	9,066
RBS	/raid1/oracle/RBS.DBF	33	31,595	33	31,595
STATE1	/raid1/oracle/STATE1.DBF	0	19	0	19
STATE2	/raid2/oracle/STATE2.DBF	0	15	0	15
STATE3	/raid1/oracle/STATE3.DBF	0	18	0	18
STATE4	/raid2/oracle/STATE4.DBF	0	18	0	18
STATE5	/raid1/oracle/STATE5.DBF	0	0	0	0
STATE6	/raid2/oracle/STATE6.DBF	0	0	0	0
STRIPED	/raid1/oracle/STRIPE1.DBF	0	0	0	0
STRIPED	/raid1/oracle/STRIPE3.DBF	257	67	2,050	2,050
STRIPED	/raid1/oracle/STRIPE5.DBF	577	707	4,610	21,890
STRIPED	/raid1/oracle/STRIPE7.DBF	1,297	754	10,370	23,330
STRIPED	/raid2/oracle/STRIPE2.DBF	642	427	5,121	12,809
STRIPED	/raid2/oracle/STRIPE4.DBF	385	483	3,075	14,604
STRIPED	/raid2/oracle/STRIPE6.DBF	865	1,061	6,915	32,835
STRIPED	/raid2/oracle/STRIPE8.DBF	1,945	1,130	15,555	34,995
SYSTEM	raid1/oracle/SYSTEM.DBF	8,180	6,853	32,825	6,853
TBLSP1	/raid2/oracle/TBLSP1.DBF	0	16	0	16
TBLSP2	/raid2/oracle/TBLSP2.DBF	0	15	0	15
TBLSP3	/raid2/oracle/TBLSP3.DBF	0	15	0	15
TBLSP4	/raid2/oracle/TBLSP4.DBF	0	16	0	16
TEMP	/raid1/oracle/TEMP.DBF	6	845	6	845
TOOLS	/raid1/oracle/TOOLS.DBF	424	1,718	424	1,718
TS1	/raid1/oracle/TS1.DBF	2	2	2	2
TS2	/raid2/oracle/TS2.DBF	2	2	2	2
TS3	/raid1/oracle/TS3.DBF	2	2	2	2
TS4	/raid2/oracle/TS4.DBF	2	2	2	2
USERS	/raid2/oracle/USER.DBF	6	4	6	4

Do relatório mostrado na Listagem 3.10, você pode ver que o tablespace CHECKSUM tinha um número máximo de leituras, enquanto que RBS (rollback segments — segmentos de retomada) tinha a maior parte de escritas no banco de dados. Você deve executar esse relatório regularmente e ver qual tipo de padrão I/O obtém em cada tablespace. Se você vir que um tablespace em especial está sendo atingido com mais freqüência, então deve listar o tablespace em discos diferentes.

Vamos supor que você tenha quadro discos que deseje usar para listar o seu tablespace importante. Em primeiro lugar, assegure-se de que você tenha controladores suficientes, cada um dos discos em um controlador separado. Isso garantirá acesso rápido aos discos, com espera mínima. No exemplo mostrado na Figura 3.2, temos quatro discos, cada qual em um controlador separado. Criamos partições de discos nos mesmos. Cada uma das partições é montada em um diretório raidX diferente, isto é, raid2, raid3 e raid4.

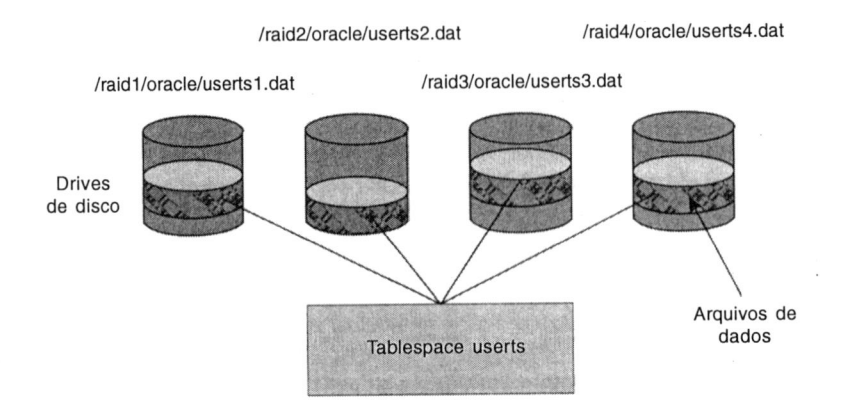

Figura 3.2: Como listar manualmente um tablespace em Oracle

Etapa 1. O exemplo na Listagem 3.11 mostra como criar um tablespace listado através de quatro diferentes arquivos de dados, cada um em um disco separado. No exemplo, não especificamos o armazenamento padrão, pois isso pode ser feito enquanto se está criando a tabela.

Listagem 3.11: Criação de um tablespace que é listado através de discos

```
SVRMGR> CREATE TABLESPACE
    2> STRIPPED_TBLSP
    3> DATAFILE
    4> '/raid1/oracle/STRIPED1.DBF' SIZE 50M REUSE,
    5> '/raid2/oracle/STRIPED2.DBF' SIZE 50M REUSE,
    6> '/raid5/oracle/STRIPED3.DBF' SIZE 50M REUSE,
    7> '/raid4/oracle/STRIPED4.DBF' SIZE 50M REUSE;
Statement processed.
SVRMGR>
```

Etapa 2. Na Listagem 3.12, você pode ver que estamos criando uma tabela customer no tablespace listado. Especificamos a cláusula STORAGE para que possamos alocar quatro extensões, uma para cada arquivo de dados. A razão de usarmos 49 MB em vez de 50 MB para as extensões é porque o Oracle exige algum código extra para buscar as extensões. Embora o código extra tenha cerca de 8K por arquivo de dados, nesse exemplo alocamos 1 MB para tal código extra, o que é mais do que o suficiente. Se você realmente quisesse economizar cerca de 1.016K, então aumentaria o tamanho da extensão e especificaria 51.192K como sua extensão inicial e as seguintes.

Etapa 3. Como você pode ver da Listagem 3.13, agora existem quatro extensões alocadas à tabela, que é listada através de quatro discos.

Listagem 3.12: Criação de uma tabela customer no tablespace listado.
```
SVRMGR> create table customer (
   2>    c_custkey         number NOT NULL,
   3>    c_name            varchar(25) ,
   4>    c_address         varchar(40) ,
   5>    c_nationkey       number ,
   6>    c_phone           varchar(15) ,
   7>    c_acctbal         number ,
   8>    c_mktsegment      varchar(10) ,
   9>    c_comment         varchar(117) ,
  10> )
  11> TABLESPACE STRIPED_TBLSP
  12>    STORAGE (INITIAL        49M
  13>             NEXT           49M
  14>             MINEXTENTS     4
  15>             MAXEXTENTS     256
  16>             PCTINCREASE    0) ;
Statement processed.
SVRMGR>
```

Listagem 3.13: Verificação de alocação de extensões
```
SVRMGR> select bytes from dba_extents
   2> where tablespace_name = 'STRIPED_TBLSP';
BYTES
------
   51384320
   51384320
   51384320
   51384320
4 rows selected.
SVRMGR>
```

Se você já tiver um tablespace, então tem duas opções disponíveis para implementar a lista no tablespace:

1. Criar um novo tablespace (conforme mostrado anteriormente) e mover suas tabelas existentes do antigo tablespace para o novo.
2. Acrescentar mais arquivos de dados ao tablespace existente, para que as novas tabelas possam ser criadas naqueles arquivos de dados.

Para acrescentar um novo arquivo de dados a um tablespace existente, você precisa usar o comando ALTER TABLESPACE com a opção ADD DATAFILE. O exemplo mostrado na Listagem 3.14 esboça como acrescentar um arquivo de dados em um tablespace existente:

Listagem 3.14: Como listar um tablespace existente
```
SVRMGR> ALTER TABLESPACE USER_TS
   2> ADD DATAFILE
   3> '/raid6/oracle/userts5.dat' SIZE 50M,
   4> '/raid7/oracle/userts5.dat' SIZE 50M,
   5> '/raid8/oracle/userts7.dat' SIZE 50M,
   6> '/raid9/oracle/userts8.dat' SIZE 50M
Statement processed.
SVRMGR>
```

Para o Windows NT, o nome do arquivo de dados deve ser ligeiramente diferente do mostrado nos exemplos, que era principalmente para sistemas UNIX. Para o Windows NT, você deveria usar o drive de letra seguida do caminho e depois do nome de arquivo.

O seguinte mostra um exemplo de um nome de arquivo aceitável para Windows NT:

"D:\RAID1\ORACLE\USERTS1.DAT"

Conclusão

O Oracle permite que você tenha múltiplos arquivos de dados em um tablespace. Esse recurso permite que você expanda a retenção de I/O em um tablespace, tendo múltiplos arquivos. Para tablespace de limite I/O pesado, você deve ter arquivos de dados menores (como de 100 MB), cada um deles em um disco e controlador diferentes, para lucro em desempenho.

3.4 — Como posso mover tabelas de um tablespace para outro?

Aplica-se a: Oracle7, Oracle8 e Oracle8*i*	Índice do CD: Tablespace
Sistema operacional: Todos	

Problema

Eu gostaria de mover algumas de minhas tabelas que estão sendo pesadamente usadas para outro tablespace. Como posso fazer isso?

Solução

Você pode mover tabelas de um tablespace para outro usando o utilitário Export, ou pode criar uma nova tabela em outro tablespace com o comando CREATE TABLE, com a opção SELECT, e renomeá-la.

Como usar o utilitário Export

Nesse exemplo, usaremos o utilitário export para mover a tabela EMPLOYEE do tablespace TBLSP1 para TBLSP2. Existem 1.672 linhas na tabela EMPLOYEE

Etapas

Etapa 1. A tabela Export usando o utilitário Export, como mostrado na Listagem 3.15.

Listagem 3.15: Como usar o utilitário Export
```
ORACLE> exp bench/bench tables=employee
Export: Release 8.0.3.0.0 — Production on Fri Jul 3 13:0:46 1998
(c) Copyright 1997 Oracle Corporation. All rights reserved.
Connected to: Oracle8 Enterprise Edition Release 8.0.3.0.0 — Production
With the Partitioning and Objects options
PL/SQL Release 8.0.3.0.0 — Production
Export done in US7ASCII character set and US7ASCII NCHAR character set
About to export specified tables via Conventional Path ...
. . exporting table       EMPLOYEE        1672 rows exported
Export terminated successfully without warnings.
ORACLE>
```

Etapa 2. Largue a tabela que você gostaria de mover, como mostrado na Listagem 3.16.

Listagem 3.16: Como largar a tabela
```
SQL drop table employee;
Table dropped.
SQL>
```

Etapa 3. Gere a declaração CREATE TABLE usando o utilitário Import com a opção INDEXFILE, conforme mostrado na Listagem 3.17.

Listagem 3.17: Como usar o utilitário Import

```
ORACLE> imp bench/bench TABLES=employee INDEXFILE=newtable.sql
Import: Release 8.0.3.0.0 — Production on Fri Jul 3 13:4:10 1998
(c) Copyright 1997 Oracle Corporation. All rights reserved.
Connected to: Oracle8 Enterprise Edition Release 8.0.3.0.0 — Production
With the Partitioning and Objects options
PL/SQL Release 8.0.3.0.0 — Production
Export file created by EXPORT:V08.00.03 via conventional path
. . skipping table "EMPLOYEE"
Import terminated successfully without warnings.
ORACLE>
```

Etapa 4. Uma vez que você tenha criado o comando de arquivo (NEW_TABLE.SQL), pode editá-lo, usando seu editor de texto favorito (Listagem 3.18). No comando de arquivo, mude o nome do tablespace para refletir o atual. Em nosso exemplo, mudaremos o TBLSP1 para TBLSP2.

Listagem 3.18: Edição do comando de arquivo

```
REM   CREATE TABLE "BENCH"."EMPLOYEE" ("EMP_NUMBER", "EMP_NAME"
REM   CHAR(30), "GRADE_LEVEL" NUMBER, "DEPT_NUMBER" NUMBER,
 "LOCATION_CODE"
REM   CHAR(2), "MANAGER" NUMBER, "SALARY" NUMBER(7, 2), "BONUS"
 NUMBER(7,2)) PCTFREE 10 PCTUSED 40 INITRANS 1 MAXTRANS 255 LOGGING
REM   STORAGE(INITIAL 1054720 NEXT 1048576 MINEXTENTS   1 MAXEXTENTS 121
REM   PCTINCREASE 50 FREELISTINGS 1 FREELISTING GROUPS   1 BUFFER_POOL
 DEFAULT)
REM   TABLESPACE "TBLSP1" ;
REM   ... 1672 rows
```

Etapa 5. Uma vez que você tenha editado o comando de arquivo, pode salvá-lo como um arquivo diferente e executá-lo. A Listagem 3.19 mostra um comando de arquivo que foi gerado pelo utilitário Import e salvo como NEW_TABLE.SQL.

Listagem 3.19: Comando de arquivo NEW_TABLE.SQL

```
SQL> set echo on;
SQL> CREATE TABLE "BENCH"."EMPLOYEE"
  2  ("EMP_NUMBER" NUMBER,
  3   "EMP_NAME" CHAR (30),
  4   "GRADE_LEVEL" NUMBER,
  5   "DEPT_NUMBER" NUMBER,
  6   "LOCATION_CODE" CHAR(2),
  7   "MANAGER" NUMBER,
  8   "SALARY" NUMBER(7, 2),
  9   "BONUS" NUMBER(7, 2))
 10  PCTFREE 10
 11  PCTUSED 40
 12  INITRANS 1
 13  MAXTRANS 255
 14  LOGGING
 15  STORAGE  (
 16     INITIAL 1054720
 17     NEXT 1048576
 18     MINEXTENTS 1
 19     MAXEXTENTS 121
 20     PCTINCREASE 50
 21  FREELISTS 1
 22  FREELIST GROUPS 1
 23  BUFFER_POOL DEFAULT)
 24  TABLESPACE "TBLSP2" ;
Table created.
SQL>
```

Etapa 6. Uma vez que você tenha criado a tabela, pode então importá-la, usando o utilitário Import. No entanto, visto que para o usuário a tabela já existe, você deve precisar usar a opção IGNORE=Y. Em nosso exemplo, importaremos a tabela employee, como mostrado na Listagem 3.20.

Listagem 3.20: Como usar o utilitário Import

```
$ imp bench/bench tables=employee IGNORE=Y
Import> Release 8.0.3.0.0 — Production on Fri Jul 3 13:8:10 1998
(c) Copyright 1997 Oracle Corporation. All rights reserved.
Connected to: Oracle8 Enterprise Edition Release 8.0.3.0.0 — Production
With the Partitioning and Objects options
PL/SQL Release 8.0.3.0.0 — Production
Export file created by EXPORT:V08.00.03 via conventional path
. importing BENCH'S objects into BENCH
. . importing table      "EMPLOYEE"     1672 rows imported
Import terminated successfully without warnings.
$
```

Etapa 7. Uma vez que você tenha importado a tabela, pode consultar user_tables para ver se a tabela está no tablespace certo. A Listagem 3.21 mostra um exemplo de consulta ao sistema de tabela user_tables.

Listagem 3.21: Consulta ao sistema de tabela USER_TABLES
```
SQL> select table_name,tablespace_name
  2  from user_tables
  3  where table_name libe   '%EMPLOYEE%';
TABLE_NAME           TABLESPACE_NAME
-----------          --------------------------
EMPLOYEE             TBLSP2
SQL>
```

Como usar o comando CREATE TABLE

Etapa 8. Crie uma tabela temporária em um diferente tablespace usando o comando CREATE TABLE com a opção AS SELECT. A Listagem 3.22 mostra um exemplo de como criar uma tabela usando a opção SELECT. Se a tabela for muito grande, você pode acrescentar mais arquivos de dados ao tablespace e garantir que o CREATE TABLE com a opção SELECT não falhará. Como você pode ver a partir do exemplo, acrescentamos a opção NOLOGGING, para que o comando possa executar mais rapidamente, sem qualquer registro. Se você estiver usando o Oracle7, pode usar a opção UNRECOVERABLE, visto que a opção NOLOGGING só está disponível com o Oracle8. Também acrescentamos a opção PARALLEL ao comando CREATE TABLE com a opção AS SELECT para processamento paralelo.

Listagem 3.22: Criação de tabela com a opção SELECT
```
SVRMGR> create table
    2>    temp_employee
    3> TABLESPACE USERTS
    4> STORAGE (INITIAL     1M
    5>          NEXT        1M
    6>          MINEXTENTS  1
    7>          MAXEXTENTS UNLIMITED
    8>          PCTINCREASE 5)
    9>    NOLOGGING
   10>    PARALLEL (DEGREE 4)
   11>    AS
   12>    select * from employee;
Statement processed.
SVRMGR>
```

Etapa 9. Exclua a tabela original (Listagem 3.23).

Listagem 3.23: Exclua a tabela original
```
SQL> select table_name,tablespace_name
  2  from user_tables
  3  where table_name like   '%EMPLOYEE%';
TABLE_NAME          TABLESPACE_NAME
----------          -------------------------------
EMPLOYEE            TBLSP2
TEMP_EMPLOYEE       TBLSP3
SQL> drop table employee;
Table dropped.
SQL>
```

Etapa 10. Renomeie a nova tabela com o nome da tabela original (Listagem 3.24).

Listagem 3.24: Renomeação da nova tabela para a antiga
```
SQL> ALTER TABLE temp_employee
  2  RENAME TO employee;
Table altered.
SQL>
```

Listagem 3.25: Consulta à tabela
```
SQL> select table_name,tablespace_name
  2  from user_tables
  3  where table_name like '%EMPLOYEE%';
TABLE_NAME       TABLESPACE_NAME
---------        -------------------------------
EMPLOYEE         TBLSP3
SQL>
```

Etapa 11. Você deve restaurar quaisquer concessões que existiam na tabela original.

Etapa 12. Remonte os índices da tabela.

Conclusão

Você pode mover tabelas de um tablespace para outro usando o utilitário Export ou criando uma nova tabela em outro tablespace, com o comando CREATE TABLE com a opção SELECT, e renomeando a tabela. A maneira mais rápida de mover uma tabela é com o comando CREATE TABLE ...AS SELECT. Você pode até colocar em paralelo o comando CREATE TABLE...AS SELECT para criar muito rapidamente a tabela. Entretanto, se você não tiver espaço suficiente para guardar outra cópia da tabela no banco de dados, então a melhor opção seria usar o utilitário Export/Import.

3.5 — Como posso diminuir o tamanho do tablespace?

Aplica-se a: Oracle7.2, 7.3, Oracle8, Oracle8*i*	Índice do CD: Redimensionamento de tablespace
Sistema operacional: Todos	

Problema

Originalmente, com base em planejamento de banco de dados, fizemos alguns tablespaces muito grandes para acomodar o crescimento. Agora, descobrimos que são usados apenas 20-30 por cento de alguns deles e estão ocupando um espaço bem razoável de espaço em disco. Há uma maneira de podermos diminuir o tablespace agora e ampliá-lo mais tarde, quando precisarmos de mais espaço?

Solução

No Oracle não há como diminuir o tamanho do tablespace. Entretanto, com Oracle 7.2 e superior, você pode diminuir o tamanho do arquivo de dados em um tablespace. Assim, se quiser encolher um tablespace, precisará redimensionar o arquivo de dados, usando o comando ALTER DATABASE (alterar banco de dados) com a opção DATAFILE...RESIZE (banco de dados...redimensionar). Com essa opção, você pode diminuir o arquivo de dados ou expandi-lo. Por exemplo, pode aumentar o arquivo de dados de 100 MB para 200 MB, ou mesmo diminui-lo para 10 MB. A única restrição é que você não pode encolher o arquivo de dados se blocos de dados tiverem sido alocados.

Os exemplos da Figura 3.3 e da Listagem 3.26 mostram como diminuir um tablespace de 300 MB para 280 MB. Se você estiver usando um sistema operacional que não o UNIX, o nome do arquivo será diferente.

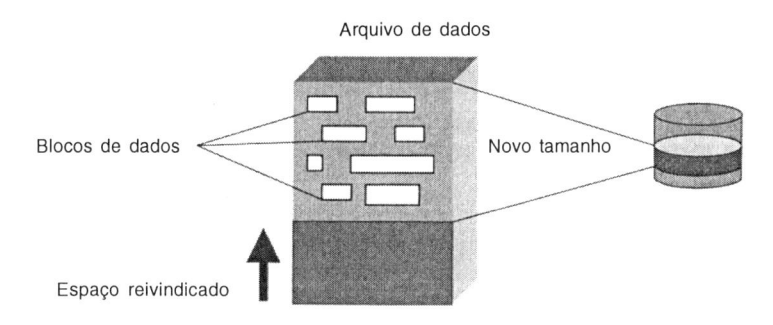

Capítulo 3 - *Administração de espaço de tabela* | 127

Figura 3.3: Como 'encolher' (diminuir) um arquivo de dados

Listagem 3.26: Consulta à tabela de sistema para ver o tamanho do arquivo de dados
```
SQL> select file_name, bytes/1024/1024 file_size_mb
  2  from dba_data_files
  3  where file_name like '%CHECKSUM%';
FILE_NAME                             FILE_SIZE_MB
-----------------------------         ------------
/raid2/oracle/CHECKSUM.DBF                     300
SQL>
```

Listagem 3.27: Alteração de banco de dados para diminuir o tamanho do tablespace
```
SQL> alter database TEST
     datafile '/raid2/oracle/CHECKSUM.DBF'
     resize 280m;
Database altered.
SQL>
```

Listagem 3.28: Nova consulta à tabela de sistema para ver o novo tamanho do arquivo de dados
```
SQL> select file_name, bytes/1024/1024 file_size_mb
  2  from dba_data_files
  3  where file_name like '%CHECKSUM%';
FILE_NAME                             FILE_SIZE_MB
-----------------------------         ----------------
/raid2/oracle/CHECKSUM.DBF                     280
SQL>
```

O exemplo na Listagem 3.29 mostra o que acontece se tentamos diminuir o arquivo de dados que tem os blocos de dados designados na parte que tentamos reduzir.

Listagem 3.29: Alteração do arquivo de dados
```
SVRMGR> alter database TEST
    2> datafile '/raid1/oracle/SYSTEM.DBF' resize 10M;
alter database TEST
*
ORA-03297: file contains 3824 blocks of data beyond requested RESIZE
value
SVRMGR>
```

Você também pode diminuir o arquivo de dados a partir de OEM. Uma vez conectado a um banco de dados, clique duas vezes na pasta Tablespaces e você verá as escolhas de tablespace. Clique duas vezes no tablespace, que então mostrará os arquivos de dados associados àquele tablespace. Escolha o arquivo de dados que você gostaria de diminuir e clique com o botão direito nele, para apresentar a janela de propriedades Quick Edit Datafile (edição rápida do arquivo de dados) (Figura 3.4). Aqui, você pode simplesmente digitar o novo tamanho do arquivo de dados e clicar em OK para diminuir o arquivo de dados. Você também pode aumentar o tamanho do arquivo de dados, usando o mesmo procedimento.

> **Nota:** Você pode aumentar ou diminuir o tamanho do arquivo de dados no dispositivo RAW. Entretanto, o crescimento será limitado pelo tamanho de partição do disco (slice — pedaço). Por exemplo, se você tiver um disco particionado para 500 MB e originalmente tiver criado um arquivo de dados de 100 MB, conseguirá diminuir ou aumentar o tamanho do arquivo até o limite de 500 MB (excluindo o código extra do tablespace).

Conclusão

No Oracle não há comando para diminuir o tamanho do tablespace. Porém, com Oracle7.2 e superior, você pode diminuir o tamanho do arquivo de dados em um tablespace. Você pode redimensionar o arquivo de dados usando o comando ALTER DATABASE com a opção DATAFILE...RESIZE.

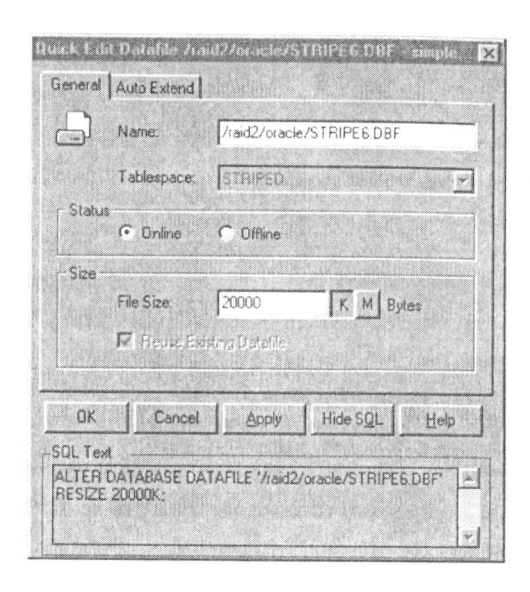

*Figura 3.4: Propriedades Quick Edit Datafile
(edição rápida de arquivo de dados)*

3.6 — Como posso ajustar a cota do tablespace para usuários?

Aplica-se a: Oracle7, Oracle8 e Oracle8*i*	**Índice do CD:** Cota de tablespace
Sistema operacional: Todos	

Problema

Meu banco de dados está sendo usado por vários grupos internos, que estão executando muitos tipos diferentes de aplicativos. Gostaria que fosse atribuída a cada um dos usuários uma cota de tablespace, para que o banco de dados não fosse executado fora do espaço e arruinasse todos os aplicativos.

Solução

Você pode especificar a quantia de espaço alocada a um usuário para determinado tablespace. Isso é feito usando o comando CREATE USER no SQL*Plus ou Server Manager. Você também pode dar ao usuário a utilização UNLIMITED (ilimitada) do tablespace (Listagem 3.30).

Listagem 3.30: Sintaxe para criação de usuário com a opção QUOTA
```
CREATE USER <username> IDENTIFIED BY <password>
   QUOTA UNLIMITED or <integer K/M>
      ON <tablespace_name>
```

Um exemplo de como criar um usuário com a opção QUOTA é mostrado na Listagem 3.31.

Listagem 3.31: Criação de um usuário com a opção QUOTA
```
SQL> CREATE USER book
   2> identified by "book"
   3> default tablespace TBLSP1
   4> quota 100M on TBLSP1
   5> quota 100M on STRIPED;
User created.
SQL>
```

Se o usuário já existir, você pode mudar a cota designada a ele/ela com o comando ALTER USER (alterar usuário), mostrado na Listagem 3.32. Um exemplo disso é mostrado na Listagem 3.33.

Listagem 3.32: Sintaxe para alterar o perfil de um usuário
```
ALTER USER <user_name>
      QUOTA unlimited OR <INTEGER K/M>
         ON <tablespace_name>
```

Listagem 3.33: Exemplo de como alterar o perfil do usuário
```
SQL> ALTER USER noel
   2   QUOTA UNLIMITED on STRIPED
   3   QUOTA 100M on CUSTOMER_TBLSP
   4   QUOTA 100M on RAW_TS;
User altered.
SQL>
```

Se um usuário tentar ir além da cota designada, ele/ela obterá a mensagem de erro Oracle, ORA-01536 "Cota de espaço excedida no tablespace 'tablespace_name'."

Você também pode mudar a cota designada a um usuário através de OEM. A janela apresentada na Figura 3.5 mostra como alterar a cota de um usuário.

Conclusão

Oracle permite que você especifique a cota em um tablespace para determinado usuário. Você pode usar o comando CREATE USER com a opção QUOTA ou usar o utilitário OEM para mudar a cota do usuário. Também pode dar ao usuário utilização ilimitada do tablespace.

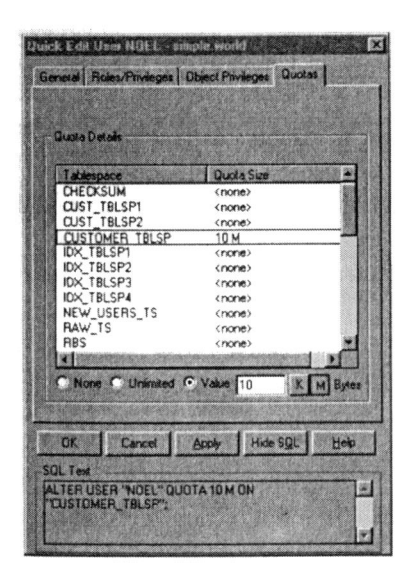

Figura 3.5: Propriedades Quick Edit User
(edição rápida de usuário)

3.7 — Oracle pode expandir automaticamente um tablespace?

Aplica-se a: Oracle7, Oracle8 e Oracle8i	Índice do CD: auto-expansão
Sistema operacional: Todos	

Problema

Com o crescimento do número de usuário da produção do banco de dados, meus tablespaces estão sendo preenchidos muito rapidamente. Uma vez que o tablespace fica sem espaço, os usuários começam a reclamar que não são capazes de realizar transações. Eu posso expandir automaticamente um tablespace?

Solução

A partir do Oracle 7.3, tablespaces são automaticamente expandidos. Esse é um recurso muito simpático, visto que às vezes os aplicativos falham devido à falta de espaço no tablespace.

Você pode ampliar automaticamente o tablespace de qualquer das seguintes maneiras:
1. Use o comando ALTER DATABASE DATAFILE...AUTOEXTEND
2. Use o comando CREATE TABLESPACE...AUTOEXTEND
3. Use o comando ALTER TABLESPACE...AUTOEXTEND

Etapas

Etapa 1 — ALTER DATABASE DATAFILE...AUTOEXTEND. Para expandir automaticamente um arquivo de dados, use o comando ALTER DATABASE com a opção AUTOEXTEND. A sintaxe para alterar um arquivo de dados para auto-expandir é mostrada na Listagem 3.34. Um ponto importante a notar é que o MAXSIZE (tamanho máximo) precisa ser UNLIMITED, o que implica que não há limite na alocação de espaço em disco, isto é, o máximo disponível. Portanto, a opção UNLIMITED comerá todo o espaço disponível de seu sistema de arquivo; tenha cuidado ao usar essa opção. É uma boa idéia ajustar sempre MAXSIZE em um limite que você suponha ser razoável. Você pode mudar o limite MAXSIZE de qualquer arquivo de dados em qualquer ocasião, assim há alguma flexibilidade.

A Listagem 3.35 mostra um exemplo de como ampliar um arquivo de dados em incrementos de 10 MB a um máximo de 100 MB. Se você não estiver usando um sistema operacional UNIX, então o nome do arquivo de dados deve ser diferente. Por exemplo, no Windows NT, ele seria algo como E:\raid6\extend1.dbf.

Listagem 3.34: Alteração do banco de dados com a opção Autoextend
```
ALTER DATABASE <database_name>
    DATAFILE <datafile_name>
    AUTOEXTEND [OFF/ON]
       NEXT (integer K/M)
       MAXSIZE UNLIMITED | integer K/M
```

Listagem 3.35: Exemplo de como alterar o banco de dados com a opção Autoextend
```
@SQL> extend_datafile
SQL> ALTER DATABASE TEST
   2   DATAFILE '/raid6/extend1.dbf'
   3   AUTOEXTEND ON
   4   NEXT 10M
   5   MAXSIZE 100M;
Database altered.
SQL>
```

Capítulo 3 - *Administração de espaço de tabela* | 133

Você também pode usar o OEM para alterar um arquivo de dados com a funcionalidade AUTOEXTEND, conforme mostrado na Figura 3.6.

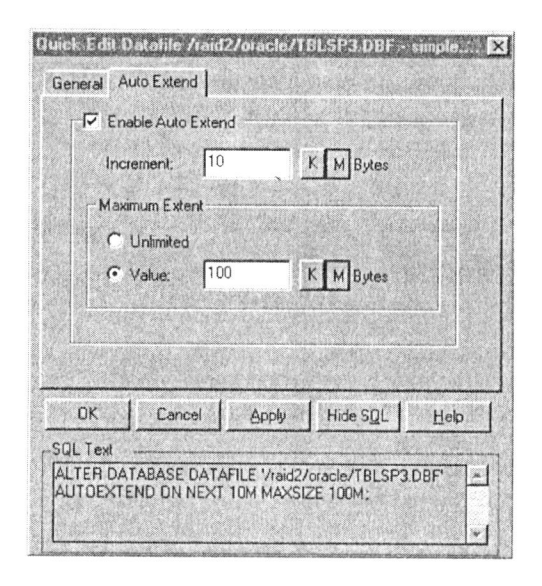

Figura 3.6: Propriedades Quick Edit Datafile (edição rápida de arquivo de dados)

Etapa 2 — CREATE TABLESPACE...AUTOEXTEND. Se você estiver tentando criar um tablespace, pode usar a opção AUTOEXTEND no comando CREATE TABLESPACE. A sintaxe de CREATE TABLESPACE...AUTOEXTEND é mostrada na Listagem 3.36. A opção AUTOEXTEND é muito similar ao comando ALTER DATABASE com a opção AUTOEXTEND. Há um exemplo na Listagem 3.37 da criação de 100 MB no tablespace, chamado NEW_TABLESPACE, com a opção AUTOEXTEND. No exemplo, você pode ver que o arquivo de dados será ampliado de 20 MB até 500 MB.

Listagem 3.36: Criação de tablespace com a opção AUTOEXTEND
```
CREATE TABLESPACE <tablespace_name>
    DATAFILE <datafile_name>
    AUTOEXTEND [OFF/ON]
       NEXT (integer K/M)
       MAXSIZE UNLIMITED | integer K/M
```

Listagem 3.37: Exemplo de criação de um tablespace com a opção AUTOEXTEND

```
SVRMGR> CREATE TABLESPACE new_tablespace
     2> DATAFILE '/raid2/oracle/new_tablespace.dbf'
     3> SIZE 100M
     4>      AUTOEXTEND ON
     5>           NEXT 20M
     6>           MAXSIZE 500M;
Statement processed.
SVRMGR>
```

Etapa 3 — ALTER TABLESPACE...AUTOEXTEND. Se você quiser acrescentar um novo arquivo de dados a um tablespace existente, com a funcionalidade AUTOEXTEND, então pode usar ALTER TABLESPACE com a opção AUTOEXTEND. A sintaxe do comando ALTER TABLESPACE com a opção AUTOEXTEND é mostrada na Listagem 3.38. A opção AUTOEXTEND neste caso é muito semelhante ao comando ALTER DATABASE com a opção AUTOEXTEND. Um exemplo é mostrado na Listagem 3.39.

Listagem 3.38: ALTER TABLESPACE com a opção AUTOEXTEND

```
ALTER TABLESPACE <tablespace_name>
     ADD DATAFILE <datafile_name> SIZE integer K/M
     AUTOEXTEND [OFF/ON]
         NEXT (integer K/M)
         MAXSIZE UNLIMITED | integer K/M
```

Listagem 3.39: Exemplo de um tablespace ALTER com a opção AUTOEXTEND

```
SVRMGR> ALTER TABLESPACE new_tablespace
     2>     ADD DATAFILE
     3>          '/raid2/oracle/new_tablespace2.dbf'
     4>          size 100M
     5>     AUTOEXTEND ON
     6>          NEXT 20M
     7>          MAXSIZE 500M;
Statement processed.
SVRMGR
```

Conclusão

Um dos recursos mais simpáticos de Oracle é a habilidade de usar AUTOEXTEND em seu arquivo de dados. Como um DBA, você deve ter enfrentado situações nas quais o seu tablespace chegou ao seu limite e o aplicativo do usuário falhou. Com o recurso AUTOEXTEND, você garante que mesmo que você fique sem espaço em um tablespace, possa expandir o tamanho do arquivo de dados. Entretanto, você deve ter cuidado quando usar a opção MAXSIZE com a declaração AUTOEXTEND, visto que a opção UNLIMITED pode permitir que o arquivo de dados cresça e preencha qualquer espaço disponível em seu sistema.

3.8 — Como posso criar um tablespace em um dispositivo bruto?

Aplica-se a: Oracle7, Oracle8 e Oracle8*i*	Índice do CD: Dispositivo bruto
Sistema operacional: Windows NT, UNIX	

Problema

Alguns especialistas em Oracle recomendaram que eu colocasse meu banco de dados em um dispositivo bruto. O que é exatamente um dispositivo bruto? Quais são os benefícios ou desvantagens de usar o dispositivo bruto e como posso implementá-lo?

Solução

Um dispositivo bruto, ou uma partição bruta, é uma partição de disco que é suportada pelo driver do dispositivo de caractere. Um dispositivo bruto não tem um arquivo de sistema e, portanto, não é montado. Se você tiver um grande disco, com mais de 4 GB, por exemplo, então pode particioná-lo em muitos pedaços. Cada pedaço ou partição pode ter um arquivo de sistema ou ser apenas um simples dispositivo bruto. Se você optar pela partição como um dispositivo bruto, então só pode alocar um único arquivo de dados a partir dele. Por exemplo, se você tem uma partição com 250 MB de tamanho, então precisa alocar o tamanho do arquivo de dados para que seja de 250 MB. Se você só alocar 100 MB de um arquivo de dados, então o restante do espaço (150 MB) não será utilizado, a menos que você possa criar outra partição naquele espaço disponível. Assim, antes de criar partições de disco, faça algum planejamento.

Uma das maiores vantagens de usar o dispositivo bruto é o desempenho. Um dispositivo bruto permite que você ultrapasse a área de armazenamento temporário do sistema operacional e que os dados sejam movidos diretamente para o Oracle SGA. Os testes e avaliações têm demonstrado que você pode obter de 5 a 25 por cento de aperfeiçoamento de desempenho, usando um dispositivo bruto.

O kernel do sistema operacional não armazena temporariamente os dados do dispositivo de dados. Os dados são diretamente movidos do dispositivo para o Oracle, o que melhora o desempenho. Você só pode ter um arquivo de dados por partição de disco. Se quiser ter mais arquivos de dados em um disco de dispositivo bruto, então deve particioná-los.

As vantagens de usar um dispositivo bruto (partição) são:

- O arquivo de dados não é fragmentado, visto que ele é alocado como uma corrente de bytes em uma partição bruta. Em um arquivo de sistema, o arquivo de dados pode ser fragmentado com blocos adjacentes sendo dispersos através de diferentes blocos de disco.
- Você faz economia de memória porque os blocos de dados Oracle não são armazenados na área de armazenamento do arquivo de sistema, mas apenas em SGA.
- Você pode usar I/O assíncronos obter para melhor desempenho.
- Ele garante que o bloco de dados Oracle seja escrito fora do disco, em vez de ser armazenado pelo OS (sistema operacional) na área de armazenamento do arquivo de sistema. Isso é importante para a integridade dos dados.
- Aumento de desempenho de até vinte por cento, ou mais.

As desvantagens de usar um dispositivo bruto são:

- A maior desvantagem é a maneabilidade. Você é responsável por decidir como particionar o disco. Em um dispositivo bruto, se o arquivo de dados é menor do que o tamanho da partição, você perde aquele espaço disponível.
- Ferramentas normais de UNIX não funcionam e você não pode ver o arquivo de dados.
- Em cópias, você precisa usar dd (double density — densidade dupla) ou outros tipos de ferramentas terceirizadas.

Etapas para Solaris (UNIX)

Em Solaris, identifique o disco ou o volume lógico que você deseja usar em seu dispositivo bruto. Você pode usar o comando format para particionar o disco, ou o volume lógico, em partições. Lembre-se de que você só pode ter até 8 partições por dispositivo. Uma vez particionado o dispositivo, você precisará mudar a propriedade e o grupo da conta de usuário Oracle. Isso permitirá ao Oracle acessar a partição bruta.

Vamos supor que temos um disco chamado c2t0d1 com cinco partições (pedaços) de disco. Aquela em que estamos interessados é a partição 7, que tem 256 MB.

Etapas

Etapa 1. Primeiramente, obtenha as informações de partição onde você gostaria de criar um tablespace. No exemplo mostrado na Listagem 3.40, você pode ver que temos disponível o dispositivo /dev/rdsk/c2t0d1s7. Assegure-se de que esse dispositivo não esteja montado e possa ser usado como uma partição bruta.

Etapa 2. No UNIX, há um conceito de link simbólico, onde você pode criar um link virtual para qualquer diretório, arquivo ou partição. Ao invés de especificar o nome de dispositivo da partição bruta, recomenda-se que você use um arquivo que contenha um link simbólico no dispositivo atual. Por exemplo, criaremos um link simbólico de /dev/rdsk/c2t0d1s7 para /oracle_data/customer.dat. Isso pode ser feito usando-se o comando ln, conforme mostrado na Listagem 3.41. O arquivo do link simbólico pode ter qualquer nome. Aqui, escolhemos customer.dat para representar o arquivo de dados do tablespace customer. Assim, ao criarmos um tablespace, só precisamos especificar o nome de arquivo simbólico do nome do dispositivo bruto.

Etapa 3. Como você pode ver na Listagem 3.41, se fizermos um ls, ele nos mostrará o link simbólico que aponta para o dispositivo atual.

Listagem 3.40: Tabela de partição
```
partição> print
Current partition table (original):
Total disk cylinders available: 64105 + 2 (reserved cylinders)
Part   Tag      Flag  Cylinders      Size              Blocks
  0    root     wm    0 - 511        128.00MB    (512/0/0)       262144
  1    swap     wu    512 - 1023     128.00MB    (512/0/0)       262144
  2    backup   wu    0 - 64104      15.65GB     (64105/0/0)     32821760
  3    usr      wm    1024 - 17023   3.91GB      (16000/0/0)     8192000
  4    usr      wm    17024 - 33023  3.91GB      (16000/0/0)     8192000
  5    usr      wm    33024 - 49023  3.91GB      (16000/0/0)     8192000
  6    usr      wm    49024 - 62980  3.42GB      (15081/0/0)     7004160
  7    usr      wm    62981 - 64104  256.00MB    (1024/0/0)      524288
partition>
```

Listagem 3.41: Link simbólico ao arquivo de dados
```
# ln /dev/rdsk/c2t0d1s7 /oracle_data/customer.dat
# ls -tl /oracle_data
total 2lrwxrwxrwx   2 root   root   76 Jun 18 10:57 customer.dat - >
../devices/iommu@f,e0000000/sbus@f,e0001000/QLGC,isp@1,10000/
sd@0,1:e,raw
```

Etapa 4. Para o Oracle acessar esse arquivo, assegure-se de que você tenha alocado os privilégios apropriados. Como você pode ver na Listagem 3.42, estamos mudando a propriedade para Oracle e o grupo para DBA.

Listagem 3.42: Ajuste de permissão no arquivo de dados
```
# chown oracle /oracle_data/customer.dat
# chgrp dba /oracle_data/customer.dat
```

Etapa 5. Finalmente, crie um novo tablespace e acrescente a partição bruta, ou adicione um novo arquivo de dados a um tablespace existente. A Listagem 3.43 mostra como criar um novo tablespace com a partição bruta.

Listagem 3.43: Cria um tablespace em um dispositivo bruto
```
SQLWKS> connect system@sfo.world;
Connected.
SQLWKS> CREATE TABLESPACE raw_tblspace
   2> DATAFILE '/oracle_data/customer.dat' size 255M;
Statement processed.
SQLWKS>
```

No Windows NT

Diferente do UNIX, a interface Windows NT GUI permite que você defina com muita facilidade as partições brutas.

Etapas

Etapa 1. Execute o programa Disk Administrator (administrador de disco), encontrado na opção de menu Administrative Tools (ferramentas administrativas) do Windows NT. Isso exibe os discos que estão anexados ao seu computador. Como você pode ver na Figura 3.7, temos espaço disponível em um total de 251 MB no disco 1.

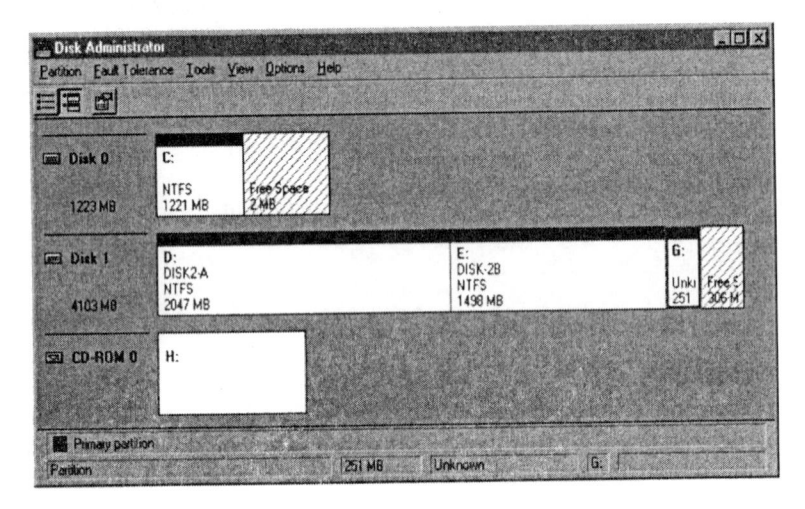

Figura 3.7: Utilização do Disk Administrador (administrador de disco) do Windows NT

Etapa 2. Clique na partição disponível e escolha Create a partir da opção de menu partition (partição). Você pode escolher o tamanho da partição a ser criada. Nesse exemplo, criaremos uma partição de 250 MB.

Etapa 3. Agora, clique em Commit Changes On (realizar mudanças em) na opção de menu Partition(Partição). Ela confirmará se você deseja realizar essas mudanças. Selecione Yes e veja que uma letra de driver é atribuída à partição, como mostrado na Figura 3.7. Nesse exemplo, temos a partição atribuída ao drive G:. Você também notará que o tamanho da partição não é de 250 MB, mas de 251 MB. O Windows NT aloca espaço adicional para o seu código extra.

Etapa 4. Agora podemos criar um novo tablespace ou adicionar um novo arquivo de dados a um tablespace existente. Um exemplo de como criar um tablespace na partição bruta de 250 MB é mostrado na Listagem 3.44.

Listagem 3.44: Criação de um tablespace no dispositivo bruto
```
Oracle8 Enterprise Edition Release 8.0.5.0.0 — Production
With the Partitioning and Objects options
PL/SQL Release 8.0.5.0.0 — Production
SQLWKS> CREATE TABLESPACE raw_tblspace
    2> DATAFILE '\\.\G:' size 250M;
Statement processed.
SQLWKS>
```

Se tentarmos criar o tablespace maior do que a partição bruta, obteremos uma mensagem de erro, conforme mostrado na Listagem 3.45.

Listagem 3.45: Criação de um tablespace maior do que a partição bruta
```
SQLWKS> CREATE TABLESPACE raw_tblspace
    2> DATAFILE '\\.\G:' size 252M;
CREATE TABLESPACE raw_tblspace
*
ORA-19510: failed to set size of 128576 blocks for file "\\.\G:"
  (blocksize=2048)
ORA-27059: skgfrsz: could not reduce file size
OSD-04006: ReadFile() failure, unable to read from file
O/S-Error: (OS 87) The parameter is incorrect.
ORA-19502: write error on file "\\.\G:", blockno 128513 (blocksize=2048)
ORA-27072: skgfdisp: I/O error
OSD-04008: WriteFile() failure, unable to write to file
O/S-Error: (OS 87) The parameter is incorrect.
```

Conclusão

Você pode usar um dispositivo bruto na maioria das plataformas rodando Oracle, inclusive UNIX e Windows NT. Os dispositivos brutos não apenas oferecem um aumento de colocação como também integridade de dados, visto que tudo que é escrito vai diretamente para o disco, em vez de para as áreas de armazenamento temporárias do sistema operacional.

3.9 — Posso mover um arquivo de dados do arquivo de sistema para um dispositivo bruto e vice-versa?

Aplica-se a: Oracle7, Oracle 8 e Oracle8*i*	Índice do CD: Dispositivo bruto
Sistema operacional: Solaris (UNIX)	

Problema

Eu gostaria de inverter alguns dos meus arquivos de dados para brutos, sem percorrer o processo de exportar/importar e recuperar os meus arquivos. Como posso mover um arquivo de dados do sistema UNIX para um dispositivo bruto e vice-versa?

Solução

Não há método direto para fazer uma inversão entre um dispositivo bruto e um arquivo de sistema. Isso exige que você use o comando dd em UNIX para copiar os dados entre o dispositivo bruto e um arquivo de sistema. Você precisa tomar muito cuidado com as permissões para arquivo e a quantidade de blocos que está copiando, usando o comando dd. Consulte manual do sistema para maiores informações sobre este comando. Uma vez que você tenha copiado os dados, pode então emitir o comando ALTER DATABASE com a opção RENAME, para informar ao Oracle a nova localização do arquivo de dados.

Etapas

Etapa 1. Vamos supor que você tenha um tablespace de 100 MB chamado CUST_TBLSP, conforme mostrado na Listagem 3.46. Com o tablespace CUST_TBLSP, primeiro criamos uma tabela de cliente e depois carregamos um milhão de linhas. Aqui, você pode usar suas próprias tabelas e informações de tablespace.

Listagem 3.46: Criação de um tablespace

```
SQL> create tablespace cust_tblsp
  2> DATAFILE '/raid4/customer.dbf' SIZE 100M
  3  DEFAULT STORAGE
  4  (INITIAL 10M NEXT 5M);
Tablespace created.
SQL>
```

Capítulo 3 - *Administração de espaço de tabela* | 141

Etapa 2. Feche o banco de dados de modo a proteger os arquivos de dados de quaisquer escritas durante a cópia. Se você não puder baixar o banco de dados, então pode emitir o comando ALTER TABLESPACE com a opção BEGIN BACKUP (iniciar cópia) e fazer a cópia.

Etapa 3. Execute o comando dd para copiar o arquivo de dados em uma partição bruta, como mostrado na Listagem 3.47.

Listagem 3.47: Execução do comando dd
```
dd if=/raid4/customer.dbf of=/dev/rdsk/c1t1d0s6 bs=2048 count=51201
```

Etapa 4. Uma vez que o comando dd tenha sido completado com sucesso, você deve comparar a cópia e certificar-se de que o comando tenha funcionado sem problemas. Você pode fazer uma rápida verificação para executar o comando od (octal dump = despejo/depósito com características de oito possibilidades) com uma opção –c tanto para o arquivo de dados customer.dbf como para o dispositivo bruto (Listagem 3.48). Você notará que ambos têm as mesmas partes de informações, o que significa que dd funcionou bem. Você também deve usar as ferramentas UNIX, tais como diff e cmp, para garantir que o conteúdo de ambos os arquivos são exatamente iguais. Há sempre uma possibilidade de que alguns dos primeiros ou dos últimos blocos não tenham sido copiados corretamente, o que causará um problema na apresentação do banco de dados Oracle.

Listagem 3.48: Execução do comando od
```
ORACLE> od -c customer.dbf |more
0000000  \0   \0   \0   \0   \0   \0   \b   \0   \0   \0  310  \0   Z    [   \    ]
0000020  \0   \0  201  240  \0   \0   \0   \0   \0   \0   \0   \0   \0   \0   \0   \0
0000040  \0   \0   \0   \0   \0   \0   \0   \0   \0   \0   \0   \0   \0   \0   \0   \0
*
0004000  013  002  \0   \0   013   @   \0  001   \0   \0   \0   \0   \0   \0  001  004
0004020   X   322  \0   \0    b   \0   \0   \b   \0   \0   \0  277  \t   2   354
0004040   A    M    D   \0   \0   \0   \0   \0   \0   \0  001  267  \0   \0  310  \0
0004060  \0   \0   \b   \0   \0    -   \0  003   \0   \0   \0   \0   \0   \0   \0   \0
0004100  \0   \0   \0   \0   \0   \0   \0   \0   \0   \0   \0   \0   \0   \0   \0   \0
*
0004140  \0   \0   \0   \0   \0  004  253   |   \0   \0   \0   \0  024   !   \n  275
0004160  024  \n  177   1   \0   \0   \0  001   \0   \0   \0   \0   \0   \0   \0   \0
0004200  \0   \0   \0   \0   \0   \0   \0   \0   \0   \0   \0   \0   \0  004  253  255
0004220  \0   \0   \0   \0  024   !   \r   ]   \0  001   \0   \0   \0   \0   \0  017
0004240  \0   \0  001   t   \0  020   *   334  002  \0   \0   \0   \0   \0   \0   \0
0004260  \0   \0   \0  003  \0   \0   \0   \0   \0   \0  002  \0   \0   \0   \0   \0
0004300  \0   \0   \0   \0   \0   \0   \0   \0   \0   \0   \0   \0   \0   \0   \0   \0
*
0004360  \0   \0   \0   \0   \0   \0    *   \0   \n   C    U    S    T    _    T
0004400   B    L    S    P   \0   \0   \0   \0   \0   \0   \0   \0   \0   \0   \0   \0
0004420  \0   \0   \0   \0   \0   \0   \0   \0   \0   \0   \0   \0   \0   \0   \0   \0
0004440  \0   \0   \0   \0   \0   \0   \
- -More- -
```

```
ORACLE> od -c /dev/rdsk/c1t1d0s6 | more
0000000  \0  \0  \0  \0  \0  \0  \b  \0  \0  \0  310 \0  Z   [   \   ]
0000020  \0  \0  201 240 \0  \0  \0  \0  \0  \0  \0  \0  \0  \0  \0  \0
0000040  \0  \0  \0  \0  \0  \0  \0  \0  \0  \0  \0  \0  \0  \0  \0  \0
*
0004000  013 002 \0  \0  013 @   \0  001 \0  \0  \0  \0  \0  \0  001 004
0004020  X   322 \0  \0  \b  \0  \0  \0  \b  \0  \0  \0  277 \t  2   354
0004040  A   M   D   \0  \0  \0  \0  \0  \0  \0  001 267 \0  \0  310 \0
0004060  \0  \0  \b  \0  \0  -   \0  003 \0  \0  \0  \0  \0  \0  \0  \0
0004100  \0  \0  \0  \0  \0  \0  \0  \0  \0  \0  \0  \0  \0  \0  \0  \0
*
0004140  \0  \0  \0  \0  \0  004 253 |   \0  \0  \0  \0  024 !   \n  275
0004160  024 \n  177 1   \0  \0  \0  001 \0  \0  \0  \0  \0  \0  \0  \0
0004200  \0  \0  \0  \0  \0  \0  \0  \0  \0  \0  \0  \0  \0  004 253 255
0004220  \0  \0  \0  \0  024 !   \r  ]   \0  001 \0  \0  \0  \0  \0  017
0004240  \0  \0  \0  001 t   \0  020 *   334 002 \0  \0  \0  \0  \0  \0
0004260  \0  \0  \0  003 \0  \0  \0  \0  \0  \0  \0  002 \0  \0  \0  \0
0004300  \0  \0  \0  \0  \0  \0  \0  \0  \0  \0  \0  \0  \0  \0  \0  \0
*
0004360  \0  \0  \0  \0  \0  \0  *   \0  \n  C   U   S   T   _   T
0004400  B   L   S   P   \0  \0  \0  \0  \0  \0  \0  \0  \0  \0  \0  \0
0004420  \0  \0  \0  \0  \0  \0  \0  \0  \0  \0  \0  -   \0  \0  \0  \0
0004440  \0  \0  \0  \0  \0  \0  \
```

Nota: Você deve ter muito cuidado com as seguintes etapas, caso contrário poderá perder o seu arquivo de dados. Assegure-se de ter uma cópia antes de fazer a inversão. Também, visto que esses procedimentos só foram testados no sistema operacional Solaris, eles podem diferir em outros sistemas UNIX.

Etapa 5. Agora você deve trazer para a frente o Oracle, com a opção MOUNT (montar), e realizar um comando ALTER TABLESPACE para indicar o arquivo de dados para a nova localização. Finalmente, pode abrir o banco de dados, emitindo o comando ALTER DATABASE OPEN (Listagem 3.49).

Listagem 3.49: Comando ALTER TABLESPACE

```
SVRMGR> ALTER DATABASE TEST
   2> RENAME FILE
   3>    '/raid4/customer.dbf'
   4> TO
   5>    '/dev/rdsk/c1t1d0s6';
Statement processed.
SVRMGR>
```

Conclusão

No UNIX, você pode usar o comando dd para copiar dados de um arquivo de sistema para um dispositivo bruto e vice-versa. Consulte os manuais do sistema para saber como usar dd. Em alguns sistemas, o primeiro bloco do disco é dedicado a uso interno do sistema. Você deve verificar a documentação para maiores informações, caso contrário dd pode corromper os dados. Você precisa usar o comando (dd) do sistema operacional para copiar o conteúdo e depois o comando ALTER DATABASE com a opção RENAME para mudar o nome e a localização do arquivo de dados, a partir do ponto de vista de Oracle.

3.10 — Eu gostaria de saber quantas linhas há em um arquivo de dados para determinada tabela.

Aplica-se a: Oracle7, oracle8 e Oracle8*i* **Índice do CD:** ROWID
Sistema operacional: Todos

Problema

Eu tenho uma tabela que é dispersa por muitos arquivos de dados em um tablespace. Cada um dos arquivos de dados está em um disco separado, para evitar retenção de I/O. No entanto, tenho outros arquivos de dados no mesmo disco. Gostaria de saber quantas linhas existem em cada um dos diferentes arquivos de dados. Isso me ajudará a gerenciar melhor a tabela, movendo apenas os arquivos de dados mais cheios. Como posso determinar a quantidade de linhas de cada arquivo de dados em uma tabela?

Solução

No Oracle, cada uma das linhas contém uma ROWID (identificação de linha), que é uma coluna usada internamente. A ROWID só identifica a linha e contém informações, tais como o número da linha, número de arquivo, número de bloco etc. A coluna ROWID pode ser usada para obter o arquivo de dados onde a linha está colocada. Essas informações são bem úteis se você estiver fazendo particionamento e quiser determinar se há um equilíbrio de linhas entre arquivos de dados.

O script MON_ROWS.SQL (Listagem 3.50) mostra como gerar um relatório sobre a quantidade de linhas por arquivo de dados de determinada tabela.

Listagem 3.50: MON_ROWS.SQL

```
Set echo off feedback off verify off;
set linesize 100 pagesize 100;

REM NAME              : mon_rows.sql
REM AUTHOR            : Noel.Y
REM USAGE             : Run from SQLPLUS
REM DESCRIPTION       : Generates a report on the
REM                     number of Rows per datafile for
REM                     a given table.
REM REQUIREMENTS      : Must be run as DBA

col tablespace_name    format a15 heading "Tablespace|Name"
col file_name          format a30 heading "Datafile|Name"
col nrows              format 999,999,999 heading "Number of |Rows"
col TODAY              NEW_VALUE    _DATE

set termout off;
select to_char(SYSDATE, 'fmMonth DD, YYYY') TODAY from DUAL;
set termout on;

TTITLE left _DATE CENTER "Rows Per Datafile for &&table_name Table" - Skip 1
CENTER "= = = = = = = = = = = = = = = = = = = = =" skip 2

break on tablespace_name

spool &output_filename;
set heading on;

select
      tablespace_name,
      file_name,
      count(&&table_name..rowid) nrows
from
      &&table_name,
      dba_data_files — ❶ Consulta as tabelas de sistema
where
      dbms_rowid.rowid_relative_fno(&&table_name..rowid)
      = dba_data_files.file_id
group by
      tablespace_name,
      file_name;
clear columns;
spool off;
set feedback on verify on echo on;
```

❶ Para obter informações sobre a quantidade de linhas em um arquivo de dados, você precisa consultar a própria tabela, junto com a tabela de sistema DBA_DATA_FILES.

Como você pode ver na Listagem 3.51, /raid3/oracle/STRIPE3.DBF contém a maioria das linhas. Essas informações nos dizem como estão distribuídas as linhas entre os arquivos de dados daquele tablespace. Se você tiver problemas de desempenho de I/O, então pode mover os arquivos de dados para discos diferentes, para equilibrar a I/O.

Listagem 3.51: Saída de mon_rows.sql

```
SQL> @mon_rows
Enter value for table_name: striped_customer
July 3, 1998  Rows Per Datafile for stripped_customer Table
===  ================  ======
Tablespace    Datafile                    Number of
Name          Name                        Rows
------        ------                      --------
STRIPED       /raid1/oracle/STRIPE1.DBF      7,943
              raid2/oracle/STRIPE2.DBF      11,871
              /raid3/oracle/STRIPE3.DBF     17,883
              /raid5/oracle/STRIPE5.DBF      5,351
              /raid6/oracle/STRIPE6.DBF      5,400
SQL>
```

Conclusão

Usando a coluna ROWID você pode obter informações sobre qual linha está colocada em qual arquivo de dados. Essas informações podem ser muito úteis se você estiver tentando equilibrar a I/O de uma tabela particionada. Você pode descobrir quantas linhas há em cada um dos arquivos de dados e se a quantidade de linhas é ou não igual em todas.

3.11 — Como posso mover um arquivo de dados para outro lugar?

Aplica-se a: Oracle7, Oracle8 e Oracle8*i*   **Índice do CD:** ALTER DATABASE

Sistema operacional: Windows NT, UNIX

Problema

Estou no processo de atualizar meus discos e gostaria de mover alguns de meus arquivos de dados para outro lugar no sistema. Como posso mover, com segurança, esses arquivos de dados?

Solução

Para mover um arquivo de dados de um lugar para outro, você pode emitir o comando ALTER DATABASE com a opção RENAME FILE. A sintaxe desse procedimento é mostrada na Listagem 3.52.

Listagem 3.52: Comando ALTER DATABASE
```
ALTER DATABASE <database_name>
  RENAME FILE
    <old_filename>
  TO
    <new_filename>
```

Etapas

Etapa 1. Antes de poder mover um arquivo de dados, você deve fechar o banco de dados.

Listagem 3.53: Como fechar o banco de dados
```
SVRMGR> connect internal
Connected.
SVRMGR> shutdown immediate;
Database closed.
Database dismounted.
ORACLE instance shut down.
SVRMGR>
```

Etapa 2. Copie o arquivo de dados do antigo lugar para a nova localização usando os comandos de seu sistema operacional. O exemplo a seguir (Listagem 3.54) mostra a cópia do arquivo STRIPE1.DBF para o diretório /raid6 em Solaris (UNIX). Se você não estiver usando o sistema operacional UNIX, então o nome do arquivo de dados deve ser diferente.

Listagem 3.54: Como copiar o arquivo de dados para uma nova localização
```
$ cp /raid1/oracle/STRIPE1.DBF /raid6/oracle/NEW_STRIPE1.DBF
```

Se você não copiar o arquivo e tentar renomeá-lo usando o comando ALTER DATABASE, o comando falhará, com erros Oracle ORA-01511 e ORA-01141.

Listagem 3.55: Como trazer o banco de dados na opção mount (montar)
```
SVRMGR> startup mount;
ORACLE instance started.
Total SystemGlobal Area   27641508 bytes
Fixed Size                   44924 bytes
Variable Size              6592296 bytes
Database Buffers          20480000 bytes
Redo Buffers                524288 bytes
Database mounted.
SVRMGR>
```

Capítulo 3 - Administração de espaço de tabela | 147

Etapa 4. Agora, use o comando ALTER DATABASE para renomear o arquivo de dados para o novo lugar. Um exemplo do comando ALTER DATABASE é mostrado na Listagem 3.56.

Listagem 3.56: Execução do comando ALTER DATABASE...RENAME
```
SVRMGR> ALTER DATABASE TEST
  2> RENAME FILE
  3> '/raid1/oracle/STRIPE1.DBF'
  4> TO
  5> '/raid6/oracle/BEW_STRIPE1.DBF'
Statement processed.
SVRMGR>
```

Etapa 5. Uma vez que você tenha movido todos os seus arquivos de dados, pode abrir o banco de dados. Emita o seguinte comando (Listagem 3.57) no Server Manager:

Listagem 3.57: Comando ALTER DATABASE OPEN
```
SVRMGR> ALTER DATABASE OPEN;
Statement processed.
SVRMGR>
```

Etapa 6. Consulte a tabela de sistema para determinar se o arquivo de dados existe na nova localização. Como você pode ver a partir da saída mostrada na Listagem 3.58, a localização do arquivo de dados foi mudada de /raid1/oracleSTRIPE1.DBR para /raid6/oracle/NEW_STRIPE1.DBF.

Listagem 3.58: Consulta à tabela de sistema dba_data_files
```
SVRMGR> select file_name from dba_data_files
  2> where file_name like '%STRIPE1%';
FILE_NAME
--------------------------------------------------
/raid6/oracle/NEW_STRIPE1.DBF
1 row selected.
SVRMGR>
```

Conclusão

No Oracle, você pode mover arquivos de dados de um lugar para outro bem facilmente, usando a opção RENAME FILE no comando ALTER DATABASE. Assegure-se de também executar o comando DBV depois que tiver renomeado o arquivo de dados. Isso garantirá que o arquivo foi corretamente copiado e pode ser usado por um banco de dados de classe de produção.

3.12 — Como posso determinar o uso de tablespace por um usuário?

Aplica-se a: Oracle7, Oracle8 e Oracle8*i*	Índice do CD: DBA_TS_QUOTAS
Sistema operacional: Todos	

Problema

Tenho um banco de dados de produção que está sendo usado por várias empresas externas em uma base por hora. Além de cobrar os clientes por cada hora, eu também gostaria de cobrá-los com base no espaço usado em Oracle. Como posso determinar a utilização de tablespace por um usuário?

Solução

Para determinar o uso de tablespace, você pode consultar a tabela de sistema DBA_TS_QUOTAS. Ela contém informações sobre o usuário e a cota atribuída a ele/ela para determinado tablespace. Também pode executar o script mostrado na Listagem 3.59 (TS_QUOTA_REP.SQL), que gera um relatório sobre o uso do tablespace por um usuário:

Listagem 3.59: Script ts_quota_rep.sql

```
set echo off feedback off verify off;
set linesize 100 pagesize 100;

REM NAME            : ts_quota_rep.sql
REM AUTHOR          : Noel.Y
REM USAGE           : Run from SQLPLUS
REM DESCRIPTION     : Generates a report on the
REM                   tablespace usage by a user.
REM REQUIREMENTS    : Must be run as DBA

col tablespace_name       format a15 heading "Tablespace|Name"
col username              format a10 heading "Username"
col space_used_bytes      format 999,999,999 heading "Used Space|in KB"
col user_quota_bytes      format 999,999,999 heading "Used Quota|in KB"
col space_used_blocks     format 999,999,999 heading "Used Space|in Blocks"
col user_quota_blocks     format 999,999,999 heading "User Quota\in Blocks"
col TODAY            NEW_VALUE      _DATE

set termout off;
select to_char(SYSDATE, 'fmMonth DD, YYYY') TODAY from DUAL;
set termout on;
```

Capítulo 3 - *Administração de espaço de tabela* | **149**

```
TTITLE left _DATE CENTER "Tablespace usage by User" Skip 1 -
CENTER "= = = = = = = = = = = = = = = = = = = = = = = =" skip 2

break on username on tablespace_name;
spool &output_filename;
set heading on;
select
        username,
        tablespace_name,
        bytes/1024              space_used_bytes,
        max_bytes/1024          user_quota_bytes,
        blocks                  space_used_blocks,
        max_blocks              user_quota_blocks
from
        dab_ts_quotas   ── ❶ Consulta a tabela de sistema
order by
        username,
        tablespace_name;
clear columns;
spool off;
set feedback on verify on echo on;
```

❶ Para determinar a utilização de tablespace por um usuário específico, consulte a tabela de sistema DBA_TS_QUOTAS (Listagem 3.60).

Listagem 3.60: Saída ts_quota_rep

```
SQL> @ts_quota_rep
July 3, 1998         Tablespace usage by User
                     = = = = = = = = = = = = = = =
              Tablespace   Used Space   User Quota   Used Space   User Quota
Username      Name         in KB        in KB        in Blocks    in Blocks
------        ------       ------       ------       ------       -------
BOOK          STRIPED      0            102,400      0            51,200
              TBLSP1       0            102,400      0            51,200
BRUCE         TBLSP1       1,024        1,024        512          512
NOEL          CUSTOMER_
              TBLSP        0            102,400      0            51,200
              RAW_TS       0            102,400      0            51,200
SQL>
```

Conclusão

O script TS_QUOTA_REP.SQL é bastante útil para gerar um relatório sobre a quota de tablespace pelos usuários. Isso pode servir como uma maneira de documentar o seu banco de dados e descobrir qual usuário consumiu mais do tablespace.

3.13 — O que você precisa saber sobre extensões ilimitada

Aplica-se a: Oracle7, Oracle8 e Oracle8*i*	Índice do CD: Ilimitado
Sistema operacional: Todos	

Problema

Eu acabei de migrar para o Oracle 7.3 e descobri que extensões UNLIMITED agora estão disponíveis. Esse recurso é muito útil, pois muitas vezes meu aplicativo tem se rompido simplesmente porque atingiu o limite máximo de extensão. UNLIMITED realmente significa "ilimitado" ou eu preciso tomar cuidado com esse recurso?

Solução

Para aqueles dentre vocês que têm trabalhado com Oracle7, é preciso estar bastante familiarizados com as mensagens de erro ORA-01628, ORA-01630, ORA-01631 e ORA-01632. Essas são mensagens de erro geradas quando as extensões máximas foram atingidas. Se você tiver um bloco Oracle de 2K de tamanho, está limitado a apenas 121 extensões.

De acordo com Oracle, as extensões máximas permitidas antes de Oracle7.3 eram baseadas no tamanho de bloco de Oracle que você escolhia e não dependiam do sistema operacional. A Tabela 3.1 mostra as extensões máximas permitidas para determinado tamanho de bloco Oracle:

Tabela 3.1: Extensões máximas antes de Oracle7.3

Tamanho de bloco Oracle	Extensões máximas
2K	121
4K	249
8K	505

Começando com o lançamento 7.3, o Oracle introduziu um novo recurso que permitiu ter extensões ilimitadas para segmentos de retomada, segmentos de tabela, segmentos temporários e segmentos de índice. Você pode criar um objeto com extensões ilimitadas ou mudar as extensões máximas mais tarde, usando o comando ALTER. Se você consultar as tabelas de sistema, elas não reportam extensões UNLIMITED, mas um valor de 2,147,483,645, que, obviamente, é muito alto.

A Listagem 3.61 mostra um exemplo de como criar uma tabela com um número ilimitado de extensões.

Listagem 3.61: Exemplo de criação de uma tabela com extensões UNLIMITED

```
SQL> create table customer
  2          (cust_number        number    PRIMARY KEY,
  3          name                varchar2(40),
  4          address_1           varchar2(40),
  5          address_2           varchar2(40),
  6          city                varchar2(40),
  7          state               varchar2(2),
  8          zip                 number,
  9          balance             number(7, 2))
 10 tablespace
 11     TBLSP1
 12 storage (initial    1M
 13     next            1M
 14     minextent       1
 15     maxextents      UNLIMITED
 16     pctincrease     10);
Table created.
SQL>
```

Você também pode consultar a tabela de sistema para determinar o número de extensões usadas por uma tabela. O script EXTENTS_USER_REP.SQL, mostrado na Listagem 3.62, consulta a tabela de sistema DBA_SEGMENTS para descobrir o número de extensões usadas por cada tabela. A saída do script é mostrada na Listagem 3.63.

Listagem 3.62: Script extents_user_rep.sql

```
set echo off feedback off verify off;
set linesize 100 pagesize 100;

REM NAME              : extents_user_rep.sql
REM AUTHOR            : Noel.Y
REM USAGE             : Run from SQLPLUS
REM DESCRIPTION       : Generates a report on the
REM                     the maximum number of extents for
REM                     different types of segments
REM REQUIREMENTS      : Must be run as DBA

col segment_name    format a20          heading "Segment|Name"
col segment_type    format a15          heading "Segment|Type"
col owner           format a10          heading "Owner|Name"
col max_extents     format 999,999,999  heading "Maximum|Extents"
col TODAY           NEW_VALUE      _DATE

set termout off;
select to_char(SYSDATE, 'fmMonth DD, YYYY') TODAY from DUAL;
set termout on;
TTITLE left _DATE CENTER "Maximum Extents Report by User" Skip 1 -
CENTER "= = = = = = = = = = = = = = = = = =" skip 2
spool &output_filename;
set heading on;
```

```
break on owner on segment_type on segment_name;
select
      owner,
      segment_type,
      segment_name,
      max_extents
from
      dba_segments
where
          (owner != 'SYSTEM' and
          owner != 'SYS')
      and
          (segment_type = 'INDEX' or
          segment_type = 'TABLE')
order by
      owner,
      segment_type,
      segment_name;
clear columns;
spool off;
set feedback on verify on echo on
```

Listagem 3.63: Saída do script extents_user_rep

```
SQL> @extents_user_rep
July 8, 1998         Maximum Extents Report by User
                     = = = = = = = = = = = = = = = = = =

Owner     Segment    Segment              Maximum
Name      Type       Name                 Extents
----      -------    -----------          --------
BENCH     INDEX      SYS-C00677           121
                     SYS-C00678           121
          TABLE      CUSTOMER             121
                     CUSTOMER_1000        121
                     CUSTOMER_2000        121
                     EMP                  121
                     EXTEND_CUSTOMER      2,147,48,645
                     MYTABLE              100
                     NEWS                 121
                     NEWTABLE             121
                     PLAN_TABLE           121
                     RAWFS_CUSTOMER       2.147,483,645
                     STRIPED_CUSTOMER     2.147,483,645
BRUCE     TABLE      MYTABLE              121
SQL>
```

Conclusão

Começando com o Oracle, versão 7.3, um novo recurso permite extensões ilimitadas para segmentos de rollback, segmentos de tabela, segmentos temporários e segmentos de índice. Você pode criar um objeto com extensões ilimitadas ou mudar as extensões máximas mais tarde, usando o comando ALTER. Anteriormente, o número de extensões permitidas em um bloco Oracle de tamanho de 4K era de 249. Obviamente, isso é muito pouco, e muitos aplicativos falhavam porque ficavam sem extensões. Com extensões UNLIMITED, agora você pode se recostar e ter seus aplicativos sendo executados sem interrupção. No entanto, a desvantagem é que o Oracle exige mais código extra para manter as extensões, portanto é sempre recomendável limitar o número de extensões para evitar a degradação de desempenho.

3.14 — Como crio um tablespace transportável?

8i	**Aplica-se a:** Oracle8*i*	**Índice do CD:** Tablespace transportável
	Sistema operacional: Todos	

Problema

Como posso movimentar dados entre bases de dados Oracle sem precisar fazer uma exportação e importação? Sei que há um novo recurso no Oracle8i que me permite transportar um tablespace para outro banco e dados, mas como crio um tablespace transportável?

Solução

Um tablespace transportável permite que você movimente um tablespace de um banco de dados Oracle para outro. Existem duas maneiras através das quais esse novo recurso funciona. Primeiro, ele permite que você "clone" (copie/faça igual) um tablespace e o mova para outro banco de dados. Segundo, você pode separar (unplug) o tablespace do banco de dados e movê-lo para outro banco de dados.

Isso permite que você mova os dados mais rapidamente do que antes, visto que não precisa exportar/importar os dados ou descarregá-los/carregá-los. Você também pode transportar o índice de dados, assim não precisa remontar os índices. Os benefícios de transportar tablespaces estão no armazenamento de dados e quando você deseja mover grandes quantidades de dados entre dois ou mais bancos de dados.

Restrições atuais:

1. Você precisa ter o Oracle8i EE (Enterprise Edition) para gerar um conjunto de tablespace transportável.
2. O tamanho do bloco Oracle entre os bancos de dados deve ser igual.
3. O conjunto de caracteres também deve ser igual.
4. Ambos os bancos de dados devem estar em plataformas do mesmo fabricante de hardware. Por exemplo, você pode transportar tablespaces entre bancos de dados SUN Solaris, mas não pode transportá-los para Windows NT.
5. Você não pode transportar um tablespace para um banco de dados que já tenha o mesmo nome de tablespace.

Etapas

Etapa 1. Vamos percorrer uma cena completa de como implementar um tablespace transportável. Suponha que temos dois servidores, chamados EARTH (Terra) e MARS (Marte) sendo executados em um sistema operacional UNIX. EARTH, que é a nossa máquina local, tem um banco de dados chamado PROD, e o servidor remoto, MARS, tem um banco de dados chamado DSS.

Antes de mais nada, vamos criar um tablespace de aproximadamente 10 MB, chamado MY_TBLSP no o servidor EARTH, conforme mostrado na Listagem 3.64.

Listagem 3.64: Criação de um tablespace

```
ORACLE8i> sqlplus
SQL*Plus: Release 8.1.5.0.0 - Production on Fri Apr 16 11:28:22 1999
(c) Copyright 1999 Oracle Corporation. All rights reserved.
Enter user-name: / as sysdba
Connected to:
Oracle8i Enterprise Edition Release 8.1.5.0.0 - Production
With the Partitioning and Java options
PL/SQL Release 8.1.5.0.0 - Production
SQL> CREATE TABLESPACE MY_TBLSP
  2  DATAFILE '/oracle8i/data/MY_TBLSP.DAT'
  3  SIZE 10M;
Tablespace created.
SQL
```

Depois, criaremos no servidor EARTH uma tabela chamada customer, com as colunas como mostrado na Listagem 3.65.

Capítulo 3 - *Administração de espaço de tabela*

Listagem 3.65: Criação da tabela customer
```
SQL> connect bench/bench
Connected.
SQL> create table customer
  2  ( cust_number      NUMBER PRIMARY KEY,
  3    name             CHAR(40),
  4    address_1        CHAR(40),
  5    address_2        CHAR(40),
  6    state_code       CHAR(2),
  7    zip_code         NUMBER)
  8  TABLESPACE MY_TBLSP
  9    STORAGE (INITIAL 1M NEXT 1M);
Table created.
SQL>
```

Apenas para completar a tabela, vamos adicionar duas linhas no servidor EARTH. Como você pode ver a partir da Listagem 3.66, acrescentamos os customers (clientes) números 1001 e 1002.

Listagem 3.66: Inserção na tabela customer
```
SQL> insert into customer values (1001, 'JOHN',
  2  '1260 New Memory Ave', 'APT 901T1', 'CA', 95691);
1 row created.
SQL> insert into customer values (1002,'NOEL',
  2  '880 Old Storage Rd', ' ', 'TX', 89691);
1 row created.
SQL> commit;
Commit complete.
SQL>
```

Agora que temos um tablespace e criamos uma tabela chamada CUSTOMER, podemos continuar a implementar a funcionalidade de tablespace transportável.

Etapa 1. Escolha o tablespace que você precisa transportar (em EARTH).
Primeiro, você precisa escolher o tablespace que precisa transportar; em nosso caso, exportaremos o tablespace MY_TBLSP.

TRANSPORT_SET_CHECK é um procedimento PL/SQL que é contido no pacote PL/SQL, chamado DBMS_TTS. O procedimento TRANSPORT_SET_CHECK é da seguinte declaração:

```
PROCEDURE transport_set_check( ts_listing IN varchar2,
    incl_constraints IN boolean)
```

onde:

ts_listing é a listagem de tablespaces que precisa ser verificada. Se mais do que um, você precisa separar os nomes com uma vírgula.

Incl_constraints é TRUE se você quiser considerar restrições; caso contrário, ajuste para FALSE.

O procedimento TRANSPORT_SET_CHECK verifica se existem quaisquer violações, se os dados são transportados para outro banco de dados. Como você pode ver da Listagem 3.67, o procedimento TRANSPORT_SET_CHECK foi executado com sucesso. Se você obtiver um erro, será porque o usuário que se registrou pode não ter privilégios de DBA; assim, tente executá-lo como SYSDBA.

Listagem 3.67: Execução do procedimento TRANSPORT_SET_CHECK
```
SQL> EXECUTE DBMS_TTS.TRANSPORT_SET_CHECK('MY_TBLSP' TRUE);
PL/SQL procedure successfully completed.
SQL>
```

Depois de executar o procedimento TRANSPORT_SET_CHECK, você pode ver se existem quaisquer violações, consultando a tabela de sistema chamada TRANSPORT_SET_VIOLATIONS. Se existirem quaisquer linhas naquela tabela, então há algumas violações. Uma violação típica seria o caso de uma tabela particionada, com uma partição em um tablespace e o restante em outra. Nesse caso, você teria uma violação, provando que a tabela está parcialmente contida no conjunto de tablespace.

Como você pode ver na Listagem 3.68 em nosso exemplo, não temos quaisquer violações e, portanto, prosseguiremos com a implementação do recurso de tablespace transportável.

Listagem 3.68: Consulta à tabela de sistema TRANSPORT_SET_VIOLATIONS
```
SQL> select * from transport_set_violations;
no rows selected
SQL>
```

Etapa 2. Gere um conjunto de tablespace transportável (em EARTH). Agora que sabemos qual tablespace estaremos transportando e que não há violações, prosseguiremos na geração de um conjunto de tablespace transportável. Primeiro, fazemos o tablespace apenas de leitura. Em nosso exemplo, fazemos o tablespace MY_TBLSP apenas de leitura, conforme mostrado na Listagem 3.69.

Listagem 3.69: Como fazer um tablespace READ ONLY (apenas de leitura)

```
SQL> ALTER TABLESPACE MY_TBLSP READ ONLY;
Tablespace altered.
SQL>
```

Agora, usaremos o utilitário Export para gerar um conjunto de tablespace transportável. Como você pode ver na Listagem 3.70, o comando de exportação foi executado com sucesso.

Listagem 3.70: Execução do utilitário Export

```
ORACLE8I> exp TRANSPORT_TABLESPACE=y TABLESPACE=MY_TBLSP \
TRIGGERS=y CONSTRAINTS=y GRANTS=y FILE=MY_TBLSP.DMP
Export: Release 8.1.5.0.0 - Production on Fri Apr 2 14:55:22 1999
(c) Copyright 1999 Oracle Corporation. All rights reserved.
Username: / as sysdba
Password:
Connected to: Oracle8i Enterprise Edition Release 8.1.5.0.0 - Production
With the Partitioning and Java options
PL/SQL Release 8.1.5.0.0 - Production
Export done in US7ASCII character set and US7ASCII NCHAR character set
Note: table data (rows) will not be exported
About to export transportable tablespace metadata...
For tablespace MY_TBLSP ...
. exporting cluster definitions
. exporting table definitions
. . exporting table                 CUSTOMER
. exporting referential integrity constraints
. exporting triggers
. end transportable tablespace metadata export
Export terminated successfully without warnings.
ORACLE8I>
```

Etapa 3 — Transporte o conjunto de tablespace (em EARTH). Uma vez que o utilitário Export tenha sido executado, você está pronto para mover o conjunto de tablespace para outro banco de dados. Primeiro, descubra quais arquivos de dados existem no tablespace que você deseja transportar. Para fazer isso, consulte a tabela de sistema chamada DBA_DATA_FILES. Como você pode ver da Listagem 3.71, há apenas um arquivo de dados localizado em /oracle8i/ data que precisamos transportar para o outro banco de dados.

Listagem 3.71: Consulta ao sistema de tabela DBA_DATA_FILES

```
SQL> SELECT file_name FROM dba_data_files
2    WHERE tablespace_name = 'MY_TBLSP';
FILE_NAME
-----------------------------------
/oracle8i/data/MY_TBLSP.DAT
SQL>
```

Vamos relacionar os arquivos de dados, usando o comando (ls) do sistema operacional. A Listagem 3.72 mostra que o arquivo de dados MY_TBLSP.DMP existe.

Listagem 3.72: Relação do arquivo DUMP usando o comando ls
```
$ ls -trl MY_TBLSP.DMP
-rw-r- -r- -   1 oracle      dba      3072 Apr 2 14:57 MY_TBLSP.DMP
$
```

Agora estamos prontos para copiar o arquivo de dados e o arquivo DUMP no banco de dados remoto. Como você pode ver a partir da Listagem 3.73, usamos o comando FTP para copiar os arquivos MY_TBLSP.DMP e MY_TBLSP.DAT no sistema MARS.

Listagem 3.73: Efetuando o FTP nos arquivos para o banco de dados remoto
```
ORACLE8I> ftp mars
Conected to mars.
220 doom FTP server (SunOS 5.7) ready.
Name (mars:oracle);
331 Password required for oracle.
Password:
230 User oracle logged in.
ftp> bin
200 Type set to I.
ftp> put MY_TBLSP.DMP
200 PORT command successful.
150 Binary data connection for MY_TBLSP.DMP.
226 Transfer complete.
Local: MY_TBLSP.DMP remote: MY_TBLSP.DMP
3072 bytes sent in 0.016 seconds (183.34 Kbytes/s)
ftp> put /oracle8i/data/MY-TBLSP.DAT
200 PORT command successful.
150 Binary data connection for /oracle8i/data/MY_TBLSP.DAT. 226 Transfer
  complete.
ftp>
```

Etapa 4 — Faça tablespace READ WRITE (em EARTH). Uma vez que os arquivos de dados e o arquivo dump estejam copiados, você pode fazer o tablespace READ WRITE (leitura e escrita) no banco de dados local.

Listagem 3.74: Mudança do tablespace de volta para READ WRITE
```
SQL> ALTER TABLESPACE my_tblsp READ WRITE;
Tablespace altered.
SQL>
```

Etapa 5 — Ligue o conjunto de tablespace a outro banco de dados (em MARS). Uma vez que o arquivo de dados e o arquivo dump tenham sido copiados, você tem que ligar o tablespace no outro banco de dados. Primeiro e acima de tudo, assegure-se de que não há um tablespace chamado MY_TBLSP atualmente, no servidor MARS. A Listagem 3.75 confirma que isso é verdadeiro.

Listagem 3.75: Consulta à tabela de sistema DBA_TABLESPACES
```
SQL>SELECT tablespace_name FROM
  2  dba_tablespaces WHERE tablespace_name = 'MY_TBLSP';
no rows selected
SQL>
```

Agora, execute o utilitário Import para importar a definição de conjunto do tablespace para o outro banco de dados sendo executado no servidor MARS (Listagem 3.76).

Listagem 3.76: Execução do utilitário Import
```
ORACLE8I> imp TRANSPORT_TABLESPACE=y \ DATAFILES='/
   oracle8i/develop/MY_TBLSP.DAT' \
   TABLESPACE=MY_TBLSP TTS_OWNERS=noel\
   FROMUSER=noel TOUSER=noel FILE=MY_TBLSP.DMP
Import: Release 8.1.5.0.0 — Production on Fri Apr 2 15:21:06 1999
(c) Copyright 1999 Oracle Corporation. All rights reserved.
Username: / as sysdba
Password:
Connect to: Oracle8i Enterprise Edition Release 8.1.5.0.0 — Production
With the Partitioning and Java options
PL/SQL Release 8.1.5.0.0 — Production
Export file created by EXPORT:V08.01.05 via conventional path
About to import transportable tablespace(s) metadata...
import done in US7ASCII character set and US7ASCII NCHAR character set
Import terminated successfully without warnings.
ORACLE8I>
```

Depois de executar o utilitário Import, você pode ver, na Listagem 3.77, que MY_TBLSP foi transportado com sucesso para o banco de dados no servidor MARS.

Listagem 3.77: Consulta à tabela de sistema DBA_TABLESPACES
```
SQL> SELECT tablespace_name FROM
  2  dba_tablespace WHERE tablespace_name = 'MY_TBLSP';
TABLESPACE_NAME
- - - - - - - - - - - - - - - - - - - - - - -
MY_TBLSP
SQL>
```

Etapa 6 — Teste para garantir que os dados foram corretamente movidos.
Finalmente, assegure-se de que os dados foram movidos com sucesso, consultando as tabelas do usuário. Em nosso exemplo, consultaremos a tabela customer (Listagem 3.78). Como você pode ver, as duas linhas que adicionamos à tabela customer no servidor EARTH agora estão disponíveis no servidor MARS, devido ao recurso de tablespace transportável.

Listagem 3.78: Consulta à tabela customer para validação
```
SQL> SELECT name FROM customer;
NAME
-------------------------------
JOHN
NOEL
SQL>
```

Conclusão

O Oracle8*i* permite que você mova com facilidade um tablespace de um banco de dados para outro. Você não precisa usar os utilitários Export ou Import para mover os dados. Basta copiar os arquivos de dados para outro banco de dados. Isso economiza um tempo considerável, especialmente em arquivos de dados muito grandes.

3.15 — Como distribuo meus dados Oracle em CD?

8i	Aplica-se a: Oracle8*i*	Índice do CD: Tablespace transportável
	Sistema operacional: Todos	

Problema

Eu gostaria de distribuir os dados Oracle para vários escritórios regionais em um CD-ROM. Esses escritórios regionais também usam Oracle RDBMS. Atualmente, temos que exportar os dados de nosso escritório central. Então, tais dados são importados pelo banco de dados do escritório regional. Sei que existe um novo recurso em Oracle8*i* que me permite distribuir os dados em CD-ROM sem precisar exportar e importar dados. Como posso distribuir meus dados Oracle em CD-ROM?

Solução

Essa solução é semelhante àquela abordada na pergunta 3.14, sobre tablespace transportável. Primeiro, percorra aquela solução e, depois, passaremos algumas etapas adicionais, necessárias para disponibilizar os dados em CD-ROM.

Etapas

Etapa 1. Siga as etapas 1 e 2 da pergunta 3.14.

Etapa 2. Continue com as etapas da pergunta 3.14 (Transporte do conjunto de espaço de trabalho), conforme mencionado, mas não efetue o FTP no arquivo de dados e file dump. Isso porque não estamos movendo dados para outro banco de dados, mas para um CD-ROM.

Etapa 3. Complete a etapa 4 da pergunta 3.14 (Transformar um tablespace em leitura e escrita) no servidor EARTH.

Etapa 4. Agora, seguiremos as etapas de 5 a 8, como mostrado a seguir.

Etapa 5. Copie os arquivos MY_TBLSP.DAT e MY_TBLSP.DMP para o CD-ROM. Você pode usar o seu próprio software de CD-ROM para fazer isso. Também pode incluir um arquivo README, mostrando os arquivos que existem no CD-ROM, juntamente com instruções para ligação dos dados em um banco de dados Oracle existente.

Etapa 6. O tablespace precisa ser ligado a algum banco de dados Oracle, de modo a disponibilizá-lo. Primeiro, verifique se não há um tablespace chamado MY_TBLSP no banco de dados. A Listagem 3.79 confirma que não existe um tablespace chamado MY_TBLSP.

Listagem 3.79: Consulta à tabela de sistema DBA_TABLESPACES

```
SQL> SELECT tablespace_name FROM
  2  dba_tablespaces WHERE tablespace_name = 'MY_TBLSP';
no rows selected
SQL>
```

Agora, execute o utilitário Import para importar a definição de conjunto de tablespace para o outro banco de dados sendo executado no servidor MARS (Listagem 3.80).

Listagem 3.80: Execução do utilitário Import

```
ORACLE8I> imp TRANSPORT_TABLESPACE=y \
> DATAFILES='/cdrom/MY_TBLSP.DAT' \
> FILE='/cdrom/MY_TBLSP.DMP'

Import: Release 8.1.5.0.0 - Production on Fri Apr 16 22:30:05
(c) Copyright 1999 Oracle Corporation. All rights reserved.
Username: / as sysda
Connected to: Oracle8i Enterprise Edition Release 8.1.5.0.0 - Production
With the Partitioning and Java options
PL/SQL Release 8.1.5.0.0 - Production
Export file created by EXPORT:V08.01.05 via conventional path
About to import transportable tablespace(s) metadata...
import done in US7ASCII character set and US7ASCII NCHAR character set
. importing SYS's objects into SYS
. importing BENCH's objects into BENCH
. . importing table                "CUSTOMER"
Import terminated successfully without warnings.
ORACLE8i>
```

Depois de executar o utilitário Import, vejamos se o Oracle contém o tablespace MY_TBLSP no banco de dados no servidor MARS. Como você pode ver a partir da Listagem 3.81, o tablespace foi transportado com sucesso.

Listagem 3.81: Consulta à tabela de sistema DBA_TABLESPACES

```
SQL> SELECT tablespace_name FROM
  2  dba_tablespaces WHERE tablespace_name = 'MY_TBLSP';
TABLESPACE_NAME
-------------------------
MY_TBLSP
SQL>
```

Etapa 7. Assegure-se de que os dados estejam acessíveis, consultando as tabelas do usuário. Em nosso exemplo, consultaremos a tabela CUSTOMER. Como você pode ver na Listagem 3.82, acrescentamos duas linhas à tabela CUSTOMER no servidor EARTH, que agora estão disponíveis para nós no servidor MARS, devido ao recurso de tablespace transportável.

Listagem 3.82: Consulta à tabela customer

```
SQL> SELECT name FROM customer;
NAME
-------------------
JOHN
NOEL
SQL>
```

Capítulo 3 - Administração de espaço de tabela

Etapa 8. Você pode remover o CD enquanto o banco de dados Oracle estiver sendo executado, mas as tabelas contidas naquele tablespace não estarão acessíveis. Quando o CD for substituído, os dados ficarão novamente disponíveis. A Listagem 3.83 mostra a mensagem de erro que é exibida se o CD não estiver disponível.

Listagem 3.83: Consulta à tabela customer como CD desativado
```
SQL> select name from customer;
select name from customer
            *
ERROR at line 1:
ORA-01115: IO error reading block from file 3 (block # 3)
ORA-01110: data file 3: '/cdrom/MY_TBLSP.DAT'
ORA-27041: unable to open file
SVR4 Error: 2: No such file or directory
Additional information: 3
SQL>
```

Assim que o CD estiver novamente online, você pode acessar os dados, como mostrado na Listagem 3.84.

Listagem 3.84: Consulta à tabela customer com o CD online
```
SQL> SELECT name FROM customer;
NAME
------------------------
JOHN
NOEL
SQL>
```

Se tentarmos apresentar um banco de dados que tenha sido montado originalmente um tablespace transportável no CD-ROM e agora o CD não estiver disponível, o Oracle não abrirá o banco de dados. Como você pode ver a partir da Listagem 3.85, receberá as mensagens de erro ORA-01157 e ORA-01110.

Listagem 3.85: Como iniciar o banco de dados com o CD desativado
```
SVRMGR> connect / as sysda
Connected.
SVRMGR> startup pfile=. /initacct.ora
ORACLE instance started.
Total System Global Area    9207184 bytes
Fixed Size                    64912 bytes
Variable Size               4874240 bytes
Database Buffers            4194304 bytes
Redo Buffers                  73728 bytes
Database mounted.
ORA-01157: cannot identify/lock data file 3 — see DBWR trace file
ORA-01110: data file 3: '/cdrom/MY_TBLSP.DAT'
SVRMGR>
```

Para sobrepujar isso, ajuste um parâmetro INIT.ORA chamado READ_ONLY_OPEN_DELAYED e ajuste-o para TRUE. Isso evitará que o Oracle abra o arquivo de dados que foi ligado, até que alguém tente consultá-lo.

Feche o banco de dados e adicione o parâmetro READ_ONLY_OPEN_DELAYED no arquivo INIT.ORA (Listagem 3.86).

Listagem 3.86: Ajuste do parâmetro init.ora
```
Init.ora file
READ_ONLY_OPEN_DELAYED=TRUE
```

Uma vez que você tenha inserido o parâmetro READ_ONLY_OPEN_DELAYED, pode iniciar o banco de dados (Listagem 3.87).

Listagem 3.87: Inicialização do banco de dados
```
SVRMGR> startup pfile=./initacct.ora
ORACLE instance started.
Total System Global Area    9207184 bytes
Fixed Size                    64912 bytes
Variable Size               4874240 bytes
Database Buffers            4194304 bytes
Redo Buffers                  73728 bytes
Database mounted.
Database opened.
SVRMGR>
```

Conclusão

O recurso de tablespace transportável torna fácil distribuir os seus dados em CD-ROM. Assegure-se de que o parâmetro READ-ONLY_OPEN_DELAYED INIT.ORA esteja ajustado como TRUE, para que o banco de dados apareça claramente.

3.16 — Como crio um tablespace localmente gerenciado?

8i	Aplica-se a: Oracle8*i*	Índice do CD: Tablespace localmente gerenciado
	Sistema operacional: Todos	

Capítulo 3 - *Administração de espaço de tabela* | 165

Problema

Eu gostaria de usar o meu banco de dados de sustentação como um banco de dados de armazenamento de dados, no qual possa emitir consultas apenas de leitura. No entanto, também gostaria de aumentar o tablespace temporário no banco de dados de sustentação e colocá-lo em outro dispositivo de disco. Sei que isso é possível usando o recurso de tablespace gerenciado localmente, mas como crio um tablespace localmente gerenciado?

Solução

Um tablespace localmente gerenciado é aquele que administra a alocação de espaço (extensões) dentro do próprio tablespace, usando bitmaps (mapeamentos por bits). Visto que alocações bitmap são muito eficazes e não exigem acesso a dicionário, resultam em um melhor gerenciamento de espaço, maior confiabilidade e menos fragmentação.

Antes do Oracle8i, as informações de espaço disponível e aquelas usadas no tablespace só eram mantidas no dicionário de dados. Com esse recurso, o Oracle gerencia internamente as informações do tablespace, dentro do próprio tablespace, usando bitmaps.

As vantagens de usar tablespace localmente gerenciado:
- Evita recusas a operações de gerenciamento de espaço
- Melhora a cooperação durante operações de gerenciamento de espaço
- Suporta tablespace temporário em banco de dados de sustentação
- Rasteia automaticamente espaço disponível adjacente
- Elimina a necessidade de unir extensões disponíveis
- Reduz o apoio do usuário no dicionário de dados

Os parâmetros de armazenagem NEXT, PCTINCREASE, MINEXTENTS, MAXEXTENTS e DEFAULT não são válidos quando você usa um tablespace localmente gerenciado. Um tablespace que é localmente gerenciado pode ter extensões uniformes ou alocadas automaticamente. Para extensões uniformes, você pode especificar o tamanho da extensão ou usar o tamanho padrão de 1 MB. Para extensões automaticamente alocadas, você pode especificar o tamanho inicial da extensão, e Oracle determina o tamanho ótimo de cada extensão adicional. O tablespace temporário pode ter extensões uniformes alocadas, que são criadas como tablespaces localmente gerenciados.

```
CREATE TABLESPACE <Tablespace_name>
DATAFILE '<file_name> SIZE K/M
EXTENT MANAGEMENT DICTIONARY/LOCAL (AUTOALLOCATE UNIFORM SIZE K/M)
```

Onde:

Listagem 3.88: Sintaxe para criar um tablespace com opção localmente gerenciada

- EXTENT MANAGEMENT (gerenciamento de extensão) especifica como as extensões serão gerenciadas
- DICTIONARY (dicionário) especifica que será gerenciado usando o dicionário
- LOCAL (local) especifica que é localmente gerenciado
- AUTOALLOCATE (auto-alocação) especifica que as extensões são automaticamente gerenciadas pelo sistema
- UNIFORM (uniforme) especifica que o tablespace é gerenciado com o tamanho de extensão UNIFORM
- AUTOALLOCATE é o padrão

A Figura 3.8 mostra graficamente as diferenças entre um tablespace gerenciado por dicionário e um gerenciado localmente.

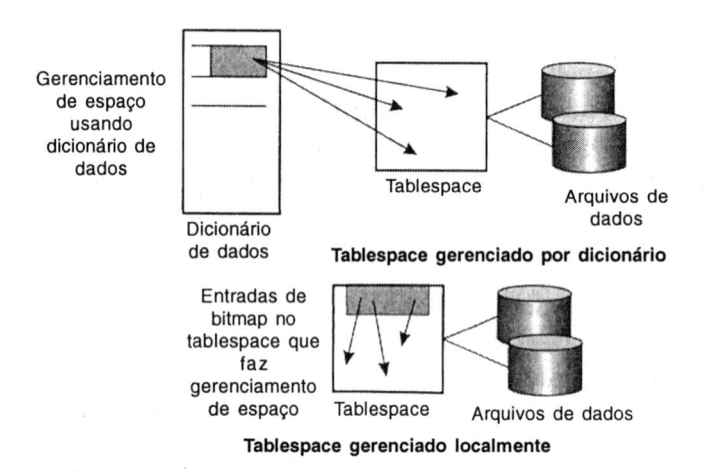

Figura 3.8: Comparação entre tablespace gerenciado por dicionário e tablespace gerenciado localmente

Capítulo 3 - *Administração de espaço de tabela* | 167

Etapas

Etapa 1. Para criar um tablespace gerenciado localmente, use a opção EXTENT MANAGEMENT LOCAL com uma das subopções, UNIFORM ou AUTOALLOCATE. Vamos tentar ambas as opções. Primeiro, crie um tablespace UNIFORM, gerenciado localmente. Como você pode ver na Listagem 3.89, criamos um tablespace localmente gerenciado, chamado LM_TBLSP, com um arquivo de dados de 10 MB, e cada uma das extensões com 2 MB.

Etapa 2. A Listagem 3.90 mostra como usar a opção AUTOALLOCATE, que especifica qual das extensões será automaticamente determinada pelo sistema. Se você não estiver usando o sistema operacional UNIX, então o nome de arquivo de dados estará em um formato diferente.

Listagem 3.89: Criação de um tablespace localmente gerenciado com extensões UNIFORM

```
SVRMGR> CREATE TABLESPACE LM_TBLSP
   2> DATAFILE '/oracle8i/data/LM_TBLSP.DAT' size 10M
   3> EXTENT MANAGEMENT LOCAL UNIFORM SIZE 2M;
Statement processed.
SVRMGR>
```

Listagem 3.90: Criação de um tablespace localmente gerenciado com extensões de tamanho automático (autosize)

```
SVRMGR> CREATE TABLESPACE LM_TBLSP
   2> DATAFILE'/oracle8i/data/LM_TBLSP.DAT' size 10M
Statement processed.
SVRMGR>
```

Conclusão

Diferente de um tablespace normal, um tablespace localmente gerenciado é aquele no qual o Oracle gerencia a alocação de espaço dentro do próprio espaço de trabalho. Isso prova ser muito eficiente, visto que não é necessário recorrer a dicionário para acessar os dados. O resultado é um melhor gerenciamento de espaço, maior confiabilidade e menos fragmentação.

4

Administração de triggers, PL/SQL & stored procedure

Referência rápida
Se você quer aprender sobre...
A – Administração de trigger
- Trigger de banco de dados... veja 4.2
- Relatório sobre trigger... veja 4.3
- Triggers INSTEAD OF (ao invés de)... veja 4.4

B – Administração de stored procedure
- Stored procedure... veja 4.5
- Relatório sobre stored procedure... veja 4.6
- View da origem de um procedimento... veja 4.7
- Arquivos de procedimentos... veja 4.8

C – Administração PL/SQL
- Recursos em PL/SQL8... veja 4.1
- Como ocultar código PL/SQL... veja 4.9
- SQL dinâmica usando o pacote DBMS_SQL... veja 4.12
- Leitura/Escrita em um arquivo externo usando PL/SQL... veja 4.13
- Como usar o pacote DBMS_ALERT... veja 4.16
- Bloco autônomo PL/SQL... veja 4.20
- SQL dinâmica em PL/SQL... veja 4.21
- Volume de ligação em PL/SQL... veja 4.22

D – Fila de trabalho
- Submissão de um trabalho a uma fila de trabalho... veja 4.17
- Monitoramento de trabalhos... veja 4.18
- Gerenciamento de trabalhos em uma fila de trabalho... veja 4.19

E – Outros
- Seqüência de números... veja 4.10
- Relatório sobre seqüência de números... veja 4.11
- Chamada de procedimento externo... veja 4.14
- Funções definidas de usuário... veja 4.15

Visão geral

Triggers, stored procedure e PL/SQL (PL — Programing Language — linguagem de programação/ SQL — Structured Query Language — linguagem de consulta estruturada) oferecem a capacidade de desenvolver aplicativos em Oracle. Triggers são um recurso pelo qual você pode desencadear (trigger-off) um evento quando alguém tentar atualizar, apagar ou inserir algo em uma tabela. A stored procedure é o código compilado SQL que é mantido no Oracle Database Server. Ele pode ser executado simplesmente fornecendo-se o nome do stored procedure. Isso diminui o código extra da rede, visto que apenas o nome do procedimento é enviado ao servidor de banco de dados Oracle. PL/SQL é a linguagem de procedimento que fornece a extensão a SQL. Ela oferece a capacidade de realizar alguma programação básica, junto com declarações SQL.

O Oracle8*i* oferece outros aperfeiçoamentos a PL/SQL. Agora você pode implementar um recurso de bloco autônomo PL/SQL, que permite escrever código independente da transação principal. Você também pode escrever SQL dinâmica em programas PL/SQL que foram previamente escritos usando o pacote DBMS_SQL. Oracle8*i* também oferece um novo recurso, no qual uma única declaração pode fazer ligação de volume usando PL/SQL, que anteriormente exigia o uso de uma declaração FOR...LOOP para ligar múltiplas linhas.

Além dos recursos de Oracle8*i*, também veremos alguns dos recursos mais antigos, tais como: criar um trigger de banco de dados, usar a funcionalidade de trigger INSTEAD OF, criar procedimentos de armazenagem, ocultar código PL/SQL, gerar números seqüenciais, executar SQL dinâmica em PL/SQL usando DBMS_SQL em Oracle8, ler e escrever em um arquivo externo usando o procedimento PL/SQL, fazer chamadas ao procedimento externo, criar funções definidas pelo usuário, gerenciar trabalhos usando Job Queue e mais. Todos esses recursos oferecem a capacidade de montar aplicativos sofisticados. Embora triggers e stored procedure tenham sido introduzidos algum tempo atrás, eles oferecem programação baseada em servidor que não apenas minimiza o código, mas também oferece maior segurança. Se você for uma empresa de desenvolvimento de aplicativo que escreve e empacota software, então esse é um recurso que lhe permitirá ocultar código PL/SQL para que outros não possam vê-lo. Você também pode ler e escrever em um arquivo externo,de dentro do procedimento PL/SQL. Esse recurso é bastante útil para escrever dados em um arquivo em um formato que pode ser migrado para outro sistema, ou para outro fabricante de banco de dados.

Perguntas

4.1 — Quais são os novos recursos disponíveis em PL/SQL8?

Aplica-se a: Oracle8	Índice do CD: PL/SQL8
Sistema operacional: Todos	

Problema

Atualmente, estou usando Oracle7.3 na produção de um aplicativo. Gostaria de migrar para Oracle8, no entanto preciso saber quais novos recursos estão disponíveis em PL/SQL8.

Solução

O Oracle acrescentou muitos novos recursos em PL/SQL8 que estão disponíveis para o Oracle, versão 8. O Oracle reivindica que existe uma quantidade de aperfeiçoamentos de desempenho em PL/SQL8, inclusive declarando que chamadas a funções PL/SQL de SQL são cerca de quarenta por cento mais rápidas que anteriormente. Além dos aperfeiçoamentos de desempenho, existem alguns novos recursos, tais como suporte para objetos e procedimentos externos, bem como internacionalização melhorada.

Desempenho

O Oracle8 oferece desempenho melhorado e escalonamento a PL/SQL. Chamar funções PL/SQL de SQL agora é quarenta por cento mais rápido. SQL dinâmica também se tornou mais rápida quando usada com um pacote DBMS_SQL. Também, em vez de armazenar as informações de posição de pacote separadas de cada sessão, o Oracle8 as reutiliza em outras sessões.

Tipos e coleção de objetos

O Oracle8 suporta objetos como variáveis de ligação e pode ser usado para implementar métodos. Um usuário pode definir tipos de objetos que podem ter vários atributos. Um tipo de objeto pode ser definido para ter três tipos de métodos: um método construtor, um conjunto de métodos definido por usuário e métodos tipo MAP ou ORDER, para comparar e organizar exemplos do tipo de objeto.

Procedimentos externos

Os procedimentos externos oferecem um recurso para executar o código 3GL no servidor. Essa abordagem oferece uma maneira fácil e segura de chamar um programa C a partir de PL/SQL. O Oracle8 garante que o programa C seja operado com segurança, executando-o em um espaço de endereço diferente.

Internacionalização

Além dos conjuntos de caracteres ASCII e EBCDIC de 7 ou 8 bits, o Oracle8 também suporta um segundo conjunto de caracteres de múltiplos bytes para melhorar a internacionalização. A sintaxe NCHAR de SQL92 é usada para observar as colunas e variáveis que são usadas nesse segundo conjunto de caracteres.

Conclusão

O Oracle acrescentou muitos novos recursos a PL/SQL8, que agora estão disponíveis no Oracle versão 8, bem como alguns aperfeiçoamentos de desempenho e escalonamento para mais usuários. Ele também introduziu procedimentos externos que permitem executar programas 3GL de dentro do servidor, mas em um modo protegido. Além disso, o Oracle8 agora oferece um segundo conjunto de caracteres de bytes múltiplos para aperfeiçoar o desempenho.

4.2 — Como posso criar um trigger de banco de dados em Oracle8?

Aplica-se a: Oracle7, Oracle8 e Oracle8*i*	Índice do CD: Trigger
Sistema operacional: Todos	

Problema

Eu gostaria de criar um programa SQL que se executasse automaticamente sempre que ocorresse uma inserção ou remoção em uma tabela. Eu poderia reescrever meu aplicativo para cuidar de tal funcionalidade, porém, gostaria de ter o programa executado e gerenciado no servidor. Como posso criar um trigger de banco de dados no Oracle?

Solução

Um trigger de banco de dados é um stored procedure para ser executado quando um usuário emite uma declaração DML contra a tabela associada. Assim, se um usuário fizer um UPDATE, INSERT ou DELETE em uma tabela que tenha um trigger associado, o código dentro do trigger será executado. Esse recurso permite que você defina ações que precisam ser tomadas em um local centralizado, isto é, banco de dados Oracle, em vez do aplicativo, conforme mostrado na Figura 4.1. Essas ações podem incluir validação de dados, reforço em verificações de segurança, definição de integridade de regras e assim por diante. Antes dos triggers, essas ações tinham que ser codificadas no próprio aplicativo. Isso não apenas tornou o aplicativo maior, mas também com mais memória e — intensidade de CPU.

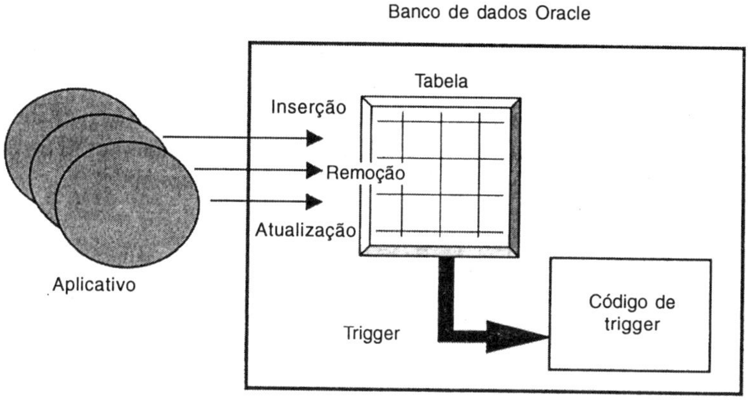

Figura 4.1: Trigger de banco de dados

Os triggers podem ser criados usando-se o comando CREATE TRIGGER (criar trigger), ou usando-se o OEM. Embora um trigger possa ter o mesmo nome que uma tabela, isso não é uma prática recomendada. Para evitar confusão, você deve iniciar o nome de um trigger com T_ ou TR_ para indicar que se trata de triggers.

Você pode especificar as opções BEFORE (antes) ou AFTER (depois) quando da criação de um trigger. A opção BEFORE especifica o código PL/SQL antes de fazer, de fato, a declaração DML, enquanto a opção AFTER é usada para executar o código PL/SQL depois de executar a declaração DML.

O trigger pode ser dividido em três partes:
- Declaração de trigger
- Restrição de trigger
- Ação de trigger

A declaração de trigger é aquela que leva o trigger a ser executado. A seguir está um exemplo de uma declaração de trigger:

```
AFTER INSERT ON customer
```

A restrição de trigger especifica qual condição precisa ser atingida antes que o trigger possa ser executado. A seguir está um exemplo de uma restrição de trigger:

```
WHEN (quantity > 1000)
```

A ação do trigger é a declaração PL/SQL que é executada quando condições para ambas, a declaração e a restrição de trigger, são atingidas. A seguir está um exemplo da ação de trigger:

```
FOR EACH ROW
BEGIN
    <PL/SQL statements>
END;
```

Opção FOR EACH ROW

Com a opção FOR EACH ROW (para cada linha), você pode controlar se o trigger é executado em cada linha ou declaração. Basicamente, o trigger pode ser um trigger de linha ou um trigger de declaração. Por exemplo, se você tiver definido um trigger UPDATE para uma tabela chamada CUSTOMER e uma atualização de usuário afetar 10 linhas da tabela, então você tem controle total sobre se o trigger deve ser executado 10 vezes (FOR EACH ROW) ou apenas uma vez para uma declaração. O padrão é executar o trigger apenas uma vez para cada declaração aplicável.

Habilitação e desabilitação de um trigger

O Oracle permite a flexibilidade de habilitar ou desabilitar um trigger. Um trigger habilitado é executado se as condições associadas à declaração do trigger e as restrições do trigger forem atingidas. Um trigger desabilitado não executa a ação do trigger, ainda que as condições para ambas, declaração e restrição do trigger, sejam atingidas.

Para habilitar um trigger, você pode usar o comando ALTER TRIGGER com a opção ENABLE (Listagem 4.1); e para desabilitar um trigger, você pode especificar a opção DISABLE (Listagem 4.2). Para habilitar ou desabilitar todos os triggers, especifique a opção ENABLE/DISABLE ALL TRIGGERS quando usada com o comando ALTER TABLE. Os exemplos seguintes são exemplos de como habilitar e desabilitar um dos triggers ou todos eles em determinada tabela:

Listagem 4.1: Exemplo para habilitar um trigger
```
ALTER TRIGGER t_order ENABLE;
ALTER TABLE orders ENABLE ALL TRIGGERS;
```

Listagem 4.2: Exemplo para desabilitar um trigger
```
ALTER TRIGGER t_order DISABLE;
ALTER TABLE orders DISABLE ALL TRIGGERS;
```

Listagem 4.3: A sintaxe para criar o trigger
```
CREATE [ OR REPLACE] TRIGGER trigger_name
[BEFORE / AFTER ] triggering_statement ON table_name
[FOR EACH ROW]
[WHEN (expression)]
[DECLARE
    <variables, constants, cursors>
BEGIN
    <PL/SQL statements, SQL statements>
[EXCEPTION]
    <error handling>
END;
```

Etapas

Etapa 1 — Ajuste o ambiente. Vamos caminhar através de um exemplo de como criar um trigger. Primeiramente, crie algumas tabelas e insera alguns dados. Crie duas tabelas, chamadas PROJECTS e PROJECT_BILLING, conforme mostrado na Listagem 4.4. Uma vez que elas estejam criadas, insira algumas linhas, conforme mostrado na Listagem 4.5.

Listagem 4.4: Criação de tabelas demonstrativas
```
SQL> CREATE TABLE projects
  2  ( project#          NUMBER,
  3    proj_desc         CHAR(40),
  4    start_date        DATE,
  5    end_date          DATE,
  6    location_code     CHAR(2),
  7    status            CHAR(1))
  8    TABLESPACE USERTS;
Table created.
SQL> CREATE TABLE project_billing
  2  ( project#          NUMBER,
  3    emp_number        NUMBER,
  4    worked_on         DATE,
  5    hrs_worked        NUMBER)
  6    TABLESPACE USERTS;
Table created.
SQL>
```

Listagem 4.5: Inserção de linhas nas tabelas demonstrativas

```
SQL> insert into projects
  2  values (101, "Payroll Application Development',
  3  '05-AUG-1998','15-SEP-1998', 'CA', 'A');
1 row created.
SQL> insert into projects
  2  values (102, 'HR Application Development',
  3  '15-AUG-1998', '08-OCT-1998', 'CA', 'A');
1 row created.
SQL> insert into project_billing
  2  values (101,18400, '06-AUG-1998', 6);
1 row created.
SQL> insert into project_billing
  2  values (101,13490, '06-AUG-1998', 8);
1 row created.
SQL> insert into project_billing
  2  values (102, 12501, '06-AUG-1998', 4);
1 row created.
SQL> insert into project_billing
  2  values (101, 18400, '07-AUG-1998', 6);
1 row created.
SQL> insert into project_billing
  2  values (102, 12501, '07-AUG-1998', 5);
1 row created.
SQL> commit;
Commit complete.
SQL>
```

Etapa 2 — Crie um trigger. A Listagem 4.6 mostra um exemplo de como criar um trigger. Primeiro, use o comando CREATE TRIGGER. Estamos criando um trigger que será associado à operação DELETE. Se um usuário tentar apagar um projeto, o trigger será automaticamente disparado e apagará também a linha associada PROJECT_BILLING. Vamos ver se o trigger funciona conforme definido na listagem a seguir.

Listagem 4.6: Criação de um trigger

```
SQL> CREATE TRIGGER tr_projects
  2  AFTER DELETE on projects
  3  FOR EACH ROW
  4  BEGIN
  5    DBMS_OUTPUT.PUT_LINE('Deleting all billing information for
  6           || :old.project#);
  7      DELETE project_billing
  8         WHERE project# = :old.project#;
  9  END;
 10 /
Trigger created.
SQL>
```

Etapa 3 — Teste o trigger. Uma vez que o trigger tenha sido criado, você pode testá-lo. Emita uma declaração "delete"contra a tabela PROJECTS. Um exemplo é mostrado na Listagem 4.7, onde apagamos o projeto número 101. Depois de executar a declaração DELETE, é exibida uma mensagem que diz "Apagando todas as informações de cobrança de 101", o que implica que o trigger funcionou.

Listagem 4.7: Como apagar um projeto
```
SQL> DELETE FROM projects
  2  WHERE project# = 101;
Deleting all billing information for 101
1 row deleted.
SQL>
```

Agora, se consultarmos os projetos e as tabelas PROJECT_BILLING (Listagem 4.8), descobriremos que o projeto nº 101 foi apagado. Assegure-se de que, depois de emitir a declaração para apagar, você tenha certificado (COMMIT) a transação. No entanto, se desejasse, ainda poderia retomar (ROLLBACK) a transação e Oracle recuperaria aquelas linhas apagadas.

Listagem 4.8: Consulta às tabelas
```
SQL> select * from projects;
PROJECT#     PROJ_DESC                   START_DAT   END_DATE     LO   S
------       ------------------          ---------   ---------    ---  --
102          HR Application Development  15-AUG-98   08-OCT-98    CA   A
SQL> select * from project_billing;
PROJECT#     EMP_NUMBER           WORKED_ON   HRS_WORKED
------       ----------           ---------   ----------
102          12501                06-AUG-98   4
102          12501                07-AUG-98   5
```

Você também poderia ter criado o trigger usando o OEM. Na janela OEM, escolha Triggers para exibir os triggers que existem no banco de dados. Como você pode ver na Figura 4.2, temos dois triggers, TR_EMPLOYEE e TR_PROJECTS.

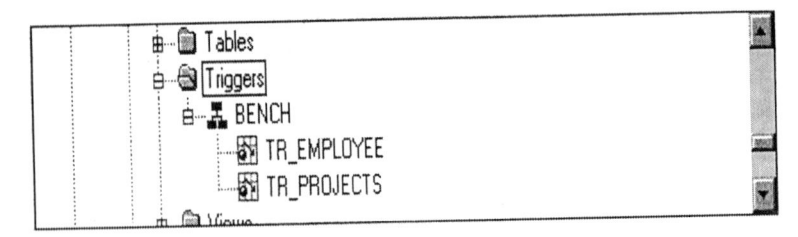

Figura 4.2: Como usar triggers com OEM

Conclusão

Um trigger de banco de dados é um recurso que permite definir ações que precisam ser tomadas por quaisquer declarações DML em determinada tabela. As ações podem ser operações, tais como validação de dados, reforço em verificações de segurança, aplicação de quaisquer regras de integridade e assim por diante. Um trigger de banco de dados fica dentro do banco de dados, assim, ele é centralizado e pode ser mudado sem que seja necessário reescrever quaisquer aplicativos.

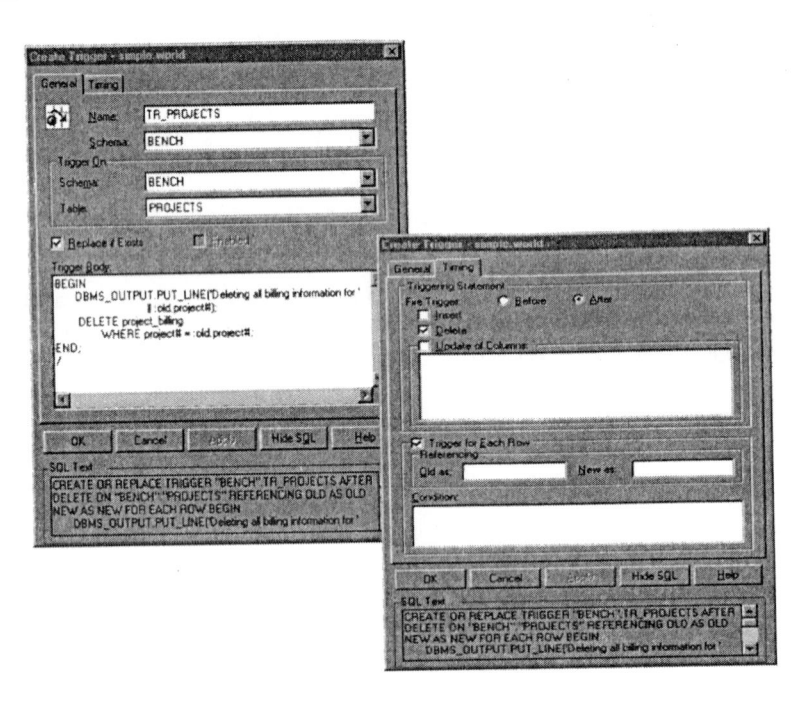

Figura 4.3: Como usar OEM para criar triggers

4.3 — Como posso gerar um relatório sobre triggers?

Aplica-se a: Oracle7, Oracle8 e Oracle8*i*
Índice do CD: Triggers
Sistema operacional: Todos

Problema

Eu gostaria de obter um relatório que fornecesse detalhes sobre os triggers que existem no banco de dados. Como posso fazer isso?

Soluções

Para descobrir informações sobre triggers, você pode consultar a tabela de sistema. A tabela de sistema USER-TRIGGERS armazena informações sobre triggers, como nome, tipo de trigger, o nome da tabela com a qual um trigger está associado, o código do próprio trigger e outras informações úteis. A estrutura da tabela de sistema USER-TRIGGERS é mostrada na Tabela 4.1.

Tabela 4.1: Tabela de sistema User_triggers

Coluna	Descrição
Trigger_name	Nome do trigger
Trigger_type	Se ele é um tipo de trigger BEFORE ou AFTER
Triggering_event DELETE	Declaração que aciona o trigger, tal como INSERT, UPDATE,
Table_owner	Proprietário da tabela
Table_name	Nome da tabela associada ao trigger Referencing_name Nomes usados para referenciar valores OLD (antigos) e NEW (novos) no trigger
When_clause	Trigger_restrictions (restrições ao trigger)
Status	Se o trigger está habilitado ou desabilitado
Description	Descrição do trigger
Trigger_Body	Declarações que são executadas quando o trigger é acionado.

Para gerar um relatório sobre triggers, execute o script MON_TRIGGERS.SQL, conforme mostrado na Listagem 4.9. O script consulta a tabela de sistema para gerar o relatório. A saída do script pode ser vista na Listagem 4.10.

Listagem 4.9: Script mon_trigger.sql

```
set echo off feedback off verify off;
set linesize 80 pagesize 60;

REM NAME            : mon_trigger.sql
REM AUTHOR          : Noel.Y
REM USAGE           : Run from SQLPLUS
REM DESCRIPTION     : Generates a list of Triggers

col table_name          format a15 heading "TABLE_NAME"
col trigger_name        format a15 heading "TRIGGER_NAME"
col trigger_type        format a16 heading "TYPE"
col triggering_event    format a10 heading "EVENT"
col status              format a8 heading "STATUS"
col TODAY       NEW-VALUE       _DATE

set termout off;
select to_char(SYSDATE, 'fmMonth DD, YYYY') TODAY from DUAL;
set termout on;

TTITLE left -DATE CENTER "LIST OF TRIGGERS" Skip 1 -
CENTER "= = = = = = = = = = = = = = = = = " skip 2 -

spool &output_filename;
set heading on;
select
        table_name,
        trigger_name,
        trigger_type,
        triggering_event,
        status
from user_triggers
        order by table_name;
clear columns;
spool off;
set feedback on verify on echo on;
```

Listagem 4.10: Saída do script mon_trigger.sql

```
SQL> @mon_trigger
SQL> set echo off
August 22, 1998        LIST OF TRIGGERS
                       ================
TABLE_NAME      TRIGGER-NAME       TYPE              EVENT      STATUS
----------      ------------       ----              -----      ------
EMPLOYEE        TR_EMPLOYEE        AFTER EACH ROW    INSERT     ENABLED
PROJECTS        TR_PROJECTS        AFTER EACH ROW    DELETE     ENABLED
SQL>
```

Conclusão

Para gerar um relatório sobre triggers que existem em seu banco de dados, você pode consultar a tabela de sistema USER_TRIGGERS. O script MON_TRIGGERS.SQL gera um relatório muito útil que pode servir para documentar os triggers.

4.4 — Como posso implementar a funcionalidade INSTEAD OF dos triggers?

Aplica-se a: Oracle8 e Oracle8*i*   **Índice do CD:** INSTEAD OF

Sistema operacional: Todos

Problema

Tenho uma view simples, que consiste em associar várias tabelas. Essa view foi originalmente planejada para consultar as tabelas. No entanto, com a mudança de exigências de usuário final, gostaria de usar DML (atualizar, inserir ou apagar) na view. Há alguma maneira de usar DML em views?

Solução

Há uma opção INSTEAD OF disponível no comando CREATE TRIGGER, que permite modificar views que normalmente não podem ser obtidas usando-se as declarações DML normais.

Entretanto, as seguintes views ainda não podem ser modificadas pelas declarações UPDATE, INSERT ou DELETE:
- Funções de grupo
- Associações
- Cláusula distinta
- Operador de conjunto

Esses triggers são chamados de triggers INSTEAD OF, pois o Oracle aciona o trigger, em vez de executar a declaração do trigger. O usuário precisa escrever as declarações UPDATE, INSERT e DELETE na view e INSTEAD OF dispara o trabalho no fundo.

Etapas

Etapa 1 — Ajuste o ambiente. Vejamos um exemplo de como implementar a funcionalidade INSTEAD OF. Primeiro, crie algumas tabelas e uma simples view nas mesmas. Como você pode ver na Listagem 4.11, você está criando a tabela PROJECTS e a tabela EMPLOYEE. Uma vez que as tabelas tenham sido criadas, então você pode criar uma view nas mesmas, conforme mostrado na Listagem 4.12.

Listagem 4.11: Criação de tabelas demonstrativas

```
SQL> CREATE TABLE projects
  2  (project#         NUMBER PRIMARY KEY,
  3   proj_desc        CHAR(40),
  4   start_date       DATE,
  5   end_date         DATE,
  6   location_code    CHAR(2),
  7   status           CHAR(1))
  8  TABLESPACE USERTS;
Table created.
SQL>

SQL> CREATE TABLE employee
  2  (emp_no           NUMBER,
  3   emp_name         CHAR(40),
  4   emp_job          CHAR(40),
  5   emp_hiredate     DATE,
  6   emp_salary       NUMBER(7, 2),
  7   project#         NUMBER REFERENCES projects(project#))
  8  TABLESPACE users;
Table created.
SQL>
```

Listagem 4.12: Criação de uma view simples
```
SQL> CREATE OR REPLACE VIEW vi_emp_project
  2    AS
  3      SELECT
  4        e.emp_no,
  5        e.emp_name,
  6        e.emp_job,
  7        e.emp_hiredate,
  8        e.emp_salary,
  9        p.project#,
 10        p.proj_desc,
 11        p.start_date,
 12        p.end_date,
 13        p.location_code,
 14        p.status
 15      FROM
 16        employee e, projects p
 17      WHERE
 18        e.project# = p.project#;
View created.
SQL>
```

Etapa 2 — O que acontece se tentarmos inserir dados em uma view? Se tentarmos inserir dados em uma view, o Oracle emitirá a mensagem de erro "ORA-01776: cannot modify more than one base table through a join view (impossível modificar mais do que uma tabela-base através de uma view associada), conforme mostrado na Listagem 4.13. Para contornar este problema, será necessário usar a funcionalidade de trigger INSTEAD OF.

Listagem 4.13: Inserção de dados em uma view
```
SQL> insert into vi_emp_project
  2      values (
  3        1001,
  4        'Noel Y',
  5        'MIS GROUP',
  6        '08-NOV-1995',
  7        10000,
  8        45008,
  9        'Migrate Oracle7 to Oracle8',
 10        '08-JAN-1999',
 11        '08-FEB-1999',
 12        'CA',
 13        A' );
insert into vi_emp_project
    *
ERROR at line 1:
ORA-01776: cannot modify more than one base table through a
join view
SQL>
```

Etapa 3 — Crie um trigger INSTEAD OF. Agora, crie um trigger INSTEAD OF para a view. Esse trigger será acionado em qualquer inserção (INSERT) na view, o que levará o código no trigger a ser executado. Como você pode ver a partir do exemplo mostrado na Listagem 4.14, primeiro verifique no trigger se a linha que estamos tentando inserir na view existe nas tabelas EMPLOYEE e PROJECTS.

Listagem 4.14: Criação de um trigger INSTEAD OF

```
SQL> @instead_trigger
SQL> DROP TRIGGER emp_projects_insert;
Trigger dropped.
SQL> CREATE TRIGGER emp_projects_insert       — ❶ Cria o trigger
  2    INSTEAD OF INSERT ON vi_emp_project
  3    REFERENCING NEW AS x
  4
  5    FOR EACH ROW
  6
  7    DECLARE
  8    counter NUMBER;
  9
 10 BEGIN
 11
 12 /*- - - - - - - - - - - - - - - - - - - - - - - - - -*/
 13 /* First check to see if row exists in Emp Table    */
 14 /* - if not, then INSERT it                         */
 15 /*- - - - - - - - - - - - - - - - - - - - - - - - - -*/
 16
 17 SELECT count(*) into counter FROM employee    — ❷ Verifica a tabela emp
 18     WHERE emp_no = :x.emp_no;
 19
 20 IF counter = 0
 21 THEN
 22     INSERT INTO employee
 23     (         emp_no,
 24               emp_name,
 25               emp_job,
 26               emp_hiredate,
 27               emp_salary)
 28     VALUES
 29     (         :x.emp_no,
 30               :x.em_name,
 31               :x.emp_job,
 32               :x.emp_hiredate,
 33               :x.emp_salary);
 34     END IF;
 35
```

```
36 /* - - - - - - - - - - - - - - - - - - - - - - - - - - - - - -*/
37 /* Next check to see if row exists in Projects Table*/
38 /* - if not, then INSERT it      */
39 /* - - - - - - - - - - - - - - - - - - - - - - - - - - - - - -*/
40
41 SELECT count (*) into counter FROM projects    — ❸ Verifica a tabela projects
42 WHERE project# = :x.project#;
43
44 IF counter = 0
45    THEN
46       INSERT INTO projects
47       (     project#,
48             proj_desc,
49             start_date,
50             end_date,
51             location_code,
52             status)
53       VALUES
54       (     :x.project#.
55             :x.proj_desc,
56             :x.start_date,
57             :x.end_date,
58             :x.location_code,
59             :x.status);
60 END IF;
61 END;
62 /
Trigger created.
SQL>
```

❶ Primeiro, criamos um trigger usando a declaração CREATE TRIGGER e usamos a opção INSTEAD OF INSERT ON.

❷ Depois, verificamos a tabela employee para ver se aquela linha já existe na tabela. Caso não exista, então inserimos uma nova linha.

❸ Também verificamos a tabela projects para ver se há qualquer linha com o mesmo número de projeto. Caso não exista, então o inserimos na tabela.

Etapa 4 — Teste o trigger INSTEAD OF. Agora que você criou um trigger INSTEAD OF, é possível testá-lo com uma declaração INSER na view. Como você pode ver na Listagem 4.15, está inserindo uma linha na view VI_EMP_PROJECT.

Listagem 4.15: Inserção de linhas na view
```
SQL> insert into vi_emp_project
  2      values (
  3              1001,
  4              'Noel Y',
  5              'MIS GROUP',
  6              '08-NOV-1995'
  7              10000,
  8              45008,
  9              'Migrate Oracle7 to Oracle8',
 10              '08-JAN-1999',
 11              '08-FEB-1999',
 12              'CA',
 13              'A');
1 row created.
SQL> commit;
Commit complete.
SQL>
```

Uma vez que a linha tenha sido inserida, podemos então consultar as duas tabelas, para ver os dados. Também podemos consultar a view, conforme mostrado na Listagem 4.16.

Listagem 4.16: Consulta às tabelas
```
SQL> select * from projects;
PROJECT#   PROJ_DESC                  START_DAT   END_DAT E   LO   S
------     ------------------         ---------   --------    --   --
45008      Migrate Oracle7 to Oracle8 08-JAN-99   08-FEB-99   CA   A
SQL>
SQL> select emp_no, emp_name from employee;
    EMP_NO   EMP_NAME
    ------   --------
      1001   Noel Y
SQL>
```

Conclusão

O Oracle8 tem uma nova funcionalidade, chamada triggers INSTEAD OF, que acionam o trigger em vez de executar a declaração de trigger, daí o nome INSTEAD OF (em vez de). O usuário precisa escrever as declarações UPDATE, INSERT e DELETE na view, e os triggers INSTEAD OF funcionam no fundo. Esse recurso é bastante útil para fazer DML em views.

4.5 — O que é um stored procedure e como faço para criá-lo?

Aplica-se a: Oracle7, Oracle8 e Oracle8*i*	Índice do CD: Stored procedure
Sistema operacional: Todos	

Problema

Em meu aplicativo existem algumas declarações que são freqüentemente chamadas por vários programas. Eu gostaria de armazená-las em um lugar centralizado que possa ser acessado por múltiplos programas. Como posso criar um stored procedure?

Solução

Um stored procedure é uma coleção de declarações SQL e PL/SQL que são armazenadas juntas para realizar tarefas. Em um stored procedure você pode fornecer parâmetros para torná-lo mais genérico — por exemplo, fornecendo um nome de tabela a um stored procedure que o usa em tempo de execução. Stored procedures oferecem um dispositivo de acesso, atualização e remoção de informações de seu banco de dados. Eles também oferecem segurança, restringindo acesso aos seus dados. Além disso, esse recurso oferece controle centralizado de seu código, que pode ser compartilhado por todos os usuários. Diferente de um aplicativo, em um stored procedure, mudanças necessitam ser feitas apenas em um lugar — o banco de dados. Stored procedures melhoram o desempenho, reduzindo o código extra de rede, visto que só é preciso o nome do stored procedure para executá-lo. Também, o uso freqüente do stored procedure permite armazenamento temporário e execução mais rápida.

Benefícios de usar stored procedures

No todos os stored procedures oferecem tempo de resposta e desempenho aperfeiçoados, devido a:

- enviar apenas um nome de stored procedure através da rede
- stored procedures são pré compilados e prontos para serem executados
- stored procedures podem ser armazenados temporariamente no espaço compartilhado para acesso mais rápido
- stored procedures reduzem as exigências de memória do Oracle, visto que apenas uma cópia é mantida
- stored procedures evitam codificação redundante, aumentando assim a produtividade
- stored procedures ajudam a reforçar a segurança, restringindo acesso aos seus dados

O stored procedure é criado com a declaração CREATE PROCEDURE (criar procedimento).

Listagem 4.17: Sintaxe CREATE PROCEDURE
```
CREATE [OR REPLACE] PROCEDURE <procedure_name> AS
    <local variables, constants, cursors etc>
BEGIN
    <Statements to be executed>
[EXCEPTION]
    <Error handling routines>
END;
```

Etapas

Etapa 1 — Ajuste o ambiente. Vejamos um exemplo de como implementar um stored procedure. Suponha que você tenha um aplicativo de recebimento de pedidos, que aceite pedidos pelo telefone. Primeiro, o aplicativo recupera a conta de cliente da tabela CUSTOMER. Depois, ele insere um novo pedido na tabela ORDERS (pedidos). A seguir, os itens comprados são indicados na tabela ITEMS e a tabela STOCK (estoque) é atualizada para a quantidade disponível. Uma vez que todos os itens tenham sido fornecidos, então o aplicativo coloca o novo pedido na tabela ORDERS e atualiza o saldo da conta do cliente. As declarações SQL para esse aplicativo são mostradas na Listagem 4.18.

Listagem 4.18: Declarações SQL do aplicativo de recebimento de pedidos
```
SELECT .... FROM customer
INSERT INTO orders VALUES (... . . )
INSERT INTO items VALUES (... ... ... )
UPDATE stock SET available_qty = ... . .
INSERT INTO items VALUES (... ... ... )
UPDATE stock SET available_qty = ... .
UPDATE customer SET balance = ... .
```

Primeiro, vamos criar tabelas que se relacionarão com o exemplo. A estrutura das tabelas, conforme mostrado na Listagem 4.19, é CUSTOMER, ORDERS, STOCK e ITEMS. Temos também um número seqüencial que manterá controle dos números de pedido. Finalmente, inseriremos algumas linhas nas tabelas, como mostrado a Listagem 4.20.

Listagem 4.19: Criação de tabelas e seqüência de recebimento de pedido
```
SQL> CREATE TABLE customer (
  2        cust_number         number PRIMARY KEY,
  3        cust_name           varchar(25),
  4        cust_address        varchar(40),
  5        cust_city           varchar(40),
  6        cust_state          varchar(2),
  7        cust_phone          varchar(15),
  8        cust_balance        number,
  9        cust_comment        varchar(120)
 10 )
 11 TABLESPACE userts
 12 storage ( initial    5M
 13          next        5M
 14          minextents  1
 15          maxextents  255
 16          pctincrease 0
 17 ) ;
Table created.

SQL> CREATE TABLE orders (
  2        ord_number            NUMBER PRIMARY KEY,
  3        ord_cust_number       NUMBER REFERENCES customer(cust_number),
  4        ord_date              DATE,
  5        ord_status            CHAR(1)
  6 )
  7 TABLESPACE userts
  8 storage ( initial    5M
  9          next        5M
 10          minextents  1
 11          maxextents  255
 12          pctincrease 0
 13 ) ;
Table created.
SQL>
```

```
SQL> CREATE TABLE stock (
  2      stock_item_number  NUMBER PRIMARY KEY,
  3      stock_description  VARCHAR(40),
  4      stock_quantity     NUMBER,
  5      stock_price        NUMBER
  6  )
  7  TABLESPACE userts
  8  storage ( initial      5M
  9            next         5M
 10            minextents   1
 11            maxextents   255
 12            pctincrease  0
 13  ) ;
Table created.
SQL>

SQL> CREATE TABLE items (
  2      item_ord_number    NUMBER REFERENCES orders(ord_number),
  3      item_number        NUMBER REFERENCES stock(stock_item_number),
  4      item_quantity      NUMBER,
  5      item_price         NUMBER
  6  )
  7  TABLESPACE userts
  8  storage ( initial      5M
  9            next         5M
 10            minextents   1
 11            maxextents   255
 12            pctincrease  0
 13  ) ;
Table created.
SQL>

SQL> CREATE SEQUENCE order_numbers
  2      START WITH 1
  3      MAXVALUE 1000000
  4      INCREMENT BY 1;
Sequence created.
SQL>
```

Listagem 4.20: Inserção de linhas simuladas nas tabelas de recebimento de pedido

```
SQL> insert into customer values (1003, 'Adrian B', '1250 East Metal
    Rd', 'Santa Rosa', 'CA', '123-456-7890',0, 'Comments');
1 row created.
SQL> insert into customer values (1004, 'Noel Y', '1234 East Avenue',
    'Santa Clause', 'CA', '123-456-7890',0, 'Comments');
1 row created.
SQL> insert into stock values (1234, 'Microsoft Windows
    98', 10000,98.99);
1 row created.
SQL> insert into stock values (1235, 'Microsoft Word 98',5000,199.99);
1 row created.
SQL> insert into stock values (1236, 'Microsoft Office 98',5000,99.99);
1 row created.
SQL>
```

Etapa 2 — Crie um stored procedure. Agora que você tem um ambiente de demonstração, pode criar os stored procedures. Criaremos dois deles, um que será chamado de PROC_ORDER e o segundo, que será chamado de PROC_ITEMS. O PROC_ORDER, primeiro obterá o nome do cliente e depois inserirá um novo pedido, usando o número seqüencial. O PROC_ITEMS, primeiro verificará o preço de estoque a partir da tabela de estoque e depois inserirá o novo item na tabela de itens. Ele também atualizará o estoque e a tabela customer com o saldo da nova conta. O stored procedure PROC_ORDER é mostrado na Listagem 4.21, enquanto o procedimento PROC_ITEMS é mostrado na Listagem 4.22.

Listagem 4.21: Criação do stored procedure proc_order

```
SQL> @proc_order
SQL> SET SERVEROUTPUT ON;
SQL> SET ECHO ON;
SQL>
SQL> - -
SQL> - - This procedure first gets the customer name and
SQL> - - then inserts a new order using the sequence number
SQL> - - generator
SQL> - -
SQL> - - Author: Noel.Y Aug 1998
SQL> - -
SQL>
SQL> CREATE OR REPLACE PROCEDURE new_order
```

```
2   ( customer_number in NUMBER) AS
3
3   customer_name      VARCHAR(25);
4   order_number       NUMBER;
5
5   BEGIN
6
7       SELECT cust_name    — ❶ Consulta a tabela customer
8           INTO customer_name
9           FROM CUSTOMER
10          WHERE cust_number = customer_number;
11
12      INSERT INTO orders  — ❷ Determina uma nova ordem
13      VALUES (order_numbers.NEXTVAL, customer_number, SYSDATE, 'N');
14
15      SELECT order_numbers.CURRVAL   — ❸ Obtém número de seqüência
16          INTO order_number
17          FROM dual;
18      DBMS_OUTPUT.PUT_LINE('Customer Name is :' || customer_name);
                                — ❹ Exibe o nome e a ordem
19      DBMS_OUTPUT.PUT_LINE('-Order Name is :' || order_number);
20
21  EXCEPTION
22      WHEN NO_DATA_FOUND THEN   — ❺ Se nenhum cliente for encontrado
23      DBMS_OUTPUT.PUT_LINE('No customer found:' || customer_number);
24
24  END new_order;
25  /
Procedure created.
SQL>
```

❶ Primeiro, consultamos a tabela CUSTOMER e recuperamos o nome do cliente para determinado número.

❷ Inserimos um novo pedido na tabela ORDERS e usamos o número de seqüência da tabela order_numbers para gerar o número seguinte.

❸ Obtemos o número seqüencial usado em nº 2 e o armazenamos em uma variável chamada order_numbering, usando a função CURRVAL.

❹ Exibimos então o nome do cliente e o número do pedido.

❺ Se não encontrarmos um cliente, então fornecemos uma EXCEPTION (exceção), onde deveríamos exibir a mensagem apropriada.

Listagem 4.22: Criação do stored procedure proc_items

```
SQL>@proc_items
SQL> SET SERVEROUTPUT ON;
SQL> SET ECHO ON;
SQL>
SQL> - - This procedure first checks for the stock price
SQL> - - from the stock table and then inserts the new
SQL> - - item into the items table. It then updates the
SQL> - - stock and the customer with the balance.
SQL> - -
SQL> - - Author: Noel.Y Aug 1998
SQL> - -
SQL>
SQL> CREATE OR REPLACE PROCEDURE add_items
  2   ( customer_number   in NUMBER,
  3     item_number       in NUMBER,
  4     item_quantity     in NUMBER) AS
  5
  5     stock_price         NUMBER;
  6     stock_description   VARCHAR(25);
  7     new_balance         NUMBER;
  8
  8   BEGIN
  9
 10     SELECT stock_price, stock_description      — ❶ Consulta a tabela stock
 11     INTO stock_price, stock_description
 12     FROM stock
 13     WHERE stock_item_number = item_number;
 14
 15     INSERT INTO items      — ❷ Insere novos itens
 16     VALUES   (order_numbers.CURRVAL,
 17              item_number,
 18              item_quantity,
 19              stock_price);
 20
 21     UPDATE stock   — ❸ Atualiza a tabela stock
 22       SET stock_quantity = stock_quantity - item_quantity
 23       WHERE
 24          stock_item_number = item_number;
```

```
     25
     26 UPDATE customer      — ❹ Atualiza a tabela customer
     27    SET cust_balance = cust_balance + (item_quantity * stock_price)
     28    WHERE cust_number = customer_number;
     29    new_balance := item_quantity * stock_price;
     30
     30 DBMS_OUTPUT.PUT_LINE('Item description is :' || stock_description);
                         — ❺ Exibe informações sobre o item
     31 DBMS_OUTPUT.PUT_LINE('-ordered ' || item_quantity ||
     32           ' for $' || stock_price ||
     33           ' Total:' ||new_balance);
     34
     35 EXCEPTION     — ❻ Se nenhum item de estoque for encontrado
     36 WHEN NO_DATA_FOUND THEN
     37 DBMS_OUTPUT.PUT_LINE('No stock/item found:' || item_number);
     38
     38 END add_items;
     39 /
Procedure created.
SQL>
```

❶ Primeiro, consultamos a tabela STOCK e recuperamos o preço de estoque e a descrição de determinado número de estoque.

❷ Depois, inserimos um novo item na tabela ITEMS.

❸ Atualizamos a quantidade na tabela STOCK.

❹ Atualizamos a quantidade de saldo na tabela CUSTOMER.

❺ Exibimos a descrição do item, a quantidade e o valor, usando o procedimento DBMS_OUTPUT.PUT_LINE.

❻ Se não for encontrado estoque ou item, então exibimos a mensagem apropriada.

Etapa 3 — Teste o stored procedure. Agora que você criou o stored procedure, pode executá-lo e ver como funciona. Você pode ver o stored procedure sendo executado na Listagem 4.23. Primeiro, execute uma NEW_ORDER com o número de cliente 1004, que, por sua vez, retorna o Order Number 1 (número de pedido 1). Depois, acrescente dois itens ao cliente, o que exibirá a descrição do item e o valor do pedido.

Listagem 4.23: Execução do stored procedure
```
SQL> EXECUTE new_order(1004);
Customer Name is   :Noel Y
-Order Number is   :1
PL/SQL procedure successfully completed.

SQL> EXECUTE add_items(1004,1234,5);
Item description is :Microsoft Windows 98
-ordered 5 for $98.99 Total:494.95
PL/SQL procedure successfully completed.

SQL> EXECUTE add_items(1004,1236,1);
Item description is :Microsoft Office 98
-ordered 1 for $99.99 Total:99.99
PL/SQL procedure successfully completed.
SQL>
```

Os stored procedures também podem ser criados usando-se o OEM. Na Figura 4.4 você pode ver que o OEM mostra stored procedures que existem no banco de dados para cada esquema.

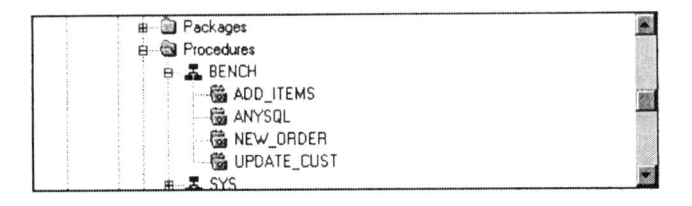

Figura 4.4: Como usar OEM para criar stored procedures

Para criar um novo stored procedure, clique com o botão direito do mouse na pasta de Procedimentos e uma surgirá uma janela, semelhante àquela mostrada na Figura 4.5. Você ainda terá que escrever o código para criar o stored procedure.

Conclusão

Um stored procedure é uma coleção de declarações SQL que são mantidas em um banco de dados. Antes de mais nada, um stored procedure pode ser compilado e armazenado temporariamente no banco de dados para acesso mais rápido. Ele permite que muitos usuários executem o código SQL mais recente. Se você tiver um aplicativo onde o código muda com freqüência, então deve explorar a funcionalidade de stored procedure, pois ele é centralmente armazenado, em vez de no aplicativo. A desvantagem é que, a cada vez que você quiser acessar o stored procedure, precisará passar pela rede e executá-lo, enquanto se as declarações estiverem dentro do aplicativo, tal código extra não existirá.

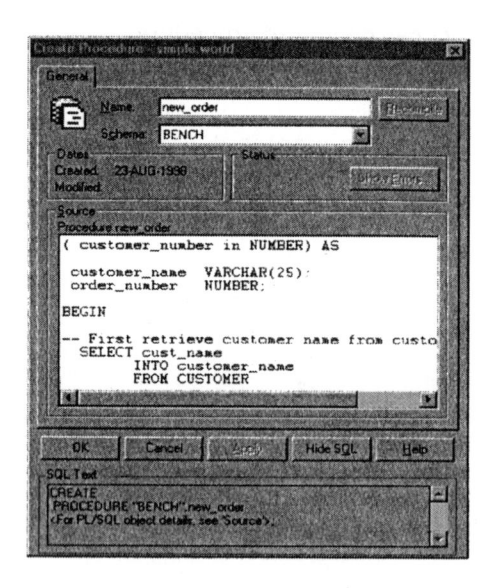

Figura 4.5: Criação de um stored procedure em OEM

4.6 — Como posso gerar um relatório sobre stored procedures?

Aplica-se a: Oracle7, Oracle8 e Oracle8*i*	**Índice do CD:** Stored procedures
Sistema operacional: Todos	

Problema

Eu gostaria de obter um relatório que oferecesse detalhes sobre stored procedures, existentes no banco de dados. Qual é a melhor maneira de fazer isso?

Soluções

Para obter mais informações sobre um stored procedure, você pode consultar as tabelas de sistema. A tabela de sistema USER_OBJECTS contém informações sobre todos os objetos no banco de dados. Para ver apenas informações de stored procedure, você precisa selecionar o tipo de objeto como PROCEDURE.

O script MON_SP.SQL, conforme mostrado na Listagem 4.24, gera uma relação de stored procedures no banco de dados. A saída do script é mostrada na Listagem 4.25.

Listagem 4.24: Script MON_SP.SQL

```
set echo off feedback off verify off;
set linesize 80 pagesize 60;

REM NAME           : mon_sp.sql
REM AUTHOR         : Noel.Y
REM USAGE          : Run from SQLPLUS
REM DESCRIPTION    : Generates a list of Stored Procedures

col object_name           format a40 heading "PROCEDURE-NAME"
col created               format DATE heading "CREATED"
col status                format a7 heading "STATUS"
col TODAY      NEW_VALUE   _DATE
set termout off;
select to_char(SYSDATE, 'fmMonth DD, YYYY') TODAY from DUAL;
set termout on;

TTITLE left _DATE CENTER "LIST OF STORED PROCEDURES" Skip 1 -
CENTER "= = = = = = = = = = = = = = = = = = = = =" skip 2

spool &output_filename;
set heading on;
SELECT
      object_name,
      created,
      status
FROM
      user_objects
WHERE
      object_type = 'PROCEDURE'
ORDER BY
      object_name;
clear columns;
spool off;
set feedback on verify on echo on;
```

Listagem 4.25: Saída do script MON_SP.SQL

```
SQL> @mon_sp
SQL> set echo off
August 29, 1998            LIST OF STORED PROCEDURES
                          ==========================
PROCEDURE-NAME           CREATED          STATUS
--------------           -------          -------
ADD_ITEMS                23-AUG-98        VALID
ANYSQL                   22-AUG-98        VALID
NEW_ORDER                23-AUG-98        VALID
QUERY_CUSTOMER           29-AUG-98        VALID
UPDATE_CUST              23-AUG-98        INVALID
SQL>
```

Conclusão

Para criar um relatório sobre todos os stored procedures no banco de dados, você pode consultar as tabelas de sistema USER_OBJECTS e escolher o tipo de objeto como PROCEDURE, ou pode executar o script MON_SP.SQL, que gera um relatório sobre todos os stored procedures no banco de dados.

4.7 — Como posso ver o código-fonte de todos os stored procedures em meu banco de dados?

Aplica-se a: Oracle7, Oracle8 e Oracle8*i*   **Índice do CD:** Stored procedures
Sistema operacional: Todos

Problema

Tenho mais de 100 stored procedures, criados em meu banco de dados por muitos projetistas. Como posso ver o código-fonte de todos eles?

Soluções

Para ver o fonte de seus stored procedures, você pode consultar a tabela de sistema USER_SOURCE. A coluna de texto contém o código-fonte do stored procedure. Para ver todos as fontes de códigos, você pode executar o script MON_SOURCE.SQL, conforme mostrado na Listagem 4.26, com a saída na Listagem 4.27.

Listagem 4.26: Script mon_source.sql

```sql
set echo off feedback off verify off;
set linesize 100 pagesize 100;
set wrap on;

REM NAME            : mon_source.sql
REM AUTHOR          : Noel.Y
REM USAGE           : Run from SQLPLUS
REM DESCRIPTION     : Generates a report on the sourcecode
REM                       for PROCEDURE, PACKAGE
REM                           FUNCTION and TYPE
REM REQUIREMENTS    : Must have privilege to access
REM                       the user_source Table

col name            format a15 heading "Source|Name"
col type            format a4 heading "Type"
col line            format 99 heading "#"
col text            format a54 heading "TEXT"
col TODAY           NEW_VALUE     _DATE

set termout off;
select to_char(SYSDATE, 'fmMonth DD, YYYY') TODAY from DUAL;
set termout on;

TTITLE left _DATE CENTER "List Source for " skip 1 -
CENTER "Procedure, Package, Function and Type" Skip 1 -
CENTER "= = = = = = = = = = = = = = = = = =" skip 2
break on name;
spool &output_filename;
set heading on;
select
   name,
   SUBSTR(type,1,4) type,
   line,
   text
from
user_source
order by
   name,type,line;
clear columns;
spool off;
set feedback on verify on echo on;
```

Listagem 4.27: Saída do script mon_source.sql

```
SQL> @mon_source
August 26, 1998            List Source for
                           Procedure, Package, Function and Type
                           = = = = = = = = = = = = = = = = = = = = = = =
Source
Name              Type    #   TEXT
------            ----    --- -------------------------------
ADD_ITEMS         PROC    1   PROCEDURE add_items
                  PROC    2   ( customer_number     in NUMBER,
                  PROC    3   item_number           in NUMBER,
                  PROC    4   item_quantity         in NUMBER) AS
                  PROC    5   stock_price           NUMBER;
                  PROC    6   stock_description     VARCHAR(25);
                  PROC    7   new_balance           NUMBER;
                  PROC    8   BEGIN                 NUMBER;
                  PROC    9   - - First let us get the stock price from stock table
                  PROC    10  SELECT stock_price, stock_description
                  PROC    11      INTO stock_price, stock_description
                  PROC    12      FROM stock
                  PROC    13      WHERE stock_item_number = item_number;
                  PROC    14  - - Now we can insert the items intot the items table
                  PROC    15      INSERT INTO items
                  PROC    16      VALUES (order_numbers.CURRVAL,
                  PROC    17          item_number,
<<<TRUNCATED>>>

BALANCE           FUNC    1   FUNCTION balance (acct_id INTEGER) RETURN REAL IS
                  FUNC    2       acct_bal REAL;
                  FUNC    3   BEGIN
                  FUNC    4       RETURN acct_id;
                  FUNC    5   END balance;
<<TRUNCATED>>
```

Conclusão

Para ver o fonte de seu stored procedure, você pode consultar a tabela de sistema USER_SOURCE. Você também pode executar o script MON_SOURCE.SQL para ver a origem de todos os stored procedures.

4.8 — Como posso criar um arquivo contendo o código-fonte de meu stored procedure?

Aplica-se a: Oracle7, Oracle8, Oracle8*i*	Índice do CD: Stored procedure
Sistema operacional: Todos	

Problema

Criei alguns stored procedures para meu banco de dados. No entanto, o código-fonte para aqueles stored procedures estavam em um arquivo que foi acidentalmente apagado. Há alguma forma de recriar o arquivo contendo o código-fonte de meus stored procedures?

Soluções

A maneira mais fácil seria usar o script anterior, MON_SOURCE.SQL, conforme discutido na pergunta 4.7 e armazenar temporariamente a saída em um arquivo. Infelizmente, ele também conterá números de linhas e alguns caracteres indesejáveis no arquivo volteado.

Uma forma melhor seria escrever um programa PL/SQL que geraria a saída diretamente em um arquivo, usando o pacote de sistema UTL_FILE PL/SQL. Vamos caminhar pelas etapas para criar e usar o programa PL/SQL.

Etapas

    Etapa 1 — Crie um programa PL/SQL. Primeiramente, é preciso criar um programa PL/SQL chamado WRITE_TO_FILE. Esse programa fará o seguinte:

- Abrirá um arquivo com o nome do procedimento, no diretório /tmp
- Escreverá o texto no arquivo
- Aplicar um "flush" no arquivo para garantir que ele tenha sido escrito.
- Fechará o arquivo.

Para usar esse recurso para abrir, escrever e fechar um arquivo, precisamos usar o pacote UTL_FILE. O código-fonte para o programa PL/SQL WRITE_TO_FILE (escrever no arquivo) é mostrado na Listagem 4.28.

Listagem 4.28: Criação de um programa PL/SQL para escrever em um arquivo

```
/* ------------------------------- */
/* EXAMPLE ON : Writing the source out to a file  */
/* ------------------------------- */
DECLARE
myfile UTL_FILE.FILE_TYPE;
name user_source.name%TYPE;
text user_source.text%TYPE;
file_name VARCHAR2(30);
CURSOR c1 IS SELECT    — ❶ Declara um cursor
          name, text
        FROM user_source
        ORDER BY
          name, type, line, text;
BEGIN      — ❷ Abre o cursor
OPEN c1;
* Loop until End of FETCH */
LOOP
        FETCH c1 INTP name,text;   — ❸ Recupera os dados
        EXIT WHEN c1%NOTFOUND;

     file_name := name || '.sql';
     myfile := UTL_FILE.FOPEN('/tmp',file_name,'A');  — ❹ Abre um arquivo
     UTL_FILE.PUT(myfile,text);  — ❺ Grava no arquivo
     UTL_FILE.FFLUSH(myfile);    — ❻ Limpa o arquivo
     UTL_FILE.FCLOSE(myfile);    — ❼ Fecha o arquivo
END LOOP;
```

❶ Primeiro, crie um novo cursor que consultará a tabela user_source.

❷ Abra o cursor C1 que foi criado no nº 1.

❸ Agora, vamos recuperar os dados do cursor C1 e armazená-los em um nome e texto de variável.

❹ Depois, abra um arquivo, chamando o procedimento UTL_FILE.FOPEN e usando o nome variável.

❺ A seguir, escreva o texto obtido do cursor no arquivo, usando o procedimento UTL_FILE.PUT.

❻ Damos um "flush" o conteúdo do arquivo usando o procedimento UTL_FILE.FFLUSH.

❼ E, finalmente, fechamos o arquivo, usando UTL_FILE.FCLOSE.

Etapa 2 — Execute o programa PL/SQL. Uma vez que o programa tenha sido guardado em um arquivo, podemos executá-lo a partir de SQL*PLUS. Como você pode ver na Listagem 4.29, estamos executando o script WRITE_TO_FILE.SQL, e ele é executado com sucesso.

Listagem 4.29: Execução do programa PL/SQL

```
SQL>@write_to_file
PL/SQL procedure successfully completed.
SQL>
```

Etapa 3 — Verifique arquivos criados pelo programa PL/SQL. Uma vez que o programa tenha sido executado com sucesso, podemos ir para o diretório /tmp e relacionar todos os arquivos .sql. Como você pode ver na Listagem 4.30, o programa criou 13 arquivos no diretório /tmp.

Listagem 4.30: Listagem dos arquivos criados pelo programa write_to_file PL/SQL

```
$ ls -l /tmp *.sql
total 104
-rw-r--r--   1 oracle    dba     1258 Aug 29 13:31 ADD_ITEMS.sql
-rw-r--r--   1 oracle    dba      272 Aug 29 13:31 ANYSQL.sql
-rw-r--r--   1 oracle    dba      102 Aug 29 13:31 BALANCE.sql
-rw-r--r--   1 oracle    dba     4433 Aug 29 13:31 DAEMON.sql
-rw-r--r--   1 oracle    dba       32 Aug 29 13:31 DEPT_TYPES.sql
-rw-r--r--   1 oracle    dba       37 Aug 29 13:31 DEP_TYPE16.sql
-rw-r--r--   1 oracle    dba      224 Aug 29 13:31 INTEREST.sql
-rw-r--r--   1 oracle    dba       24 Aug 29 13:31 MI.sql
-rw-r--r--   1 oracle    dba      763 Aug 29 13:31 NEW_ORDER.sql
-rw-r--r--   1 oracle    dba      163 Aug 29 13:31 TYPE_EMPLOYEE.slq
-rw-r--r--   1 oracle    dba      159 Aug 29 13:31 TYPE_PROJECTS.sql
-rw-r--r--   1 oracle    dba      420 Aug 29 13:31 UPDATE_CUST.sql
$
```

Analisemos um dos arquivos. No exemplo mostrado na Listagem 4.31, você pode ver o código-fonte da função INTEREST.

Listagem 4.31: View de um arquivo chamado interest.sql

```
$ more INTEREST.sql
FUNCTION interest
(days NUMBER, amount NUMBER)
      RETURN REAL IS
      interest_cal REAL;
      RATE REAL;
BEGIN
-  - The rate can also be acquired from a table
      RATE := 7.50;
      RETURN amount * ((rate/100) * days/365);
END interest;
$
```

Conclusão

O pacote UTL_FILE PL/SQL é um recurso que permite ler e escrever em um arquivo. O programa WRITE_TO_FILE PL/SQL cria um arquivo e depois escreve o texto do stored procedure e funções e, por fim, o fecha.

4.9 — Como posso ocultar o meu código PL/SQL?

Aplica-se a: Oracle7, Oracle8 e Oracle8*i*   **Índice do CD:** Wrap (envolver/embrulhar)
Sistema operacional: Todos

Problema

Somos uma empresa de desenvolvimento de software que desenvolveu recentemente um pacote financeiro para uso comercial. A maioria dos aplicativos foi escrita em PL/SQL e PRO*C. Como posso ocultar meu código PL/SQL para que os clientes e competidores não consigam ver o fonte?

Solução

O Oracle inclui um utilitário chamado "wrap", que criptografa o código PL/SQL. Para usar esse utilitário, tenha o seu código PL/SQL pronto e execute o utilitário Wrap com a opção INAME. A Listagem 4.32 mostra como executar esse utilitário. Como você pode ver na Listagem 4.33, ele cria o mesmo nome de arquivo com a extensão "plb".

No exemplo myprocedure.sql é convertido para myprocedure.plb.

Listagem 4.32: Uso do utilitário wrap
```
ORACLE> wrap iname=my procedure.sql
PL/SQL Wrapper: Release 8.0.5.0.0 — Production on Fri Nov 13 15:03:04 1998
Copyright (c) Oracle Corporation 1993, 1994, 1995, 1996, 1997. All rights reserved
Processing myprocedure.sql to myprocedure.plb
ORACLE>
```

Listagem 4.33: Conteúdo do arquivo myprocedure.plb

```
SET SERVEROUTPUT ON;
SET ECHO ON;
CREATE OR REPLACE PROCEDURE new_order wrapped
<<<CUT>>>
2
:3 0 1 3 1 6 1 c 1
a 1 11 1 16 1 19 1
18 2 1c 1d 4 29 2a 2b
2c 1 2d 1 34 1 37 1
36 2 42 44 1 46 2 4c
4e 1 50 5 25 31 3e 48
52 2 58 5a 1 5c 1 5e
1 54 1 61 2 f 14
1
<<<CUT>>>
/
```

Para executar o procedimento, simplesmente digite o nome de arquivo e dê-lhe a extensão .plb, conforme mostrado na Listagem 4.34.

Listagem 4.34: Execução do arquivo criptografado

```
SQL> @myprocedure.plb
- - This procedure first gets the customer name and
- - then inserts a new order using the sequence number
- - generator
- -
- - Author: Noel.Y Aug 1998
- -
CREATE OR REPLACE PROCEDURE new_order
(customer_number in NUMBER) AS
customer_name    VARCHAR(25);
order_number     NUMBER;
BEGIN
- - First retrieve customer name from customer table
    SELECT cust_name
        INTO customer_name
        FROM CUSTOMER
        WHERE cust_number = customer_number;
        - - Insert a new order into the Orders table
            INSERT INTO orders
            VALUES (order_numbers.NEXTVAL, customer_number, SYSDATE, 'N');
        - - Obtain the current sequence number
        SELECT order_numbers.CURRVAL
            INTO order_number
            FROM dual;
```

```
        DBMS_OUTPUT.PUT_LINE('Customer Name is :' || customer_name);
        DBMS_OUTPUT.PUT_LINE('-Order Number is :' || order_number);
-- If no customer found then display info
EXCEPTION
    WHEN NO_DATA_FOUND THEN
        DBMS_OUTPUT.PUT_LINE('No customer found:' || customer_number);
END new_order;
```

Conclusão

Se você quiser esconder seus programas PL/SQL de estranhos, então deve considerar usar o utilitário Wrap. Ele criptografa o código PL/SQL, para que ninguém possa ver o código-fonte, mesmo que ainda possa ser executado.

4.10 — Como posso gerar números seqüenciais para a minha tabela?

Aplica-se a: Oracle8 e Oracle8*i*	Índice do CD: Seqüência
Sistema operacional: Todos	

Problema

Eu gostaria de atribuir número incremental para o meu número de pedido, na tabela de pedidos. O número de pedido é uma chave primária e, portanto, seria único. Como posso gerar números seqüenciais para a minha tabela?

Solução

O Oracle tem um recurso para gerar números seqüenciais. Essencialmente, é uma outra tabela que controla os números. Para criar uma tabela de número em seqüência, você precisa usar a declaração CREATE SEQUENCE (criar seqüência).

A sintaxe da declaração CREATE SEQUENCE é mostrada na Listagem 4.35.

Listagem 4.35: Sintaxe para criação da seqüência
```
CREATE SEQUENCE <name>
INCREMENT BY <n>
START WITH <n>
MAXVALUE <n>
MINVALUE <n>
CYCLE/NOCYCLE
CACHE <n>
```

Onde:

- INCREMENT — Refere-se ao valor de aumento
- START WITH — O valor inicial (Padrão 1)
- MAXVALUE — O valor mais alto da seqüência, ascendente
- MINVALUE — O valor mais baixo da seqüência, descendente
- CYCLE — Reciclagem da seqüência de número ao atingir o MAXVALUE
- NOCYCLE — Ao atingir MAXVALUE, acusa erro (Padrão)
- CACHE — Pré-aloca a seqüência de número na memória (Padrão 20)

Portanto, como a seqüência de número aumenta automaticamente os números? Existem pseudocolunas, chamadas CURRVAL e NEXTVAL. A pseudocoluna CURRVAL permite que você acesse o número de seqüência atual, a partir da tabela de seqüência, enquanto NEXTVAL aumenta a seqüência do número. Por exemplo, se criarmos a tabela de seqüência chamada myseq, para obter o valor seguinte incrementado, você se referiria a ele como myseq.NEXTVAL, ou para o mesmo número de seqüência como myseq.CURRVAL. Assim, por que ter uma pseudocoluna CURRVAL? A resposta é, para o caso de você precisar referir-se ao último número de seqüência que aumentou. Simplesmente, você pode obter o valor a partir da pseudocoluna CURRVAL.

Etapas

Etapa 1 — Ajuste o ambiente. Vamos percorrer as etapas para usar o recurso SEQUENCE. Em nosso exemplo, temos uma tabela chamada PROJECTS, na qual o número de projeto será incrementado a cada novo projeto inserido na tabela. Você pode ver a definição de tabela da tabela PROJECTS mostrada na Listagem 4.36.

Listagem 4.36: Criação de uma tabela
```
SQL> CREATE TABLE projects
  2  ( project#          NUMBER,
  3    proj_desc         CHAR(40),
  4    start_date        DATE,
  5    end_date          DATE,
  6    location_code     CHAR(2),
  7    status            CHAR(1))
  8  TABLESPACE USERTS;
Table created.
SQL>
```

Etapa 2 — Crie seqüência. Uma vez criada a tabela PROJECTS, você pode prosseguir com a criação da tabela de seqüência de número. Como você pode ver na Listagem 4.37, está criando uma tabela de seqüência de número chamada SEQ_NUMBER, que se iniciaria com a seqüência de número 1 e seria aumentada em 1 cada vez que atingisse 1000000.

Listagem 4.37: Criação da tabela de seqüência
```
SQL> CREATE SEQUENCE seq_numbers
  2    START WITH 1
  3    MAXVALUE 1000000
  4    INCREMENT BY 1;
Sequence created.
SQL>
```

Etapa 3 — Teste a seqüência de números. Depois de criar a seqüência de números, você está pronto para testá-los. Insira dois registros na tabela PROJECTS. Como você pode ver na Listagem 4.38, nos referimos ao próximo valor de aumento de SEQ_NUMBERS como SEQ_NUMBERS.NEXTVAL.

Listagem 4.38: Inserção de linhas na tabela projects
```
SQL> INSERT INTO projects
  2    VALUES (seq_numbers.NEXTVAL,
  3    'Payroll Application Development',
  4    '05-AUG-1998', '15-SEP-1998', 'CA', 'A');
1 row created.
SQL>

SQL> INSERT INTO projects
  2    VALUES (seq_numbers.NEXTVAL
  3    'HR Application Development',
  4    '15-AUG-1998', '08-OCT-1998', 'CA', 'A');
1 row created.
SQL>
```

Ao consultar a tabela projects, conforme mostrado na Listagem 4.39, você pode ver que existem dois números de projeto, 1 e 2, automaticamente designados, devido ao recurso de seqüência.

Listagem 4.39: Consulta à tabela projects
```
SQL> select * from projects;
PROJECT#  PROJ_DESC                START_DAT   END_DATE    LO  S
------    --------------------     ---------   ---------   --  --
    1     Payroll Application
          Development              05-AUG-98   15-SEP-98   CA  A
    2     HR Application
          Development              15-AUG-98   08-OCT-98   CA  A
SQL>
```

Você também pode usar o OEM para criar seqüência de números. A Figura 4.6 mostra a caixa de diálogo que faz isso.

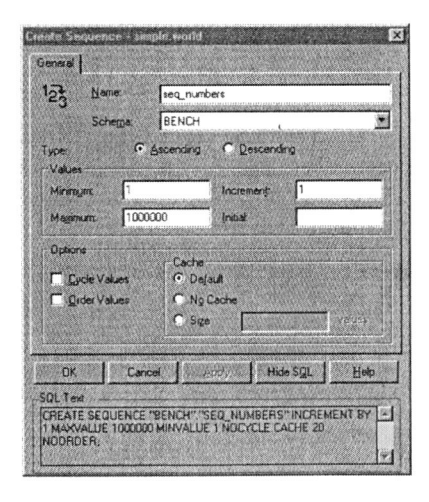

Figura 4.6: Criação de seqüência de números em OEM.

Conclusão

O Oracle oferece um recurso que permite gerar automaticamente números seqüenciais em uma tabela. Para usar essa função, você precisa usar a declaração CREATE SEQUENCE.

4.11 — Como posso gerar um relatório sobre números seqüenciais no banco de dados?

Aplica-se a: Oracle8 e Oracle8*i* **Índice do CD:** Seqüência

Sistema operacional: Todos

Problema

Em minha empresa, muitos projetistas de aplicativo criaram diversos números seqüenciais no banco de dados. Eu gostaria de obter um relatório sobre os números seqüenciais que foram criados e suas opções. Como posso gerar um relatório sobre números seqüenciais no banco de dados?

Solução

Para gerar um relatório sobre números seqüenciais, você pode consultar a tabela de sistema chamada USERS_SEQUENCES. Essa tabela contém informações sobre as seqüências e suas propriedades. Você também pode executar o script MON_SEQ.SQL, mostrado na Listagem 4.40. A saída do script é mostrada na Listagem 4.41.

Listagem 4.40: Script MON_SEQ.SQL

```
set echo off feedback off verify off;
set linesize 80 pagesize 60;

REM NAME              : mon_seq.sql
REM AUTHOR            : Noel.Y
REM USAGE             : Run from SQLPLUS
REM DESCRIPTION       : Generates a report on the
REM                     sequence number.

col sequence_name        format a15 heading 'Sequence|Name"
col min_value            format 999,999,999 heading "Min-value"
col max_value            format 999,999,999 heading "Max-value"
col increment_by         format 999,999,999 heading "Increment-By"
col cache_size           format 999,999,999 heading "Cache-size"
col TODAY           NEW_VALUE     _DATE

set termout off;
select to_char(SYSDATE, 'fmMonth DD, YYYY') TODAY from DUAL;
set termout on;

TTITLE left _DATE CENTER "List of User Sequences" Skip 1 -
CENTER "= = = = = = = = = = = = = = = = =" skip 2

spool &output_filename;
set heading on;
select
   sequence_name,
   min_value,
   max_value,
   increment_by,
   cache_size
from
   user_sequences;
clear columns;
spool off;
set feedback on verify on echo on;
```

Listagem 4.41: Saída do script MON_SEQ.SQL

```
SQL> @mon_seq
August 23, 1998        List of User Sequences
                       ===================

Sequence
Name              Min-Value    Max-value     Increment-By    Cache-size
--------          ---------    ---------     ------------    ----------
ORDERS_NUMERS     1            1,000,000     1               20
SEQ_NUMBERS       1            1,000,000     1               20
SQL>
```

Conclusão

Para gerar um relatório sobre número seqüencial, você pode ou consultar a tabela USER_SEQUENCES ou executar o script MON_SEQ.SQL.

4.12 — É possível executar SQL dinâmica usando PL/SQL?

Aplica-se a: Oracle8 e Oracle8*i*	Índice do CD: DBMS_SQL
Sistema operacional: Todos	

Problema

Eu gostaria de criar um procedimento que me permitisse mudar o conteúdo da declaração SQL em tempo de execução. Posso escrever um programa OCI, mas isso será demorado. Quando o procedimento é executado, o usuário deve conseguir entrar com qualquer cláusula da condição WHERE na tabela e depois exibir os resultados. Como posso escrever um procedimento que executará SQL dinâmica, usando PL/SQL?

Solução

O pacote DBMS_SQL pode ser usado para executar SQL dinâmica. Aqui, dinâmica significa que o código SQL não foi pré-escrito. Basicamente, o pacote DBMS_SQL constrói a SQL em tempo de execução, que depois é separada e executada pelo servidor Oracle. O pacote DBMS_SQL é um pacote complexo interno, com uma quantidade de programas e estruturas de dados. Ele permite que você execute declarações DDL, consultas *ad hoc* (específicas) e código PL/SQL dinamicamente construído.

Se você estiver usando Oracle8*i*, veja a pergunta 4.21, que esboça como escrever declarações SQL dinâmicas diretamente em PL/SQL. A tabela a seguir, 4.2, relaciona os programas que são definidos no pacote DBMS_SQL.

Tabela 4.2: Funções e procedimentos do pacote DBMS_SQL

Função/Procedimento	Descrição
BIND_ARRAY	Liga um valor a um array
BIND_VARIABLE	Liga um valor a uma variável
CLOSE_CURSOR	Bloqueia o cursor e libera a memória
COLUMN_VALUE	Retorna o valor do elemento cursor para os cursores
DEFINE_ARRAY	Define um array
DEFINE_COLUMN	Define uma coluna
DESCRIBE_COLUMN	Descreve as colunas de um cursor
EXECUTE	Executa o cursor
EXECUTE_AND_FETCH	Executa o cursor e recupera linhas
FETCH_ROWS	Recupera uma linha a partir do cursor
IS_OPEN	Verifica se o cursor está aberto
LAST_ROW_COUNT	Retorna a contagem cumulativa de linhas recuperadas
LAST_ROW_ID	Retorna a ROWID da última linha
OPEN_CURSOR	Retorna a ID do cursor
PARSE	Separa a declaração

Criação de um pacote DBMS_SQL

O script CATPROC.SQL executa automaticamente o script DBMSSQL.SQL. Assim, assegure-se de que você tenha executado o script CATPROC.SQL.

Como usar o pacote DBMS_SQL

Para usar o pacote DBMS_SQL, você deve usar as funções e procedimentos conforme definidos na Tabela 4.2. Normalmente, você escreveria um programa PL/SQL para fazer o seguinte:

- OPEN_CURSOR (abrir cursor)
- PARSE (separar)
- DEFINE_COLUMN (definir coluna)
- EXECUTE (executar)
- FECTCH_ROWS (recuperar linhas)
- COLUMN_VALUE (valor de coluna)
- CLOSE_CURSOR (fechar cursor)

Etapas

Vamos percorrer um exemplo de como usar o pacote DBMS_SQL. O objetivo é escrever um programa PL/SQL que consulta a tabela customer e recebe a entrada na cláusula WHERE em tempo de execução. Assim, basicamente, gostaríamos de saber, em tempo de execução, qual cliente tem mais do que $100 de saldo, ou talvez um cliente cujo nome começa com a letra "K". A idéia aqui é que o programa não dá dica quanto a como o usuário final quer consultar a tabela. Portanto, o pacote DBMS_SQL é muito útil para cuidar de SQL dinâmica.

Etapa 1 — Crie programa habilitado por DBMS_SQL. Como você pode ver a partir da Listagem 4.42, está criando um procedimento chamado QUERY_CUSTOMER, que chama o pacote DBMS_SQL. Primeiro, ele chama o procedimento OPEN_CURSOR e então separa a declaração SQL. Depois, define a coluna, usando a função DEFINE_COLUMN e, então, executa (EXECUTES) o cursor.

Listagem 4.42: Criação de um programa PL/SQL usando o pacote DBMS_SQL

```
SQL> @fixed_query
SQL> CREATE OR REPLACE PROCEDURE query_customer
  2     (where_clause varchar2) AS
  3     customer_cursor          INTEGER;
  4     var_cust_number          NUMBER;
  5     var_cust_name            CHAR(25);
  6     var_cust_balance         NUMBER;
  7     rows_returned            INTEGER;
  8     rows_processed           INTEGER;
  9     total_rows_returned      INTEGER;
 10
 10 BEGIN
 11     customer_cursor := DBMS_SQL.OPEN_CURSOR;  — ❶ Abre o cursor
 12     DBMS_SQL.PARSE (customer_cursor,  — ❷ Analisa-o
 13     'select cust_number, cust_name, cust_balance from customer where'
 14     || where_clause,
 15     DBMS_SQL.NATIVE);
 16 DBMS_SQL.DEFINE_COLUMN( customer_cursor, 1, var_cust_number); (3)
 17 DBMS_SQL.DEFINE_COLUMN( customer_cursor, 2, var_cust_name, 25); (3)
 18 DBMS_SQL.DEFINE_COLUMN( customer_cursor, 3, var_cust_balance); (3)
                            — ❸ Declara colunas
 19
 19 rows_processed := DBMS_SQL.EXECUTE(customer_cursor) — ❹ Executa
 20 total_rows_returned := 0;
 21
 21 DBMS_OUTPUT.PUT_LINE('Customer Information:'); — ❺ Exibe informações
 22 DBMS_OUTPUT.PUT_LINE('Number  Name    Bank-Balance ');
 23 DBMS_OUTPUT.PUT_LINE('- - - - - - - - - - - - - - - - - - - - - - - -');
```

```
24
24 LOOP                                              ┌─❻ Recupera linhas
25    rows_returned := DBMS_SQL.FETCH_ROWS(customer_cursor);
26    IF rows_returned > 0 THEN
27       DBMS_SQL.COLUMN_VALUE(customer_cursor, 1, var_cust_number);
28       DBMS_SQL.COLUMN_VALUE(customer_cursor, 2, var_cust_name);
29       DBMS_SQL.COLUMN_VALUE(customer_cursor, 3, var_cust_balance);
30       DBMS_OUTPUT.PUT_LINE(var_cust_number || ' ' || ─❼ Exibe dados
31          var_cust_name || ' ' ||
32          var_cust_balance);
33       total_rows_returned := total_rows_returned + rows_returned;
34    ELSE
35       EXIT; 36      END IF;
37 END LOOP;
38
38 DBMS_OUTPUT.PUT_LINE- - - - - - - - - - - - - - - - - - - - -');
39 DBMS_OUTPUT.PUT_LINE('Total # of Rows retrieved: ' ||
total_rows_returned);                              └─❽ Exibe número de linhas
40 DBMS_OUTPUT.PUT_LINE(' ');
41
41 DBMS_SQL.CLOSE_CURSOR(customer_cursor); ─❾ Fecha cursor
42                                         ─❿ Se houver erros
42 EXCEPTION
43    WHEN OTHERS THEN
44       DBMS_OUTPUT.PUT_LINE(sqlerrm);
45       DBMS_SQL.CLOSE_CURSOR(customer_cursor);
46
46 END;
47 /
Procedure created.
SQL>
```

❶ Primeiro, abrimos um cursor, usando a função DMBS_SQL.OPEN_CURSOR.

❷ Depois, separamos o cursor, usando a declaração SELECT que recuperaria o número, nome e saldo do cliente, a partir da tabela customer, e a cláusula WHERE seria fornecida em tempo de execução pelo usuário, no parâmetro WHERE.

❸ Então, usamos a função DBMS_SQL.DEFINE_COLUMN para declarar as colunas.

❹ Os dados são obtidos executando a função DBMS_SQL.EXECUTE, que executa o cursor.

❺ Então, exibimos o cabeçalho, usando a função DBMS_OUTPUT.PUT_LINE.

❻ As linhas que satisfazem as nossas condições especificadas são recuperadas através do uso da função DBMS_SQL.FETCH_ROWS e fornecendo o nome do cursor. Para obter aqueles dados, precisamos fazer uma chamada à função DBMS_SQL.COLUMN_VALUE.

❼ Os dados são então mostrados ao usuário, através da função DBMS_SQL.PUT_LINE.

❽ Uma vez que todas as linhas tenham sido exibidas, exibimos o número de linhas.

❾ Finalmente, o cursor é fechado, usando a função CLOSE_CURSOR.

❿ Se existirem quaisquer erros, a EXCEPTION será disparada, onde exibimos a mensagem de erro.

Etapa 2 — Execute o procedimento query_customer. Uma vez que o programa PL/SQL tenha sido criado com sucesso, então você pode executá-lo. Como pode ser visto na Listagem 4.43, executamos o procedimento QUERY_CUSTOMER (consultar cliente) com a cláusula where igual cust_balance > 100. O resultado é que obtemos dois registros e seus saldos.

Listagem 4.43: Execução do procedimento query_customer

```
SQL> set SERVEROUTPUT ON;
SQL> exec query_customer('cust_balance > 100');
Customer Information:
Number     Name            Bank-Balance
-----      -----           ----------
1003       Adrian B        1345.75
1004       Noel Y          594.94
------------------------------------
Total # of Rows retrieved: 2
PL/SQL procedure successfully completed.
SQL>
```

Conclusão

O pacote Oracle DBMS_SQL constrói as declarações SQL em tempo de execução, separa aquelas declarações e, finalmente, é executado pelo servidor. O pacote DBMS_SQL é um pacote complexo, interno, com uma quantidade de programas e estruturas de dados. No entanto, se você estiver usando Oracle8i, então deve consultar a pergunta 4.21, para informações sobre escrita de SQL dinâmica, originária de programas PL/SQL.

4.13 — Como posso ler e escrever um arquivo externo usando o procedimento PL/SQL?

Aplica-se a: Oracle7, Oracle8 e Oracle8*i*	Índice do CD: UTL_FILE
Sistema operacional: Windows NT, UNIX	

Problema

Eu gostaria de saber se há alguma forma de ler a partir de, e escrever em, um arquivo externo usando o procedimento PL/SQL.

Solução

O Oracle tem um pacote chamado UTL_FILE que permite ler a partir de, e escrever em, arquivos externos usando programas PL/SQL. É um recurso útil, que pode abrir um gateway (meio de acesso) para interagir com o sistema operacional e outros programas não Oracle. O script CATPROC.SQL cria automaticamente o pacote UTL_FILE. Esse recurso está disponível em ambos os lados, cliente e servidor. A Tabela 4.3 mostra os programas que estão compreendidos no pacote UTL_FILE.

O recurso FILE I/O é muito semelhante a qualquer programa 3GL, onde primeiro você precisa abrir o arquivo (FOPEN), depois lê-lo (GET_LINE) ou escrever (PUT) no mesmo e, finalmente, fechá-lo (FCLOSE).

Tabela 4.3: Pacote UTL_FILE

Programas	Descrição
FCLOSE	Fecha um arquivo
FCLOSE_ALL	Fecha todos os arquivos
FFLUSH	Escreve dados fisicamente no arquivo
FOPEN	Abre um arquivo
GET_LINE	Lê uma linha de texto
IS_OPEN	Verifica se o arquivo está aberto
NEW_LINE	Escreve uma linha de encerramento
PUT	Escreve uma linha em um arquivo sem a linha de encerramento
PUT_LINE	Escreve uma linha em um arquivo com a linha de encerramento
PUTF	Procedimento PUT com formatação

Por razões de segurança, o Oracle restringe os locais nos quais você pode ler ou escrever no arquivo de sistema. Você precisa especificar os diretórios acessíveis, ajustando o parâmetro UTL_FILE_DIR no arquivo init.ora. Por exemplo, para permitir que o pacote UTL_FILE leia e escreva a partir de /user/home/noel, você precisa ajustar o UTL_FILE_DIR=/usr/home/noel. Se quiser que o pacote UTL_LINE escreva em qualquer lugar, você pode usar o "*" em vez do nome de diretório. No entanto, precisa ter cuidado ao usar "*", pois isso permite ao pacote ler e escrever em qualquer lugar, inclusive naqueles aos quais o usuário não tem acesso. Isso porque o arquivo é de leitura e escrita para o usuário Oracle, em vez de para o usuário que se registrou em Oracle.

Etapas

Etapa 1 — Inicialização. Conforme mencionado, primeiro você precisa ajustar o parâmetro UTL_FILE_DIR no arquivo init.ora. Nesse exemplo, leremos e escreveremos no diretório /tmp do arquivo de sistema UNIX, como mostrado na Listagem 4.44. Assegure-se de reiniciar o banco de dados para aplicar o parâmetro UTL_FILE_DIR.

Listagem 4.44: Como ajustar o parâmetro UTL_FILE_DIR
```
UTL_FILE_DIR = /tmp
```

Etapa 2 — Crie um programa PL/SQL para escrever em um arquivo. Agora estamos prontos para escrever em um arquivo. Como você pode ver na Listagem 4.45, criamos um programa PL/SQL que primeiro chama FOPEN para criar um arquivo chamado "abc", localizado no diretório /tmp. Depois, ele escreve no arquivo, usando os procedimentos PUT, NEW_LINE e PUT_LINE. Finalmente, faz um alinhamento, para garantir que os dados estão escritos no arquivo, usando FFLUSH. O arquivo é fechado usando FCLOSE. Então, podemos executar o programa, como mostrado na Listagem 4.46.

Listagem 4.45: Criação de um programa PL/SQL para escrever em um arquivo

```
/*-----------------------------------*/
/* EXAMPLE ON : Writing to a File */
/*-----------------------------------*/
DECLARE
   myfile UTL_FILE.FILE_TYPE;
BEGIN

/* 1. Open the file for WRITE */
     myfile := UTL_FILE.FOPEN('/tmp', 'abc', 'W');

/* 2. Write to the file */
             UTL_FILE.PUT(myfile, 'using PUT');
             UTL_FILE.PUT(myfile,' procedure');

             UTL_FILE.NEW_LINE(myfile);

             UTL_FILE.PUT_LINE(myfile, 'using PUTLINE');

/* 3. Flush to ensure all data is writing to the file */
     UTL_FILE.FFLUSH(myfile);

/* 4. Close the file */
     UTL_FILE.FCLOSE(myfile);

END;
```

Listagem 4.46: Execução do programa write_file
```
SQL> @write_file
PL/SQL procedure successfully completed.
SQL>
```

> **Etapa 3 — Verifique o arquivo externo.** Uma vez que o programa PL/SQL tenha sido executado, você pode verificar se foi executado com sucesso, vendo o arquivo externo. Como pode ser visto a partir da Listagem 4.47, o arquivo foi criado em /tmp, chamado abc, com Oracle como o proprietário. Se observarmos o conteúdo, veremos duas linhas, como programado.

Listagem 4.47: Verificação do arquivo recentemente criado
```
$ ls - trl /tmp/abs
-rw-r- -r- -      1 oracle       dba       34 Aug 20 17:33 /tmp/abc
$ more /tmp/abc
using PUT procedure
using PUTLINE
$
```

> **Etapa 4 — Leia a partir do arquivo externo.** Agora que você criou um arquivo, vamos prosseguir e lê-lo. Crie um outro programa PL/SQL, chamado read_file (ler arquivo), conforme mostrado na Listagem 4.48. Esse arquivo lê os mesmos dados criados anteriormente pelo programa write_file. Nesse programa, primeiro abrimos o arquivo usando FOPEN, depois o lemos, usando GET_LINE, e, finalmente, usamos FCLOSE para fechá-lo. Gostaríamos ainda de mostrar o conteúdo dos dados que estão sendo lidos, usando o procedimento DBMS_OUTPUT.PUT_LINE. Isso nos permitirá ver o conteúdo na tela. Como você pode ver na Listagem 4.49, o programa exibe duas linhas com os mesmos dados que foram previamente escritos pelo programa write_file.

Listagem 4.48: Criação do programa PL/SQL para ler um arquivo
```
/* - - - - - - - - - - - - - - - - - - - - - - - - - - - - - - */
/* EXAMPLE ON : Reading from a File */
/* - - - - - - - - - - - - - - - - - - - - - - - - - - - - - -*/
SET SERVEROUTPUT on;
DECLARE
   myfile UTL_FILE.FILE_TYPE;
   read_buffer VARCHAR2(100);
   line_number NUMBER := 0;
BEGIN
/* 1. Open the file for READ */
   myfile := UTL_FILE.FOPEN('/tmp', 'abc', 'R');

   DBMS_OUTPUT.PUT_LINE('The following are the contents of the file');

/* 2. PUT a loop to READ until EOF */
```

```
    LOOP
/* 3. Read the file */

    UTL_FILE.GET_LINE(myfile,read_buffer);
    line_number := line_number + 1;
    DBMS_OUTPUT.PUT_LINE('Line ' || line_number || ': ' || read_buffer);

    END LOOP;

/* 4. When no more rows close the file */
    EXCEPTION
        WHEN NO_DATA_FOUND
        THEN
            UTL_FILE.FCLOSE(myfile);
END;
/
```

Listagem 4.49: Execução do programa read_file
```
SQL> @read_file
The following are the contents of the file
Line 1: using PUT procedure
Line 2: using PUTLINE
PL/SQL procedure successfully completed.
SQL>
```

Conclusão

Se você quiser ler ou escrever em um arquivo do sistema operacional, pode fazê-lo usando programas PL/SQL. O Oracle tem um pacote chamado UTL_FILE, que permite ler de e escrever em um arquivo externo. As possibilidades, ao usar esse pacote, são ilimitadas, especialmente ao usar interfaces de aplicativos ou sistemas não Oracle.

4.14 — Como faço uma chamada a procedimento externo em Oracle8i?

Aplica-se a: Oracle8 e Oracle8*i*   **Índice do CD:** Procedimento externo
Sistema operacional: Windows NT

Problema

Tenho um aplicativo que faz transações OLTP em um banco de dados Oracle. Os mesmos dados também são armazenados por outro aplicativo, para fazer um suporte de decisão. No entanto, os dados não podem ser carregados nesse aplicativo sem fazer alguma formatação, visto que o formato é diferente do formato Oracle. Eu também tenho que manter controle de novos dados que foram inseridos na tabela. Há uma maneira em Oracle, através da qual posso criar automaticamente um arquivo externo com o formato certo de dados, para que possa carregá-los em um aplicativo não Oracle?

Solução

No Oracle8 há um novo recurso chamado "external procedure" (procedimento externo), chamada que permite escrever rotinas 3GL que são registradas com PL/SQL. Em tempo de execução, o Oracle carrega a Dynamic Link Library (DLL — biblioteca de ligação dinâmica) contendo o código 3GL e depois a chama, quando necessário (veja a Figura 4.7). Para evitar qualquer corrupção de memória, a rotina é executada em um espaço de endereço separado.

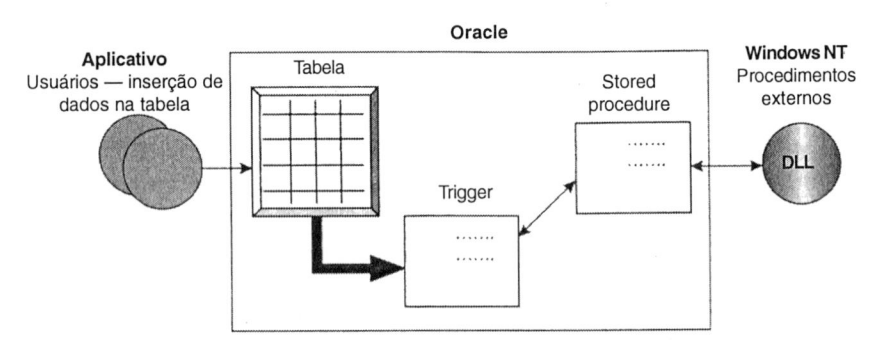

Figura 4.7: Procedimentos externos

Qual é a vantagem da chamada de um procedimento externo? Ele promove reutilização, modularidade e eficiência. Permite que você escreva programas PL/SQL que vão além da funcionalidade normal de banco de dados. Você pode embutir capacidades de processamento científico, de engenharia e dados de tempo real, usando o recurso de procedimento externo. O potencial é interminável.

Etapas

Vamos percorrer um exemplo de como usar a chamada de funcionalidade de procedimento externo.

Etapa 1 — Ajuste o ambiente. Antes de criar um procedimento externo, crie uma tabela chamada ORDERS. Essa tabela, mostrada na Listagem 4.50, tem cinco colunas, além de uma chave primária.

Listagem 4.50: Criação da tabela orders
```
SQLWKS> CREATE TABLE orders
    2> ( ord_number            NUMBER PRIMARY KEY,
    3> ord_date                DATE DEFAULT SYSDATE
    4> ord_customer_number     NUMBER,
    5> ord_value               NUMBER,
    6> ord_status              CHAR(1));
Statement processed.
SQLWKS>
```

Etapa 2 — Crie uma rotina externa 3GL. Como você pode ver na Listagem 4.51, criamos um programa C com as declarações de rotina externa. Podemos compilar o programa usando um compilador C. Eu usei o compilador C Microsoft, conforme mostrado na Figura 4.8, para criar um arquivo DLL. Para maiores informações sobre criação de um arquivo DLL, consulte sua documentação do compilador C.

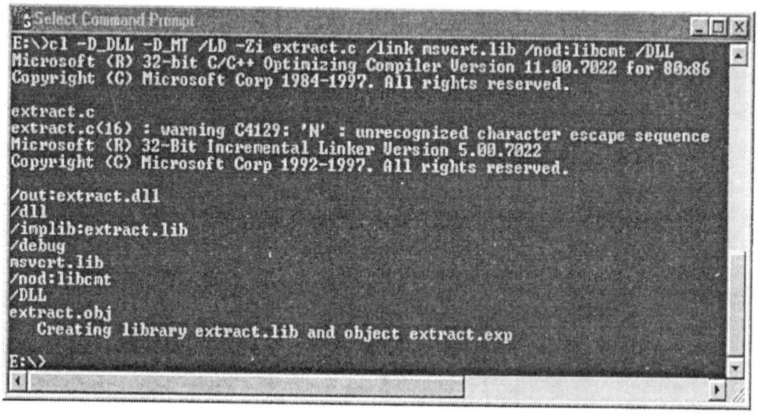

Figura 4.8: Compilação do programa C

Listagem 4.51: Uma rotina externa escrita em C

```c
# include <stdio.h>
# include <string.h>
_declspec( dllexport )
c_extract_order (
      char * ord_number,
      char * ord_date,
      char * ord_cust,
      char * ord_value,
      char * ord_status )
{
FILE *fp;
   /* Let us first open na external OS file */
   if (( fp = fopen ("E:\NEWORDERS", "a")) = = NULL)
      {
      return (-1);
      }
   /* Now we can put data out to the file */
   fprintf(fp,"%s, %s, %s, %s\n",ord_number,
               ord_date,
               ord_cust,
               ord_value,
               ord_status);
   /* Close the file */
   fclose(fp);
   return(0);
}
```

Etapa 3 — Declarando a DLL no Oracle. Antes que você possa usar o procedimento externo DLL, ele precisa ser declarado no Oracle. Isso é feito usando-se a declaração CREATE LIBRARY. A sintaxe é mostrada na Listagem 4.52. Você deve recordar que, na etapa anterior, criamos extract.lib DLL a partir do programa C. Agora podemos declará-la no Oracle usando a declaração CREATE LIBRARY (criar biblioteca). Um exemplo é mostrado na Listagem 4.53, onde criamos o procedimento PROC_EXTRACT_ORDER, que chamará o programa de procedimento externo.

Listagem 4.52: Criação da biblioteca

```
CREATE LIBRARY <library_name>
   AS 'file_path';
```

Listagem 4.53: Criação da biblioteca c_extract_order

```
CREATE LIBRARY c_extract_order
AS 'E:\extract.DLL';
```

Etapa 4 — Registre o procedimento externo. Antes que você possa usar o procedimento externo, ele precisa ser registrado. Basicamente, você precisa dizer a PL/SQL onde encontrar o procedimento, como chamá-lo e quais parâmetros passar. O formato para criar um procedimento externo é conforme mostrado na Listagem 4.54. Depois, a Listagem 4.55 mostra como registrar o procedimento externo usando a biblioteca.

Listagem 4.54: Sintaxe para registrar um procedimento externo
```
CREATE OR REPLICATE <procedure_name>
(Declarations)
AS
EXTERNAL
LIBRARY <library_name>
NAME <external_procedure_name>
CALLING STANDARD C/PASCAL
PARAMETERS (EXTERNAL_PARAMETERS)
```

Listagem 4.55: Exemplo de como registrar o procedimento externo
```
SQLWKS> CREATE OR REPLACE procedure proc_extract_order
  2> (ord_number      IN LONG,
  3> ord_date         IN VARCHAR2,
  4> ord_cust         IN LONG,
  5> ord_values       IN LONG,
  6> ord_status       IN VARCHAR2)
  7> AS
  8> EXTERNAL NAME "C_extract_order"
  9> LIBRARY extract_library;
 10> /
Statement processed.
```

Etapa 5 — Use o procedimento externo. Uma vez que você registrou o procedimento externo, pode usá-lo em qualquer stored procedure, PL/SQL ou trigger. Prosseguindo em nosso exemplo, crie um trigger chamado ORDER_TRIGGER, que será ativado em qualquer INSERT à tabela de pedidos. O trigger chamará o procedimento PROC_EXTRACT_ORDER contendo o procedimento externo, conforme mostrado na Listagem 4.56.

Listagem 4.56: Criação de um trigger para a tabela de pedidos
```
SQLWKS> CREATE or REPLACE TRIGGER order_trigger
  2> AFTER INSERT ON orders
  3> FOR EACH ROW
  4> BEGIN
  5> proc_extract_order(
  6>          :new.iord_number;
  7>          :new.ord_date,
  8>          :new.ord_customer_number,
  9>          :new.ord_value,
 10>          :new.ord_status);
 11> END;
 12> /
Statement processed.
```

Etapa 6 — Teste o procedimento externo. Agora que você criou um trigger que chamará PROC_EXTRACT_ORDER contendo o procedimento externo, pode inserir algumas linhas na tabela de pedidos e ver o que acontece. A inserção é mostrada na Listagem 4.57. Agora, como descobrir se o procedimento externo funcionou corretamente? O programa C deve criar um arquivo externo chamado E:\NEWORDERS. Vejamos se o arquivo existe. Como você pode ver a partir da Listagem 4.58, o arquivo foi criado e o conteúdo é mostrado na Listagem 4.59.

Listagem 4.57: Inserção de linhas na tabela de pedidos
```
SQLWKS> INSERT INTO orders
  2> VALUES
  3> (444, '12-AUG-1998', 500',120.00, '0');
1 row processed.
```

Listagem 4.58: Verificação do diretório pelo arquivo NEWORDERS
```
E:\> DIR NEWORDERS
   Volume in drive E is DISK-2B
   Directory of E:\
 08/12/98        11:18a              26 NEWORDERS
                 1 File(s)           26 bytes
                         191,887,360 bytes free
E:\>
```

Listagem 4.59: Visualização do conteúdo do arquivo NEWORDERS
```
E:\> type neworders
444,12-AUG-98,5001,120,0
E:\>
```

Conclusão

Se você quiser chamar programas escritos em 3GL a partir de seus programas PL/SQL, pode fazê-lo usando o recurso de procedimento externo, que permite interagir com programas 3GL e, portanto, abre um gateway para uma funcionalidade ilimitada. Agora você pode embutir dados de capacidade de processamento científico, de engenharia e em tempo real a partir do Oracle.

4.15 — Como crio uma função definida por usuário?

Aplica-se a: Oracle8 e Oracle8*i*

Índice do CD: Função definida por usuário

Sistema operacional: Todos

Problema

Eu gostaria de criar uma função definida por usuário para usuários finais. Como posso criar tal função definida por usuário?

Solução

Uma função definida por usuário também é chamada de uma função armazenada. Ela é um conjunto de declarações SQL e PL/SQL que são armazenadas em um dicionário de dados para realizar alguma tarefa. Elas oferecem um meio para acessar, atualizar e apagar informações de seu banco de dados. Funções armazenadas melhoram o desempenho e são fáceis de gerenciar, pois são centralizadas. De fato, uma função armazenada é semelhante a um stored procedure (pergunta 4.5), sendo que a única diferença é que uma função sempre retorna um valor único, enquanto o procedimento não pode fazê-lo.

Existem dois tipos de funções armazenadas, nomeadamente empacotada e individual. Uma função empacotada é definida dentro de um pacote PL/SQL, enquanto a função individual é independentemente definida.

A sintaxe para criar uma função definida por usuário é mostrada na Listagem 4.60.

Listagem 4.60: Sintaxe para criar uma função definida por usuário
```
CREATE [OR REPLACE] FUNCTION function_name (parameters) AS
        <declarations, local, constants, cursors... .>
BEGIN
        <Statements to be run>
[EXCEPTION
        <Error handling routine>
END;
```

Etapas

Vamos ver um exemplo de como criar e utilizar uma função definida por usuário. Vamos supor que temos uma aplicação de depósito fixo que controla todos os clientes que depositaram dinheiro no banco. Essa aplicação tem uma tabela CUSTOMER_ACCOUNT (conta de cliente) que armazena as informações necessárias a respeito do cliente. Essas informações são mostradas na Tabela 4.4. Os depósitos fixos normalmente são mantidos por 6 a 12 meses. Às vezes um cliente chama para saber quanto juro ele ou ela acumulou desde que começou a fazer depósitos. Embora tenhamos um campo que armazena o ganho em juros, isso só pode ser calculado ao final de cada mês. Para realizar essa tarefa, criaremos uma simples função definida por usuário que cuidará do cálculo de juros e nos mostrará quanto de juros o cliente ganhou até o presente momento.

Tabela 4.4: Definição de tabela de cliente

Coluna	Descrição
Cust_number	Número do cliente
Cust_Name	Nome do cliente
Cust_Address	Endereço do cliente
Cust_City	Cidade
Cust_state	Estado onde o cliente está localizado
Cust_Amount	Quantia em dinheiro depositada pelo cliente
Cust_Deposit_Type	Tipo de depósito (fixo etc.)
Cust_Start_date	Data quando o depósito foi feito
Cust_duration	Duração, em meses, do depósito fixo
Cust_interest	Juros ganhos (calculados a cada mês)

Etapa 1 — Ajuste o ambiente. Primeiro, crie a tabela CUSTOMER_ACCOUNT, conforme definido na Tabela 4.4. Como você pode ver, a tabela é criada na Listagem 4.61 e inserimos algumas linhas na tabela, na Listagem 4.62.

Listagem 4.61: Criação da tabela customer_account

```
SQL> CREATE TABLE customer_account (
  2    cust_number           NUMBER PRIMARY KEY,
  3    cust_name             CHAR(20),
  4    cust_address          CHAR(40),
  5    cust_city             CHAR(20),
  6    cust_state            CHAR(2),
  7    cust_amount           NUMBER,
  8    cust_deposit_type     NUMBER,
  9    cust_start_date       DATE,
 10    cust_duration         NUMBER);
Table created.
SQL>
```

Listagem 4.62: Inserção na tabela customer_account
```
SQL> INSERT INTO customer_account VALUES (1, 'Noel Y', '1234 East Ave-
nue', 'San Francisco', 'CA', 1000.00,101, '08-AUG-1998',12);
1 row created.
SQL>
```

Etapa 2 — Crie a função. Uma vez que você tem uma tabela com algumas linhas, pode criar uma função definida por usuário, que calculará os juros ganhos. Como você pode ver a partir da Listagem 4.63, criamos uma função chamada INTEREST. A variável RATE (taxa), conforme mostrado na função interest, também pode ser conseguida a partir de uma tabela que conteria as mais recentes taxas bancárias.

Listagem 4.63: Criação da função definida por usuário
```
SQL> CREATE OR REPLACE FUNCTION interest
  2   (days NUMBER, amount NUMBER)
  3    RETURN REAL IS
  4    interest_cal REAL;
  5    RATE     REAL;
  6    BEGIN
  7    - - The rate can also be acquired from a table
  8       RATE := 7.50;
  9       RETURN amount * ((rate/100) * days/365);
 10
 10 END interest;
 11 /
Function created.
SQL>
```

Etapa 3 — Teste a função definida por usuário. Uma vez que a função definida por usuário tenha sido criada, pode-se usá-la em qualquer SQL, PL/SQL, stored procedure, função e assim por diante. Como pode ser visto a partir da Listagem 4.64, os juros acumulados pelos $1.000,00 depositados por Noel desde o primeiro depósito são de $3,64.

Listagem 4.64: Teste da função definida por usuário
```
SQL> SELECT cust_name NAME,
  2      cust_amount PRINCIPAL,
  3      interest(SYSDATE - cust_start_date, cust_amount) INTEREST
  4    FROM
  5  customer_account;
  6    WHERE
  7      cust_number = 1;
NAME            PRINCIPAL       INTEREST
- - - - - - -   - - - - - - -   - - - - - -
Noel Y          1000            3.64133847
SQL>
```

Conclusão

Uma função definida por usuário é um conjunto de declarações PL/SQL que pode ser chamado a partir de qualquer programa. Ele permite a flexibilidade de armazenar fórmulas usadas com freqüência e outros cálculos, na função definida por usuário. Diferente de stored procedures, uma função definida por usuário pode retornar um valor ao programa que a chamar.

4.16 — Como posso usar o pacote DBMS_ALERT?

Aplica-se a: Oracle7, Oracle8 e Oracle8*i*   **Índice do CD:** DBMS_ALERT
Sistema operacional: Todos

Problema

Somos uma pequena empresa especializada em vender bens esportivos personalizados. Os pedidos são feitos através de um número 0800 e então armazenados no banco de dados Oracle. Eu gostaria de saber se há algum recurso no Oracle que alerte o gerente se um pedido exceder $10,000. Como posso ser notificado sobre tal evento?

Solução

O pacote DBMS_ALERT nos permite usar triggers para alertar um aplicativo quando algum valor foi mudado. Os alertas são baseados em transações e são chamados sem sincronização. Por exemplo, se você tiver um aplicativo que está sendo usado para leiloar alguns bens e quiser ser imediatamente informado sempre que alguém ofertar o próximo preço mais alto, então o pacote DBMS_ALERT pode ser usado.

O pacote DBMS_ALERT contém muitos procedimentos, conforme mostrado na Tabela 4.5. Para usar o recurso de alertas, o aplicativo pode registrar múltiplos eventos e, então, pode aguardar que qualquer um dos eventos aconteça, com a chamada do procedimento WAITANY (aguardar qualquer um). Você também pode aguardar por um evento específico, com a chamada do procedimento WAITONE (aguardar um).

Tabela 4.5: Pacote DBMS_ALERT

Função/Procedimento	Descrição
REGISTER	Recebe mensagem de um alerta
REMOVE	Desabilita a notificação de um alerta
SET_DEFAULTS	Ajusta o intervalo de escrutínio
SIGNAL	Sinaliza um alerta
WAITANY	Aguarda o tempo de encerramento em segundos para receber qualquer alerta registrado
WAITONE	Aguarda o tempo de encerramento em segundos para receber um alerta denominado

Como funciona o pacote DBMS_ALERT?

Primeiro, temos que usar o procedimento REGISTER para permitir que uma sessão registre um evento denominado BIGORDER, por exemplo. A sessão pode estar interessada em um ou mais eventos. Para registrar, você precisa chamar o procedimento DBMS_ALERT.REGISTER com o <name-of-the-alert> (nome do alerta). Você pode apagar o alerta chamando o procedimento DBMS_ALERT.REMOVE.

A sessão, depois de ter sido registrada, precisaria então chamar o procedimento WAITANY ou WAITONE para aguardar a ocorrência do alerta. Durante esse tempo, nenhuma atividade ou trabalho pode ser feito pela sessão. Ela só aguarda.

O aplicativo pode então ter incluído o procedimento SIGNAL no programa, para enviar um sinal a todas as sessões que tenham sido registradas para aquele alerta específico. O aplicativo chama o DBMS_ALERT.SIGNAL com o <alert-name> e <message>.

Etapas

Vamos ver um exemplo de como criar e usar o recurso DBMS_ALERT.

Etapa 1 — Ajuste o ambiente. Primeiro, crie uma tabela chamada ORDERS, conforme mostrado na Listagem 4.65.

Listagem 4.65: Criação da tabela orders
```
CREATE TABLE orders
   ( ord_number              NUMBER PRIMARY KEY,
     ord_date                DATE DEFAULT SYSDATE,
     ord_customer_number     NUMBER,
     ord_value               NUMBER,
     ord_status              CHAR(1));
SQL>
```

Etapa 2 — Crie um trigger. Uma vez que a tabela tenha sido criada, pode-se criar um trigger chamado CK_10000, que será ativado em qualquer INSERT, conforme mostrado na Listagem 4.66. Se houver um grande pedido (isto é, mais do que $10,000), então use o procedimento DBMS_ALERT.SIGNAL e notifique a todos que estejam registrados para aquele alerta.

Listagem 4.66: Criação de um trigger
```
SQL> CREATE or REPLACE TRIGGER ck_10000
  2    AFTER INSERT ON orders
  3    FOR EACH ROW
  4    WHEN (new.ord_value > 10000)
  5    BEGIN
  6        DBMS_ALERT.SIGNAL('BIGORDER', 'Order worth ' || :new.ord_value);
  7    END ck_10000;
  8  /
Trigger created.
SQL>
```

Etapa 3 — Crie um programa PL/SQL usando o pacote DBMS_ALERT. Agora você pode criar um programa PL/SQL que seria executado por uma sessão que está interessada em um alerta. Como você pode ver na Listagem 4.67, registramos o alerta BIGORDER e, se ele surgir, receberemos uma mensagem RECEIVED (recebido).

Listagem 4.67: Código PL/SQL setup_alert.sql
```
set SERVEROUTPUT on;
DECLARE
        status          NUMBER;
        message         CHAR(40);
        timeout         NUMBER;
        name            VARCHAR(20);
BEGIN
        timeout := 60;
        name := 'BIGORDER';
        DBMS_ALERT.REGISTER(name);
        DBMS_ALERT.WAITANY(name,message,status);
        IF status = 0 THEN
            DBMS_OUTPUT.PUT_LINE('RECEIVED:' || message);
        END IF;
        DBMS_ALERT.REMOVE(name);
END:
/
```

Etapa 4 —Teste o pacote DBMS_ALERT. Antes que você possa experimentar o pacote DBMS_ALERT, precisa executar uma sessão com o programa SETUP_ALERT, conforme mostrado na Listagem 4.68. A sessão só será ativada e não fará coisa alguma, visto que estará aguardando a ocorrência do alerta BIGORDER.

Agora, em outra sessão, você pode inserir um pedido superior a $25,000 e ver o que acontecerá. Como você pode ver na Listagem 4.69, a declaração INSERT foi executada e confirmada com commit.

Assim que entramos com o pedido, a sessão que estava aguardando por aquele alerta exibe uma mensagem, "Received: Order worth..." (Recebido: valor do pedido...), como mostrado na Listagem 4.70.

Listagem 4.68: Execução do procedimento DBMS_ALERT
```
SQL> @setup_alert
```
(Session just waits)

Listagem 4.69: Inserção na tabela orders
```
SQL> INSERT INTO orders
  2  VALUES (1,SYSDATE,1003,25000,'0');
1 row created.
SQL> commit;
Commit complete.
SQL>
```

Listagem 4.70: Sinal recebido
```
RECEIVED:Order worth 25000
PL/SQL procedure successfully completed.
SQL>
```

Conclusão

O Oracle8 oferece um novo recurso que permite disparar eventos, no caso de mudança de algum valor no banco de dados. Isso é conseguido usando-se o pacote DBMS_ALERT, oferecido em Oracle. O alerta é baseado em transação e é chamado assincronamente.

4.17 — Como submeto um trabalho a uma fila de trabalho?

Aplica-se a: Oracle7.3, Oracle8 e Oracle8*i*   **Índice do CD:** Fila de trabalho

Sistema operacional: **Todos**

Problema

Eu gostaria de gerar uma lista ao final do dia de trabalho, para descobrir quantos pedidos foram feitos em cada hora. Embora eu possa emitir um trabalho de cronograma no UNIX para executar tal consulta, gostaria que ele fosse independente de sistema operacional e fácil de gerenciar. Como implemento tal solução usando Oracle?

Solução

No Oracle há um recurso de fila de trabalho que permite executar qualquer programa PL/SQL em um intervalo determinado. Você tem controle total sobre a mudança ou remoção de trabalhos que tenham sido submetidos.

Como Oracle executa tais trabalhos?

No Oracle há processos especiais que lidam com tais solicitações de trabalho. Esses são chamados de processos SNP em background (veja a Figura 4.9). No UNIX, você pode ver esses processos usando o comando ps, sob o nome ora_snp0. Esses processos SNP em background despertam a cada intervalo especificado e executam os trabalhos na filha de trabalhos. Se o processo SNP em background for interrompido por qualquer motivo, o Oracle o reiniciará automaticamente.

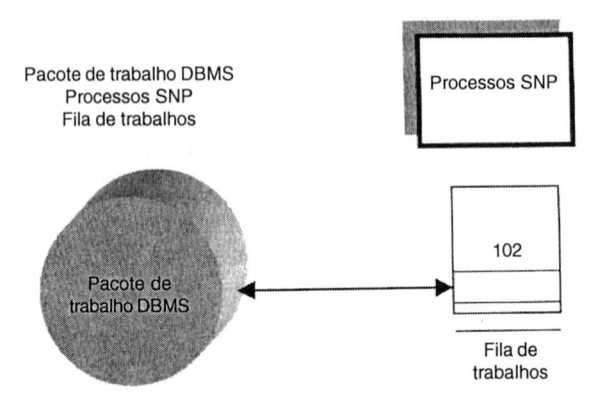

Figura 4.9: Job_queue (fila de trabalhos)

Etapas

Etapa 1 — Configure e inicie os processos SNP. Para iniciar os processos SNP, você precisa configurar os seguintes parâmetros no arquivo INIT.ORA:

JOB_QUEUE_PROCESSES. Esse parâmetro configura a quantidade de processos SNP em background que serão iniciados com o Oracle Instance. Ele pode ter qualquer valor, entre 0 e 36, para Oracle8 e 0 e 10, para Oracle7. Quando ele for configurado com um valor 0, nenhum processo SNP em background será iniciado, portanto nenhum dos trabalhos submetidos será executado.

JOB_QUEUE_INTERVAL. Esse parâmetro configura o tempo de intervalo (em segundos) para determinar quando o processo SNP em background deve despertar. Ele pode ter um valor de 1 a 3600 segundos.

Uma vez que os parâmetros JOB_QUEUE tenham sido configurados, então você precisa reiniciar o banco de dados, para habilitar os processos SNP em background.

Submissão de trabalhos — O Oracle oferece um pacote PL/SQL chamado DBMS_JOB, que gerencia trabalhos na fila de trabalhos. O pacote inclui procedimentos para submeter (SUBMIT), remover (REMOVE), mudar (CHANGE) e executar (RUN) trabalhos. Para submeter um trabalho usando o pacote DBMS_JOB, deve ser usado o procedimento SUBMIT. O usuário que submeteu o trabalho torna-se o proprietário daquele trabalho. Apenas o proprietário do trabalho pode mudar, apagar ou forçar o trabalho a ser executado. Uma vez que o trabalho tenha sido submetido, o Oracle salva as informações de ambiente do usuário, incluindo parâmetros NLS.

A seguir está o procedimento SUBMIT, como declarado no pacote DBMS_JOB:

```
DBMS_JOB.SUBMIT ( job       OUT  BINARY_INTEGER,
                  What      IN VARCHAR2,
                  NEXT_DATE IN DATE DEFAULT SYSDATE,
                  INTERVAL  IN VARCHAR2DEFAULT 'null',
                  No_parse  IN BOOLEAN DEFAULT FALSE);
```

Descrição de parâmetros

JOB — Quando um trabalho é submetido, um número de trabalho é designado, o qual precisa ser usado mais tarde para alterar ou interromper o trabalho.

WHAT — O código PL/SQL que você deseja que seja executado.

NEXT_DATE — Essa é a data para a próxima execução do trabalho.

INTERVAL — Essa é uma função que calcula o horário da próxima execução do trabalho.

NO_PARSE — Isso pode ser TRUE ou FALSE. Se TRUE, o Oracle separa o trabalho antes de executá-lo.

A Tabela 4.6 relaciona os intervalos comuns de trabalho:

Tabela 4.6

Expressão de data	Comentários
SYSDATE + 1/1440	A cada minuto
SYSDATE + 1/48	A cada meia hora
SYSDATE + 1/24	A cada hora

Etapa 2. Vamos agora percorrer um exemplo de como você pode implementar o recurso Job Queue. Vamos supor que você tenha uma tabela ORDERS que armazena todas as informações referentes aos vários pedidos que foram feitos (Listagem 4.71). Além da tabela orders (de pedidos), criaremos uma tabela ORDERS_MAX que armazenará o numero total de pedidos que foram feitos. Essa conterá apenas uma linha e será atualizada pelo seu trabalho para refletir o total de pedidos. Também criaremos uma tabela ORDERS_RECEIVED, que conterá uma linha para o número total de pedidos recebidos até um horário específico. Essa tabela conterá duas colunas, nomeadamente snapshot_time e total_orders, que serão inseridas pelo trabalho.

Listagem 4.71: Criação de tabelas
```
DML 1. Create the orders table
SQL> CREATE TABLE orders
  2  ( order_number integer,
  3    customer_number integer,
  4    order_date date,
  5    order_value numeric,
  6    order_status char(1) );
Table created.
SQL>
```

DML 2. Create the orders_max table
```
SQL> CREATE TABLE orders_max
  2  (total_orders integer);
Table created.
SQL>
```

DML 3. Create the orders_received table
```
SQL> CREATE TABLE orders_received
  2  ( snapshot_time date,
  3    total_orders integer);
Table created.
SQL>
```

Capítulo 4 - Administração de triggers, PL/SQL... | 235

Etapa 3. Antes de criar o stored procedure, insira alguns exemplos de linhas na tabela ORDERS e também uma linha para refletir o número atual de pedidos feitos na tabela ORDERS_MAX. Isso é mostrado na Listagem 4.72.

Listagem 4.72: Inserção de linhas em tabelas
```
SQL> insert into orders values (1,1,SYSDATE,180,'0');
  1 row created.
SQL> insert into orders values (2,8,SYSDATE,180,'0');
  1 row created.
SQL> insert into orders values (3,1,SYSDATE,180,'0');
  1 row created.
SQL> insert into orders values (4,9,SYSDATE,800,'0');
  1 row created.
SQL> insert into orders values (5,1,SYSDATE,190,'0');
  1 row created.
SQL> insert into orders values (6,4,SYSDATE,130,'0');
  1 row created.
SQL> insert into orders_max
        select max(order_number) from orders;
  1 row created.
```

Etapa 4. Agora, crie o stored procedure (Listagem 4.73) que deve inserir uma nova linha na tabela ORDERS_RECEIVED, para especificar a quantidade de novos pedidos recebidos desde a última vez que o procedimento executou.

Listagem 4.73: Criação do stored procedure
```
SQL> CREATE OR REPLACE PROCEDURE orders_count AS
  2  MAX_ORDERS_CURRENT NUMERIC;
  3  MAX_ORDERS_HISTORY NUMERIC;
  4  BEGIN
  5  SELECT total_orders INTO MAX_ORDERS_HISTORY
  6  FROM orders_max_ FOR UPDATE;
  7  SELECT max(order_number) INTO MAX_ORDERS_CURRENT
  8  FROM orders;
  9  INSERT INTO orders_received values
 10  (SYSDATE, MAX_ORDERS_CURRENT -
     MAX_ORDERS_HISTORY);
 11  UPDATE orders_max set total_orders = MAX_ORDERS_CURRENT;
 12  COMMIT;
 13  END;
 14  /
Procedure created.
SQL>
```

Etapa 5. Uma vez que você tenha criado o stored procedure, pode então submeter um trabalho. O trabalho deve conter informações sobre o que deve ser executado e a que intervalo de tempo.

Assim, em nosso exemplo, devemos especificar que precisamos executar o stored procedure ORDERS_COUNT a cada 30 minutos (Listagem 4.74).

Listagem 4.74: Submissão de um trabalho à fila de trabalhos
```
SQL> VARIABLE JOBNO NUMBER;
SQL>
SQL> BEGIN
  2  DBMS_JOB.SUBMIT (:jobno, 'orders_count(1);',
  3  SYSDATE + (1/48),
  4  'SYSDATE + (1/48)',
  5  FALSE);
  6  COMMIT;
  7  END;
  8  /
PL/SQL procedure successfully completed.
SQL>
```

Se consultarmos a tabela ORDERS_RECEIVED depois de cerca de 30 minutos, então devemos ver uma linha contendo o timestamp com a quantidade de pedidos que foram feitos desde a última execução do trabalho (Listagem 4.75).

Listagem 4.75: Consulta à tabela orders_received
```
SQL> select TO_CHAR(snapshot_time, 'MM-DD-YYY HH:MI:SS')
  2  SNAPSHOT_TIME,     total_orders
  3  from orders_received;
SNAPSHOT_TIME                TOTAL_ORDERS
-----------------            ------------
06-19-1998 11:37:02          0
06-19-1998 12:07:02          3
SQL>
```

Conclusão

O recurso de fila de trabalho no Oracle permite que você agende trabalhos a serem executados no banco de dados. Embora o mesmo trabalho possa ser executado a partir do sistema operacional, a vantagem é a portabilidade e maneabilidade. Primeiramente, os trabalhos podem ser submetidos a qualquer servidor Oracle, em qualquer plataforma ou sistema operacional. Em segundo lugar, os trabalhos são controlados pelo Oracle e podem ser facilmente mudados ou apagados, usando ferramentas Oracle.

4.18 — Como monitoro trabalhos na fila de trabalhos?

Aplica-se a: Oracle7.3, Oracle8 e Oracle8*i*
Índice do CD: Fila de trabalho
Sistema operacional: Todos

Problema

Submeti dois trabalhos à fila de trabalhos, porém, não tenho certeza se eles estão sendo executados. Como posso monitorar a fila de trabalhos?

Solução

Para monitorar trabalhos na fila de trabalhos, podemos ver o catálogo do sistema Oracle. As seguintes tabelas são úteis para monitorar Jobs (trabalhos).

- USER_JOBS
- DBA_JOBS
- DBA_JOBS_RUNNING

Quando um trabalho falha, o Oracle emite mensagens de erro ORA_12012 no arquivo de busca e registro de alerta. Se um trabalho não é executado por alguma razão, o Oracle o recupera logo depois de um minuto, novamente depois de dois minutos e repete a submissão do trabalho, dali por diante, mais 14 vezes antes que o trabalho seja marcado como interrompido.

Etapas

Para monitorar qualquer trabalho que tenha sido submetido, você precisa consultar a tabela do sistema, USER_JOBS. O DBA pode ver todos os trabalhos que foram submetidos usando a tabela DBA_JOBS. O DBA também pode ver quais trabalhos estão sendo executados, consultando a tabela de sistema DBA_JOBS_RUNNING.

Etapa 1. Consulte a tabela de sistema USER_JOBS e descobrir quais trabalhos estão pendentes para o usuário SCOTT (Listagem 4.76).

Listagem 4.76: Consulta à tabela de sistema user_jobs

```
SQL> column JOB_OWNER format A10
SQL> column broken format A6
SQL>
SQL> select    job        JOB_NO,
  2            log_user   JOB_OWNER,
  3            TO_CHAR(next_date, 'MM-DD-YYYY HH:MI:SS') NEXT_RUN_TIME,
  4            total_time,
  5            broken,
  6            failures
  7            from users_jobs;

JOB_NO   JOB_OWNER   NEXT_RUN_TIME          TOTAL_TIME   BROKEN   FAILURES
------   ---------   -------------------    ----------   ------   --------
     3   SCOTT       04-09-1998 09:32:46             1        N          0
     2   SCOTT       04-09-1998 09:32:46             9        N          0
     4   SCOTT       04-09-1998 09:32:46             2        N          0
     5   SCOTT       04-09-1998 09:32:46             1        N          0
SQL>
```

Etapa 2. A Listagem 4.77 consulta a tabela de sistema DBA_JOBS para exibir todos os trabalhos que foram submetidos à cópia Oracle.

Listagem 4.77: Consulta à tabela de sistema dba_jobs

```
SQL> column JOB_OWNER format A10
SQL> column broken format A6
SQL>
SQL> select    job        JOB_NO,
  2            log_user   JOB_OWNER,
  3            TO_CHAR(next_date, 'MM-DD-YYYY HH:MI:SS') NEXT_RUN_TIME,
  4            total_time,
  5            broken,
  6            failures
  7            from dba_jobs;

JOB_NO   JOB_OWNER   NEXT_RUN_TIME          TOTAL_TIME   BROKEN   FAILURES
------   ---------   -------------------    ----------   ------   --------
     3   SCOTT       04-09-1998 09:32:46             1        N          0
     2   SCOTT       04-09-1998 09:32:46             9        N          0
     4   SCOTT       04-09-1998 09:32:46             2        N          0
     5   SCOTT       04-09-1998 09:32:46             1        N          0
     6   SCOTT       04-09-1998 09:32:46             1        N          0
     7   SCOTT       04-09-1998 09:32:46             1        N          0
SQL>
```

A consulta mostrada na Listagem 4.78 exibe vários trabalhos que estão atualmente sendo executados.

Listagem 4.78: Consulta à tabela de sistema dba_jobs_running

```
SQL> select sid, job  from dba_jobs_running;
No rows selected
SQL>
```

Etapa 3. Você também pode obter um relatório consolidado, executando o seguinte script JOBS.SQL (Listagem 4.79). Esse script gera um relatório detalhado sobre os trabalhos que estão na fila, trabalhos que estão sendo executados e ajustes de parâmetro de cópia relativos à fila de trabalho.

Listagem 4.79: Script jobs.sql

```
REM NAME             : Jobs.sql
REM AUTHOR           : Noel.Y
REM
REM USAGE            : Run from SQLPLUS
REM DESCRIPTION      : Generates a report on Job Queue.
REM REQUIREMENTS     : Must have DBA Role

set verify off
set feedback off
set heading off
set termout off
set heading on
set termout on
prompt
* * * * * * * * * * * * * * * * * * * * * * * * * * * * *
prompt
prompt                DETAILED JOB QUEUE REPORT
prompt
prompt
* * * * * * * * * * * * * * * * * * * * * * * * * * * * **
prompt
REM
REM Show the init.ora (JOB) related Parameters...
REM
BTITLE off
col name              format a45 heading 'Parameter'
col value             format a10 heading 'Value'
TTITLE LEFT '1.       Show parameters related to JOB Queue....' skip 2
select name,
       value
from v$parameter
     where name like '%job%';
TTITLE off
```

```
REM
REM Show the SNP Processes....
REM
col description      just left format a40 heading 'Process Description'
TTITLE LEFT SKIP 2 -
LEFT '2. Show SNP Processes currently Running ' Skip 2
select  description
from v$bgprocess where paddr != '00' and
            name like 'SNP%';
TTITLE OFF
REM
REM Show Jobs that are in the Queue...
REM
col job            format 9999 heading 'JOB-NO.'
col log_user       format a10 heading 'OWNER'
col last_date      format a14 heading 'LAST-RUN-DATE'
col next_date      format a14 heading 'NEXT-RUN-DATE'
col broken         format a6 heading 'BROKEN'
col interval       format a15 heading 'INTERVAL' wrap
TTITLE LEFT Skip 2 -
LEFT '3. Show Jobs that are in the Queue....' Skip 2
select     job,
           log_user,
           to_char(last_date,'HH:MI:SS MM-DD') last_date,
           to_char(last_date, 'HH:MI:SS MM-DD') next_date,
           broken,
           interval
from
           dba_jobs;
TTITLE OFF
REM
REM Show Jobs that are currently running....
REM
col sid            format 9999 heading 'SID'
col job            format a10 heading 'JOB'
TTITLE LEFT SKIP 2 -
LEFT '4. Show Jobs currently running'.
select sid,
           job
from
           dba_jobs_running;
TTITLE OFF
set feedback on
```

A saída gerada por jobs.sql é mostrada na Listagem 4.80.

Listagem 4.80: Saída de jobs.sql

```
SQL> @job_queue
*******************************
DETAILED JOB QUEUE REPORT
*******************************
1. Show parameters related to JOB Queue....
Parameter                       Value
-------                         -----
job_queue_processes             2
job_queue_interval              30
job_queue_keep_connections      FALSE

2. Show SNP Processes currently Running
Process Description
-------------------
Job Queue Process 0
Job Queue Process 1

3. Show Jobs that are in the Queue....
JOB-NO.  OWNER   LAST-RUN-DATE   NEXT-RUN-DATE   BROKEN   INTERVAL
-------  ------  -------------   -------------   ------   --------
    5    SYSTEM  04:13:16 06-19  04:13:16 06-19    N      SYSDATE + 1/96
SQL> spool off
```

Conclusão

Monitorar trabalhos Oracle é bastante direto usando-se as tabelas de sistema Oracle. Você também pode usar o Enterprise Manager para ver trabalhos que foram submetidos.

4.19 — Como gerencio os meus trabalhos?

Aplica-se a: Oracle7.3, Oracle8 e Oracle8*i*	Índice do CD: Fila de trabalhos
Sistema operacional: Todos	

Problema

Agora que estou ciente de que meus trabalhos estão sendo executados, gostaria de mudar o intervalo, para que possa executá-los a cada 15 minutos, em vez de a cada 30 minutos. Como posso mudar os ajustes de meu trabalho?

Solução

Para alterar um trabalho, você pode executar o procedimento DBMS_JOB.CHANGE (Listagem 4.81). Ele permite que você mude quaisquer parâmetros que tenha especificado na criação do JOB.

Listagem 4.81: Procedimento DBMS_JOB.CHANGE
```
DBMS_JOB.CHANGE ( JOB-NUMBER   IN   Binary_integer,
                  WHAT         IN   VARCHAR2,
                  NEXT_DATE    IN   DATE,
                  INTERVAL     IN   VARCHAR2 )
```

O parâmetro WHAT refere-se ao que executar. Em nossa pergunta anterior, criamos um procedimento chamado ORDERS_COUNT, que era executado a cada 30 minutos. Se em vez disso quiséssemos executar outro procedimento, poderíamos especificá-lo no parâmetro WHAT.

Etapas

Etapa 1 — Determine o número do trabalho. Identifique o trabalho que você deseja alterar. A partir do exemplo a seguir (Listagem 4.82), JOB-NUMBER 5 é o que pretendemos mudar, para que ele execute a cada 15 minutos.

Listagem 4.82: Consulta aos trabalhos que estão na fila
```
SQL> column JOB_OWNER format A10
SQL> column broken format A6
SQL>
SQL> select      job          JOB_NO.
  2    log_user   JOB_OWNER,
  3    TO_CHAR(next_date, 'MM-DD-YYYY HH:MI:SS') NEXT_RUN_TIME,
  4    total_time,
  5    broken,
  6    failures
  7    from user_jobs;
JOB-NO  JOB_OWNER   NEXT__RUN_TIME          TOTAL_TIME  BROKEN  FAILURES
------  ---------   --------------          ----------  ------  --------
     5  SYSTEM      06-19-1998 01:07:04              1  N              0
SQL>
```

Etapa 2 — Execute o procedimento DBMS_JOB.CHANGE. Agora que você conhece JOB-NUMBER, execute o procedimento CHANGE para alterar o intervalo (Listagem 4.83).

Capítulo 4 - Administração de triggers, PL/SQL...

Listagem 4.83: Mudança das propriedades de trabalho
```
SQL> EXECUTE DBMS_JOB.Change (5, NULL, NULL, 'SYSDATE + 1/96');
PL/SQL procedure successfully completed.
SQL>
```

Visto que mudamos o intervalo, o Oracle não efetiva imediatamente aquela mudança. Primeiro ele completa a execução do trabalho atual com o intervalo originalmente especificado. Depois, muda o próximo intervalo para o novo valor. Se você quiser mudar imediatamente para o novo intervalo, pode inverter facilmente o parâmetro NEXT_DATE.

Como forçar um trabalho a ser executado. Você pode forçar um trabalho a ser executado, usando o procedimento RUN fornecido com o pacote DBMS_JOB. Isso é muito útil se você tiver algumas falhas na execução do trabalho e quiser executá-lo manualmente. No entanto, a restrição é que você só pode executar seus próprios trabalhos.

```
EXECUTE DBMS_JOB.RUN (5);
```

Conclusão

O pacote Oracle DBMS_JOB é bem poderoso. Ele pode dar-lhe a capacidade de executar trabalhos sem a sua assistência, em qualquer sistema. Você também pode usar o software Enterprise Manager para gerenciar os trabalhos.

4.20 — Como implemento o recurso de bloco PL/SQL autônomo?

8i	Aplica-se a: Oracle8*i*	Índice do CD: Bloco PL/SQL autônomo
	Sistema operacional: Todos	

Problema

Eu gostaria de implementar um método pelo qual possa controlar todas as inserções que ocorrem em uma tabela em especial, ainda que a transação tenha sido repetida. Como posso implementar o recurso de bloco PL/SQL autônomo?

Solução

Uma transação autônoma é uma transação independente, que é iniciada pela transação principal. Basicamente, o recurso de transação autônoma permite a você suspender a transação principal que estava em seu programa e fazer outras operações SQL e, depois, voltar à transação principal.

A vantagem de usar o recurso de transação autônoma é que ele funciona independentemente de sua transação principal. Por exemplo, ele não compartilha qualquer recurso ou bloqueio, e não é dependente de comprometimento com a transação principal. Isso pode ser útil se você quiser registrar algumas informações importantes de transação em uma tabela, mesmo se a transação principal for retomada. A transação autônoma possui todas as funcionalidades encontradas em uma transação normal, tais como consultas paralelas, comprometimento e retomada, processamento distribuído e assim por diante.

Para usar esse recurso, você precisa usar o compilador de diretiva (PRAGMA) chamado AUTONOMOUS_TRANSACTION. O PRAGMA diz ao Oracle para iniciar uma transação como uma transação autônoma. Embora você possa colocar o pragma em qualquer lugar na seção de declaração do código, por questão de legibilidade, ele deve ficar no alto da seção.

Sintaxe: PRAGMA AUTONOMOUS_TRANSACTION;

Agora, vejamos diversos exemplos sobre como usar transações AUTONOMOUS.

1. Como usar stored procedures

```
CREATE PROCEDURE my_procedure (user_value INTEGER) AS
    PRAGMA AUTONOMOUS_TRANSACTION;
BEGIN
        . . . . . . . . . . .
END;
```

2. Como usar com triggers

```
CREATE TRIGGER my_trigger
BEFORE INSERT on customer
DECLARE
    PRAGMA AUTONOMOUS_TRANSACTION;
BEGIN
    . . . . .
COMMIT;
```

3. Como usar com bloco PL/SQL

```
DECLARE
       PRAGMA AUTONOMOUS_TRANSACTION;
BEGIN
       . . . . . . .
END;
```

4. Como usar com função empacotada

```
CREATE PACKAGE BODY mypackage AS
.....
FUNCTION check_account (acct_number INTEGER)
RETURN REAL IS
        PRAGMA AUTONOMOUS_TRANSACTION
BEGIN
        ..... 
END;
END mypackage;
```

Etapas

Etapa 1. Vejamos um exemplo de como implementar uma transação autônoma. Em nosso exemplo, gostaríamos de procurar todas as inserções que ocorreram na tabela CUSTOMER_ACCOUNT, ainda que a transação principal tenha sido retomada. Para fazer isso, primeiro criamos algumas tabelas e um trigger, usando a diretiva AUTONOMOUS_TRANSACTION e vemos o que aconteceria se comprometêssemos ou retomássemos a transação principal.

Primeiro, criaremos a tabela CUSTOMER_LOG e a tabela CUSTOMER_ACCOUNT, conforme definido na Listagem 4.84.

Listagem 4.84: Criação das tabelas de iniciação

```
SQL> CREATE TABLE customer_log(
  2   cust_number       NUMBER PRIMARY KEY,
  3   cust_name         CHAR(20),
  4   timestamp         DATE DEFAULT SYSDATE);
Table created.
SQL> CREATE TABLE customer_account (
  2   cust_number        NUMBER PRIMARY KEY,
  3   cust_name          CHAR(20),
  4   cust_address       CHAR(40),
  5   cust_city          CHAR(20),
  6   cust_state         CHAR(2),
  7   cust_amount        NUMBER,
  8   cust_deposit_type  NUMBER,
  9   cust_start_date    DATE,
 10   cust_duration      NUMBER);
Table created.
SQL>
```

Etapa 2. Uma vez que você tenha criado as tabelas customer (de cliente), pode então prosseguir para criar um trigger. Esse trigger será acionado por cada uma das INSERTs (inserções) que ocorrerem na tabela CUSTOMER_ ACCOUNT. Use o compilador de diretiva PRAGMA para especificar qual transação, dentro do trigger, deve ser autônoma. Dentro do trigger, coloque uma declaração INSERT que inserirá uma linha na tabela CUSTOMER_LOG para cada linha inserida na transação principal. Como você pode ver a partir da Listagem 4.85, o código do trigger é chamado de CUST_TRIGGER.

Listagem 4.85: Criação do trigger
```
SQL> CREATE OR REPLACE TRIGGER cust_trigger
  2  BEFORE INSERT ON customer_account
  3  FOR EACH ROW
  4  DECLARE
  5  PRAGMA AUTONOMOUS_TRANSACTION;
  6  BEGIN
  7  INSERT INTO customer_log
  8  VALUES(:new.cust_number, :new.cust_name, SYSDATE);
  9  COMMIT;
 10  END;
 11  /
Trigger created.
SQL>
```

Etapa 3. Agora é hora de experimentar o recurso de transação autônoma. Primeiro insira (INSERT) uma linha na tabela CUSTOMER_ACCOUNT e usar COMMIT. Como pode ser visto na Listagem 4.86, as declarações de inserção e comprometimento foram bem-sucedidas.

Listagem 4.86: Inserção de uma linha na tabela customer_account
```
SQL> INSERT INTO customer_account VALUES (
  2  1001,
  3  'Noel Y',
  4  '1234 East Avenue',
  5  'San Clarito', 'CA',
  6  1000.00,
  7  101,
  8  '08-AUG-1998',
  9  12);
1 row created.
SQL> COMMIT;
Commit complete.
SQL>
```

Também inseriremos outra linha, mas, depois da declaração INSERT, especificaremos ROLLBACK (retomada), pois queremos abandonar a transação, como mostrado na Listagem 4.87.

Listagem 4.87: Inserção de uma linha na tabela customer_account

```
SQL> INSERT INTO customer_account VALUES (
  2  1002,
  3  'Vijay B',
  4  '90th Street',
  5  'New York ', 'NY',
  6  5000.00,
  7  109,
  8  '08-MAR-1999',
  9  24);
1 row created.
SQL> ROLLBACK;
Rollback complete.
SQL>
```

Vamos consultar ambas as tabelas customer, nomeadamente CUSTOMER_ACCOUNT e CUSTOMER_LOG. Agora a pergunta: Quantas linhas devemos ver na tabela CUSTOMER_ACCOUNT e na tabela CUSTOMER_LOG? Acho que você sabe esta resposta, mas, só para garantir, vamos consultar a tabela. Como se pode dizer a partir da Listagem 4.88, CUSTOMER_ACCOUNT tem uma linha para o cliente número 1001, e CUSTOMER_LOG tem duas linhas — uma para cada das duas linhas que foram inseridas. Isso porque primeiro inserimos a linha do cliente número 110, que levou o trigger a ser acionado, levando a transação AUTONOMOUS a ser executada, o que, por fim, inseriu uma linha na tabela CUSTOMER_LOG. Depois que a transação autônoma foi completada, a transação principal também comprometeu as declarações e, portanto, vemos o cliente número 1001 na tabela CUSTOMER_ACCOUNT. Agora, a segunda inserção: Ele também levou o trigger a ser ativado e uma linha a ser inserida na tabela CUSTOMER_LOG. No entanto, visto que a transação principal retomou a transação, a inserção na tabela CUSTOMER_ACCOUNT não ocorreu. Isso porque não vemos o cliente número 1002.

Listagem 4.88: Consulta à tabela customer_account

```
SQL> select cust_number,cust_name
  2  from customer_account;
CUST_NUMBER     CUST_NAME
-------         -------
     1001       Noel Y
SQL>
```

Listagem 4.89: Consulta à tabela customer_log

```
SQL> select * from customer_log;
CUST_NUMBER     CUST_NAME      TIMESTAMP
-------         ------         ------
     1001       Noel Y         18-APR-99
     1002       Vijay B        18-APR-99
SQL>
```

Conclusão

O Oracle8i oferece um novo recurso que permite a você interromper uma transação, fazer algum outro processamento, depois retornar à transação principal. Isso é chamado de transação autônoma. Ela funciona independentemente da transação principal e, assim, oferece controle total. Esse recurso é útil para qualquer coisa que você queira fazer independentemente da transação principal, tal como registrar informações sobre transações, ainda que a transação principal seja retomada.

4.21 — Como posso escrever SQL dinâmica em PL/SQL?

8i	Aplica-se a: Oracle8*i*	Índice do CD: SQL dinâmica
	Sistema operacional: Todos	

Problema

Eu gostaria de escrever alguns programas PL/SQL genéricos que executarão declarações SQL dinâmicas. Sei que no Oracle8 o pacote DBMS_SQL permite que eu use SQL dinâmica em blocos PL/SQL, mas que exige muita programação. Há uma maneira pela qual possa escrever SQL dinâmica diretamente em PL/SQL?

Solução

A Pergunta 4.12 apresentou uma situação semelhante, com a necessidade de implementar SQL dinâmica em PL/SQL. Isso foi feito usando-se um pacote chamado DBMS_SQL. A partir do Oracle8i PL/SQL, versão 8.1, o Oracle agora oferece funcionalidade interna para SQL dinâmica, na linguagem PL/SQL. Isso significa que você não precisa, necessariamente, usar o pacote DBMS/SQL para fazer SQL dinâmica em PL/SQL. Isso não apenas permite que você escreva menos código, como também é muito mais fácil e oferece melhor desempenho. O interpretador PL/SQL foi ampliado para oferecer suporte nativo para SQL dinâmica.

As seguintes declarações dinâmicas podem ser executadas:
- Consultas SQL
- Declarações DML
- Declarações DDL
- Blocos PL/SQL
- Declarações de controle de transação

A linguagem PL/SQL agora foi ampliada para incorporar SQL dinâmica com o uso de uma nova declaração chamada EXECUTE IMMEDIATE (executar imediatamente).

Agora você pode criar procedimentos bem genéricos que não se baseiam em nomes de tabela ou nomes de coluna, visto que podem ser executados em tempo de execução. Você pode escrever stored procedures e blocos PL/SQL anônimos, que incluem SQL dinâmica, embutindo declarações SQL dinâmicas.

A sintaxe da declaração EXECUTE IMMEDIATE é mostrada na Listagem 4.90. A declaração EXECUTE IMMEDIATE separa e executa uma declaração SQL dinâmica, conforme demonstrado na Listagem 4.91.

Listagem 4.90: Sintaxe da declaração EXECUTE IMEDIATE
```
EXECUTE IMMEDIATE dynamic_string
    [INTO define_variable... ]
    [USING [IN | OUT] bind_argument];
```

Onde:

- Dynamic_string — é uma expressão do tipo string contendo uma declaração SQL
- Cláusula INTO — especifica variáveis pelas quais colunas serão recuperadas
- Define_variable — é uma variável que armazena um valor de coluna
- Cláusula USING — especifica argumentos de ligação

Listagem 4.91: Exemplo de uso da declaração EXECUTE IMMEDIATE
```
Examples
Sql_string := 'SELECT cust_name FROM customer where cust_number = :id';
EXECUTE IMMEDIATE Sql_string INTO cust_name USING 1001;

EXECUTE IMMEDIATE 'CREATE TABLE newtable( message char(40))';
```

Etapas

Agora, vamos percorrer um exemplo completo de como usar SQL dinâmica em PL/SQL. Escreveremos um stored procedure individual que aceita um número de cliente e que muda seu número de telefone. Como pode ser visto na Listagem 4.92, criamos um procedimento chamado UPDATE_PHONE (atualizar telefone) que usa a declaração EXECUTE IMMEDIATE para fazer SQL dinâmica. Os resultados de execução do procedimento são mostrados na Listagem 4.93.

Listagem 4.92: Criação de um procedimento usando EXECUTE IMMEDIATE

```
SQL> CREATE OR REPLACE PROCEDURE update_phone
  2    (cust_number IN NUMBER, phone VARCHAR2)
  3  AS
  4    sql_string    VARCHAR2(1024);
  5  BEGIN
  6
  7    sql_string := 'UPDATE customer set c_phone= :1 WHERE c_number=:2';
  8    EXECUTE IMMEDIATE sql_string USING phone, cust_number;
  9
 10  END;
 11  /
Procedure created.
SQL>
```

Listagem 4.93: Execução do stored procedure update_phone

```
SQL> EXECUTE update_phone(1001, '123-456-7890');
PL/SQL procedure successfully completed.
SQL>
```

Conclusão

A partir do Oracle8i PL/SQL versão 8.1, o Oracle agora fornece funcionalidade interna para SQL dinâmica na linguagem PL/SQL. Esse recurso permite que você escreva código de SQL dinâmica em PL/SQL com menos código, simplificando e oferecendo melhor desempenho. O intérpretador PL/SQL foi ampliado para oferecer suporte nativo para SQL dinâmica.

4.22 — Como posso implementar volume de ligações usando PL/SQL?

8i	Aplica-se a: Oracle8*i*	Índice do CD: Volume de ligações
	Sistema operacional: Todos	

Problema

Atualmente, tenho alguns programas PL/SQL que atualizo em múltiplas linhas, usando a declaração FOR...LOOP. Esse método torna vagaroso o processamento, visto que cada linha precisa ser separada e executada pelo Oracle. Há alguma forma pela qual posso implementar volume de ligações usando o programa PL/SQL?

Capítulo 4 - Administração de triggers, PL/SQL... | 251

Solução

O ato de atribuir valores a variáveis PL/SQL em declarações SQL é chamado de ligação. A ligação de múltiplas linhas de uma vez é chamada de bulk binding (volume de ligação). O volume de ligação melhora o desempenho, reduzindo o número de trocas de contexto que ocorre entre PL/SQL e a máquina SQL.

No Oracle8i, um novo recurso permite que você faça volume de ligações em PL/SQL. Isso diminui o código extra, permitindo que múltiplas linhas sejam operadas com uma única declaração DML. Ele pode enviar e retornar várias coleções de linhas entre as máquinas PL/SQL e SQL. Se você tem declarações SQL que são executadas dentro de um loop e lida com linhas múltiplas, então o volume de ligação é, definitivamente, um recurso que você deve adotar. Existem novas palavras-chave, nomeadamente, FORALL e BULK COLLECT, que suportam volume de ligações.

Á título de ilustração, vejamos como inserimos linhas múltiplas no bloco PL/SQL usando declarações SQL. Como você pode ver na Listagem 4.94, tradicionalmente, usamos a declaração FOR...LOOP para enviar múltiplas linhas para a máquina SQL, mas isso exige muito código extra, inclusive trocas de contexto dispendiosas. Com a declaração FORALL, mostrada na Listagem 4.94, a mesma operação é feita, mas com volume de ligação.

Listagem 4.94: Comparação de métodos de volume de ligação
Antes de Oracle8i
```
FOR I in 1 .. 100
LOOP
    INSERT INTO  customer VALUES (cust_number(I),cust_name(I),
    cust_address(I));
END LOOP;
```

Em Oracle8i usando o recurso de volume de ligação
```
FORALL I in 1 .. 100
    INSERT INTO customer VALUES
    (cust_number(I),cust_name(I),cust_address(I));
```

Para obter vantagem do novo recurso de volume de ligação, você precisa reescrever seus programas. A seguir estão algumas orientações de como reescrevê-los:

- Se você tiver uma declaração INSERT, UPDATE ou DELETE que esteja dentro de uma loop e lide com múltiplas linhas, então deve usar a declaração FORALL.
- Se você tiver uma declaração SELECT INTO, FETCH INTO ou RETURNING INTO, que lide com múltiplas linhas, então deve usar a cláusula CULK COLLECT.

Etapas

Etapa 1. Agora vamos ver um exemplo de como usar a declaração FORALL e também comparar o desempenho da declaração FOR...LOOP. Primeiro, crie uma tabela DUMMY com três colunas, de tipos de dados diferentes. Como pode ser visto a partir da Listagem 4.95, criamos a tabela DUMMY no espaço de tabela MY_TBLSP.

Listagem 4.95: Criação de uma tabela dummy (simulada)
```
SQL> CREATE TABLE dummy (
  2    test_number NUMBER,
  3    test_string CHAR(10),
  4    test_date   DATE )
  5  TABLESPACE MY_TBLSP
  6  STORAGE (INITIAL 1M NEXT 1M);
Table created.
SQL>
```

Etapa 2. Agora, vamos criar um bloco PL/SQL que primeiro executará a declaração INSERT em um FOR...LOOP. Depois, usaremos a declaração FORALL para aproveitar a vantagem do recurso de volume de ligação. Como você pode ver na Listagem 4.96, o bloco PL/SQL chamado "BENCH" foi executado com sucesso, o que mostra a saída usando o pacote DBMS_OUTPUT. Os resultados mostram que a declaração FORALL é executada mais rápido, executando 15.000 inserções em 4 segundos, comparada à declaração FOR...LOOP, que faz o mesmo número de inserções em 29 segundos. Esses números variarão com base no número de colunas sendo inseridas, no tipo de máquina sendo usada, no sistema operacional no qual você está executando e nos parâmetros de banco de dados. Contudo, você deve ver uma melhora significativa ao usar a declaração FORALL.

Listagem 4.96: Programa PL/SQL bench.sql
```
SQL> @bench
SQL> SET serveroutput on;
SQL> DECLARE     — ❶ Declara as variáveis
  2      TYPE type_test_number IS TABLE OF NUMBER
              INDEX BY BINARY_INTEGER;
  3      TYPE type_test_string IS TABLE OF CHAR(10)
              INDEX BY BINARY_INTEGER;
  4      TYPE type_test_date IS TABLE OF DATE
              INDEX BY BINARY_INTEGER;
```

```
5       test_number type_test_number;
6       test_string type_test_string;
7       test_date type_test_date;
8       start_loop_time CHAR(6);
9       start_bind_time CHAR(6);
10      end_bind_time CHAR(6);
11
12 BEGIN
13      /* First insert dummy data into variables
14      test_number and test_string
15      */
16      FOR i IN 1 .. 15000 LOOP    — ❷ Insere dados de dummy (simulação)
17         test_number(i) := i;
18         test_string(i) := 'STR-' || i;
19         test_date(i) := SYSDATE;
20      END LOOP;
21
22      /* Get the start time for LOOP test */
23      SELECT TO-CHAR(SYSDATE, 'SSSSS') INTO start_loop_time from dual;
24
25      /* Start the loop test with INSERT statement*/
26      FOR i IN 1 .. 15000 LOOP    — ❸ Loop DO FOR
27         INSERT INTO dummy VALUES (
28            test_number(i),
29            test_string(i),
30            test_date(i));
31      END LOOP;
32
33      /* Get the end/start time */
34      SELECT TO-CHAR(SYSDATE,'SSSSS') INTO start_bind_time from dual;
35      FORALL i IN 1 .. 15000| #4. Do FORALL loop   — ❹ Loop DO FORALL
36         INSERT INTO dummy VALUES (
37            test_number(i),
38            test_string(i),
39            test_date(i));
40
41      /* Get the end time */
42      SELECT TO-CHAR(SYSDATE,'SSSSS') INTO end_bind_time from dual;
43
44      /* Print out the results */  — ❺ Exibe o resultado
45      DBMS_OUTPUT.PUT_LINE('LOOP Timing: ' ||
46            TO_CHAR(start_bind_time - start_loop_time));
47      DBMS_OUTPUT.PUT_LINE('BIND timing: ' ||
48            TO_CHAR(end_bind_time - start_bind_time));
49 END;
50 /
LOOP Timing:    29
BIND Timing:    4
PL/SQL procedure successfully completed.
SQL>
```

❶ Primeiro, declaramos as variáveis que são usadas no programa.

❷ Inicializamos as variáveis, inserindo alguns dados simulados.

❸ Inserimos dados na tabela DUMMY usando FOR...LOOP.

❹ Inserimos dados usando a declaração FORALL.

❺ Finalmente, exibimos os resultados obtidos de FOR...LOOP e da declaração FORALL.

Conclusão

Se você lida com linhas múltiplas em seu programa PL/SQL, então deve verificar o novo recurso de Oracle8*i* que lida com volume de ligação. Esse recurso envia e retorna coleções múltiplas de linhas entre PL/SQL e o banco de dados. Ele diminui o código extra, permitindo que múltiplas linhas sejam operadas por uma única declaração DML.

5

Como particionar a administração

Referência rápida
Se você quiser...
A — Fazer administração de tabela particionada
- Criar faixa de tabela particionada... veja 5.1
- Converter para uma tabela particionada... veja 5.2
- Gerenciar tabela particionada... veja 5.5
- Monitorar tabela particionada... veja 5.6
- Condensar partição... veja 5.7
- Produzir um quebra de tabela particionada... veja 5.11
- Compor tabela particionada... veja 5.12
- Fundir partições... veja 5.13
- Mover linhas entre partições... veja 5.14

B — Fazer administração de índice particionado
- Partição de índice local... veja 5.8
- Partição de índice global... veja 5.9
- Monitorar partição de índice... veja 5.10

C — Fazer administração de view de partição
- View de partição... veja 5.3
- Converter view de partição em tabela particionada... veja 5.4

Visão geral

O particionamento é um dos recursos mais úteis que se tornou disponível com o Oracle8. Ele oferece a funcionalidade de subdividir (quebrar) uma grande tabela ou índice em unidades menores, para melhor maneabilidade, disponibilidade e aumento de desempenho. Diferente de uma view de partição, o particionamento não requer que o código do aplicativo seja rescrito. Ele é independente do aplicativo, e quase todas as ferramentas e comandos Oracle são acessíveis a partição, inclusive o otimizador baseado em custo. O particionamento também fornece alta disponibilidade para as tabelas. Se uma partição não estiver disponível, você ainda pode consultar as partições restantes online. O particionamento é especialmente útil para aplicativos de armazenamento de dados que suportam tabelas e índices muito grandes.

Originalmente, havia no Oracle8 apenas um método pelo qual se podia particionar uma tabela, e que era particionamento de faixa. Agora o Oracle8*i* oferece dois outros métodos: particionamento subdividido (ou quebrado, 'hash') e particionamento composto. Na faixa de particionamento, cada partição recebe um valor chave-limite, superior e inferior, que controla onde uma linha será inserida. No particionamento hash, a linha é inserida usando uma função hash. As linhas são mapeadas para as partições baseadas no valor hash da chave de partição. O particionamento composto usa uma combinação de ambos, particionamento de faixa e hash. Primeiro, ele particiona os dados usando o método range (de faixa) e, dentro de cada partição, ele aplica o método hash.

As vantagens de particionar incluem tempo reduzido de manutenção e falha de disco, suporte para tabelas e índices muito grandes, maior desempenho em consultas, eliminação de partição e independência de aplicativo.

Perguntas

5.1 — Como crio uma tabela particionada de faixa?

Aplica-se a: Oracle8 e Oracle8*i*	Índice do CD: Partição de tabela
Sistema operacional: Todos	

Problema

Eu tenho uma tabela muito grande que estou tendo dificuldade em copiar. Sei que em Oracle8*i* há um recurso de particionamento que permite copiar uma partição. Como posso criar uma tabela particionada?

Solução

O particionamento é um novo recurso disponível em Oracle8i, que permite que grandes tabelas sejam partidas em unidades menores, para melhor maneabilidade, disponibilidade e desempenho. Cada unidade, ou partição, pode ter diferentes atributos físicos, isto é, pode ser armazenada em diferentes tablespaces, mas precisa ter a mesma estrutura lógica, ou seja, precisa ter o mesmo nome de coluna, tipos de dados, restrições e até triggers. Cada uma das partições é armazenada em um segmento separado. Permitindo que cada partição seja armazenada em um tablespace diferente, o Oracle oferece maior disponibilidade. Se uma das partições não estiver disponível, você ainda pode usar as outras.

Particionar uma tabela oferece muitos benefícios, incluindo:
- Facilidade de cópia e recuperação
- Desempenho de consulta aperfeiçoado
- Habilidade de carregar e descarregar uma partição
- Melhor maneabilidade da tabela
- Transparência para com o aplicativo.

No particionamento de faixa, cada partição recebe um valor-chave limite, superior e inferior, que controla onde uma linha será inserida. Esses são especificados pela cláusula VALUES LESS THAN (valores menores que) associada a cada partição. Um ponto importante a observar ao criar uma tabela particionada é que, se uma linha não cair em qualquer das partições, então será rejeitada com um erro Oracle ORA-14400, que diz "inserted partition key is beyond highest legal partition key" (chave de partição inserida está além da chave de partição legal mais alta). Para evitar tal problema, o Oracle oferece a opção MAXVALUE para lidar com linhas que não caem em qualquer das partições.

Além das tabelas normais, você também pode particionar índices de tabelas não agrupadas. O particionamento de índice exige que cada partição tenha a mesma estrutura lógica (colunas), mas elas podem ter diferentes atributos físicos (diferentes tablespaces). A chave indexada determina a partição em que aquela entrada de índice será armazenada. A chave indexada pode consistir em uma ou mais colunas da tabela. O layout de uma tabela particionada básica é diagramado na Figura 5.1.

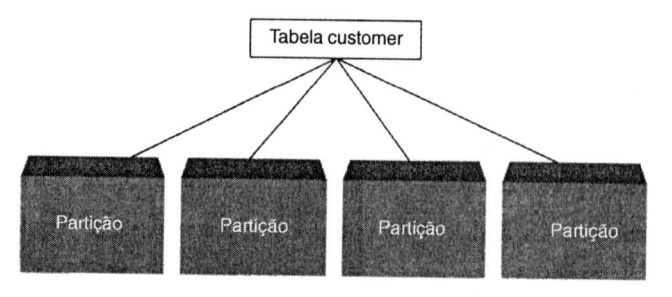

Figura 5.1: Tabela particionada

Etapas

Etapa 1 — Crie uma tabela particionada. Para criar uma tabela particionada, você pode usar o comando CREATE TABLE (Listagem 5.1), com a opção PARTITION (partição).

Listagem 5.1: Sintaxe SQL de criação de tabela com a opção de particionamento
```
CREATE TABLE <table_name>
  ( {column-name data-type [,] } )
  PARTITION BY RANGE ( { partition-column [,] } )
    (PARTITION partition-name VALUES LESS THAN ( value-list )
      [TABLESPACE Tablespace-name] .... )
```

No exemplo a seguir, criaremos uma tabela CUSTOMER com o número de cliente como chave primária (Listagem 5.2). Particionaremos a tabela com base na coluna STATE-CODE em quatro partições. Cada partição será armazenada em um tablespace separado. Para esse exemplo, já criamos os quatro tablespaces STATE1, STATE2, STATE3 e STATE4.

Listagem 5.2: Exemplo de declaração SQL para criar uma tabela particionada
```
SQL> create table customer
  2    ( cust_number       NUMBER PRIMARY KEY,
  3      name              CHAR(40),
  4      address_1         CHAR(40),
  5      address_2         CHAR(40),
  6      state_code        CHAR(2),
  7      zip_code          NUMBER )
  8    PARTITION BY RANGE(STATE_CODE)
  9      (PARTITION S1 VALUES LESS THAN ('IA') — ❶ Faixa para a partição Sl
 10        TABLESPACE STATE1
 11        STORAGE (INITIAL 1M NEXT 1M),
 12      PARTITION S2 VALUES LESS THAN ('MO') — ❷ Faixa para partição S2
 13        TABLESPACE STATE2
 14        STORAGE (INITIAL 1M NEXT 1M),
```

Capítulo 5 - *Como particionar a administração*

```
15 PARTITION S3 VALUES LESS THAN ('PA')      — ❸ Faixa para partição S3
16    TABLESPACE STATE3
17    STORAGE (INITIAL 1M NEXT 1M),
18 PARTITION S4 VALUES LESS THAN (MAXVALUE) — ❹ Faixa para partição S4
19    TABLESPACE STATE4)
20    STORAGE (INITIAL 1M NEXT 1M);
Table created.
SQL>
```

❶ Para a partição S1, especificaremos todos os valores entre 'A' e 'IA'. Essa partição será colocada no tablespace STATE1.

❷ Qualquer coisa além de IA e menor do que MO será armazenada na partição S2, no tablespace STATE2.

❸ O código de Estado menor do que PA, porém maior do que MO, será armazenado na partição S3.

❹ E, finalmente, a partição S4 armazenará qualquer coisa além do código de Estado PA que seja representada por MAXVALUE.

Para criar uma tabela particionada usando o Enterprise Manager, você precisa escolher a opção Create Table Manually (criar tabela manualmente) no menu New Table Creation (criação de nova tabela). Você não pode usar o Table Wizard (assistente de tabela) para criar uma tabela particionada. Uma vez que você especifique a opção Create Table Manually, surge uma janela de diálogo Create Table, como mostrado na Figura 5.2.

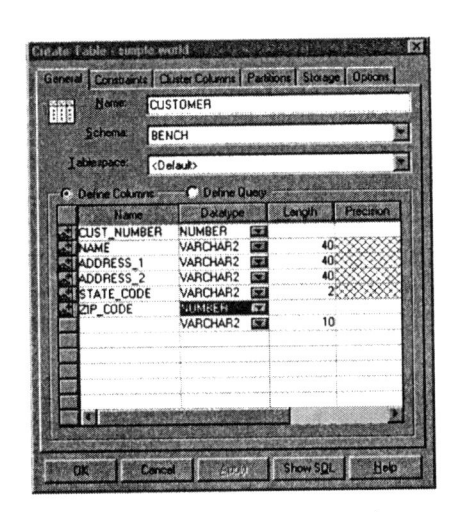

Figura 5.2: Diálogo Create Table (criar tabela)

Depois que você tiver definido o esquema de tabela, então precisará clicar na guia Partitions na janela Create Table, para fazer surgir as propriedades da partição (Figura 5.3). No diálogo de propriedades de partição, você pode escolher as colunas de partição a partir da lista da tabela de colunas. Você pode ter uma ou mais tabelas de colunas definidas na partição de colunas.

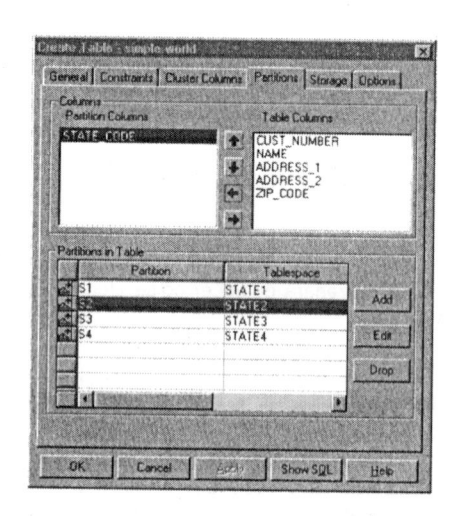

Figura 5.3: O diálogo de propriedades da partição

Depois de definir suas colunas particionadas, você pode acrescentar partições à tabela, clicando no botão Add na caixa de diálogo de propriedades das partições. Ao clicar no botão Add, você obtém a janela Create Partition (Figura 5.4). Aqui, você precisa entrar com o nome da partição e o nome do tablespace associado àquela partição. Para cada coluna de partição você pode fornecer o High Value (valor máximo) da partição, Em nosso exemplo, tivemos o valor máximo ajustado para "IA" para a partição S1. Você também pode definir o tamanho de cada uma das partições, usando as propriedades de armazenagem (clique na guia Storage para chamar as propriedades de armazenagem). Uma vez definidas as suas partições, clique em OK e a janela Create Partition desaparecerá, levando-o de volta à janela de propriedades da partição.

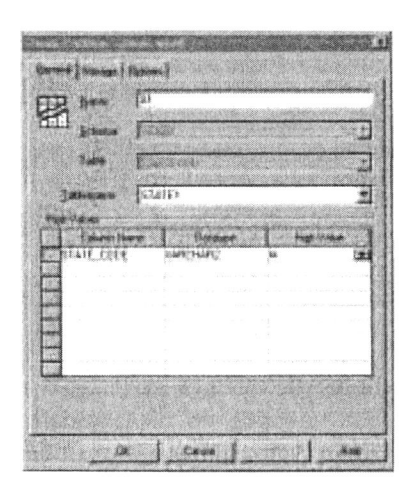

Figura 5.4: A janela Create Partition (criar partição)

Etapa 2 — Insira dados na tabela particionada. Inserir dados em uma tabela particionada não requer considerações especiais. Basicamente, uma tabela particionada é transparente ao aplicativo. Vamos agora inserir algumas linhas em uma tabela particionada (Listagem 5.3).

Listagem 5.3: Inserção de dados em uma tabela particionada
```
SQL> insert into customer values (1001, 'JOHN',
  2  '1260 New Memory Ave', 'APT 901T1', 'CA', 95691);
1 row created.
SQL> insert into customer values (1002, 'NOEL',
  2  '880 Old Storage Rd', ' ', 'TX', 89691);
1 row created.
SQL>
```

> **Nota:** Se você tentar inserir dados em uma tabela particionada que não tem o MAXVALUE especificado para uma das partições, e o valor que você estiver tentando inserir for maior do que o especificado pela sua definição CREATE TABLE, então a inserção falhará, e o Oracle gerará uma mensagem de erro ORA-14400.

O Oracle não permite que você atualize a coluna-chave de partição se isso levar a linha a migrar para outra partição. Você receberá uma mensagem de erro ORA-14402: "updating partition key column would cause a partition change"(atualizar a coluna-chave de partição causaria uma mudança de partição). A maneira de contornar isso é apagar a linha da partição e inseri-la em outra, com o valor atualizado. Se você estiver usando o Oracle8i, veja a pergunta 5.14 para obter informações sobre como habilitar o movimento de linhas entre partições.

Etapa 3 — Consulta a uma tabela particionada. A Listagem 5.4 mostra como consultar uma tabela particionada. De acordo com a definição de partição CREATE TABLE, declaramos que qualquer cliente cujo código de Estado seja menor do que IA deve ir para a partição S1, assim, o cliente número 1001 seria posicionado naquela partição. Noel, cliente 1002, apareceria na partição S4, pois ele mora no Texas.

A primeira consulta recupera ambas as linhas da tabela CUSTOMER, pois ela acessa linhas de todas as partições. A segunda consulta recupera apenas uma linha da partição S1, porque só há um cliente que mora na Califórnia. Consultas números 3 e 4 não recuperam quaisquer linhas, pois não há clientes no código de Estado maior do que "IA" e menor do que "PA". Consulte a Listagem 5.2 para ver como a tabela customer é particionada. A última consulta (consulta 5) recupera uma linha, pois há um cliente que mora no código de Estado "TX" (Texas).

Listagem 5.4: Consulta à tabela particionada

```
Consulta 1. Consulta a todas as linhas de cliente
SQL> select cust_number,name from customer;
CUST_NUMBER          NAME
-----------          -----
1001                 JOHN
1002                 NOEL

Consulta 2. Consulta apenas à partição S1 da tabela de cliente
SQL> select cust_number,name from customer partition (S1);
CUST_NUMBER          NAME
-----------          -----
1001                 JOHN

Consulta 3. Consulta apenas à partição S2 da tabela de cliente.
SQL> select cust_number,name from customer partition (s2);
no rows selected

Consulta 4. Consulta apenas à partição S3 da tabela de cliente.
SQL> select cust_number,name from customer partition (s3);
no rows selected

Consulta 5. Consulta apenas à partição S4 da tabela de cliente.
SQL> select cust_number,name from customer partition (s4);
CUST_NUMBER          NAME
-----------          -----
1002                 NOEL
SQL>
```

Etapa 4 —Teste a disponibilidade. Um dos grandes benefícios de usar tabelas particionadas é a disponibilidade. Em particionamento, se uma ou mais partições se tornarem indisponíveis devido a falha de disco, danificação de arquivo ou similar, as outras partições ainda podem estar disponíveis para uso.

Vamos simular agora uma falha de tablespace, desativando-a, conforme mostrado na Listagem 5.5. Uma vez que o tablespace esteja desativada e tentamos consultar aquela tabela, a consulta falhará com uma mensagem de erro Oracle de "ORA-00376: file cannot be read at this time"(arquivo não pode ser lido a esta altura). Se consultarmos uma partição cujo tablespace esteja desativada, ela também falhará. A mensagem de erro Oracle deve ser a mesma ORA-00376. No entanto, se emitirmos uma consulta a uma partição que ainda está disponível, teremos sucesso em recuperar as informações.

Listagem 5.5: Teste de disponibilidade em tabela customer

```
Consulta 1. Tomar tablespace desativado.
SQL> Alter tablespace STATE4 offline;
Tablespace altered.

Consulta 2. Consultar todas as linhas de customer.
SQL> select cust_number,name from customer;
ERROR;
ORA-00376: file 7 cannot be read at this time
ORA-01110: data file 7: '/raid2/oracle/STATE2.DBF'
no rows selected
SQL>

Consulta 3. Consultar tabela customer para a partição desativada.
SQL> select * from customer partition (S4);
select * from customer partition (S4)
                *
ERROR at line 1;
ORA-00376: file 16 cannot be read at this time
ORA-01110: data file 16: '/raid2/oracle/STATE2.DBF'
SQL>

Consulta 4. Consultar tabela customer para partição disponível.
SQL>select cust_number,name from customer partition (s1);
CUST_NUMBER         NAME
-----------         -----
1001                JOHN
SQL>
```

Conclusão

O particionamento é um dos melhores dentre os novos recursos disponíveis no Oracle8. Ele afasta a complexidade e os problemas associados ao gerenciamento de tabelas muito grandes. Ele permite que grandes tabelas sejam partidas em unidades menores para melhor maneabilidade, disponibilidade e desempenho. O Oracle só suporta particionamento de tabela e índice, não suporta particionamento de tabelas agrupadas e tomadas de tela. Oracle8 só oferece o método de particionamento de faixa, enquanto Oracle8i oferece particionamento hash e também composto.

5.2 — Como posso converter uma tabela existente em uma tabela particionada de faixa?

Aplica-se a: Oracle8 e Oracle8i	Índice do CD: Partição de tabela
Sistema operacional: Todos	

Problema

Acabei de migrar para Oracle8 e gostaria de implementar o novo recurso de particionamento. Como converto minhas tabelas existentes em uma tabela particionada de faixa? Quais são as recomendações para selecionar as tabelas a serem particionadas?

Solução

Implementar o recurso de particionamento de Oracle8 realmente não é simples. Exige algum planejamento com os DBAs e projetistas de aplicativo que precisam decidir quais tabelas particionar e, mais importante, qual chave de partição usar. Vamos analisar rapidamente esses aspectos antes de começar a converter uma tabela existente em uma tabela particionada de faixa.

Quais tabelas particionar?

Essa é uma das perguntas que precisam ser feitas antes de se converter uma tabela existente em uma tabela particionada. Esse recurso foi introduzido principalmente para lidar com tabelas muito grandes. Com o avanço na tecnologia e com o aumento de aplicativos DSS, junto com os preços sempre decrescentes de discos rígidos, grandes empresas começaram a montar bancos de dados de terabytes (cerca de um trilhão de bytes). Essas empresas têm tabelas extremamente grandes, na faixa de centenas de gigabytes (cerca de um bilhão de bytes). Com o Oracle7, copiar uma tabela tão grande é um desafio, ainda que não consideremos disponibilidade e desempenho. O que o particionamento permite é separar essas tabelas muito grandes em unidades menores, para melhor maneabilidade, disponibilidade e desempenho.

Para obter vantagem de particionamento de tabela, uma tabela deve ter pelo menos um gigabyte ou mais. Qualquer coisa menor do que isso pode ser implementada, mas você não verá os reais benefícios do particionamento. Afinal, o que é bom em particionar, se uma tabela pode ser inteiramente armazenada temporariamente na memória? Aquele então seria o seu ponto de partida para decidir quais tabelas devem ser particionadas. Uma vez que você tenha escolhido as tabelas, pode então prosseguir para o aspecto seguinte, ou seja, "qual partição-chave usar"

Quais colunas devem formar a partição-chave?

Essa é uma pergunta importante a ser feita antes de se implementar, de fato, um processo de conversão ou criação de uma nova tabela particionada. As colunas ideais que devem ser consideradas para a partição-chave são a chave primária, a chave estrangeira ou a coluna DATE. Essas devem ser as colunas que não se alteram com freqüência, visto que Oracle8 não permite que você atualize uma partição-chave, o que o levará a migrar para outra partição. No entanto, se você estiver usando Oracle8i, ele é suportado (veja a pergunta 5.14).

Como devo armazenar as partições de tabela?

Se possível, você deve armazenar cada uma das partições em um tablespace separado. Isso oferece não apenas maior desempenho, mas também maior disponibilidade. Se um dos arquivos de dados em um tablespace se tornar corrompido, ou o disco falhar, há possibilidade de que você perca apenas uma partição, ao invés de toda a tabela.

Como converter uma tabela existente em uma tabela particionada

Para uma tabela existente, a maneira ideal de converter a partir de uma tabela não particionada para uma particionada é usar o utilitário Export/Import. O utilitário Export permite que você exporte uma tabela não particionada e depois a importe de volta, para uma recém-criada tabela particionada. O utilitário Export/Import é "ciente de partição" e coloca automaticamente a linha nas partições apropriadas. Em Oracle8, você pode exportar e importar por tabela ou por partição. No entanto, não pode fazer um aumento de exportação em nível de partição.

Embora no Oracle8 haja um recurso que permite mudar segmentos de dados entre uma tabela e uma partição, isso só é aplicável a views de partição. Assim, se você tiver uma view particionada em vez de uma tabela normal, pode usar a opção EXCHANGE, que é rápida e não exige que você exporte e importe a tabela. Consulte a pergunta 5.4 para mais detalhes sobre como converter uma view de partição em uma tabela particionada usando a opção EXCHANGE.

Etapas

Etapa 1 — Tabela existente. Vamos ver o processo de conversão de uma tabela existente em uma tabela particionada. Em nosso exemplo, usaremos a tabela chamada CUSTOMER, que tem 6 colunas e armazenas as informações do cliente de determinada empresa (Listagem 5.6).

Listagem 5.6: Estrutura de tabela customer
```
create table customer
( cust_number    NUMBER PRIMARY KEY,
  name           CHAR(40),
  address_1      CHAR(40),
  address_2      CHAR(40),
  state_code     CHAR(2),
  zip_code       NUMBER ) )
```

Vamos supor que existem um milhão de linhas na tabela CUSTOMER. Ela está indexada em CUST_NUMBER, que apenas define a linha. Com base nesse layout, agora podemos prosseguir, convertendo essa tabela de um milhão de linhas em uma tabela particionada.

Etapa 2 — Exporte dados. A primeira etapa deve ser exportar a tabela, usando o utilitário Export. Nesse exemplo, exportaremos a tabela CUSTOMER (Listagem 5.7).

Listagem 5.7: Como usar o utilitário de exportação
```
$ exp system/manager tables=(customer)

Export: Release 8.0.3.0.0 - Production on Mon May 4 20:25:21 1998
(c) Copyright 1997 Oracle Corporation. All rights reserved.
Connected to: Oracle8 Enterprise Edition Release 8.0.3.0.0 - Production
With the Partitioning and Objects options
PL/SQL Release 8.0.3.0.0 - Production
Export done in US7ASCII character set and US7ASCII NCHAR character set

About to export specified tables via Conventional Path ...
. . exporting table           CUSTOMER        1000000 rows exported
Export terminated successfully without warnings.
$
```

Capítulo 5 - *Como particionar a administração* | **267**

Você também pode exportar tabelas usando o Oracle Data Manager no software Enterprise Manager. O Oracle Data Manager permite que você exporte, importe e carregue dados para dentro e para fora do banco de dados. Ele oferece uma amistosa interface GUI e tem o Data Manager Wizard (assistente de gerenciador de dados) que percorre o processo de exportar/importar ou carregar dados. O Oracle Data Manager é mostrado na Figura 5.5.

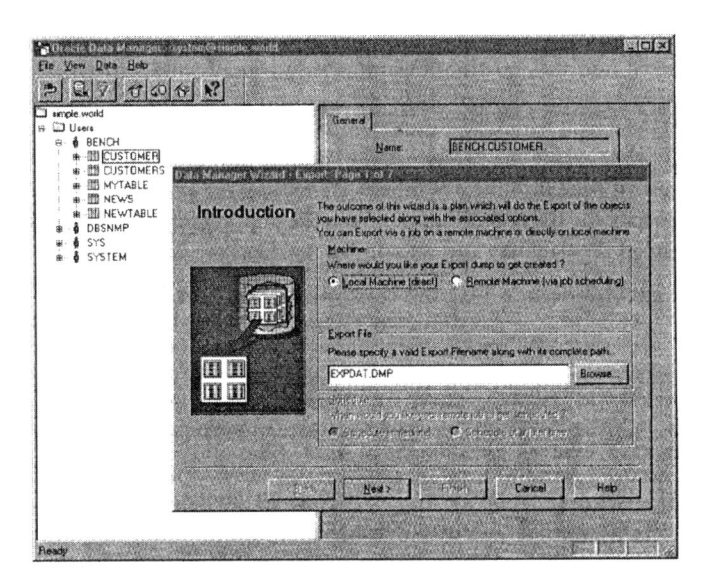

Figura 5.5: Oracle Data Manager
(gerenciador de dados Oracle)

Uma vez exportada a tabela, teríamos que excluir a tabela CUSTOMER e recriá-la como uma tabela particionada (Listagem 5.8). Para a tabela CUSTOMER, decidimos usar o STATE_CODE como a chave particionada. Teremos quatro partições, cada qual será armazenada em um tablespace separado, conforme mostrado na Listagem 5.8.

Listagem 5.8: Criação de uma tabela particionada

```
SQL> drop table customer;
Table dropped.
SQL> create table customer
  2       (cust_number      NUMBER PRIMARY KEY,
  3       name              CHAR(40),
  4       address_1         CHAR(40),
  5       address_2         CHAR(40),
  6       state_code        CHAR(2),
  7       zip_code          NUMBER )
  8  PARTITION BY RANGE (state_code)
  9       (PARTITION S1 VALUES LESS THAN ('IA')
 10          TABLESPACE STATE1
 11          STORAGE (INITIAL 1M NEXT 1M),
 12        PARTITION S2 VALUES LESS THAN ('MO')
 13          TABLESPACE STATE2
 14          STORAGE (INITIAL 1M NEXT 1M),
 15        PARTITION S3 VALUES LESS THAN ('PA')
 16          TABLESPACE STATE3
 17          STORAGE (INITIAL 1M NEXT 1M),
 18        PARTITION S4 VALUES LESS THAN (MAXVALUE)
 19          TABLESPACE STATE4)
 20          STORAGE (INITIAL 1M NEXT 1M);
Table created.
SQL>
```

Etapa 3 — Importe a tabela. Como você recriou a tabela CUSTOMER, pode importá-la de volta para a tabela particionada, usando o utilitário Import (Listagem 5.9). Você precisa especificar a opção IGNORE=Y com o comando de importação, pois a tabela já existe no banco de dados e queremos apenas carregar os dados.

Listagem 5.9: Como usar o utilitário de importação

```
$ imp system/manager TABLES=\(CUSTOMER\) IGNORE=Y
Import: Release 8.0.3.0.0 - Production on Mon May 4 20:38:43 1998
(c) Copyright 1997 Oracle Corporation. All rights reserved.
Connected to: Oracle8 Enterprise Edition Release 8.0.3.0.0 - Production
With the Partitioning and Objects options
PL/SQL Release 8.0.3.0.0 - Production
Export file created by EXPORT:V08.00.03 via conventional path
. importing SYSTEM's objects into SYSTEM
. . importing table      "CUSTOMER"    1000000 rows imported
Import terminated successfully without warnings.
$
```

A importação deve carregar automaticamente as linhas nas partições corretas, com base na partição-chave, visto que Import é ciente de partição. Agora, você pode consultar a tabela CUSTOMER para ver se as linhas estão nas partições apropriadas.

Capítulo 5 - *Como particionar a administração* | 269

Conclusão

Não há maneira fácil de converter uma tabela existente em uma tabela particionada. Os utilitários Export/Import são cientes de partição e podem exportar e importar partições. Se você estiver usando uma view particionada em Oracle7.3, então o Oracle8 permite que você converta, muito rapidamente, aquela view em uma tabela particionada, mudando os segmentos de dados, conforme discutido na pergunta 5.4.

5.3 — Como posso criar uma view de partição?

Aplica-se a: Oracle7.3 ou superior, Oracle8   **Índice do CD:** View de partição

Sistema operacional: Todos

Problema

Atualmente, estou usando o Oracle7.3 com um aplicativo DSS que tem duas tabelas muito grandes. Estou tendo dificuldade em copiar as tabelas. Sei que em Oracle8 há disponível um novo recurso de particionamento, para gerenciar grandes tabelas. Há algo semelhante que eu possa implementar em Oracle7.3?

Solução

Em Oracle7.3 há um recurso chamado Partition View (view de partição), que lembra Partitioned Table (tabela particionada). Com essa técnica, você pode montar tabelas separadas com estrutura lógica semelhante e depois definir uma view que cria uma UNION (união) dessas tabelas. Essa recém-definida view é aquela chamada de uma Partition View. A view de partição pode ajudar a melhorar o desempenho de consulta, eliminando partições. Em Oracle7.3, o otimizador de consulta é ciente de view particionada e, portanto, pode apressar dramaticamente a recuperação dos dados. No entanto, a view de partição também vem com muitas desvantagens, incluindo:

Limitação DDL (Data Description

Language — linguagem de descrição de dados)

Não há índice global definido para uma view de partição. Essa é a maior das desvantagens. Basicamente, a chave primária não pode manter a individualidade através das várias partições na view de partição.

Aspecto de maneabilidade

Quando você implementa a Partition View, você é seu próprio gerenciador de partições para operações tais como acrescentar novas partições, fusões, divisões e assim por diante.

Aspecto de desempenho

Ainda que o Optimizer (otimizador) seja ciente de partição, no Oracle7.3 ele ainda tem problemas com algumas consultas SQL e, portanto, não leva em conta todos os índices da tabela básica.

Limitada transparência de partição

Declarações tais como INSERT exigem um nome de tabela em vez de view. Assim, o aplicativo precisa ser codificado de acordo com as tabelas básicas.

Devido às limitações precedentes, o Oracle desenvolveu o recurso de tabela particionada na versão 8. Se você estiver usando Oracle8, é recomendável que troque para uma tabela particionada em vez de usar view particionada. (Veja a pergunta 5.4 para detalhes sobre como mover uma view particionada e convertê-la para uma tabela particionada.)

Etapas

A seguir está um exemplo de como criar uma view particionada em Oracle7.3 (veja a Listagem 5.10). Aqui temos duas tabelas, uma chamada ORDERS_OPEN e a outra chamada ORDERS_CLOSED, cada uma com estruturas lógicas semelhantes (colunas, tipos de dados) mas com diferentes atributos físicos, tais como armazenagem de tablespace e assim por diante. A tabela ORDERS_OPEN armazena os pedidos que estão atualmente abertos, enquanto que a tabela ORDERS_CLOSED contém registros que se referem a pedidos fechados.

Listagem 5.10: Criação de view particionada

```
SVRMGR> CREATE TABLE orders_open      — ❶ Cria a tabela orders_open
    2> (order_number integer,
    3> customer_number integer,
    4> order_date date,
    5> order_value number.
    6> order_status number );
Statement processed.
SVRMGR> CREATE TABLE orders_closed    — ❷ Cria a tabela orders_closed
    2> ( order_number integer,
    3> customer_number integer,
    4> order_date date,
    5> order_value number,
    6> order_status number );
Statement processed.
```

```
SVRMGR> alter table orders_open      ─❸ Adciona constraint em orders_open
    2> add constraint c_orders_open
    3> check (order_status=1);
Statement processed.
SVRMGR> alter table orders_closed    ─❹ Adciona constraint em orders_closed
    2> add constraint c_orders_closed
    3> check (order_status=0);
Statement processed.
SVRMGR> create view orders as        ─❺ Cria uma view chamada orders
    2> select * from
    3> orders_open union all
    4> select * from
    5> orders_closed;
Statement processed.
SVRMGR>
```

❶ Primeiro, criamos uma tabela chamada ORDERS_OPEN que tem cinco colunas.

❷ Depois, criamos outra tabela, chamada ORDERS_CLOSED.

❸ Acrescentamos restrição à tabela ORDERS_OPEN para inserir apenas aqueles pedidos com a coluna order_status ajustada em 1.

❹ Também acrescentamos restrição à tabela ORDERS_CLOSED, especificando para inserção apenas aqueles pedidos com a coluna ORDERS_STATUS ajustada em 0.

❺ E, finalmente, criamos uma view chamada pedidos, que cria uma UNION para ambas as tabelas, nomeadamente as tabelas ORDERS_OPEN e ORDERS_CLOSED.

Você também tem que ajustar o parâmetro INIT.ORA chamado PARTITION_VIEW_ENABLED que tem um valor TRUE ou um FALSE, sendo FALSE o padrão. Quando o parâmetro é ajustado para TRUE, o otimizador pula acessos desnecessários à tabela na view de partição. Você também pode habilitar esse parâmetro usando o comando ALTER SESSION (alterar sessão).

Conclusão

Embora o recurso de view particionada ofereça maneabilidade, disponibilidade e desempenho limitados, ele não é tão potente quando o recurso de tabela particionada. O principal retrocesso de uma view particionada é que você precisa gerenciar por si próprio as partições, isto é, os aplicativos têm que ser rescritos para lidar com particionamento. A menos que você esteja totalmente comprometido com Oracle7.3, para obter o máximo de particionamento você deve migrar para Oracle8 ou Oracle8i.

5.4 — Como posso converter uma view de partição para uma tabela particionada?

Aplica-se a: Oracle8 e Oracle8*i*	Índice do CD: View de partição
Sistema operacional: Todos	

Problema

Acabei de migrar para Oracle8 e tenha uma view de partição de um banco de dados existente. Eu gostaria de converter essa view de partição para uma tabela particionada em Oracle8. Como posso fazer isso rapidamente?

Solução

Para converter uma tabela não particionada em uma tabela particionada, Oracle8 oferece uma declaração ALTER TABLE com a opção EXCHANGE. Essa opção permite que você converta uma tabela não particionada em uma partição, mudando seus segmentos de dados. Isso só funciona com tabelas e não com views, com a exceção de views de partição (tabelas unidas usando UNION ALL). Ainda que qualquer tabela não particionada funcione, a opção EXCHANGE só é útil para views particionadas, pois ela troca segmentos de dados entre uma partição e uma tabela. Assim, se você tiver uma tabela não particionada, então todos os dados irão para uma única partição. Isto anula o objetivo de particionamento. Idealmente, você deve ter tabelas múltiplas (view de partição), com cada tabela tendo dados específicos pertencentes a uma chave; então, a opção EXCHANGE funcionaria bem, pois cada uma das tabelas se moveria para a partição apropriada.

A opção EXCHANGE permite, basicamente, que você converta uma tabela não particionada para uma tabela particionada, mudando os segmentos de dados. A seguir está a sintaxe do ALTER TABLE com a opção EXCHANGE (Listagem 5.11):

Listagem 5.11: Comando ALTER TABLE com a opção EXCHANGE
```
ALTER TABLE <table_name>
    EXCHANGE PARTITION <partition-name>
        WITH TABLE <nonpartitioned table-name>
           [ INCLUDING/EXCLUDING INDEXES ]
           [WITH/WITHOUT VALIDATION]
```

O ALTER TABLE com o comando EXCHANGE PARTITION é bem rápido, visto que só muda segmentos de dados e não copia os dados. Junto com a conversão de tabela, o índice também pode ser trocado, usando-se a opção INCLUDING INDEXES (inclusive índices).

Etapas

Etapa 1 — Inicialização de tabela. Antes que você possa converter uma tabela existente, há algumas etapas que precisa percorrer, como no exemplo a seguir. Nesse exemplo, temos duas tabelas customer. CUSTOMER_1000 armazena números de cliente que são menores do que 1000, enquanto a tabela CUSTOMER_2000 armazena números que são maiores do que 1000. Cada uma das tabelas tem uma estrutura lógica semelhante, mas diferentes atributos físicos. Aplique também algumas restrições às tabelas, para que apenas números válidos de clientes sejam armazenados nas respectivas tabelas (Listagem 5.12).

Listagem 5.12: Criação de uma tabela de view particionada

```
SQL> create table customer_1000    — ❶ Cria a tabela customer_1000
  2    (cust_number  number PRIMARY KEY,
  3    name          varchar2(40),
  4    address_1     varchar2(40),
  5    address_2     varchar2(40),
  6    city          varchar2(40),
  7    state         varchar2(2),
  8    zip           number,
  9    balance       number(7,2))
     tablespace customer_tblsp
     storage (initial 2M next 2M);
Table created.
SQL> create table customer_2000    — ❶ Cria a tabela customer_2000
  2    (cust_numer  number PRIMARY KEY,
  3    name          varchar2(40),
  4    address_1     varchar2(40),
  5    address_2     varchar2(40),
  6    city          varchar2(2),
  7    state         varchar2(2),
  8    zip           number,
  9    balance       number(7, 2));
     tablespace customer_tblsp
     storage (initial 2M next 2M);
Table created.
SQL> alter table customer_1000 — ❷ Adiciona constraint
  2    add constraint cust_1000 check (cust_number<=1000);
Table altered.
SQL> alter table customer_2000 — ❷ Adiciona constraint
  2    add constraint cust_2000 check (cust_number>1000);
Table altered.
SQL> create view customer_part as — ❸ Cria a view
  2    select * from customer_1000 union all
  3    select * from customer_2000;
View created.
```

```
SQL> insert into customer_1000          — ❸ Insere linhas
  2     values (1, 'Noel Y', '1234 Memory Lane',
  3     'Apt JK1', 'Dallas', 'TX', 34567,12050.08);
1 row created.
SQL> insert into customer_2000   — ❹ Insere linhas
  2     values (1001, 'Veronica V', '734 Post Street',
  3     ' ', 'Los World', 'CA', 19507, 45905.82);
1 row created.
SQL>
```

❶ Primeiro, criamos uma tabela chamada CUSTOMER_1000, que contém 8 colunas e tem CUST_NUMBER como a chave primária. Criamos também outra tabela, chamada CUSTOMER_2000, com uma estrutura similar.

❷ Depois, acrescentamos restrições a ambas as tabelas. Só queremos números de clientes menores do que ou iguais a 1000 para serem inseridos na tabela CUSTOMER_1000, e qualquer coisa além de 1000 deve ir para a tabela CUSTOMER_2000.

❸ Então, criamos uma view chamada CUSTOMER_PART, que une as duas tabelas.

❹ Finalmente, inserimos algumas linhas em ambas as tabelas.

Etapa 2 — Crie uma nova tabela particionada. Agora você está pronto para criar uma nova tabela particionada, chamada CUSTOMER (Listagem 5.13). Ela contém quatro partições, nomeadas S1 a S4, e é particionada usando-se CUSTOMER_NUMBER.

Listagem 5.13: Criação de uma tabela particionada

```
SQL> create table customer
  2     (cust_number     number PRIMARY KEY,
  3     name             varchar2(40),
  4     address_1        varchar2(40),
  5     address_2        varchar2(40),
  6     city             varchar2(40),
  7     state            varchar2(2),
  8     zip              number,
  9     balance          number(7, 2))
 10  PARTITION BY RANGE (cust_number)
 11     (PARTITION CUST1 VALUES LESS THAN (1001)
 12        TABLESPACE CUST_TBLSP1
 13          STORAGE (INITIAL 1M NEXT 1M),
 14     PARTITION CUST2 VALUES LESS THAN (MAXVALUE)
 15        TABLESPACE CUST_TBLSP2
 16          STORAGE (INITIAL 1M NEXT 1M) );
Table created.
SQL>
```

Capítulo 5 - *Como particionar a administração* | 275

Etapa 3 — Mude (exchange) os segmentos de dados. Uma vez criadas as tabelas, pode-se executar ALTER TABLE com a opção PARTITION para mudar os segmentos de dados. Mas, primeiro, vamos ver quais blocos estão sendo usados pelo tablespace CUSTOMER_TBLSP. Como podemos ver da Listagem 5.14, existem dois segmentos de dados a partir do arquivo 9, cada qual consistindo em 1.025 blocos de segmento do tipo TABLE.

Listagem 5.14: Segmentos de dados mapeados para o tablespace CUSTOMER_TBLSP

```
SQL> select header_file, header_block, bytes, blocks, segment_type
  2  from dba_segments where
  3  tablespace_name = 'CUSTOMER_TBLSP';
HEADER_FILE   HEADER_BLOCK   BYTES      BLOCKS   SEGMENT_TYPE
-----------   ------------   -------    ------   ------------
          9              2   2099200      1025   TABLE
          9           1032   2099200      1025   TABLE
          9           1027     10240         5   INDEX
          9           2057     10240         5   INDEX
SQL>
```

Agora, vejamos os segmentos de dados a partir da recém-criada tabela particionada. Na saída mostrada na Listagem 5.15, podemos ver que temos dois segmentos de dados de dois arquivos diferentes, nomeadamente 10 e 11, cada um consistindo em 515 blocos e com o segmento de tipo TABLE PARTITION.

Listagem 5.15: Segmentos de dados mapeados para a partição CUSTOMER

```
SQL> select header_file, header_block, bytes, blocks, segment_type
  2  from dbs_segments where
  3  partition_name like 'CUST%';
HEADER_FILE   HEADER_BLOCK   BYTES      BLOCKS   SEGMENT_TYPE
-----------   ------------   -------    ------   ---------------
         11              2   1054720       515   TABLE PARTITION
         10              2   1054720       515   TABLE PARTITION
SQL>
```

Agora, vamos mudar (EXCHANGE) os segmentos de dados entre a tabela e a partição. Para mudá-los, você precisa usar o comando ALTER TABLE com a opção EXCHANGE PARTITION, conforme mostrado na Listagem 5.16.

Listagem 5.16: Mudança de segmentos de dados entre uma tabela e uma partição

```
DML 1. Mudança da tabela customer_1000 com a partição CUST1
SQL> alter table customer EXCHANGE PARTITION CUST1
with TABLE CUSTOMER_1000;
Table altered.
SQL>
```

DML 2. Mudança da tabela customer_2000 com a partição CUST2
```
SQL> alter table customer EXCHANGE PARTITION CUST2
with TABLE CUSTOMER_2000;
Table altered.
SQL>
```

Agora, se consultarmos a tabela DBA_SEGMENTS, descobriremos que os segmentos de dados foram mudados. O relatório de tabela mostra que ele tem dois segmentos do arquivo 9 com 1.025 blocos e tem o segmento da tabela TABLE PARTITION em vez de arquivos 10 e 11 com 515 blocos (Listagem 5.17).

Listagem 5.17: Segmentos de dados mapeados para a partição CUSTOMER

```
Consulta 1. Recuperação de informações sobre segmentos
    de dados mapeados para a partição CUSTOMER
SQL> select header_file, header_block, bytes, blocks, segment_type
  2  from dba_segments where
  3  partition_name like 'CUST%';
HEADER_FILE    HEADER_BLOCK    BYTES         BLOCKS      SEGMENT_TYPE
-----------    ------------    -------       ------      ------------
          9            1032    2099200         1025      TABLE PARTITION
          9               2    2099200         1025      TABLE PARTITION
SQL>
```

A opção EXCHANGE funciona bem rápido, visto que apenas os segmentos de dados são mudados, não os próprios dados. Quando você tiver feito a mudança, deve copiar o banco de dados.

Você também pode fazer a mudança usando o Oracle Schema Manager (gerenciador de esquema Oracle), disponível no OEM. No Schema Manager, clique na lista drop-down Tables, seguida pelo nome de usuário ao qual a tabela está associada. Se você clicar à direita no nome da partição, surgirá um menu flutuante. Escolha a opção EXCHANGE, que apresentará a caixa de diálogo Exchange Partition. Então, você pode escolher a tabela não particionada com a qual gostaria de mudar os segmentos de dados. A Figura 5.6 mostra o Schema Manager.

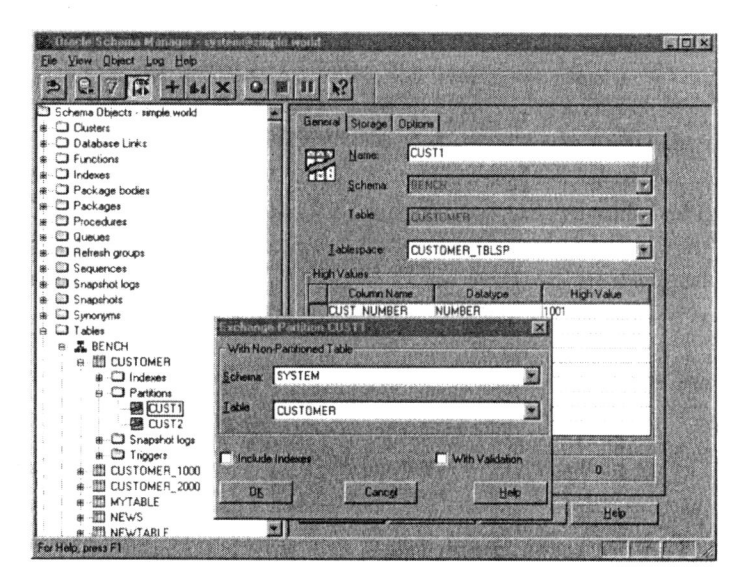

Capítulo 5 - *Como particionar a administração* | 277

Figura 5.6: O Oracle Schema Manager (gerenciador de esquema Oracle)

Conclusão

A opção EXCHANGE é bastante poderosa e permite transformar rapidamente uma tabela não particionada em uma tabela particionada. No entanto, ela vem com limitações. A opção EXCHANGE só muda os segmentos de dados com uma partição e uma tabela, isto é, se você não tiver uma view particionada, então todas as linhas acabarão em uma única partição.

5.5 — Como posso gerenciar uma tabela particionada de faixa?

Aplica-se a: Oracle8 e Oracle8*i*   **Índice do CD:** Partição de tabela

Sistema operacional: Todos

Problema

Eu já tenho uma tabela particionada no Oracle8, mas não tenho certeza de como gerenciar as partições. Quais comandos estão disponíveis para gerenciar as partições?

Solução

ENo Oracle8 há algumas novas opções disponíveis na declaração ALTER TABLE, que permitem realizar a manutenção nas partições. Com essas opções você pode adicionar (ADD), mover (MOVE), excluir (DROP, truncar (TRUNCATE e separar (SPLIT) partições.
Vamos percorrer algumas das opções para gerenciar as partições.

Acrescentar partições

Você pode acrescentar partições usando a opção ADD PARTITION (Listagem 5.18). No entanto, essa opção só acrescenta uma nova partição além do valor de partição mais alto. Assim, se você tiver ajustado um MAXVALUE para uma das partições, não pode usar a opção ADD PARTITION, a menos que deixe de lado aquela partição.

Listagem 5.18: Comando ALTER TABLE com a opção ADD PARTITION
```
ALTER TABLE <table_name>
ADD PARTITION <partition-name>
    VALUES LESS THAN (Value_list)
```

Exemplo: O exemplo a seguir (Listagem 5.19) mostra que temos uma tabela PHONES que é dividida em quatro partições, cada uma em um tablespace separado. Na última partição, usamos a opção MAXVALUE, que nos permite armazenar linhas que não se ajustam em qualquer outra partição.

Listagem 5.19: Criação de uma tabela particionada chamada PHONES
```
SQL> create table phones
  2     ( phone_number     NUMBER,
  3       person           CHAR(30),
  4       phone_code       CHAR(1),
  5       zip_code         NUMBER,
  6       state_code       CHAR(2))
  7     PARTITION BY RANGE(state_code)
  8       (PARTITION S1
  9            VALUES LESS THAN ('IA')
 10              TABLESPACE STATE1,
 11        PARTITION S2
 12            VALUES LESS THAN ('MO')
 13              TABLESPACE STATE2,
 14        PARTITION S3
 15            VALUES LESS THAN ('PA')
 16              TABLESPACE STATE3,
 17        PARTITION S4
 18            VALUES LESS THAN (MAXVALUE)
 19              TABLESPACE STATE4);
Table created.
SQL>
```

Tendo criado a tabela PHONES, agora tentamos adicionar (ADD) uma partição que seja mais alta do que o valor "PA" da PARTITION STATE3, porém menor que MAXVALUE. Obtemos um erro ORA-14074, onde o valor de partição deve ser maior do que o último valor de partição. Nesse caso, não conseguiremos o acréscimo, pois não há valor mais alto do que MAXVALUE (Listagem 5.20).

Listagem 5.20: Acréscimo de uma partição
```
SQL> alter table phones
  2    ADD PARTITION S2 VALUES LESS THAN ('QA')
  3    TABLESPACE STATE5;
        ADD PARTITION S5 VALUES LESS THAN ('QA')
            *
ERROR at line 2;
ORA-14074: partition bound must collate higher than that of the last
  partition
```

Você também pode usar o Oracle Schema Manager para acrescentar uma nova partição em uma tabela particionada existente. A Figura 5.7 mostra o diálogo Create Partition, que acrescenta uma nova partição chamada CUST3 à tabela CUSTOMER. Se você clicar no botão Show SQL (exibir SQL) também pode ver a declaração SQL gerada pelo Schema Manager.

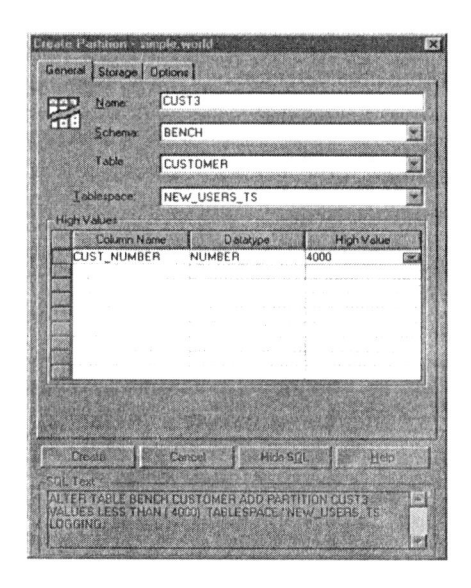

Figura 5.7: Diálogo Create Partition (criar partição)

Mover partições

Para mover partições de um tablespace para outro, você pode usar a opção MOVE PARTITION (Listagem 5.21). Se estiver com problemas de desempenho com uma partição, pode movê-la para outro segmento sem precisar mover toda a tabela.

Listagem 5.21: Sintaxe para mover partição
```
ALTER TABLE <table_name>
MOVE PARTITION <partition-name>
    WITH TABLE <non-partitioned table-name>
        [ INCLUDING/EXCLUDING INDEXES ]
        [WITH/WITHOUT VALIDATION]
```

A Listagem 5.22 mostra um exemplo de como mover uma partição EMP1 para um novo tablespace — USERTS.

Listagem 5.22: Exemplo de como mover uma partição
```
ALTER TABLE employee
    MOVE PARTITION EMP1
    TABLESPACE USERTS;
```

Você também pode mover usando o Oracle Schema Manager. Simplesmente, mude o nome do tablespace na janela de propriedades Partition.

Excluir partições

Da mesma forma, você pode excluir uma partição, exercendo a opção DROP PARTITION no comando ALTER TABLE (Listagem 5.23). Você não pode excluir todas as partições de uma tabela — pelo menos uma tem que restar. Quando você emite o comando DROP PARTITION, ele não apenas exclui a partição, mas remove todas as linhas. Assim, tenha cuidado ao emitir o comando.

Listagem 5.23: Sintaxe de como excluir partição
```
ALTER TABLE <table_name>
DROP PARTITION <partition-name>
```

O exemplo a seguir exclui a partição S1:

Listagem 5.24: Exemplo de como excluir partição
```
ALTER TABLE employee
    DROP PARTITION S1;
```

Para excluir a partição a partir do Schema Manager, simplesmente clique com o botão direito na partição selecionada. Um menu flutuante aparecerá. Neste menu, escolha a opção Remove (apagar/ remover) e depois você pode excluir a partição.

Truncar partições

Se você quiser apagar todas as linhas de uma partição, pode usar a opção TRUNCATE PARTITION no comando ALTER TABLE (Listagem 5.25). A opção só apaga as linhas, deixando a partição intacta.

Listagem 5.25: Sintaxe de truncar partição
```
ALTER TABLE <table_name>
TRUNCATE PARTITION <partition-name>
   DROP/REUSE
```

O exemplo a seguir trunca a partição S2 a partir da tabela employee (de empregado).

Listagem 5.26: Exemplo de como truncar partição
```
ALTER TABLE employee
   TRUNCATE PARTITION S2;
```

Para truncar uma partição usando o Oracle Schema Manager, clique com o botão direito no nome da partição e escolha a opção Truncate.

Dividir partições

Quando uma partição torna-se muito grande e a cópia está demorando muito, você pode dividi-la em duas, usando a opção SPLIT PARTITION no comando ALTER TABLE. Se tentar dividir a partição em mais do que duas (partes), obterá o erro ORA-14046: "uma partição pode ser dividida em exatamente duas novas partições."

Listagem 5.27: Sintaxe de como dividir partição
```
ALTER TABLE <table_name>
SPLIT PARTITION <partition-name> AT (values_list)
   INTO (partition...)
```

O exemplo a seguir mostra como dividir uma partição. Depois de executar esse exemplo, você tem duas partições, chamadas S41 e S42, e S4 não existirá mais.

Listagem 5.28: Exemplo de como dividir partição
```
ALTER TABLE employee
   SPLIT PARTITION S4 AT ('ST')
      INTO (PARTITION S41, PARTITION S42).
```

Para usar o Schema Manager para dividir partições, clique com o botão direito no nome da partição. Em seguida, escolha a opção Split, que exibirá a janela Split Partition (Figura 5.8). Nessa janela, você pode escolher o valor com o qual separar as partições.

Renomear partições

Você pode renomear uma partição usando o comando ALTER TABLE com a opção RENAME PARTITION. Pessoalmente, eu não vejo muito uso para isso, visto que o nome da partição tem que ser único a uma tabela ou um objeto, mas não para o usuário ou para o banco de dados, isto é, você pode ter o mesmo nome de partição em diferentes tabelas.

Listagem 5.29: Sintaxe para renomear uma partição

```
ALTER TABLE <table_name>
RENAME PARTITION <partition_name> TO <new_partitionname>
```

Conclusão

O Oracle8 oferece muitas opções para realizar manutenção nas partições. Você pode adicionar (ADD), mover (MOVE), excluir (DROP), dividir (SPLIT) e truncar (TRUNCATE) partições muito facilmente.

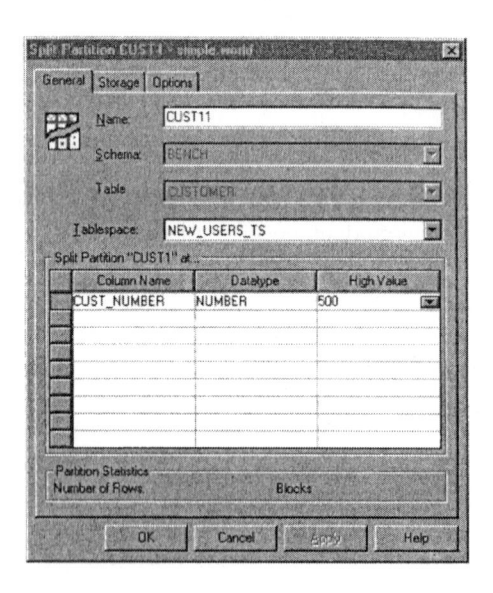

Figura 5.8: Janela Split Partition (dividir partição)

Capítulo 5 - *Como particionar a administração* | 283

5.6 — Como posso monitorar as tabelas particionadas em Oracle8?

Aplica-se a: Oracle8 e Oracle8*i*	**Índice do CD:** Partição de tabela
Sistema operacional: Todos	

Problema

Eu gostaria de descobrir quais tabelas foram particionadas em um banco de dados. Além disso, preciso de informações sobre quais partições-chave foram usadas e como uma tabela foi particionada. Como posso obter um relatório detalhado sobre minhas tabelas particionadas?

Solução

O Oracle8 oferece alguns novos sistemas de tabelas que armazenam informações referentes a particionamento. Eles contém informações sobre quais tabelas estão particionadas, quantas partições existem por tabela, qual partição está associada com um tablespace, a quantidade de linhas em cada uma das partições e assim por diante. Essas informações são bastante úteis para descobrir quais tabelas estão particionadas e quais não estão.

Geração de um relatório sobre tabelas particionadas

O seguinte script mostra como gerar uma listagem de tabelas particionadas em um banco de dados (Listagem 5.30). Ele consulta a tabela de sistema DBA_PART_TABLES e recupera as informações sobre as tabelas particionadas. Os scripts podem ser modificados para acrescentar mais colunas, ou você pode mudar o formato, para que se adeqüe ao seu gosto.

Listagem 5.30: Script mon_part_tables.sql
```
set echo off feedback off verify off;
set linesize 80 pagesize 60;

REM NAME            : mon_part_tables.sql
REM AUTHOR          : Noel.Y
REM USAGE           : Run from SQLPLUS
REM DESCRIPTION     : Generates a list of partitioned tables
REM REQUIREMENTS    : Must be run as SYS or Internal
```

```
col owner                    format a10 heading "OWNER"
col table_name               format a15 heading "TABLE-NAME"
col partition_count          format 999 heading "# of PARTITIONS"
col column_name              format a20 heading "COLUMN-NAME"
col TODAY        NEW_VALUE    _DATE

set termout off;
select to_char(SYSDATE, 'fmMonth DD, YYYY') TODAY from DUAL;
set termout on;

TTITLE left_DATE CENTER "LIST OF TABLES PARTITIONED" Skip 1 -
CENTER "= = = = = = = = = = = = = = = = = = = = = = = =" skip 2

break on table_name on owner on partition_count;
spool &output_filename;
set heading on;
select
        T.table_name,
        T.owner,
        T.partition_count,
        K.column_name
from    dba_part_tables T,
        dba_part_key_columns K
where T.table_name = K.name
        order by
            T.table_name;
clear columns;
spool off;
set feedback on verify on echo on;
```

Quando o script MON_PART_TABLES é executado, o relatório é gerado conforme mostrado na Listagem 5.31. A saída mostra que há apenas uma tabela particionada no banco de dados. A tabela é PHONES, que tem quatro partições e duas colunas na partição-chave.

Listagem 5.31: Saída do script mon_part_tables.sql

```
June 24, 1998           LIST OF TABLES PARTITIONED
                        = = = = = = = = = = = = = = = =
TABLE-NAME    OWNER     # of PARTITIONS    COLUMN-NAME
----------    -----     ---------------    -----------
PHONES        SYSTEM         4             STATE_CODE
                                           ZIP_CODE
SQL>
```

Geração de um relatório sobre a estrutura de tabela particionada

O script MON_PART_TAB_STRUCT.SQL gera um relatório sobre a estrutura da tabela particionada (Listagem 5.32). Ele consulta a tabela de sistema DBA_TAB_PARTITION e recupera as informações sobre quantas partições existem em uma tabela particionada, seus respectivos tablespaces, o valor máximo atribuído a uma partição e a quantidade atual de linhas nas tabelas particionadas. Novamente, os scripts podem ser modificados para acrescentar colunas ou o formato mudado para adequar-se ao seu gosto.

Listagem 5.32: Script mon_part_tab_struct.sql

```
set echo off feedback off verify off;
set long 18;
set linesize 80 pagesize 60;

REM NAME             : mon_part_tab_struct.sql
REM AUTHOR           : Noel.Y
REM USAGE            : Run from SQLPLUS
REM DESCRIPTION      : Generates a report on the partitioned
REM                    Table structure.
REM REQUIREMENTS     : Must be run as SYS or Internal

col table_name            format a10 heading "TABLE"
com table_owner           format a10 heading "OWNER"
col partition_name        format a10 heading "PART-NAME"
col high_value            format 99999 heading "HIGHEST-VALUE"
col partition_position    format 99999 heading "POSITION"
col tablespace_name       format a10 heading "TABLESPACE"
col num_rows              format 99999 heading "# of ROWS"
col TODAY       NEW_VALUE          _DATE

set termout off;
select to_char(SYSDATE, 'fmMonth DD, YYYY') TODAY from DUAL;
set termout on;

TTITLE left_DATE CENTER "PARTITIONED TABLES STRUCTURE" Skip 1 -
CENTER "= = = = = = = = = = = = = = = = = = " skip 2

break on table_name on table_owner;
spool &output_filename1
set heading on;
select table_name,
       table_owner,
       partition_name,
       high_value,
       tablespace_name,
       num_rows
from
```

```
            dba_tab_partitions
order by table_name,
         partition_position;
clear columns;
spool off;
set feedback on verify on echo on;
```

Quando o script MON_PART_TAB_STRUCT é executado, é gerado o relatório mostrado na Listagem 5.33.

Listagem 5.33: Saída do script mon_part_tab_struct.sql

```
June 24, 1998          PARTITIONING TABLES STRUCTURE
                  =========================

TABLE     OWNER      PART-NAME    HIGHEST-VALUE    TABLESPACE      # of ROWS
-----     -----      ---------    -------------    ----------      ---------
PHONES    SYSTEM     S1           'IA'             STATE1          1935
                     S2           'MO'             STATE2          3417
                     S3           'PA'             STATE3          25470
                     S4           MAXVALUE         STATE4          12312
SQL>
```

> **Nota:** Se nenhuma contagem de linhas aparecer na coluna "# of Rows" e você souber que *existem* linhas na tabela, então você pode precisar executar o comando ANALYSE (analisar) para atualizar as tabelas de sistema.

Conclusão

A quantidade de tabelas de sistema no Oracle8 cresceu para incluir tabelas de sistema que retêm informações sobre as tabelas particionadas. Elas armazenam informações sobre a quantidade de partições em uma tabela, seu valor mais alto associado à partição, as colunas de partição-chave e assim por diante. Essas informações podem ser usadas para monitorar as tabelas particionadas existentes em um banco de dados.

5.7 — O que preciso saber sobre condensação de partição?

Aplica-se a: Oracle8 e Oracle8*i*   **Índice do CD:** Partição condensada

Sistema operacional: Todos

Problema

O que é condensação de partição e como isso melhora o desempenho?

Solução

Uma das maiores vantagens de usar esse recurso de partição não é apenas a maneabilidade e disponibilidade, mas também desempenho aperfeiçoado. Se uma consulta só exige linhas armazenadas em uma partição em especial, então o Optimizer digitalizaria apenas aquela partição, eliminando as outras. Isso se refere à condensação/supressão de partição, ou eliminação de partição.

Vamos percorrer um exemplo de como ocorre a condensação de partição, como na tabela CUSTOMER, com o esquema conforme mostrado na Listagem 5.34. Ele tem CUST_KEY como a chave primária e CUST_STATE como a partição-chave.

Listagem 5.34: Tabela customer

```
Coluna          Tipo de dados     Comentários
Cust_Key        Number            Chave primária
Cust_Name       Varchar2(40)
Cust_Add1       Varchar2(40)
Cust_Add2       Varchar2(40)
Cust_State      Varchar2(2)       Partição-chave
Cust_Zip        Number
Cust_Balance    Number(7, 2)
Cust_Status     Char(2)
```

Vamos supor que temos 4 partições com a seguinte faixa de valores:

Listagem 5.35: Layout de partição

```
Partição        Valores menores do que
CUST_PART1      "IA"
CUST_PART2      "MO"
CUST_PART3      "PA"
CUST_PART4      MAXVALUE
```

Agora, se quisermos consultar a tabela CUSTOMER para descobrir quais clientes moram na CA (Califórnia), Oracle só precisará olhar uma das quatro partições. Isso porque o Optimizer é ciente de partição e sabe quais dados vão em qual partição. Portanto, ele elimina aqueles que não são necessários. Isso melhora dramaticamente o desempenho, especialmente de tabelas muito grandes, onde uma digitalização de tabela de toda a tabela pode demorar um tempo considerável. Se analisarmos a Figura 5.9, veremos que quando uma consulta recupera linhas apenas a partir de uma única partição, o Oracle elimina automaticamente as outras partições.

```
Select cust_name, cust_balance
    from customer
        where cust_state = "CA";
```

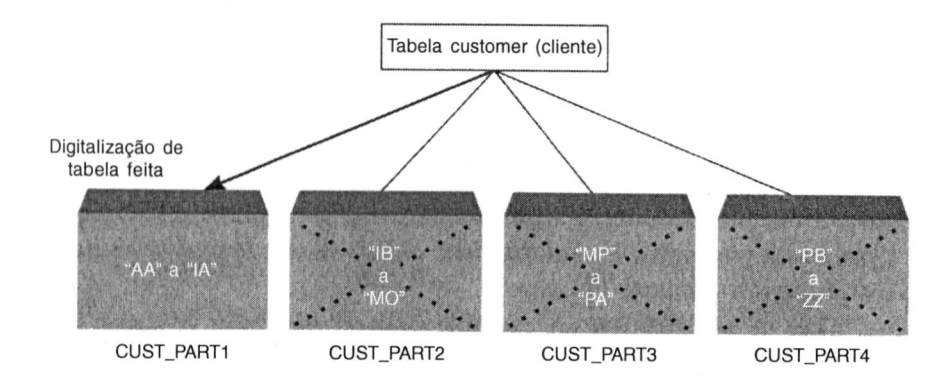

Figura 5.9: Eliminação de partição

Conclusão

A eliminação de partição ocorre quando o Optimizer só acessa as partições que são necessárias para satisfazer a consulta. No Oracle8 e Oracle8i, o Optimizer é ciente de partição e, portanto, sabe qual faixa de valores está em cada uma das partições. Assim, quando é emitida uma consulta e o Optimizer sabe qual partição acessar, ele simplesmente elimina as outras partições e, assim, melhora o desempenho.

5.8 — Como posso criar um índice local particionado em Oracle8?

Aplica-se a: Oracle8 e Oracle8*i*	**Índice do CD:** Índice local de partição
Sistema operacional: Todos	

Problema

Agora que eu implementei uma tabela particionada, preciso criar um índice particionado? Se assim for, como crio um índice particionado?

Solução

Além de particionamento de tabela, o Oracle suporta índices particionados em tabelas não agrupadas. Diferente de uma partição de tabela, uma partição de índice pode ter tipos diferentes de métodos de particionamento de faixa: um índice local particionado ou um índice global particionado. O índice local particionado pode ser prefixado ou não prefixado, enquanto o índice global particionado só pode ser um índice prefixado. Não é necessário que uma tabela particionada tenha um índice particionado. Ambas as tabelas, particionada e não particionada, podem ter índices particionados ou não particionados.

Vamos percorrer os diferentes tipos de índices locais particionados.

Índices locais particionados

No método de índice local, a partição de índice armazena apenas aquelas linhas que se referem à partição de tabela subjacente. O Oracle mantém o particionamento de índice local, que também é chamado de *equipartitioning* (eqüiparticionamento). Um índice local é criado usando-se a opção LOCAL no comando CREATE INDEX. Índices locais particionados oferecem maior disponibilidade, maneabilidade e desempenho. O Oracle mantém automaticamente a partição de índice sincronizada com as partições de tabela.

Uma partição local pode ser prefixada (única ou não única), ou não prefixada (única somente quando a partição-chave é um subconjunto do índice-chave, ou não única).

Índices locais prefixados

Se um índice local é criado em uma coluna que também é usada para particionar a tabela e o índice, ele é chamado de um índice prefixado. Por exemplo, se tivermos uma tabela EMPLOYEE que tenha uma tabela e um índice particionados na coluna EMP_NUMBER, então ele representa um índice local prefixado, conforme mostrado na Figura 5.10.

Antes de continuarmos, vamos descrever o esquema EMPLOYEE que será usado no exemplo.

Listagem 5.36: A tabela particionada employee
```
CREATE TABLE employee
    ( emp_number        NUMBER,
      emp_name          CHAR(30),
      grade_level       NUMBER,
      dept_number       NUMBER,
      location_code     CHAR(2),
      manager           NUMBER,
      salary            NUMBER(7, 2),
      bonus             NUMBER(7,2) )
```

```
PARTITION BY RANGE(emp_number)
     (PARTITION EMP1
        VALUES LESS THAN (1001)
           TABLESPACE TBLSP1,
      PARTITION EMP2
        VALUES LESS THAN (2001)
           TABLESPACE TBLSP2,
      PARTITION EMP3
        VALUES LESS THAN (3001)
           TABLESPACE TBLSP3,
      PARTITION EMP4
        VALUES LESS THAN (MAXVALUE)
           TABLESPACE TBLSP4);
```

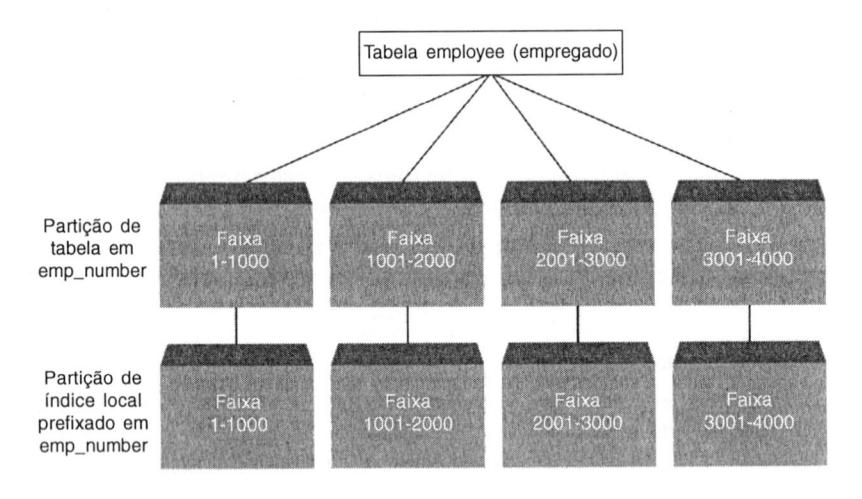

Figura 5.10: Partição de índice local prefixado

Índice local não prefixado

Um índice local não prefixado é um que é semelhante ao índice prefixado, exceto que a coluna indexada não é igual à coluna particionada. Por exemplo, se tivermos uma tabela CUSTOMER que tenha sido particionada na coluna de Estado e o índice tiver sido criado em CUSTOMER_NUMBER, então esse seria chamado de um índice não prefixado, conforme mostrado na Figura 5.11.

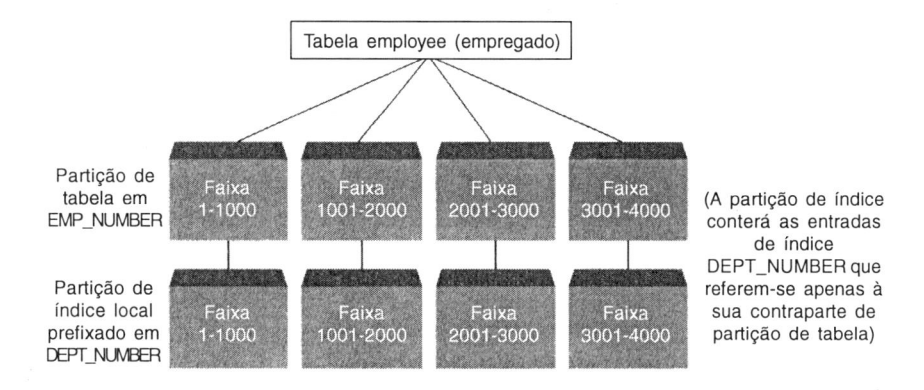

Capítulo 5 - *Como particionar a administração* | 291

Figura 5.11: Partição de índice local não prefixado

Listagem 5.37: Sintaxe para criação de um índice local não prefixado
```
CREATE INDEX <schema_name.index_name>
   ON <schema_name.table_name>
        (Column_name, ..... .)
LOCAL
   (PARTITION <partition_name1>
        TABLESPACE <tablespace_name1>
        [ STORAGE parameters ],
    PARTITION <partition_name2>
        TABLESPACE <tablespace_name2>
        [STORAGE parameters], ... . . )
```

Etapas para criar um índice local prefixado

Etapa 1. Quando você cria um índice local, o número de partições precisa ser igual à tabela subjacente, ou você receberá um erro Oracle ORA-14024, "o número de partições do índice LOCAL precisa ser igual aos da tabela subjacente." A Listagem 5.38 mostra um exemplo de como criar um índice local prefixado em uma tabela employee. Essa é uma tabela prefixada, visto que ambos, a tabela e o índice, são particionados no número de empregado.

Listagem 5.38: Exemplo de criação de um índice local prefixado
```
SQL> CREATE INDEX emp_prefix
  2  ON
  3     employee (emp_number)
  4  LOCAL
  5     (PARTITION EMP1
  6        TABLESPACE IDX_TBLSP1,
  7     PARTITION EMP2
  8        TABLESPACE IDX_TBLSP2,
  9     PARTITION EMP3
 10        TABLESPACE IDX_TBLSP3,
 11     PARTITION EMP4
 12        TABLESPACE IDX_TBLSP4);
Index created.
SQL>
```

Etapa 2. Você também pode criar um índice local prefixado usando o OEM. Na Figura 5.12 está um exemplo do diálogo Create Index. Além do nome do índice e do usuário, você notará que ela também permite selecionar o Index Type (tipo de índice), que pode ser local ou global. Cobriremos a opção global na pergunta 5.9.

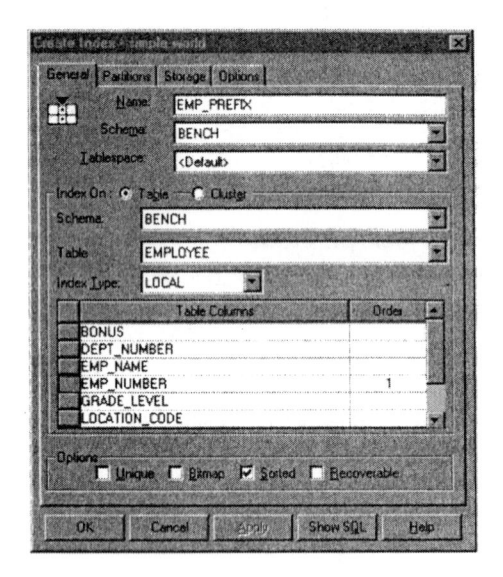

Figura 5.12: Diálogo Create Index (criar índice)

Etapas para criar um índice local não prefixado

Etapa 1. No exemplo que se segue, criamos um índice local não prefixado na tabela EMPLOYEE (Listagem 5.39). Se você comparar esse exemplo com o anterior, verá que a única diferença é que agora estamos criando o índice em um número de departamento em vez de no número do empregado.

Listagem 5.39: Exemplo de criação de índice LOCAL não prefixado
```
SQL> CREATE INDEX emp_nonprefix
  2  ON
  3     employee (dept_number)
  4  LOCAL
  5     (PARTITION EMP1
  6        TABLESPACE IDX_TBLSP1,
  7      PARTITION EMP2
  8        TABLESPACE IDX_TBLSP2,
  9      PARTITION EMP3
 10        TABLESPACE IDX_TBLSP3,
 11      PARTITION EMP4
 12        TABLESPACE IDX_TBLSP4);
Index created.
SQL>
```

Conclusão

Em um método de índice local, a partição de índice armazena apenas aquelas entradas que se referem à partição de tabela subjacente. Um índice local particionado oferece maior disponibilidade, maneabilidade e desempenho. Automaticamente, o Oracle mantém a partição de índice sincronizado com as partições de tabela.

5.9 — Como posso criar um índice global particionado em Oracle8?

Aplica-se a: Oracle8 e Oracle8*i* **Índice do CD:** Partição de índice global
Sistema operacional: Todos

Problema

O que é um índice global particionado e como ele difere de um índice local particionado? Quais são as vantagens de um índice global particionado e quando se deve usá-lo?

Solução

Índices globais têm maior flexibilidade no que se refere a qual partição-chave usar e são independentes do método de particionar tabelas. Por exemplo, você pode ter a tabela EMPLOYEE particionada no EMPLOYEE_NUMBER com quatro partições, enquanto tem o índice global na coluna EMPLOYEE_NAME com sete partições. O número de partições entre a tabela e o índice pode diferir em um índice global mas não em um índice local.

Em um índice local, você só pode ter um índice prefixado; índices não prefixados não são permitidos, pois eles não oferecem qualquer maneabilidade ou ganhos de desempenho. Se você tentar criar um índice global particionado que seja não prefixado, receberá uma mensagem de erro Oracle ORA-14038: "GLOBAL partitioned index must be prefixed"(índice GLOBAL particionado precisa ser prefixado).

A Figura 5.13 mostra um exemplo de índice global. Observe que o número de partições é diferente para as partições de tabela e índice. Aqui, a partição-chave ainda é o mesmo EMP_NUMBER para a tabela e para o índice, tornando-o um índice prefixado.

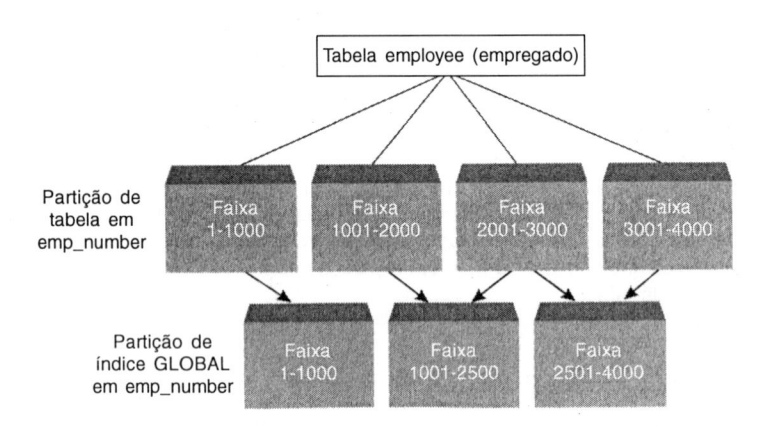

Figura 5.13: Partição de índice global

Limitações de um índice global

Embora implementar um índice global seja similar a fazê-lo com um índice local, tem várias limitações. Primeiramente, índices globais são difíceis de gerenciar. Se, por algum motivo, você excluir, truncar, mudar ou dividir uma partição de tabela, o índice global particionado se tornará inútil. Isso ocorre porque o índice global funciona independentemente da tabela particionada. Vamos percorrer um exemplo do que acontece quando, de fato, largamos uma partição de tabela.

Etapas

Etapa 1. Primeiro, vejamos a explicação (Listagem 5.40) de um plano para consulta que recupera o empregado número 10. Já temos uma tabela particionada EMPLOYEE com um índice global, ambos com um número de empregado como a partição-chave.

Listagem 5.40: Explanação de plano para consulta de acesso à tabela de empregado

```
SQL> explain plan for
  2  select * from employee
  3  where emp_number = 10;
Explained.
SQL> @plan
Query plan
------------------------------------------------
SELECT STATEMENT Cost = 1
    TABLE ACCESS BY GLOBAL INDEX ROWID EMPLOYEE
        INDEX RANGE SCAN EMP_GLOBAL
SQL>
```

Etapa 2. Se observarmos a explanação, descobriremos que a consulta usará o índice global em uma tabela EMPLOYEE. Quando soubermos o que o otimizador fará, então estaremos prontos para executar a consulta (Listagem 5.41).

Listagem 5.41: Resultado da consulta de acesso à tabela de empregados

```
SQL> select emp_number,emp_name
  2  from employee
  3  where emp_number = 10;
EMP_NUMBER         EMP_NAME
--------           ------
10                 Noel Y
SQL>
```

Etapa 3. A consulta recupera uma linha da tabela EMPLOYEE e tudo parece estar em ordem. Agora vamos excluir uma das partições e ver qual será o resultado (Listagem 5.42).

Listagem 5.42: Comando para excluir a partição EMP2.

```
SQL> ALTER TABLE employee
  2  DROP PARTITION EMP2;
Table altered.
SQL>
```

A declaração ALTER TABLE com a opção DROP PARTITION foi executada a contento, como esperado. Agora, o grande teste: O que acontece se reexecutarmos a mesma consulta?

Listagem 5.43: Saída de execução da mesma consulta, repetida
```
SQL> select emp_number, emp_name
  2  from employee
  3  where emp_number = 10;
from employee
     *
ERROR at line 2:
ORA-01502: index 'BENCH.EMP_GLOBAL' or partition of such
index is in unusablestate
SQL>
```

Bem, a consulta falha, com a mensagem de erro Oracle ORA-01502, que significa que uma partição de tabela está em um "Estado não utilizável" e, portanto, o índice global agora é inútil, o que não significa que você não pode acessar a tabela EMPLOYEE de forma alguma. Você ainda pode fazê-lo, através de outro índice ou digitalização de tabela.

A sintaxe para criar um índice global é algo diferente daquela para o índice local (Listagem 5.44).

Listagem 5.44: Sintaxe para criar um índice global
```
CREATE INDEX <schema_name.index_name>
   ON <schema_name.table_name>
GLOBAL PARTITION BY RANGE
   (Column_name, ..... .)
   (     PARTITION <partition_name1>
         VALUES LESS THAN ( value_list)
            TABLESPACE <tablespace_name1>
            [STORAGE parameters ],
         PARTITION <partition_name2>
            VALUES LESS THAN ( values_list)
            TABLESPACE <tablespace_name2>
               [STORAGE parameters], ... . . )
```

Etapas para criar um índice global

Etapa 1. O exemplo a seguir (Listagem 5.45) mostra como criar um índice global:

Capítulo 5 - *Como particionar a administração* | 297

Listagem 5.45: Um exemplo de como criar um índice global
```
SQL> CREATE INDEX emp_global
  2  ON
  3     employee (emp_number)
  4  GLOBAL PARTITION BY RANGE(emp_number)
  5        (PARTITION EMP1
  6           VALUES LESS THAN (1001)
  7           TABLESPACE IDX_TBLSP1,
  8         PARTITION EMP2
  9           VALUES LESS THAN (2501)
 10           TABLESPACE IDX_TBLSP2,
 11         PARTITION EMP3
 12           VALUES LESS THAN (MAXVALUE)
 13           TABLESPACE IDX_TBLSP3);
Index created.
SQL>
```

Etapa 2. Você também pode criar um índice global usando o OEM. Na Figura 5.14, você pode ver o diálogo Create Index com o Index Type ajustado para GLOBAL.

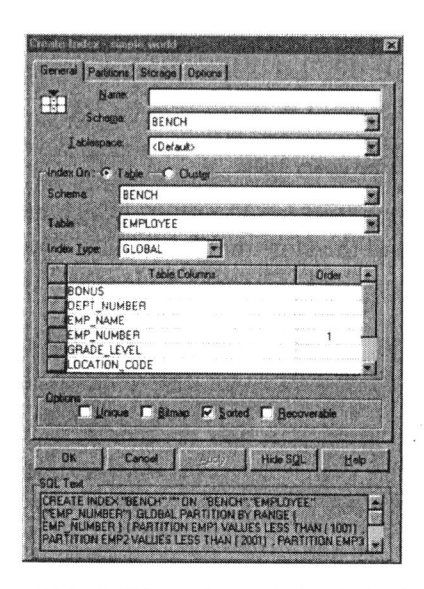

Figura 5.14: O diálogo Create Index (criar índice)

Na janela de diálogo Create Index você tem uma guia Partition que permite ajustar o número de partições e seus tablespaces. Se você notar, nas propriedades Partition (Figura 5.15) você só pode escolher uma das colunas da tabela EMPLOYEE. Isso porque Oracle8 só permite criar um índice global prefixado.

Conclusão

Índices globais têm maior flexibilidade no que se refere a qual partição-chave usar e são independentes do método de particionar tabela. No entanto, índices globais são muito mais difíceis de gerenciar e não oferecem disponibilidade. Para um índice global você só pode ter um índice prefixado; índices não prefixados não são permitidos, pois não oferecem qualquer maneabilidade ou ganhos em desempenho.

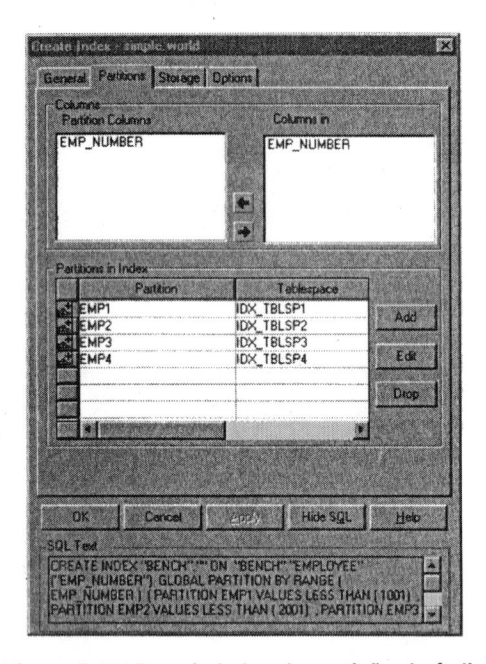

Figura 5.15: Propriedades de partição de índice

5.10 — Como monitoro um índice particionado em Oracle8?

Aplica-se a: Oracle8 e Oracle8*i*	Índice do CD: Partição de índice
Sistema operacional: Todos	

Problema

Eu gostaria de saber quais índices locais e globais foram criados em meu banco de dados. Também preciso de informações sobre qual tipo de índice foi montado, e se ele é um índice prefixado ou não prefixado. Como posso obter um relatório detalhado sobre meus índices particionados?

Capítulo 5 - *Como particionar a administração* | 299

Solução

No Oracle8 e no Oracle8*i* são necessárias bem poucas tabelas de sistema para gerenciar as partições. Você pode consultar essas tabelas de sistema para descobrir mais informações sobre como a tabela foi particionada. O script MON_PART_INDEXES.SQL (Listagem 5.46) consulta a tabela de sistema DBA_PART_INDEXES para gerar uma listagem de índices particionados. A saída desse script pode ser vista na Listagem 5.47. Há um outro script (Listagem 5.48) que gera um relatório detalhado sobre o índice particionado. A saída desse script é mostrada na Listagem 5.49.

Listagem 5.46: Script mon_part_indexes.sql

```
set echo off feedback off verify off;
set linesize 80 pagesize 60;

REM NAME            : mon_part_indexes.sql
REM AUTHOR          : Noel.Y
REM USAGE           : Run from SQLPLUS
REM DESCRIPTION     : Generates a list of partitioned indexes
REM REQUIREMENTS    : Must be run as SYS or Internal

col owner                format a10 heading "OWNER"
col table_name           format a15 heading "TABLE-NAME"
col index_name           format a15 heading "INDEX-NAME"
col partition_count      format 999 heading "# of PARTITIONS"
col column_name          format a20 heading "COLUMN-NAME"
col TODAY      NEW_VALUE    _DATE

set termout off;
select to_char(SYSDATE, 'fmMonth DD, YYYY') TODAY from DUAL;
set termout on;

TTITLE left_DATE CENTER "LIST OF PARTITIONED INDEXES" Skip 1 -
CENTER "= = = = = = = = = = = = = = = = = = = = = =" skip 2

break on owner on table_name on index_name;
spool &output_filename;
set heading on;
select
        I.owner,
        K.table_name,
        I.index_name,
        I.partition_count,
        K.column_name
from dba_part_indexes I,
        dba_ind_columns K
where I.index_name = K.index_name
        order by
I.owner, K.table_name, I.index_name;
clear colums;
spool off;
set feedback on verify on echo on;
```

Listagem 5.47: Saída do script mon_part_indexes.sql

```
SQL>@mon_part_indexes
June 27, 1998            LIST OF PARTITIONED INDEXES
                         ===========================
OWNER   TABLE-NAME   INDEX-NAME       # of PARTITIONS   COLUMN-NAME
-----   ----------   ----------       ---------------   -----------
BENCH   EMPLOYEE     EMP_NONPREFIX    4                 DEPT_NUMBER
                     EMP_PREFIX       4                 EMP_NUMBER
SQL>
```

Listagem 5.48: Script mon_part_ind_struct.sql

```
set echo off feedback off verify off;
set long 18;
set linesize 80 pagesize 60;

REM NAME              : mon_part_ind_struct.sql
REM AUTHOR            : Noel.Y
REM USAGE             : Run from SQLPLUS
REM DESCRIPTION       : Generates a report on the partitioned
REM                     Index structure.
REM REQUIREMENTS      : Must be run as SYS or Internal

col table_name              format a10 heading "TABLE"
col table_owner             format a10 heading "OWNER"
col partition_name          format a10 heading "PART_NAME"
col high_value              format 99999 heading "HIGHEST-VALUE"
col partition_position      format 99999 heading "POSITION"
col tablespace_name         format a10 heading "TABLESPACE"
col num_rows                format 99999 heading "# of ROWS"
col TODAY       NEW_VALUE        _DATE

set termout off;
select to_char(SYSDATE, 'fmMonth DD, YYYY') TODAY from DUAL;
set termout on;

TTITLE left _DATE CREATE "PARTITIONED INDEXES STRUCTURE" Skip 1 -
CENTER "=========================" skip 2
break on table_name on index_name;
spool &output_filename;
set heading on;
select    K.table_name,
          I.index_name,
          I.partition_name,
          I.high_value,
          I.tablespace_name,
          I.num_rows
```

```
from
          dba_ind_partitions I,
          dba_ind_columns K
where
          I.index_name = K.index_name
order by I.index_name,
          partition_position;
clear columns;
spool off;
set feedback on verify on echo on;
```

Listagem 5.49: Saída do script mon_part_ind_struct.sql

```
SQL> @mon_part_ind_struct
SQL> set echo off
June 27, 1998            PARTITIONED INDEXES STRUCTURE
                       =========================
TABLE       INDEX-NAME      PART-    HIGHEST-     TABLESPACE    # of ROW
                            NAME     VALUE
-----       ----------      -----    --------     ----------    --------
EMPLOYEE    EMP_NONPREFIX   EMP1     1001         IDX_TBLSP1    125
                            EMP2     2001         IDX_TBLSP2    101
                            EMP3     3001         IDX_TBLSP3    168
                            EMP4     MAXVALUE     IDX_TBLSP4    124
            EMP_PREFIX      EMP1     1001         IDX_TBLSP1    125
                            EMP2     2001         IDX_TBLSP2    101
                            EMP3     3001         IDX_TBLSP3    168
                            EMP4     MAXVALUE     IDX_TBLSP4    124
SQL>
```

Conclusão

O Oracle8 oferece tabelas de sistema que têm todos os detalhes necessários para gerenciar o particionamento, Para recuperar informações sobre o seu índice particionado, você pode consultar as tabelas de sistema DBA_PART_INDEXES, DBA_PART_COLUMNS, DBA_PARTITIONS e DBA_IND_COLUMNS. Você também pode executar o script MON_PART_INDEXES.SQL para gerar um relatório sobre índices particionados em um banco de dados.

5.11 — Como crio tabela particionada hash?

8i	**Aplica-se a:** Oracle8*i*	**Índice do CD:** Partição de tabela hash
	Sistema operacional: Todos	

Problema

Eu gostaria de particionar uma extensa tabela usando um simples método de particionamento que distribuísse, igualmente, os dados através das partições e entre os tablespaces. Como posso criar uma tabela particionada distribuída?

Solução

O particionamento hash (distribuído) é um novo método de particionar uma tabela usando uma função hash (resíduo, distribuição) nas colunas particionadas. Linhas são mapeadas para as partições com base no valor residual do particionamento-chave. Elas são muito fáceis de criar e gerenciar. Basicamente, o banco de dados distribui automaticamente os dados entre as partições hash, usando a função Hash. Isso melhora ambos, o desempenho de consulta e também aquele de DML paralela, expandindo a I/O através de múltiplos tablespaces.

O particionamento hash é útil se você não souber quantos dados estarão em uma faixa. A quantidade de partições deve estar em um nível de 2, 4, 8, para atingir determinada distribuição de dados. Índices locais em tabelas hash particionadas são eqüiparticionados com a tabela de dados.

Partições hash podem ser armazenadas em quaisquer tablespaces especificados, o que proporciona flexibilidade total (veja a Listagem 5.50). Os índices locais em uma partição hash são igualmente particionados com os dados da tabela.

Listagem 5.50: Create Table... para a tabela particionada hash
```
CREATE TABLE... . .
PARTITION BY HASH ( <column_list> )
PARTITION (Quantity) STORE IN (tablespace_name, ) **Method 1
PARTITION (partition_name) (tablespace_name) ** Method 2
```

column_list é uma listagem de colunas usada para determinar a partição hash para armazenar a linha. Você não pode especificar mais do que 16 colunas, e ela não pode conter colunas ROWID ou UROWID.

O particionamento hash pode ser especificado de duas maneiras:

1. Especificação do número de partições

Nesse método, você especifica o número de partições e os nomes de tablespace. A cláusula STORE IN no comando CREATE TABLE especifica os tablespaces a serem usados. O número de tablespaces não precisa ser igual ao número de partições. Se o número de partições for maior do que os tablespaces especificados, o Oracle atribuirá as partições adicionais de maneira que oculte a sua procedência.

2. Especificação de partições individuais

Nesse método, você precisa especificar as partições individuais por nome. A cláusula TABLESPACE é usada para especificar onde a partição será armazenada (Listagem 5.51).

Listagem 5.51: Exemplo de criação de uma tabela particionada hash
```
CREATE TABLE <table_name>
    STORAGE (Initial xx M)
    PARTITION BY HASH (Column_list)
        (PARTITION <part-1> TABLESPACE <tbl-space-1>
         PARTITION <part-2> TABLESPACE <tbl-space-2>
         PARTITION <part-3> TABLESPACE <tbl-space-3>);
CREATE TABLE videos
    STORAGE (INITIAL 1M)
    PARTITION BY HASH (video_number)
        (PARTITION p1 TABLESPACE t1,
         PARTITION p2 TABLESPACE t2);
```

Conforme anteriormente discutido, existem dois métodos que podem ser usados para criar uma tabela particionada hash — um especificando o número de partições, e o outro especificando cada partição individual. Vamos agora percorrer um exemplo de criação de uma tabela particionada hash em Oracle8*i* usando cada um dos métodos.

Método 1 — Especificação do número de partições. O exemplo apresentado na Listagem 5.52 mostra como criar uma tabela particionada hash. Ele tem 8 partições que serão armazenadas em três tablespaces, chamados T1, T2 e T3. A tabela é particionada usando-se a coluna EMP_NUMBER.

Listagem 5.52: Exemplo de criação de uma tabela particionada hash
```
SVRMGR> CREATE TABLE employee
    2>       ( emp_number            NUMBER PRIMARY KEY,
    3>         emp_name              CHAR(40),
    4>         emp_address_1         CHAR(40),
    5>         emp_addres_2          CHAR(40),
    6>         emp_city              CHAR(20),
    7>         emp_state             CHAR(2),
    8>         emp_dept              CHAR(2),
    9>         emp_salary            NUMBER,
   10>         emp_bonus             NUMBER,
   11>         emp_hire_date         DATE )
   12>   STORAGE (INITITA1 1M NEXT 1M),
   13>   PARTITION BY HASH (emp_number) PARTITIONS 8
   14>     STORE IN (T1, T2, T3 );
Statement processed.
SVRMGR>
```

Método 2 — Especificação de partições individuais. Você também pode criar uma tabela particionada hash especificando cada partição individual pela maior granularidade, o que oferece maior controle. No exemplo mostrado na Listagem 5.53, você pode ver que criamos uma tabela particionada hash chamada EMPLOYEE, particionada usando-se a coluna EMP-NUMBER. Existem apenas três partições, com cada partição em um tablespace separado; assim a partição P1 está no tablespace T1, a partição P2 no tablespace T2 e assim por diante.

Listagem 5.53: Exemplo de criação de uma tabela particionada hash
```
SVRMGR> CREATE TABLE employee
     2>          ( emp_number          NUMBER PRIMARY KEY
     3>            emp_name            CHAR(40),
     4>            emp_address_1       CHAR(40),
     5>            emp_address_2       CHAR(40)
     6>            emp_city            CHAR(20),
     7>            emp_state           CHAR(2),
     8>            emp_dept            CHAR(2),
     9>            emp_salary          NUMBER,
    10>            emp_bonus           NUMBER,
    11>            emp_hire_date       DATE )
    12>     STORAGE (INITIAL 1M NEXT 1M),
    13>     PARTITION BY HASH (emp_number),
    14>          (PARTITION P1 TABLESPACE T1,
    15>           PARTITION P2 TABELSPACE T2,
    16>           PARTITION P3 TABLESPACE T3 );
Statement processed.
SVRMGR>
```

Etapas

Etapa 1 — Insira dados em partições hash. Agora vamos inserir algumas linhas na tabela particionada hash. Como você pode ver a partir da Listagem 5.54, as inserções são declarações INSERT normais. Suponhamos que o formato de data NLS seja DD-MON-YYYY. Uma vez que a declaração inserida tenha sido executada, assegure-se de também comprometer (COMMIT) os dados.

Listagem 5.54: Inserção de linhas na tabela particionada
```
SVRMGR> INSERT INTO employee values
     2> (100, 'John D', '1250 E.North Street', 'Mail Stop 31',
     3> 'Microsoft Way', 'TX', '18",5000.00,1200.00
     4> '01-JAN-1999'
1 row processed.
SVRMGR> INSERT INTO employee values
     2> (200, 'Noel T', '880 South 23 Street', 'Mail Stop 11',
1 row processed.
SVRMGR>
```

Etapa 2 — Consulte a tabela. Uma vez que os dados tenham sido inseridos na tabela particionada hash, você pode começar a consultá-la. Como pode ser visto a partir da Listagem 5.55, se consultarmos a tabela EMPLOYEE, duas linhas nos serão retornadas. Agora, vejamos a Listagem 5.56, onde consultamos a mesma tabela EMPLOYEE mas especificamos PARTITION (partition_name); como você pode ver na partição P1, recebemos de volta apenas uma linha, na partição P2 não há linhas e na partição P3 há uma linha. Diferente de particionamento de faixa, onde você precisa especificar a definição de faixa (isto é, o limite inferior e superior) para cada partição, no particionamento hash os dados são distribuídos automaticamente entre as partições.

Listagem 5.55: Consulta à tabela employee
```
SVRMGR> select emp_number,emp_name
    2> from employee;
EMP_NUMBER         EMP_NAME
----------         --------
    200            Noel T
    100            John D
2 rows selected.
SVRMGR>
```

Listagem 5.56: Consulta à tabela employee para uma partição específica
```
SVRMGR> select emp_name from employee partition (p1);
EMP_NAME
---------
Noel T
1 row selected.
SVRMGR> select emp_name from employee partition (p2);
EMP_NAME
---------
0 rows selected.
SVRMGR> select emp_name from employee partition (p3);
EMP_NAME
---------
John D
1 row selected.
SVRMGR>
```

No particionamento hash, como o particionamento de faixa, você pode dividir (SLIPT), fundir (MERGE), excluir (DROP), unir (COALESCE) e adicionar (ADD) partições.

As declarações para gerenciar as partições hash são:
- ALTER TABLE ... SPLIT PARTITION
- ALTER TABLE ... DROP PARTITION
- ALTER TABLE ... MERGE PARTITION
- ALTER TABLE ... COALESCE PARTITION
- ALTER TABLE ... ADD PARTITION

A opção COALESCE PARTITION remove uma única partição hash e redistribui os dados. A opção ADD PARTITION acrescenta uma única partição hash e redistribui os dados. Você também pode acrescentar a partição hash em paralelo.

Conclusão

O particionamento hash é um novo método de particionar uma tabela usando a função hash nas colunas particionadas. Ele é útil se você não souber quantos dados estão em uma faixa. As linhas são mapeadas para as partições com base no valor hash do particionamento-chave. No particionamento hash os dados são distribuídos usando-se a função hash e os armazena de maneira distribuída, distribuindo a I/O através de múltiplos tablespaces. Isso aperfeiçoa o desempenho da consulta e também o de DML paralela.

5.12 — Como crio uma tabela particionada composta?

Aplica-se a: Oracle8*i* **Índice do CD:** Partição de tabela composta
Sistema operacional: Todos

Problema

Eu gostaria de criar uma tabela com base no novo método de particionamento composto. Quais procedimentos devo seguir para criar uma tabela particionada composta?

Solução

O particionamento composto usa uma combinação de partição de faixa e partição hash (Listagem 5.57).Primeiro, ele particiona os dados usando o método de faixa, e dentro de cada partição usa o método hash. Ele oferece a maneabilidade e a disponibilidade do particionamento de faixa com as vantagens de distribuição de dados do particionamento hash. Você pode especificar as faixas de valores para as partições principais da tabela e, depois, especificar o número de subpartições hash.

O particionamento composto é adequado tanto para dados históricos quanto para dados igualmente distribuídos através de tablespaces.

Características de uma tabela particionada composta são:
- Oferece a vantagem de colocação de dados de particionamento de faixa
- Oferece a vantagem de usar o particionamento hash em paralelo
- Pode nomear subpartições
- Poder armazenar subpartições em tablespaces específicos
- Pode montar índices locais
- Pode montar índices globais particionados em faixa
- Pode nomear subpartições de índices
- Pode armazenar subpartições de índices em tablespaces específicos.

Listagem 5.57: Sintaxe para criar uma tabela particionada composta
```
PARTITION BY RANGE ( <column_list> )
    SUBPARTITION BY HASH ( <column_list>, )
    SUBPARTITIONS (quantity) STORE IN (Tablespace_name)
```

A subpartition_clause especifica que a tabela deve ser subparticionada por hash. O subparticionamento column_list não está relacionado ao particionamento-chave. A quantidade (quantity) especifica o número de subseções de cada partição. O padrão de subpartição é 1. Você pode especificar até 63.999 partições e 63.999 subpartições.

Etapas

Etapa 1. Vamos criar uma nova tabela particionada composta, especificando ambos, a faixa e o hash. No exemplo mostrado na Listagem 5.58, a tabela CUSTOMER primeiro é particionada por faixa, por STATE_CODE. Como você pode ver, existem quatro faixas de partições, P1, P2, P3 e P4. Agora, cada uma dessas partições é mais subparticionada em suas subseções. Portanto, há um total de 24 partições na tabela CUSTOMER — uma subpartição para cada uma das partições ficaria em cada tablespace.

Listagem 5.58: Sintaxe para criar uma tabela particionada composta

```
SVRMGR> CREATE TABLE customer
    2>        ( cust_number       NUMBER PRIMARY KEY
    3>        name                CHAR(40),
    4>        address_1           CHAR(40),
    5>        address_2           CHAR(40),
    6>        state_code          CHAR(2),
    7>        zip_code            NUMBER)
    8> PARTITION BY RANGE (state_code)
    9>     SUBPARTITION BY HASH(cust_number) SUBPARTITIONS 6
   10>     STORE IN (T1, T2, T3)
   11>     ( PARTITION P1 VALUES LESS THAN ('IA'),
   12>     PARTITION P2 VALUES LESS THAN ('MO'),
   13>     PARTITION P3 VALUES LESS THAN ('PA'),
   14>     PARTITION P4 VALUES LESS THAN (MAXVALUE) );
Statement processed.
SVRMGR>
```

Para gerenciar subpartições compostas, o Oracle oferece o seguinte:
- ALTER TABLE ... MODIFY SURPARTITION...
- ALTER TABLE ... REBUILD SUBPARTITION...
- ALTER TABLE ... EXCHANGE SUBPARTITION...
- ALTER TABLE ... ADD SUBPARTITION ...
- ALTER TABLE ... MODIFY SUBPARTITION ...
- ALTER TABLE ... TRUNCATE SUBPARTITION ...

Além das subpartições, você pode fazer o mesmo com partições.
- ALTER TABLE ... ADD PARTITION ...
- ALTER TABLE ... COALESCE PARTITION
- ALTER TABLE ... DROP PARTITION
- ALTER TABLE ... EXCHANGE PARTITION
- ALTER TABLE ... MERGE PARTITION
- ALTER TABLE ... MOVE PARTITION...
- ALTER TABLE ... REBUILD PARTITION
- ALTER TABLE ... SPLIT PARTITION ...

Conclusão

O particionamento composto usa uma combinação de partição de faixa e a partição hash. Nesse método, primeiro o Oracle particiona os dados usando o método de faixa e, dentro de cada partição, usa o método hash. Esse método oferece melhor maneabilidade e disponibilidade de particionamento de faixa, junto com as vantagens de distribuição de dados do particionamento hash. O particionamento composto é adequado tanto para dados históricos quanto para distribuir dados igualmente através de tablespaces.

5.13 — Como faço fusão de partições?

8i	Aplica-se a: Oracle8*i*	Índice do CD: Fusão de partição
	Sistema operacional: Todos	

Problema

Eu tenho usado uma tabela particionada por faixa em uma grande tabela. Ela tem mais de 24 partições e os dados não parecem estar distribuídos igualmente através das partições. Eu gostaria de fundir as partições que têm menos dados, para que possa gerenciá-las mais facilmente. Como posso fundir partições?

Solução

Fundir partições é o inverso de separá-las. Esse é um novo recurso em Oracle8*i*. Você só pode fundir duas partições adjacentes de uma faixa ou tabela particionada composta em uma única partição. A sintaxe para fundir duas partições é mostrada na Listagem 5.59.

Listagem 5.59: Sintaxe de fusão de partição
```
ALTER TABLE <table_name>
MERGE PARTITION <partition-name-1>, <partition-name-2>
    INTO PARTITION <new_partition_name>
```

Para fundir partições, a tabela não pode ser particionada por hash — são permitidas apenas faixa ou faixa composta. Você obterá um erro ORA-14255 se tentar fundir partições em uma tabela particionada hash.

Etapas

Antes de mais nada, suponhamos que temos uma tabela CUSTOMER que é particionada em faixa. A Listagem 5.60 mostra a definição da tabela CUSTOMER.

Listagem 5.60: Criação de uma partição de tabela baseada em faixa

```
SVRMGR> create table customer
    2>             ( cust_number      NUMBER PRIMARY KEY,
    3>               name             CHAR(40),
    4>               address_1        CHAR(40),
    5>               address_2        CHAR(40),
    6>               state_code       CHAR(2),
    7>               zip_code         NUMBER )
    8> PARTITION BY RANGE(state_code)
    9>      (PARTITION S1 VALUES LESS THAN ('IA')
   10>         TABLESPACE T1
   11>           STORAGE (INITIAL 1M NEXT 1M),
   12>       PARTITION S2 VALUES LESS THAN ('MO')
   13>         TABLESPACE T2
   14>           STORAGE (INITIAL 1M NEXT 1M),
   15>       PARTITION S3 VALUES LESS THAN ('PA')
   16>         TABLESPACE T3
   17>           STORAGE (INITIAL 1M NEXT 1M),
   18>       PARTITION S4 VALUES LESS THAN (MAXVALUE)
   19>         TABLESPACE T4)
   20>           STORAGE (INITIAL 1M NEXT 1M);
Statement processed.
SVRMGR>
```

Etapa 1. Vamos acrescentar cinco linhas à tabela CUSTOMER, com vários códigos de Estado, como mostrado na Listagem 5.61. Isso permitirá às linhas serem distribuídas pelas partições, visto que a partição-chave é o código de Estado.

Listagem 5.61: Inserção de linhas na tabela customer

```
SVRMGR> insert into customer values (1001, 'JOHN',
    2>    '1260 New Memory Ave', 'APT 901T1', 'CA', 95691);
1 row processed.
SVRMGR> insert into customer values (1002, 'NOEL',
    2>    '180 Old Storage Rd', ' ', 'TX', 89691);
1 row processed.
SVRMGR> insert into customer values (1003, 'PARAG',
    2>    '70 Disney Rd', ' ', 'IN', 89691);
1 row processed.
SVRMGR> insert into customer values (1004, 'RONALD',
    2>    '1234 Gold Street', ' ', 'CA' 89691);
1 row processed.
SVRMGR> insert into customer values (1005, 'MANMEET',
    2>    '349 12 Street', ' ', 'NY', 89691);
1 row processed.
SVRMGR>
```

Capítulo 5 - *Como particionar a administração* | 311

Ao consultar a tabela CUSTOMER, podemos ver que existem cinco linhas na tabela (Listagem 5.62).

Listagem 5.62: Consulta à tabela customer
```
SVRMGR> select name, state_code
     2> from customer;
NAME                          ST
-----                         --
JOHN                          CA
RONALD                        CA
PARAG                         IN
MANMEET                       NY
NOEL                          TX
5 rows selected.
SVRMGR>
```

> **Etapa 2.** Ao consultar a tabela de cliente e especificar o nome da partição, obtemos os resultados mostrados na Listagem 5.63. Como você pode ver, há uma ou duas linhas em cada partição.

Listagem 5.63: Consulta à tabela customer para uma partição específica
```
SVRMGR> select name, state_code from customer partition (s1);
NAME                          ST
----------                    --
JOHN                          CA
RONALD                        CA
2 rows selected.
SVRMGR> select name, state_code from customer partition (s2);
NAME                          ST
----------                    --
PARAG                         IN
1 row selected.
SVRMGR> select name, state_code from customer partition (s3);
NAME                          ST
----------                    --
MANMEET                       NY
1 row selected.
SVRMGR> select name, state_code from customer partition (s4);
NAME                          ST
----------                    --
NOEL                          TX
1 row selected.
SVRMGR>
```

> **Etapa 3.** Vamos tentar agora fundir as partições S3 e S4, por exemplo, chamando a nova partição de S34, e tentar armazená-la no tablespace T5, conforme mostrado na Listagem 5.64.

Listagem 5.64: Fusão de partições
```
SVRMGR> ALTER TABLE customer
    2>      MERGE PARTITIONS S3, S4
    3>          INTO PARTITION S34
    4>          TABLESPACE T5;
Statement processed.
SVRMGR>
```

Etapa 4. Ao consultar a partição S3, obtemos o erro ORA-02149, que se refere a uma partição não existente, conforme mostrado na Listagem 5.65.

Listagem 5.65: Consulta à tabela customer em busca de partições apagadas
```
SVRMGR> select name, state_code from customer partition (s3);
select name, state_code from customer partition (s3)
                                                 *
ORA-02149: Specified partition does not exist
```

Etapa 5. Finalmente, consultamos a nova partição S34 e obtemos as duas linhas que originalmente estavam nas partições S3 e S4 (Listagem 5.66).

Listagem 5.66: Consulta à tabela customer sobre a nova partição
```
SVRMGR> select name, state_code from customer partition (s34);
NAME                    ST
----------              --
MANMEET                 NY
NOEL                    TX
2 rows selected.
SVRMGR>
```

Conclusão

A partir do Oracle8i, você pode fundir (MERGE) partições em uma única partição. No entanto, só pode fundir partições *adjacentes* de uma tabela particionada por faixa ou composta. Esse recurso é muito importante se você tiver partições demais e quiser consolidar algumas, para melhor maneabilidade e desempenho.

5.14 — Como habilito o movimento de linhas entre partições?

8i	Aplica-se a: Oracle8*i*	Índice do CD: Movimento de linha
	Sistema operacional: Todos	

Capítulo 5 - *Como particionar a administração* | 313

Problema

Eu tenho um aplicativo que muda o valor de partição-chave em uma tabela particionada. A atualização da partição-chave falha com a mensagem de erro ORA-14402, "updating partition ky column would cause a partition change"(atualizar a coluna de partição-chave causaria uma mudança na partição. Como posso habilitar o movimento de linhas entre partições?

Solução

Em Oracle8i você pode habilitar ou desabilitar o movimento de linhas entre partições. A sintaxe para habilitar tal movimento é encontrada na declaração ALTER TABLE, com a opção ENABLE/DISABLE ROW MOVEMENT (Listagem 5.67). Se você estiver usando o particionamento hash e o seu aplicativo mudar a partição-chave de tal modo que mude a partição, então o Oracle gerará um erro. Para contornar esse problema, a versão 8i permite que você habilite o movimento de linhas entre partições com alguns códigos extras.

Listagem 5.67: Sintaxe para habilitar/desabilitar movimento de linha
```
ALTER TABLE <table_name>
ENABLE/DISABLE ROW MOVEMENT
```

Etapas

Etapa 1. Vamos supor que temos uma tabela CUSTOMER que é particionada com base em faixa em STATE_CODE. A Listagem 5.68 mostra duas linhas sendo inseridas na tabela.

Listagem 5.68: Inserção de linhas na tabela customer
```
SVRMGR> insert into customer values (1001, 'JOHN',
    2>    '1260 New Memory Ave', 'APT 901T1', 'CA', 95691);
1 row processed.
SVRMGR> insert into customer values (1002, 'NOEL',
    2>    '880 Old Storage Rd', ' ', 'TX', 89691);
1 row processed.
SVRMGR> commit;
Statement processed.
SVRMGR>
```

Etapa 2. Agora, se tentarmos atualizar a tabela CUSTOMER, de modo que o valor STATE_CODE mude e a linha tenha migrado para outra partição, a operação falhará, com ORA-14002, conforme mostrado na Listagem 5.69.

Listagem 5.69: Atualização da tabela customer
```
SVRMGR> update customer set state_code = 'NY'
   2> where cust_number = 1001;
ORA-14402: updating partition key column would cause a partition change
SVRMGR>
```

Etapa 3. Para habilitar ROW MOVEMENT (movimento de linha) para aquela tabela, você teria simplesmente que usar a declaração ALTER TABLE ou a declaração CREATE TABLE. A Listagem 5.70 mostra como habilitar ROW MOVEMENT da tabela CUSTOMER.

Listagem 5.70: Uso do comando ALTER para habilitar ROW MOVEMENT
```
SVRMGR> ALTER TABLE customer
   2>    ENABLE ROW MOVEMENT;
Statement processed.
SVRMGR>
```

Etapa 4. Uma vez que a tabela tenha sido habilitada, então você pode usar o comando UPDATE para mudar a coluna STATE_CODE da tabela CUSTOMER. Como pode ser visto na Listagem 5.71, a atualização foi bem-sucedida.

Listagem 5.71: Atualização da tabela customer
```
SVRMGR> update customer set state_code = 'NY'
   2>    where cust_number = 1001;
1 row processed.
SVRMGR> commit;
Statement processed.
SVRMGR>
```

Conclusão

No Oracle8i você pode habilitar ou desabilitar movimento de linhas entre partições, usando a declaração ALTER TABLE com a opção ROW MOVEMENT. Anteriormente, se você estivesse usando uma tabela particionada de faixa e o seu aplicativo atualizasse a partição-chave, de modo que ele mudasse a partição, o Oracle geraria um erro e falharia em executar o comando. No entanto, com Oracle8i agora você pode habilitar ou desabilitar linhas quanto ao movimento entre partições.

6

Backup e recuperação

Referência rápida
Se você quiser saber sobre backup (cópia) e recuperação...

A — No Windows NT
- Opções de backup no Oracle8... veja 6.1
- Uso do Recovery Manager (gerenciador de recuperação)... veja 6.2
- Backup "quente" de banco de dados em NT... veja 6.3
- Backup total de banco de dados em NT... veja 6.5

B — No UNIX
- Backup "quente" de banco de dados em UNIX... veja 6.4
- Backup total de banco de dados em UNIX... veja 6.6

C — Em uma variedade de situações
- Agendamento de backup em um banco de dados... veja 6.7
- Recuperação de banco de dados para uma indicação no tempo... veja 6.8
- Uso de export/import para fazer backups... veja 6.9
- Como fazer backup de banco de dados no modo paralelo... veja 6.10
- Recuperação depois da perda de um arquivo de dados... veja 6.11
- Como garantir que a leitura de blocos não seja corrompida... veja 6.12
- Verificação dos arquivos de dados na integridade da estrutura de dados... veja 6.13
- Reinicio e interrupção de banco de dados... veja 6.14
- Incrementando processos de arquivo... veja 6.15

Visão geral

O Oracle leva a sério a funcionalidade de backup e recuperação e agora oferece um sistema de backup e recuperação totalmente integrado, que não apenas oferece maior facilidade de administração e gerenciamento, mas também disponibilidade e desempenho aumentados. Você pode usar o Oracle Recovery Manager (RMAN — Gerenciador de recuperação Oracle) para fazer o backup de qualquer banco de dados remoto com a opção da linha de comando, ou o Backup Manager (gerenciador de cópia) no OEM.

Com o 8*i* você pode definir múltiplos destinos de arquivos remotos. Isso é especialmente útil para backup de arquivo baseado em disco ou para especificar um local de banco de dados remoto para sustentação na implementação de banco de dados (veja no Capítulo 10 detalhes sobre como implementar uma sustentação de banco de dados). No Oracle8*i* você também pode ter múltiplos processos de arquivo. Isso é útil em situações onde o escritor de registro escreve mais rápido do que o processo de arquivo. Anteriormente, o escritor de registro tinha que esperar caso o registro refeito solicitado não estivesse arquivado. Com os novos recursos você pode evitar esse atraso, atribuindo muitos processos de arquivamento para escrever simultaneamente os arquivos.

Com o Oracle8*i*, o uso de um catálogo de recuperação é opcional. RMAN usa o controle de arquivo do banco de dados para obter as informações. Os novos recursos, tais como o paralelismo e a API (Application Program Interface — interface de programas aplicativos) terceirizada, oferecem a capacidade de copiar facilmente bancos de dados muito grandes, e o novo Oracle8 Recovery Manager GUI oferece facilidade e flexibilidade de uso. O catálogo de recuperação permite que você copie e recupere muitas cópias a partir de um único console. Além do mais, se você preferir usar um backup do sistema operacional (OS), tal opção ainda está disponível. No entanto, você precisa se assegurar de que os backups são feitos corretamente.

Perguntas

6.1 — Quais são as várias opções de backup no Oracle8?

Aplica-se a: Oracle 8	Índice do CD: Backup
Sistema operacional: Todos	

Problema

Estou migrando meu banco de dados de Oracle7.3 para Oracle 8.0.5. Eu gostaria de saber quais opções de backup estão disponíveis em Oracle8.

Solução

Agora, o Oracle8 oferece um recurso integrado de backup e recuperação, cujas opções incluem:

- Procedimentos de backup e recuperação simplificados
- Backups 'quentes' e 'frios'
- Paralelização automática de backup e recuperações
- Backups incrementais
- Fornecimento para todo o banco de dados ou subconjunto de banco de dados
- Diminuição de erro de operador
- Detecção de corrupção de banco de dados
- Pode copiar registros arquivados em disco para fita e vice-versa
- Gera registros para impressão de todos os backups e recuperações
- Usa o catálogo de recuperação para automatizar backup e recuperação

Métodos de backup

- Recovery Manager (gerenciador de recuperação) (apenas em Oracle8)
- Enterprise Backup Utility (EBU — utilitário empresarial de cópia) (apenas em Oracle7)
- Export/Import (exportação/importação)
- OS backup (cópia de sistema operacional)

Recovery Manager (RMAN)

RMAN é uma ferramenta de backup e recuperação disponível no Oracle8. Ela permite que você copie o arquivo do banco de dados, do registro de arquivo e dos arquivos de controle. No entanto, não copia os arquivos de inicialização. A RMAN usa I/O assíncrono para ler e escrever em dispositivos suportados pelo sistema operacional. Também permite que você realize em paralelo operações de backup e recuperação, ao mesmo tempo que proporciona a oportunidade de especificar o grau de paralelismo. A arquitetura de Oracle8 Recovery Manager é mostrada na Figura 6.1.

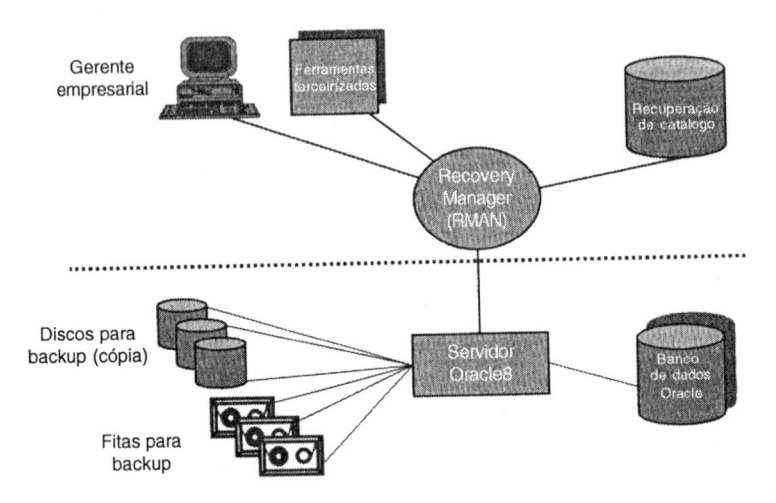

*Figura 6.1: Arquitetura de Recovery Manager
(gerenciador de recuperação)*

O Oracle também oferece uma ferramenta GUI chamada Backup Manager (gerenciador de cópia) para fazer backup e recuperação, conforme mostrado na Figura 6.2. Essa ferramenta não apenas oferece uma simples operação de apontar-e-clicar de backup e recuperação, como também um recurso integrado de backup remoto.

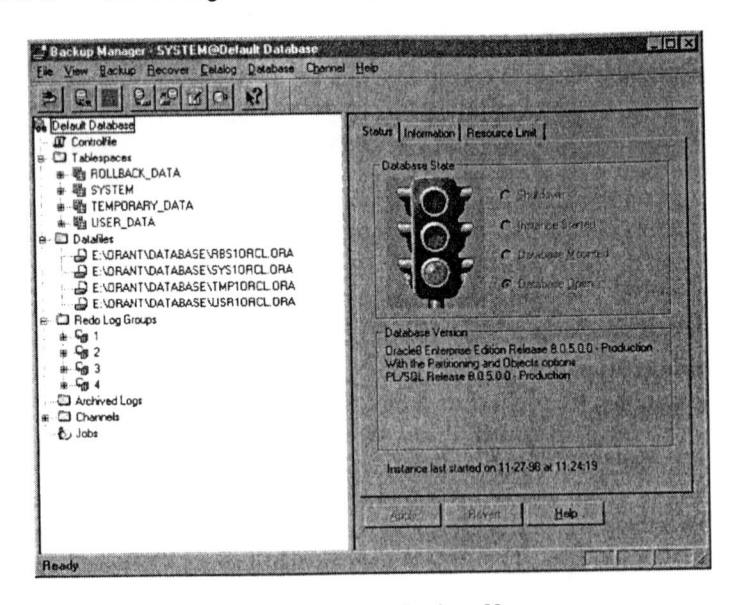

*Figura 6.2: Oracle 8 Backup Manager
(gerenciador de cópia Oracle8)*

Enterprise Backup Utility (EBU)

O EBU só pode ser usado com Oracle7. Basicamente, o Oracle integrou os recursos e a funcionalidade EBU no Oracle8 Recovery Manager.

Utilitário de exportação/importação

O utilitário Export/Import escreve do banco de dados em um arquivo do sistema operacional, no formato interno Oracle. Se você quiser mover dados entre diferentes bancos de dados que estão em diferentes sistemas operacionais, como NT, UNIX ou MVS, pode usar o utilitário Export/Import para realizar tal migração. Esse utilitário também permite que você exporte seletivamente objetos de banco de dados.

Backups de sistema operacional

Os backups de sistema operacional estão disponíveis desde a versão mais inicial do Oracle. Nesse método, você é responsável por copiar o banco de dados localizado com sua ferramenta preferida do sistema operacional. Por exemplo, pode usar os utilitários de backup cpio, tar ou dd para copiar o banco de dados. Pode fazer um backup 'quente' ou um 'frio' usando o backup do sistema operacional. A Tabela 6.1 mostra os diferentes métodos de backup disponíveis.

Tabela 6.1: Comparação de diferentes métodos de backup

Recurso	Recovery Manager	Export/Import	OS backup
Backup "quente" (banco de dados aberto)	Sim	Sim	Sim
Backup 'frio' (banco de dados fechado)	Sim	Não	Sim
Backup incremental	Sim	Sim	Não
Init.ora e senha de backup	Não	Não	Sim
Backup para fita	Sim	Sim	Sim
Backups automáticos	Sim	Sim (através de Enterprise Manager)	Não
Verificação de blocos corrompidos	Sim	Sim	Não

Conclusão

A nova opção de backup e recuperação de Oracle, incluindo recursos como paralelismo e API terceirizada, oferecem a capacidade de copiar com facilidade bancos de dados muito grandes. O novo Oracle8 RMAN GUI oferece facilidade de uso e flexibilidade. Junto com o catálogo de recuperação, agora você pode copiar e recuperar muitas cópias a partir de um único console. A opção para usar cópia em seu sistema operacional ainda está disponível, mas você precisa tomar cuidado para garantir que as cópias sejam feitas corretamente e os locais dos arquivos, e similares, sejam adequadamente cuidados.

6.2 — Como usar o Oracle RMAN para fazer backup e recuperação?

Aplica-se a: Oracle8 e Oracle8*i*	Índice do CD: RMAN
Sistema operacional: Todos	

Problema

Eu gostaria de usar o Oracle Recovery Manager para copiar e recuperar meu banco de dados Oracle8. Como faço isso?

Solução

RMAN é uma ferramenta de backup e recuperação que usa I/O assíncrona para ler e escrever em dispositivos suportados pelo sistema operacional. Ela só está disponível com o Oracle8, e permite a você copiar o arquivo do banco de dados, registro de arquivo e os arquivos de controle. No entanto, ele não copia os arquivos de inicialização. RMAN também inclui a opção de realizar operações de backup e recuperação, ao mesmo tempo que permite especificar o grau preferido de paralelismo.

RMAN pode ser executada a partir do Enterprise Manager, usando a interface de linha de comando. A Figura 6.3 mostra a ferramenta Backup Manager GUI (gerenciador de cópia Graphic User Interface — interface gráfica de usuário).

É recomendável que você tenha um banco de dados em separado no qual armazenar o catálogo de recuperação, além do banco de dados alvo, visto que o catálogo de recuperação armazena a maioria das informações sobre o banco de dados alvo, simplificando a sua recuperação.

Etapas

Vamos supor que temos bancos de dados sendo executados em dois sistemas diferentes. Um sendo executado no Windows NT, chamado de "ORCL", e o outro sendo executado em Solaris, chamado "MAN".

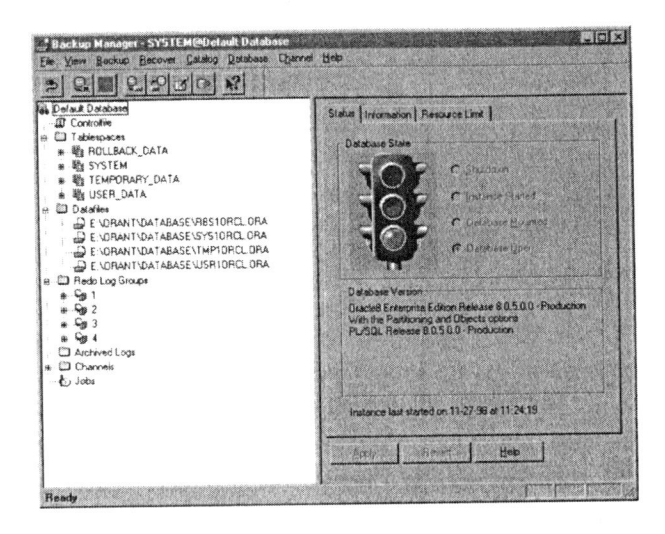

Figura 6.3 — Backup Manager (gerenciador de cópia)

Primeiramente, você deve criar o catálogo de recuperação no banco de dados local. Nesse caso, ele é o banco de dados ORCL. Assegure-se de que você instalou o catálogo e os catálogos de sistema catproc antes de instalar o catálogo catrman. Na Listagem 6.1 você pode ver que criamos um usuário chamado "RMAN" com privilégios dba e estamos executando o catálogo CATRMAN.SQL.

Listagem 6.1: Catálogo CATRMAN

```
SVRMGR> spool catalog_create.log
SVRMGR> connect internal;
SVRMGR> create user rman identified by rman;
SVRMGR> grant recovery_catalog_owner to rman;
SVRMGR> grant dba to rman;
SVRMGR> connect rman/rman;
SVRMGR> @E:\orant\rdbms80\admin\catrman
<<<<<Message from catrman.sql script>>>>>
SVRMGR> spool off;
```

Registro de entrada da banco de dados remoto como SYSDBA

Um dos recursos mais extraordinários no Oracle é a habilidade de copiar qualquer banco de dados remoto. No entanto, para fazê-lo, você precisa ter privilégios DBA e o seu servidor e cliente precisam estar ajustados para permitir o registro de entrada (login) no banco de dados como SYSDBA. O ajuste a seguir criará uma senha de arquivo no servidor, para habilitar o registro de entrada no banco de dados remoto, como SYSDBA.

No servidor

Etapa 1 — Gere senha de arquivo. Primeiramente, você precisa gerar uma senha de arquivo usando o utilitário Orapwd. Como pode ser visto na Listagem 6.2, criamos um arquivo chamado ORAPWMAN.

Listagem 6.2: Geração da senha de arquivo
```
/export/home/oracle8.0.5> orapwd file=orapwman password=manager
entries=10
/export/home/oracle8.0.5> ls - trl orapwman
-rwSr- - - - - 1 oracle dba 2560 Dec 1 20:59 orapwman
/export/home/oracle8.0.5>
```

Etapa 2 — Feche o banco de dados. Uma vez que você tenha gerado a senha de arquivo, pode fechar o banco de dados, pois mudaremos o arquivo INIT.ORA para incluir um novo parâmetro (Listagem 6.3).

Listagem 6.3: Como fechar o banco de dados
```
SVRMGR> connect internal
Connected.
SVRMGR> shutdown;
Database closed.
Database dismounted.
ORACLE instance shut down.
SVRMGR>
```

Etapa 3 — Acrescente ao arquivo INIT.ORA. Uma vez desligado o banco de dados, acrescente o parâmetro REMOTE_LOGIN_PASSWORDFILE no arquivo INIT.ORA, que precisa ser ajustado para EXCLUSIVE (exclusivo) (Listagem 6.4).

Listagem 6.4: Acréscimo de um parâmetro no arquivo INIT.ORA
```
remote_login_passwordfile=exclusive
```

Etapa 4 — Faça surgir o banco de dados. Agora, você pode fazer surgir o banco de dados.

Listagem 6.5: Apresentação do banco de dados

```
SVRMGR> connect internal
Connected.
SVRMGR> startup
ORACLE instance started.
Total System Global Area    4754960 bytes
Fixed Size                    48656 bytes
Variable Size               4222976 bytes
Database Buffers             409600 bytes
Redo Buffers                  73728 bytes
Database mounted.
Database opened.
SVRMGR>
```

Etapa 5 — Crie um novo usuário DBA remoto. Agora acrescente um usuário chamado "SUPER", com privilégio SYSDBA, que estaremos usando a partir de um registro de entrada remoto, conforme mostrado na Listagem 6.6.

Listagem 6.6: Recriação de um usuário DBA remoto

```
SVRMGR> create user super identified by super;
Statement processed.
SVRMGR> grant connect, resource to super;
Statement processed.
SVRMGR> grant sysdba to super;
Statement processed.
SVRMGR> commit;
Statement processed.
SVRMGR>
```

No lado do cliente

Etapa 1 — Obtenha INIT.ORA do servidor. Obtenha o arquivo INIT.ORA do servidor e copie-o no diretório $ORACLE_HOME\sysman\Ifiles.

Como copiar um tablespace em um banco de dados remoto

Uma vez que temos o registro de entrada para SYSDATA no banco de dados remoto, podemos emitir o comando Rman80 em um cliente, tal como Windows NT, e copiar o banco de dados. O exemplo a seguir demonstra como copiar um c. Como pode ser visto na Listagem 6.7, conectamos com a conta SYSDBA remota, em SFO.WORLD. Entretanto, estamos usando o banco de dados local em Windows NT para armazenar o catálogo de recuperação. Na Listagem 6.7, copiamos os índices de tablespace em disco, no diretório /raid2/BACKUP. Uma vez completado o backup, podemos relacionar o arquivo de backup como mostrado na Listagem 6.8.

Listagem 6.7: Como usar o Recovery Manager para copiar um tablespace

```
E:\> rman80 super/super@sfo.world rcvcat rman/rman
Recovery Manager: Release 8.0.5.0.0 — Production
RMAN-06005: connected to target database: MAN
RMAN:06008: connected to recovery catalog database
RMAN> register database;
RMAN-03022: compiling command: register
RMAN-03023: executing command: register
RMAN-08006: database registered in recovery catalog
RMAN-03023: executing command: full resync
RMAN-08029: snapshot controlfile name set to default value: ?/dbs/
    snapcf_@.f
RMAN-08004: full resync complete
RMAN> run {
2> allocate channel d1 type disk;
3> backup
4> tag tblspace
5> format '/raid2/BACKUP/tblspace_t%t_s%s'
6> (tablespace indexts);
7> release channel d1;
8> }
RMAN-03022: compiling command: allocate
RMAN-03023: executing command: allocate
RMAN-08030: allocated channeld: d1
RMAN-08500: channeld d1: sid=16 devtype=DISK
RMAN-03022: compiling command: backup
RMAN-03023: executing command: backup
RMAN-08008: channeld d1: starting datafile backupset
RMAN-08502: set_count=1 set_stamp=350686478
RMAN-08010: channel d1: including datafile 4 in backupset
RMAN-08013: channeld d1: piece 1 created
RMAN-08503: piece handle=/raid2/BACKUP/tblspace_t350686478_s1
    comment=NONE
RMAN-03023: executing command: partial resync
RMAN-08003: staring partial resync of recovery catalog
RMAN-08005: partial resync complete
RMAN-03022: compiling command: release
RMAN-03023: executing command: release
RMAN-08031: released channel: d1
RMAN>
```

Listagem 6.8: Lista de backup do arquivo

```
/export/home/oracle8.0.5> ls -trl tbl*
-rw-r- - - - - 1 oracle     dba    47616 Nov 29 20:54 tblspace_t350686478_s1
/export/home/oracle8.0.5>
```

Para fazer um backup completo sem um catálogo de recuperação

Vamos agora fazer um backup completo do banco de dados na máquina local em UNIX. Não usaremos um catálogo de recuperação. Conforme mostrado na Listagem 6.9, especificamos a opção FULL (completa) e (DATABASE) para o backup completo no local /raid2/BACKUP.

Listagem 6.9: Backup completo

```
/export/home/oracle8.0.5> rman nocatalog
Recovery Manager: Release 8.0.5.0.0 — Production
RMAN-06009: using target database controlfile instead of recovery catalog
RMAN> connect target super/super
RMAN-06005: connected to target database: MAN
RMAN> run {
2> allocate channel d1 type disk;
3> backup
4> full
5> tag full_backup_120198
6> format '/raid2BACKUP/fb_t%t_s%s_p%p'
7> (database);
8> release channel d1;
9> }
RMAN-03022: compiling command: allocate
RMAN-03023: executing command: allocate
RMAN-08030: allocated channel: d1
RMAN-08500: channel d1: sid=15 dectype=DISK
RMAN-03022: compiling command> backup
RMAN-03023: executing command: backup
RMAN-08008: channel d1: starting datafile backupset
RMAN-08502: set_count=2 set_stamp=350948788
RMAN-08010: channel d1: including datafile 1 in backupset
RMAN-08011: channel d1: including current controlfile in backupset
RMAN-08010: channel d1: including datafile 2 in backupset
RMAN-08013: channel d1: piece 1 created
RMAN-08503: piece handle=/raid2/FULLBACKUP/fb_t350948788_s2_p1
   comment=NONE
RMAN-03022: compiling command: release
RMAN-03023: executing command: release
RMAN-08031: released channel: d1
RMAN>
RMAN> list backupset of database;
RMAN-03022: compiling command: list
RMAN-06230: List of Datafile Backups
RMAN-06231: Key    File   Type    LV Completion_time    Ckp SCN   Ckp Time
RMAN-06232: ---    ---    ---        -------------      -------   --------
RMAN-06233: 2      1      Full       01-DEC-98          12320     01-DEC-98
RMAN-06233: 2      2      Full       01-DEC-98          12320     01-DEC-98
RMAN>
```

Listagem 6.10: Lista do backup de arquivo

```
/export/home/oracle8.0.5> ls -trl
total 40656
-rw-r-----   1 oracle    dba      20783616 Dec 1 21:47 fb_t350948788_s2_p1
/export/home/oracle8.0.5>
```

Conclusão

O Recovery Manager no Oracle8 oferece o recurso de copiar e recuperar o banco de dados. Isso pode ser feito usando-se a linha de comando ou através do OEM Backup Manager.

6.3 — Como faço backups 'quentes' de banco de dados em Windows NT usando o método de backup OS?

Aplica-se a: Oracle7, Oracle8 e Oracle8*i*   **Índice do CD:** Backup "quente"
Sistema operacional: Windows NT

Problema

Tenho um aplicativo que precisa ser executado o tempo todo. Eu gostaria de fazer um backup "quente" do banco de dados no Windows NT. Como implemento essa solução de backup usando o método de backup do sistema operacional?

Solução

O backup "quente" é um backup de um ou mais arquivos de dados enquanto o banco de dados está aberto. Para fazer um backup "quente" você precisa emitir a declaração ALTER TABLESPACE BEGIN BACKUP. Basicamente, o Oracle encerra as operações no arquivo de dados que está sendo copiado, inclusive escrever nos cabeçalhos do arquivo de dados. Quando você estiver fazendo um backup a nível de O/S, precisará emitir a declaração ALTER TABLESPACE END BACKUP. Neste ponto, o Oracle começa a escrever no arquivo de dados e torna o cabeçalho do arquivo consistente com o ponto de verificação atual. No caso de você precisar recuperar o arquivo de dados, o Oracle terá o arquivo de dados que você copiou e também exigirá os registros refeitos para recuperação, visto que conteriam informações de transação além daquela cópia que você fez.

Etapa

Para fazer backups 'quentes' de banco de dados, você precisa habilitar o arquivamento, como a seguir:

Etapa 1 — Mude do arquivo INIT.ORA. Acrescente as linhas mostradas na Listagem 6.11 ao arquivo INIT.ORA.

Listagem 6.11: Parâmetros log_archive
```
log_archive_start = true
log_archive_dest = %ORACLE_HOME%\database\archive
log_archive_format = "%ORACLE_SID%%S.%T"
```

Etapa 2 — Feche o banco de dados. Agora você pode fechar o banco de dados.

Listagem 6.12: Fechamento do banco de dados
```
SVRMGR> connect internal;
Password:
Connected.
SVRMGR> shutdown immediate;
Database closed.
Database dismounted.
ORACLE instance shut down.
SVRMGR>
```

Etapa 3 — Inicie o banco de dados. Depois de fechar o banco de dados, você pode reiniciá-lo com a opção MOUNT (montar), conforme mostrado na Listagem 6.13. Depois, emita o ALTER DATABASE ARCHIVELOG para habilitar o arquivamento, após o que você pode abrir o banco de dados. A seguir, troque o atual arquivo de log refeito, para que seja gerado um arquivo de log. Se você executar o comando ARCHIVE LOG LIST, pode ver se o arquivamento foi habilitado e sua localização. A Figura 6.4 mostra que os arquivos de registro de arquivo foram gerados.

Listagem 6.13: Iniciação do banco de dados
```
SVRMGR> connect internal;
Password:
Connected.
SVRMGR> startup mount
ORACLE instance started.
Total System Global Area 15077376 bytes
Fixed Size            49152 bytes
Variable Size      12906496 bytes
Database Buffer     2048000 bytes
Redo Buffers          73728 bytes
Database mounted.
SVRMGR> alter database archivelog;
Statement processed.
SVRMGR> alter database open;
Statement processed.
SVRMGR> alter system switch logfile;
Statement processed.
SVRMGR> archive log list;
Database log mode              Archive Mode
Automatic archival             Enabled
Archive destination            E:\ORANT\database\archive
Oldest online log sequence     966
Next log sequence to archive   969
Current log sequence           969
```

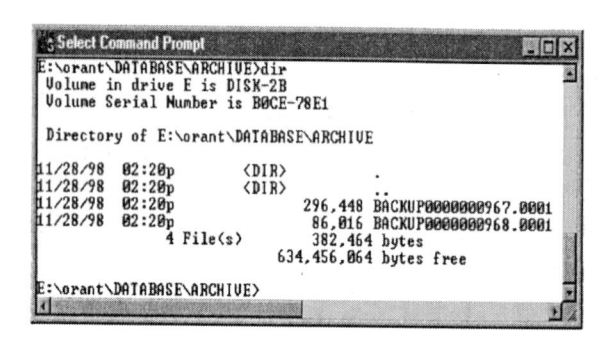

```
E:\orant\DATABASE\ARCHIVE>dir
 Volume in drive E is DISK-2B
 Volume Serial Number is B0CE-78E1

 Directory of E:\orant\DATABASE\ARCHIVE

11/28/98  02:20p       <DIR>          .
11/28/98  02:20p       <DIR>          ..
11/28/98  02:20p              296,448 BACKUP0000000967.0001
11/28/98  02:20p               86,016 BACKUP0000000968.0001
            4 File(s)         382,464 bytes
                          634,456,064 bytes free

E:\orant\DATABASE\ARCHIVE>
```

Figura 6.4: Backup de arquivo gerado por Oracle

Etapa 4 — Descubra qual tablespace precisa para ser copiado. Com o backup do sistema operacional você pode fazer um backup 'quente' ou um backup 'frio'. Ao fazer um backup 'quente', você pode copiar um ou mais tablespaces. Primeiro, precisa descobrir quais tablespaces estão em seu banco de dados Oracle e quais deseja copiar, conforme mostrado na Listagem 6.14. Depois, precisa determinar quais arquivos de dados estão associados àquele tablespace, como mostrado na Listagem 6.15.

Listagem 6.14: Determine qual tablespace copiar

```
SQLWKS> select tablespace_name from dba_tablespaces;
TABLESPACE_NAME
----------------
SYSTEM
USER_DATA
ROLLBACK_DATA
TEMPORARY_DATA
4 rows selected.
SQLWKS>
```

Listagem 6.15: Descubra quais arquivos de dados estão associados àquele tablespace

```
SQLWKS> select file_name,status,bytes
     2> from dba_data_files
     3> where
     4> tablespace_name = 'USER:
FILE_NAME                              STATUS      BYTES
----------------------------           -------     -------
E:\ORANT\DATABASE\USR1ORCL.ORA         AVAILABLE   55574528
1 row selected.
```

Etapa 5 — Comece o backup. Após determinar o tablespace e os arquivos de dados a serem copiados, você pode emitir o comando ALTER TABLESPACE com a opção BEGIN BACKUP, como mostrado na Listagem 6.16.

Listagem 6.16: Informe ao Oracle que você iniciará o backup agora

```
SQLWKS> alter tablespace user_data begin backup;
Statement processed.
```

Como pode ser visto a partir da Listagem 6.17, a DML na tabela que ainda está sendo copiada estará disponível para uso.

Listagem 6.17: DML na tabela no tablespace funciona bem

```
SQLWKS> insert mytable values (2);
1 row processed.
SQLWKS> commit;
Statement processed.
```

Agora você pode usar o software NT de backup, um software terceirizado ou o utilitário Ocopy do Oracle. Seja qual for aquele de sua escolha, o banco de dados Oracle não saberá como você copia os arquivos de dados. Como você pode ver na Figura 6.5, estamos usando o utilitário do Oracle chamado Ocopy80, que nos permite copiar os arquivos de dados para um lugar de backup.

```
Select Command Prompt
I:\backup>ocopy80
OCOPY v2.0 - Copyright 1989-1993 Oracle Corp. All rights reserved.
Usage:
    ocopy from_file [to_file [a | size_1 [size_n]]]
    ocopy -b from_file to_drive
    ocopy -r from_drive to_dir

I:\backup>ocopy80 e:\orant\database\usr1orcl.ora i:\backup\usr1orcl.bak
I:\BACKUP\USR1ORCL.BAK

I:\backup>
```

Figura 6.5: Como usar o utilitário Ocopy

Depois de copiar os arquivos usando Ocopy, verifique se todos os arquivos de dados foram copiados.

Etapa 6 — Finalize o backup. Quando seu backup estiver completo, você precisará alterar o tablespace para o fim do backup, como mostrado na Listagem 6.18.

Listagem 6.18: Fim do backup
```
SQLWKS> alter tablespace user_data end backup;
Statement processed.
SQLWKS>
```

Se você quiser copiar qualquer outro tablespace, siga o mesmo conjunto de instruções. Se precisar recuperar o arquivo de dados, você pode simplesmente usar o arquivo copiado e aplicar os registros.

Conclusão

Se você estiver usando o Oracle7 ou o Oracle8, tem a flexibilidade de escolher seu método preferido de backup para fazer um backup "quente" de seu banco de dados.

Capítulo 6 - *Backup e recuperação* | 331

6.4 — Como faço um backup "quente" de banco de dados em UNIX usando o método de backup OS?

Aplica-se a: Oracle7, Oracle8 e Oracle8*i*	**Índice do CD:** Backup "quente"
Sistema operacional: UNIX	

Problema

Tenho um aplicativo que precisa ser executado 24 horas por dia, sete dias por semana. Eu gostaria de fazer um backup "quente" do banco de dados em UNIX. Como implemento essa solução de backup usando o método de backup do sistema operacional?

Solução

Siga essencialmente o mesmo procedimento discutido na pergunta anterior para o Windows NT.

Primeiro, você precisa se assegurar de que o arquivamento está habilitado. Se não estiver, você precisa fazer o seguinte:

Etapas

Etapa 1 — Mude o arquivo INIT.ORA. Acrescente as linhas, mostradas na Listagem 6.19, ao arquivo INIT.ORA.

Listagem 6.19: Parâmetros log_archive
```
log_archive_start = true
log_archive_dest = /raid4/archive
log_archive_format = "T%TS%S.ARC"
```

Etapa 2 — Feche o banco de dados. Agora você pode fechar o banco de dados.

Listagem 6.20: Fechamento do banco de dados
```
SVRMGR> connect internal
Connected.
SVRMGR> shutdown
Database closed.
Database dismounted.
ORACLE instance shut down.
SVRMGR>
```

Etapa 3 — Inicie o banco de dados. Depois de fechar o banco de dados, você pode reiniciá-lo, com a opção MOUNT, conforme mostrado na Listagem 6.21. Depois, precisa emitir o ALTER DATABASE ARCHIVELOG para habilitar o arquivamento. Então, abra o banco de dados e troque o arquivo de log atual refeito, para que um arquivo de log seja gerado, conforme mostrado na Listagem 6.22. Se você executar o comando ARCHIVE LOG LIST, pode monitorar se o arquivamento foi ou não habilitado, bem como a sua localização.

Listagem 6.21: Iniciação do banco de dados
```
SVRMGR> connect internal
Connected.
SVRMGR> startup mount pfile=initca.ora
ORACLE instance started.
Total System Global Area       10923536 bytes
Fixed Size                        48656 bytes
Variable Size                   9777152 bytes
Database Buffers                1024000 bytes
Redo Buffers                      73728 bytes
Database mounted.
SVRMGR> alter database archivelog;
Statement processed.
SVRMGR> alter database open;
Statement processed.
SVRMGR> alter system switch logfile;
Statement processed.
SVRMGR> archive log list
Database log mode              Archive Mode
Automatic archival             Enabled
Archive destination            /raid4/archive
Oldest online log sequence     15
Next log sequence to archive   15
Current log sequence           16
SVRMGR>
```

Listagem 6.22: Arquivo de registro gerado pelo processo de arquivo
```
/export/home/oracle8.0.5> ls - trl
total 61936
-rw-r- - - - -  1 oracle    dba    31685632 Nov 28 14:58
T0001S0000000015.ARC
/export/home/oracle8.0.5>
```

Etapa 4 — Determine o que copiar. Com o backup do sistema operacional, você pode fazer um backup "quente" ou 'frio'. Com um backup "quente" você pode copiar um ou mais tablespaces. Primeiro, precisa descobrir quais tablespaces estão em seu banco de dados Oracle e quais deseja copiar. Como pode ser visto na Listagem 6.23, estamos interessados no tablespace USERTS, que tem dois arquivos de dados (Listagem 6.24).

Capítulo 6 - *Backup e recuperação* | 333

Listagem 6.23: Determine qual tablespace copiar
```
SVRMGR> select tablespace_name from dba_tablespaces;
TABLESPACE_NAME
------------------
SYSTEM
RBS
USERTS
TEMP
RAW_TBLSPACE
6 rows selected.
SVRMGR>
```

Listagem 6.24: Descubra quais arquivos de dados estão associados a qual tablespace
```
SVRMGR> select file_name,status,bytes
   2> from dba_data_files
   3> where tablaspece_name = 'USERTS';
FILE_NAME                      STATUS        BYTES
------------------------       ----------    ------
/raid4/data/userts.dbf         AVAILABLE     10485760
/raid4/data/userts2.dbf        AVAILABLE     10485760
2 rows selected.
SVRMGR>
```

Etapa 5 — Inicie o backup. Uma vez que você saiba qual tablespace copiar, pode emitir o comando ALTER TABLESPACE com a opção BEGIN BACKUP, como mostrado na Listagem 6.25. Como pode ser visto a partir da Listagem 6.26, você ainda pode emitir uma declaração DML na tabela que está sendo copiada.

Listagem 6.25: Informe ao Oracle que você iniciará agora o backup
```
SVRMGR> alter tablespace userts begin backup;
Statement processed.
SVRMGR>
```

Listagem 6.26: DML em uma tabela no tablespace funciona bem
```
SQLWKS> insert into mytable values (2);
1 row processed.
SQLWKS> commit;
Statement processed.
```

Agora você pode usar os comandos normais UNIX, tais como cpio, tar, dd e assim por diante, para copiar os arquivos de dados. É de sua responsabilidade disponibilizar o arquivo copiado, em caso de recuperação.

Como você pode ver da Listagem 6.27, estamos usando cpio para copiar os arquivos de dados para o diretório /raid2. Se você não estiver familiarizado com este comando, consulte o manual UNIX.

Listagem 6.27: Como usar cpio para copiar os arquivos de dados
```
$ ls -1 userts*
-rw-r- - - - -  1 oracle    dba    10487808 Nov 28 15:05 usert2.dbf
-rw-r- - - - -  1 oracle    dba    10487808 Nov 28 15:05 userts.dbf
$
$ ls userts* | cpio -ocvdumB > /raid2/userts.backup
40970 blocks
$
$ ls -1 /raid2/userts.backup*
-rw-r- -r- -    1 oracle    dba    20976640 Nov 28 15:11 /raid2/
userts.backup
$
```

Compressão

A compressão Solaris, usada no exemplo a seguir, compactou nosso arquivo de 20 MB para 51 KB (Listagem 6.28). A razão de compressão depende do conteúdo do arquivo; visto que não temos muitos dados naqueles arquivos, Solaris conseguiu compactá-los ao mínimo.

Listagem 6.28: Como usar o utilitário de compressão
```
$ compress /raid2/userts.backup
/export/home/oracle8.0.5> ls -1 /raid2/userts.backup*
-rw-r- -r- -    1 oracle    dba    51583 Nov 28 15:11 /raid2/
userts.backup.Z
$
```

Etapa 6 — Finalize o backup. Uma vez completado o backup, você pode emitir o comando ALTER TABLESPACE com a opção END BACKUP, como mostrado na Listagem 6.29.

Listagem 6.29: Final de backup
```
SQLWKS> alter tablespace userts end backup;
Statement processed.
SQLWKS>
```

Se você quiser copiar qualquer outro tablespace, simplesmente siga o mesmo conjunto de etapas.

Capítulo 6 - *Backup e recuperação* | 335

Conclusão

Se você estiver usando o Oracle7 ou o Oracle8, pode fazer um backup "quente" de seu banco de dados, usando o método de backup OS.

6.5 — Como faço um backup completo de banco de dados no Windows NT usando o backup OS?

Aplica-se a: Oracle7, Oracle8 e Oracle8*i* **Índice do CD:** Backup
Sistema operacional: Windows NT

Problema

Atualmente, estou usando o Oracle7 e gostaria de implementar uma solução para fazer backup completo do banco de dados. Como posso fazer um backup completo do banco de dados em Windows NT usando o método de backup OS?

Solução

Um backup completo de banco de dados não deve ser feito se o banco de dados estiver aberto. Assim, para garantir um backup consistente, você deve fechar bem o banco de dados. Evite fazer um SHUTDOWN ABORT, visto que isso causará algumas inconsistências aos arquivos de dados e você pode não conseguir recuperar a partir de seus arquivos de dados copiados.

Para fazer um backup completo no Windows NT, você pode escrever um script que pode ser periodicamente executado. O script mostrado na Listagem 6.30 é um exemplo de um gabarito para automatizar os seus backups. O script de backup primeiro fecha o banco de dados, chamando o script SHUTDOWN.SQL, como mostrado na Listagem 6.32. Ele copia o arquivo INIT.ORA, arquivos de controle, registros refeitos e arquivos de banco de dados. Depois, chama o script STARTUP.SQL (Listagem 6.31) para iniciar o banco de dados.

A saída do script de backup é mostrada na Listagem 6.33.

Listagem 6.30: Script de backup completo para Windows NT

```
REM
REM Doing a FULL Database Backup on NT.
REM
REM Author: Noel.Y
REM Set the variables to suit your
REM system.
set BACKUP_SCRIPTS=E:\ORANT\BACKUP_SCRIPTS
set ORACLE_SID=ORCL
set SVRMGR_CMD=E:\ORANT\BIN\SVRMGR30.exe
%SVRMGR_CMD% @%BACKUP_SCRIPTS%\SHUTDOWN.sql

NET STOP ORACLESERVICEORCL /y
REM
REM COPY THE ORACLE DATABASE FILE TO BACKUP LOCATION. . . .
REM
REM 1. ...COPY THE INIT.ORA FILE
COPY E:\ORANT\DATABASE\INITORCL.ORA I:\ORA_BACKUP\
REM 2. . . .COPY THE CONTROLFILES
COPY E:\ORANT\DATABASE\CTL1ORCL.ORA I:\ORA_BACKUP\
REM 3. . . . SYSTEM TABLESPACE FILE
COPY E:\ORANT\DATABASE\SYS1ORCL.ORA I:\ORA_BACKUP\
REM 4. . . . DATA TABLESPACE FILE
COPY E:\ORANT\DATABASE\USR1ORCL.ORA I:\ORA_BACKUP\
REM 5. . . . TEMP TABLESPACE FILE
COPY E:\ORANT\DATABASE\TMP1ORCL.ORA I:\ORA_BACKUP\
REM 5. . . . REDO LOG FILE
COPY E:\ORANT\DATABASE\LOG1ORCL.ORA I:\ORA_BACKUP\
COPY E:\ORANT\DATABASE\LOG2ORCL.ORA I:\ORA_BACKUP\
COPY E:\ORANT\DATABASE\LOG3ORCL.ORA I:\ORA_BACKUP\
REM 6. . . . ROLLBACK SEGMENT FILE
COPY E:\ORANT\DATABASE\RBS1ORCL.ORA I:\ORA_BACKUP\

NET START ORACLESERVICEORCL
%SVRMGR_CMD% @%BACKUP_SCRIPTS%\STARTUP.sql
REM Done.
```

Listagem 6.31: Script startup.sql

```
connect internal/manager;
startup;
exit;
```

Listagem 6.32: Script shutdown.sql

```
connect internal/manager;
shutdown;
exit;
```

Listagem 6.33: Saída do script de backup
```
**The output from the backup script***
E:\orant\backup_scripts>REM
E:\orant\backup_scripts>REM Doing a FULL scheduled Database Backup on NT.
E:\orant\backup_scripts>REM
E:\orant\backup_scripts>REM Author: Noel.Y
E:\orant\backup_scripts>REM Set the variables to suit your
E:\orant\backup_scripts>REM system.
E:\orant\backup_scripts>set BACKUP_SCRIPTS=E:\ORANT\BACKUP_SCRIPTS
E:\orant\backup_scripts>set ORACLE_SID=ORCL
E:\orant\backup_scripts>set SVRMGR_CMD=E:\ORANT\BIN\SVRMGR30.exe
E:\orant\backup_scripts>E:\ORANT\BIN\SVRMGR30.exe
@E:\ORANT\BACKUP_SCRIPTS\SHUTDOWN.sql

Oracle Server Manager Release 3.0.5.0.0 - Production
(c) Copyright 1997, Oracle Corporation. All Rights Reserved.
Oracle8 Enterprise Edition Release 8.0.5.0.0 - Production
With the Partitioning and Objects options
PL/SQL Release 8.0.5.0.0 - Production
Connected.
Database closed.
Database dismounted.
ORACLE instance shut down.
Server Manager complete.

E:\orant\backup_scripts>NET STOP ORACLESERVICEORCL /y
The OracleServiceORCL service is stopping.
The OracleServiceORCL service was stopped successfully.
E:\orant\backup_scripts>REM
E:\orant\backup_scripts>REM COPY THE ORACLE DATABASE FILE TO BACKUP
 LOCATION. . . .
E:\orant\backup_scripts>REM
E:\orant\backup_scripts>REM 1. . . .COPY THE INIT.ORA FILE
E:\orant\backup_scripts>COPY E:\ORANT\DATABASE\INITORCL.ORA
   I:\ORA_BACKUP\
     1 file(s) copied.
E:\orant\backup_scripts>REM 2. ...COPY THE CONTROLFILES
E:\orant\backup_scripts>COPY E:\ORANT\DATABASE\CTL1ORCL.ORA
I:\ORA_BACKUP\
     1 file(s) copied.
E:\orant\backup_scripts>REM 3. . . .SYSTEM TABLESPACE FILE
E:\orant\backup_scripts>COPY E:\ORANT\DATABASE\SYS1ORCL.ORA
   I:\ORA_BACKUP\
     1 file(s) copied.
E:\orant\backup_scripts>REM 4. . . .DATA TABLESPACE FILE
E:\orant\backup_scripts>COPY E:\ORANT\DATABASE\URS1ORCL.ORA
   I: \ORA_BACKUP\
     1 file(s) copied.
E:\orant\backup_scripts>REM 5. . . .TEMP TABLESPACE FILE
E:\orant\backup_scripts>COPY E:\ORANT\DATABASE\TMP1ORCL.ORA
   I:\ORA_BACKUP\
     1 file(s) copied.
```

```
E:\orant\backup_scripts>REM 5. . . .REDO LOG FILE
E:\orant\backup_scripts>COPY E:\ORANT\DATABASE\LOG1ORCL.ORA
   I:\ORA_BACKUP\
       1 file(s) copied.
E:\orant\backup_scripts>COPY E:\ORANT\DATABASE\LOG2ORCL.ORA
   I:\ORA_BACKUP\
       1 file(s) copied.
E:\orant\backup_scripts>COPY E:\ORANT\DATABASE\LOG3ORCL.ORA
   I:\ORA_BACKUP\
       1 file(s) copied.
E:\orant\backup_scripts>REM 6. . . .ROLLBACK SEGMENT FILE
E:\orant\backup_scripts>COPY E:\ORANT\DATABASE\RBS1ORCL.ORA
   I:\ORA_BACKUP\
       1 file(s) copied.
E:\orant\backup_scripts>NET START ORACLESERVICEORCL
The OracleServiceORCL service is starting.
The OracleServiceORCL service was started successfully.
E:\orant\backup_scripts>E:\ORANT\BIN\SVRMGR30.exe
@E:\ORANT\BACKUP_SCRIPTS\STARTUP.sql

Oracle Server Manager Release 3.0.5.0.0 - Production
(c) Copyright 1997, Oracle Corporation. All Rights Reserved.
Oracle8 Enterprise Edition Release 8.0.5.0.0 - Production
With the Partitioning and Objects options
PL/SQL Release 8.0.5.0.0 - Production
Connected.
ORACLE instance started.
Total system Global Area 1       5077376 bytes
Fixed Size                         49152 bytes
Variable Size                   12906496 bytes
Database Buffers                 2048000 bytes
Redo Buffers                       73728 bytes
Database mounted.
Database opened.
Server Manager complete.
E:\orant\backup_scripts>REM
```

Conclusão

O script de backup discutido nessa pergunta oferece o gabarito básico para implementar um backup completo do banco de dados no Windows NT. Você pode personalizá-lo para o seu ambiente e automatizá-lo, para backups noturnos.

6.6 — Como faço um backup completo do banco de dados em UNIX usando o backup OS?

Aplica-se a: Oracle7, oracle8 e Oracle8*i*	Índice do CD: Backup
Sistema operacional: UNIX	

Problema

Estou usando o Oracle7 e gostaria de implementar um backup completo do banco de dados. Como posso fazer um backup completo do banco de dados em UNIX usando o método de backup OS?

Solução

Quais arquivos copiar?

Inicialmente, determine quais arquivos precisam ser copiados. A Listagem 6.34 inclui os arquivos de dados que são necessários copiar. Os arquivos de log refeitos são mostrados na Listagem 6.35, e o arquivo de controle na Listagem 6.36.

Listagem 6.34: Arquivos de dados

Os arquivos de dados

(sistema, tablespace de usuário, tablespace de índice, segmentos de rollback, temporários)
```
SVRMGR> select file_name from dba_data_files;
FILE_NAME
----------------------
/raid4/data/system.dbf
/raid4/data/roll.dbf
/raid4/data/userts.dbf
/raid4/data/indexts.dbf
/raid4/data/tempts.dbf
/raid4/data/userts2/dbf
/oracle_data/customer.dat
7 rows selected.
SVRMGR>
```

Listagem 6.35: Arquivos de registro refeitos

Os registros redo
```
SVRMGR> select member from v$logfile;
MEMBER
-------------------------------------------
/raid4/data/redo1.log
/raid4/data/redo2.log
2 rows selected.
SVRMGR>
```

Listagem 6.36: Arquivos de controle
```
Os arquivos de controle
SVRMGR> select value from v$parameter
    2> where name = 'control_files';
VALUE
-------------------------------------------
/raid4/data/ctrl1ca.ctl, /raid4/data/ctrl2ca.ctl, /raid4/data/ctrl3ca.ctl
1 row selected.
SVRMGR>
```

Script de backup em UNIX

O script de backup mostrado na Listagem 6.37 fecha o banco de dados e depois copia os arquivos de dados. Em vez do comando cp mostrado, você pode usar sua ferramenta de backup preferida. Após copiar os arquivos, poderá então reiniciar o banco de dados.

Listagem 6.37: Script de backup para UNIX
```
#
# Doing a Full Database backup on UNIX
#
# Author: Noel.Y

ORACLE_SID=CA
ORACLE_HOME=/export/home/oracle8.0.5
export ORACLE_SID ORACLE_HOME

#
# 1. Shutdown the Database
#
svrmgrl << !
connect internal;
shutdown;
exit;
!
```

```
#
# 2. Copy the database files
#
# 2.1 Datafiles
cp /raid4/data/system.dbf /raid2/backup &
cp /raid4/data/roll.dbf /raid2/backup &
cp /raid4/data/userts.dbf /raid2/backup &
cp /raid4/data/indexts.dbf /raid2/backup &
cp /raid4/data/tempts.dbf /raid2/backup &
cp /raid4/data/userts2.dbf /raid2/backup &
wait

#
# 2.2 Redo Logs
cp /raid4/data/redo1.log /raid2/backup &
cp /raid4/data/redo2.log /raid2/backup &
wait

#
# 2.3 Control files
cp /raid4/data/ctrl1ca.ctl /raid2/backup &
cp /raid4/data/ctrl2ca.ctl /raid2/backup &
cp /raid4/data/ctrl3ca.ctl /raid2/backup &
wait

#
# 3. Startup the Database
#
svrmgrl << !
connect internal;
startup pfile=/raid4/rep/initca.ora;
exit;
!
```

Listagem 6.38: Execução do script de backup
```
$ db_backup > db_backup.out
```

Conclusão

O script de backup, discutido nesse problema, oferece o gabarito básico para implementar um backup completo de banco de dados em UNIX. Você pode personalizá-lo para o seu ambiente e automatizá-lo, para backups noturnos.

6.7 — Como agendo o backup de um banco de dados usando o método de backup OS?

Aplica-se a: Oracle7, Oracle8 e Oracle8*i* **Índice do CD:** Backup
Sistema operacional: Windows NT, UNIX

Problema

Os scripts definidos nas perguntas 6.5 e 6.6 são bons, mas eu ainda tenho que executá-los manualmente. Há uma maneira de automatizar o backup usando o método de backup OS?

Solução

Visto que a solução seria específica ao sistema operacional, discutiremos ambas as soluções, Windows NT e UNIX.

Windows NT

Com o Windows NT, o comando AT permite que tarefas agendadas sejam executadas em uma ocasião determinada. O serviço de agenda precisa ser iniciado em NT para ser capaz de usar o comando AT. A sintaxe para o comando AT é mostrada na Listagem 6.39. A Figura 6.6 mostra um exemplo de execução do comando AT no Windows NT. Executar o comando AT sem opção alguma também fornece uma lista de trabalhos agendados, conforme mostrado na Listagem 6.40.

Listagem 6.49: Comando AT

O comando AT agenda comandos e programas para serem executados pelo computador em uma hora e data específicas. O serviço "schedule" deve estar sendo executado para se usar o comando AT.

```
AT [\\computername] [ [id] [/DELETE] | /DELETE [/YES] ]
       [ /EVERY:date[,. . .] | /NEXT:date[,. . .] ] "command"
```

\\computername	Especifica um computador remoto. Comandos são agendados no computador local se este parâmetro for omitido.
id	É um número de identificação atribuído ao comando de agendamento.
/delete	Cancela um comando agendado. Se o "id" for omitido, todos os agendamentos de comandos no computador serão cancelados.
/yes	Usado com o cancelamento de todos os jobs quando não se deseja mais que seja solicitada uma confirmação.
time	Especifica a hora em que o comando é executado.

/interactive	Permite ao job interagir com a área de trabalho do usuário que está logado no momento em que o job está sendo executado.
/every:date [,...]	Executa o comando em um dia específico da semana ou mês. Se "date" for omitido, o dia corrente do mês é assumido.
/next:date [,...]	Executa o comando especificado na próxima ocorrência do dia (por exemplo, na próxima quinta-feira). Se "date" é omitido, o dia corrente do mês é assumido.
"command"	É o comando Windows NT ou arquivo de lote a ser executado.

Figura 6.6: Como usar o comando AT para agendar um backup

Listagem 6.40: Visão dos trabalhos usando o comando AT

```
E:\ORANT\DATABASE> AT
Status   ID    Day                   Time      Command Line
----     ---   -----------------    -----     ----------------
         0     Each M T W Th F S Su  1:00 AM   "E:\ORANT\DB_BACKUP.CMD >>
                                               E:\ORANT\DB_BACKUP.LOG"
E:\ORANT\DATABASE>
```

UNIX

No UNIX você pode agendar trabalhos para serem executados em uma ocasião específica, usando o comando crontab. Ele executará o arquivo especificado pelo usuário. No Solaris, o comando crontab está localizado no diretório /var/spool/cron/crontabs. Verifique a documentação de seu sistema para saber a localização do arquivo crontab. No diretório CRONTAB você encontrará diversos arquivos, cada qual representando um usuário.

Usuários: o acesso a crontab é permitido:
- se o nome do usuário aparecer em /etc/cron.d/cron.allow.
- se /etc/cron.d/cron.allow não existir e o nome do usuário não estiver em /etc/cron.d/cron.deny.

Usuários: o acesso a crontab é negado:
- se /etc/cron.d/cron.allow existir e o nome do usuário não estiver nele
- se /etc/cron.d/cron.allow não existir e o nome do usuário estiver em /etc/cron.d/cron.deny.

344 | Oracle8i — Administração de bancos de dados

O diretório crontab normalmente está localizado em /var/spool/cron/crontabs, conforme mostrado na Listagem 6.41.

Listagem 6.41: O diretório crontab
```
# cd /var/spool/cron/crontabs
# ls -tl
total 12
-r- -r- -r- -    1 root sys      215 Apr 7 1998 uucp
-rw-r- -r- -     1 root sys      190 Apr 7 1998 adm
-r- -r- -r- -    1 root root    1057 Apr 7 1998 lp
-rw- r- -r- -    1 root sys      308 Apt 7 1998 sys
-rw-r- -r- -     1 root sys      405 Apr 7 1998 root
#
```

Se você visualizar um dos arquivos, verá os trabalhos que estão agendados em seu sistema. Por exemplo, em root (raiz) você pode ver o arquivo crontab, na Listagem 6.42.

Listagem 6.42: Arquivo contrab em root
```
# more root
#ident       "@(#)root   1.12   94/03/24 SMI"   /* SVr4.0.1.1.3.1
*/
#
# The root crontab should be used to perform accounting data collection.
#
# The rtc command is run to adjust the real time clock if and when
# daylight savings time changes.
#
0 2 * * 0,4 /etc/cron.d/logchecker
5 4 * * 6 /usr/lib/newsyslog
15 3 * * * /usr/lib/fs/nfs/nfsfind
1 2 * * * [ -x /usr/sbin/rtc ] && /usr/sbin/rtc -c > /dev/null 2>&1
#
```

As entradas para o arquivo crontab consistem nos seguintes campos:
- Minuto (0-59)
- Hora (0-23)
- Dia do mês (1-31)
- Mês do ano (1-12)
- Dia da semana (0-6, com 0 sendo Domingo)
- O arquivo/comando a ser executado

O comando crontab tem as seguintes opções:
- l "para listar o conteúdo de seu arquivo crontab"
- r "para apagar o seu arquivo crontab"
- e "para editar ou criar o arquivo crontab"

Capítulo 6 - *Backup e recuperação* | 345

O seguinte mostra um exemplo de como executar um script de backup de arquivo às 10 P.M. (22:00hs) diariamente, de Segunda a Sexta-feira (Listagem 6.43).

Listagem 6.43: Execução de crontab
```
$ crontab -l
0 22 * * 1-5 /export/home/oracle8.0.5/backup_scripts/db_backup > /
export/home/oracle8.0.5/backup_scripts/db_backup.log
$
```

Conclusão

No Windows NT, há um utilitário chamado AT que permite executar trabalhos em uma ocasião especificada. Embora haja um comando AT equivalente no UNIX, existe um utilitário ainda mais poderoso, chamado crontab. Use esses utilitários para agendar o sistema operacional para executar backups em ocasiões determinadas.

6.8 — Como recupero o banco de dados em determinada ocasião?

Aplica-se a: Oracle7, Oracle8 e Oracle8*i*	**Índice do CD:** Recuperação em certa ocasião
Sistema operacional: Windows NT, UNIX	

Problema

Um dos nossos arquivos de dados está perdido devido a uma falha no disco rígido, que aconteceu por volta das 3:35PM. Na hora da falha, estávamos executando um lote de updates que tinham se iniciado às 2:40 PM. Temos um backup do arquivo de dados realizado pela manhã, às 10 AM. Assim, planejamos recuperar o arquivo de dados e depois recuperar os dados dos arquivos de registro e os registros refeitos (redo) para serem consistentes. No entanto, visto que não sabemos quanto foi feito pelo processo de update de grupo, gostaríamos de recuperar o banco de dados de pouco antes das 2:40PM, para podermos reinciar o processo. Como posso recuperar o banco de dados de determinada ocasião em especial?

Solução

Para entender melhor esse processo, vamos percorrer um exemplo.

Etapas

Supondo que o seu arquivo de dados tenha sido perdido e agora você deseja recuperar tudo de uma ocasião determinada, são necessárias as seguintes etapas:

Etapa 1 — Feche o banco de dados. Se o banco de dados estiver aberto, feche-o.

Etapa 2 — Copie o backup do arquivo de dados no local do arquivo Oracle. Como pode ser visto a partir da Listagem 6.44, estamos usando cp para copiar o arquivo de dados que anteriormente foi copiado para o lugar onde o arquivo de dados foi perdido.

Listagem 6.44: Cópia do arquivo de dados
```
/export/home/oracle8.0.5> cp /raid2/BACKUP/mytblsp.dat /raid4/data/mytblsp.dat
```

Etapa 3 — Inicie o banco de dados. Inicie o banco de dados com a opção MOUNT, como mostrado na Listagem 6.45.

Listagem 6.45: Inicialização do banco de dados
```
/export/home/oracle8.0.5> svrmgrl
Oracle Server Manager Release 3.0.5.0.0 - Production
(c) Copyright 1997, Oracle Corporation. All Rights Reserved.
Oracle8 Enterprise Edition Release 8.0.5.0.0 - Production
With the Partitioning and Objects options
PL/SQL Release 8.0.5.0.0 - Production
SVRMGR> connect internal
Connected.
SVRMGR> startup mount
ORACLE instance started.
Total System Global Area    10923536 bytes
Fixed Size                     48656 bytes
Variable Size                9777152 bytes
Database Buffers             1024000 bytes
Redo Buffers                   73728 bytes
Database mounted.
SVRMGR>
```

Etapa 4 — Recupere o arquivo de dados. Uma vez que você tenha iniciado o banco de dados, pode colocar online o arquivo de dados recuperado. Isso pode ser feito usando-se o comando ALTER DATABASE, mostrado na Listagem 6.46. Depois, você precisa recuperar o arquivo de dados a partir das últimas transações encontradas nos registros refeitos. Para fazer isso, precisa emitir o comando RECOVER DATAFILE, como mostrado na Listagem 6.46.

Capítulo 6 - *Backup e recuperação* | 347

Listagem 6.46: Apresentação do arquivo de dados online e sua recuperação
```
SVRMGR> alter database datafile '/raid4/data/mytblsp.dat' online;
Statement processed.
SVRMGR>
SVRMGR> recover datafile '/raid4/data/mytblsp.dat';
Media recovery complete.
SVRMGR>
```

Etapa 5 — Faça uma recuperação de ocasião determinada. Quando você tiver colocado o arquivo de dados online e o tiver recuperado, pode então emitir uma recuperação de banco de dados de determinada ocasião.

Listagem 6.47: Como fazer uma recuperação para determinada ocasião.
```
SVRMGR> recover database until time '1998-12-01:16:00:00';
Media recovery complete.
SVRMGR>
```

Etapa 6 — Reajuste os registros redo. Quando o banco de dados de uma ocasião determinada tiver sido recuperado, você pode reajustar os registros redo para que eles não contenham quaisquer transações posteriores àquela ocasião de recuperação (Listagem 6.48).

Listagem 6.48: Reajuste de registros redo
```
SVRMGR> alter database open resetlogs;
Statement processed.
SVRMGR>
```

Nota: Faça um backup completo de todos os seus arquivos de dados, arquivo INIT.ORA, arquivos de registro redo e arquivos de controle antes de reajustar os registros redo.

Conclusão

O Oracle permite que você recupere seu banco de dados de uma ocasião determinada, para que, no caso de um arquivo de dados perdido, possa efetuar uma recuperação completa. Isso é especialmente útil se você quiser reiniciar um trabalho de grupo.

6.9 — Como posso copiar meu banco de dados usando o utilitário Export/Import?

Aplica-se a: Oracle7, Oracle8 e Oracle8*i*	Índice do CD: Export/Import
Sistema operacional: Windows NT, UNIX	

Problema

Em nossa empresa, temos múltiplos sistemas operacionais e servidores, que usam o banco de dados Oracle. Gostaríamos de copiar o banco de dados usando o utilitário Export/Import para que o arquivo possa ser usado por qualquer banco de dados Oracle em qualquer sistema, para recuperar os dados. Como posso conseguir isso usando o utilitário Export/Import?

Solução

O utilitário Export/Import é uma ferramenta poderosa que permite mover os dados, não apenas entre diferentes bancos de dados que ficam em diferentes sistemas operacionais, mas também em diferentes lançamentos do Oracle. Você pode exportar a partir de um banco de dados Oracle7 para um banco de dados Oracle8 ou vice-versa. A exportação permite que você exporte objetos de banco de dados e seus componentes associados, tais como índices, privilégios e assim por diante. O Oracle usa um formato binário interno para armazenar os arquivos exportados. Só o utilitário de importação pode ler um arquivo Oracle exportado.

Para usar o utilitário Export, você precisa ter o privilégio CREATE SESSION. Para exportar tabelas de propriedade de outra pessoa, você precisa ter a função EXP_FULL_DATABASE habilitada.

O utilitário Export

Existem dois métodos para exportação: caminho de exportação convencional e direto. O caminho convencional de exportação usa a declaração SELECT para extrair os dados dos objetos. O caminho direto de exportação lê os dados diretamente do banco de dados, ultrapassando assim a camada de processamento SQL. Esse método é muito mais rápido do que a exportação convencional.

Para usar a exportação de caminho direto, você precisa especificar o parâmetro DIRECT=Y. O padrão é DIRECT=N, que usa o caminho convencional.

Listagem 6.49: Execução do utilitário de exportação
Export: Release 8.0.5.0.0 — Production on Tue Dec 1 21:54:34 1998
(c) Copyright 1998 Oracle Corporation. All Rights Reserved.

USERID must be the first parameter on the command line.

Keyword	Description (Default)	Keyword	Description (Default)
USERID	username/password	FULL	export entire file (N)
BUFFER	size of data buffer	OWNER	list of owner usernames
FILE	output file (EXPDATDMP)	TABLES	list of table names
COMPRESS	import into one extent (Y)	RECORDLENGTH	length of IO record
GRANTS	export grants (Y)	INCTYPE	incremental export type
INDEXES	export indexes (Y)	RECORD	track incr. export (Y)
ROWS	export data rows (Y)	PARFILE	parameter filename
CONSTRAINTS	export constraints (Y)	CONSISTENT	cross-table consistency
LOG	log file of screen output	STATISTICS	analyze objects (ESTIMATE)

DIRECT direct path (N)
FEEDBACK display progress every x rows (0)
POINT_IN_TIME_RECOVER Tablespace Point-in-time Recovery (N)
RECOVERY_TABLESPACE S List of tablespace names to recover
VOLSIZE number of bytes to write to each tape volume

Listagem 6.50: Execução de uma exportação completa
/export/home/oracle8.0.5> **exp system/manager full=y**
Export: Release 8.0.5.0.0 — Production on Tue Dec 1 22:8:21 1998
(c) Copyright 1998 Oracle Corporation. All Rights reserved.
Connected to: Oracle8 Enterprise Edition Release 8.0.5.0.0 — Production
With the Partitioning and Objects options
PL/SQL Release 8.0.5.0.0 — Production
Export done in US7ASCII character set and US7ASCII NCHAR character set
About to export the entire database . . .
. exporting tablespace definitions
. exporting profiles
. exporting user definitions
. exporting roles
. exporting resource costs
. exporting rollback segment definitions
. exporting database links
. exporting sequence numbers
. exporting directory aliases
. exporting foreign function library names
. exporting object type definitions
. exporting cluster definitions
. about to export SYSTEM's tables via Conventional Path . . .

```
. . exporting table    DEF$_AQCALL 0 rows exported
. . exporting table    DEF$_AQERROR        0 rows exported
. . exporting table    DEF$_CALLDEST       0 rows exported
. . exporting table    DEF$_DEFAULTDEST    0 rows exported
. . exporting table    DEF$_DESTINATION    0 rows exported
. . exporting table    DEF$_ERROR          0 rows exported
. . exporting table    DEF$_LOB            0 rows exported
. . exporting table    DEF$_ORIGIN         0 rows exported
. . exporting table    DEF$_PROPAGATOR     0 rows exported
. . exporting table    DEF$_TEMP$LOB       0 rows exported
. about to export SUPERMAN's tables via Conventional Path . . .
. . exporting   table     MASTER      153 rows exported
. about to export SUPER's table via Conventional Path . . .
. . exporting   table     NEW_TABLE   300 rows exported
. about to export DBSNMP's tables via Conventional Path . . .
. about to export NOEL's tables via Conventional Path . . .
. . exporting   table     EMPLOYEE    423 rows exported
. . exporting   table     HOBBY        35 rows exported
. exporting referential integrity constraints
. exporting posttables actions
. exporting synonyms
. exporting views
. exporting stored procedures
. exporting triggers
. exporting snapshots
. exporting snapshot logs
. exporting job queues
. exporting refresh groups and children
. exporting user history table
. exporting default and system auditing options
Export terminated successfully without warnings.
/export/home/oracle8.0.5>
```

Listagem 6.51: Execução de uma exportação em nível de tabela
```
/export/home/oracle8.0.5> exp noel/noel tables=EMPLOYEE
Export: Release 8.0.5.0.0 — Production on Tue Dec 1 22:20:57 1998
(c) Copyright 1998 Oracle Corporation. All rights reserved.
Connected to: Oracle8 Enterprise Edition Release 8.0.5.0.0 — Production
With the Partitioning and Objects options
PL/SQL Release 8.0.5.0.0 — Production
Export done in US7ASCII character set and US7ASCII NCHAR character set
About to export specified tables via Conventional Path . . .
. . exporting table      EMPLOYEE    423 rows exported
Export terminated successfully without warnings.
/export/home/oracle8.0.5>
```

Import

Import é um utilitário para rearmazenar os dados de volta no banco de dados a partir de um arquivo exportado. Os objetos são importados da forma como são lidos do arquivo de exportação.

Modos. Existem três modos de importação: tabela, usuário e banco de dados completo. O modo de tabela permite que você importe uma tabela, ou tabelas, específica, sendo o padrão importar *todas* as tabelas. O modo usuário permite importar todos os objetos relativos a um usuário em especial. O modo de banco de dados completo importa tudo.

Execução do utilitário *de importação.* Para executar o utilitário Import, simplesmente digite "imp" no prompt do sistema. Aqui é solicitado que você forneça um nome de usuário e senha.

Listagem 6.52: Execução do utilitário de importação

```
imp username/password PARFILE=parameter_filename

Import: Release 8.0.5.0.0 — Production on Tue Dec 1 21:57:20 1998
(c) Copyright 1998 Oracle Corporation. All rights reserved.
USERID must be the first parameter on the command line.
Keyword   Description (Default)         Keyword         Description (Default)
-----     -------------------           -------         ----------------
USERID    username/password             FULL            import entire file (N)
BUFFER    size of data buffer           FROMUSER        list of owner usernames
FILE      input file (EXPDAT.DMP)       TOUSER          list of usernames
SHOW      just list file contents (N)   TABLES          list of table names
IGNORE    ignore create erros (N)       RECORDLENGTH    length of IO record
GRANTS    import grants (Y)             INCTYPE         incremental import type
INDEXES   import indexes (Y)            COMMIT          commit array insert (N)
ROWS      import data rows (Y)          PARFILE         parameter filename
LOG       log file of screen output
DESTROY   overwrite tablespace data file (N)
INDEXFILE   write table/index info to specified file
CHARSET   character set of export file (NLS_LANG)
POINT_IN_TIME_RECOVER   Tablespace Point-in-Time Recovery (N)
SKIP_UNUSABLE_INDEXES   skip maintenance of unusable indexes (N)
ANALYZE execute ANALYZE     statements in dump file (Y)
FEEDBACK      display progress every x rows (0)
VOLSIZE   number of bytes in file on each volume of a file on tape
```

Listagem 6.53: Como fazer uma importação em nível de tabela

```
/export/home/oracle8.0.5> imp noel/noel tables=EMPLOYEE
Import: Release 8.0.5.0.0 - Production on Tue Dec 1 22:21:42 1998
(c) Copyright 1998 Oracle Corporation. All rights reserved.
Connected to: Oracle8 Enterprise Edition Release 8.0.5.0.0 - Production
With the Partitioning and Objects options
PL/SQL Release 8.0.5.0.0 - Production
Export file created by EXPORT:V08.00.05 via conventional path
. importing NOEL's objects into NOEL
. . importing table         "EMPLOYEE"        423 rows imported
Import terminated successfully without warnings.
/export/home;oracle8.0.5>
```

Conclusão

Existem maneiras diferentes de copiar o seu banco de dados. Uma delas é usando o utilitário Export/Import. Além de permitir que você mova dados entre diferentes bancos de dados, executando qualquer sistema operacional, ele *não é* dependente de lançamento.

6.10 — Como posso copiar o banco de dados em paralelo, usando o Recovery Manager (gerenciador de recuperação)?

Aplica-se a: Oracle7, Oracle8 e Oracle8*i*   **Índice do CD:** Backup paralelo

Sistema operacional: Todos

Problema

Tenho um grande banco de dados que está sendo copiado diariamente. No entanto, meu backup de banco de dados, usando o Oracle Recovery Manager, é muito lento e leva mais de 8 horas para se completar. Posso copiar o banco de dados mais rapidamente usando o recurso paralelo de RMAN?

Solução

O Oracle permite que você faça backup e recuperação em *paralelo* usando o Recovery Manager. O RMAN usa canais para se comunicar entre ele próprio e o servidor de banco de dados.

Um canal precisa ser alocado antes de usar o recurso de backup. O comando para alocar um canal em RMAN é:

```
RMAN> run {
   Allocate channel t1 type tape;
```

O Oracle permite que você aloque múltiplos canais para backup e recuperação paralelos. Cada canal inicia um processo de servidor na cópia-alvo. Se você tiver múltiplos canais, o Recovery Manager iniciará operações paralelas; caso contrário irá operar em série.

Vejamos um exemplo de como copiar os arquivos de dados em paralelo.

Etapas
Listagem 6.54: Execução de um backup encadeado único
```
RMAN> run {
   2> allocate channel d1 type disk;
   3> allocate channel d2 type disk;
   4> copy datafile 1 to '/raid2/BACKUP/file1.dat';
   5> copy datafile 2 to '/raid2/BACKUP/file2.dat';
   6> }
RMAN-03022: compiling command: allocate
RMAN-03023: executing command: allocate
RMAN-08030: allocated channel: d1
RMAN-08500: channel d1: sid=10 devtype=DISK
RMAN-03022: compiling command: allocate
RMAN-03023: executing command: allocate
RMAN-08030: allocated channel: d2
RMAN-08500: channel d2: sid=16 devtype=DISK
RMAN-03022: compiling command: copy
RMAN-03023: executing command: copy
RMAN-08000: channel d1: copied datafile 1
RMAN-08501: output filename=/raid2/BACKUP/file1.dat recid=3
   stamp=351005060
RMAN-03022: compiling command: copy
RMAN-03023: executing command: copy
RMAN-08000: channel d1: copied datafile 2
RMAN-08501: output filename=/raid2/BACKUP/file2.dat recid=4
   stamp=351005075
RMAN-08031: released channel: d2
RMAN-08031: released channel: d1
RMAN>
```

Listagem 6.55: Visão dos arquivos de dados
```
/export/home/oracle8.0.5> ls — trl file*
-rw-r- - - - -  1 oracle    dba    52430848 Dec 2 13:24 file1.dat
-rw-r- - - - -  1 oracle    dba    15730688 Dec 2 13:24 file2.dat
/export/home/oracle8.0.5>
```

Listagem 6.56: Como fazer um backup paralelo

```
Em paralelo
RMAN: run {
  2> allocate channel d1 type disk;
  3> allocate channel d2 type disk;
  4> copy datafile 1 to '/raid2/BACKUP/datafile1.dat',
  5>      datafile 2 to '/raid2/BACKUP/datafile2.dat';
  6> }
RMAN-03022: compiling command: allocate
RMAN-03023: executing command: allocate
RMAN-08030: allocated channel: d1
RMAN-08500: channel d1: sid=10 devtype=DISK

RMAN-03022: compiling command: allocate
RMAN-03023: executing command: allocate
RMAN-08030: allocated channel: d2
RMAN-08500: channel d2: sid=16 devtype=DISK
RMAN-03022: compiling command: copy
RMAN-03023: executing command: copy
RMAN-08000: channel d2: copied datafile 2
RMAN-08501: output filename=/raid2/BACKUP/datafile2.dar recid=5
     stamp=351005261
RMAN-08000: channel d1: copied datafile 1
RMAN-08501: output filename=/raid2/BACKUP/datafile1.dat recid=6
     stamp=351005294
RMAN-08031: released channel: d2
RMAN-08031: released channel: d1
RMAN>
```

Conclusão

Se você usar o Oracle Recovery Manager para copiar seu banco de dados, então deve considerar usar a opção paralela (IN PARALLEL). Isso permite que você faça múltiplas mudanças para se comunicar entre o banco de dados Oracle e o Recovery Manager.

6.11 — Eu perdi um dos meus arquivos de dados e não posso iniciar o Oracle. O que posso fazer?

Aplica-se a: Oracle7, Oracle8 e Oracle8*i*	**Índice do CD:** Recuperação de banco de dados
Sistema operacional: Todos	

Problema

Um dos arquivos de dados Oracle em um tablespace de usuário foi apagado durante a manutenção do sistema. Ao tentar apresentar o Oracle, recebo uma mensagem de erro Oracle ORA-01157, "cannot identify data file %s — file not found" (impossível identificar arquivo de dados %s — arquivo não encontrado). O banco de dados parece estar montado mas não abre. O que posso fazer?

Solução

Sempre que você apresenta o Oracle, ele verifica, se todos os arquivos de dados existem e podem ser lidos. Se qualquer dos arquivos de dados estiver faltando, a cópia iniciará, mas o banco de dados não se abrirá. No exemplo mostrado na Listagem 6.57, você pode ver que, ao tentarmos apresentar o banco de dados, ele não pode encontrar o arquivo de dados e, portanto, não o abre.

Listagem 6.57: O banco de dados não aparece
```
SVRMGR> startup;
ORACLE instance started.
Total System Global Area   27641508 bytes
Fixed Size                    44924 bytes
Variable Size               6592296 bytes
Database Buffers           20480000 bytes
Redo Buffers                 524288 bytes
Database mounted.
ORA-01157: cannot identify data file 14 — file not found
ORA-01110: data file 14: '/raid3/oracle/STRIPE3.DBF'
SVRMGR>
```

Etapas para recuperar um arquivo de dados

Etapa 1 — Restaure o backup de arquivo de dados. Se você tiver um backup do arquivo de dados, então deve primeiro restaurar o arquivo a partir do local de backup. Inicie o banco de dados com a opção MOUNT e depois você poderá recuperar o arquivo de dados, usando o comando RECOVER DATAFILE a partir do utilitário Server Manager.

```
RECOVER DATAFILE <datafile_name>
```

Etapa 2 — Tire da linha o arquivo de dados. Uma vez que você tenha alterado o banco de dados e largado um arquivo de dados, todos os dados existentes naquele arquivo de dados serão perdidos (Listagem 6.58).

Listagem 6.58: Como tirar de linha o arquivo de dados e abrir o banco de dados

```
SVRMGR> ALTER DATABASE TEST
  2> DATAFILE '/raid3/oracle/STRIPE3.DBF'
  3> OFFLINE DROP;
Statement processed.
SVRMGR>

SVRMGR> ALTER DATABASE OPEN;
Statement processed.
SVRMGR>
```

Embora você ainda possa consultar outros arquivos de dados em um tablespace, se Oracle tentar ler o "arquivo de dados excluídos", ele abortará a consulta com uma mensagem de erro Oracle ORA-00376, como mostrado na Listagem 6.59.

Listagem 6.59: Mensagem de erro da leitura de uma tabela

```
SQL> select count(*) from striped_customer;
Select count(*) from striped_customer
       *
ERROR at line 1:
ORA-00376: file 14 cannot be read at this time
ORA-01110: data file 14: '/raid3/oracle/STRIPE3.DBF'
SQL>
```

Se o tablespace puder ser recriado pelo recarregamento de dados, ou os dados não forem muito cruciais, tal como um tablespace temporário, então você deve excluir o tablespace e recriá-lo. Entretanto, visto que ainda existem objetos no tablespace, você deve usar a opção INCLUDING CONTENTS no comando DROP TABLESPACE. Por exemplo:

```
DROP TABLESPACE <tablespace_name> INCLUDING CONTENTS;
```

Conclusão

Quando você tiver perdido um arquivo de dados, o Oracle não conseguirá inicializar. Se o arquivo de dados não contiver quaisquer dados críticos, você pode excluí-lo e recriá-lo. No entanto, se os dados forem importantes, então você deve recuperá-los.

6.12 — Como posso garantir que os blocos sendo lidos a partir dos arquivos de dados não estão corrompidos?

Aplica-se a: Oracle7, Oracle8 e Oracle8*i*   **Índice do CD:** Teste de soma

Sistema operacional: Windows NT, UNIX

Problema

Eu gostaria de garantir que os blocos que estão sendo lidos dos arquivos de dados não estão corrompidos. Há algum comando ou parâmetro que eu possa ajustar ou habilitar para verificar a integridade do bloco de dados?

Solução

No Oracle, há um parâmetro INIT.ORA chamado DB_BLOCK_CHECKSUM que habilita ou desabilita a verificação de blocos de dados. O modo padrão para verificação é FALSE. Para habilitar esse recurso, o parâmetro precisa ser ajustado para TRUE. Uma vez que você tenha habilitado o parâmetro DB_BLOCK_CHECKSUM, o Oracle computará o *checksum* (teste de soma — somas baseadas no conteúdo de dados de processamento para verificar correção) de cada bloco que está escrito ou é lido a partir do disco. As somas totais são escritas na parte de cabeçalho do bloco. Se o Oracle detectar uma corrupção ao lê-lo, retornará um erro Oracle ORA-01578, que é "bloco de dados ORACLE corrompido (arquivo <file_name>, bloco <block_number>)."

Esteja ciente de que, se você habilitar a verificação de blocos de dados, pode haver uma degradação potencial no desempenho. (Conforme declarado no Oracle8 Database Administrador Guide — Guia do administrado de banco de dados Oracle8, use esse parâmetro apenas sob a supervisão do pessoal de suporte da Oracle.)

```
DB_BLOCK_CHECKSUM = TRUE
```

Você também pode habilitar o teste de soma para os arquivos de registro redo. O modo padrão para a verificação é FALSE. Para habilitar o recurso de verificação de registro redo, você precisa ajustar o parâmetro LOG_BLOCK_CHECKSUM para TRUE. Uma vez habilitado esse parâmetro, o Oracle computará o teste de soma para cada bloco de registro redo que está escrito no arquivo de log redo. Os testes de soma são escritos na parte de cabeçalho do bloco. Quando você habilitar a funcionalidade de arquivamento, Oracle usará o teste de soma para detectar qualquer corrupção a partir do arquivo de log redo. Isso garantirá que todas as informações do registro sendo escritas fora dos registros de arquivo não estejam corrompidas.

```
LOG_BLOCK_CHECKSUM = TRUE
```

Conclusão

Se você achar que tem alguns discos ruins ou o sistema não estiver funcionando adequadamente, deve salvar os dados sendo escritos, habilitando o recurso de teste de soma. Você pode habilitar ou desabilitar o teste de soma para adequá-lo ao seu ambiente.

6.13 — Como posso verificar o arquivo de dados para saber sobre a integridade da estrutura física dos dados?

Aplica-se a: Oracle7.3, Oracle8 e Oracle8*i*	**Índice do CD:** DB_VERIFY
Sistema operacional: Todos	

Problema

Recentemente atualizamos o nosso sistema com processadores mais rápidos e instalamos uma nova caixa de armazenagem de array RAID. Ainda que eu tenha feito um backup completo do banco de dados antes do upgrade, gostaria de garantir que nenhum dos arquivos de dados estão corrompidos. Como posso verificar os arquivos de dados para saber da integridade da estrutura física dos dados?

Solução

No Oracle há um utilitário chamado DB_VERIFY que realiza verificações na integridade da estrutura física dos dados. Ele é um utilitário de linha de comando que pode ser executado em bancos de dados offline ou online. O nome e a localização do utilitário é dependente do sistema operacional. No Solaris, ele é chamado "dbv", no Windows NT ele é chamado "dbverf73" na versão Oracle7.3 e "dbverf80" no Oracle8.0. A sintaxe de DB_VERIFY é mostrada na Listagem 6.60.

Listagem 6.60: Comando DB_VERIFY
```
db_verify FILE=   <filename>
START=            <starting block address>
END=              <end_block_address>
BLOCKSIZE=        <block_size of the datafile>
LOGFILE=          <logfile_name to record logging information>
FEEDBACK=         <Y/N, if Yes it displays "." for pages verified>
PARAFILE=         <parameter_filename to use>
```

Um exemplo de saída do utilitário DB_VERIFY é mostado na Listagem 6.61.

Listagem 6.61: Saída de DB_VERIFY
```
ORACLE> dbv file=/raid1/oracle/STRIPE7.DBF
DBVERIFY: Release 8.0.3.0.0 - Production on Tue Jul 7 16:11:21 1998
(c) Copyright 1997 Oracle Corporation. All rights reserved.
DBVERIFY - Verification starting : FILE = /raid1/oracle/STRIPE7.DBF
DBVERIFY - Verification complete
Total Pages Examined         : 20480
Total Pages Processed (Data) : 12960
Total Pages Failing   (Data) : 0
Total Pages Processed (Data) : 0
Total Pages Failing   (Index): 0
Total Pages Empty            : 0
Total Pages Marked Corrupt   : 0
Total Pages Influx           : 0
ORACLE>
```

Se existirem problemas com o arquivo de dados, DB_VERIFY exibirá os blocos e os tipos de erros que encontrou. A Listagem 6.62 mostra um exemplo de saída do DB_VERIFY, que inclui alguma corrupção de dados.

Listagem 6.62: Mensagem de corrupção de dados informada por DB_VERIFY
```
Page 67751 is influx - most likely media corrupt
* * *
Corrupt block relative dba: 0x0b4108a7 file=0. blocknum=67751.
Fractured block found during dbv:
Data in bad block - type:0. format:0. rdba.0x00000000
Last change scn:0x00000000 seq:0x0 flg:0x00
Consistancy value in tail 0x00000000
Check value in block header: 0x0, check value not calculated
spare1: 0x0, spare2:0x0, spare2:0x0
```

Embora o utilitário DB_VERIFY funcione tanto no dispositivo bruto como no arquivo de sistema, há um erro (bug) pelo menos no Oracle8.0.3. É preciso que o nome do arquivo contenha um "." (ponto). Por exemplo, o nome de arquivo deve ser "noel.dat" ou master.db" e assim por diante. O utilitário DB_VERIFY falhará se o nome de arquivo só tiver letras/números, sem um ".". Se você observar a Listagem 6.63, notará que DB_VERIFY falhou, pois não conseguiu encontrar o arquivo. Para resolver isso em UNIX, crie um link de arquivo, usando o comando ln, e crie um link para algo como "raw.dat".

Listagem 6.63: Exemplo de saída de DB_VERIFY
```
ORACLE> dbv file=/dev/rdsk/c2t0d1s6
DBVERIFY: Release 8.0.3.0.0 - Production on Tue Jul 7 16:15:24 1998
(c) Copyright 1997 Oracle Corporation. All rights reserved.
DEV-00100: Specified FILE (/dev/rdsk/c2t0d1s6) not accessible
ORACLE.
```

Conclusão

Sempre é uma boa idéia verificar se os seus arquivos de dados não estão corrompidos. Isto é especialmente importante se você tiver atualizado o seu sistema ou discos ou tiver migrado o seu banco de dados para outro sistema. O comando DB_VERIFY verifica cada bloco para saber de sua integridade.

6.14 — Como posso retomar/interromper o banco de dados?

8i	Aplica-se a: Oracle8*i*	Índice do CD: Retomada interrompida
	Sistema operacional: Todos	

Problema

Implementei o espelhamento triplo em nível de hardware em meu banco de dados. Isso é necessário, visto que a cada semana interrompemos o espelho e iniciamos uma nova cópia do banco de dados. Depois, tal banco de dados é usado para armazenamento de dados e é principalmente READ ONLY. O problema que estamos enfrentando é que, para interromper o espelho, precisamos fechar a produção do banco de dados para que todos os arquivos de dados Oracle e arquivos de controle sejam *sync* (sincronizados). Há uma maneira em Oracle8*i* de interromper o banco de dados por algum tempo para que possa interromper o espelho e ter uma tomada de tela consistente?

Soluções

O Oracle8*i* oferece um novo recurso que permite parar toda a atividade, inclusive I/O do banco de dados. Depois, você pode retomar o banco de dados. Enquanto o banco de dados está interrompido, você pode copiar ou interromper os espelhos. Alguns clientes implementaram recursos, tais como espelhos de banco de dados e, em alguns casos, espelhamento triplo. Esse tipo de espelhamento é baseado em hardware ou em software, e é feito independentemente do software Oracle e do banco de dados. Anteriormente, existiam exigências quanto ao cliente interromper um dos espelhos triplos e usar aquele espelho para iniciar outro banco de dados, ou mesmo para fazer backups. Agora, você pode interromper o espelho facilmente e *retornar* a ele mais tarde, depois de interromper o espelho.

Existem duas declarações que foram incluídas para incorporar esses recursos. Elas são a declaração ALTER SYSTEM SUSPEND (alterar interrupção de sistema), que pára toda a atividade I/O do disco, e a declaração ALTER SYSTEM RESUME (alterar retomada de sistema), que retoma a I/O.

Essa declaração interrompe toda a atividade do banco de dados, operações de I/O e consultas ao banco de dados, bem como escritas de banco de dados em arquivos de dados, os arquivos de cabeçalho e arquivos de controle.

```
ALTER SYSTEM RESUME
```

Essa declaração retoma toda a atividade no banco de dados, incluindo consultas e operações de I/O.

Etapas

Vamos percorrer algumas das etapas necessárias para parar e retomar o banco de dados.

> **Etapa 1 — Coloque o banco de dados no modo de backup "quente".** Antes de mais nada, você deve colocar o banco de dados no modo de backup "quente", usando a declaração ALTER TABLESPACE com a opção BEGIN BACKUP.
>
> **Etapa 2 — Interrompa toda a atividade do banco de dados.** Depois, emita a declaração ALTER SYSTEM SUSPEND para interromper toda a atividade do banco de dados. Como você pode ver a partir da Listagem 6.64, a declaração ALTER foi executada com sucesso.
>
> **Listagem 6.64: Interrupção de todas as operações de I/O**
> ```
> SQL> ALTER SYSTEM SUSPEND;
> System altered.
> SQL>
> ```

> **Importante** Observe que você não deve tentar usar mais a sessão SQL*Plus ou Server Manager que usava para executar a declaração ALTER SYSTEM SUSPEND. Isso porque qualquer consulta que você execute em qualquer sessão, inclusive aquela a partir da qual você executou a declaração ALTER SYSTEM SUSPEND, ficará PENDENTE. Você também não conseguirá registrar-se em uma nova sessão, visto que nenhuma conexão será permitida.

Se agora você tentar *qualquer* consulta no banco de dados, ele simplesmente ficará pendente. É muito importante que, assim que você terminar seus backups ou divisão de operações de espelho, retome o banco de dados. Como pode ver na Listagem 6.65, mesmo uma consulta à tabela de sistema simplesmente fica pendente.

Listagem 6.65: Consulta à tabela de sistema dba_data_files
```
SQL> select * from dba_data_files;
```

Etapa 3 — Divida/interrompa espelhos ou backups. A essa altura você pode interromper o espelho, usando os comandos em nível de hardware ou software. Visto que o banco de dados está em uma situação consistente, você obterá uma sincronização completa do banco de dados.

Etapa 4 — Retome toda a atividade do banco de dados. Uma vez que você tenha terminado com a interrupção do espelho, pode retomar a atividade do banco de dados, emitindo o comando ALTER SYSTEM RESUME a partir da sessão que interrompeu o banco de dados (Listagem 6.66).

Listagem 6.66: Retomada de todas as operações de I/O
```
SQL> ALTER SYSTEM RESUME;
System altered.
SQL>
```

Conclusão

Um novo recurso em Oracle8i permite que você pare toda a ativade de I/O em seu banco de dados. O objetivo desse recurso é permitir que você faça imagens consistentes de seu banco de dados com objetivos de backup, ou mesmo que crie outro banco de dados. Para isso, o Oracle oferece as novas declarações ALTER SYSTEM SUSPEND e ALTER SYSTEM RESUME para interromper e retomar a I/O.

6.15 — Como posso aumentar a quantidade de processos de arquivo?

8i	Aplica-se a: Oracle8i	Índice do CD: Processo de arquivo
	Sistema operacional: Todos	

Problema

Atualmente o processo de arquivamento está demorando muito tempo para se completar. Há alguma maneira de apressá-lo?

Capítulo 6 - *Backup e recuperação* | 363

Soluções

O processo Archive (ARCn) copia registros redo para outro destino sempre que eles ficam cheios. Em Oracle8*i* agora você pode ter até dez processos de arquivo (ARCn) (Listagem 6.67) para cada cópia de banco de dados, ajustando o parâmetro INIT-ORA, LOG_ARCHIVE_MAX_PROCESS para qualquer valor entre 1 e 10 (ARC0 até ARC9). Esse parâmetro também pode ser ajustado por ocasião da execução, usando-se a declaração ALTER SYSTEM. Isso é bastante útil se você arquivar para muitos destinos ou tiver mais do que dois registros redo. O Log Writer (LGWR — escritor de registro) aumenta automaticamente a quantidade de processos ARCn quando o sistema não pode lidar com a carga de trabalho.

Listagem 6.67: Ajuste do parâmetro LOG_ARCHIVE_MAX_PROCESSES
```
LOG_ARCHIVE_MAX_PROCESSES = (1 to 10)
```

Conclusão

Se o seu processo de arquivamento estiver demorando muito para se completar, você deve considerar o aumento da quantidade de tais processos. No Oracle8*i* você pode ter até dez processos de arquivo. Esse recurso também suporta escrever o arquivo de log para múltiplos destinos.

7
Desempenho & ajuste

Referência rápida
Se você quiser saber sobre...
A — Administração relacionada a I/O
- Tamanho de bloco Oracle... veja 7.1
- Uso de dispositivo bruto... veja 7.2
- Combinação de buffer múltiplo... veja 7.3
- Como escolher o nível RAID certo... veja 7.5
- Como balancear I/O através de discos... veja 7.8

B — Outros
- ROWID para Oracle8... veja 7.4
- Sintonização no Oracle no UNIX... veja 7.6
- Sintonização no Oracle em Windows NT... veja 7.7
- Aperfeiçoamento de desempenho de consulta... veja 7.9
- Como usar Log Miner... veja 7.10
- Agilidade de recuperação de cópia... veja 7.11
- Separação de aperfeiçoamentos no Oracle8i... veja 7.12

Visão geral

O desempenho e sintonização de um banco de dados é uma das tarefas mais desafiadoras atribuídas a um DBA. Exige um entendimento não apenas de como o banco de dados opera, mas também o conhecimento do hardware e do sistema operacional. Para maximizar o desempenho do Oracle, o DBA deve colher, regularmente, estatísticas do banco de dados e do sistema operacional. Existem alguns softwares terceirizados que monitoram e sintonizam o seu banco de dados e sistema operacional.

Perguntas

7.1 — Qual tamanho de bloco Oracle devo usar para o meu banco de dados?

Aplica-se a: Oracle8 e Oracle8*i*	Índice do CD: Tamanho de bloco
Sistema operacional: Todos	

Problema

Estou migrando o meu banco de dados DB/2 para Oracle em um ambiente OLTP (Online Translator Plataform). No entanto, não tenho certeza de qual tamanho de bloco Oracle preciso escolher. Há quaisquer recomendações?

Solução

ENo Oracle você pode ter um bloco de qualquer tamanho entre 2K e 32K — o limite superior depende do sistema operacional. Por exemplo, no Solaris, você só pode ter bloco de até 16K. Uma vez que você tenha escolhido um tamanho de bloco e o banco de dados esteja montado naquele tamanho de bloco, não é possível mudá-lo sem recriar o banco de dados. Alguns usuários executam OLTP em aplicativos DSS no mesmo banco de dados. Para esses ambientes seria bom ter múltiplos tamanhos de blocos dentro do banco de dados. Isto definitivamente ajudaria a aumentar o desempenho, mas também pode ser um pesadelo para o DBA, que precisa lutar com aquelas tabelas e controlar todas aquelas informações.

O tamanho de bloco padrão Oracle em ambos, Windows NT e Solaris (UNIX), é de 2K. Esse valor irá variar, dependendo do sistema operacional. Portanto, verifique o manual específico de seu hardware Oracle.

Vamos colocar os tamanhos de blocos em quatro categorias: pequeno, médio, grande e extragrande. A Tabela 7.1 mostra os diferentes tamanhos de blocos Oracle que podem ser usados em seu banco de dados.

Tabela 7.1: Tamanhos de blocos Oracle

Categoria	Tamanho de bloco Oracle
Pequeno	2K ou 4K
Médio	8K
Grande	16K
Extra grande	32K (apenas em alguns O/S)

O tamanho de bloco Oracle também afeta o valor máximo do parâmetro FREELIST de armazenagem de objetos.

Qual tamanho de bloco escolher

Se você está fazendo OLTP principalmente com leituras aleatórias e tem linhas de tamanho pequeno, então o menor tamanho de bloco (2K-4K) proporcionará o melhor desempenho. Lembre-se, quanto maior o tamanho de bloco, mais espaço de memória Oracle (SGA) será necessário para se ter uma boa razão de armazenamento no buffer (área de armazenamento). Por exemplo, se você tiver um bloco de 16K de tamanho, que é lido na memória, e quiser ler apenas 50 bytes dele, então, efetivamente desperdiçou mais de 15K de memória, a menos que as outras linhas que você estiver tentando acessar também estejam dentro daquele mesmo bloco. Assim, para acesso seqüencial, o tamanho maior de bloco ajuda, mas para acesso aleatório ele pode diminuir o desempenho.

A comparação apresentada na Tabela 7.2 mostra os diversos tamanhos de blocos Oracle. Como você pode ver, cada um deles tem vantagens e desvantagens em particular.

Tabela 7.2: Comparação de diversos tamanhos de blocos Oracle

Item	Pequeno 2K/4K	Médio 8K	Grande 16K	Extra grande 32K
Contenção de bloco	Menor	Médio	Mais alto	Maior
Acesso aleatório	Melhor	Bom	Médio	Lento
Acesso seqüencial	Lento	Médio	Bom	Melhor
Tamanho de linha	Pequeno	Médio	Grande	Grande
Código extra Oracle	Alto	Médio	Menor	Menor

Se você tiver 256 MB de memória em seu sistema, da qual pode alocar 150 MB para áreas de armazenamento de blocos, então, com um bloco de 2K de tamanho, pode ter cerca de 76.800 blocos em SGA. A Tabela 7.3 mostra que, quanto maior o tamanho de bloco, menor quantidade de blocos será armazenada em SGA.

Tabela 7.3: Tamanho de SGA e quantidade de blocos Oracle

Tamanho de bloco Oracle	Quantidade de blocos
2K	76.800
4K	38.400
8K	19.200
16K	9.600
32K	4.800

Conclusão

O Oracle oferece vários tamanhos de blocos, começando com 2K e aumentando até 32K. No entanto, o limite superior depende do sistema operacional. O conceito é, quanto maior o tamanho de bloco Oracle, mais linhas se ajustam. Isso oferece armazenamento de dados para as linhas e, portanto, pode aperfeiçoar o desempenho de dados acessados seqüencialmente. Entretanto, uma vez que você tenha escolhido o tamanho de bloco, não pode mudá-lo sem que seja necessário recriar o banco de dados. A regra-chave é: para OLTP, considere o melhor tamanho de bloco, enquanto para um ambiente DSS, um maior é mais apropriado.

7.2 — Como posso criar um tablespace em um dispositivo bruto?

Aplica-se a: Oracle8 e Oracle8*i*   **Índice do CD:** Dispositivo bruto
Sistema operacional: Windows NT, UNIX

Problema

Muitos especialistas no Oracle disseram-me que colocar alguns tablespaces 'quentes' em um dispositivo bruto aperfeiçoará o desempenho. Como posso criar um tablespace em um dispositivo bruto?

Capítulo 7 - Desempenho & ajuste | 369

Solução

Um dispositivo bruto é uma partição de um disco, ou todo o disco, que não tem sistema de arquivo. Basicamente, o Oracle ultrapassa o armazenamento do sistema operacional ao usar um dispositivo bruto. Embora um bom aperfeiçoamento de desempenho resulte do uso de um dispositivo bruto, há muita sobrecarga administrativa em administrá-lo, a menos que você use software tal como o gerenciador de volume Veritas. Em um dispositivo bruto você só pode ter um arquivo de dados por partição, assim, assegure-se de que sabe como particionar adequadamente os seus discos. Também, evite usar o cilindro 0 para um dispositivo bruto. Alguns sistemas operacionais não protegem o cilindro 0 e, portanto, você pode sobregravá-lo, o que pode acarretar perda de dados. Para evitar essa situação, crie sempre o seu arquivo de dados menor do que o tamanho do dispositivo bruto. Um dispositivo bruto em NT suporta escrita através do cache para oferecer integridade dos dados.

A seguir estão as vantagens da utilização de um dispositivo bruto:
- desempenho aumentado, acessando os dados diretamente do buffer do Oracle
- não há fragmentação de arquivos de dados, visto que é o único arquivo naquela partição de disco
- evita duplicidade no armazenamento de dados, economizando memória
- oferece integridade de dados, garantindo que os blocos de dados são escritos no disco

Entretanto, também existem desvantagens na utilização de um dispositivo bruto:
- é difícil de gerenciar e copiar
- é difícil de encontrar corrupção de dados
- é difícil de mover arquivos de dados para balancear I/O
- só pode haver um arquivo de dados Oracle por partição.

Etapas para criar uma partição RAW (bruta) em Windows NT

Etapa 1. Execute o programa Disk Administrator (administrador de disco), encontrado na opção de menu Administrative Tools (ferramentas administrativas) no Windows NT. Isso adianta uma exibição dos discos que estão anexados ao seu computador, como mostrado na Figura 7.1. Como você pode ver, temos 557 MB de espaço livre disponível no disco 1.

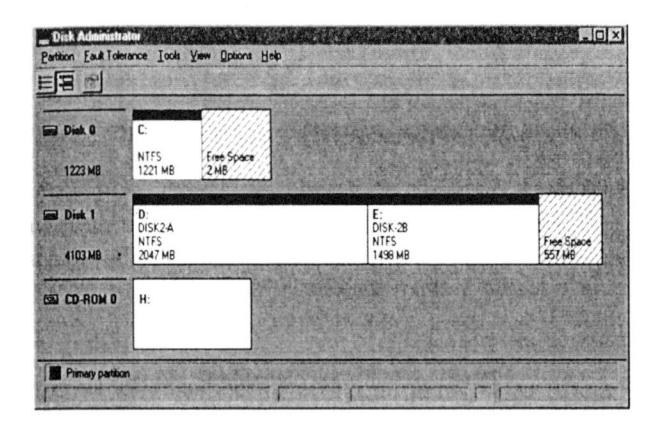

Figura 7.1: Administração Windows NT

Etapa 2. Clique na partição livre e escolha Partição a partir da opção de menu. Depois, determine o tamanho da partição que você deseja criar. Neste exemplo, criaremos uma partição de 250 MB.

Etapa 3. Agora, clique em Commit Changes On (confirmar mudanças em) na opção de menu Partition. Quando for perguntado se deseja confirmar essas mudanças, selecione Yes e você observará que uma letra de drive é designada à partição, como mostrado na Figura 7.2. Neste exemplo, temos a partição designada ao drive "G:". Você também notará que o tamanho da partição não é 250 MB, mas 251 MB. O Windows NT aloca espaço adicional para o seu código extra.

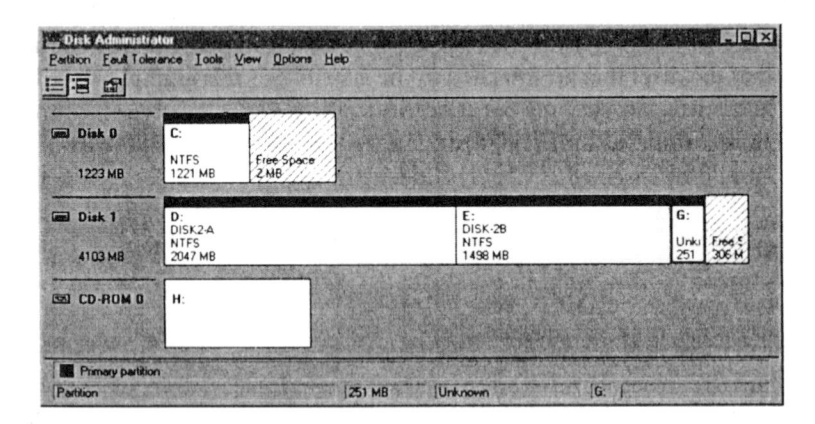

Figura 7.2: Criação de uma partição

Como usar a partição bruta

Uma vez criada a partição bruta, então você pode usá-la para criar um tablespace. Um exemplo é mostrado na Listagem 7.1, onde estamos criando um tablespace de 250 MB na partição G:. Ele é chamado de raw_tblspace.

Listagem 7.1: Criação de um tablespace em dispositivo bruto
```
Oracle8 Enterprise Edition Release 8.0.5.0.0 — Production
With the Partitioning and Objects options
PL/SQL Release 8.0.5.0.0 — Production
SQLWKS> CREATE TABLESPACE raw_tblspace
     2> DATAFILE '\\.\G:' size 250M;
Statement processed.
```

O que acontecerá se tentarmos criar um tablespace maior do que o tamanho da partição? Receberemos uma mensagem de erro ORA-27072, bem como outras mensagens de erro Oracle, conforme mostrado na Listagem 7.2.

Listagem 7.2: Criação de um tablespace maior do que o espaço atual
```
SQLWKS> CREATE TABLESPACE raw_tblspace
     2> DATAFILE '\\.\G:' size 252M;
CREATE TABLESPACE raw_tblspace
*
ORA-19510: failed to set size of 128576 blocks for file "\\.\G:"
           (blocksize=2048)
ORA-27059:  skgfrsz: could not reduce file size
OSD-04006:  ReadFile() failure, unable to read from file
O/S-Error:  (OS 87) The parameter is incorrect
ORA-19502:  write error on file"\\.\G.", blockno 128513 (blocksize=2048)
ORA-27072:  skgfdisp: I/O error
OSD-04008:  WriteFile() failure, unable to write to file
O/S-Error:  (OS 87) The parameter is incorrect.
```

Etapas para criar uma partição RAW no UNIX

Etapa 1 — Use o utilitário Format em SUN Solaris. Primeiro, obtenha as informações de partição referentes à localização de seu tablespace. No exemplo mostrado na Listagem 7.3, você pode ver que estamos usando o comando format em SUN Solaris para exibir todos os discos que estão anexados ao sistema. Para esse exemplo, usaremos o disco c2t0d1. Para ver as partições em um disco, use o comando partition e depois escolha "print" (imprimir), conforme mostrado na Listagem 7.4. Como pode ser visto, temos a "part 4" (parte 4) disponível, que seria especificada como dispositivo c2t0d1s4. Assegure-se de que esse dispositivo não esteja montado e pode ser usado como uma partição bruta. No UNIX, há um conceito de Symbolic Link (ligação simbólica) que permite a você criar um link virtual em qualquer diretório, arquivo ou partição.

Listagem 7.3: Uso do comando Format em SUN Solaris
```
# format
Searching for disks. . . done
AVAILABLE DISK SELECTIONS:
   0. c0t1d0 <SUN1.05 cyl 2036 alt 2 hd 14 sec 72>
 /iommu@f,e0000000/sbus@e0001000/espdma@f,400000/esp@f,800000/sd@1,0
   1. c0t3d0 <SUN1.05 cyl 2036 alt 2 hd 14 sec 72>
 /iommu@f,e0000000/sbus@e0001000/espdma@f,400000/esp@f,800000/sd@3,0
   2. c1t1d0 <RAID5-0924 cyl 64105 alt 2 hd 4 sec 128>
 /iommu@f,e0000000/sbus@e0001000/C,isp@3,10000/sd@1,0
   3. c2t0d1 <RAID5-0924 cyl 64105 alt 2 hd 4 sec 128>
 /iommu@f,e0000000/sbus@e0001000/C,isp@1,10000/sd@0,1
Specify disk (enter its number):
```

Listagem 7.4: Exibição das partições de um disco
```
partition> print
Current partition table (original):
Total disk cylinders available: 64105 + 2 (reserved cylinders)
Part   Tag        Flag   Cylinders        Size        Blocks
---    -----      ----   ----------       ----        ------
  0    root       wm     0    -   511     128.00MB    (512/0/0)    262144
  1    swap       wu     512  -  1023     128.00MB    (512/0/0)    262144
  2    backup     wu     0    - 64104     15.65GB     (64105/0/0)  32821760
  3    usr        wm     1024 - 17023     3.91GB      (16000/0/0)  8192000
  4    usr        wm     17024 - 33023    3.91GB      (16000/0/0)  8192000
  5    usr        wm     33024 - 49023    3.91GB      (16000/0/0)  8192000
  6    usr        wm     49024 - 64104    3.68GB      (15081/0/0)  7721472
  7    unassigned wm     0                0           (0/0/0)      0
partition>
```

Etapa 2. Crie link simbólico. Em vez de especificar o nome do dispositivo de partição bruta, é recomendado que você use um arquivo contendo um link simbólico para o dispositivo atual. Por exemplo, criaremos um link simbólico para /dev/rdsk/c2t0d1s4 para /oracle_data/customer.dat. Isso pode ser feito usando o comando-se ln, como mostrado na Listagem 7.5. O nome de arquivo do link simbólico pode ser qualquer um. Aqui, escolhemos customer.dat para representar o arquivo de dados do tablespace de customer (cliente).

Listagem 7.5: Como usar o comando LN
```
# ln /dev/rdsk/c2t0d1s4 /oracle_data/customer.dat
# ls - tl /oracle_data
total 2
lrwxrwxrwx 2 root root 76 Jun 18 10:57 customer.dat ->
. ./. ./devices/iommu@f,e0000000/sbus@f,e0001000/QLGC,isp@1,10000/
sd@0,1:e,raw
#
```

Como pode ser visto na Listagem 7.5, se fizermos um ls, ele nos mostrará o link simbólico que indica o dispositivo atual.

Etapa 3 — Mude o proprietário e o grupo do arquivo. Para o Oracle acessar esse arquivo, ele precisa ter os privilégios apropriados. Como você pode ver a partir da Listagem 7.6, estamos mudando a propriedade para Oracle e o grupo para DBA, para que Oracle possa usá-lo.

Listagem 7.6: Como dar permissões para aquele dispositivo
```
# chown oracle /oracle_data/customer.dat
# chgrp dba /oracle_data/customer.dat
```

Etapa 4 — Crie tablespace. Para criar um tablespace em uma partição bruta, você precisa especificar o nome do link simbólico, como mostrado na Listagem 7.7. Aqui, declaramos /oracle_data/customer.dat como o arquivo de dados, que de fato aponta para o dispositivo /dev/rdsk/c2t0d1s4.

Listagem 7.7: Criação de um tablespace no dispositivo bruto
```
SQLWKS> connect system@sfo.world;
Connected.
SQLWKS> CREATE TABLESPACE raw_tblspace
    2> DATAFILE '/oracle_data/customer.dat' size 100M;
Statement processed.
SQLWKS>
```

Conclusão

As etapas mostram como criar um tablespace em um dispositivo bruto para Windows NT e UNIX. Além do tablespace, você também pode colocar registros redo em dispositivos brutos.

7.3 — O que é o recurso de combinação de buffer múltiplo e como posso usá-lo?

Aplica-se a: Oracle8 e Oracle8*i*	**Índice do CD:** Combinação de buffer múltiplo
Sistema operacional: Todos	

Problema

Tenho um banco de dados que está sendo usado por ambos os aplicativos, OLTP e DSS. Os usuários OLTP estão reclamando que o tempo de resposta de seus aplicativos tem se degradado. Eu cheguei à conclusão de que as tabelas grandes sendo usadas pelos aplicativos DSS estão esvaziando o cache das pequenas tabelas no Oracle SGA. Obtive algumas informações sobre um recurso de Multiple Buffer Pool (combinação de buffer múltiplo) que permite que pequenas tabelas sejam armazenadas o tempo todo, mesmo quando grandes tabelas são puxadas para o Oracle SGA. Como posso usar esse novo recurso?

Solução

Um novo recurso no Oracle8 permite que você particione o cache de buffer do banco de dados em três seções. São as combinações de buffer KEEP (manter), RECYCLE (reciclar) e DEFAULT (padrão). A combinação de buffer KEEP permite que você armazene um objeto no cache do buffer, que, caso contrário, pode ser esvaziado pelas tabelas maiores. A combinação de buffer RECYCLE permite armazenar objetos que podem ser reutilizados pelo aplicativo e ainda assim ser esvaziados por outros objetos. O restante do cache de buffer do banco de dados é designado ao cache DEFAULT.

Para implementar o recurso Multiple Buffer Pool, precisamos ajustar os seguintes parâmetros INIT.ORA:

```
BUFFER_POOL_KEEP = <number_of_buffers>
BUFFER_POOL_RECYCLE = <number_of_buffers>
```

A quantidade de buffers que se destinada a essa combinação de buffers é distribuída a partir da quantidade total de DB_BLOCK_BUFFERS definida no arquivo INIT.ORA. Por exemplo, se você tiver 10.000 buffers alocados em block_buffers, então pode definir 4000 para KEEP, 2000 para RECYCLE e o restante para DEFAULT. Uma vez que você tenha mudado os parâmetros da combinação de buffers, precisa reiniciar o banco de dados para capacitar essas mudanças. Também, se quiser ajustar os parâmetros BUFFER_POOL, assegure-se de que você tem pelo menos três ou mais engates LRUS definidos em DB_BLOCK_LRU_LATCHES; caso contrário a cópia não iniciará. Um exemplo de como ajustar os parâmetros de combinação de buffer múltiplo no arquivo init.ora é mostrado na Tabela 7.4.

Tabela 7.4: Parâmetros de combinação de buffer múltiplo

Parâmetro INIT.ORA	Valor
DB_BLOCK_SIZE	2048
DB_BLOCK_LRU_LATCHES	4
DB_BLOCK_BUFFERS	10000
BUFFER_POOL_KEEP	2000
BUFFER_POOL_RECYCLE	3000

Para suportar o recurso Multiple Buffer Pool, o Oracle introduziu algumas novas cláusulas BUFFER_POLL ao criar ou alterar uma tabela ou um objeto. Você pode usar essas cláusulas com os comandos CREATE TABLE, CREATE INDEX, ALTER TABLE e ALTER INDEX. A Figura 7.3 mostra os diversos componentes de SGA e a combinação de buffer múltiplo.

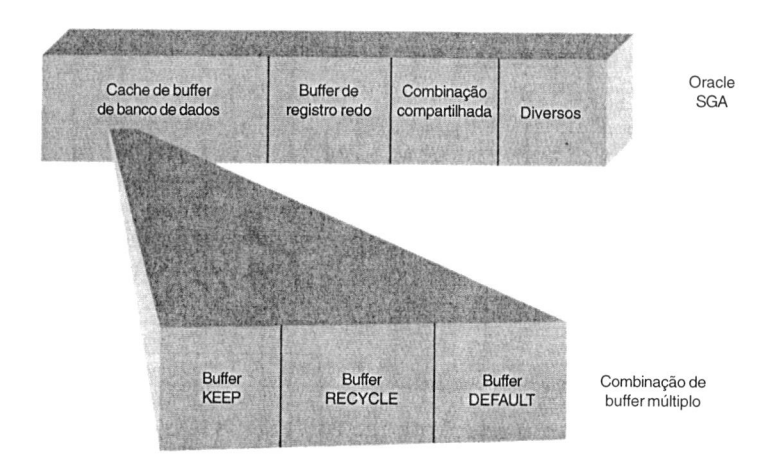

Figura 7.3: Combinação de buffer múltiplo SGA e Oracle8

Para conhecer a quantidade de buffers sendo alocados a cada tipo de buffer, você pode executar o script MON_BUFFERS.SQL (Listagem 7.8). A saída do MON_BUFFERS é mostrada na Listagem 7.9.

Listagem 7.8: Script mon_buffers.sql

```
set echo off feedback off verify off;
set linesize 80 pagesize 60;
REM NAME              : mon_buffers.sql
REM AUTHOR            : Noel.Y
REM USAGE             : Run from SQLPLUS
REM DESCRIPTION       : Generates a report on Multiple Buffer Pool
REM REQUIREMENTS      : Must be run as DBA

col name            format a15 heading "Name of |Buffer"
col set_count       format 999,999,999 heading "Number of |LRU Sets"
col buffers         format 999,999,999 heading "Number of |Buffers Allocated"
col TODAY           NEW_VALUE    _DATE

set termout off;
select to_char(SYSDATE, 'fmMonth DD, YYYY') TODAY from DUAL;
set termout on;

TTITLE left_DATE CENTER "Allocation of Buffer Pool" Skip 1 -
CENTER "= = = = = = = = = = = = = = = = = =" skip 2
```

```
spool &output _filename;
Set heading on;
select
        name,
        set_count,
        buffers
from
        v$buffer_pool;
clear columns;
spool off;
set feedback on verify on echo on;
```

Listagem 7.9: Saída de mon_buffers.sql

```
SQL> @mon_buffers.sql
July 7, 1998              Allocation of Buffer Pool
                         = = = = = = = = = = = = = = = =
Name of           Number of        Number of Buffers
Buffer            LRU Sets         Allocated
-------           --------         -----------------
KEEP              1                2,000
RECYCLE           1                3,000
DEFAULT           3                5,000
SQL>
```

Você também pode criar uma tabela com a opção BUFFER_POOL (Listagem 7.10). Isso lhe permite especificar em qual combinação de buffer o objeto deve ficar.

Listagem 7.10: Criação de uma tabela com a opção BUFFER_POOL

```
SQL> CREATE TABLE customer
  2      ( cust_number    number PRIMARY KEY,
  3      name             varchar2(40),
  4      address_1        varchar2(40),
  5      address_2        varchar2(40),
  6      city             varchar2(40),
  7      state            varchar2(2),
  8      zip              number,
  9      balance          number(7,2) )
 10 TABLESPACE
 11      cust_tblsp1
 12 STORAGE (
 13      INITIAL        1M
 14      NEXT           1M
 15      BUFFER_POOL KEEP);
Table created.
SQL>
```

Você também pode consultar o USER_TABLES e ver se a coluna BUFFER_POOL da tabela CUSTOMER está ajustada para KEEP. Para mudar as propriedades de combinação de buffer da tabela existente você pode emitir o comando ALTER TABLE. Um exemplo de como alterar uma tabela é mostrado na Listagem 7.11.

Listagem 7.11: Declaração SQL para mudar a combinação de buffer de uma tabela

```
SQL> ALTER TABLE EMP
  2  STORAGE
  3  ( BUFFER_POOL RECYCLE);
Table altered.
SQL>
```

Conclusão

A combinação de buffer é um dos recursos oferecidos no Oracle8. Isto permite que você divida os buffers de bloco do banco de dados em três pontos, para melhor desempenho e maneabilidade. Se você estiver executando tipos de aplicativos OLTP e DSS no mesmo banco de dados, é fortemente recomendado usar o recurso Multiple Buffer Pool, o que permitirá que você armazene as tabelas menores para maior desempenho nos aplicativos OLTP.

7.4 — O que é o novo formato ROWID no Oracle8?

Aplica-se a: Oracle8 **Índice do CD:** ROWID
Sistema operacional: Todos

Problema

Andei verificando alguma documentação que se refere ao novo formato ROWID no Oracle8. O que é esse formato e como ele difere do formato ROWID no Oracle7?

Soluções

No Oracle7 o ROWID consistia em uma string hexadecimal de 18 caracteres. O formato era BBBBBBBB.RRRR.FFFF, onde:

B = bloco de endereço,
R = linha de endereço, e
F = arquivo de endereço.

Esse tipo de formato ainda é suportado no Oracle8 para manter a compatibilidade de retorno para com o Oracle7. No Oracle8 ele agora é chamado de formato de caractere ROWID "restrito".

No Oracle8 o novo formato ROWID ainda é uma string hexadecimal de 18 caracteres, mas com um formato diferente. O formato agora é OOOOOOFFFBBBBBBSSS, onde:

    O = número do objeto (com base em codificação 64), com 6 caracteres de comprimento

    F = número relativo de arquivo (com base em codificação 64), com 3 caracteres de comprimento

    B = número de arquivo (com base em codificação 64), com 6 caracteres de comprimento

    S = número de ranhura/linha (com base em codificação 64), com 3 caracteres de comprimento

Esse tipo de formato é chamado de formato de caractere ROWID "estendido".

Agora vamos percorrer um exemplo e ver os formatos ROWID de uma tabela. No exemplo mostrado na Listagem 7.12, você verá que estamos consultando a tabela EMPLOYEE, que tem quatro linhas. A consulta retorna o ROWID no formato estendido. Para interpretar a saída do exemplo mostrado na Listagem 7.12, você verá que todas as linhas têm o mesmo número de objeto AAACyh, o mesmo número relativo de arquivo AAd e até o mesmo número de bloco AAAAQJ, mas diferentes números de linhas, de AAA a AAD. Embora o formato ROWID pareça crítico, podemos obter detalhes sobre o formato usando o pacote DBMS.ROWID.

Listagem 7.12: Exemplo de uso de ROWID

```
SQL> select rowid from employee;
ROWID
------------------
AAACyhAAdAAAAQJAAA
AAACyhAAdAAAAQJAAB
AAACyhAAdAAAAQJAAC
AAACyhAAdAAAAQJAAD
SQL.
```

O pacote DBMS_ROWID tem muitas funções para interpretar o formato ROWID. A Tabela 7.5 mostra algumas das funções importantes disponíveis no pacote DBMS_ROWID.

Tabela 7.5: Pacote DBMS_ROWID

Funções	Descrição
ROWID_OBJECT	Número de objeto
ROWID_RELATIVE_FNO	Número relativo de arquivo
ROWID_BLOCK_NUMBER	Número de bloco
ROWID_ROW_NUMBER	Número de linha

O script mostrado na Listagem 7.13 gera um relatório com informações ROWID para a tabela EMPLOYEE. Nesse script, usamos o pacote DBMS_ROWID para interpretar as informações da string hexadecimal e exibi-las em formato numérico. Na saída mostrada na Listagem 7.14, podemos ver que todas as linhas pertencem a um único arquivo de dados e um único número de bloco de dados, 1033. Cada uma das linhas tem associado um número de linha.

Listagem 7.13: Script mon_rowid.sql

```
set echo off feedback off verify off;
set linesize 80 pagesize 60;

REM NAME              : mon_rowid.sql
REM AUTHOR            : Noel.Y
REM USAGE             : Run from SQLPLUS
REM DESCRIPTION       : Generates a report on the
REM                       ROWID for all of the rows for
REM                       a given table.
REM REQUIREMENTS      : Must be run as DBA or Object owner

col rowid              format a19 heading "ROWID"
col object_number      format 999999999 heading "Object|Number"
col file_number        format 999999999 heading "File|Number"
col row_number         format 999999999 heading "Row|Number"
col block_number       format 999999999 heading "Block|Number"
col TODAY       NEW_VALUE        _DATE

set termout off;
select to_char(SYSDATE, 'fmMonth DD, YYYY') TODAY from DUAL;
set termout on;

TTITLE left_DATE CENTER "ROWID information for &&table_name Table" Skip 1 -
CENTER "= = = = = = = = = = = = = = = = =" skip 2

spool &output_filename;
set heading on;
select
        rowid,
        dbms_rowid.rowid_object(rowid) object_number,
        dbms_rowid.rowid_relative_fno(rowid) file_number,
        dbms_rowid.rowid_block_number(rowid) block_number,
        dbms_rowid.rowid_row_number(rowid) row_number
from
        &&table_name;
clear columns;
spool off;
set feedback on verify on echo on;
```

Listagem 7.14: Saída de mon_rowid.sql

```
SQL> @mon_rowid
July 9, 1998        ROWID information for employee Table
                    ====================================
                    Object      File      Block     Row
ROWID               Number      Number    Number    Number
-----------------   ------      ------    ------    ------
AAACyhAAdAAAAQJAAA  11425       29        1033      0
AAACyhAAdAAAAQJAAB  11425       29        1033      1
AAAACyhAAdAAAAQJAAC 11425       29        1033      2
AAACyhAAdAAAAQJAAD  11425       29        1033      3
SQL>
```

Agora, vamos consultar a mesma tabela com o formato ROWID restrito, para ver qual tipo de informações obtemos. Usaremos o pacote DBMS_ROWID com a função ROWID_TO_RESTRICTED. Em nosso exemplo, mostrado na Listagem 7.15, consultamos a tabela EMPLOYEE para obter as informações ROWID restritas.

Listagem 7.15: Uso da função ROWID_TO_RESTRICTED

```
SQL> select rowid, dbms_rowid.rowid_to_restricted(rowid,1)
  2  from employee;
ROWID                  DBMS_ROWID.ROWID_T
------------------     ------------------
AAACyhAAdAAAAQJAAA     00000409.0000.001D
AAACyhAAdAAAAQJAAB     00000409.0001.001D
AAACyhAAdAAAAQJAAC     00000409.0002.001D
AAACyhAAdAAAAQJAAD     00000409.0003.001D

SQL>
```

Conclusão

Embora o novo formato ROWID no Oracle8 ainda seja uma string hexadecimal de 18 caracteres, o formato mudou. O novo formato ROWID também inclui o objeto número e todos os campos agora são baseados em codificação 64.

7.5 — Qual nível RAID (Redundant Array of Inexpensive Disks) [1] devo escolher para o meu banco de dados?

Aplica-se a: Oracle8 e Oracle8*i*	Índice do CD: RAID
Sistema operacional: Todos	

---

[1] Sistema que inclui inúmeros discos rígidos e permite o armazenamento seguro e recuperação rápida da informação

Problema

Estamos prestes a migrar nosso banco de dados, que estão em discos, para um dispositivo de armazenamento de array de disco. Qual o melhor nível RAID para usar?

Solução

RAID, como provavelmente você já sabe, quer dizer Redundant Array of Inexpensive Disks. Originalmente, o termo foi usado em um trabalho publicado por Patterson, Gibson e Katz, em 1987, na Universidade da Califórnia. Ele oferece redundância de dados em caso de falha de disco e pode ser implementado de várias maneiras. Existem níveis que variam de 0 a 6 que definem a implementação RAID.

Níveis RAID

RAID0: Também conhecido como Striping (colocar em faixas), esse nível não oferece redundância de dados. Os dados são colocados em faixas ao longo de vários discos e, portanto, oferecem bom desempenho de leitura e escrita.

RAID1: Também conhecido como Mirroring (espelhamento), oferece redundância completa de dados. No entanto, este método exige duas vezes mais espaço em disco para armazenar os dados.

RAID2: Este método oferece redundância de dados, usando paridade. (Em geral, não é usado.)

RAID3: Este é semelhante a RAID2, mas a paridade está localizada em um disco físico. Se você perder o disco contendo a paridade, não perderá os seus dados, visto que os outros discos ainda contêm os dados. Entretanto, se perder outro disco, então seus dados serão perdidos.

RAID4: Este nível é semelhante ao RAID3, mas com paridade em nível de bloco. (Em geral, não é usado.)

RAID5: Este método oferece redundância de dados. Aqui, as informações de paridade são armazenadas em múltiplos discos. É semelhante ao RAID3, mas, em vez de um disco contendo a paridade, ela é distribuída por todos os discos. Aqui, qualquer falha em um disco ainda permite que você acesse os dados, visto que a paridade está armazenada em outros discos.

Que nível é bom para você?

RAID0 (Striping). Oferece o melhor desempenho de leitura e escrita para quaisquer arquivos de banco de dados. Você pode colocar os seus dados em faixas através de muitos discos para melhorar o desempenho. Uma vez que não há envolvimento de paridade, você não conseguirá recuperar os dados em caso de falha de um disco. Assim, se você tiver 5 discos de stripe (Figura 7.4) contendo alguns arquivos de dados Oracle e perder um dos cinco, então os seus arquivos de dados também serão perdidos. Assim, o que devemos colocar em tal nível? O tablespace TEMP é o único que você pode recriar em caso de perda. E em algumas instalações você pode até colocar ali o tablespace INDEX, visto que sempre pode recriar seus índices se perdê-los. No entanto, isso é muito dependente do tamanho e número daqueles índices. A Tabela 7.6 mostra o resumo de RAID0.

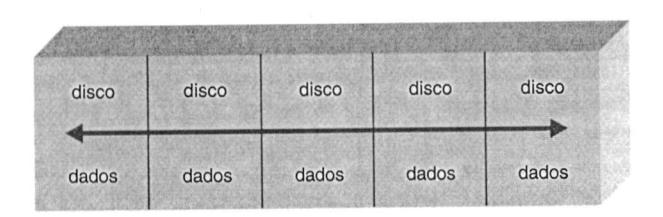

Figura 7.4: RAID0: dados são colocados em faixas em cinco discos

Tabela 7.6: Resumo de RAID0

Tipo de dados	Não críticos
Desempenho	Leitura e escrita rápida
Espaço de dados utilizável	100%
Arquivos recomendados	Tablespace Temp Tablespace Index Tablespace de dados (apenas de leitura)

RAID1 (Mirroring): Este nível oferece espelhamento de seus dados assincronamente dentro de múltiplos discos. Se um dos discos falhar, os dados ainda podem ser acessados a partir de outros discos. Esse nível é muito útil para dados críticos, que precisam ser protegidos contra qualquer tipo de falha. No Oracle, você quer proteger de falhas os registros redo. Assim, deve armazená-los em RAID1, conforme mostrado na Figura 7.5. Se você tiver quatro discos alocados ao grupo RAID1, cada um consistindo em 4 GB, então efetivamente terá 8 GB de espaço utilizável, do total de 16 GB. RAID0+1 ou RAID1+0 é uma combinação de espelhamento com faixas, como mostrado na Figura 7.6. A Tabela 7.7 mostra o resumo de RAID1.

Figura 7.5: RAID1: dados são espelhados em dois discos

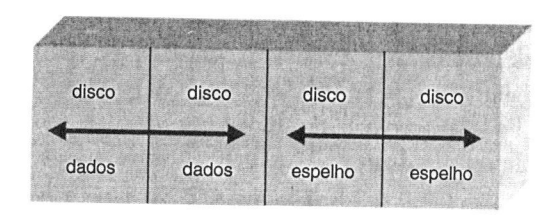

Figura 7.6: RAID0+1: dados são espelhados em quatro discos

Tabela 7.7: Resumo de RAID1

Tipo de dados	Críticos
Desempenho	Leitura e escrita medianos
Espaço de dados utilizável	50%
Arquivos recomendados	Registros redo
	Tablespace de sistema
Segmentos de retomada	Tablespace de dados (escrita aleatória/seqüencial)

RAID3 (Striping com redundância de paridade fixa): Neste nível, os dados são colocados em faixas em muitos discos. Entretanto, a paridade está apenas em um disco. Este nível é muito útil para proteção de dados sem necessidade duplicar os mesmos, como com RAID1. Com RAID3, em vez de precisar do dobro de espaço em disco para redundância de dados, você só precisa de 20 por cento a mais. Assim, se você tiver 5 discos do grupo RAID3, e cada disco consistir em 4 GB, então efetivamente você terá 16 GB de espaço utilizável, de um total de 20 GB. A Tabela 7.8 mostra o resumo de RAID3.

Figura 7.7: RAID3: Como colocar em faixas com a paridade fixa

Tabela 7.8: Resumo de RAID3

Tipo de dados	Semicríticos
Desempenho	Leitura média e escrita pobre
Espaço de dados utilizável	80%
Arquivos recomendados	Tablespace de dados (leitura aleatória/seqüencial) Tablespace de índice (leitura aleatória)

RAID5 (Striping com redundância com paridade rotativa): Com este nível, a paridade é circulada em todos os discos, oferecendo assim um único ponto de falha. Este nível é bastante semelhante ao RAID3, mas, em vez de um disco fixo por paridade, ele é circulado em discos múltiplos (Figura 7.8). Este nível também requer apenas 20 por cento de espaço em disco adicional para fornecer redundância de dados. Os candidatos ideais para este nível são o tablespace DATA e o tablespace INDEX. Na verdade, o tablespace INDEX deve estar no nível RAID0 (striping) para desempenho mais alto. A Tabela 7.9 mostra o resumo de RAID3.

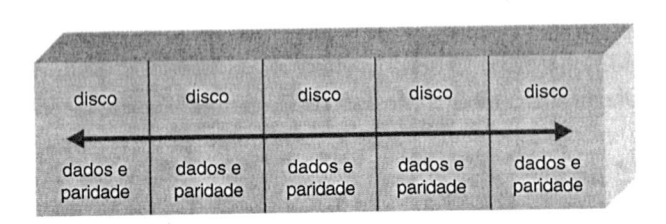

Figura 7.8: RAID5 colocando em faixas com a paridade rotativa

Tabela 7.9: Resumo de RAID5

Tipo de dados	Semicríticos
Desempenho	Leitura média e escrita pobre
Espaço de dados utilizável	80%
Arquivos recomendados	Tablespace de dados (leitura aleatória/seqüencial) Tablespace de índice (leitura aleatória)

Conclusão

O ponto fundamental é que, para escrita, tente evitar usar os níveis RAID3 e RAID5, pois o código extra de paridade aumenta e torna lentas as operações de I/O. No entanto, em algumas caixas de fabricantes de hardware RAID, o desempenho de escrita pode não ser tão pobre, devido a um cache de escrita RAID. Escritas aleatórias são piores em discos RAID3 e RAID5 se comparadas com RAID0 ou mesmo RAID1. Entretanto, a escrita seqüencial em RAID3 e RAID5 não é tão ruim. Se você seguir as orientações dadas, definitivamente verá melhorias de desempenho em seu banco de dados.

7.6 — Como posso ajustar meu banco de dados Oracle8 no UNIX?

Aplica-se a: Oracle8 e Oracle8*i*	**Índice do CD:** Ferramentas UNIX
Sistema operacional: UNIX	

Problema

Acabei de migrar meu banco de dados Oracle do Windows NT para o UNIX. Gostaria de saber como ajustar meu banco de dados Oracle8 no UNIX.

Solução

Se você estiver executando o Oracle em um sistema operacional UNIX, tem muitos comandos que o ajudarão a ajustar o seu banco de dados. Existem comandos, tais como sar, mpstat, vmstat, iostat, ps, netstat e assim por diante. Esses comandos ajudam sua root a ocasionar melhor desempenho de gargalos em seu sistema.

Poderiam existir diversas razões para o seu aplicativo ou o banco de dados não estarem com bom desempenho. Primeiro, e acima de tudo, você deve observar o desempenho no Oracle e ver se pode identificar a causa do problema. Se ainda não puder identificar a origem, a segunda etapa seria executar as ferramentas de monitoramento de desempenho do sistema operacional para captar informações adicionais. Nessa pergunta, veremos algumas dessas ferramentas. Ferramentas de diagnóstico incluídas no Windows NT são cobertas na pergunta 7.7.

Ferramentas

As ferramentas estatísticas que discutimos aqui podem variar, dependendo de seu sistema operacional. A maioria dos comandos que cobriremos será aplicável aos sistemas operacionais Solaris e HP. Veja o manual de seu sistema para maiores detalhes sobre esses comandos.

Comando sar. O comando sar é uma ferramenta de análise estatística muito poderosa no UNIX. Ele oferece informações, tais como uso de CPU, paginação, troca, disco de I/O, semáforo, uso de rede e mais. É a ferramenta que pode fornecer estatísticas detalhadas e atualizadas. Também oferece a capacidade de armazenar os dados estatísticos em um arquivo para análise posterior. Na maioria das avaliações que eu executo no UNIX, sar tem sido sempre a ferramenta escolhida. Existem muitas opções disponíveis em sar. Portanto, você pode escolher a que desejar monitorar.

```
sar <options> <interval> <count>
```

No exemplo a seguir (Listagem 7.16), estamos monitorando o disco I/O, especificando a opção –d com um intervalo de 1 segundo e 1 contador.

Listagem 7.16: Como executar o utilitário sar

```
/export/home/oracle8.0.5> sar -d 1 1
SunOS tlan 5.5.1 Generic sun4m 12/02/98
16:55:18    device   %busy   avque   r+w/s   blks/s   avwait   avserv
16:55:19    fd0      0       0.0     0       0        0.0      0.0
            sd1      0       0.0     0       0        0.0      0.0
            sd3      0       0.0     0       0        0.0      0.0
            sd31     0       0.0     0       0        0.0      0.0
            sd58     0       0.0     0       0        0.0      0.0
/export/home/oracle8.0.5>
```

Algumas opções úteis de sar incluem:

- –A: todos os dados
- –b: atividade de buffer
- –c: chamadas de sistema
- –d: atividade de disco de I/O
- –g: informações de paginação
- –m: atividade de semáforo
- –r: uso de memória
- –u: uso de CPU
- –w: atividade de troca

O comando mpstat. O comando mpstat mostra a você o uso de CPU por CPU individual. Se você tiver múltiplas CPUs, deve executar mpstat para obter uma abertura detalhada da utilização de cada CPU. O sar reporta apenas as informações consolidadas de todas as CPUs.

Utilização: mpstat <interval> <count>

Por exemplo, na Listagem 7.17, a saída de mpstat mostra que existem duas CPUs no sistema.

Listagem 7.17: Execução do utilitário mpstat
```
/export/home/oracle8.0.5> mpstat 5 2
CPU minf mjf xcal intr ithr csw  icsw migr smtx srw syscl usr sys wt idl
0   3    0   6    63   7    18   0    0    0    0   37    0   0   10 89
2   3    0   6    62   7    17   0    0    0    0   34    0   0   10 89
CPU minf mjf xcal intr ithr csw  icsw migr smtx srw syscl usr sys wt idl
0   0    0   1    78   5    14   0    0    0    0   42    0   0   5  95
2   2    0   2    46   5    20   0    0    0    0   24    0   0   5  95
/export/home/oracle8.0.5>
```

Vmstat. O comando vmstat reporta uso de disco, uso de memória, processo, uso de CPU, paginação entre ourtos, no UNIX (Listagem 7.18).

Listagem 7.18: Execução do utilitário vmstat
```
Exemplo:
/export/home/oracle8.0.5> vmstat 5 2
procs     memory            page               disk          faults        cpu
r b w   swap    free   re mf pi po fr de sr f0 s1 s3 s3 in sy cs us sy id
0 0 0   271308  6408   0  6  5  3  4  0  1  0  0  1  1  26 71 35 0  0  99
0 0 0   267976  1656   1  2  0  4  4  0  0  0  0  0  1  17 72 34 0  0  100
/export/home/oracle8.0.5>
```

iostat. O comando iostat é outra ferramenta muito poderosa que permite a você monitorar os discos em mais detalhes. As informações podem ajudá-lo a ajustar quaisquer gargalos em um disco e equilibrá-los para saída mais alta.

Utilização: iostat <options> <interval> <count>

De todas as opções disponíveis em iostat, "-x", que cobre as estatísticas ampliadas de disco, é a mais útil (Listagem 7.19).

Listagem 7.19: Execução do utilitário iostat
```
Exemplo:
/export/home/oracle8.0.5> iostat -x 5 2
                              extended disk statistics
    disk  r/s   w/s   Kr/s   Kw/s   wait  actv  svc_t   %w  %b
    fd0   0.0   0.0   0.0    0.0    0.0   0.0   0.0     0   0
    sd1   0.2   0.0   1.5    0.1    0.0   0.0   17.9    0   0
    sd3   0.7   0.2   5.4    1.5    0.0   0.0   41.1    0   1
    sd31  0.7   0.0   0.2    0.0    0.0   0.0   2.0     0   0
    sd58  1.6   1.0   35.9   4.3    0.0   0.1   57.8    0   9
                              extended disk statistics
```

```
disk  r/s  w/s  Kr/s  Kw/s  wait  actv  svc_t  %w  %b
fd0   0.0  0.0  0.0   0.0   0.0   0.0   0.0    0   0
sd1   0.0  0.0  0.0   0.0   0.0   0.0   0.0    0   0
sd3   0.0  1.6  0.0   12.8  0.0   0.1   80.6   0   3
sd31  0.0  0.0  0.0   0.0   0.0   0.0   0.0    0   0
sd58  0.0  0.0  0.8   4.0   0.0   0.1   93.8   0   4
/export/home/oracle8.0.5>
```

O comando ps. O comando ps é outra ferramenta que mostra os processos que estão sendo executados em um sistema UNIX. Essa não é uma ferramenta de análise, no entanto é muito poderosa para se assegurar de quantos processos estão sendo executados, inclusive processos Oracle. Ele também mostra a utilização cumulativa de CPU daqueles processos. Como você pode ver no exemplo mostrado na Listagem 7.21, o processo de fila de trabalhos ora_snp1_man tomou 6 segundos do tempo de CPU.

Utilização: ps <options>

Exemplo: No exemplo a seguir (Listagem 7.20), estamos monitorando os processos Oracle, usando o comando grep para mostrar apenas aqueles que combinam com a string ORA_.

Listagem 7.20: Execução do comando ps
```
/export/home/oracle8.0.5> ps -ef | grep ora_
oracle    380   1   0   15:29:46 ?   0:00 ora_pmon_man
oracle    382   1   0   15:29:46 ?   0:00 ora_dbw0_man
oracle    384   1   0   15:29:47 ?   0:00 ora_arch_man
oracle    386   1   0   15:29:47 ?   0:00 ora_lgwr_man
oracle    388   1   0   15:29:47 ?   0:03 ora_ckpt_man
oracle    390   1   0   15:29:47 ?   0:00 ora_smon_man
oracle    392   1   0   15:29:47 ?   0:00 ora_reco_man
oracle    394   1   0   15:29:48 ?   0:07 ora_snp0_man
oracle    396   1   0   15:29:48 ?   0:06 ora_snp1_man
/export/home/oracle8.0.5>
```

Netstat. O comando netstat mostra a situação de rede em diversos formatos.

Utilização: netstat <options> <interval>. Em especial, a opção –i mostra a situação das interfaces de TCP/IP (Listagem 7.21).

Listagem 7.21: Execução do utilitário netstat
```
Exemplo:
/export/home/oracle8.0.5> netstat -i 5
     input      le0       output            input    (Total)        output
packets  errs  packets  errs  colls   packets  errs  packets  errs  colls
1247     0     582      1     0       85945    0     85280    1     0
2        0     1        0     0       8        0     7        0     0
2        0     2        0     0       6        0     6        0     0
2        0     2        0     0       8        0     8        0     0
2        0     2        0     0       6        0     6        0     0
/export/home/oracle8.0.5>
```

Coleta de todas as estatísticas

Em geral, se você estiver fazendo uma análise do desempenho de seu banco de dados, deve focalizar a sua atenção não apenas nas estatísticas de banco de dados, mas também no comportamento do sistema. Ao tentar coletar estatísticas do sistema, colete a utilização da CPU, bem como estatísticas relacionadas a rede, I/O de disco, paginação, troca e utilização de memória. Reunir todas essas estatísticas apresentará uma imagem mais clara total do comportamento do sistema, a partir do que você pode tomar decisões.

O COLLECT.SH mostrado na Listagem 7.27 é um shell script que coleta todas as estatísticas de sistema para você. A Listagem 7.23 mostra como executar o programa collect.sh com os parâmetros. Uma vez que o programa é executado, você consegue ver os processos que colecionam as estatísticas de sistema, conforme mostrado na Listagem 7.24, e os arquivos de saída são mostrados na Listagem 7.25.

Listagem 7.22: Programa collect.sh
```
#
# Collect. Sh
# Description: Collections stats from system.
#
# Usage: collect.sh <interval-secs> <duration-mins> <stats_directory>
<stat_number>      — ❶ Sintaxe collect.sh
#
# Author: Noel.Y
# Date: 1st Nov 1998
#
echo " "
echo "Collect.sh probram V1.0 "
echo " "
if [ $# -ne 4 ]
then
      echo " USAGE: collect.sh <interval-secs> <duration-mins>
<stats_dir> <stat_number>"
      echo " "
      exit 1;
fi
if [ ! -d "$3" ]      — ❷ Checa diretórios estatísticos
then
```

```
echo " Warning: Stat directory doesn't exist. . creating it. "
mkdir $3
if [ ! -d "$3" ] ; then
  exit 1;
fi
echo "   directory created."

duration_mins='expr $2 \* 60'         ❸ Coleta informações de duração e contagem
count='expr $duration_mins / $1'
# Collect Multiple CPU statistics    ❹ Coleta estatísticas da CPU
mpstat $1 $count >> $3/mpstat.$4 &
# Collect IO Statistics              ❺ Coleta estatísticas de I/O
iostat -x $count >> $3/iostat.$4 &
# Collect memory usage, paging and swapping Statistics
sar -rpw $1 $count >> $3/sar.$4 &    ❻ Coleta outras estatísticas
netstat -i $1 >> $3/netstat.$4 &     ❼ Coleta estatísticas da rede
echo " "
echo " Statistics collection started. "
echo " "
```

❶ Para usar o script COLLECT.SH, simplesmente execute-o com esses quatro parâmetros: intervalo em segundos, duração em minutos, diretório de estatística e número de estatística. O "interval" define a freqüência das estatísticas em segundos. Você pode ajustar isso para adequar-se às suas necessidades. "duration" especifica, em minutos, por quanto tempo o programa de coleta será executado. Você pode querer coletar estatísticas por determinada quantidade de tempo, como, por exemplo, duas horas. "statistics directory" é usado para armazenar todas as informações estatísticas, e "statistics number" identifica a coleta estatística.

❷ Se o diretório de estatística não estiver lá, crie-o.

❸ Visto que programas como mpstat, iostat e sar exigem uma determinada quantidade de vezes para exibir as estatísticas, computamos a variável count, dividindo a duração pela freqüência.

❹ Para obter informações estatísticas sobre a CPU, usamos o comando mpstat. Aqui, estamos coletando as estatísticas baseadas no parâmetro de intervalo e duração ajustados pela variável count.

❺ Obtenha as estatísticas de I/O executando o comando iostat. Neste caso, usamos a opção "x", que exibe estatísticas de I/O ampliadas.

❻ Para informações estatísticas sobre memória, paginação e troca, execute o comando sar com a opção "rpw".

❼ Podemos obter as informações estatísticas de rede a partir do comando netstat.

Nota: Se você tiver um outro sistema operacional, então consulte a documentação de seu sistema para saber sobre os comandos apropriados para obter essas estatísticas.

Listagem 7.23: Execução do programa Collect.sh
```
/export/home/oracle8.0.5> collect.sh 30 45 ./MYSTAT 101
Collect.sh program V1.0
    Warning: Stat directory doesn't exist. . creating it.
       directory created.
    Statistics collection started.
/export/home/oracle8.0.5>
```

Listagem 7.24: Visão dos processos
```
/export/home/oracle8.0.5> ps -ef | grep stat
    root    134     1    0 Dec 02 ?          0:00 /usr/lib/nfs/statd
    root    353   131    0 Dec 02 ?          0:01 rpc.rstatd
    oracle 1639     1    1 11:24:51 pts/6    0:00 netstat -i 30
    oracle 1636     1    0 11:24:51 pts/6    0:00 mpstat 30 90
    oracle 1637     1    0 11:24:51 ots/6    0:00 iostat -x 30 90
    oracle 1641  1384    0 11:25:08 pts/6    0:00 grep stat
/export/home/oracle8.0.5>
```

Listagem 7.25: Listagem de saída de arquivos
```
/export/home/oracle8.0.5> ls -trl
total 6
-rw-r- -r- -   1 oracle    dba      0   Dec 4 11:29  sar.101
-rw-r- -r- -   1 oracle    dba    462   Dec 4 11:30  mpstat.101
-rw-r- -r- -   1 oracle    dba    826   Dec 4 11:30  iostat.101
-rw-r- -r- -   1 oracle    dba    274   Dec 4 11:30  netstat 101
/export/home/oracle8.0.5>
```

Conclusão

Para ajustar o seu banco de dados no ambiente UNIX, você precisa focalizar-se no banco de dados, bem como no desempenho do sistema. Uma quantidade de ferramentas, tais como sar, iostat, mpstat e vmstat, pode ser usada para ajustar o seu sistema UNIX;

7.7 — Como posso ajustar meu banco de dados Oracle8 no Windows NT?

Aplica-se a: Oracle8 e Oracle8*i* **Índice do CD:** Ferramentas Windows NT
Sistema operacional: Windows NT

Problema

Tenho uma produção de banco de dados sendo executada no Windows NT. Entretanto, parece haver um problema de desempenho com o sistema. Como posso ajustar meu banco de dados Oracle8 no Windows NT?

Solução

Para ver as estatísticas no Windows NT, execute a ferramenta Performance Monitor (monitor de desempenho). Essa ferramenta mostra informações detalhadas sobre o comportamento do seu sistema, inclusive a utilização de CPU, estatísticas de I/O, detalhes de processo e muito mais. Como você pode ver na Figura 7.9, o Performance Monitor exibe todos os objetos juntos, com base em intervalos de tempo. Há um código extra mínimo envolvido no uso do Performance Monitor.

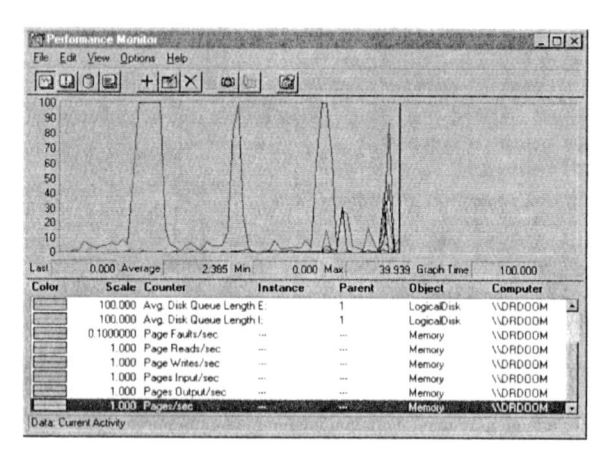

Figura 7.9: Performance Monitor (monitor de desempenho)

Para obter estatísticas de disco, ative a coleta, executando o comando diskperf com uma opção "-Y", e reinicialize o sistema. Caso contrário, você não obterá estatísticas de disco, pois há um ligeiro código extra em coletar estatísticas, e o sistema padroniza para a não coleta.

A Figura 7.10 mostra como acrescentar objetos ao gráfico. Você pode especificar propriedades para cada um dos objetos, tais como cor, escala, largura e estilo.

Capítulo 7 - Desempenho & ajuste | 393

Você também pode coletar as estatísticas em um arquivo, para posterior revisão. Como você pode ver a partir da Figura 7.11, estamos capturando alguns dos objetos que serão escritos no arquivo. Para coletar estatísticas para um arquivo, clique no ícone do disco, no alto do Performance Monitor. Uma vez coletadas as estatísticas, você pode vê-las, escolhendo Options e Data do menu. Isto exibirá todas as estatísticas em uma tomada de tela. Para obter um intervalo de tempo específico, escolha Edit e Time Window, que exibirá a tela mostrada na Figura 7.12.

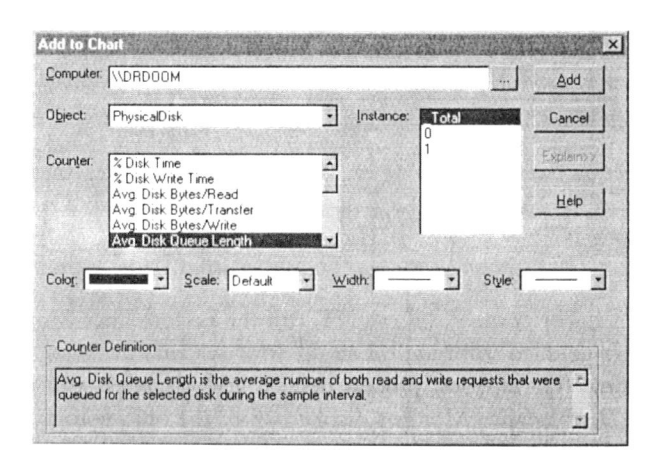

Figura 7.10: Acréscimo de objetos ao gráfico

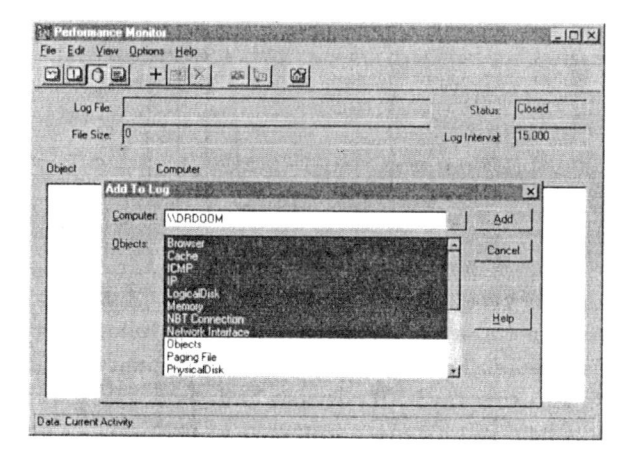

Figura 7.11: Armazenamento de stats em um arquivo

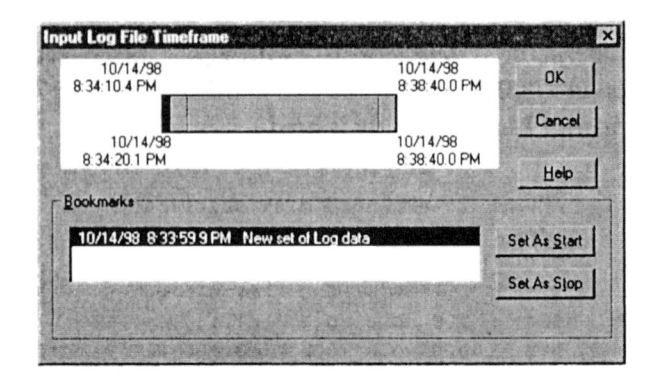

Figura 7.12: Como escolher um horário

Conclusão

Você deve executar o Performance Monitor conforme necessário, ou a cada semana, para monitorar o comportamento de seu sistema. As estatísticas devem ser coletadas em um arquivo, para que possam ser comparadas com as estatísticas anteriores. A coleta deve ser feita por pelo menos 60 minutos durante as horas de pico, com tomadas de 60 segundos.

7.8 — Como posso balancear a I/O de meu banco de dados através de controladores/discos?

Aplica-se a: Oracle8 e Oracle8*i*	**Índice do CD:** Disco de I/O
Sistema operacional: Todos	

Problema

Recentemente carreguei novas tabelas e dados de outro sistema. Agora, o aplicativo parece estar executando mais lentamente. O System Administrator descobriu que um dos discos está ocupado acima de 90 por cento a maioria do tempo. Eu gostaria de saber qual arquivo de dados está causando o problema, para que possa movê-lo para outro disco. Como posso balancear a I/O de meu banco de dados através de controladores e discos?

Soluções

Para otimizar o seu sistema para I/O equilibradas, siga estas etapas:
1. Entenda a arquitetura de seu sistema.
2. Colete estatísticas de OS em nível de I/O.
3. Colete estatísticas de banco de dados em nível de I/O.
4. Equilibre a I/O.

Etapas

Etapa 1 — Entenda a arquitetura do seu sistema. O seu primeiro passo será desenhar no papel a arquitetura de I/O de seu sistema. Isso significa estabelecer quantos controladores de I/O você tem, a quantidade de discos físicos, a quantia de cache em disco, a velocidade de disco, se você está usando quaisquer dispositivos RAID e assim por diante. Coletar todas essas informações não apenas ajudará você a diagnosticar a sua degradação atual de desempenho, mas também será útil para planejamento futuro.

Etapa 2 — Colete de estatísticas de I/O em nível de sistema operacional. Para coletar estatísticas de I/O em nível de sistema operacional no UNIX, execute o comando iostat (Listagem 7.26). (No Windows NT é usado o utilitário Performance Monitor.)

Listagem 7.26 — Execução do comando iostat
```
$ iostat -x 5 2
                                          extended disk statistics
disk    r/s    w/s    Kr/s    Kw/s    wait   actv   svc_t    %w   %b
fd0     0.0    0.0    0.0     0.0     0.0    0.0    0.0      0    0
sd1     0.2    0.0    1.5     0.1     0.0    0.0    17.9     0    0
sd3     0.7    0.2    5.4     1.5     0.0    0.0    41.1     0    1
sd31    0.7    0.0    0.2     0.0     0.0    0.0    2.0      0    0
sd58    1.6    1.0    35.9    4.3     0.0    0.1    57.8     0    9
                                          extended disk statistics
disk    r/s    w/s    Kr/s    Kw/s    wait   actv   svc_t    %w   %b
fd0     0.0    0.0    0.0     0.0     0.0    0.0    0.0      0    0
sd1     0.0    0.0    0.0     0.0     0.0    0.0    0.0      0    0
sd3     0.0    1.6    0.0     12.8    0.0    0.1    80.6     0    3
sd31    0.0    0.0    0.0     0.0     0.0    0.0    0.0      0    0
sd58    0.0    0.8    0.0     4.0     0.0    0.1    93.8     0    4
$
```

Etapa 3 — Colete estatísticas de I/O em nível de banco de dados. Estatísticas de I/O em nível de banco de dados são conseguidas consultando-se o arquivo de sistema V$FILE_STAT ou executando-se o script MON_DBIO.SQL, conforme mostrado na Listagem 7.27. A saída do script é mostrada na Listagem 7.28.

Listagem 7.27: Script mon_dbio

```
set echo off feedback off head off verify off;
set linesize 100 pagesize 100;

REM NAME              : mon_dbio.sql
REM AUTHOR            : Noel.Y
REM USAGE             : Run from SQLPLUS
REM DESCRIPTION       : Generates a report on the
REM                     Database IO
REM REQUIREMENTS      : Must be run as DBA

col TODAYNEW_VALUE_DATE

set termout off;
select to_char(SYSDATE, 'fmMonth DD, YYYY') TODAY from DUAL;
set termout on;

TTITLE left _DATE CENTER "Database IO Report" Skip 1 -
CENTER "= = = = = = = = = = = = = =" skip 2

col file_name        format  a30      heading "Data-File|Name"
col ts_name          format  a10      heading "Tablespace|Name"
col stat_reads       format  99,999   heading "Physical|Reads"
col stat_writes      format  99,999   heading "Physical|Writes"
col stat_breads      format  99,999   heading "Physical|Blk-Reads"
col stat_bwrites     format  99,999   heading "Physical|Blk-Writes"

break on ts_name;
spool &output_filename;
set heading on;
select
    t.name              ts_name,
    f.name              file_name,
    s.phyrds            stat_reads,
    s.phyblkrd          stat_breads,
    s.phywrts           stat_writes,
    s.phyblkwrt stat_bwrites
from
    v$tablespace t,
    v$datafile f,
    v$filestat s
where
    t.ts# = f.ts#
and
    f.file# = s.file#;
prompt
prompt ***** END OF REPORT ****
clear columns;
spool off;
set feedback on verify on head on echo on;
```

Listagem 7.28: Saída do script mon_dbio

```
SQL> @mon_dbio
SQL> set echo off
November 19, 1998          Database IO Report
                           = = = = = = = = = = = =
Tablespace  Data-File                Physical  Physical   Physical  Physical
Name        Name                     Reads     Blk-Reads  Writes    Blk-Writes
------      ---------------          ------    ------     ------    ------
SYSTEM      /raid4/data/system.dbf   1,392     1,660      11        11
RBS         /raid4/data/roll.dbf     24        24         24        24
USERTS      /raid4/data/userts.dbf   3         3          1         1
            /raid4/data/userts2.dbf  0         0          0         0
INDEXTS     /raid4/data/indexts.dbf  3         3          1         1
TEMP        /raid4/data/tempts.dbf   3         3          1         1
***** END OF REPORT ****
SQL> spool off
```

Etapa 4 — Equilibre a I/O. Uma vez tendo todas as informações, então você pode balancear a I/O. Primeiro, determine se os discos estão realmente saturados, com base na estatística de sistema. Qual a porcentagem de ocupação? Existem períodos de muito serviço em qualquer dos discos? Quando você tiver essas informações, então veja as estatísticas no Oracle I/O. Veja quais arquivos estão nos discos que foram pesadamente acessados, de acordo com as estatísticas do sistema. Só porque um dos arquivos de dados é o mais ativo não significa que seja a causa da degradação de I/O. Tente mapear o arquivo de dados Oracle para o disco físico e veja quais arquivos de dados estão criando o gargalo de I/O. Uma vez encontrado o arquivo de dados, então você pode movê-lo para um disco menos ocupado ou para um novo disco. Entretanto, o ponto importante é que você precisa coletar estatísticas regularmente, para saber de fato se um arquivo de dados específico é a causa do gargalo de I/O, porque pode haver épocas em que alguns arquivos de dados estejam mais ocupados devido a uma operação em grupo, ou algo assim. Portanto, é recomendável coletar estatísticas pelo menos uma vez por semana, ou mais, para que você tome decisões com base nos padrões de I/O atuais.

Conclusão

Para de fato aumentar o desempenho de I/O, primeiro faça algum planejamento, seguido pela reunião de estatísticas, e depois mova aqueles arquivos de dados que são altamente ativos. Mas, o fato de um tablespace estar ocupado por um dia não significa que seja a causa da degradação de I/O. Você precisa reunir estatísticas por um período de tempo para ter certeza de tomar as decisões acertadas para balancear I/O.

7.9 — Como melhoro o desempenho de consulta?

Aplica-se a: Oracle8 e Oracle8*i*	Índice do CD: Estatísticas, Explain Plan
Sistema operacional: Todos	

Problema

Uma das minhas consultas está demorando muito para se completar. Como posso aperfeiçoar o desempenho de resposta de consulta?

Solução

Primeiro, observe a saída EXPLAIN PLAN (explicar plano). O comando EXPLAIN PLAN mostra o plano de execução de sua consulta. A consulta pode ser qualquer declaração SELECT, UPDATE, DELETE ou INSERT. Trocando através da saída, a partir de EXPLAIN PLAN, você pode determinar como o Optimizer executará a consulta. O Optimizer, como você sabe, obtém as informações sobre os objetos e o tipo de consulta que você está executando e, depois, decide como a consulta deve ser executada.

Execute sempre o comando ANALYZE em sua tabela, para garantir que o Optimizer obterá as informações sobre os seus dados. Você pode analisar uma tabela, índice ou até um grupo. Quando você analisa o objeto, Oracle obtém informações sobre os dados e as informações para verificar os blocos. É um comando muito útil, que não apenas ajuda a proteger os seus dados, mas também funciona para aperfeiçoar o desempenho de consultas. Além disso, coleta informações sobre linhas encadeadas e migradas. Quando você analisa uma tabela, os índices desta também são analisados.

Opções de análise

COMPUTE STATISTICS (computar estatísticas)

Com a opção COMPUTE STATISTICS, o Oracle digitaliza todo o objeto. Visto que realiza tal digitalização cuidadosa, esta opção demora muito a se completar.

ESTIMATE STATISTICS (estimativa de estatísticas)

Se você optar analisar a sua tabela com a opção ESTIMATE STATISTICS, então o Oracle não digitalizará todo o objeto, mas apenas reunirá informações de amostra, e, visto que são apenas amostras de alguns dados, essa opção executa bem rapidamente. O Oracle permite que você especifique a porcentagem ou a quantidade de amostras para a amostragem.

Antes de poder usar a declaração EXPLAIN PLAN, você precisa criar uma tabela que seja exigida para coletar a saída. A tabela precisa ser criada para o seu próprio esquema. O plano de tabela já está definido em um arquivo de sistema chamado UTLXPLAN.SQL (Listagem 7.29), localizado no diretório rdbms/admin, sob ORACLE_HOME. Esse arquivo SQL contém a definição PLAN TABLE (plano de tabela).

Listagem 7.29: Execução do script utlxplan.sql

```
SVRMGR> connect noel/noel
Connected.
SVRMGR> @?/rdbms/admin/utlxplan.sql
Statement processed.
SVRMGR>
```

A tabela PLAN se parece com o seguinte (Listagem 7.30):

Listagem 7.30: Tabela Plan

```
Rem Copyright (c) 1988, 1995, 1996 by Oracle Corporation
Rem NAME
REM    UTLXPLAN.SQL
Rem
Rem This is the format for the table that is used by the EXPLAIN PLAN
Rem statement. The explain statement requires the presence of this
Rem table in order to store the descriptions of the row sources.
create table PLAN_TABLE (
        statement_id            varchar2(30),
        timestamp               date,
        remarks                 varchar2(80),
        operation               varchar2(30),
        options                 varchar2(30),
        object_node             varchar2(128),
        object_owner            varchar2(30),
        object_name             varchar2(30),
        object_instance         numeric,
        object_type             varchar2(30),
        optimizer               varchar2(255),
        search_columns          number,
        id                      numeric,
        parent_id               numeric,
        position                numeric,
        cost                    numeric,
        cardinality             numeric,
        bytes                   numeric,
        other_tag               varchar2(255),
        partition_start         varchar2(255),
        partition_stop          varchar2(255),
        partition_id            numeric,
        other                   long;
```

Etapas

Etapa 1. Uma vez criado o plano de tabela, você pode executar a declaração EXPLAIN PLAN FOR e anexar qualquer declaração SQL, tal como a mostrada na Listagem 7.31.

Listagem 7.31: Execução de EXPLAIN PLAN
```
SQL> explain plan for
  2  select * from employee
  3  where emp_name like '%Noel%';
Explained.
SQL>
```

Etapa 2. Após executar EXPLAIN PLAN, você pode executar o script PLAN.SQL, como mostrado na Listagem 7.32 e na saída na Listagem 7.33.

Listagem 7.32: Script plan.sql
```
column query_plan format a80
SELECT
             lpad(' ',2*level) ||
             operation||
             ':' ||
             options||
             ':' ||
             object_name query_plan
FROM
             plan_table
CONNECT BY
             prior id = parent_id
START WITH id=0;
```

Listagem 7.33: Execução do script plan.sql
```
SQL> @plan
QUERY_PLAN
- - - - - - - - - - - - - - - - - - - - - - - - -
    SELECT STATEMENT: :
       TABLE ACCESS:FULL:EMPLOYEE
SQL>
```

Como você pode ver a partir da saída, a declaração, quando executada, fará uma digitalização completa da tabela de EMPLOYEE, o que, provavelmente não era o que queríamos. Assim, nesse exemplo, você deveria criar um índice na coluna EMP_NAME e reexecutar EXPLAIN PLAN para ver a nova execução do plano.

Conclusão

Para ajustar as suas consultas, a declaração EXPLAIN PLAN mostra o que o Optimizer fará se a declaração SQL for executada. Isso é bastante útil se você tiver uma consulta complexa, cuja execução está em questão.

7.10 — Como posso ver registro de entradas usando o utilitário Log Miner?

8i	Aplica-se a: Oracle8*i*	Índice do CD: Log Miner (prospector de registros)
	Sistema operacional: Todos	

Problema

O nosso banco de dados falhou algumas vezes, devido a problemas de hardware. Durante essas falhas, ou havia algumas atualizações cruciais de bens em andamento, ou outras atualizações de usuário. Em algumas ocasiões, nosso banco de dados tornou-se inconsistente, visto que não tínhamos certeza se a transação do banco de dados tinha sido comprometida(commit) ou retomada(rollback). Sei que no Oracle8*i* há um novo utilitário, Log Miner, que permite que se leia os registros redo e registros arquivados. Como posso ver as entradas de registro usando o utilitário Log Miner?

Solução

O utilitário Log Miner permite que você leia as informações que estão armazenadas nos registros online e redo arquivados. O utilitário é oferecido com uma interface SQL totalmente relacional e pode ser acessado por SQL, PL/SQL, Java Stored Procedures (procedimentos armazenados Java), Pro*C e OCI. Log Miner é muito útil, permitindo recuperar o banco de dados para uma posição consistente: ele pode ser executado em um banco de dados montado ou desmontado, e a interface SQL totalmente relacional está disponível.

Embora o Log Miner só seja executado no Oracle8.1 ou posterior, pode analisar arquivos de registro redo a partir de qualquer versão 8.0 ou arquivo posterior.

Pacote DBMS_LOGMNR

O pacote DBMS_LOGMNR contém vários subprogramas que permitem a você acrescentar, iniciar e encerrar uma sessão de 'mineração' de registro.

Procedimento ADD_LOGFILE

Esse procedimento acrescenta um arquivo de registro redo, ou um arquivo de registro arquivado, a uma lista de registros a serem processados. A sintaxe do procedimento é mostrada na Listagem 7.34.

Listagem 7.34: Procedimento DBMS_LOGMNR.ADD_LOGFILE

```
DBMS_LOGMNR.ADD_LOGFILE (
   LogFileName    IN VARCHAR2,
   Options        IN BINARY_INTEGER default ADDFILE);
   Where
              LogfileName is the logile that is be analyzed
              Options can be either of the following:
              DBMS_LOGMNR.NEW (Starts a New list of Logs)
              DBMS_LOGMNR.ADDFILE (Adds a file to the existing list)
              DBMS_LOGMNR.REMOVEFILE (Removes a Logfile)
```

Procedimento START_LOGMNR

Esse procedimento inicia a sessão Log Miner. A sintaxe do procedimento é mostrada na Listagem 7.35.

Listagem 7.35: Procedimento DBMS_LOGMNR.START_LOGMNR

```
DBMS_LOGMNR.START_LOGMNR (
   StartSCN       IN NUMBER default 0,
   EndSCN         IN NUMBER default 0,
   StartTime      IN DATE default '01-jan-1988',
   EndTime        IN DATE default '01-jan-2988',
   DictFileName   IN VARCHAR2 default '',
   Options        IN BINARY_INTEGER default 0);
```

onde

```
StartSCN specifies to access redo entries greater than or equal to SCN number
EndSCN specifies to access redo entries less than or equal to EndSCN value
StartTime specifies to access redo entries greater than or equal to StartTime
EndTime specified to access redo entries less than or equal to EndTime
DictFileName specifies the data dictionary file
```

Procedimento END_LOGMNR

Esse procedimento encerra a sessão Log Miner (Listagem 7.36).

Listagem 7.36: Procedimento DBMS_LOGMNR.END_LOGMNR

```
DBMS_LOGMNR.END_LOGMNR;
```

Etapas

Etapa 1 — Crie de um arquivo de dicionário. Primeiro, ajuste o parâmetro UTL_FILE_DIR no arquivo INIT.ORA. Esse valor deve ser ajustado para um diretório que já existe, como mostrado no exemplo da Listagem 7.37. Uma vez ajustado o parâmetro, você precisa reiniciar o banco de dados.

Listagem 7.37: Ajuste do parâmetro UTL_FILE_DIR
```
utl_file_dir=/oracle8i/log
```

Agora, execute o procedimento DBMS_LOGMNR_D.BUILD. Este procedimento exige dois parâmetros, nomeadamente o nome de arquivo e o caminho de diretório. Como você pode ver na Listagem 7.38, ajustamos o nome de arquivo para DICTIONARY.ORA e o caminho de diretório para /oracle8i/log. Você deve executar esse procedimento como SYS. Esse comando demora algum tempo, pois simula o dicionário atual do banco de dados para um arquivo. Portanto, é preciso que você tenha paciência.

Listagem 7.38: Execução de DBMS_LOGMNR_D.BUILD
```
SQL> EXECUTE DBMS_LOGMNR_D.BUILD('dictionary.ora','/oracle8i/log');
PL/SQL procedure successfully completed.
SQL>
```

Etapa 2 — Especifique arquivos de registro a serem analisados. Uma vez que o arquivo de dicionário de dados tenha sido criado, você pode começar a analisar os registros redo. Primeiro, especifique os arquivos de registro que deseja analisar, usando o procedimento DBMS_LOGMNR.ADD_LOGFILE. Isso permite que você especifique novos (NEW) registros redo, que os acrescente (ADD) ou simplesmente os remova (REMOVE) da análise. O procedimento DBMS_LOGMNR.ADD_LOGFILE exige dois parâmetros: o registro de nome de arquivo e a opção especificando se você deseja um novo arquivo de registro redo ou se está acrescentando ou removendo um arquivo de registro redo. Se você observar a Listagem 7.39, primeiro iniciamos uma nova lista com a opção DBMS_LOGMNR.NEW no procedimento DBMS_LOGMNR.ADD_LOGFILE.

Listagem 7.39: Execução do procedimento ADD_LOGFILE
```
SQL> connect sys/change_on_install;
Connected.
SQL> EXECUTE DBMS_LOGMNR.ADD_LOGFILE(-
>   LogFileName = > '/oracle8i/data/acct/log1_acct.dbf', -
>   Options + . dbms_logmnr.NEW);
PL/SQL procedure successfully completed.
```

Para especificar outros arquivos de registro redo, execute novamente o procedimento ADD_LOGFILE, com a opção ajustada para DBMS_LOGMNR.ADDFILE, conforme mostrado na Listagem 7.40.

Listagem 7.40: Execução do procedimento ADD_LOGFILE
```
SQL> connect sys/change_on_install;
Connected.
SQL> EXECUTE DBMS_LOGMNR.ADD_LOGFILE( -
>      LogFileName = >
'/oracle8i/data/acct/log2_acct.dbf', -
>      Options => dbms_logmnr.ADDFILE);
PL/SQL procedure successfully completed.
SQL>
```

Etapa 3 — Inicie a sessão Log Miner. Para iniciar a sessão Log Miner, use o procedimento DBMS_LOGMNR.START_LOGMNR, como mostrado na Listagem 7.41. Quando você executa esse procedimento, o Oracle gera os resultados e os armazena em uma tabela de sistema chamada V$LOGMNR_CONTENTS. Essa tabela contém muitas informações que podem ser usadas para na recuperação de um banco de dados.

Listagem 7.41: Execução do procedimento START_LOGMNR
```
SQL> EXECUTE DBMS_LOGMNR.START_LOGMNR (-
>  DictFileName => '/oracle8i/log/dictionary.ora');

PL/SQL procedure successfully completed.
SQL>
```

Se você só quiser analisar uma parte dos registros (tal como busca com números SCN), então deixe isto especificado no procedimento START_LOGMNR. Um exemplo de como pesquisar, com base em um número SCN, é mostrado na Listagem 7.42. Você também pode pesquisar por Time, onde você fornece o tempo de início e fim.

Listagem 7.42: Execução do procedimento START_LOGMNR com opções
```
SQL> EXECUTE DBMS_LOGMNR.START_LOGMNR (-
>  StartSCN = > 66800, -
>  EndSCN = > 66805, -
>  DictFileName = > '/oracle8i/log/dictionary.ora'/;
PL/SQL procedure successfully completed.
SQL>
```

Etapa 4 — Visão das entradas redo. Para ver as informações geradas pelo procedimento START_LOGMNR, você precisaria consultar a tabela V$LOGMNR_CONTENTS, cuja descrição é mostrada na Listagem 7.43. As colunas importantes que você deseja ver são SQL_UNDO e SQL_REDO, que oferecerão as informações DML/DDL necessárias com relação a uma transação.

Listagem 7.43: Descrição da tabela V$LOGMNR_CONTENTS

```
SQL> desc v$logmnr_contents
Name                          Null?           Type
-----------------             -----           ----
SCN                                           NUMBER
TIMESTAMP                                     DATE
THREAD#                                       NUMBER
LOG_ID                                        NUMBER
XIDUSN                                        NUMBER
XIDSLT                                        NUMBER
XIDSQN                                        NUMBER
RBASQN                                        NUMBER
RBABLK                                        NUMBER
RBABYTE                                       NUMBER
UBAFIL                                        NUMBER
UBABLK                                        NUMBER
UBAREC                                        NUMBER
UBASQN                                        NUMBER
ABS_FILE#                                     NUMBER
REL_FILE#                                     NUMBER
DATA_BLK#                                     NUMBER
DATA_OBJ#                                     NUMBER
DATA_OBJD#                                    NUMBER
SEG_OWNER                                     VARCHAR2(32)
SEG_NAME                                      VARCHAR2(32)
SEG_TYPE                                      NUMBER
SEG_TYPE_NAME                                 VARCHAR2(32)
TABLE_SPACE                                   VARCHAR2(32)
ROW_ID                                        VARCHAR2(32)
SESSION#                                      NUMBER
SERIAL#                                       NUMBER
USERNAME                                      VARCHAR2(32)
SESSION_INFO                                  VARCHAR2(4000)
ROLLBACK                                      NUMBER
OPERATION                                     VARCHAR2(32)
SQL_REDO                                      VARCHAR2(4000)
SQL_UNDO                                      VARCHAR2(4000)
RS_ID                                         VARCHAR2(32)
SSN                                           NUMBER
CSF                                           NUMBER
INFO                                          VARCHAR2(32)
STATUS                                        NUMBER
```

```
PH1_NAME                              VARCHAR2(32)
PH1_REDO                              VARCHAR2(4000)
PH1_UNDO                              VARCHAR2(4000)
PH2_NAME                              VARCHAR2(32)
PH2_REDO                              VARCHAR2(4000)
PH2_UNDO                              VARCHAR2(4000)
PH3_NAME                              VARCHAR2(32)
PH3_REDO                              VARCHAR2(4000)
PH3_UNDO                              VARCHAR2(4000)
PH4_NAME                              VARCHAR2(32)
PH4_REDO                              VARCHAR2(4000)
PH4_UNDO                              VARCHAR2(4000)
PH5_NAME                              VARCHAR2(32)
PH5_REDO                              VARCHAR2(4000)
PH5_UNDO                              VARCHAR2(4000)
SQL>
```

Observando a tabela V$LOGMNR_CONTENTS, descobrimos que em nosso exemplo havia mais do que 86.000 entradas geradas pela sessão LOGMNR_START (Listagem 7.44).

Listagem 7.44: Consulta à tabela V$LOGMNR_CONTENTS
```
SQL> select count(*) from v$logmnr_contents;
   COUNT (*)
   -------
     86289
SQL>
```

Se só estivermos interessados nas entradas redo de um usuário e tabela especiais, então podemos consultar a tabela V$LOGMNR_CONTENTS e especificar o nome de usuário e o nome da tabela no valor da busca, conforme mostrado na Listagem 7.45. Nesse exemplo, estamos buscando entradas redo para o nome de usuário BENCH, com o nome de tabela DUMMY.

Listagem 7.45: Consulta à tabela V$LOGMNR_CONTENTS com busca específica
```
SQL> SELECT
  2      sql_redo, sql_undo
  3  FROM
  4      v$logmnr_contents
  5  WHERE
  6      username='BENCH'
  7  AND
  8      seg_ name = 'DUMMY';
```

Capítulo 7 - Desempenho & ajuste | 407

A saída da consulta (Listagem 7.45) é mostrada na Listagem 7.46. Ela apresenta ambas as colunas, SQL_REDO e SQL_UNDO. Como você pode ver a partir da saída, a entrada REDO da tabela DUMMY é INSERT, com o valor test_number igual a "1" e o valor de test_string igual a STR-1. UNDO para essa entrada é um DELETE a partir da tabela DUMMY, onde test_number é "1" e test_string é STR-1 e também inclui a ROWID.

Listagem 7.46: Saída da tabela V$LOGMNR_CONTENTS
```
SQL_REDO
------------------------------------------
SQL_UNDO
------------------------------------------
insert into BENCH.DUMMY(TEST_NUMBER, TEST_STRING, TEST_DATE) values
   (1,'STR-', TO_DATE('19-APR-1999 14:26:59', 'DD-MON-YYY HH24:MI:SS'));

delete from BENCH.DUMMY where TEST_NUMBER = 1 and TEST_STRING = 'STR-1' and
   TEST_DATE = TO_DATE('19-APR-1999 14:26:59', 'DD-MON-YYYY HH24:MI:SS')
   and ROWID = 'AAAAsgAAJAAÅAAAIAAA';

SQL_REDO
------------------------------------------
SQL_UNDO
------------------------------------------
insert into BENCH.DUMMY(TEST_NUMBER, TEST_STRING, TEST_DATE) values (2,
   'STR-2', TO_DATE('19-APR-1999 14:26:59', 'DD-MON-YYYY HH24:MI:SS'));

delete from BENCH.DUMMY where TEST_NUMBER = 2 and TEST_STRING = 'STR-2 ' and
   TEST_DATE = TO_DATE('19-APR-1999 14:26:59', 'DD-MON-YYYY HH24:MI:SS')
   and ROWID = 'AAAAsgAAJAAAAAIAAB';
```

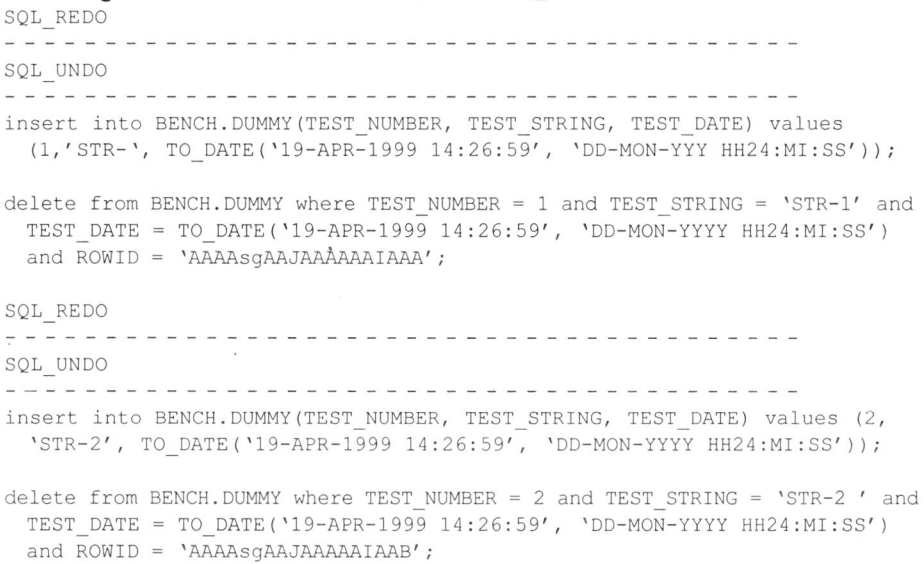

Etapa 5 — Final da sessão Log Miner. Finalmente, você pode encerrar a sessão Log Miner, executando o procedimento DBMS_LOGMNR.END_LOGMNR mostrado na Listagem 7.47.

Listagem 7.47: Execução do procedimento LOGMNR_END
```
SQL> execute DBMS_LOGMNR.END_LOGMNR;

PL/SQL procedure successfully completed.
SQL>
```

Conclusão

Se você quiser ver as entradas de seus registros redo ou registros arquivados, então deve investigar o utilitário Log Miner. Ele oferece funcionalidade completa para ler informações armazenadas nos registros online e redo arquivados usando os procedimentos SQL, PL/SQL, procedimentos armazenados Java, PRO*C e até OCI.

7.11 — Como posso melhorar o desempenho da minha cópia de processo de recuperação?

8i	Aplica-se a: Oracle8*i*	Índice do CD: Rápida recuperação de cópia
	Sistema operacional: Todos	

Problema

Sempre que o nosso banco de dados Oracle se quebra, a recuperação de cópia é muito demorada. Como posso melhorar o desempenho deste processo?

Solução

O recurso Fast-Start Checkpoint (início rápido de ponto de verificação) do Oracle8*i* limita a quantidade de buffers sujos que são mantidos na memória e, portanto, limita a quantidade de tempo necessária para a recuperação de cópia. Há um novo parâmetro, chamado FAST_START_IO_TARGET que limita o número de operações I/O que o Oracle precisa realizar, no caso de recuperação de cópia. Automaticamente, o Oracle controla o tempo de recuperação de cópia, escrevendo fora de um disco os buffers sujos. Essa opção de Fast-Start Checkpoint só está disponível no Oracle8*i* Enterprise Edition. O parâmetro FAST_START_IO_TARGET oferece a você controle completo sobre recuperação de cópia, pois a quantidade de I/Os processadas durante uma recuperação de cópia determina a duração da recuperação. Esse parâmetro é usado pelo processo Database Writer (DBWn — escritor de banco de dados) para escrever continuamente buffers sujos em disco. A sintaxe é:

    FAST_START_IO_TARGET = n

onde n é um valor que limita a quantidade de buffers que o Oracle processa durante a recuperação de uma cópia. Quanto menor o valor de FAST_START_IO_TARGET, melhor o desempenho da recuperação, mas isto torna lento o processamento normal, visto que os Database Writers precisam escrever mais buffers no disco mais freqüentemente.

Conclusão

Se você tiver um banco de dados que "cai" com freqüência, por um motivo ou por outro, e a recuperação de cópia demorar muito tempo, deve considerar usar o recurso Fast-Start Checkpoint, que limita a quantidade de buffers sujos mantidos na memória, para que a cópia seja recuperada mais rapidamente.

7.12 — Que aperfeiçoamentos de separação existem no Oracle8i?

8i	Aplica-se a: Oracle8*i*	Índice do CD: Aperfeiçoamento de separação
	Sistema operacional: Todos	

Problema

Eu gostaria de saber quais os vários tipos de aperfeiçoamentos de separação estão disponíveis no Oracle8*i*.

Soluções

No Oracle8*i*, o tipo de algoritmo foi reescrito para o desempenho aperfeiçoado. De acordo com Oracle, os tipos agora se realizam mais previsível e consistentemente para determinada entrada e parâmetros.

Alguns parâmetros INIT.ORA relacionados com Sort (tipos/divisão/separação) foram abandonados no Oracle8*i*. São eles:

- SORT_DIRECT_WRITES
- SORT_READ_FAC
- SORT_SPACEMAP_SIZE
- SORT_WRITE_BUFFERS
- SORT_WRITE_BUFFER_SIZE

E o novo parâmetro INIT.ORA de Sort foi acrescentado:

```
SORT_MULTIBLOCK_READ_COUNT = n
```

que especifica o número de blocos de banco de dados que devem ser lidos a partir de segmentos temporários durante a operação de separação. O valor padrão é de dois blocos. Você pode ajustar esse parâmetro usando ou a declaração ALTER SESSION (alterar sessão) ou ALTER SYSTEM (alterar sistema). Ele também pode ser ajustado no arquivo de parâmetro INIT.ORA.

O segmento temporário é usado pela rotina Sort quando a separação não pode ser feita na memória. Aumentar o SORT_MULTIBLOCK_READ_COUNT força o Oracle a ler maiores quantidades de dados durante a operação de separação.

Conclusão

O novo parâmetro de inicialização SORT_MULTIBLOCK_READ_COUNT aperfeiçoa o desempenho de operações de separação, permitindo ao processo ler blocos maiores a partir de segmentos temporários.

7.13 — Obter scripts?

Além dos scripts dos quais tratamos aqui, você pode obter os scripts a seguir no site da Web da Manning, em http://www.manning.com/yuhanna Alguns dos scripts o ajudarão em reportar o seu banco de dados em uma variedade de ângulos. Eles também são muito úteis para monitorar o seu banco de dados e para responder às seguintes perguntas:

7.13.1 — Como posso gerar um relatório sobre I/O do banco de dados?

Nos últimos dias, tenho recebido uma resposta pobre do aplicativo. O administrador de sistema disse que pode ser um estreitamento de gargalo em potencial de I/O. Eu gostaria de gerar um relatório sobre I/O do banco de dados que refletisse leituras e escritas para cada arquivo.

7.13.2 — Como posso gerar um relatório sobre os comandos executados na cópia?

Eu gostaria de saber quais comandos estão sendo executados em determinada cópia. Como posso gerar um relatório sobre esses comandos?

7.13.3 — Como posso gerar um relatório sobre as declarações SQL que estão sendo executadas na cópia?

Eu gostaria de descobrir o que meus usuários estão fazendo. Posso gerar um relatório sobre as declarações SQL que estão sendo executadas na cópia?

7.13.4 — Como posso gerar um relatório sobre chamadas de I/O para cada declaração SQL sendo executada na cópia?

Recentemente, o meu aplicativo entrou em uma produção que usa um banco de dados Oracle. Eu gostaria de descobrir quais declarações SQL estão fazendo muitas I/Os. Como posso gerar um relatório sobre as chamadas de I/O para cada declaração SQL sendo executada na cópia?

7.13.5 — Como posso gerar um relatório sobre uma comparação de razão?

Acabei de migrar de um banco de dados Oracle7 para o Oracle8. Além da migração, também instalamos um novo servidor com memória adicional. Como posso saber se a minha comparação de razão é razoável?

7.13.6 — Como posso gerar um relatório sobre bloqueios mantidos por usuários?

Atualmente, temos mais de uma centena de usuários executando uma produção de aplicativo que usa o banco de dados Oracle. Os usuários reclamaram que os seus aplicativos executam muito lentamente. Anteriormente, um dos DBAs tinha visto extensos bloqueios em alguns dos objetos. Como posso gerar um relatório sobre os bloqueios mantidos pelos usuários?

7.13.7 — Como posso gerar um relatório sobre os processos ativos?

Eu gostaria de ter um script que me permitisse ver todos os processos ativos que estão conectados à cópia. Posso gerar um relatório sobre os processos ativos?

7.13.8 — Como posso gerar um relatório sobre tabelas e índices que foram analisados?

Eu tenho muitas tabelas no banco de dados que está sendo usado por múltiplos aplicativos. No entanto, algumas das consultas às tabelas estão sendo executadas muito vagarosamente. Eu gostaria de determinar quais tabelas e índices foram analisados para que o Query Optimizer (otimizador de consulta) esteja ciente dos objetos.

7.13.9 — Como posso gerar um relatório sobre o espaço gasto por cada usuário?

Eu gostaria de saber quanto espaço está sendo usado por cada um dos usuários no tablespace. Como posso gerar esse relatório?

7.13.10 — Como posso gerar um relatório detalhado sobre um usuário?

Enquanto estava monitorando o meu banco de dados, notei que um usuário específico registrando no banco de dados tinha muitas sessões e gerou ativamente uma série de consultas. Eu gostaria de ter relatórios mais detalhados sobre tais usuários. Como posso gerar estes relatórios?

7.13.11 — Quais são as diversas tabelas V$ no Oracle8?

Sei que no sistema existem muitas visões V$ disponíveis no Oracle8. No entanto, não sei o que fazem. As visões podem ser categorizadas em cabeçalhos adequados?

7.13.12 — Como posso gerar um relatório sobre espaço disponível em tablespace?

Eu gostaria de gerar um relatório semanal contínuo que me proporcionasse informações sobre espaço disponível em cada um dos tablespaces. Como posso gerar um relatório sobre espaço disponível?

7.13.13 — Como posso gerar um relatório sobre segmentos de rollback?

Eu gostaria de gerar um relatório sobre os segmentos de rollback que incluísse informações referentes às suas localizações nos arquivos de dados e os seus usos. Como posso gerar um relatório detalhado sobre segmentos de rollback?

7.13.14 — Como posso gerar um relatório sobre transações ativas?

Eu gostaria de ter uma lista de todas as transações ativas que estão sendo executadas no banco de dados. Como posso gerar um relatório sobre transações ativas?

7.13.15 — Como posso gerar um relatório sobre extensão de alocações?

Eu gostaria de gerar um relatório sobre extensões alocadas para cada tablespace. Como posso conseguir isso?

7.13.16 — Como posso gerar um relatório sobre o número de objetos mantidos pelos usuários?

Atualmente, mais de uma centena de usuários acessam o banco de dados. Eu gostaria de determinar o número de objetos, inclusive tabelas e índices, que são mantidos por cada usuário. Como posso fazer isso?

7.13.17 — Como posso gerar um relatório sobre os registros redo?

Eu gostaria de gerar um documento que mostrasse detalhes sobre os registros redo associados com o banco de dados. Como isso é feito?

7.13.18 — Como posso gerar um relatório sobre demoras?

Eu gostaria de gerar um relatório sobre todas as demoras que estão ocorrendo na cópia. Como se faz isso?

7.13.19 — Como posso gerar um relatório sobre estatísticas de sistema?

Eu gostaria de ter um relatório sobre estatísticas de sistema. Como posso gerá-lo?

7.13.20 — Como posso gerar um relatório detalhado sobre todas as estatísticas?

Eu gostaria de ter um relatório detalhado sobre todas as estatísticas do meu banco de dados. Posso gerar tal relatório?

7.13.21 — Como posso verificar a utilização da CPU de várias sessões?

Eu gostaria de verificar a utilização da CPU de cada sessão. Como posso fazer isso?

7.13.22 — Como posso gerar um relatório sobre uma sessão de comparação de razão?

Há mais de uma centena de usuários conectados ao banco de dados, mas a comparação geral de razão do banco de dados é de apenas 79 por cento. Como posso determinar qual sessão está ocasionando essa pobre comparação de razão?

7.13.23 — Como posso gerar um relatório sobre tabelas que não têm índices?

Recentemente, migramos de DB/2 para o Oracle. Centenas de tabelas foram migradas e, atualmente, estamos no processo de recriar os índices para aquelas tabelas, mas não temos certeza de quais tabelas têm índices e quais não têm. Como posso gerar um relatório sobre tabelas que não têm índices?

7.13.24 — Como posso gerar um relatório sobre o método de acesso à tabela da cópia?

Eu gostaria de determinar como as tabelas estão sendo acessadas nos bancos de dados. Por exemplo, existem digitalizações mais completas de tabela do que acesso aleatório? Como posso gerar um relatório sobre métodos de acesso à tabela sendo usada pela cópia?

7.13.25 — Como posso gerar um relatório sobre os parâmetros Oracle não documentados?

Eu gostaria de saber se existem quaisquer parâmetros Oracle não documentados que eu possa listar. Posso gerar um relatório sobre tais parâmetros?

Outros scripts podem ser encontrados no site da Web da Manning, em http://www.manning.com/yuhanna.

8

Execução paralela

Referência rápida
Se você quiser saber sobre...
A — Administração de execução paralela
- Execução paralela definida de Oracle... veja 8.1
- Carregamento paralelo... veja 8.2
- Índice paralelo... veja 6.3
- Consulta paralela...veja 8.4
- Cópia paralela... veja 8.5
- Ajuste automático paralelo de consulta... veja 8.10

B — Administração paralela de DML
- DML paralela... veja 8.6
- Update paralela... veja 8.7
- Remoção paralela... veja 8.8
- Inserção paralela... veja 8.9

Visão geral

O recurso de execução paralela que foi introduzido no Oracle7 é muito poderoso e utiliza múltiplos processos para distribuir o trabalho, para que ele possa ser executado em paralelo. Originalmente, esse recurso foi projetado para as plataformas Massively Parallel Processor (MPP — processador maciçamente paralelo), no qual o Oracle executou em nós múltiplos dentro de uma única imagem de banco de dados. Mais tarde, ele foi disponibilizado para as plataformas Symmetric Multiprocessor Processor (SMP — processador simétrico de multiprocessador). No Oracle7, o recurso de execução paralela foi chamado de Parallel Query Option (PQO — opção de consulta paralela) e precisava ser comprado separadamente. Com o Oracle8 ele agora está empacotado no produto principal e também tem algumas novas funcionalidades, como DML. Ele explora a arquitetura do multiprocessador para empregar múltiplos processos em determinada tarefa. Para garantir ganhos em desempenho, você precisa ter a memória adequada e um sistema de multiprocessadores.

Perguntas

8.1 — O que é a execução paralela de Oracle e como a configuro?

Aplica-se a: Oracle7, Oracle8 e Oracle8*i*	**Índice no CD:** Execução paralela
Sistema operacional: Todos	

Problema

Eu tenho um banco de dados DSS (suporte de decisão) que atualmente armazena tabelas muito grandes. Sei que o Oracle introduziu a Parallel Query Option (PQO) na versão 7.1. O que é o recurso Parallel Execution (execução paralela) e como, efetivamente, posso usá-lo em meu banco de dados DSS?

Solução

O recurso de execução paralela permite que você subdivida uma tarefa complexa em unidades menores, que podem então ser executadas simultaneamente. Assim, você é capaz de acessar um grande volume de dados muito rapidamente. No Oracle7, o recurso de execução paralela era chamado de PQO e era uma opção separada. No entanto, no Oracle8, ele agora é empacotado no servidor de banco de dados. O recurso de execução paralela explora a arquitetura de multiprocessador para empregar múltiplos processos em determinada tarefa.

Isso não significa que o recurso de execução paralela só funcionará se você satisfazer a essas exigências, mas você não verá um maior aperfeiçoamento de desempenho sem esses elementos. A seguir estão as exigências-chave para realizar uma execução paralela:
- Você precisa ter um sistema multiprocessador
- Os processadores não devem estar ocupados em mais de 50 por cento
- Você precisa ter memória disponível suficiente
- Você precisa ter alta largura de banda I/O (input/output — entrada/saída)

No Oracle8, as seguintes operações podem ser paralelizadas:

Consulta
- digitalização completa de tabela
- uniões hash
- união de loop aninhado
- agrupamento (group by)
- seleção distinta (select distinct)
- separação de fusão (sort merge join)
- cláusula "not in" (não em)
- união (union)
- união total (union all)
- agregação
- ordenação (order by)

DDL
- criar tabela conforme seleção (create table as select)
- criar índice (create index)
- remontar índice (rebuild index)
- mover partição (move partition)
- separar partição (split partition)

DML
- update
- apagar
- Insert ... Select

Outros

- carregamento paralelo
- réplica paralela
- recuperação paralela

A Figura 8.1 mostra como a tarefa de usuário, que foi originada pelo processo de usuário, é distribuída entre outros servidores paralelos, para implementar a execução paralela.

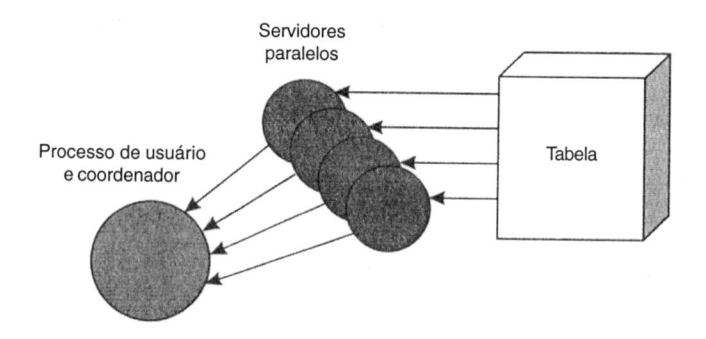

Figura 8.1: Recurso de execução paralela

Etapas para habilitar o recurso de execução paralela

Etapa 1 s Configure os parâmetros INIT.ORA. O Oracle usa uma combinação de processos de servidor paralelo para fazer processamento paralelo, sem o qual não seria possível conseguir tal paralelismo. Para ajustar esses processos, configure o arquivo INIT.ORA.

Por padrão, o número máximo de servidores paralelos na versão 8.0.5 é ajustado em 5 e o número mínimo em 0. Assim, você deve conseguir usar o recurso de execução paralela imediatamente depois de instalar o Oracle. No entanto, se você não vir o paralelismo, ou se quiser configurar para mais servidores paralelos, então precisa ajustar o PARALLEL_MAX_SERVERS.

Máximo de servidores paralelos

Se o Oracle estiver realizando uma quantidade de operações paralelas no banco de dados, é provável que o número mínimo total de servidores paralelos possa estar completamente em uso. Para evitar tal situação, você pode configurar o Oracle para o número máximo de servidores paralelos, ajustando o parâmetro PARALLEL_MAX_SERVERS especificado no arquivo INIT.ORA. Uma vez que o Oracle tenha usado todos os servidores paralelos, ele aumentará o número, dependendo da exigência, até o máximo de servidores paralelos. O exemplo a seguir mostra como configurar até oito servidores paralelos:

```
PARALLEL_MAX_SERVERS = 8
```

Se o Oracle aumenta o número de servidores paralelos além do mínimo, e esses servidores, mais tarde, tornam-se ociosos, você pode pré-configurá-lo para encerrar esses processos adicionais, usando o parâmetro PARALLEL_SERVER_IDLE_TIME, encontrado no arquivo INIT.ORA. Esse parâmetro especifica o número de minutos durante os quais você permite aos servidores paralelos ficarem ociosos antes do Oracle encerrá-los.

O exemplo a seguir mostra como configurar um intervalo de tempo ocioso de 10 minutos:

```
PARALLEL_SERVER_IDLE_TIME = 10
```

Mínimo de servidores paralelos

O número mínimo de servidores paralelos é configurado usando-se o parâmetro PARALLEL_MIN_SERVERS, especificado no arquivo INIT.ORA. Isso configura o número mínimo de servidores paralelos que devem iniciar quando o servidor de banco de dados é iniciado. Esse número mínimo está sempre sendo executado no sistema. O exemplo a seguir mostra como configurar para 4 servidores paralelos:

```
PARALLEL_MIN_SERVERS= 4
```

> **Etapa 2 — Reinicie o servidor de banco de dados.** Uma vez que você tenha configurado os parâmetros do servidor paralelo, precisa reiniciar o seu banco de dados. Se você também tiver configurado o mínimo de servidores paralelos, também conseguirá ver esses processos nos sistemas UNIX.

Os processos dos servidores paralelos

No UNIX, os processos dos servidores paralelos são visíveis se você executar um comando ps no sistema. Esses processos começam com p000 sendo o primeiro servidor, p001 como o segundo servidor paralelo e assim por diante, conforme mostrado na Figura 8.2.

```
$ ps -ef | grep ora_
oracle  2381  1 0 13:10:55 ?   0:00 ora_dbw0_man
oracle  3837  1 2 13:25:33 ?   0:02 ora_p000_man   ◁──  Processos de servidor
oracle  2379  1 0 13:10:55 ?   0:00 ora_pmon_man         paralelo em UNIX
oracle  2385  1 0 13:10:55 ?   0:01 ora_ckpt_man         começam com p0xx
oracle  2389  1 0 13:10:56 ?   0:00 ora_reco_man
oracle  3846  1 2 13:25:33 ?   0:02 ora_p003_man ◁
oracle  2383  1 0 13:10:55 ?   0:00 ora_lgwr_man
oracle  3844  1 2 13:25:33 ?   0:02 ora_p002_man ◁
oracle  3839  1 2 13:25:33 ?   0:02 ora_p001_man ◁
oracle  2387  1 0 13:10:56 ?   0:00 ora_smon_man
$
```

Figura 8.2: Exibição dos servidores paralelos sendo executados em um sistema UNIX

No Windows NT, esses não são visíveis como processos, mas como subprocessos (em cadeia), conforme mostrado na Figura 8.3. Aqui, desde que uma consulta paralela seja executada, o número de subprocessos aumenta. Esses permanecem ativos até que aconteçam outras operações paralelas, ou até que o tempo ocioso ajustado pelo parâmetro PARALLEL_SERVER_IDLE_TIME tenha se passado.

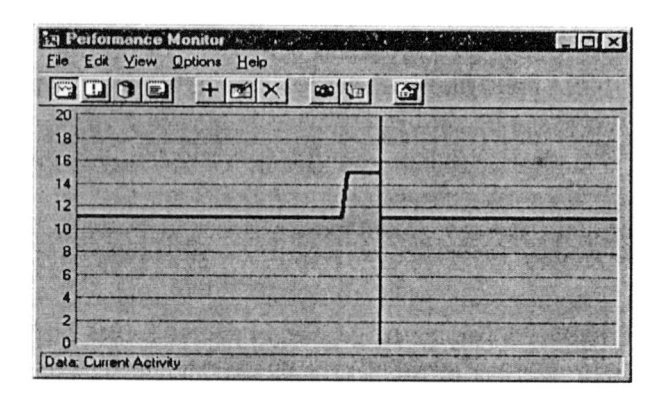

Figura 8.3: Monitoramento de subprocessos usando a ferramenta de desempenho de Windows NT

Conclusão

Para usar o recurso de execução paralela, assegure-se de ter disponíveis os recursos suficientes de sistema, tais como CPU, memória e alta disponibilidade de disco. A execução paralela permite que você quebre uma grande tarefa em unidades menores, que podem então ser executadas em paralelo. Esse recurso permite que você acesse grandes volumes de dados mais rapidamente.

8.2 — Como posso ajustar meu banco de dados para fazer carregamento paralelo?

Aplica-se a: Oracle8 e Oracle8*i*   **Índice no CD:** Carregamento paralelo
Sistema operacional: Todos

Problema

A cada semana, preciso carregar uma tabela de 5 GB em meu banco de dados, a partir de um sistema herdado. Mesmo que os dados sejam carregados no fim de semana, durante os horários tranquilos, ainda demoram mais de 10 horas para carregar. Como posso diminuir esse tempo de carregamento?

Solução

Com o recurso de carregamento paralelo, você pode carregar dados em paralelo (Figura 8.4). Isso é muito útil se você precisar carregar grandes volumes de dados e tiver um sistema de multiprocessador. Entretanto, a exigência importante é que você precisa ter múltiplos arquivos de dados, visto que cada um dos processos carregados usará um arquivo de dados diferente. Eu completei uma série de avaliações no Oracle, onde reduzimos dramaticamente o tempo de carregamento, usando o carregamento paralelo. Para carregamento de alto desempenho, você deve colocar cada um dos arquivos de dados em um disco diferente, ou disco de volume array, para conseguir uma melhor saída. Também, configurar o tablespace com múltiplos arquivos de dados é igualmente importante. Para o tablespace, você deve querer ter múltiplos arquivos de dados Oracle, cada qual, possivelmente, em um disco diferente ou disco de volume array. Assegure-se de que o seu sistema não esteja sobrecarregado com outros processos durante o carregamento paralelo.

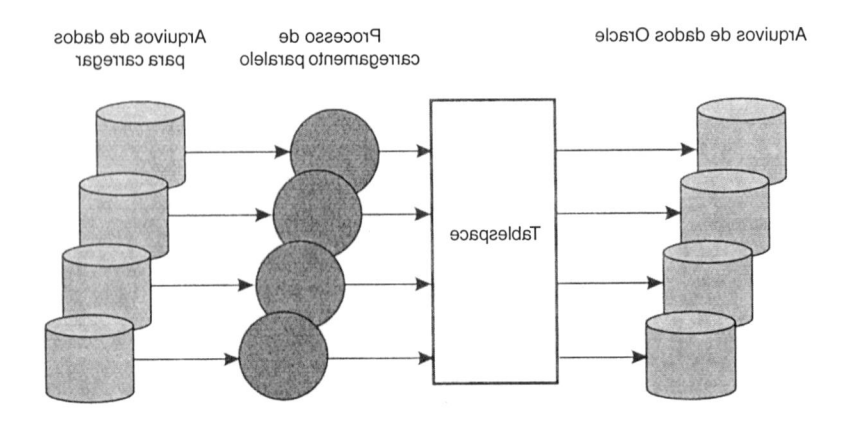

Figura 8.4: Carregamento paralelo

Embora o carregamento paralelo seja rápido, ele tem algumas restrições quanto ao seu uso, como a seguir:
- Linhas só podem ser anexadas, não substituídas, truncadas ou mesmo inseridas.
- Todos os triggers associados à tabela precisam ser desabilitados ou removidos.
- Não devem existir índices na tabela.
- Integridade referencial e restrições de verificação precisam ser desabilitadas.

A seguir estão as diversas opções disponíveis no utilitário SQL Loader (carregador SQL):

```
SQL*Loader: Release 8.0.5.0.0 - Production on Tue Sep 15 15:31:10 1998
(c) Copyright 1998 Oracle Corporation. All rights reserved.
Usage: SQLLOAD keyword=value [,keyword=value,. . .]
Valid Keywords:
    Userid        -- ORACLE username/password
    Control       -- Control file name
       Log        -- Log file name
    bad           -- Bad file name
    data          -- Data file name
    discard       -- Discard file name
    discardmax    -- Number of discards to allow          (Default all)
    skip          -- Number of logical records to skip    (Default 0)
    load          -- Number of logical records to load    (Default all)
    errors        -- Number of errors to allow            (Default 50)
    rows          -- Number of rows in conventional path bind array or
                     between direct path data saves (Default: Conventional
                     path 64, Direct path all)
```

```
bindsize     --   Size of conventional path bind array
                  in bytes                           (Default 65536)
silent       --   Suppress messages during run (header, feedback,
                  errors, discards, partitions)
direct       --   use direct path                    (Default FALSE)
parfile      --   parameter file: name of file that contains
                  parameter specification
parallel     --   do parallel load                   (Default FALSE)
file         --   File to allocate extents from
```

Você pode especificar a opção UNRECOVERABLE enquanto estiver carregando dados, usando o utilitário SQL*Loader. Essa opção economiza muito tempo e armazenagem, pois não registra os dados no arquivo de log redo. No entanto, gera uma invalidação de redo para proteger o banco de dados de interrupção. No caso de uma recuperação, os dados bloqueados serão marcados como logicamente corrompidos. A opção UNRECOVERABLE só é usada com o carregamento de caminho direto.

Se você estiver executando o carregamento de múltiplos SQL*Loaders em uma única tabela e não usar a opção PARALLEL, só um processo SQL*Loader acontecerá; os outros falharão. O motivo disso é que, quando você não especifica o carregamento paralelo, o SQL*Loader bloqueia a tabela e, portanto, não é possível usá-la. O erro que você receberá é de número 908, conforme mostrado na Listagem 8.1.

Listagem 8.1: Mensagem de erro de SQL Loader
```
SQL*Loader-908: Unable to lock table CUSTOMER due to ORACLE error 54
```

Com o carregamento de caminho convencional, os dados são inseridos em um buffer de array de ligação que é passado para o banco de dados com o comando SQL INSERT. Esse método é bastante lento, visto que os dados passam do aplicativo para o banco de dados, que então registra os dados nos registros redo e escreve nos buffers do banco de dados. No método de carregamento de caminho direto, os blocos de banco de dados são gerados por especificações e escritos diretamente nos arquivos de dados.

As vantagens do carregamento de caminho direto incluem:
- Ele usa escritas de I/O assíncronas de multiblocos nos arquivos de banco de dados.
- Ele não usa o buffer de array de ligação.
- O SQL*Loader não faz quaisquer chamadas SQL para o banco de dados.
- Ele traspassa o cache do buffer, preservando assim os buffers e o cache disponíveis.

Entretanto, a restrição de usar o carregamento de caminho direto é que a tabela não deve ter quaisquer transações ativas. Especificar o carregamento de caminho direto exige a opção DIRECT=TRUE no SQL*Loader.

Etapas

Vejamos as etapas para implementar o recurso de carregador paralelo.

Etapa 1 — Ajuste o ambiente. Para essa solução, carregaremos a tabela ORDERS no banco de dados, usando o carregador paralelo. Primeiro, criaremos múltiplos arquivos de dados para um tablespace chamado ORDERS-TS. Como você pode ver na Listagem 8.2, acrescentamos oito arquivos de dados em diferentes diretórios, cada um de 300 MB, no tablespace ORDERS_TS.

Listagem 8.2: Criação de arquivos de dados múltiplos para um tablespace

```
SQL> CREATE TABLESPACE orders_ts
  2   datafile '/oracleA/data/order1.dbf' size 300M reuse;
Tablespace created.
SQL> ALTER TABLESPACE orders_ts
  2   ADD datafile '/oracleB/data/order2.dbf' size 300M reuse;
Tablespace altered.
SQL> ALTER TABLESPACE orders_ts
  2   ADD datafile '/oracleC/data/order3.dbf' size 300M reuse;
Tablespace altered.
SQL> ALTER TABLESPACE orders_ts
  2   ADD datafile '/oracleD/data/order4.dbf' size 300M reuse;
Tablespace altered.
SQL> ALTER TABLESPACE orders_ts
  2   ADD datafile '/oracleA/data/order5.dbf' size 300M reuse;
Tablespace altered.
SQL> ALTER TABLESPACE orders_ts
  2   ADD datafile '/oracleB/data/order6.dvf' size 300M reuse;
Tablespace altered.
SQL> ALTER TABLESPACE orders_ts
  2   ADD datafile '/oracleC/data/order7.dbf' size 300M reuse;
Tablespace altered.
SQL> ALTER TABLESPACE orders_ts
  2   ADD datafile '/oracleD/data/order8.dbf' size 300M reuse;
Tablespace altered.
SQL>
```

Uma vez que criamos o tablespace, podemos prosseguir e criar uma tabela chamada ORDERS, que deve usar o tablespace ORDERS_TS, que foi criado na etapa anterior. A Listagem 8.3 mostra a declaração CREATE TABLE para a tabela ORDERS.

Listagem 8.3: A estrutura da tabela orders
```
SQL> CREATE TABLE orders (
  2     ord_number        NUMBER NOT NULL,
  3     ord_cust_number   NUMBER NOT NULL,
  4     ord_date          DATE,
  5     ord_value         NUMBER,
  6     ord_priority      CHAR(1),
  7     ord_status        CHAR(1),
  8     ord_comment       VARCHAR(100)
  9  )
 10 TABLESPACE
 11    orders_ts
 12       STORAGE(   INITIAL 1k
 13                  NEXT 298M
 14                  PCTINCREASE 0);
Table created.
SQL>
```

> **Etapa 2 — Identifique os arquivos de dados.** Nós já temos um arquivo de dados que carregaremos na tabela ORDERS, conforme mostrado na Listagem 8.4.

Listagem 8.4: Exemplo de dados
```
1|78345|1998-10-02|1200.00|X|A|this order should be shipped via Fed Ex
   Immediately
2|12332|1998-10-03|760.00|X|A|Bundle this order with Order# 101 and
   ship via UPS
```

> **Etapa 3 — Crie o arquivo de controle.** O arquivo de controle que usaremos a partir de SQL*Loader é mostrado na Listagem 8.5. Estamos especificando as opções UNRECOVERABLE e APPEND no arquivo de controle.

Listagem 8.5: Carregador de arquivo de controle
```
- - FILE              : orders.clt
- - Author            : Noel Yuhanna
- - Description       : For use with Parallel Loader
UNRECOVERABLE
LOAD DATA
APPEND
INTO TABLE orders
(ord_number            integer external terminated by "|",
ord_cust_number        integer external terminated by "|",
ord_date               date "YYYY-MM-DD" terminated by "|",
ord_value              integer external terminated by "|",
ord_priority           char(1) terminated by "|",
ord_status             char(1) terminated by "|",
ord_comment            char(100) terminated by "|")
```

Etapa 4 — Execute o carregador paralelo. Agora, executaremos o script PLOAD_ORDERS.RUN que executará oito vezes o SQL.Loader, cada vez carregando um arquivo de dados diferente. Se você observar, especificamos a opção PARALLEL=TRUE para carregar os dados em paralelo, sem o que o carregamento falhará (Listagem 8.6).

Listagem 8.6: Execução do Oracle SQL*Loader com a opção parallel

```
/export/home/oracle8.0.5> pload_orders.run
#!/bin/sh
sqlldr userid=bench/bench direct=true parallel=true control=orders.ctl \
    data=/oracleA/order1.tbl log=order1.log &
sqlldr userid=bench/bench direct=true parallel=true control=orders.ctl |
    data=/oracleB/order2.tbl log=order2.log &
sqlldr userid=bench/bench direct=true parallel=true control=orders.ctl \
    data=/oracleC/order3.tbl log=order3.log &
sqlldr userid=bench/bench direct=true parallel=true control=orders.ctl \
    data=/oracleD/order4.tbl log=order4.log &
sqlldr userid=bench/bench direct=true parallel=true control=orders.ctl\
    data=/oracleA/order5.tbl log=order5.log &
sqlldr userid=bench/bench direct=true parallel/true control=orders.ctl \
    data=/oracleB/order6.tbl log=order6.log &
sqlldr userid=bench/bench direct=true parallel=true control=orders.ctl\
    data=/oracleC/order7.tbl log=order7.log &
sqlldr userid=bench/bench direct=true parallel=true control=orders.ctl \
    data=/oracleD/order8.tbl log=order8.log &
```

Em meu banco de dados, o tempo de carregamento sem carregador paralelo e um único carregador demorou mais de 42 minutos para carregar 15 milhões de linhas. Com quatro carregadores paralelos, consegui diminuir o tempo de carregamento em mais da metade — para 16 minutos, o que foi um aperfeiçoamento de 256 por cento! Com oito carregadores paralelos, o tempo de carregamento foi ainda mais diminuído, para 10 minutos, o que foi um aperfeiçoamento de 412 por cento sobre um único carregador. Com oito carregadores paralelos, o Oracle estava carregando 25.000 linhas por segundo, comparado a 6.000 com um único carregador! O motivo da taxa de carregamento diminuído é um gargalo de I/O. Assim, assegure-se de ter suficiente espaço em disco e recursos de CPU disponíveis para fazer um carregamento de alto desempenho. Você deve considerar separar os dados a serem carregados, em RAID0, o que lhe dará uma saída mais alta em disco. Para separar os seus arquivos de dados, veja a pergunta 3.3.

Etapa 5 — Use o Oracle Enterprise Manager. Você também pode usar o Data Manager para carregar dados, usando o OEM, como pode ser visto na Figura 8.5.

Capítulo 8 - *Execução paralela* | 427

Conclusão

Se você estiver carregando grandes quantidades de dados com regularidade, então o carregamento paralelo é a maneira de fazê-lo. Para oferecer a melhor taxa de carregamento, assegure-se de que você tem bastante espaço em disco e recursos de CPU antes de começar.

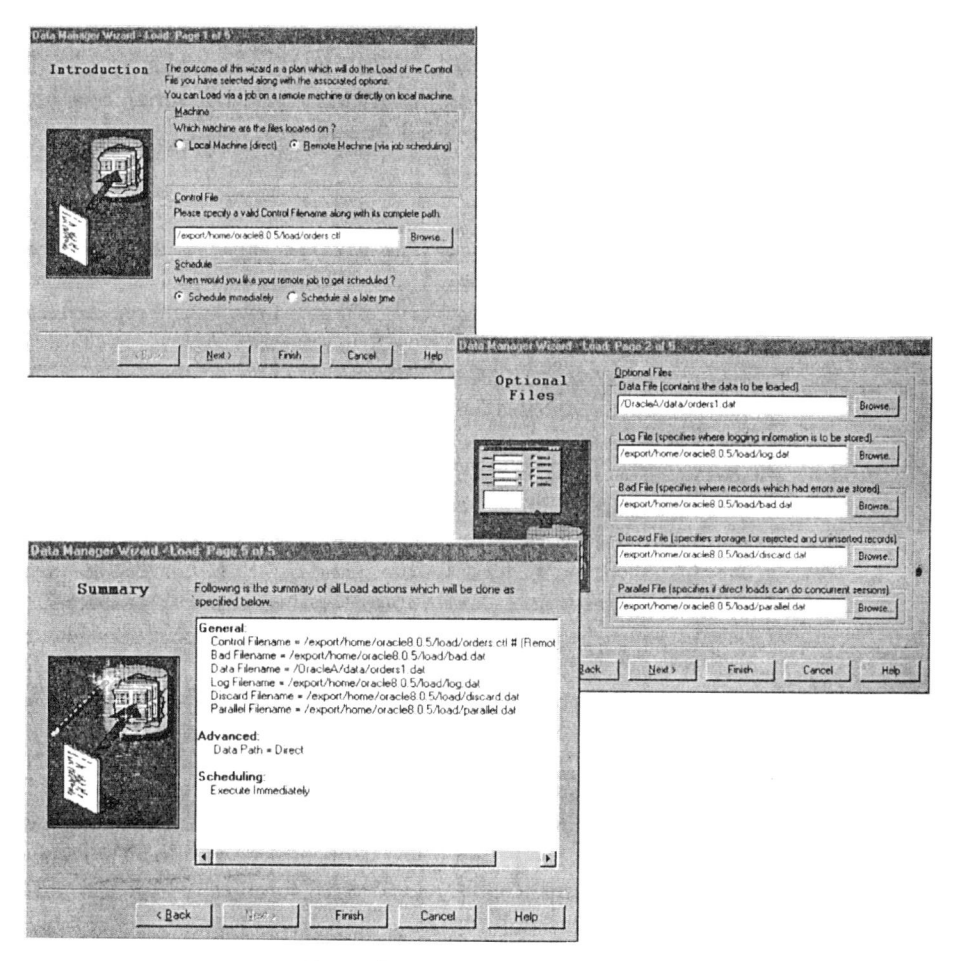

Figura 8.5: Data Manager Wizard (assistente de gerenciador de dados)

8.3 — Como posso criar um índice em paralelo?

Aplica-se a: Oracle7.3, Oracle8 e Oracle8*i*	Índice no CD: Índice paralelo
Sistema operacional: Todos	

Problema

Uma das tabelas em nosso banco de dados exige recarregamento a cada semana. Depois de carregar a tabela, a criação do índice está tomando um tempo considerável. Eu tenho oito processadores em meu sistema, mas durante a criação do índice, parece que apenas um ou dois deles estão ocupados. Como posso diminuir o tempo de criação do índice?

Solução

O recurso de índice paralelo foi introduzido pela primeira vez no Oracle7.3. Esse recurso distribui o processo de criação do índice em múltiplas tarefas, cada qual designada a um servidor paralelo, que melhora o tempo de criação do índice e, portanto, é muito útil para grandes tabelas. Implementando esse processo, o Oracle primeiro exemplifica aleatoriamente a tabela e divide o acesso de dados entre os processos de consulta (servidor paralelo) com base no grau de paralelismo. O primeiro conjunto de processos de consulta digitaliza a tabela, obtém a coluna-chave e ROWID e os envia para o segundo conjunto de processos de consulta, com base no valor-chave, para distribuição eqüitativa. O segundo conjunto de processos separa as chaves e começa a montar o seu próprio índice. Quando todos os índices tiverem sido montados, o coordenador de consulta (o processo usuário) concatenará todos para formar o índice.

Se você especificar a opção NOLOGGING ao criar um índice em paralelo, isso aperfeiçoará dramaticamente o desempenho, visto que não há registros redo ou undo (refazer ou desfazer) durante a criação do índice. Se você tiver uma restrição UNIQUE KEY (chave única) ou PRIMARY KEY (chave principal) em uma tabela, não conseguirá criar um índice em paralelo. Primeiro, deve criar o índice em paralelo, *depois*, acrescentar as restrições necessárias.

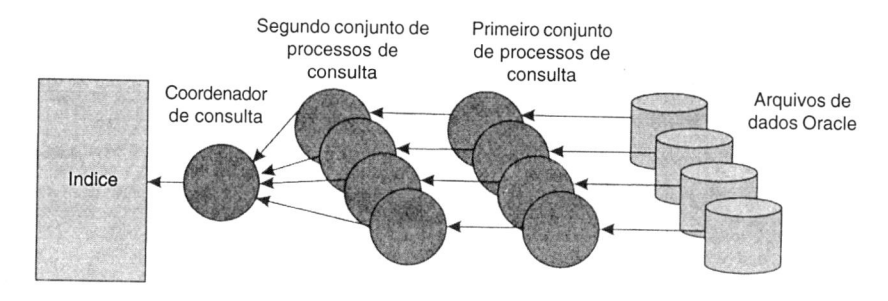

Figura 8.6: Criação do índice paralelo

Etapas

Desde o Oracle7.3, você pode criar um índice em paralelo, usando o comando CREATE INDEX com a opção PARALLEL (Listagem 8.7). A opção DEGREE (grau) especifica o grau de paralelismo para a criação do índice; em outras palavras, o número de processos Oracle que devem ser usados para criar o índice. Esse recurso melhora em muitas vezes o desempenho, especialmente em sistemas de multiprocessador.

Listagem 8.7: CREATE INDEX com a opção PARALLEL
```
CREATE INDEX <index_name>
  ON <table_name> <columns>
  NOLOGGING/LOGGING
  PARALLEL (DEGREE x)
```

A Listagem 8.8 mostra um exemplo de criação de um índice em paralelo, com um grau de 8.

Listagem 8.8: Criação de um índice em paralelo
```
SQL> CREATE INDEX orders_index
  2  ON
  3      orders(ord_number)
  4  NOLOGGING
  5  PARALLEL
  6      (DEGREE 8);
Index created.
SQL>
```

Para garantir que o índice seja criado em paralelo, você pode executar a declaração no comando EXPLAIN PLAN, como demonstrado na Listagem 8.9.

Listagem 8.9: Explain Plan com a criação de índice paralelo

```
SQL> @plan
SQL> column query_plan format a80
SQL> select lpad(' ',2*level) | |operation| | ':'| |options| |
  2   '(' | | other_tag | | ')' | | ':' | | object_name query_plan
  3   from plan_table
  4   connect by prior id = parent_id
  5   start with id=0;
QUERY_PLAN
------------------------------------------------
CREATE INDEX STATEMENT: () :
    INDEX BUILD:NON UNIQUE(PARALLEL_TO_SERIAL): ORDERS_INDEX
       SORT:CREATE INDEX(PARALLEL_COMBINED_WITH_PARENT) :
          INDEX:FAST FULL SCAN(PARALLEL_TO_PARALLEL) :ORDERS_INDEX
SQL>
```

No Oracle8, a tabela EXPLAIN PLAN tem uma nova coluna chamada OTHER_TAG, que permite obter informações paralelas específicas. Assim, o que as tags (guias) significam?

Guias

SERIAL_TO_PARALLEL. Esse é um processo que alimenta múltiplos servidores paralelos.

(figura)

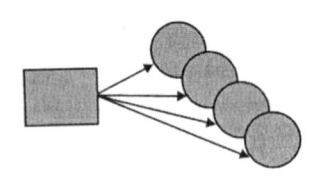

PARALLEL_TO_SERIAL. Significa que existem múltiplos processos de servidor paralelo para realizar tarefas, tal como uma digitalização completa de tabela, cujos resultados serão enviados a um processo em série de Query Coordinator (coordenador de consulta).

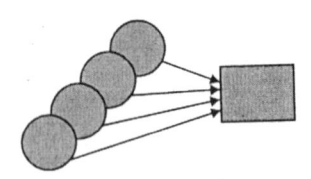

PARALLEL_TO_PARALLEL. Aqui, existem dois conjuntos de processos de servidor paralelo. Um conjunto fará o seu trabalho em paralelo, que pode ser uma digitalização completa de tabela. Os resultados serão encaminhados para o outro conjunto de servidores, que também estão fazendo o seu trabalho em paralelo.

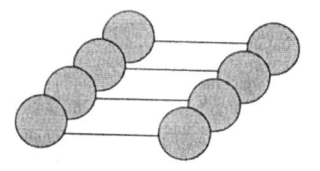

PARALLEL_COMBINED_WITH_PARENT e
PARALLEL_COMBINED_WITH_CHILD. Nesse tipo, existirão múltiplos servidores paralelos, que farão eles próprios a próxima etapa, ao invés de encaminhar os dados para outro ou outros processos.

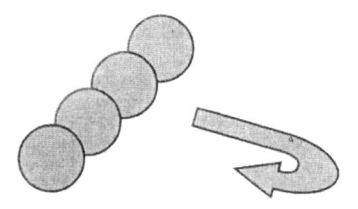

Você também pode criar um índice em paralelo usando o OEM, conforme mostrado na Figura 8.7.

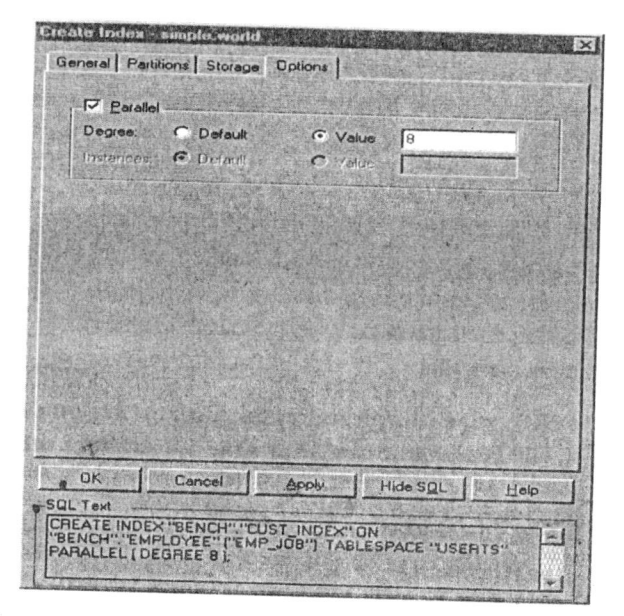

Figura 8.7: Criação de índice em paralelo usando o OEM.

Conclusão

Para criar um índice em paralelo, use a opção PARALLEL na declaração CREATE INDEX. Nesse recurso, o Oracle distribui o processo de criação em múltiplas tarefas, cada qual sendo realizada em paralelo, usando o servidor paralelo. Isso é extremamente útil para criar índices muito grandes.

8.4 — Como executo uma consulta usando o recurso de execução paralela do Oracle?

Aplica-se a: Oracle8 e Oracle8*i* **Índice no CD:** Execução paralela
Sistema operacional: Todos

Problema

Tenho uma consulta que acrescenta o valor de uma coluna de uma grande tabela. Visto que a consulta precisa acessar todas as linhas, ela não usa um índice. Atualmente, essa consulta leva mais de quatro horas para se completar. Como posso melhorar o desempenho?

Solução

A solução é usar o recurso de execução paralela no Oracle8. Você pode especificar a declaração paralela, ou dicas paralelas, para a tabela ou um índice.

Com a declaração paralela, a tabela ou índice é criada usando as propriedades paralelas e, assim, também pode ser acessada em paralelo. Se você não tiver criado uma tabela usando as declarações paralelas, pode usar as dicas paralelas para informar ao Optimizer que faça uma execução paralela. A Listagem 8.10 mostra um exemplo de como executar uma consulta com dicas paralelas. Nessa consulta, especificamos que a tabela ORDERS deve ser acessada em paralelo, com um grau de 8, especificando a dica (hint) PARALLEL.

Listagem 8.10: Execução da consulta em paralelo

```
SQL> SELECT /*+ PARALLEL(orders,8) */
  2       ord_number, ord_value
  3  FROM
  4       orders
  5  WHERE
  6       ord_comment like '%disk%';
ORD_NUMBER       ORD_VALUE
---------        ----------
     74             760
     52             890
SQL>
```

Vamos analisar EXPLAIN PLAN, na consulta que acabamos de executar. Como você pode ver na Listagem 8.11, o acesso à tabela será feito em paralelo e a saída da consulta será feita em série.

Listagem 8.11: Saída de Explain plan da consulta paralela

```
SQL> @plan
SQL> column query_plan format a80
SQL> select lpad(' ',2*level) | |operation| |':' | |options| |
  2       '(' | | other_tag | | ')' ':' | | ':' | | object_name query_plan
  3  from plan_table
  4  connect by prior id = parent_id
  5  start with id=0;
QUERY_PLAN
-----------------------------------------------
SELECT STATEMENT: () :
   TABLE ACCESS:FULL(PARALLEL_TO_SERIAL) :ORDERS
SQL>
```

Conclusão

Você pode especificar a declaração paralela, ou dicas paralelas, para a tabela, ou um índice, para executar uma consulta em paralelo. Se você já tiver criado uma tabela usando a declaração paralela, então a consulta também tentará usar o paralelismo. Se você não tiver criado a tabela usando a declaração paralela, então pode especificar as dicas paralelas para executar uma consulta paralela.

8.5 — Como posso copiar dados selecionados de uma tabela em uma nova tabela, usando o recurso de execução paralela?

Aplica-se a: Oracle8 e Oracle8*i*	Índice no CD: Paralelo, criar tabela/selecionar
Sistema operacional: Todos	

Problema

Tenho uma tabela de 10 GB que precisa ser copiada para uma nova tabela a cada semana. No entanto, apenas linhas selecionadas são copiadas para essa nova tabela, com base no valor de uma coluna. A nova tabela é usada para mensagem de dados e, finalmente, exportada para a unidade principal, para aplicativos DSS. Como posso copiar dados selecionados de uma tabela em uma nova tabela usando o recurso de execução paralela?

Solução

Embora existam muitas maneiras diferentes de copiar dados de uma tabela em outra, a declaração CREATE TABLE...AS SELECT provavelmente é a mais rápida. Desde o Oracle8, você pode igualar em paralelo a declaração CREATE TABLE...AS SELECT. Isso melhora dramaticamente o desempenho. O recurso CREATE TABLE...AS SELECT pode ser usado para ambas as tabelas, particionadas e não particionadas.

Etapas

A Listagem 8.12 mostra um exemplo de uma tabela criada em paralelo usando o comando CREATE TABLE...AS SELECT. Como você pode ver, a declaração SELECT será executada em paralelo à tabela ORDERS, com um grau de 8, e a saída será usada para criar uma nova tabela em paralelo, chamada NEW_ORDERS, também com o grau 8.

Listagem 8.12: Explain plan de CREATE TABLE as SELECT em paralelo

```
SQL> EXPLAIN PLAN FOR
  2    CREATE TABLE
  3    new_orders
  4    NOLOGGING
  4      PARALLEL
  5        (DEGREE 8)
  6    AS
  7      SELECT /8+ PARALLEL(orders,8 )*/
  8        ord_number,
  9        ord_cust_number,
 10        ord_date,
 11        ord_value
 12    FROM
 13      orders;
Explained.
SQL>
```

Vejamos agora o EXPLAIN PLAN para a declaração CREATE TABLE...AS SELECT, que garante que haverá paralelismo. A Listagem 8.13 mostra uma digitalização completa de tabela feita em paralelo. A declaração CREATE TABLE também recebe os dados em paralelo, mas a escrita na tabela é feita em série.

Listagem 8.13: Saída Explain plan para CREATE TABLE as SELECT, em paralelo

```
SQL> @plan
SQL> column query_plan format a80
SQL> select lpad(' ',2*level) | |operation| | ':' | |options| |
  2     '(' | | other_tag | | ')' ':' | | object_name query_plan
  3   from plan_table
  4   connect by prior id = parent_id
  5   start with id=0;
QUERY_PLAN
- - - - - - - - - - - - - - - - - - - - - - - - - - - - - - - - - - -
CREATE TABLE STATEMENT: () :
   LOAD AS SELECT: (PARALLEL_TO_SERIAL) :
      TABLE ACCESS:FULL(PARALLEL_TO_PARALLEL) :ORDERS
SQL>
```

Conclusão

Se você quiser copiar dados selecionados de uma tabela em outra, deve considerar usar a declaração CREATE TABLE...AS SELECT. Isso pode ser usado em paralelo, o que aumenta significativamente o desempenho.

8.6 — Qual é o novo recurso DML paralelo Oracle8 e como posso configurá-lo?

Aplica-se a: Oracle8 e Oracle8*i*	Índice no CD: DML paralelo
Sistema operacional: Todos	

Problema

Tenho um aplicativo DSS que está usando um banco de dados Oracle8. Esse banco de dados tem atualmente mais de 100 GB e está crescendo mais de 5 GB por mês. O aplicativo carrega dados da unidade principal, os transforma e depois permite aos usuários acessá-los. A transformação dos dados demora muito tempo. Como posso usar o novo recurso DML paralelo de Oracle8 para dar mais velocidade a esse processo?

Solução

O Oracle8 introduziu alguns novos e excitantes recursos, incluindo a habilidade de realizar manipulação paralela de dados. Isso permite que você faça uma INSERT paralela em tabelas particionadas e não particionadas, além de UPDATE e DELETE em tabelas particionadas. DML paralelo é especialmente benéfico para aplicativos que usam tabelas e índices muito grandes. O recurso DML paralelo é diferente da Parallel Query Option (PQO). A PQO permite que você coloque em paralelo uma consulta em múltiplas tarefas, aperfeiçoando assim o desempenho de consultas. A PQO também pode ser usada com ou sem o recurso DML paralelo.

O Oracle8 oferece as seguintes novas funcionalidades de paralelismo:
- inserir (INSERT) e direcionar carregamento paralelo em tabelas particionadas/não particionadas
- atualização (UPDATE) paralela em tabelas particionadas
- exclusão (DELETE) em paralelo em tabelas particionadas
- seleção (SELECT) em paralelo usando ROWID.

Inserção paralela

O recurso de inserção paralela permite que você insira linhas em uma tabela particionada ou não particionada. Isso pode ser conseguido com o uso do comando INSERT INTO ... SELECT, com dicas paralelas, ou do recurso de carregamento direto, disponível no utilitário SQL*Loader.

Atualização e remoção paralelas

Só é possível fazer atualizações ou remoções em tabelas particionadas. Se você tiver uma tabela não particionada, não conseguirá fazer atualizações ou remoções paralelas. Portanto, se tiver uma tabela extensa, deve considerar particioná-la para obter ganhos de desempenho.

Etapas para habilitar DML paralelo

Etapa 1. Você deve lembrar que, para habilitar PQO no Oracle7, era necessário ajustar os parâmetros PARALLEL_MAX_SERVER e PARALLEL_MIN_SERVER. Isso ainda se aplica no Oracle8 se você quiser fazer execução paralela. No entanto, para habilitar o recurso DML paralelo, você também precisa emitir o comando ALTER SESSION para uma sessão em especial com a opção DML paralelo.

```
ALTER SESSION ENABLE PARALLEL DML;
```

Etapa 2. Todas as declarações DML paralelas devem terminar com COMMIT ou ROLLBACK. Uma declaração DML pode ser colocada em paralelo se você a tiver capacitado, explicitamente, com a declaração ALTER SESSION ENABLE PARALLEL DML (alterar sessão para habilitar DML paralela). Isso é necessário devido às exigências de bloqueio diferente, transação e espaço em disco. O modo padrão é DISABLE PARALLEL DML (incapacitar DML paralelo) para a sessão. Se ele estiver desabilitado, então nenhum DML será executado em paralelo, mesmo se você tiver dicas PARALLEL ou a cláusula PARALLEL especificada.

Etapas para desabilitar DML paralelo

Etapa 1. Para desabilitar DML paralelo você precisa executar o comando ALTER SESSION. O exemplo a seguir mostra como desabilitar DML paralelo.

```
ALTER SESSION DISABLE PARALLEL DML;
```

Conclusão

O recurso DML paralelo permite que você faça UPDATE, DELETE e INSERT em paralelo. Esse recurso é muito poderoso para tabelas extensas, onde tais operações DML tomam muito tempo. Você pode fazer uma inserção paralela em tabelas particionadas e não particionadas, enquanto atualização e remoção paralelas só podem ser feitas em uma tabela particionada.

8.7 — Como configuro o recurso de atualização paralela?

Aplica-se a: Oracle8 e Oracle8*i*	Índice no CD: Update (atualização) paralela
Sistema operacional: Todos	

Problema

Eu tenho um aplicativo que atualiza a maioria das colunas em uma tabela particionada. Visto que a tabela é muito grande, a atualização demora um longo tempo. Há alguma maneira de melhorar o desempenho das atualizações?

Solução

Você pode usar o recurso DML paralelo para fazer atualizações paralelas. O recurso de atualização paralela está disponível no Oracle8 e Oracle8*i* e permite que você faça atualizações paralelas em uma tabela particionada. Porém, você não pode fazer uma atualização paralela dentro de uma partição ou em uma tabela não particionada.

Há duas maneiras de configurar as suas tabelas para executar atualizações paralelas, especificando:
- hints (dicas) paralelas ou
- declaração paralela para a tabela.

Etapas

Etapa 1 — Inicialize para DML paralelo. Primeiro, você precisa habilitar a opção DML paralelo, conforme mostrado na Listagem 8.14.

Listagem 8.14: Como habilitar o recurso DML paralelo
```
SQL> ALTER SESSION ENABLE PARALLEL DML;
Session altered.
SQL>
```

Vamos criar uma tabela chamada CUSTOMER, como mostrado na Listagem 8.15, com o paralelismo padrão com grau 4.

Listagem 8.15: Criação da tabela customer
```
SQL> CREATE TABLE customer
  2      ( cust_no              NUMBER PRIMARY KEY,
  3        name                 CHAR(20),
  4        add1                 CHAR(20),
  5        add2                 CHAR(20),
  6        city                 CHAR(20),
  7        state                CHAR(2),
  8        balance              NUMBER,
  9        comments             CHAR(40) )
 10     TABLESPACE
 11        userts
 12     PARALLEL (Degree 4);
Table created.
SQL>
```

Etapa 2 — Use a declaração paralela para fazer atualizações paralelas.
Uma vez que a tabela foi criada (Listagem 8.15) com um grau paralelo de 4, quaisquer atualizações à tabela sem a dica paralela também devem ser executadas em paralelo. Como você pode ver na Listagem 8.16, a saída EXPLAIN PLAN mostra que a declaração update será executada em paralelo.

Listagem 8.16: Como usar o paralelismo padrão para atualizações paralelas
```
SQL> explain plan for
  2  update customer
  3  set balance = balance + 100;
Explained.
SQL>

SQL> @plan
SQL> column query_plan format a80
SQL> select lpad(' ', 2*level) | |operation| | ':'| |options| |
  2           '(' | | other_tag | | ')' | | ':' | | object_name query_plan
  3  from plan_table
  4  connect by prior id = parent_id
  5  start with id=0;
QUERY_PLAN
------------------------------------
    UPDATE STATEMENT: () :
       UPDATE: () :CUSTOMER
          TABLE ACCESS:FULL(PARALLEL_TO_SERIAL) :CUSTOMER
SQL>
```

Sem declaração para a tabela

Se não tivéssemos especificado a opção PARALLEL na declaração CREATE TABLE, então o explain plan seria diferente. Dê uma olhada na Listagem 8.17; você verá que está faltando a palavra-chave PARALLEL_TO_SERIAL, pois a tabela não foi montada para paralelismo.

Listagem 8.17: Sem o paralelismo padrão
```
QUERY_PLAN
-----------------------------------
UPDATE STATEMENT: () :
  UPDATE: () :CUSTOMER
    TABLE ACCESS:FULL() :CUSTOMER
SQL>
```

Etapa 3 — Use as dicas de paralelo para fazer atualizações paralelas. Você também pode executar a declaração UPDATE em paralelo, sem ter a declaração paralela na tabela. Isso pode ser feito usando-se as dicas de paralelo na declaração de atualização. Como pode ser visto na Listagem 8.18, se executarmos um EXPLAIN PLAN na declaração UPDATE, que tenha a dica paralela especificada, ele executará a atualização em paralelo.

Listagem 8.18: Como usar dicas de paralelo para fazer atualizações paralelas
```
SQL> explain plan for
  2  update /*+ PARALLEL(customer,4) */ customer
  3  set balance = balance + 100;
Explained.
SQL>

SQL> @plan
SQL> column query_plan format a80
SQL> select lpad(' ',2*level) | |operation| | ':'| |options| |
  2         '(' | | other_tag " " ')' | | ':' | | object_name query_plan
  3  from plan_table
  4  connect by prior id = parent_id
  5  start with id=0;
QUERY_PLAN
-----------------------------------
UPDATE STATEMENT: () :
  UPDATE: () :CUSTOMER
    TABLE ACCESS:FULL(PARALLEL_TO_SERIAL) :CUSTOMER
SQL>
```

Conclusão

O recurso de atualização paralela está disponível desde o Oracle8. Ele permite que você atualize uma tabela em paralelo. No entanto, seu uso é limitado, pois ele só funciona em tabelas particionadas. Você não pode fazer uma atualização paralela dentro de uma partição ou em uma tabela não particionada.

Capítulo 8 - *Execução paralela* | 441

8.8 — Como configuro o recurso de remoção paralela?

Aplica-se a: Oracle8 e Oracle8*i*   **Índice no CD:** Remoção paralela
Sistema operacional: Todos

Problema

Tenho um aplicativo que apaga linhas selecionadas de uma tabela a cada quatro meses. Visto que a tabela é muito grande, a remoção demora muito tempo. Há uma forma de melhorar o desempenho desse volume de remoções?

Solução

Como a atualização paralela, o recurso de remoção paralelo só funciona em tabelas particionadas. Você não pode fazer uma remoção paralela dentro de uma partição ou tabela não particionada.

Há duas maneiras pelas quais você pode configurar para execução de atualizações paralelas:
- dica paralela
- declaração paralela para a tabela

Etapas

Etapa 1 — Inicialize de DML paralelo. Primeiro, você precisa habilitar a opção DML paralelo, como mostrado na Listagem 8.19.

Listagem 8.19: Habilitação do recurso DML paralelo
```
SQL> ALTER SESSION ENABLE PARALLEL DML;
Session altered.
SQL>
```

Etapa 2 — Com declaração paralela. Visto que já criamos uma tabela chamada CUSTOMER, como mostrado na Listagem 8.15, com o paralelismo padrão de 4, iremos usá-la agora para fazer remoções paralelas. Como você pode ver na Listagem 8.20, se executarmos uma declaração DELETE na tabela CUSTOMER, a saída EXPLAIN PLAN mostrará que a operação será paralelizada.

Listagem 8.20: Como usar a declaração paralela para fazer remoções paralelas

```
SQL> explain plan for
  2  delete from customer
  3  where city like 'San Francisco";
Explained.
SQL>

SQL> @plan
SQL> column query_plan format a80
SQL> select lpad(' ',2*level) | |operation| | ':' | |options| |
  2       '(' | | other_tag | | ')' | | ':' | | object_name query_plan
  3  from plan_table
  4  connect by prior id = parent_id
  5  start with id=0;
QUERY_PLAN - - - - - - - - - - - - - - - - - - - - - - - - - -
  DELETE STATEMENT: () :
    DELETE: () :CUSTOMER
       TABLE ACCESS:FULL(PARALLEL_TO_SERIAL) :CUSTOMER
SQL>
```

Etapa 3 — Sem declaração. Entretanto, se a tabela tivesse sido criada sem declaração paralela, o EXPLAIN PLAN teria então mostrado um acesso completo de tabela, conforme mostrado na Listagem 8.21.

Listagem 8.21: Sem a declaração paralela

```
QUERY_PLAN
- - - - - - - - - - - - - - - - - - - - - - - - - - - - - - -
DELETE STATEMENT: () :
   DELETE: () :CUSTOMER
      TABLE ACCESS:FULL() :CUSTOMER
SQL>
```

Etapa 4 — Com dicas paralelas. Embora a tabela não tenha sido criada usando-se a declaração paralela, você ainda pode especificar as dicas paralelas, como mostrado na Listagem 8.22.

Listagem 8.22: Como usar as dicas paralelas

```
SQL> explain plan for
  2  delete /*+ PARALLEL(customer,4) */ from customer
  3  where city like 'San Francisco';
Explained.
SQL>
```

```
SQL> @plan
SQL> column query_plan format a80
SQL> select lpad(' ',2*level) | |operation| | ':' | |options| |
  2     '(' | | other_tag | | ')' | | ':' | | object_name query_plan
  3  from plan_table
  4  connect by prior id = parent_id
  5  start with id=0;
QUERY_PLAN
------------------------------------
   DELETE STATEMENT: () :
      DELETE: () :CUSTOMER
         TABLE ACCESS:FULL(PARALLEL_TO_SERIAL) :CUSTOMER
SQL>
```

Conclusão

O recurso de remoção paralela está disponível no Oracle8 e Oracle8*i* e permite remover linhas de tabela em paralelo. No entanto, seu uso é limitado a tabelas particionadas, visto que você não pode executar uma remoção paralela dentro de uma partição ou em uma tabela não particionada.

8.9 — Como configuro o recurso de inserção paralela?

Aplica-se a: Oracle8 e Oracle8*i*	Índice no CD: Inserção paralela
Sistema operacional: Todos	

Problema

A cada semana preciso copiar dados selecionados de uma tabela em outra tabela, para aplicativo DSS. A inserção nessa nova tabela é muito demorada. Posso fazer a operação INSERT em paralelo?

Solução

A operação de inserção será feita em paralelo apenas se a tabela sendo inserida tiver uma cláusula PARALLEL especificada durante a sua criação (declaração paralela), ou uma dica PARALLEL especificada na declaração INSERT.

Existem quatro maneiras de configurar para inserções paralelas:
1. Especifique as dicas PARALLEL da declaração SELECT
2. Especifique as dicas PARALLEL da declaração INSERT
3. Especifique a cláusula PARALLEL na definição da tabela sendo inserida
4. Especifique a cláusula PARALLEL na definição da tabela que foi selecionada.

Etapas

Etapa 1 — Inicialize de DML paralelo. Primeiro, você precisa habilitar a opção DML paralela, conforme mostrado na Listagem 8.23.

Listagem 8.23: Como habilitar o recurso DML paralelo
```
SQL> ALTER SESSION ENABLE PARALLEL DML;
Session altered.
SQL>
```

Vamos criar duas tabelas, chamadas WEST_CUSTOMER e EAST_CUSTOMER, como mostrado na Listagem 8.24. Elas serão criadas sem declarações paralelas.

Listagem 8.24: Exemplo de tabelas
```
SQL> @par_insert

SQL> SET ECHO ON;
SQL> CREATE TABLE west_customer
  2      ( cust_no        NUMBER PRIMARY KEY,
  3        name           CHAR(20),
  4        add1           CHAR(20),
  5        add2           CHAR(20),
  6        city           CHAR(20),
  7        state          CHAR(2),
  8        balance        NUMBER,
  9        comments       CHAR(40) )
 10 TABLESPACE
 11    userts;
Table created.
SQL> CREATE TABLE east_customer
  2      ( cust_no        NUMBER PRIMARY KEY,
  3        name           CHAR(20),
  4        add1           CHAR(20),
  5        add2           CHAR(20),
  6        city           CHAR(20),
  7        state          CHAR(2),
  8        balance        NUMBER,
  9        comments       CHAR(40) )
 10 TABLESPACE
 11    userts;
Table created.
SQL>
```

Etapa 2 — Inserção paralela. Uma vez que as tabelas foram criadas sem declarações paralelas, a única maneira de executar *qualquer coisa paralela* seria especificando a cláusula de dicas paralelas. Como você pode ver a partir da Listagem 8.25, especificamos INSERT com um grau paralelo de 2 e a declaração SELECT com um grau paralelo de 2. A saída EXPLAIN PLAN mostra que a declaração INSERT ... SELECT será paralelizada.

Listagem 8.25: Inserção paralela
```
SQL> explain plan for
  2   insert /*+ PARALLEL(west_customer,2) */
  3     into west_customer
  4   select /*+ PARALLEL(east_customer,2) */
  5     * from east_customer;
Explained.
SQL> @plan
SQL> column query_plan format a80
SQL> select(' ',2+level) | |operation| | ':' | |options| |
  2     '(' | | other_tag | | ')' | | ':' | | object_name query_plan
  3   from plan_table
  4   connect by prior id = parent_id
  5   start with id=0;
QUERY_PLAN
-----------------------------------------------
INSERT STATEMENT: () :
  LOAD AS SELECT: (PARALLEL_TO_SERIAL) :
    TABLE ACCESS:FULL(PARALLEL_TO_PARALLEL) :EAST_CUSTOMER
SQL>
```

Conclusão

O recurso de inserção paralela permite que você faça inserções em paralelo. Você pode fazer uma inserção paralela tanto em uma tabela particionada como em uma tabela não particionada. Você pode habilitar a inserção paralela através da declaração paralela à tabela ou especificando dicas paralelas à tabela.

8.10 — Como posso automatizar a sintonização de consulta paralela?

8i	**Aplica-se a:** Oracle8*i*	**Índice no CD:** Automatização de sintonização de consulta paralela
	Sistema operacional: Todos	

Problema

Tenho muitas consultas do tipo DSS que são executadas no banco de dados. Há um recurso no Oracle8*i* que permite ajustar automaticamente consultas paralelas? Se houver, como posso automatizar a sintonização de consulta paralela?

Solução

O Oracle8*i* permite que você automatize o ajuste de consulta paralela, especificando que uma consulta ou tabela deve ser paralelizada. Então, o Oracle determina automaticamente os ajustes paralelos otimizados. Esses ajustes incluem o grau de paralelismo, o recurso de adaptação multiusuário e dimensionamento de memória.

Para habilitar a automação de sintonização de consulta paralela, você precisa ajustar o parâmetro INIT.ORA PARALLEL_AUTOMATIC_TUNING para TRUE. O ajuste padrão é FALSE. No entanto, você sempre pode sobregravar a automatização de sincronização de consulta paralela com ajustes manuais.

PARALLEL_AUTOMATIC_TUNING = TRUE / FALSE

Quando PARALLEL_AUTOMATIC_TUNING é habilitado, o Oracle determina os valores padrão para os parâmetros necessários para executar no modo de execução paralela. A Tabela 8.1 mostra uma lista de parâmetros que são automaticamente ajustados pelo Oracle se você habilitar a sintonização automática. Além de ajustar esses parâmetros, você também precisa habilitar a opção parallel para as tabelas no banco de dados.

Tabela 8.1: Parâmetros de execução paralela

Parâmetro	Padrão	Para sintonização automática
PROCESSES	6	Maior do que 1.2 x PARALLEL_MAX_SERVERS ou PARALLEL_MAX_SERVERS
SESSIONS	(Processos x 1.1) + 5	(Processos x 1.1) + 5
PARALLEL_MAX_SERVERS	0	CPU x 10
PARALLEL_ADAPTIVE_MULTI_USER	FALSE	TRUE
LARGE_POOL_SIZE	Nenhum	PARALLEL_EXECUTION_POOL + monte de exigências MTS + backup + buffer + 600KB
PARALLEL_EXECUTIONS_		MESSAGE_SIZE 2KB (dependente de 4K (dependente de porta)

O padrão para PARALLEL_THREADS_PER_CPU na maioria das plataformas é 2, mas se você achar que o seu subsistema de I/O não pode ficar de acordo com os processadores, então pode querer aumentar esse valor.

Etapas

Etapa 1 — Habilite o recurso automatizado de consulta paralela. Antes de mais nada, você precisa ajustar o parâmetro de inicialização PARALLEL_AUTOMATIC_TUNING no arquivo INIT.ORA (Listagem 8.26). Assegure-se de reiniciar o banco de dados para aplicar as mudanças.

Listagem 8.26: Como ajustar o parâmetro PARALLEL_AUTOMATIC_TUNING
```
PARALLEL_AUTOMATIC_TUNING = TRUE or FALSE
```

Etapa 2 — Garanta que a tabela tem a cláusula PARALLEL. Para habilitar o recurso de consulta paralela, você precisa alterar a tabela, usando a cláusula PARALLEL (Listagem 8.27). Você também pode criar uma nova tabela com a cláusula PARALLEL. Quando a cláusula PARALLEL for especificada, o Oracle automaticamente colocará em paralelo as consultas, quando necessário.

Listagem 8.27: Como habilitar a cláusula parallel para uma tabela
```
SVRMGR> alter table customer parallel;
Statement processed.
SVRMGR>
```

Etapa 3 — Faça um EXPLAIN PLAN na consulta. Vamos contar o número de linhas em uma tabela, tal como a tabela CUSTOMER. Para essa operação, o Oracle digitalizará cada linha e, portanto, deve ser mais eficaz fazer uma digitalização paralela. Antes de executarmos, de fato, essa consulta, vejamos o que o Optimizer realmente fará. Como pode ser visto na Listagem 8.28, o Optimizer executará uma consulta paralela, como mostrado pelas palavras-chave PARALLEL_TO_SERIAL e PARALLEL_COMBINED_WITH_PARENT.

Listagem 8.28: Execução e visão da saída Explain Plan
```
SQL> explain plan for
  2  select count(*) from customer;
Explained.
SQL>
SQL> @show
SQL> column query_plan format a80
SQL> SELECT
  2      lpad(' ',2*level) || |
  3      operation || |
  4      ':' || |
  5      options| |
  6      ':' || |
  7      object_name| |
  8      ':' || |
  9      other_tag query_plan
 10  FROM
 11      plan_table
 12  CONNECT BY
 13      prior id = parent_id
 14  START WITH id=0;
QUERY_PLAN
----------------------------------------
SELECT STATEMENT: : :
  SORT:AGGREGATE: :
    SORT:AGGREGATE: : **PARALLEL_TO_SERIAL**
      TABLE ACCESS:FULL: **CUSTOMER:PARALLEL_COMBINED_WITH_PARENT**
```

Etapa 4 — Finalmente, execute a consulta. Você pode ver, na Listagem 8.29, que a consulta foi executada com sucesso, mostrando 6 milhões de linhas na saída. Logo depois de começarmos a consulta, automaticamente o Oracle se desfez dos processos escravos adicionais de consulta (p0nn), conforme mostrado na Listagem 8.30. Esses processos, na verdade, fazem o processamento paralelo de consulta. A partir do comando ps em UNIX, o Oracle iniciou o processo ora_p000_acct através de ora_p003_acct, significando que quatro consultas escravas foram iniciadas. No ambiente Windows NT, o Oracle iniciará esses processos como subprocessos.

Listagem 8.29: Execução da consulta
```
SQL> select count (*) from customer;
COUNT(*)
--------
 6000000
SQL>
```

Listagem 8.30: Visão dos processos Oracle

```
ORACLE8i> ps -ef | grep ora_
oracle    2759    1    0   18:35:39 ?    0:00 ora_lgwr_acct
oracle    2755    1    0   18:35:38 ?    0.01 ora_pmon_acct
oracle    2761    1    0   18:35:39 ?    0.01 ora_ckpt_acct
oracle    2757    1    0   18:35:39 ?    0:00 ora_dbw0_acct
oracle    2763    1    0   18:35:40 ?    0:02 ora_smon_acct
oracle    2777    1    1   18:40:44 ?    0:04 ora_p000_acct
oracle    2765    1    0   18:35:40 ?    0:00 ora_reco_acct
oracle    2781    1    1   18:40:45 ?    0:04 ora_p002_acct
oracle    2783    1    1   18:40:46 ?    0:04 ora_p003_acct
oracle    2779    1    1   18:40:45 ?    0:04 ora_p001_acct
oracle    2767    1    0   18:35:41 ?    0:00 ora_arc0_acct
ORACLE8i>
```

Conclusão

O Oracle8*i* agora oferece um novo recurso que permite automatizar a sintonização de consultas paralelas. Além do mais, o Oracle determina automaticamente os ajustes otimizados para o paralelismo.

9

Banco de dados standby

Referência rápida
Se você quiser saber sobre...
- Soluções de alta disponibilidade... veja 9.1
- Solução de banco de dados standby... veja 9.2
- Conversão de antigo principal para banco de dados em suspenso... veja 9.3
- Recuperação da última transação realizada... veja 9.4
- Automação de transferência de registros de arquivo... veja 9.5
- Precauções a serem tomadas... veja 9.6
- Modo de recuperação gerenciada... veja 9.7
- Como fazer banco de dados standby apenas de leitura... veja 9.8

Visão geral

Existem algumas soluções Oracle que oferecem funcionalidade de alta disponibilidade. Além dos recursos Oracle Parallel Server (servidor paralelo Oracle), Oracle Replication Server (servidor de replicação Oracle) e Oracle Fail Safe (segurança contra falha Oracle), há outra solução interna no banco de dados Oracle Enterprise Edition — o recurso de banco de dados standby. Ele oferece uma técnica eficaz para os DBAs implementarem uma solução barata de alta disponibilidade. Se o banco de dados standby estiver configurado e implementado corretamente, ele oferecerá disponibilidade ininterrupta.

No Oracle8*i*, novos recursos foram acrescentados ao banco de dados standby incluindo transferência automatizada dos registros de arquivo para o banco de dados standby, que também pode servir como um banco de dados apenas de leitura. Anteriormente, você só podia usar esse recurso em caso de emergência, quando o servidor de banco de dados standby desligasse e se tornasse o banco de dados de leitura e escrita (principal). Com um banco de dados apenas de leitura, agora você pode usar o banco de dados standby para aplicativos do tipo DSS.

Perguntas

9.1 — Quais são as soluções de alta disponibilidade acessíveis em Oracle?

Aplica-se a: Oracle8 e Oracle8*i*	**Índice no CD:** Alta disponibilidade
Sistema operacional: Todos	

Problema

Eu gostaria de implementar uma solução de alta disponibilidade em meu banco de dados de produção. Quais são as várias soluções disponíveis no Oracle8?

Solução

O Oracle tem quatro soluções para oferecer alta disponibilidade. São elas:

- Oracle Parallel Server
- Oracle Replication Server
- Oracle Standby Database
- Oracle Fail Safe

Oracle Parallel Server (servidor paralelo Oracle)

O Oracle Parallel Server (OPS) é uma das melhores soluções de alta disponibilidade oferecidas pelo Oracle.

No OPS, se um dos servidores falhar, o segundo servidor ainda estará funcional e poderá oferecer acesso ininterrupto ao banco de dados. O OPS oferece um ambiente de disco compartilhado; os servidores Oracle compartilham os mesmos discos, mas estão em sistemas diferentes. Isso é mostrado graficamente na Figura 9.1.

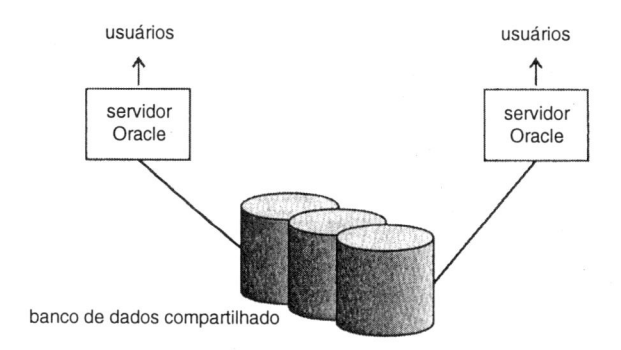

Figura 9.1: Oracle Parallel Server (servidor paralelo Oracle)

Oracle Replication Server (servidor de replicação Oracle)

O Oracle também oferece replicação, que permite a dois ou mais servidores Oracle trocar dados. Isso se compara com um ambiente "shared nothing" (nada compartilhado), onde cada servidor Oracle tem o seu próprio hardware, isto é, sistema, discos e banco de dados também são independentes (Figura 9.2).

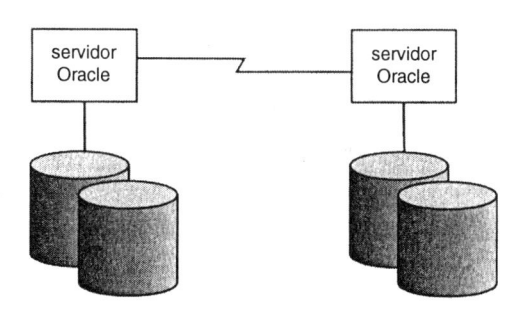

Figura 9.2: Repetição Oracle

Oracle Fail Safe (segurança contra falha Oracle)

O Oracle Fail Safe oferece um modelo "failover" (falhar sobre) em um ambiente de "clusters". Ele garante alta disponibilidade usando o software Microsoft Cluster Server (MSCS — servidor de "clusters" Microsoft), que conecta dois servidores Windows NT usando I/O compartilhadas interconectadas e outros recursos de sistema agrupados em cluster. Se um dos nós falhar, o software MSCS moverá o aplicativo do nó que falhou para o outro nó, remontando o armazenamento compartilhado no segundo nó. Os usuários podem continuar a se reconectar usando o mesmo nome de servidor e endereço IP. Essa arquitetura é uma solução shared nothing ativa/ativa, onde cada servidor Windows NT pode falhar sobre o outro. Quando um servidor apresenta problemas, o outro servidor automaticamente detecta uma pulsação de falha entre os dois sistemas e tenta um método alternativo para acessar o nó que falhou. Se ainda assim ele não puder se comunicar, o Oracle Fail Safe ajudará na configuração do cluster MSCS para reiniciar o servidor de banco de dados Oracle no segundo nó.

Os benefícios da utilização de Fail Safe são:
- Ele oferece alta disponibilidade.
- Ele usa software MSCS com interface GUI.
- Ele é fácil de configurar.

Tabela 9.1: Diferenças entre OPS e Oracle Fail Safe

Recursos	Oracle Parallel Server (OPS)	Oracle Fail Safe (OFS)
Plataforma suportada	UNIX, WindowsNT, outros	Windows NT
Projetado para tipo de negócios	Nível empresarial	Departamental, pequenos negócios
Suporta banco de dados de múltiplas cópias	Sim	Não
Número de nós suportados	Múltiplos, dependente de porta	Atualmente dois, limitado por MSCS
Método de acesso a disco	Disco compartilhado	Nada compartilhado
Quão fácil de configurar?	Difícil	Fácil
Tempo de espera se o nó falhar	Nenhum	Alguns minutos
Oferece escalonamento	Sim	Não

Capítulo 9 - *Banco de dados standby* | 455

O Oracle Parallel Server (OPS) oferece um modelo distribuído onde cópias múltiplas de um banco de dados Oracle ficam em diferentes servidores mas compartilham o mesmo banco de dados. Com OPS você pode conseguir alto escalonamento e disponibilidade ao mesmo tempo. Embora o OPS seja um produto caro, não oferece nenhum tempo de espera, visto que os outros servidores ainda podem acessar o banco de dados Oracle. Nesse ambiente, você precisa garantir que os drives de disco estão protegidos contra qualquer ponto único de falha. É recomendável usar um sistema de array de disco com algum nível RAID, tal como RAID1 (espelhamento) ou mesmo RAID0+1 (faixa/espelhamento).A Tabela 9.1 mostra as diferenças entre OPS e o produto Oracle Fail Safe. (A pergunta 7.5 oferece mais detalhes sobre configuração de níveis RAID.)

Oracle Standby Server (servidor standby Oracle)

Além de OPS e repetição, o Oracle também oferece um recurso de banco de dados em suspenso interno no software. Embora esse recurso de banco de dados em suspenso não ofereça uma solução sofisticada de alta disponibilidade, ele pode ser eficaz se corretamente implementado (Figura 9.3).

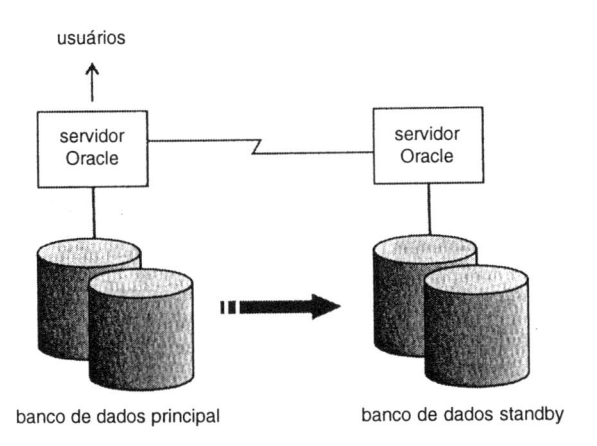

Figura 9.3: Oracle Standby Server (servidor standby Oracle)

Conclusão

O Oracle oferece quatro opções para implementar alta disponibilidade: Oracle Parallel Server, Oracle Replication Server, Oracle Fail Safe e Oracle Hot Standby Database.

9.2 – Como implemento uma solução de banco de dados standby?

Aplica-se a: Oracle8 e Oracle8*i*	Índice no CD: Banco de dados standby
Sistema operacional: UNIX	

Problema

Eu gostaria de implementar uma solução de alta disponibilidade para a produção de meu banco de dados que é executado noite e dia. Atualmente, tenho dois servidores idênticos que podem ser usados. Eu gostaria de uma solução, de modo que, se o servidor principal cair, o segundo servidor assuma e continue a executar meu aplicativo. A Oracle recomendou o uso do Oracle Parallel Server, que oferece uma boa solução de alta disponibilidade. No entanto, atualmente não temos o orçamento para comprar o OPS. Há outra maneira de oferecer alta disponibilidade à minha produção de banco de dados usando os recursos existentes de hardware e software?

Solução

O empolgante recurso de banco de dados standby oferece uma solução de alta disponibilidade em Oracle. Você precisa de dois servidores com recursos semelhantes — CPU, discos e similares. Um dos servidores contendo um banco de dados é copiado para o outro servidor, que torna-se o banco de dados standby. No banco de dados standby nenhuma atividade pode ocorrer, visto que o banco de dados não é disponível para uso. Entretanto, se você estiver usando o Oracle8*i*, o banco de dados pode ser usado como apenas de leitura. Todas as mudanças são puxadas do banco de dados principal para o banco de dados standby, e as mudanças são aplicadas. No caso do servidor do banco de dados principal quebrar, você pode trazer o servidor do banco de dados standby e torná-lo o novo servidor do banco de dados principal (veja a Figura 9.4).

Capítulo 9 - *Banco de dados standby* | 457

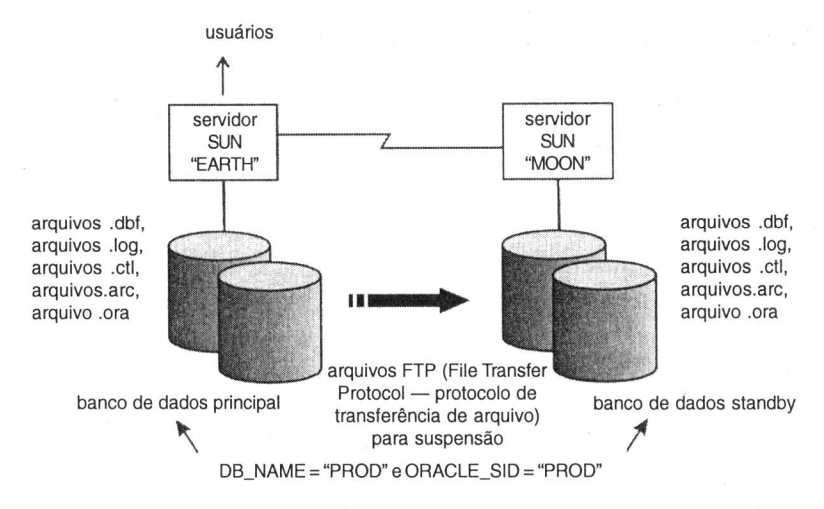

Figura 9.4: Ajuste de servidor de banco de dados standby

Etapas

Vamos percorrer as etapas para implementar o servidor de banco de dados standby. Como garantia de simplicidade, vamos supor que entre as muitas tabelas de usuário encontradas no banco de dados de produção há uma tabela chamada CUSTOMER. Essa tabela tem 8 colunas, conforme mostrado na Listagem 9.1. Atualmente, há três linhas na tabela CUSTOMER, que são mostradas na Listagem 9.2. O nosso objetivo será implementar um banco de dados standby e ver o que acontece quando o servidor principal cai. Conseguiremos recuperar os arquivos no servidor do banco de dados standby?

Listagem 9.1: Exibição da definição da tabela customer
```
SVRMGR> desc customer
Column Name          Null?      Type
---------            ----       ----
C_NUMBER             NOT NULL   NUMBER
C_NAME                          VARCHAR2(25)
C_ADDRESS                       VARCHAR2(40)
C_CITY                          VARCHAR2(20)
C_STATE                         VARCHAR2(2)
C_PHONE                         VARCHAR2(15)
C_BALANCE                       NUMBER
C_COMMENT                       VARCHAR2(40)
SVRMGR>
```

Listagem 9.2: Consulta à tabela customer

```
SVRMGR> select c_number,c_name,c_city,c_state
2> from customer:
C_NUMBER   C_NAME   C_CITY          C_
--------   ------   -------------   --
       1   Noel Y   San Francisco   CA
       2   Adrian B San Jose        CA
       3   Punnet P New York        NY
3 rows selected.
SVRMGR>
```

Transações

1. Insira 3 linhas em CUSTOMER com os números de clientes 1,2,3.
2. Arquive os registros → mova para standby e aplique.
3. Insira 2 linhas em CUSTOMER com os números de clientes 4 e 5
4. Arquivo os registros → mova para standby e aplique.
5. Insira 2 linhas em CUSTOMER com os números de clientes 6 e 7.
6. O servidor de banco de dados principal quebra.

De acordo com o cenário mostrado, conseguiremos recuperar todas as transações, inclusive os clientes de números 6 e 7? Se eles não tiverem sido arquivados, como os recuperamos? Continue a ler e siga as etapas para saber o que fazer para recuperar todas as transações.

Etapa 1 — A configuração. Vamos ver um banco de dados real e implementar um banco de dados standby. Temos a produção de um banco de dados residente em uma máquina SUN denominada EARTH, que tem 256 MB de RAM e um array de disco. Também temos outro servidor chamado MOON que gostaríamos de usar como um servidor standby. Ele tem 128 MB de RAM e um array de disco.

O banco de dados de produção que fica em EARTH tem os seguintes tablespaces:
- Tablespace de sistema
- Tablespace userts (para tabelas de usuário)
- Tablespace indexts (para índices)
- Tablespace tempts (para tablespace temporário)
- Redo 1 e Redo2 (registros redo)
- Roll (segmentos de roolback)

Todos esses arquivos estão localizados no diretório /raid2/data em EARTH.

Capítulo 9 - *Banco de dados standby* | 459

Etapa 2 — Ajuste o servidor de banco de dados principal.

Etapa 2.1 — Copie o banco de dados (em EARTH).

Etapa 2.1.1. Feche o banco de dados usando o normal ou o imediato (Listagem 9.3). É importante fechar o banco de dados para se obter uma imagem estática de todos os arquivos do banco de dados.

Listagem 9.3: Feche o banco de dados
```
/export/home/oracle8.0.5> svrmgrl
Oracle Server Manager Release 3.0.5.0.0 - Production
(c) Copyright 1997, Oracle Corporation. All Rights Reserved.
Oracle8 Enterprise Edition Release 8.0.5.0.0 - Production
With the Partitioning and Objects options
PL/SQL Release 8.0.5.0.0 - Production
SVRMGR> connect internal
Connected.
SVRMGR> shutdown
Database closed.
Database dismounted.
ORACLE instance shut down.
SVRMGR> quit
Server Manager complete.
/export/home/oracle8.0.5>
```

Etapa 2.1.2. Copie os arquivos de dados. Você pode usar cp, cpio, tar ou qualquer outro comando do sistema operacional. A Listagem 9.4 mostra os arquivos de dados, arquivos de registro e arquivos de controle que precisam ser copiados. Usamos o comando cp para copiá-los para o diretório /etc/BACKUP, conforme mostrado na Listagem 9.5.

Listagem 9.4: Listagem dos arquivos no diretório /raid2/data
```
/export/home/oracle8.0.5> ls -trl
total 530592
-rw-r- - - - -   1  oracle   dba    52429312   Oct 24 17:20 redo2.log
-rw-r- - - - -   1  oracle   dba    52429312   Oct 24 17:21 redo1.log
-rw-r- - - - -   1  oracle   dba    10487808   Oct 24 17:21 userts.dbf
-rw-r- - - - -   1  oracle   dba    10487808   Oct 24 17:21 tempts.dbf
-rw-r- - - - -   1  oracle   dba   104859648   Oct 24 17:21 system.dbf
-rw-r- - - - -   1  oracle   dba    10487808   Oct 24 17:21 roll.dbf
-rw-r- - - - -   1  oracle   dba    10487808   Oct 24 17:21 indexts.dbf
-rw-r- - - - -   1  oracle   dba     6576128   Oct 24 17:21 ctrl3prod.ctl
-rw-r- - - - -   1  oracle   dba     6576128   Oct 24 17:21 ctrl2prod.ctl
-rw-r- - - - -   1  oracle   dba     6576128   Oct 24 17:21 ctrl1prod.ctl
-rw-r- - - - -   1  oracle   dba        8066   Oct 24 17:21 alert_prod.log
/export/home/oracle8.0.5>
```

Listagem 9.5: Cópia dos arquivos de dados para o diretório BACKUP
```
/export/home/oracle8.0.5> cp *.dbf /raid2/BACKUP
```

Etapa 2.1.3. Uma vez que todos os arquivos de dados tenham sido copiados, você pode iniciar o banco de dados (Listagem 9.6).

Listagem 9.6: Iniciação do banco de dados
```
SVRMGR> connect internal
Connected.
SVRMGR> startup;
ORACLE instance started.
Total System Global Area          10923536 bytes
Fixed Size                           48656 bytes
Variable Size                      9777152 bytes
Database Buffers                   1024000 bytes
Redo Buffers                         73728 bytes
Database mounted.
Database opened.
SVRMGR> quit
Server Manager complete.
```

Etapa 2.2. Arquive os registros atuais redo (em EARTH).

Etapa 2.2.1. Se você já tiver habilitado ARCHIVING, prossiga para a etapa 2.2.2. Quando o banco de dados é criado, o modo de arquivamento inicial é especificado na declaração CREATE DATABASE. O modo padrão é nenhum arquivamento. Para habilitar o arquivamento, você precisa emitir a declaração ALTER DATABASE ARCHIVELOG. Adote as seguintes etapas para habilitar o arquivamento:

a — Feche o banco de dados como normal ou imediato.

b — Faça uma cópia do banco de dados e acrescente o seguinte ao arquivo INIT.ORA.

Listagem 9.7: Acréscimo de parâmetros init.ora
```
log_archive_start = true
log_archive_dest = /raid2/archive_logs
log_archive_format = "ARCHIVE%s.ARC"
```

c — Inicie o banco de dados com mount, mas não o abra.

Listagem 9.8: Inicie o banco de dados com mount
```
SVRMGR> STARTUP MOUNT;
ORACLE instance started.
Total System Global Area          10923536 bytes
Fixed Size                           48656 bytes
Variable Size                      9777152 bytes
Database Buffers                   1024000 bytes
Redo Buffers                         73728 bytes
Database mounted.
SVRMGR>
```

Capítulo 9 - *Banco de dados standby* | 461

d — Habilite o arquivamento, emitindo a declaração ALTER DATABASE com a opção ARCHIVELOG, como mostrado na Listagem 9.9.

Listagem 9.9: Habilitação de arquivamento
```
SVRMGR> ALTER DATABASE ARCHIVELOG;
Statement processed.
SVRMGR>
```

e — Abra o banco de dados, emitindo a declaração ALTER DATABASE OPEN, como mostrado na Listagem 9.10.

Listagem 9.10: Abra o banco de dados
```
SVRMGR> ALTER DATABASE OPEN;
Statement processed.
SVRMGR>
```

Etapa 2.2.2. Arquive os registros (em EARTH). Agora, arquive os registros usando a declaração ALTER SYSTEM ARCHIVE, conforme mostrado na Listagem 9.11.

Listagem 9.11: Arquivo dos registros
```
SVRMGR> ALTER SYSTEM ARCHIVE LOG CURRENT;
Statement processed.
SVRMGR>

SVRMGR> select value from v$parameter
2> where name = 'log_archive_dest';
VALUE
------------------------------
/raid2/archive_logs
1 row selected.
SVRMGR>
```

Etapa 2.3 — Crie o arquivo de controle (em EARTH). Agora, você pode criar um arquivo de controle standby, que será transferido para o banco de dados standby.

Listagem 9.12: Criação de um arquivo de controle standby
```
SVRMGR> ALTER DATABASE CREATE STANDBY
2> CONTROLFILE AS '/raid2/BACKUP/standby.ctl';
Statement processed.
SVRMGR>
```

Etapa 2.4 — Transferência dos arquivos (de EARTH para MOON). Agora, transferimos os seguintes arquivos para o servidor standby:

- Arquivos de dados que foram copiados na etapa 2.1, nas Listagens 9.4 e 9.5
- Arquivo de controle standby, gerado na etapa 2.3
- Arquivos de registro gerados na etapa 2.2.2
- Arquivo INIT.ORA
- O arquivo de controle normal

Podemos usar qualquer das ferramentas do sistema operacional ou comandos para transferir os arquivos para o sistema standby. Neste exemplo, usaremos ftp através do sistema, chamado MOON.

Listagem 9.13: Cópia dos arquivos no diretório BACKUP

```
/export/home/oracle8.0.5> cp $ORACLE_HOME/dbs/initprod.ora /raid2/BACKUP

/export/home/oracle8.0.5> cp /raid2/BACKUP
/export/home/oracle8.0.5> ls -tl
total 299870

-rw-r-----   1  oracle   dba   10487808 Oct 24 17:22 indexts.dbf
-rw-r-----   1  oracle   dba   10487808 Oct 24 17:22 roll.dbf
-rw-r-----   1  oracle   dba  104859648 Oct 24 17:24 system.dbf
-rw-r-----   1  oracle   dba   10487808 Oct 24 17:24 tempts.dbf
-rw-r-----   1  oracle   dba   10487808 Oct 24 17:25 userts.dbf
                                                       ●Arquivos de dados (*.dbf)

-rw-r-----   1  oracle   dba    6576128 Oct 24 17:32 standby.ctl
                                                       ●Arquivo de controle de standby

-rw-r- r-r-  1  oracle   dba       6969 Oct 24 17:34 initprod.ora
/export/home/oracle8.0.5>                              ●Arquivo Init.ora
```

Listagem 9.14: Arquivamento

```
/export/home/oracle8.0.5> cd /raid2/archive_logs
/export/home/oracle8.0.5> ls - trl
total 61344
-rw-r-----   1  oracle   dba   31377408 Oct 24 17:31 ARCHIVE1.ARC
/export/home/oracle8.0.5>                              ●Arquivo de arquivamento
```

Etapa 2.4.1. Arquivos de dados em FTP, arquivo de controle standby e arquivo init.ora. Uma vez que você tenha todos os arquivos em um diretório, pode usar o ftp nos mesmos para o servidor standby, como mostrado na Listagem 9.15.

Listagem 9.15: Uso de FTP em arquivos de dados
```
/export/home/oracle8.0.5> ftp MOON
Connected to MOON.
220 man FTP server (UNIX(r) System V Release 4.0) ready.
Name (MOON:oracle) : oracle
331 Password required for oracle.
Password:
230 User oracle logged in.
ftp> cd /data2/data
250 CWD command successful.
ftp> bin  ← send files as binary
200 Type set to I.
ftp> mput*  ← send all of the files in this directory
mput indexts.dbf? y
200 PORT command successful.
150 Binary data connection for indexts.dbf (10.0.0.1,32929).
226 Transfer complete.
local: indexts.dbf remote: indexts.dbf
10487808 bytes sent in 9.1 seconds (1.1e+03 Kbytes/s)
mput initprod.ora? n  ← Will copy init.ora as ascii file
mput rolldbf? y
200 PORT command successful.
150 Binary data connection for roll.dbf (10.0.0.1, 32930).
226 Transfer complete.
local: roll.dbf remote: roll.dbf
10487808 bytes sent in 9.1 seconds (1.1e+03 Kbytes/s)
mput standby.ctl? y
200 PORT command successful.
150 Binary data connection for standby.ctl (10.0.0.1,32931).
226 Transfer complete.
local: standby.ctl remote: standby.ctl
6576128 bytes sent in 6 seconds (1.1e+03 Kbytes/s)
mput system.dbf? y
200 PORT command successful.
150 Binary data connection for system.dbf (10.0.0.1, 32932).
226 Transfer complete.
local: system.dbf remote: system.dbf
104859648 bytes sent in 91 seconds (1.1e+03 Kbytes/s)
mput tempts.dbf? y
200 PORT command successful.
150 Binary data connection for tempts.dbf(10.0.0.1, 32933).
226 Transfer complete.
local: tempts.dbf remote: tempts.dbf
10487808 bytes sent in 9.1 seconds (1.1e+03 Kbytes/s)
mput userts.dbf? y
200 PORT command successful.
150 Binary data connection for userts.dbf (10.0.0.1, 32934).
226 Transfer complete.
local: userts.dbf remote: userts.dbf
10487808 bytes sent in 9.1 seconds (1.1e+03 Kbytes/s)
```

```
ftp> asc  ← Now send files as ASCII
200 Type set to A.
ftp> put init.ora  ← send the init.ora file
200 PORT command successful.
150 ASCII data connection for initprod.ora (10.0.0.1, 32935).
226 Transfer complete.
local: initprod.ora remote: initprod.ora
7117 bytes sent in 0.02 seconds (3.5e+02 Kbytes/s)
ftp> quit
221 Goodbye.
/export/home/oracle8.0.5>
```

Etapa 2.4.2 — Você também precisa usar ftp nos registros de arquivo.

Listagem 9.16: Registros de arquivo com FTP

```
/export/home/oracle8.0.5> cd /raid2/archive_logs
/export/home/oracle8.0.5> ftp MOON
Connected to MOON.
220 man FTP server (UNIX(r) System V Release 4.0) ready.
Name (MOON:oracle): oracle
331 Password required for oracle.
Password:
230 User oracle logged in.
ftp> bin  ← Send files as binary
200 Type set to I.
ftp> cd /data2/archive_logs
250 CWD command successful.
ftp> mput *
mput ARCHIVE1.ARC? y  ← Send the archive log
200 PORT command successful.
150 Binary data connection for ARCHIVE1.ARC (10.0.0.1, 32938).
31377408 bytes sent in 27 seconds (1.1e+03 Kbytes/s)
ftp> quit
221 Goodbye.
/export/home/oracle8.0.5>
```

Uma vez copiados com o uso do FTP em todos os arquivos necessários, faremos alguma iniciação básica do servidor standby e tentaremos trazer o banco de dados.

Etapa 3 — **Ajuste o servidor de banco de banco de dados standby (em MOON).** Agora que copiamos os arquivos, precisamos fazer algum trabalho caseiro para garantir que o Oracle trará, direito, o banco de dados standby.

Edite o arquivo INITPROD.ORA que foi copiado do servidor de banco de dados principal para mudar a localização do control_files, conforme mostrado na Listagem 9.17.

Listagem 9.17: Edição do arquivo INIT.ORA
```
ORACLE> cd /data2/data
ORACLE> vi initprod.ora
```
(Edite a nova localização do arquivo de controle.)
```
control_files    = (/data2/data/controlstandby.ctl)
```

Além dos nomes e localizações dos arquivos de controle, você também pode especificar a nova localização do diretório de dados. Por exemplo, no servidor principal, tínhamos os arquivos de dados na localização /raid2/data; entretanto, no servidor standby eles estão na localização /data2/data. Visto que o arquivo de controle contém as informações sobre a localização /raid2/data, precisamos informar ao Oracle sobre a nova localização nesse servidor. Para conseguir isso, existem dois parâmetros que podem ser usados no arquivo INIT.ORA:

- DB_FILE_NAME_CONVERT
- LOG_FILE_NAME_CONVERT

Esses parâmetros requerem dois argumentos. O primeiro é a localização do arquivo de dados no servidor principal, e o segundo é a localização do arquivo de dados no servidor standby.

```
DB_FILE_NAME_CONVERT    = "/raid2/data","/data2/data"
LOG_FILE_NAME_CONVERT   = "/raid2/data","/data2/data"
```

> **Nota:** Os parâmetros citados só convertem a localização do arquivo de dados e a localização do arquivo de registro. Eles não mudam a localização do seguinte:
> log_archive_dest
> background_dump_dest
> core_dump_dest
> user_dump_dest

Você precisará editar o arquivo INIT.ORA para refletir a nova localização; caso contrário o Oracle não iniciará no servidor standby.

Agora, ajuste o ORACLE_SID no servidor do banco de dados standby (Listagem 9.18).

Listagem 9.18: Ajuste de ORACLE_SID
```
ORACLE> ORACLE_SID=prod
ORACLE> export ORACLE_SID
```

Etapa 3.1 — Monte, mas não abra o DB standby (em MOON).

Listagem 9.19: Montagem do banco de dados standby
```
SVRMGR> conect internal
Connected.
SVRMGR> startup nomount pfile=./initprod.ora
ORACLE instance started.
Total System Global Area       10923536 bytes
Fixed Size                        48656 bytes
Variable Size                   9777152 bytes
Database Buffers                1024000 bytes
Redo Buffers                      73728 bytes
SVRMGR> ALTER DATABASE MOUNT STANDBY DATABASE;
Statement processed.
SVRMGR>
```

Nota: Se você estiver tentando fazer essa experiência em um único servidor, pode obterá a mensagem de erro ORA 1102 "cannot mount database in EXCLUSIVE mode" (impossível montar o banco de dados no modo EXCLUSIVO). Se o fizer, você terá que ajustar o LOCK_NAME_ SPACE <any unique name> no arquivo init.ora. Isso porque o bloqueio de montagem está misturado a partir do nome do banco de dados e, portanto, você não pode trazê-lo para dois bancos de dados com o mesmo nome.

Listagem 9:20: Consulta ao arquivo V$LOG no banco de dados standby
```
SVRMGR> select sequence#,bytes,archived,status from v$log;
SEQUENCE#    BYTES       ARC    STATUS
---------    --------    ---    --------              ● A seqüência #1
    1        52428800    YES    INACTIVE              foi arquivada e será
    2        52428800    NO     CURRENT               necessária para recuperação
2 rows selected.
SVRMGR>
```

Como podemos ver a partir da consulta à tabela de sistema V$LOG (Listagem 9.20), o arquivo de registro atualmente arquivado é de #1. Assim, ao iniciarmos a recuperação, precisamos fornecer o arquivo ARCHIVE1.ARC. A Listagem 9.21 mostra os processos Oracle sendo executados no servidor de banco de dados standby.

Listagem 9.21: Visão dos processos Oracle
```
ORACLE> ps -ef | grep ora_
oracle     844    1    0    08:18:10 ?    0:00 ora_dbw0_prod
oracle     850    1    0    08:18:11 ?    0:00 ora_ckpt_prod
oracle     854    1    0    08:18:11 ?    0:00 ora_reco_prod
oracle     852    1    0    08:18:11 ?    0:00 ora_smon_prod
oracle     848    1    0    08:18:10 ?    0:00 ora_lgwr_prod
oracle     846    1    0    08:18:10 ?    0:00 ora_arch_prod
oracle     842    1    0    08:18:10 ?    0:00 ora_pmon_prod
ORACLE>
```

Assegure-se de que o ARCHIVE1.ARC seja copiado do servidor de banco de dados principal e esteja disponível na localização certa, isto é, no servidor do banco de dados standby.

Listagem 9.22: Listagem do arquivamento do arquivo de registro
```
ORACLE> cd /data2/archive_logs
ORACLE> ls -tl
Total 61344
-rw-rw-rw-    1     oracle   dba    31377408 Oct 25 08:10 ARCHIVE1.ARC
ORACLE>
```

Etapa 3.2 — Colocação do standby no modo de recuperação (em MOON).

Listagem 9.23: Recuperação do banco de dados standby
```
SVRMGR> RECOVER STANDBY DATABASE;
ORA-00279: change 9522 generated at 10/24/98 17:21:30 needed for thread 1
ORA-00289: suggestion : /data2/archive_logs/ARCHIVE1.ARC
ORA-00280: change 9522 for thread 1 is in sequence #1
Specify log: {<RET>=suggested | filename | AUTO | CANCEL}
<Hit RETURN for the file to be recovered>
Log applied.
ORA-00279: change 9540 generated at 10/24/98 17:30:31 needed for thread 1
ORA-00289: suggestion : /data2/archive_logs/ARCHIVE2.ARC
ORA-00280: change 9540 for thread 1 is in sequence #2
ORA-00278: log file '/data2/archive_logs/ARCHIVE1.ARC' no longer needed
for this recovery
Specify log: {<RET>=suggested | filename | AUTO | CANCEL}
```

Como podemos ver na Listagem 9.23, o Oracle aplicou o registro de arquivamento no arquivo ARCHIVE1.ARC ao banco de dados e está aguardando pelo arquivo #2.

Etapa 2 — Como usar o banco de dados (em MOON). Sinceramente, não há muito que você possa fazer com o servidor de banco de dados standby no Oracle8, pois ele não e um banco de dados READ-ONLY (apenas de leitura). Ele só pode ser ativado para se tornar um banco de dados principal se necessário. Entretanto, no Oracle8i você pode ativar o banco de dados standby para tornar-se um banco de dados apenas de leitura. (Veja mais detalhes na pergunta 9.9.) No Oracle8 nenhum dos usuários pode se registrar no servidor do banco de dados standby, como mostrado na Listagem 9.24. Mas você ainda pode consultar algumas das tabelas virtuais do sistema, tais como VLOG, VARCHIVE, V$DATABASE e algumas outras, porém, na verdade, só algumas.

Listagem 9.24: Um usuário tentando conectar-se com o servidor do banco de dados standby
```
SVRMGR> connect bench/bench
ORA-01033: ORACLE initialization or shutdown in progress
SVRMGR>
```

Etapa 4.1. Acréscimo de mais dados no servidor principal (em EARTH).
Agora podemos acrescentar mais dados ao servidor de banco de dados principal, conforme mostrado na Listagem 9.25.

Listagem 9.25: Como acrescentar mais linhas à tabela customer no servidor de banco de dados principal
```
SVRMGR> insert into customer (c_number,c_name,c_city,c_state) values
    2> (4, 'Paul L','Dalllas',"TX');
1 row processed.
SVRMGR> insert into customer (c_number,c_name,c_city,c_state) values
    2> (5, 'Anup A', 'Los Angeles', 'CA');
1 row processed.
SVRMGR.

SVRMGR> select c_number,c_name,c_city,c_state from customer;
C-NUMBER    C_NAME       C_CITY           C_
------      -----        ------           -----
   1        Noel Y       San Francisco    CA
   2        Adrian B     San Jose         CA
   3        Punnet P     New York         NY
   4        Paul L       Dallas           TX
   5        Anup A       Los Angeles      CA
5 rows selected.
SVRMGR>
```

Etapa 4.2 — Transferência de registros de arquivo adicionais (de EARTH para MOON). O Oracle deve gerar automaticamente registros de arquivo adicionais, visto que faz uma troca de registros para os arquivos de registro redo. Quando mais do que registros de arquivo são gerados, você precisa transferi-los através de um sistema operacional, tal como FTP para o servidor standby. Você também pode forçar o Oracle a gerar o último registro de arquivo emitindo o comando ALTER SYSTEM ARCHIVE LOG CURRENT, mostrado na Listagem 9.26.

Listagem 9.26: Como forçar o Oracle a gerar o registro de arquivo
```
SVRMGR> ALTER SYSTEM ARCHIVE LOG CURRENT;
Statement processed.
SVRMGR>
```

Capítulo 9 - Banco de dados standby

```
SVRMGR> select sequence#,bytes,archived,status from v$log;
SEQUENCE#     BYTES        ARC    STATUS
---------     ------       ---    -------
    3         52428800     NO     CURRENT     ● A seqüência #2 está arquivada
    2         52428800     YEST   INACTIVE    e a seqüência #3 é a atual
2 rows selected.
SVRMGR>
```

Como podemos ver na Listagem 9.27, o novo ARCHIVE2.ARC agora está disponível.

Listagem 9.27: Listagem dos registros de arquivo
```
/export/home/oracle8.0.5> ls -tl
total 61352
-rw-r- - - - -   1  oracle   dba    31377408 Oct 24 17:31 ARCHIVE1.ARC
-rw-r- - - - -   1  oracle   dba        3584 Oct 25 10:00 ARCHIVE2.ARC
/export/home/oracle8.0.5>         ●—A seqüência #2
                                   agora pode ser transferida
```

Agora que sabemos que mais registros de arquivo foram gerados, podemos transferi-los para MOON. Novamente, aqui podemos usar qualquer comando de sistema operacional, tal como FTP, para transferir o arquivo.

Etapa 4.3. Aplique os registros recentemente arquivados (em MOON). Os registros recentemente arquivados que foram copiados de EARTH na etapa anterior precisam ser recuperados em MOON, usando-se a declaração RECOVER STANDBY DATABASE. Como você pode ver a partir da Listagem 9.28, quando a declaração RECOVER STANDBY DATABASE for executada, ela pedirá pelo próximo registro de arquivo, que, nesse caso, é a seqüência de número #2.

Listagem 9.28: Recuperação do novo registro de arquivo
```
Specify log: {<RET>=suggested | filename | AUTO | CANCEL}
<Hit RETURN for the Sequence number 2 to be recovered>
Log applied.
ORA-00279: change 9543 generated at 10/25/98 10:00:47 needed for thread 1
ORA-00289: suggestion : /data2/archive_logs/ARCHIVE3.ARC
ORA-00280: change 9543 for thread 1 is in sequence #3    ● A seqüência #3 é
                                                         solicitada para recuperação
ORA-00278: log file '/data2/archive_logs/ARCHIVE2.ARC' no longer needed
                                       ●—A seqüência #2 não é necessária.
for this recovery
Specify log: {<RET>=suggested | filename | AUTO | CANCEL}
```

Sequence#2 nesse exemplo deve conter as duas linhas acrescentadas na tabela customer.

Etapa 5 — MAYDAY, MAYDAY, MAYDAY!! (socorro, socorro, socorro!!) **EARTH** (Terra) **está perdida. Hora de ativar o servidor standby em MOON.** Sempre há uma ligeira possibilidade de o servidor de banco de dados principal quebrar. Se a produção do banco de dados que está em EARTH é perdida, você tem uma oportunidade de ativar o servidor do banco de dados standby e disponibilizá-lo para usuário como a nova produção de banco de dados.

Pode parecer simples, mas você deve seguir todas as etapas, para garantir que o servidor do banco de dados standby apareça claramente. Além disso, há sempre uma dúvida quanto à consistência do banco de dados entre o novo servidor de banco de dados principal e o antigo servidor de banco de dados principal. Como você garante essa consistência? Tal resposta está a caminho, na etapa 5.5.

Etapa 5.1. Obtenha todos os registros de arquivo (de EARTH para MOON). Se possível, copie todos os registros de arquivo do servidor de banco de dados principal (EARTH) para o servidor de banco de dados standby (MOON).

Nota: Se você não puder obter esses arquivos, ainda pode trazer o servidor standby. No entanto, ele não refletirá as últimas mudanças do servidor de banco de dados principal.

Etapa 5.2. Recupere todos os registros de arquivo obtidos (em MOON). Se você conseguir recuperar os registros de arquivo, então aplique-os ao servidor de banco de dados standby.

Etapa 5.3. Cancele o modo RECOVERY standby (em MOON). Uma vez que todos os registros arquivados tenham sido processados, você pode cancelar a recuperação, emitindo o comando CANCEL, como mostrado na Listagem 9.29.

Listagem 9.29: Cancelamento de recuperação

```
Log applied.
ORA-00279: change 9543 generated at 10/25/98 10:00:47 needed for thread 1
ORA-00289: suggestion : /data2/archive_logs/ARCHIVE3.ARC
ORA-00280: change 9543 for thread 1 is in sequence #3
ORA-00278: log file '/data2/archive_logs/ARCHIVE2.ARC' no longer needed
for this recovery
Specify log: {<RET>=suggested | filename | AUTO | CANCEL}
CANCEL
Media recovery cancelled.
SVRMGR>
```

Etapa 5.4. Fechamento do banco de dados. Quando toda a recuperação tiver sido cancelada, você pode fechar o banco de dados (Listagem 9.30).

Listagem 9.30: Fechamento do banco de dados
```
SVRMGR> shutdown;
ORA-01109: database not open  <= Porque o banco de dados nunca esteve aberto
Database dismounted.
ORACLE instance shut down.
SVRMGR>
```

Etapa 5.5. Obtenha registros redo do banco de dados principal (de EARTH para MOON). Embora não seja necessário recuperar os registros redo do servidor de banco de dados principal para ativar o servidor de banco de dados standby, aqueles registros são necessários se você quiser tudo até a última transação comprometida. (Veja na pergunta 9.4 maiores detalhes sobre como ativar a configuração de servidores para a última transação realizada.)

Aqui vamos supor que não temos quaisquer registros redo e prosseguir para ativar o servidor de banco de dados standby.

Etapa 5.6. Vamos agora ativar o servidor de banco de dados standby (em MOON). Para ativar o servidor de banco de dados standby, para tornar-se o novo servidor de banco de dados principal, é necessário algum trabalho. Em primeiro lugar, inicie o banco de dados com a opção NOMOUNT. Depois, monte o servidor do banco de dados standby no modo standby e emita a declaração ACTIVATE STANDBY DATABASE (ativar banco de dados standby), para torná-lo um servidor de banco de dados principal, conforme mostrado na Listagem 9.31.

Nota: Após a ativação do banco de dados standby, os registros redo são reajustados, tornando, portanto, o banco de dados principal e o banco de dados standby incompatíveis.

Listagem 9.31: Inicialização do servidor de banco de dados standby
```
SVRMGR> startup nomount pfile=./initprod.ora
ORACLE instance started.
Total System Global Area      10923536 bytes
Fixed Size                       48656 bytes
Variable Size                  9777152 bytes
Database Buffers               1024000 bytes
Redo Buffers                     73728 bytes

SVRMGR> ALTER DATABASE MOUNT STANDBY DATABASE;
Statement processed.

SVRMGR> ALTER DATABASE ACTIVATE STANDBY DATABASE;
Statement processed.
```

Etapa 5.7. Feche o servidor de banco de dados standby (em MOON). Agora você pode fechar o novo servidor de banco de dados principal.

Listagem 9.32: Como ativar o servidor de banco de dados standby
```
SVRMGR> SHUTDOWN;
ORA-01507: database not mounted
ORACLE instance shut down.
SVRMGR>
```

Etapa 5.8. Faça uma cópia do banco de dados (em MOON). Agora, faça uma cópia do banco de dados. Nesse ponto, o banco de dados standby está pronto para tornar-se o banco de dados de produção.

Etapa 6 — Inicie o novo banco de dados principal (em MOON). Uma vez que você tenha feito o backup, pode trazê-lo para o novo banco de dados principal (Listagem 9.33).

Listagem 9.33: Como iniciar o novo servidor de banco de dados principal
```
SVRMGR> connect internal
Connected.
SVRMGR> startup pfile=./initprod.ora
ORACLE instance started.
Total System Global Area         10923536 bytes
Fixed Size                          48656 bytes
Variable Size                     9777152 bytes
Database Buffers                  1024000 bytes
Redo Buffers                        73728 bytes
Database mounted.
Database opened.
SVRMGR>
```

Etapa 6.1. Validação de dados (em MOON). Antes de você pular de alegria por ter recuperado o banco de dados, verifique se pode acessar as tabelas de usuário. Determine também até que ponto você é capaz de recuperar. Estão faltando quaisquer transações? A resposta a essa pergunta depende de se você foi ou não capaz de recuperar todos os registros arquivados e os últimos registros redo. Se os dados estão críticos, então você tem duas escolhas:

1 - Encontrar uma forma de proteger os registros redo gerados no servidor principal e disponibilizá-los para o servidor standby quando ele se recuperar.

2 - Recuperar o servidor standby para determinada ocasião. Dessa forma, você saberá que o servidor de banco de dados standby foi sincronizado com o principal em determinada ocasião — por exemplo, até às 13:00hs de Terça-feira.

Na pergunta 9.4, veremos a recuperação até a última transação feita.

A consulta na Listagem 9.34 mostra que temos duas linhas que foram acrescentadas depois da implementação do servidor de banco de dados standby. Essas transações foram recuperadas usando-se os registros arquivados (nesse exemplo, número ARCHIVE2.ARC), emitindo o comando RECOVER STANDBY DATABASE.

Listagem 9.34: Consulta à tabela customer
```
SVRMGR> select c_number,c_name,c_city,c_state from customer;
C_NUMBER    C_NAME        C_CITY           C_
------      ------        --------         ---
     1      Noel Y        San Francisco    CA
     2      Adrian B      San Jose         CA
     3      Punnet P      New York         NY
     4      Paul L        Dallas           TX
     5      Anup A        Los Angeles      CA
5 rows selected.
SVRMGR>
```

Conclusão

O incrível recurso de banco de dados standby oferece uma solução de alta disponibilidade em Oracle. Visto que implementar um banco de dados standby requer etapas na seqüência certa, sempre faça algum teste para garantir que ela funciona em seu ambiente, antes de colocar a produção em uso.

9.3 — Como posso converter meu antigo banco de dados principal em um banco de dados standby?

Aplica-se a: Oracle8 e Oracle8*i* **Índice no CD:** Banco de dados standby

Sistema operacional: Todos

Problema

Agora que o meu servidor de banco de dados standby tornou-se o servidor principal, como posso fazer o meu banco de dados principal original tornar-se o novo servidor de banco de dados standby?

Solução

A solução para esse problema é muito semelhante à discutida no problema 9.2. Aqui, em vez de ter EARTH como o principal e MOON como o standby, simplesmente os trocamos (Figura 9.5) e seguimos as mesmas etapas.

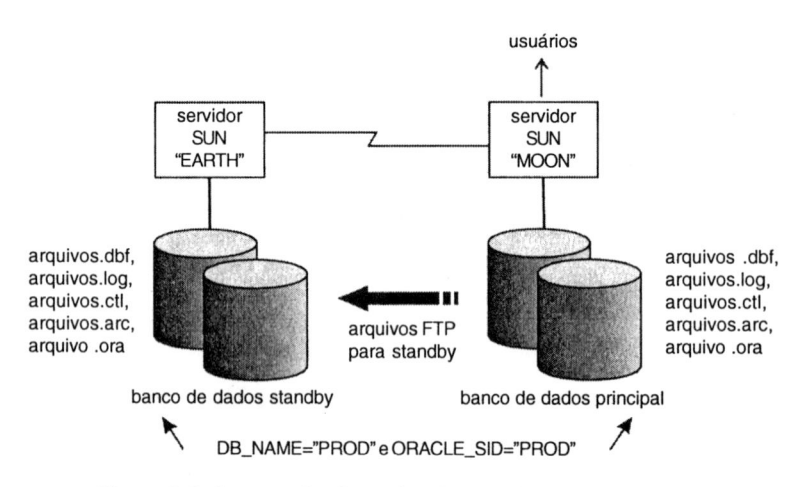

Figura 9.5: Conversão do antigo banco de dados principal em banco de dados standby

No entanto, é possível cortar a quantidade de etapas exigidas, para transferir apenas o arquivo de controle standby e registros de arquivo, se ambos os bancos de dados, principal original (EARTH) e standby (MOON), estiverem sincronizados — em outras palavras, se o banco de dados standby for capaz de recuperar até a última transação realizada. Embora você possa conseguir isso copiando só aqueles dois arquivos, é uma boa prática seguir as etapas completas, esboçadas na pergunta 9.2, para garantir a recuperação segura e a ativação do banco de dados standby.

Etapas

Etapa 1 — Configuração do novo servidor de banco de dados principal (em MOON).

Etapa 1.1. Arquivamento de registros. Em MOON, você pode forçar o Oracle a criar um arquivo de registro, como mostrado na Listagem 9.35. Na Listagem 9.36 é criado o novo arquivo de registro, chamado ARCHIVE1.ARC.

Listagem 9.35: O arquivamento de registro
```
SVRMGR> ALTER SYSTEM ARCHIVE LOG CURRENT;
Statement processed.
SVRMGR>
```

Listagem 9.36: Listagem do arquivo de registro arquivo
```
ORACLE> ls -tlr
total 200
-rw-r- - - - -   1 oracle   dba    28672 Oct 23 13:51 ARCHIVE1.ARC
ORACLE>
```

Etapa 1.2. Crie o novo arquivo de controle standby (em MOON). Agora você pode criar um novo arquivo de controle standby, conforme mostrado na Listagem 9.37.

Listagem 9.37: Criação de um novo arquivo de controle standby
```
SVRMGR> ALTER DATABASE CREATE STANDBY
   2> CONTROLFILE AS '/data2/archive_logs/newstandby.ctl';
Statement processed.
SVRMGR>
```

Etapa 2 — Configure o novo servidor de banco de dados standby.

Etapa 2.1. Apague os antigos arquivos de controle e registros redo (em EARTH) antes de transformá-lo no novo servidor de banco de dados standby (Listagem 9.38).

Listagem 9.38: Apague os antigos arquivos de controle e registros redo em EARTH
```
/export/home/oracle8.0.5> rm ctrl1prod.ctl ctrl2prod.ctl ctrl3prod.ctl
/export/home/oracle8.0.5> rm redo1.log redo2.log
/export/home/oracle8.0.5> ls -tlr
total 299856
-rw-r- - - - -  1 oracle   dba    10487808  Oct 22 16:58 userts.dbf
-rw-r- - - - -  1 oracle   dba    10487808  Oct 22 16:58 tempts.dbf
-rw-r- - - - -  1 oracle   dba   104859648  Oct 22 16:58 system.dbf
-rw-r- - - - -  1 oracle   dba    10487808  Oct 22 16:58 roll.dbf
-rw-r- - - - -  1 oracle   dba    10487808  Oct 22 16:58 indexts.dbf
/export/home/oracle8.0.5>
```

Etapa 2.2. Envie os novos arquivos standby de MOON para EARTH (em MOON). Você pode usar FTP no arquivo de controle standby, nos registros arquivo e no arquivo INIT.ORA para EARTH, conforme mostrado na Listagem 9.39.

Listagem 9.39: FTP nos arquivos para EARTH

```
# ftp EARTH
Connected to EARTH.
220 aztlan FTP Server (UNIX(r) System V Release 4.0) ready.
Name (EARTH:oracle): oracle
331 Password required for oracle.
Password:
230 User oracle logged in.
ftp> bin
200 Type set to I.
ftp> cd /raid2/archive_logs
250 CWD command successful.
ftp> put *1.ARC
200 PORT command successul.
150 Binary data connection for ARCHIVE1.ARC (10.0.0.3,32940).
226 Transfer complete.
local: ARCHIVE1.ARC remote: ARCHIVE1.ARC
28672 bytes sent in 0.12 seconds (2.3e+02 Kbytes/s)
ftp> cd /raid2/data
250 CWD command successful.
ftp> put newstandby.ctl
200 PORT command successful.
150 Binary data connection for newstandby.ctl (10.0.0.3,32941).
q226 Transfer complete.
local: newstandby.ctl remote: nestandby.ctl
6576128 bytes sent in 5.8 seconds (1.1e+03 Kbytes/s)
ftp> quit
221 Goodbye.
#
# ftp EARTH
Connected to EARTH.
220 aztlan FTP Server (UNIX(r) System V Release 4.0) ready.
Name (EARTH:oracle) : oracle
331 Password required for oracle.
Password;
230 User oracle logged in.
ftp> cd /raid2/data
250 CWD command successful.
ftp> put initprod.ora
200 PORT command successful.
150 ASCII data connection for initprod.ora (10.0.0.3,32944).
226 Transfer complete.
local: initprod.ora remote: initprod.ora
7230 bytes sent in 0.0091 seconds (7.7e+02 Kbytes/s)
ftp> quit
221 Goodbye.
#
```

Capítulo 9 - *Banco de dados standby* | 477

Etapa 2.3. Edite o arquivo init.ora (em EARTH). Antes que possa trazer o servidor de banco de dados standby, você precisa editar o arquivo INIT.ORA para refletir a nova localização do arquivo de controle e as conversões FILE_NAME, como mostrado na Listagem 9.40.

Listagem 9.40: Edição do arquivo init.ora
```
control_files           = (/data2/data/newstandby.ctl)

DB_FILE_NAME_CONVERT    = "/data2/data", "/raid2/data"
LOG_FILE_NAME_CONVERT   = "/data2/data", "/raid2/data"
```

Você também pode mudar o caminho do diretório para os seguintes parâmetros, no arquivo INIT.ORA, para refletir a sua nova localização:

log_archive_dest
background_dump_dest
core_dump_dest
user_dump_dest

Etapa 2.4. Monte o novo servidor standby (em EARTH). Agora, você pode iniciar a cópia standby com NOMOUNT, conforme mostrado na Listagem 9.41. Depois disso, emita o comando ALTER DATABASE MOUNT STANDBY DATABASE, para capacitá-lo como um banco de dados standby.

Listagem 9.41: Capacitação do banco de dados standby
```
/export/home/oracle8.0.5> svrmgrl
Oracle Server Manager Release 3.0.5.0.0 - Production
(c) Copyright 1997, Oracle Corporation. All Rights Reserved.
Oracle8 Enterprise Edition Release 8.0.5.0.0 - Production
With the Partitioning and Objects options
PL/SQL Release 8.0.5.0.0 - Production

SVRMGR> connect internal;
Connected.
SVRMGR> startup nomount pfile=./initprod.ora
ORACLE instance started.
Total System Global Area        10923536 bytes
Fixed Size                         48656 bytes
Variable Size                    9777152 bytes
Database Buffers                 1024000 bytes
Redo Buffers                       73728 bytes
SVRMGR> ALTER DATABASE MOUNT STANDBY DATABASE;
Statement processed.
SVRMGR>
```

Etapa 2.5. Iniciar recuperação dos registros de arquivo no servidor standby (em EARTH). Depois que a cópia standby tiver sido iniciada, você pode recuperar os registros arquivados do agora novo servidor de banco de dados standby (Listagem 9.42).

Listagem 9.42: Recuperação do banco de dados standby
```
SVRMGR> RECOVER STANDBY DATABASE;
ORA-00279: change 53879 generated at 10/22/98 16:39:42 needed for
thread 1
ORA-00289: suggestion : /raid2/archive_logs/ARCHIVE1.ARC
ORA-00280: change 53879 for thread 1 is in sequence #1
Specify log: {<RET>=suggested | filename |AUTO | CANCEL}
<Hit RETURN - accept the default, which is true for this example)
Log applied.
ORA-00279: change 53905 generated at 10/23/98 13:51:20 needed for
 thread 1
ORA-00289: suggestion : /raid2/archive_logs/ARCHIVE2.ARC
ORA-00280: change 53905 for thread 1 is in sequence #2
ORA-00278: log file '/raid2/archive_logs/ARCHIVE1.ARC' no longer needed
for this recovery
Specify log: {<RET>=suggested | filename | AUTO | CANCEL}
```

Etapa 2.6. Obter mais registros arquivados de MOON. Como os novos registros de arquivo estão disponíveis, transfira-os para EARTH e aplique-os.

Etapa 3 — Aguarde acontecer o desastre... Uma vez que aconteça o desastre, você conhece o procedimento normal para trazer o agora novo servidor standby (EARTH) como o novo servidor de banco de dados principal. No caso de haver esquecido as etapas, refira-se à pergunta 9.2 para os detalhes.

Conclusão

A solução para transformar o antigo banco de dados principal no novo servidor de banco de dados standby é muito semelhante àquela pela qual criamos um novo servidor de banco de dados standby na pergunta 9.2.

9.4 — Como posso implementar uma solução de banco de dados standby com recuperação até a última transação feita?

Aplica-se a: Oracle8 e Oracle8*i*	**Índice no CD:** Banco de dados standby
Sistema operacional: UNIX	

Problema

Agora, tenho implementado o servidor de banco e dados standby e ele parece funcionar bem em dois dos meus servidores UNIX. No entanto, durante um desastre verdadeiro, de força, meu servidor de banco de dados principal não voltou online. Graças ao servidor de banco de dados standby, consegui trazer bastante rapidamente o meu banco de dados, e os usuários conseguiram se conectar e usar os seus aplicativos. Porém, ao consultar algumas tabelas de usuários, não vejo todas as transações. Qual é o problema? Como posso garantir que a solução de banco de dados standby me dará a recuperação até a última transação realizada?

Soluções

Para garantir que você conseguirá recuperar até a última transação realizada, você precisa proteger aqueles registros redo no servidor de banco de dados principal. Basicamente, precisa projetar uma solução que permita ao servidor de banco de dados standby acessar os discos do servidor do banco de dados principal quando o último cair. Isso pode ser feito através de uma de duas maneiras.

1. Você pode ter os seus registros redo e registros arquivados localizados no servidor principal, mas espelhados no servidor de banco de dados standby, usando algum software utilitário, como o Veritas. O volume espelhado pode então ser acessado pelo servidor de banco de dados standby e a recuperação implementada.

2. Você pode ter um array de disco de porta dupla usando SCSI (Small Computer System Interface — interface para sistemas de microcomputadores). Cada um dos dois servidores nessa solução pode ver todos os outros discos. Nesse ambiente, cada um dos servidores tem uma propriedade de uma LUN (Logical Unit — unidade lógica). Quando o servidor principal cai, é possível mover a LUN para o outro servidor e obter a propriedade. Você também pode usar o canal FIBRE com loop arbitrada, que permite a cada um dos servidores ver todos os arrays de disco no loop. Aqui, a linha básica é que o servidor de banco de dados principal deve ter acesso de escrita no array de disco, enquanto aquele standby pode ter acesso READ ONLY. Quando o servidor de banco de dados principal cai, então você pode mover a propriedade para o servidor de banco de dados standby, que é capaz de obter uma cópia atual dos registros redo e os registros arquivados.

Portanto, supondo que você tenha aqueles arquivos redo e registros arquivados disponíveis através de alguma tecnologia, deve conseguir recuperar o banco de dados a partir do ponto da *última transação realizada*. Se implementado corretamente, esse é um ótimo recurso, que funciona bem e oferece funcionalidade de alta disponibilidade.

Como você pode ver na Figura 9.6, os arquivos de registro redo e os arquivos de registro de arquivamento estão em discos compartilhados, ou alguma tecnologia que capacita dois sistemas a compartilhar discos, conforme discutido anteriormente. O servidor de banco de dados standby realmente não precisa usar aqueles arquivos de registro e arquivos de arquivamento, mas, quando ocorrer o desastre, eles serão necessários. Os registros arquivados podem ser disponibilizados ao servidor standby usando ftp ou outro mecanismo. O Oracle8 permite que você escreva os registros arquivados para dois destinos, ajustando o parâmetro LOG_ARCHIVE_DUPLEX_DEST no init.ora. Isso permite que você tenha os registros arquivados gerados em duas localidades. Assim, como mostrado na Figura 9.6, você pode ter um registro arquivado gerado nos discos/array de disco locais e nos discos/array de discos compartilhados/espelhados.

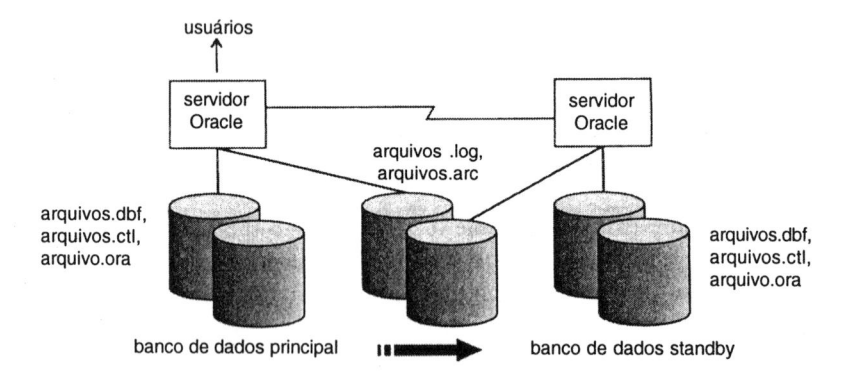

Figura 9.6: Design (projeto) de banco de dados standby para falha total

A questão é que você precisa proteger os registros redo e os registros arquivados de falha nos discos principais, para que eles possam ser disponibilizados ao servidor de banco de dados standby. (Com tantas plataformas, sistemas de array de disco e software RAID, está além do escopo deste livro discutir todas elas. Consulte o fabricante do seu hardware para maiores informações sobre como obter acesso ao array de disco em múltiplos sistemas. Informe o que você precisa conseguir e quais dados deseja proteger.)

Supondo que agora você tenha os registros redo e os registros arquivados disponíveis, podemos discutir a recuperação da última transação realizada no servidor de banco de dados standby.

Etapas

As etapas são, essencialmente, as mesmas daquelas esboçadas na pergunta 9.2. A única diferença é que você precisa ter ambos, os registros arquivados e os registros redo, disponíveis para recuperação.

Vamos ampliar o exemplo discutido na pergunta 9.2. Seguiremos as mesmas etapas (pergunta 9.2, etapas 1, 2, 3 e 4). Entretanto, na etapa 4 teremos uma etapa adicional, etapa 4.4, que acrescentará uma nova transação em EARTH. Para a etapa 5 usaremos as seguintes instruções:

> **Etapa 4.4. Como ajustar o servidor de banco de dados standby.** Entre com alguns novos clientes em EARTH, que é o servidor de banco de dados principal. Acrescentaremos clientes números 6, 7 e 8, conforme mostrado na Listagem 9.43. Lembre-se de que já acrescentamos os clientes números 4 e 5 e depois arquivamos os registros, que foram recuperados na seqüência #2. Acrescentaremos os clientes números 6 e 7, entraremos com a declaração COMMIT e depois entraremos com o cliente número 8. Todas as transações fornecidas devem estar nos registros redo. Depois de entrar com o cliente número 8, *travaremos* o servidor em EARTH e veremos se podemos recuperar todas as transações no servidor MOON.
>
> **Listagem 9.43: Como acrescentar novas linhas à tabela customer**

```
SVRMGR> insert into customer(c_number,c_name,c_city,c_state) values
    2> (6, 'Ronald N', 'New York', 'NY');
1 row processed.
SVRMGR> insert into customer(c_number,c_name,c_city,c_state) values
    2> (7, 'Richard H', 'Chicago', 'IL');
1 row processed.
SVRMGR> commit;
Statement processed.
SVRMGR> insert into customer(c_number,c_name,c_city,c_state) values
    2> (8, 'Sanjay S', 'Atlanta', 'GA');
1 row processed.
SVRMGR>
```

Etapa 5 — MAYDAY MAYDAY MAYDAY!!!! EARTH está perdida. É hora de ativar o servidor standby em MOON. Usando a tecnologia discutida anteriormente, protegemos os registros redo e todos os registros arquivados. Agora é hora de ativar o servidor standby.

Etapa 5.1. Obtenha todos os registros arquivados (em MOON). Visto que usamos um array de disco de porta dupla, depois que EARTH quebrou, tomamos a propriedade das LUNs associadas a ele para MOON.

Etapa 5.2. Recupere todos os registros arquivados obtidos (em MOON). Agora podemos recuperar todos os registros arquivados, emitindo a declaração RECOVER STANDBY DATABASE, usando o Server Manager, que mostrará o arquivo e a localização. No entanto, nesse exemplo, não geramos outro registro de arquivo (isto é, a seqüência #3), então podemos prosseguir para a próxima etapa.

Etapa 5.3. Cancele o modo RECOVERY naquele standby (em MOON). Entre com Cancel, para cancelar a recuperação no servidor de banco de dados standby (Listagem 9.44).

Listagem 9.44: Cancelamento de recuperação
```
Log applied.
ORA-00279: change 9543 generated at 10/25/98 10:00:47 needed for thread 1
ORA-00289: suggestion : /data2/archive_logs/ARCHIVE3.ARC
ORA-00280: change 9543 for thread 1 is in sequence #3
ORA-00278: log file '/data2/archive_logs/ARCHIVE2.ARC' no longer needed
for this recovery
Specify log: {<RET>=suggested | filename | AUTO | CANCEL}
CANCEL <- Cancel recovery

Media recovery cancelled.
SVRMGR>
```

Etapa 5.4. Faça um fechamento normal do banco de dados. Não faça um fechamento como aborto.

Listagem 9.45: Fechamento do banco de dados
```
SVRMGR> shutdown;
ORA-01109: database not open <- Porque o banco de dados nunca esteve aberto
Database dismounted.
ORACLE instance shut down.
SVRMGR>
```

Etapa 5.5. Obtenha os registros redo do banco de dados principal (de EARTH para MOON). Você pode sobrepor os registros redo obtidos de EARTH no local do diretório MOON para os registros redo. A Listagem 9.46 mostra que REDO1.LOG e REDO2.LOG foram copiados no diretório.

Listagem 9.46: Listagem dos arquivos do banco de dados

```
ORACLE> ls -trl
Total 543464
-rw-rw-rw-      1  oracle   dba        6792   Oct 25 08:17 initprod.ora
-rw-rw-rw-      1  oracle   dba    10487808   Oct 25 09:54 userts.dbf
-rw-rw-rw-      1  oracle   dba    10487808   Oct 25 09:54 tempts.dbf
-rw-rw-rw-      1  oracle   dba   104859648   Oct 25 09:54 system.dbf
-rw-rw-rw-      1  oracle   dba    10487808   Oct 25 09:54 roll.dbf
-rw-rw-rw-      1  oracle   dba    10487808   Oct 25 09:54 indexts.dbf
-rw-rw-rw-      1  oracle   dba     6576128   Oct 25 10:50 standby.ctl
-rw-r--r--      1  oracle   dba        4481   Oct 25 10:50 alert_prod.ctl
-rw-r--r--      1  oracle   dba     6576128   Oct 25 11:01 ctrl1prod.ctl
-rw-r--r--      1  oracle   dba     6576128   Oct 25 11:01 ctrl2prod.ctl
-rw-r--r--      1  oracle   dba     6576128   Oct 25 11:01 ctrl3prod.ctl
-rw-r--r--      1  oracle   dba    52429312   Oct 25 11:02 redo1.log
-rw-r--r--      1  oracle   dba    52429312   Oct 25 11:03 redo2.log
ORACLE>
```

Etapa 5.6. Ative o servidor de banco de dados standby (em MOON) para torná-lo um servidor de banco de dados principal. Você pode iniciar o banco de dados com MOUNT. A declaração ALTER DATABASE RENAME, mostrada na Listagem 9.47, especifica o novo nome de caminho do diretório para os arquivos de dados. Em vez disso, também poderíamos ter usado os dois parâmetros INIT.ORA, DB_FILE_NAME_CONVERT e LOG_FILE_NAME_CONVERT, como mostrado na etapa 3 da pergunta 9.2. Depois, você pode emitir o comando RECOVER DATABASE seguido pelo comando ALTER DATABASE OPEN, conforme mostrado na Listagem 9.47.

Listagem 9.47: Inicialização do servidor de banco de dados standby

```
SVRMGR> connect internal
Connected.
SVRMGR> startup mount pfile=./initprod.ora
ORACLE instance started.
Total System Global Area       10923536 bytes
Fixed Size                        48656 bytes
Variable Size                   9777152 bytes
Database Buffers                1024000 bytes
Redo Buffers                      73728 bytes
Database mounted.
SVRMGR>
```

```
SVRMGR> ALTER DATABASE RENAME
    2>    FILE '/raid2/data/system.dbf'
    3>    TO '/data2/data/system.dbf';
Statement processed.
SVRMGR> ALTER DATABASE RENAME
    2>    FILE '/raid2/data/indexts.dbf'
    3>    TO '/data2/data/indexts.dbf';
Statement processed.
SVRMGR> ALTER DATABASE RENAME
    2>    FILE '/raid2/data/roll.dbf'
    3>    TO '/data2/data/roll.dbf';
Statement processed.
SVRMGR> ALTER DATABASE RENAME
    2>    FILE '/raid2/data/tempts.dbf'
    3>    TO '/data2/data/tempts.dbf';
Statement processed.
SVRMGR> ALTER DATABASE RENAME
    2>    FILE '/raid/data/userts.dbf'
    3>    TO '/data2/data/userts.dbf';
Statement processed.
SVRMGR> ALTER DATABASE RENAME
    2>    FILE '/raid2/data/redo1.log'
    3>    TO '/data2/data/redo1.log';
Statement processed.
SVRMGR> ALTER DATABASE RENAME
    2>    FILE '/raid2/data/redo2.log'
    3>    TO '/data2/data/redo2.log';
Statement processed.
SBRMGR> RECOVER DATABASE;
Media recovery complete.
SVRMGR> ALTER DATABASE OPEN;
Statement processed.
SVRMGR>
```

Etapa 5.7. Valide os dados (em MOON). Antes de você comemorar a recuperação do banco de dados, assegure-se de que pode acessar as tabelas de usuário. Também, determine até que ponto você foi capaz de recuperar. Algumas transações estão faltando?

A consulta na Listagem 9.48 mostra as duas linhas que foram acrescentadas bem antes de EARTH quebrar. No entanto, não vemos o cliente número 8 na tabela, embora ele tenha sido inserido (veja a etapa 4.5). Por que temos os clientes de números 6 e 7 exibidos mas nenhum traço do cliente número 8? Alguém adivinha? Claro! Não emitimos um COMMIT depois de inserir o cliente número 8. Para concluir, podemos dizer que o Oracle foi capaz de recuperar até a *última transação feita*.

Listagem 9.48: Consulta à tabela customer

```
SVRMGR> select c_number, c_name, c_city, c_state from customer;
C_NUMBER      C_NAME      C_CITY            C_
--------      --------    ------            ---
   1          Noel Y      San Francisco     CA
   2          Adrian B    San Jose          CA
   3          Punnet P    New York          NY
   4          Paul L      Dallas            TX
   5          Anup A      Los Angeles       CA
   6          Ronald N    New York          NY
   7          Richard H   Chicago           IL
7 rows selected.
SVRMGR>
```

Etapa 5.8. Copie o novo servidor de banco de dados principal.

Conclusão

Embora a solução de banco de dados standby seja muito poderosa, garantir a recuperação até a última transação feita requer algum planejamento. Você precisa proteger os registros redo no banco de dados principal e depois disponibilizá-los para o banco de dados standby, quando necessário. Uma vez que os registros redo tenham sido disponibilizados, você pode recuperar até a última transação realizada.

9.5. — Como posso automatizar a transferência de meus registros de arquivo e recuperá-la no servidor de banco de dados standby?

Aplica-se a: Oracle8 e Oracle8*i*	**Índice no CD:** Banco de dados standby
Sistema operacional: UNIX	

Problema

Eu gosto do recurso de suspensão, porém, ele requer muita intervenção manual. Há alguma forma de automatizar a transferência de meus registros e recuperá-los no banco de dados standby? Atualmente estou usando um sistema UNIX em dois servidores e tenho o Oracle8 sendo executado em ambos.

Solução

Se você estiver usando o Oracle8*i*, então consulte a pergunta 9.8 para obter uma descrição de um novo recurso interno para transferir automaticamente os seus registros de arquivo.

No UNIX, você deve executar um trabalho CRON no fundo, que verificará se registros de arquivo foram gerados e os moverá até o servidor de banco de dados standby.

Etapas do script

O script STANDBY_ME.CMD faz o seguinte:

Etapa 1. Verifica o servidor de banco de dados standby para ver quais registros de arquivo são necessário para recuperação. Aqui, consultamos o arquivo V$LOG_HISTORY para descobrir o número da última seqüência que foi aplicada com sucesso. Depois, aumentamos aquele número em 1 para determinar o número de registro de arquivo necessário a seguir.

Etapa 2. Determina o destino apropriado no servidor do banco de dados standby para onde devemos enviar os registros arquivados do servidor de banco de dados principal.

Etapa 3. Consulta o servidor de banco de dados principal com SQL*NET usando o nome do serviço e vê se o arquivo de registro que queremos, conforme determinado na etapa 1, foi arquivado.

Etapa 4. Se o registro de arquivo, conforme determinado pela etapa 3, foi arquivado, então prossegue para o seguinte:

a — usa rcp (remote copy — cópia remota) para obter esse arquivo de registro do banco de dados principal

b — Aplica esse registro de arquivo usando RECOVER STANDBY DATABASE

Se o registro de arquivo não tiver sido gerado, o programa simplesmente encerra e executa outra vez (como determinado pelo seu ajuste de trabalho CRON).

Nota: Cada uma das etapas gera um arquivo de registro temporário chamado output.tmp.X, onde X é o número da etapa. Esse arquivo será localizado no diretório /tmp. Você pode mudar isso para se adequar ao seu ambiente.

Capítulo 9 - Banco de dados standby

Além do arquivo de registro temporário, há também um arquivo de registro permanente, chamado RECOVERY.LOG, gerado pelo script. Ele é localizado no diretório especificado pelo parâmetro LOG.

```
###############################################
#
#     Author: Noel Yuhanna
#     Program: standby_me.cmd
#     Description: To automate the archive log transfer & recovery
#
#     This script:
#         - Has been tested with Bourne shell on Solaris.
#         - can be executed manually or as a CRON job.
#
#         See note below on how to customize this script.
#
###############################################
LOG=/data2/data
date_time=`date`

echo "Recovering Standby Database at " $date_time >> $LOG/recovery.log
echo " - - - " >> $LOG/recovery.log
#-------------------------------------------------
#     Step 1. Find out what archive log is required
#             for recovery. This requires checking
#             the v$log_history table and seeing what
#             was the last sequence#.
#
#     To customize:
#         - Change '/ARCHIVE' & '.ARC' in SELECT
#           TO - -> your archive log filename
#         - Change ARCHIVE in grep command
#           TO - -> your archive log filename
#
#
svrmgrl << ! > /tmp/output.tmp.1
connect internal;
SELECT
        'ARCHIVE' | |
        to_char(max(sequence#)+1) | |
        '.ARC'
FROM
        v\$log_history;
!
file_name=`grep "^ARCHIVE" /tmp/output.tmp.1`|awk '{print$1}'`
#-------------------------------------------------
#
#     Step 2. Find out what is the archive destination on the
#             Standby Database Server. Here we check the
#             V$archive_dest table.
#
```

```
#     Customize: None required.
#
#
svrmgrl << ! > /tmp/output.tmp.2
connect internal;
SELECT
 destination
FROM
v\$archive_dest;
!
archived_dest='grep "^\/" /tmp/output.tmp.2`
#- - - - - - - - - - - - - - - - - - - - - - - - - - - - - - - - - - - - -
#    Step 3. Connect to EARTH and findout if the archive
#        log which we want to recover has been archived.
#        Here we will check the v$archived_log on the
#        Primary Database Server.
#
#    Customize: - Replace earth.world with your service name
#                 To connect to Primary Database.
#                 - Replace ARC in Grep
#                 To the archive log extension name.
#
sqlplus system/manager@earth.world << ! > /temp/output.tmp.3
SELECT
        name
FROM
        v\$archived_log
WHERE
        name like '%$file_name%';
!
archived_file='grep ARC /tmp/output.tmp.3
#- - - - - - - - - - - - - - - - - - - - - - - - - - - - - - - - - - - - -
#    Step 4. Now check to see if the file is ready to
#        be recovered. If not then exit the condition
#        else do an rcp to get the file and start to
#        recover.
#
#    Customize: - Replace EARTH
#                 with your primary database Server hostname
#
#    NOTE: The blank line after the "RECOVER STANDBY DATABASE"
#          command. This is required so that we can recover
#          the default file and then hit CANCEL to stop recovering.
```

```
if [ "$archived_file" = " " ]
then
 echo " - Archive file: $file_name not available on Primary DB." >>
$LOG/recovery.log
else
 echo " - Archive file Found: $archived_file." >> $LOG/recovery.log
 rcp EARTH:$archived_file $archived_dest
svrmgrl << ! > /tmp/output.tmp 4
connect internal
RECOVER STANDBY DATABASE;
CANCEL
!
check_error=`grep "Log applied" /tmp/output.tmp.4`
if [ "$check_error" = " " ]
then
 cp /tmp/output.tmp.4 $LOG/recovery.err
 echo " - ERROR: Did not apply the archive log successfully." >>
$LOG/recovery.log
 echo "   Check for errors in$LOG/recovery.err" >> $LOG/ recovery.log
else
 echo " - Log applied successfully." >> $LOG/recovery.log
fi
fi
echo " " >> $LOG/recovery.log
echo "- - - - - - - - - - - - - - - - - - - - - - - - - - - -" .. $LOG/
   recovery.log
```

Etapas de programa

Agora vamos percorrer um exemplo de como executar o programa STANDBY_ME.CMD para lidar com transferências automáticas dos registros de arquivo e aplicá-las ao servidor de banco de dados standby.

> **Etapa 1.** Execute STANDBY_ME.CMD no servidor de banco de dados standby (MOON) (Listagem 9.49).
>
> **Listagem 9.49: Execução do script standby_me.cmd**
> ```
> ORACLE> standby_me.cmd
> ```
>
> **Etapa 2.** Verifique o recovery.log encontrado no diretório $LOG (em MOON).

Listagem 9.50: verifique o arquivo recovery.log

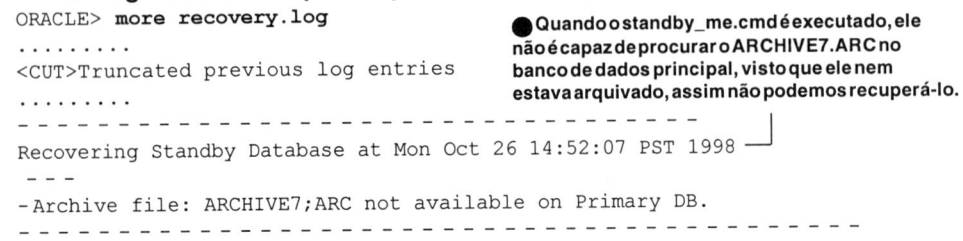

```
ORACLE> more recovery.log
.........
<CUT>Truncated previous log entries
.........
------------------------------------------
Recovering Standby Database at Mon Oct 26 14:52:07 PST 1998
- - -
-Archive file: ARCHIVE7;ARC not available on Primary DB.
------------------------------------------
```

● Quando o standby_me.cmd é executado, ele não é capaz de procurar o ARCHIVE7.ARC no banco de dados principal, visto que ele nem estava arquivado, assim não podemos recuperá-lo.

Como você pode ver na Listagem 9.50, atualmente o servidor de banco de dados standby precisa do arquivo ARCHIVE7.ARC, que não foi arquivado no servidor de banco de dados principal.

Etapa 3. Vamos forçar a criação do registro de arquivo no servidor de banco de dados principal (EARTH), usando o comando ALTER SYSTEM, conforme mostrado na Listagem 9.51.

Listagem 9.51: Como forçar a criação do registro de arquivo

```
SVRMGR> ALTER SYSTEM ARCHIVE LOG CURRENT;
Statement processed.
SVRMGR>
```

Uma vez que forçamos o registro de arquivo, o Oracle cria o arquivo ARCHIVE7.ARC no destino do registro de arquivo, como mostrado na Listagem 9.52.

Listagem 9.52: Listagem do arquivo de registro de arquivo

```
$ cd /raid2/archive_logs
$ ls -tl *7.ARC
-rw-r-----   1    oracle    dba      7680    Oct 26 13:40 ARCHIVE7.ARC
$
```

Etapa 4. Agora, vamos executar o programa STANDBY_ME.CMD (em MOON). Quando executamos o programa STANDBY_ME.CMD, ele determina que precisa de ARCHIVE7.ARC no servidor de banco de dados standby (Listagem 9.53). Depois, verifica o servidor de banco de dados principal e descobre que o arquivo foi gerado. Então, copia remotamente o arquivo através do servidor de banco de dados standby e executa nele a recuperação.

Listagem 9.53: Execução do script standby_me.cmd

```
ORACLE> standby_me.cmb
ORACLE> more recovery.log                    ● O script standby_me.cmd encontra o
........                                       ARCHIVE7.ARC no banco de dados principal e
<CUT> Truncated previous log entries           executa os passos necessários para uma
........                                       cópia remota e aplicado no servidor standby.
-----------------------------------------
Recovering Standby Database at Mon Oct 26 14:53:25 PST 1998
---
-Archive file Found: /raid2/archive_logs/ARCHIVE7.ARC.
-Log applied successfully.
```

Conclusão

Esse script pode oferecer a você um gabarito para automatizar a transferência dos registros de arquivo e sua recuperação. Ele pode ser totalmente personalizado para adequar-se ao seu ambiente. Porém, se você estiver usando o Oracle8*i*, então consulte pergunta 9.8 para maiores detalhes sobre esse novo recurso automatizado.

9.6 — Quais são as precauções para garantir que o banco de dados standby será adequadamente ativado e é consistente?

Aplica-se a: Oracle8 e Oracle8*i*	Índice no CD: Banco de dados standby
Sistema operacional: UNIX	

Problema

Implementei o recurso de banco de dados standby em dois nós executando o Oracle8. Durante uma das situações de falha, o servidor de banco de dados standby não foi capaz de recuperar dados residentes em uma de minhas tabelas. Qual a possível causa? Eu gostaria de saber quais precauções devem ser tomadas para garantir que meu banco de dados standby será adequadamente ativado.

Solução

Qualquer alteração da estrutura física do servidor de banco de dados principal afetará a validade do servidor de banco de dados standby. Vamos percorrer as mudanças no servidor de banco de dados principal que *não* serão disseminadas ao servidor de banco de dados standby.

As seguintes são as três áreas principais que podem afetar a validade do servidor de banco de dados standby.

1 – *Palavra-chave* UNRECOVERABLE (irrecuperável). No Oracle, você pode criar tabelas, índices e até carregar dados usando uma opção muito perigosa, conhecida como UNRECOVERABLE. Oracle não gera quaisquer entradas de registro redo para operações associadas a UNRECOVERABLE. Você nem mesmo pode recuperar tais operações com os registros de arquivo. Assim, o que isso significa para a implementação de banco de dados standby é que tal operação também não deve ser disseminada para aquele servidor.

A seguir estão algumas das operações que *não* serão propagadas quando usadas com a palavra-chave UNRECOVERABLE:

- SQL*loader com a opção irrecuperável
- CREATE INDEX ... remontar irrecuperável
- CREATE TABLE... irrecuperável.

2 – Arquivo de *registro*. Qualquer novo acréscimo ou remoção ao arquivo de registros redo invalidará o servidor de banco de dados standby.

- acrescentar logfile (arquivo de registro)
- largar logfile (arquivo de registro).

3 – *Arquivos de dados*. Quaisquer novos arquivos de dados, ou a renomeação de arquivos de dados, invalidarão o servidor de banco de dados standby.

- renomear um arquivo de dados
- acrescentar um arquivo de dados.

A Listagem 9.54 mostra um exemplo do que acontece quando criamos um novo tablespace, chamado NEWTABLESPACE, com um arquivo de dados localizado em /raid2/data, de 10 MB.

Listagem 9.54: Acréscimo de um novo arquivo de dados

```
SVRMGR> CREATE TABLESPACE newtablespace
2>     DATAFILE '/raid2/data/newtablespace.dbf' size 10M;
Statement processed.
SVRMGR>
```

Capítulo 9 - *Banco de dados standby* | 493

Agora, como você sabe, até as declarações de criação de tablespace são registradas nos arquivos de registro e, eventualmente, devem aparecer nos registros de arquivo. O que acontece quando tentamos recuperar o arquivo de registro de arquivo no servidor de banco de dados standby? Veja você mesmo na Listagem 9.55. Obtemos erros de recuperação, indicando que o arquivo /data2/data/newtablespace.dbf não está lá. Obviamente, ele não estará lá, pois foi criado no servidor de banco de dados principal em /raid2/data/newtablespace.dbf.

Listagem 9.55: Recuperação do banco de dados standby
```
ORA-00279: change 9586 generated at 10/25/98 15:40:18 needed for thread 1
ORA-00289: suggestion : /data2/archive_logs/ARCHIVE6.ARC
ORA-00280: change 9586 for thread 1 is in sequence #6
ORA-00278: log file '/data2/archive_logs/ARCHIVE5.ARC' no longer needed
for this recovery
Specify log: {<RET>=suggested | filename | AUTO | CANCEL}
<Hit RETURN>
ORA-00283: recovery session canceled due to errors
ORA-01670: new datafile 7 needed for standby database recovery
ORA-01157: cannot identify data file 7 - file not found
ORA-01110: data file 7: '/data2/data/newtablespace.dbf'
SVRMGR>
```

Uma opção teria sido copiar o arquivo de dados, assim que ele foi gerado, no servidor de banco de dados standby, para que quando ele se recuperar dos registros arquivos, o arquivo já esteja disponível.

Como você pode ver na Listagem 9.56, quando copiamos o arquivo, o registro de arquivo foi aplicado com sucesso. Observe as mudanças — você deve lembrar que ajustamos no servidor de banco de dados standby dois parâmetros INIT.ORA chamados DB_FILE_NAME_CONVERT e LOG_FILE_NAME_CONVERT, que especificam a nova localização do arquivo.

Listagem 9.56: Recuperação do banco de dados standby
```
ORA-00279: change 9586 generated at 10/25/98 15:40:18 needed for thread 1
ORA-00289: suggestion : /data2/archive_logs/ARCHIVE6.ARC
ORA-00280: change 9586 for thread 1 is in sequence #6
ORA-00278: log file '/data2/archive_logs/ARCHIVE5.ARC' no longer needed
for this recovery
Specify log: {<RET>=suggested | filename | AUTO | CANCEL}
<HIT RETURN>
Log applied.
ORA-00279: change 9595 generated at 10/25/98 15:57:34 needed for thread 1
ORA-00289: suggestion : /data2/archive_logs/ARCHIVE7.ARC
ORA-00280: change 9595 for thread 1 is in sequence #7
ORA-00278: log file '/data2/archive_logs/ARCHIVE6.ARC' no longer needed
for this recovery
Specify log: {<RET>=suggested | AUTO | CANCEL}
```

Conclusão

Embora o recurso de banco de dados standby seja muito poderoso se implementado corretamente, ele pode deixar de funcionar perfeitamente. Ele tem algumas limitações, no que se refere ao fato de que não é possível acrescentar ou renomear arquivos de dados, usar declarações UNRECOVERABLE, acrescentar ou remover registros.

9.7 — Como posso colocar o banco de dados standby no modo de recuperação gerenciada?

8i	**Aplica-se a:** Oracle8*i*	**Índice no CD:** Banco de dados standby
	Sistema operacional: UNIX	

Problema

Eu gostaria de aproveitar a vantagem do novo recurso de Oracle8*i* que transfere automaticamente e aplica os registros arquivados ao banco de dados standby. Como coloco o banco de dados standby no modo de recuperação gerenciada?

Solução

Desde o Oracle8*i* com a versão 8.1.5, você pode colocar o banco de dados standby em um modo de *recuperação gerenciada*. Esse recurso automatiza o processo de transferência e aplicação dos registros arquivados ao banco de dados standby. Isso é semelhante à pergunta 9.5, onde escrevemos alguns scripts para fazer a automação para Oracle8. Esse recurso permite que você mantenha, automaticamente, o banco de dados standby sincronizado com o banco de dados principal. O banco de dados standby espera que os registros arquivados cheguem à localização especificada do diretório e depois os aplica (Figura 9.7).

Capítulo 9 - *Banco de dados standby* | 495

O objetivo

Nosso objetivo é implementar um banco de dados standby completo em outro servidor. Uma vez montado o banco de dados standby, automaticamente o Oracle transfere e aplica os registros arquivados ao banco de dados standby, usando Managed Recovery (recuperação gerenciada). Depois de transferir e aplicar, automaticamente, alguns registros arquivados, tentaremos consultar o banco de dados standby no modo READ-ONLY e ver se os dados foram transferidos com sucesso. Finalmente, quebraremos o servidor de banco de dados standby para ver se podemos trazer o servidor de banco de dados standby no modo READ-WRITE e torná-lo o novo servidor de banco de dados principal. O novo servidor de banco de dados principal pode recuperar até a última transação feita? Com o modo de recuperação gerenciada, os registros arquivados são transferidos e aplicados ao servidor de banco de dados standby *somente* quando o registro redo é arquivado. Assim, o servidor de banco de dados standby estará sempre fora de *sync* (sincronização), se comparado ao servidor de banco de dados principal. Para garantir que o servidor de banco de dados standby recupere tudo até a última transação realizada, você precisa obter os registros redo do servidor de banco de dados principal. Isso já foi discutido na pergunta 9.4. Portanto, consulte-a para maiores detalhes.

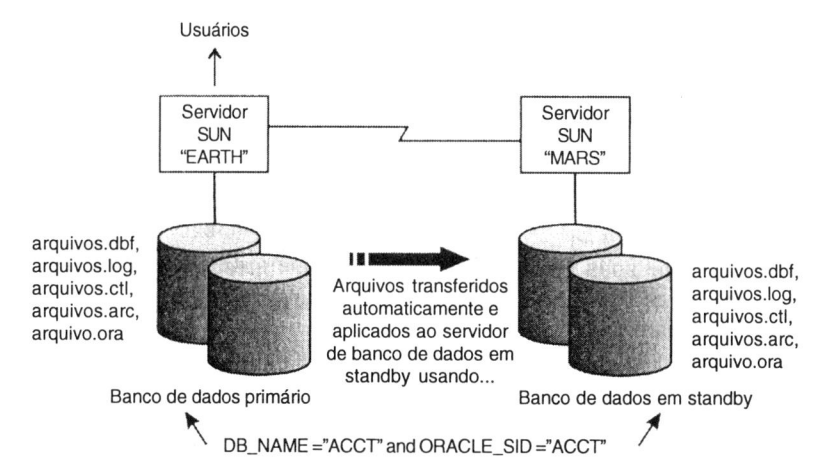

Figura 9.7: Arquitetura de um servidor de banco de dados standby no modo de recuperação gerenciado.

Etapa

Etapa 1 — Inicialize e configure. Vamos caminhar através de um banco de dados de mundo real e implementar o banco de dados standby. Temos uma produção de banco de dados localizada em uma máquina SUN chamada EARTH, que tem 256 MB de memória e um array de disco. Também temos outro servidor SUN chamado MARS, com 128 MB de memória e um array de disco. Gostaríamos de usar MARS como um servidor standby.

Etapa 1.1. O banco de dados. Para mostrar a falha do servidor de banco de dados standby, supomos que já temos um banco de dados criado, chamado ACCT, que está sendo executado no servidor EARTH. O banco de dados tem dois arquivos de dados associados a ele, conforme mostrado na Listagem 9.57. Como você pode ver, todos os arquivos de dados estão localizados no diretório /oracle8i/data/acft no sistema EARTH.

Listagem 9.57: Consulta à tabela de sistema DBA_DATA_FILES
```
SVRMGR> SELECT file_name
    2> FROM dba_data_files;
FILE_NAME
-----------------------------------------
/oracle8i/data/acct/sys1_acct.dbf
/oracle8i/data/acct/tblsp1.dat
2 rows selected.
SVRMGR>
```

O banco de dados ACCT tem apenas dois tablespaces, denominados SYSTEM e TBLSP_1, como mostrado na Listagem 9.58.

Listagem 9.58: Consulta à tabela de sistema DBA_TABLESPACES
```
SVRMGR> SELECT tablespace_name
    2> FROM dba_tablespace;
TABLESPACE_NAME
-----------------------------------------
SYSTEM
TBLSP_1
2 rows selected.
SVRMGR>
```

Vamos supor que entre as outras tabelas encontradas no banco de dados ACCT há uma tabela chamada EMPLOYEE. Essa tabela tem 10 colunas, como mostrado na Listagem 9.59. Atualmente, existem duas linhas na tabela EMPLOYEE, como na Listagem 9.60.

Listagem 9.59: A definição da tabela employee

```
SVRMGR> connect noel/noel
Connected.
SVRMGR> desc employee
Column Name              Null?         Type
-----------              ----          ----
EMP_NUMBER               NOT NULL      NUMBER
EMP_NAME                               CHAR(40)
EMP_ADDRESS_1                          CHAR(40)
EMP_ADDRESS_2                          CHAR(40)
EMP_CITY                               CHAR(20)
EMP_STATE                              CHAR(2)
EMP_DEPT                               CHAR(2)
EMP_SALARY                             NUMBER(7, 2)
EMP_BONUS                              NUMBER(7,2)
EMP_HIRE_DATE                          DATE
SVRMGR>
```

Listagem 9.60: Consulta à tabela employee

```
SVRMGR> SELECT emp_number,emp_name
   2> from employee;
EMP_NUMBER           EMP_NAME
--------             --------------------
       101           Noel Y
       102           Adrian B
2 rows selected.
SVRMGR>
```

Etapa 2. Configure o servidor de banco de dados principal.

Etapa 2.1. Copie o banco de dados (em EARTH).

Etapa 2.1.1. Feche o banco de dados em normal ou imediato (Listagem 9.61). É importante obter uma imagem estática de todos os arquivos de banco de dados.

Listagem 9.61: Fechamento do banco de dados

```
ORACLE8i> svrmgr1
Oracle Server Manager Release 3.1.5.0.0 - Production
(c) Copyright 1997, Oracle Corporation. All Rights Reserved.
Oracle8i Enterprise Edition Release 8.1.5.0.0 - Production
With the Partitioning and Java options
PL/SQL Release 8.1.5.0.0 - Production
SVRMGR> connect internal
Connected.
SVRMGR> shutdown;
Database closed.
Database dismounted.
ORACLE instance shut down.
SVRMGR> exit;
Server Manager complete.
ORACLE8i>
```

Etapa 2.1.2. Copie os arquivos de dados. Você pode usar cp, cpio, tar ou qualquer outro comando de sistema operacional.

Vejamos um exemplo. Na Listagem 9.62 você verá os arquivos de dados, arquivos de registro e arquivos de controle que serão copiados. O backup será feito no diretório /raid4/BACKUP, como mostrado na Listagem 9.63.

```
ORACLE8i> cd /oracle8i/data/acct
ORACLE8i> ls -trl
total 270800
-rw-r- - - - -   1 oracle   dba    10487808   Apr 9 18:15 tblsp1.dat
-rw-r- - - - -   1 oracle   dba   104859648   Apr 9 18:15 sys1_acct.dbf
-rw-r- - - - -   1 oracle   dba    10486272   Apr 9 18:21 log2_acct.dbf
-rw-r- - - - -   1 oracle   dba    10486272   Apr 9 18:21 log1_acct.dbf
-rw-r- - - - -   1 oracle   dba     1091584   Apr 9 18:32 control02.ctl
-rw-r- - - - -   1 oracle   dba     1091584   Apr 9 18:32 control01.ctl
ORACLE8i>
```

Listagem 9.63: Como copiar os arquivos de dados no diretório BACKUP

```
ORACLE8i> cp * /raid4/BACKUP
```

Etapa 2.1.3. Uma vez que os arquivos de dados tenham sido copiados, você pode iniciar o banco de dados usando o Server Manager (Listagem 9.64).

Listagem 9.64: Inicialização do banco de dados

```
ORACLE8i> svrmgrl
Oracle Server Manager Release 3.1.5.0.0 - Production
(c) Copyright 1997, Oracle Corporation. All Rights Reserved.
Oracle8i Enterprise Edition Release 8.1.5.0.0 - Production
With the Partitioning and Java options
PL/SQL Release 8.1.5.0.0 - Production
SVRMGR> connect internal
Connected.
SVRMGR> startup;
Oracle INSTANCE STARTED.
Total System Global Area       9207184 bytes
Fixed Size                       64912 bytes
Variable Size                  4874240 bytes
Database Buffers               4194304 bytes
Redo Buffers                    +73728 bytes
Database mounted.
Database opened.
SVRMGR> quit
Server Manager complete.
ORACLE8i>
```

Capítulo 9 - Banco de dados standby | 499

Etapa 2.2 Arquive os registros redo atuais (em EARTH).

Etapa 2.2.1. Se você já tiver ARCHIVING habilitado, prossiga para a etapa 2.2.2. Quando o banco de dados é criado, o modo inicial de arquivamento é especificado na declaração CREATE DATABASE. O modo padrão é não arquivamento. Para habilitar o arquivamento, você precisa emitir a declaração ALTER DATABASE ARCHIVELOG. Siga estas etapas para habilitar o arquivamento:

a — Feche o banco de dados em normal ou imediato.

b — Copie o banco de dados e acrescente o seguinte ao arquivo INIT.ORA (Listagem 9.65):

Listagem 9.65: Acréscimo de parâmetros INIT.ORA
```
log_archive_start = true
log_archive_dest = /oracle8i/archive_logs
log_archive_format = "ARCHIVE%s.ARC"
```

c — Inicie o banco de dados com MOUNT, mas não o abra (Listagem 9.66).

Listagem 9.66: Inicie o banco de dados com mount
```
SVRMGR> STARTUP MOUNT;
ORACLE instance started.
Total System Global Area    10923536 bytes
Fixed Size                     48656 bytes
Variable Size                9777152 bytes
Database Buffers             1024000 bytes
Redo Buffers                   73728 bytes
Database mounted.
SVRMGR>
```

d — Habilite o arquivamento, emitindo a declaração ALTER DATABASE... ARCHIVELOG, conforme mostrado na Listagem 9.67.

Listagem 9.67: Habilitação de arquivamento
```
SVRMGR> ALTER DATABASE ARCHIVELOG;
Statement processed.
SVRMGR>
```

e — Abra o banco de dados, emitindo a declaração ALTER DATABASE OPEN, conforme mostrado na Listagem 9.68.

Listagem 9.68: Abra o banco de dados
```
SVRMGR> ALTER DATABASE OPEN;
Statement processed.
SVRMGR>
```

Etapa 2.2.2. Arquive os registros (em EARTH), como na Listagem 9.69. Isso ocasionará a criação do arquivo de registro de arquivo no arquivo de destino, conforme mostrado nas Listagens 9.69 e 9.70.

Listagem 9.69: Arquivamento de registros
```
SVRMGR> ALTER SYSTEM ARCHIVE LOG CURRENT;
Statement processed.
SVRMGR>

SVRMGR> select value from v$parameter
2> where name = 'log_archive_dest';
VALUE
- - - - - - - - - - - - - - - - - - - - - - - - - - - - - - - -
/oracle8i/archive_logs
1 row selected.
SVRMGR>
```

Listagem 9.70: Listagem do arquivo de registro arquivado
```
ORACLE8i> cd /oracle8i/archive_logs
ORACLE8i> ls -tlr
total 54
-rw-r- - - - -    1 oracle   dba    27648 Apr 9 18:21 ARCHIVE10.ARC
ORACLE8i>
```

Etapa 2.3. Crie o arquivo de controle (em EARTH). Agora, você pode criar um arquivo de controle standby, que será transferido para o banco de dados standby (Listagem 9.71).

Listagem 9.71: Crie um arquivo de controle standby
```
SVRMGR> ALTER DATABASE CREATE STANDBY
    2> CONTROLFILE AS '/raid4/BACKUP/standby.ctl';
Statement processed.
SVRMGR>
```

Etapa 2.4. Transfira os arquivos (de EARTH para MARS). Agora precisamos transferir os seguintes arquivos para o servidor standby:
- Arquivos de dados que foram copiados na etapa 2.1.2
- Arquivo de controle standby gerado na etapa 2.3
- Registro de arquivo gerados na etapa 2.2.2
- Arquivo INIT.ORA
- O arquivo de controle normal

Podemos usar quaisquer das ferramentas do sistema operacional, ou comandos, para transferir os arquivos pelo sistema standby. Nesse exemplo usaremos ftp para transferir arquivos para o sistema MARS (Listagem 9.72).

Listagem 9.72: Como copiar os arquivos no diretório BACKUP

```
ORACLE8i> cp /oracle8i/dbs/initacct.ora /raid4/BACKUP

ORACLE8i> cd /raid4/BACKUP
ORACLE8i> ls -trl
total 272974
-rw-r- - - - -  1 oracle   dba   1091584    Apr 9 18:11 control01.ctl
-rw-r- - - - -  1 oracle   dba   1091584    Apr 9 18:11 control02.ctl
-rw-r- - - - -  1 oracle   dba   10486272   Apr 9 18:11 log1_acct.dbf
-rw-r- - - - -  1 oracle   dba   10486272   Apr 9 18:11 log2_acct.dbf
-rw-r- - - - -  1 oracle   dba   104859648  Apr 9 18:13 sys1_acct.dbf
-rw-r- - - - -  1 oracle   dba   10487808   Apr 9 18:13 tblsp1.dat
-rw-r- - - - -  1 oracle   dba   1091584    Apr 9 18:29 standby.ctl
-rw-r- -r- -    1 oracle   dba   6611       Apr 9 18:34 initacct.ora
ORACLE8i>
```

Listagem 9.73: Arquivo de arquivamento

```
ORACLE8i> cd /oracle8i/archive_logs
ORACLE8i> ls -trl
total 54
-rw-r- - - - -  1 oracle   dba   27648      Apr 9 18:21 ARCHIVE10.ARC
ORACLE8i>
```

Etapa 2.4.1. Como usar FTP em arquivos de dados, arquivo de controle standby e arquivo init.ora. Uma vez que você tem todos os arquivos em um diretório, pode usar ftp nos mesmos para o servidor standby, como na Listagem 9.74.

Listagem 9.74: FTP nos arquivos de dados

```
ORACLE8i> pwd
/raid4/BACKUP
ORACLE8i> ftp mars
Connected to mars.
220 mars FTP server (SunOS 5.7) ready.
Name (mars:oracle): oracle
331 Password required for oracle.
Password:
230 User oracle logged in.
ftp> cd /oracle8i/oracle_data/acct
250 CWD command successful.
ftp> bin <- send files as binary
200 Type set to I.
```

```
ftp> mput * <- send all of the files in this directory
mput control01.ctl? y
200 PORT command successful.
150 Binary data connection for control01.ctl (10.0.0.10,32817).
226 Transfer complete.
local: control01.ctl remote: control01.ctl
1091584 bytes sent in 0.99 seconds (1078.72 Kbytes/s)
mput control02.ctl? y
200 PORT command successful.
150 Binary data connection for control02.ctl (10.0.0.10,32818).
226 Transfer complete.
local: control02.ctl remote: control02.ctl
1091584 bytes sent in 1 seconds (1063.43 Kbytes/s)
mput initacct.ora? y
200 PORT command successful.
150 Binary data connection for initacct.ora (10.0.0.10,32819).
226 Transfer complete.
local: initacct.ora remote: initacct.ora
6493 bytes sent in 0.039 seconds (160.59 Kbytes/s)
mput log1_acct.dbf? y
200 PORT command successful.
150 Binary data connection for log1_acct.dbf (10.0.0.10, 32820).
226 Transfer complete.
local: log1_acct.dbf remote: log1_acct.dbf
10486272 bytes sent in 9.2 seconds (1116.81 Kbytes/s)
mput log2_acct.dbf? y
200 PORT command successful.
150 Binary data connection for log2_acct.dbf (10.0.0.10, 32821).
226 Transfer complete.
local: log2_acct.dbf remote: log2_acct.dbf
10486272 bytes sent in 9.8 seconds (1044.71 Kbytes/s)
mput standby.ctl? y
200 PORT command successful.
150 Binary data connection for standby.ctl (10.0.0.10, 32822).
226 Transfer complete.
local: standby.ctl remote: standby.ctl
1091584 bytes sent in 1.1 seconds (1006.88 Kbytes/s)
mput sys1_acct.dbf? y
200 PORT command successful.
150 Binary data connection for sys1_acct.dbf (10.0.0.10, 32823).
226 Transfer complete.
local: sys1_acct.dbf remote: sys1_acct.dbf
104859648 bytes sent in 94 seconds (1091.42 Kbytes/s)
mput tblsp1.dat? y
200 PORT command successful.
150 Binary data connection for tblsp1.dat (10.0.0.10, 32824).
226 Transfer complete.
local: tblsp1.dat remote: tblsp1.dat
10487808 bytes sent in 9.2 seconds (1114.79 Kbytes/s)
```

```
ftp> asc <- Now send files as ASCII
200 type set to A.
ftp> put initacct.ora
200 PORT command successful.
150 ASCII data connection for initacct.ora (10.0.0.10, 32825).
226 Transfer complete.
local: initacct.ora remote: initacct.ora
6645 bytes sent in 0.053 seconds (121.83 Kbytes/s)
ftp> quit
221 Goodbye.
ORACLE8i>
```

Etapa 2.4.2. Uso de FTP em registros de arquivo (Listagem 9.75).

Listagem 9.75: FTP em registros de arquivo
```
ORACLE8i> cd /oracle8i/archive_logs
ORACLE8i> ftp mars
Connected to mars.
220 mars FTP server (SunOS 5.7) ready.
Name (mars:oracle) : oracle
331 Password required for oracle.
Password:
230 User oracle logged in.
ftp> cd /oracle8i/data/acct
250 CWD command successful.
ftp> bin
200 Type set to I.
ftp> mput *
mput ARCHIVE10.ARC? y
200 PORT command successful.
150 Binary data connection for ARCHIVE10.ARC (10.0.0.10, 32851).
226 Transfer complete.
local: ARCHIVE10.ARC remote: ARCHIVE10.ARC
27648 bytes sent in 0.054 seconds (500.06 Kbytes/s)
ftp> quit
221 Goodbye.
ORACLE8i>
```

Uma vez que copiamos/usamos ftp em todos os arquivos necessários, fazemos algum ajuste básico no servidor standby e tentamos trazer o banco de dados.

Etapa 3 — Ajuste o servidor de banco de dados standby (em MARS). Agora que copiamos os arquivos, podemos garantir que Oracle trará o banco de dados standby limpo.

Etapa 3.1. Copie o arquivo de controle standby para um novo arquivo de controle. Primeiro, copie o arquivo de controle em um arquivo de backup, para que, caso haja problemas, o arquivo de controle original ainda esteja disponível. Agora, você pode mover ou copiar o arquivo de controle standby para CONTROL01.CTL e CONTROL02.CTL, para que o servidor standby use os novos arquivos de controle. A Listagem 9.76 mostra as etapas a serem seguidas:

Listagem 9.76: Como copiar o arquivo de controle standby em um novo arquivo de controle
```
ORACLE8i> cp control01.ctl control01.ctl.old
ORACLE8i> mv standby.ctl control01.ctl
ORACLE8i> cp control01.ctl control02.ctl
```

Etapa 3.1.1. Edite o arquivo INIT.ORA que foi copiado do servidor de banco de dados principal para mudar a localização dos arquivos de controle. A localização original do arquivo de controle era em /oracle8i/data/acct, como mostrado na Listagem 9.77.

Listagem 9.77: Localização original do arquivo de controle no arquivo init.ora
```
control_files = ("/oracle8i/data/acct/control01.ctl", "/oracle8i/data/
   acct/control02.ctl")
```

Mude para a nova lozalização, que é /oracle8i/oracle_data/acct, como mostrado na Listagem 9.78. Você pode manter o arquivo de controle em qualquer diretório, mas o arquivo INIT.ORA precisa ser mudado para refletir essa nova lozalização.

Listagem 9.78: Nova localização do arquivo de controle no arquivo init.ora
```
control_files = ("/oracle8i/oracle_data/acct/control01.ctl".
"/oracle8i/oracle_data/acct/control02.ctl")
```

Etapa 3.1.2. Além do nome e localização do arquivo de controle, você também pode especificar a nova lozalização do diretório de dados. Neste exemplo, o servidor do banco de dados principal teve os arquivos de dados localizados no diretório /oracle8i/data/acct, enquanto o servidor de banco de dados standby teve o diretório /oracle8i/oracle_data/acct. Asim, temos que usar o parâmetro CONVERT no arquivo INIT.ORA para especificar uma nova lozalização de diretório para os dados e arquivos de registro. Os dois parâmetros a seguir especificam o novo lugar do diretório:

- DB_FILE_NAME_CONVERT
- LOG_FILE_NAME_CONVERT

Estes parâmetros exigem dois argumentos. O primeiro é a localização do arquivo de dados no servidor principal, e o segundo é a localização do arquivo de dados no servidor de banco de dados standby.

Agora, vamos editar o arquivo INIT.ORA para especificar os novos dados e diretórios de registro, como mostrado na Listagem 9.79:

Listagem 9.79: Acréscimo dos parâmetros CONVERT no arquivo init.ora
```
DB_FILE_NAME_CONVERT = "/oracle8i/data/acct","/oracle8i/oracle_data/acct"
LOG_FILE_NAME_CONVERT= "/oracle8i/data/acct","/oracle8i/oracle_data/
   acct"
```

Nota: Estes parâmetros só convertem a localização do arquivo de dados e do arquivo de registro. Eles não mudam a localização dos seguintes:
log_ archive_dest
background_dump_dest
core_dump_dest
user_dump_dest

Etapa 3.1.3. Agora, ajuste o parâmetro ORACLE_SID no servidor de banco de dados standby (Listagem 9.80).

Listagem 9.80: Ajuste de ORACLE_SID
```
ORACLE8i> set ORACLE_SID=acct
ORACLE8i> export ORACLE_SID
```

Etapa 3.2. Monte, mas não abra o banco de dados standby (em MARS).

Listagem 9.81: Montagem do banco de dados standby
```
ORACLE8i> svrmgrl
Oracle Server Manager Release 3.1.5.0.0 - Production
(c) Copyright 1997, Oracle Corporation. All Rights Reserved.
Oracle8i Enterprise Edition Release 8.1.5.0.0 - Production
With the Partitioning and Java options
PL/SQL Release 8.1.5.0.0 - Production
SVRMGR> connect internal
Connected.
SVRMGR> startup nomount pfile=./initacct.ora
ORACLE instance started.
Total System Global Area         9207184 bytes
Fixed Size                         64912 bytes
Variable Size                    4874240 bytes
Database Buffers                 4194304 bytes
Redo Buffers                       73728 bytes
SVRMGR> ALTER DATABASE MOUNT STANDBY DATABASE;
Statement processed.
SVRMGR>
```

> **Nota:** Se você estiver tentando fazer essa experiência em um único servidor, pode obter uma mensagem de erro ORA 1102 "impossível montar banco de dados no modo EXCLUSIVE." Se o fizer, então terá que ajustar o LOCK_NAME_SPACE=<any unique name> no arquivo INIT.ORA. Isso porque o bloqueio de montagem é misturado a partir do nome do banco de dados e, portanto, você não pode trazer os dois bancos de dados com o mesmo nome.

Listagem 9.82: Consulta ao arquivo V$ARCHIVED_LOG no banco de dados standby

```
SVRMGR> select name from v$archived_log;
NAME
----------------------------------------
/oracle8i/archive_logs/ARCHIVE5.ARC
/oracle8i/archive_logs/ARCHIVE6.ARC
/oracle8i/archive_logs/ARCHIVE7.ARC
/oracle8i/archive_logs/ARCHIVE8.ARC
/oracle8i/archive_logs/ARCHIVE9.ARC
/oracle8i/archive_logs/ARCHIVE10.ARC
6 rows selected.
SVRMGR>
```

Como podemos ver a partir da consulta que executamos na tabela de sistema V$ARCHIVED_LOG (Listagem 9.82), queríamos ARCHIVE11.ARC como o próximo registro arquivado para recuperação.

A Listagem 9.83 mostra os processos Oracle sendo executados no servidor de banco de dados standby.

Listagem 9.83: Visão dos processos oracle

```
ORACLE8i> ps -ef | grep ora_
oracle    522  1  1  00:55:11 ?    0:00 ora_reco_acct
oracle    520  1  1  00:55:11 ?    0:00 ora_smon_acct
oracle    524  1  1  00:55:12 ?    0:00 ora_arc0_acct
oracle    518  1  1  00:55:10 ?    0:00 ora_ckpt_acct
oracle    516  1  1  00:55:10 ?    0:00 ora_lgwr_acct
oracle    514  1  1  00:55:09 ?    0:00 ora_dbw0_acct
oracle    512  1  1  00:55:09 ?    0:00 ora_pmon_acct
ORACLE8i>
```

Certifique-se de que ARCHIVE10.ARC seja copiado do servidor do banco de dados principal e esteja disponível no local correto no servidor de banco de dados standby.

Vamos consultar a tabela V$PARAMETER para descrobrir a localização dos registros arquivados (Listagens 9.84 e 9.85).

Listagem 9.84: Consulta à tabela de sistema V$PARAMETER
```
SVRMGR> select value from v$parameter
     2> where name = 'log_archive_dest';
VALUE
----------------------------------
/oracle8i/archive_logs
1 row selected.
SVRMGR>
```

Listagem 9.85: Listagem do arquivo de registro de arquivamento
```
ORACLE8i> mkdir /oracle8i/archive_logs
ORACLE8i> cp /oracle8i/data/acct/*.ARC /oracle8i/archive_logs
```

Etapa 3.3. Coloque o modo de recuperação standby (em MARS). Agora que temos tudo estabelecido, vamos começar a recuperar os dados no banco de dados standby. Emita o comando RECOVER MANAGED STANDBY DATABASE, como mostrado na Listagem 9.86. Uma vez que você entre com esse comando, não haverá mensagens exibidas no terminal. Ele apenas começará a recuperar em si mesmo os registros arquivados.

Listagem 9.86: Recuperação do banco de dados standby
```
SVRMGR> RECOVER MANAGED STANDBY DATABASE
```

Etapa 4 — Ajuste as transferências de registro automatizadas. Para automatizar a transmissão dos registros arquivados, você precisa ajustar os seguintes parâmetros:

LOG_ARCHIVE_DEST_n (onde n é um inteiro entre 1 e 5).

e as opções são:

LOCATION = Indica um local de sistema de arquivo

SERVICE = Arquivamento remoto através no nome de serviço Net8

Esses precisam ser ajustados no servidor de banco de dados principal, portanto vamos retornar ao sistema EARTH e, primeiro, fechar o banco de dados e editar o arquivo INIT.ORA para acrescentar esses novos parâmetros.

Em EARTH (servidor de banco de dados principal)

Etapa 4.1. Antes de mais nada, você precisa fechar o banco de dados (Listagem 9.87).

Listagem 9.87: Feche o servidor de banco de dados principal
```
SVRMGR> shutdown;
Database closed.
Database dismounted.
ORACLE instance shut down.
SVRMGR> quit;
Server Manager complete.
ORACLE8i>
```

Etapa 4.2. Edite o arquivo INIT.ORA no servidor de banco de dados principal (EARTH). Agora você pode editar o arquivo INIT.ORA e acrescentar as entradas, como mostrado na Listagem 9.88.

Listagem 9.88: Acréscimo dos parâmetros no arquivo INIT.ORA
```
log_archive_start = true
#log_archive_dest = /oracle8i/archive_logs
log_archive_format = "ARCHIVE%s.ARC"
log_archive_dest_1='LOCATION = /oracle8i/archive_logs'
log_archive_dest_2='SERVICE = mars'
log_archive_dest_2 = enable
```

Comentamos o parâmetro LOG_ARCHIVE_DEST porque agora estamos usando o parâmetro LOG_ARCHIVE_DEST_n. Assim, o destino do primeiro registro arquivado será um LOCATION, que implica um diretório local — nesse caso ele será /oracle8i/archive_logs. O segundo destino, LOG_ARCHIVES_DEST_2, especifica um SERVICE como MARS, o que significa que o registro arquivado será enviado ao servidor remoto usando o serviço Net8. Finalmente, o parâmetro LOG_ARCHIVE_DEST_2 é ajustado para ENABLE, que direciona o envio dos registros arquivados para aquele destino.

O arquivo TNSNAMES.ORA que foi usado no servidor do banco de dados principal é mostrado na Listagem 9.89. Observe que a entrada em MARS especifica a localização para o servidor de banco de dados standby.

Listagem 9.89: Arquivo tnsnames em EARTH
```
# TNSNAMES.ORA Configuration
File:/oracle8i/network/admin/tnsnames.ora
# Generated by Oracle Net8 Assistant
EARTH =
   (DESCRIPTION =
      (ADDRESS_LIST =
         (ADDRESS = (PROTOCOL = TCP) (HOST = earth) (PORT = 1521) )
      )
      (CONNECT_DATA =
         (SERVICE_NAME = earth.world)
      )
   )
MARS
   (DESCRIPTION =
      (ADDRESS_LIST =
         (ADDRESS = (PROTOCOL = TCP) (HOST = mars) (PORT = 1521) )
      )
      (CONNECT_DATA =
         (SERVICE_NAME = mars.world)
      )
   )
```

Em MARS (servidor de banco de dados standby)

Etapa 4.3. Cancele a recuperação gerenciada no servidor de banco de dados standby. Para fazer isso, inicie outra sessão de SQL*Plus ou Server Manager e entre com RECOVER MANAGED STANDBY DATABASE CANCEL, como mostrado na Listagem 9.90. Você também pode pressionar Control-C no comando RECOVER, que encerraria o processo de recuperação.

```
SVRMGR> RECOVER MANAGED STANDBY DATABASE CANCEL;
Media recovery complete.
SVRMGR>
```

ou

```
SVRMGR> RECOVER MANAGED STANDBY DATABASE
^C
ORA-00283: recovery session canceled due to errors
ORA-01013: user requested cancel of current operation
SVRMGR>
```

Etapa 4.4. Agora você pode fechar o banco de dados. Você notará que a mensagem ORA-01109 "banco de dados fechado" é gerada, pois não abrimos o banco de dados (Listagem 9.91).

Listagem 9.91: Feche o banco de dados standby
```
SVRMGR> shutdown
ORA-01109: database not open
Database dismounted.
ORACLE instance shut down.
SVRMGR> quit
Server Manager complete.
ORACLE8i>
```

Etapa 4.5. No servidor do banco de dados standby, acrescente o parâmetro STANDBY_ARCHIVE_DEST no arquivo INIT.ORA, como mostrado na Listagem 9.92. O servidor do banco de dados principal e o servidor de banco de dados standby usam o parâmetro STANDBY_ARCHIVE_DEST para determinar a localização do diretório dos registros arquivados.

Listagem 9.92: Acréscimo do parâmetro STANDBY_ARCHIVE_DEST
```
standby_archive_dest=/oracle8i/archive_logs
```

Etapa 4.6. Agora, traga o servidor do banco de dados standby e inicie a recuperação no modo gerenciado, conforme mostrado na Listagem 9.93.

Listagem 9.93: Início do banco de dados standby no modo de recuperação gerenciada
```
SVRMGR> connect internal
Connected.
SVRMGR> startup nomount pfile=./initacct.ora
ORACLE instance started.
Total System Global Area        9207184 bytes
Fixed Size                        64912 bytes
Variable Size                   4874240 bytes
Database Buffers                4194304 bytes
Redo Buffers                      73728 bytes
SVRMGR> ALTER DATABASE MOUNT STANDBY DATABASE;
Statement processed.
SVRMGR>

SVRMGR> RECOVER MANAGED STANDBY DATABASE;
```

Assegure-se de que o Listener (ouvinte) esteja sendo executado no servidor MARS para que o servidor de banco de dados principal possa se conectar com a porta 1521. A Listagem 9.94 mostra o arquivo LISTENER.ORA que foi usado em MARS.

Listagem 9.94: Arquivo Listener.ora em MARS

```
# LISTENER.ORA Configuration
File:/oracle8i/network/admin/listener.ora
# Generated by Oracle Net8 Assistant

LISTENER =
   (DESCRIPTION_LIST =
      (DESCRIPTION =
         (ADDRESS_LIST =
            (ADDRESS = (PROTOCOL = IPC) (KEY = EXTPROC0) )
         )
         (ADDRESS_LIST =
            (ADDRESS = (PROTOCOL = TCP) (HOST = mars) (PORT = 1521) )
         )
      )
      (DESCRIPTION =
         (PROTOCOL_STACK =
            (PRESENTATION = GIOP)
            (SESSION = RAW)
         )
         (ADDRESS = (PROTOCOL = TCP) (HOST = mars) (PORT = 2481) )
      )
   )
SID_LIST_LISTENER =
   (SID_LIST =
      (SID_DESC =
         (SID_NAME = PLSExtProc)
         (ORACLE_HOME = /oracle8i)
         (PROGRAM = extproc)
      )
      (SID_DESC =
         (GLOBAL_DBNAME = mars.world)
         (ORACLE_HOME = /oracle8i)
         (SID_NAME = acct)
      )
   )
```

Etapa 5 — Teste a transferência automatizada de registro. Agora tentaremos gerar um registro arquivado no servidor de banco de dados principal e ver se ele atinge o servidor de banco de dados standby.

Em EARTH

Etapa 5.1. Primeiro, vamos determinar quais registros arquivados existem no diretório /oracle8i/archive_logs. Como você pode ver na Listagem 9.95, há apenas um arquivo, chamado ARCHIVE10.ARC.

Listagem 9.95: Listagem dos registros arquivados no diretório /oracle8i/archive_logs

```
ORACLE8i> ls -trl
total 54
-rw-r- - - - -   1 oracle    dba     27648    Apr 9 18:21 ARCHIVE10.ARC
ORACLE8i>
```

Etapa 5.2. Agora, vamos forçar o Oracle a gerar um registro arquivado, emitindo o ALTER SYSTEM ARCHIVE LOG CURRENT no servidor de banco de dados principal (Listagem 9.96).

Listagem 9.96: Como forçar Oracle a gerar um registro arquivado

```
SVRMGR> ALTER SYSTEM ARCHIVE LOG CURRENT;
Statement processed.
SVRMGR>
```

Depois de executar o comando ALTER SYSTEM, agora podemos dar uma olhada no diretório e ver se o novo registro arquivado existe. A Listagem 9.97 mostra um novo arquivo de registro arquivado, chamado ARCHIVE11.ARC.

Listagem 9.97: Listagem dos registros arquivados no diretório /oracle8i/archive_logs

```
ORACLE8i> cd /oracle8i/archive_logs
ORACLE8i> ls -trl
total 82
-rw-r- - - - -   1 oracle    dba     27648 Apr 9 18:21 ARCHIVE10.ARC
-rw-r- - - - -   1 oracle    dba     13824 Apr 9 19:54 ARCHIVE11.ARC
ORACLE8i>
```

Em MARS

Oracle deve ter transferido imediatamente o novo registro arquivado, ARCHIVE11.ARC para o servidor de banco de dados standby no diretório /oracle8i/archive_logs. Como você pode ver a partir da Listagem 9.98, ARCHIVE11.ARC foi copiado para o servidor de banco de dados standby.

Listagem 9.98: Listagem de registros arquivados no diretório /oracle8i/archive_logs
```
ORACLE8i> cd /oracle8i/archive_logs
ORACLE8i> ls -trl
total 82
-rw-r- -r- -   1  oracle   dba    27648 Apr 9 22:56 ARCHIVE10.ARC
-rw-r- - - —   1  oracle   dba    13824 Apr 9 23:26 ARCHIVE11.ARC
ORACLE8i>
```

Etapa 5.3. Você também pode consultar a tabela de sistema V$ARCHIVED_LOG para ver todos os registros arquivados que foram recuperados. Como pode ser visto a partir da Listagem 9.99, ARCHIVE11.ARC foi recuperado e agora está aguardando pelo próximo registro, que será ARCHIVE12.ARC.

Listagem 9.99: Consulta à tabela de sistema V$ARCHIVED_LOG
```
SVRMGR> select name from v$archived_log;
NAME
-----------------------------------
/oracle8i/archive_logs/ARCHIVE5.ARC
/oracle8i/archive_logs/ARCHIVE6.ARC
/oracle8i/archive_logs/ARCHIVE7.ARC
/oracle8i/archive_logs/ARCHIVE8.ARC
/oracle8i/archive_logs/ARCHIVE9.ARC
/oracle8i/archive_logs/ARCHIVE10.ARC
/oracle8i/archive_logs/ARCHIVE11.ARC
7 rows selected.
SVRMGR>
```

Etapa 6 — Use o banco de dados standby (em MARS). A partir de Oracle8i, você pode usar o banco de dados standby como um banco de dados apenas de leitura. Para ver como implementar esse recurso, consulte a pergunta 9.8.

Etapa 6.1. Vamos acrescentar mais dados no servidor principal (em EARTH). Agora podemos acrescentar alguns dados ao servidor de banco de dados principal, como mostrado na Listagem 9.100.

Listagem 9.100: Inserção de novas linhas na tabela employee
```
SVRMGR> INSERT INTO employee
    2> VALUES(103,"Siva S', '56 Oaks Street',' ',
    3> 'Los Cabana','CA','08',8000.00,7200.00,'21-MAR-1997');
1 row processed.
SVRMGR> INSERT INTO employee
    2> VALUES (104,'Ronald N','789 You Know Street','
    3> ','My Street','TX','09',7600.00,1200.00,'02-FEB-1999');
1 row processed.
SVRMGR>
```

Etapa 6.2. Vamos consultar a tabela EMPLOYEE e ver quantas linhas existem. Como você pode ver na Listagem 9.101, existem agora quatro empregados.

Listagem 9.101: Acréscimo de mais linhas na tabela employee, no servidor de banco de dados principal
```
SVRMGR> select emp_number,emp_name,emp_state
    2> from employee;
EMP_NUMBER      EMP_NAME        EM
----------      --------        ---
       101      Noel Y          CA
       102      Adrian B        CA
       103      Siva S          CA
       104      Ronald N        TX
4 rows selected.
SVRMGR>
```

Etapa 6.3. Gere um novo ARCHIVE LOG. Oracle deve gerar automaticamente registros de arquivo adicionais, visto que faz uma troca de registro para os arquivos de registro redo Você também pode forçar o Oracle a gerar o último registro de arquivamento, emitindo o comando ALTER SYSTEM ARCHIVE LOG CURRENT, como mostrado na Listagem 9.102.

Em EARTH

Listagem 9.102: Como forçar o Oracle a gerar um registro de arquivamento
```
SVRMGR> ALTER SYSTEM ARCHIVE LOG CURRENT;
Statement processed.
SVRMGR>

SVRMGR> select name from v$archived_log;
NAME
-----------------------------------
/oracle8i/archive_logs/ARCHIVE5.ARC
/oracle8i/archive_logs/ARCHIVE6.ARC
/oracle8i/archive_logs/ARCHIVE7.ARC
/oracle8i/archive_logs/ARCHIVE8.ARC
/oracle8i/archive_logs/ARCHIVE9.ARC
/oracle8i/archive_logs/ARCHIVE10.ARC
/oracle8i/archive_logs/ARCHIVE11.ARC
/oracle8i/archive_logs/ARCHIVE12.ARC
/oracle8i/archive_logs/ARCHIVE13.ARC
SVRMGR>
```

Como podemos ver a partir da Listagem 9.103, o novo ARCHIVE13.ARC agora está disponível.

Listagem 9.103: Listagem dos registros de arquivamento

```
ORACLE8i> cd /oracle8i/archive_logs
ORACLE8i> ls -trl
total 96
-rw-r- - - - -    1  oracle    dba    27648  Apr  9 18:21 ARCHIVE10.ARC
-rw-r- - - - -    1  oracle    dba    13824  Apr  9 19:54 ARCHIVE11.ARC
-rw-r- - - - -    1  oracle    dba     1024  Apr  9 20:19 ARCHIVE12.ARC
-rw-r- - - - -    1  oracle    dba     5120  Apr  9 20:32 ARCHIVE13.ARC
ORACLE8i>
```

Em MARS

Etapa 6.4. Agora você pode consultar a tabela de sistema V$ARCHIVED_LOG para descobrir se o ARCHIVE13.ARC foi transferido e se foi aplicado. Como pode ser visto a partir dos resultados na Listagem 9.104, aquele ARCHIVE13.ARC foi transferido e aplicado no servidor de banco de dados standby.

Listagem 9.104: Listagem de registros arquivados

```
SVRMGR> select name from v$archived_log;
NAME
- - - - - - - - - - - - - - - - - - - - - - - - - - - - - - - -
/oracle8i/archive_logs/ARCHIVE5.ARC
/oracle8i/archive_logs/ARCHIVE6.ARC
/oracle8i/archive_logs/ARCHIVE7.ARC
/oracle8i/archive_logs/ARCHIVE8.ARC
/oracle8i/archive_logs/ARCHIVE9.ARC
/oracle8i/archive_logs/ARCHIVE10.ARC
/oracle8i/archive_logs/ARCHIVE11.ARC
/oracle8i/archive_logs/ARCHIVE12.ARC
/oracle8i/archive_logs/ARCHIVE13.ARC
SVRMGR>
```

Etapa 6.5. Validação de dados em MARS. Para garantir que todos os dados estão sendo transferidos e aplicados ao servidor de banco de dados standby, você precisa cancelar a recuperação e abrir o banco de dados no modo READ-ONLY, conforme mostrado na Listagem 9.105. Para validar os dados, simplesmente registre a entrada na conta de usuário e consulte a tabela. A Listagem 9.106 mostra que os novos empregados foram acrescentados ao servidor de banco de dados principal e estão acessíveis. Para maiores informações sobre banco de dados READ-ONLY, consulte a pergunta 9.8.

Listagem 9.105: Listagem de registros de arquivamento
```
SVRMGR> RECOVER MANAGER STANDBY DATABASE CANCEL
Media recovery complete.
SVRMGR> ALTER DATABASE OPEN READ ONLY;
Statement processed.
SVRMGR>
```

Listagem 9.106: Consulta à tabela employee no banco de dados standby
```
SVRMGR> select emp_number, emp_name, emp_state
   2> from employee;
EMP_NUMBER     EMP_NAME           EM
----------     --------           ----
       101     Noel Y             CA
       102     Adrian B           CA
       103     Siva S             CA
       104     Ronald N           TX
4 rows selected.
SVRMGR>
```

> **Nota:** Embora nesse exemplo estejamos lidando com MANAGED RECOVERY, também podemos usar MANUAL RECOVERY (recuperação manual) para recuperar os registros arquivados.

Etapa 7 — MAYDAY, MAYDAY, MAYDAY!! EARTH está perdida... Hora de ativar o servidor standby em MARS. Sempre há uma ligeira possibilidade de o servidor de banco de dados principal quebrar. Se o banco de dados produzido localizado em EARTH for perdido, então você terá uma oportunidade de ativar o servidor de banco de dados standby em MARS e disponibilizá-lo para os usuários como o novo banco de dados de produção.

Embora possa parecer simples, existem etapas que você precisa seguir para garantir que o servidor de banco de dados standby venha de forma limpa. Além disso, há sempre uma pergunta sobre a consistência do banco de dados entre o novo servidor de banco de dados principal e o antigo servidor de banco de dados principal. Como você garante essa consistência? A resposta está chegando na etapa 7.5.

Etapa 7.1. Obtenha todos os registros de arquivamento (de EARTH para MARS). Se possível, copie todos os registros arquivados do servidor de dados principal (EARTH) para o servidor de dados standby (MARS).

> **Nota:** Se você não puder obter esses arquivos, então ainda pode montar o servidor standby. No entanto, o servidor standby não refletirá as últimas mudanças do servidor de dados principal.

Etapa 7.2. Recupere todos os registros arquivados obtidos (em MARS). Se você tiver conseguido recuperar os registros arquivados, então precisa aplicá-los no servidor de banco de dados standby (Listagem 9.107).

Etapa 7.3. Cancele o modo RECOVERY (em MARS).

Listagem 9.107: Cancelamento da recuperação
```
SVRMGR> RECOVER MANAGED STANDBY DATABASE CANCEL
Media recovery complete.
SVRMGR>
```

Etapa 7.4. Feche o banco de dados. Uma vez que a recuperação gerenciada tenha sido cancelada, você pode fechar o banco de dados (Listagem 9.108).

Listagem 9.108: Fechamento do banco de dados
```
SVRMGR> shutdown;
ORA-01109: database not open   ← Porque o banco de dados nunca esteve aberto
Database dismounted.
ORACLE instance shut down.
SVRMGR>
```

Etapa 7.5. Obtenha registros redo do banco de dados principal (de EARTH para MARS). Não é necessário ter os registros redo do servidor de banco de dados principal para trazer o servidor de banco de dados standby. No entanto, se você quiser dados até a última transação realizada, então eles são necessários. Aqui, vamos supor que não temos quaisquer registros redo e prosseguiremos para ativar o servidor de banco de dados standby. (Veja a pergunta 9.4 para maiores detalhes sobre configuração de servidores até a última transação comprometida.)

Etapa 7.6. Agora, vamos ativar o servidor de banco de dados standby (em MARS). Para ativar o servidor de banco de dados standby, tornando-o o servidor de banco de dados principal, você precisa fazer algum trabalho de casa. Antes de mais nada, inicie o banco de dados com a opção NOMOUNT. A seguir você pode montar o servidor de banco de dados standby no modo standby e emitir a declaração ACTIVATE STANDBY DATABASE, para torná-lo um servidor de banco de dados principal, conforme mostrado na Listagem 9.109.

Nota: Depois que você ativar o banco de dados standby, os registros redo serão reajustados, tornando incompatíveis o banco de dados principal e aquele standby.

Listagem 9.109: Inicialização do servidor de banco de dados standby
```
SVRMGR> connect internal
Connected.
SVRMGR> startup nomount pfile=./initacct.ora
ORACLE instance started.
Total System Global Area      9207184 bytes
Fixed Size                      64912 bytes
Variable Size                 4874240 bytes
Database Buffers              4194304 bytes
Redo Buffers                    73728 bytes
SVRMGR> ALTER DATABASE MOUNT STANDBY DATABASE;
Statement processed.
SVRMGR> ALTER DATABASE ACTIVATE STANDBY DATABASE;
Statement processed.
SVRMGR>
```

Etapa 7.7. Feche o servidor de banco de dados standby (em MARS). Agora você pode fechar o servidor de banco de dados (Listagem 9.110).

Listagem 9.110: Ativação do servidor de banco de dados standby
```
SVRMGR> SHUTDOWN;
ORA-01507: database not mounted
ORACLE instance shut down.
SVRMGR>
```

Etapa 7.8. Copie o banco de dados (em MARS). Agora, copie o banco de dados. Nesse ponto, o banco de dados standby está pronto para tornar-se o banco de dados de produção.

Etapa 7.9. Inicie o agora banco de dados principal (em MARS). Uma vez que você tenha o backup, pode trazer o novo banco de dados principal (Listagem 9.111).

Listagem 9.111: Inicialização do novo servidor de banco de dados principal
```
SVRMGR> startup pfile=./initacct.ora
ORACLE instance started.
Total System Global Area      9207184 bytes
Fixed Size                      64912 bytes
Variable Size                 4874240 bytes
Database Buffers              4194304 bytes
Redo Buffers                    73728 bytes
Database mounted.
Database opened.
SVRMGR>
```

Etapa 7.10. Valide os dados (em MARS). Para ter certeza de que você recuperou o banco de dados, assegure-se de que é possível acessar as tabelas de usuário. Determine também até que ponto é possível recuperar. Estão faltando algumas transações? A resposta à essa pergunta depende do fato de você ter ou não conseguido recuperar todos os registros arquivados e os últimos registros redo. (Na pergunta 9.4, vimos como recuperar até a última transação realizada.) Se os dados forem críticos, então você tem duas escolhas:

1. Descubra uma maneira de proteger os registros redo gerados a partir do servidor principal e torne-os disponíveis para o servidor standby quando ele recuperar.

2. Recupere o servidor standby para uma determinada época, o que garantirá que o servidor de banco de dados standby estava em sincronização com o principal naquela época, tal como 13:00h de Terça feira.

A consulta na Listagem 9.112 mostra que as duas linhas foram acrescentadas depois de habilitar o servidor standby.

Listagem 9.112: Consulta à tabela employee
```
SVRMGR> connect noel/noel
Connected.
SVRMGR> select emp_number, emp_name, emp_state
  2> from employee;
EMP_NUMBER    EMP_NAME           EM
--------      --------           ---
     101      Noel Y             CA
     102      Adrian B           CA
     103      Siva S             CA
     104      Ronald N           TX
4 rows selected.
SVRMGR>
```

Para confirmar que o banco de dados está funcionando satisfatoriamente e está no modo READ-WRITE, vamos inserir uma linha na tabela employee, na localização do *novo* servidor de banco de dados principal. Os resultados apresentados na Listagem 9.113 mostram que a inserção na tabela employee funcionou corretamente.

Listagem 9.113: Inserção de uma nova linha na tabela employee
```
SVRMGR> INSERT INTO employee
  2> VALUES (105,'Parag B',777 Lucky Street','
  3> ','Disneyland','CA','08',9000.00,4200.00,'21-JUN-1990');
1 row processed.
SVRMGR>
```

Conclusão

No Oracle8i você pode automatizar o processo de transferência e aplicação dos registros arquivados no banco de dados standby. Esse recurso é chamado de modo de recuperação gerenciado. Anteriormente, era necessário escrever scripts para transferir e aplicar esses registros arquivados, mas, agora, tais tarefas podem ser automatizadas dentro de Oracle.

9.8 — Como posso colocar um banco de dados standby no modo apenas de leitura?

8i	Aplica-se a: Oracle8i	Índice no CD: Banco de dados standby
	Sistema operacional: UNIX	

Problema

Eu gostaria de colocar o meu servidor de banco de dados standby em um modo READ-ONLY, para que os usuários pudessem executar nele tipos de aplicativos DSS. Como posso conseguir isso?

Solução

A partir do Oracle8i você pode tornar o servidor de banco de dados standby READ-ONLY, desde que ele não esteja no modo de recuperação, manual ou gerenciado. Vamos percorrer as diferentes formas de tornar o servidor de banco de dados READ-ONLY. Nesses exemplos, já criamos o servidor de banco de dados standby (consulte a pergunta 9.7 para detalhes).

Caso nº 1 — Quando o banco de dados standby está fechado

Nesse caso, vamos supor que o servidor do banco de dados tenha sido fechado. Assim, traremos o banco de dados standby online e o tornaremos READ-ONLY. Como você pode ver na Listagem 9.114, estamos inicializando o servidor de banco de dados standby. Uma vez que o banco de dados tenha sido iniciado, com NOMOUNT, podemos então montá-lo como um STANDBY DATABASE e abri-lo para READ-ONLY. Na Listagem 9.115 você pode ver o comando ALTER DATABASE para montar (MOUNT) e abrir (OPEN) o banco de dados.

Listagem 9.114: Inicialização do servidor de banco de dados standby

```
ORACLE8i> svrmgrl
Oracle Server Manager release 3.1.5.0.0 - Production
(c) Copyright 1997, Oracle Corporation. All Rights Reserved.
Oracle8i Enterprise Edition Release 8.1.5.0.0 - Production
With the Partitioning and Java options
PL/SQL Release 8.1.5.0.0 - Production
SVRMGR> connect internal
Connected.
SVRMGR> startup nomount pfile=./initacct.ora
ORACLE instance started.
Total System Global Area      9207184 bytes
Fixed Size                      64912 bytes
Variable Size                 4874240 bytes
Database Buffers              4194304 bytes
Redo Buffers                    73728 bytes
SVRMGR>
```

Listagem 9.115: Montagem e abertura do banco de dados standby

```
SVRMGR> ALTER DATABASE MOUNT STANDBY DATABASE;
Statement processed.
SVRMGR> ALTER DATABASE OPEN READY ONLY;
Statement processed.
SVRMGR>
```

Uma vez aberto o banco de dados, como READ-ONLY, qualquer usuário pode registrar a entrada e consultar as tabelas. Como você pode ver a partir da Listagem 9.116, o usuário NOEL se conecta com o servidor de banco de dados standby e consulta a tabela EMPLOYEE.

Listagem 9.116: Consulta à tabela employee

```
SVRMGR> connect noel/noel
Connected.
SVRMGR> select emp_name from employee;
EMP_NAME
----------
Noel Y
Adrian B
2 rows selected.
SVRMGR>
```

Agora, o que acontece se tentarmos fazer algumas atualizações, remoções ou criar uma nova tabela? Como pode ser visto na Listagem 9.117, se tentarmos fazer qualquer operação que envolva escrever no banco de dados, ela falhará, pois o banco de dados foi aberto como READ-ONLY.

Listagem 9.117: Criação de uma nova tabela no banco de dados standby
```
SVRMGR> create table mynewtable(ecode integer);
Create table mynewtable(ecode integer)
*
ORA-00604: error occurred at recursive SQL level 1
ORA-00372: file 1 cannot be modified at this time
ORA-01110: data file 1: '/oracle8i/data/acct/sys1_acct.dbf'
SVRMGR>
```

Para voltar ao modo de recuperação. Primeiro, assegure-se de que todos os usuários tenham saído do banco de dados, depois você pode executar a recuperação, como MANAGED ou MANUAL. Para MANAGED, você deve especificar RECOVER MANAGED STANDBY DATABASE, enquanto para a recuperação MANUAL deve usar RECOVER STANDBY DATABASE (Listagem 9.118).

Listagem 9.118: Criação de uma nova tabela no banco de dados standby
```
SVRMGR> connect internal
Connected.
SVRMGR> RECOVER MANAGED STANDBY DATABASE
```

ou

```
SVRMGR> RECOVER STANDBY DATABASE
```

Caso nº 2 — Quando o banco de dados standby está no modo de recuperação gerenciada

Se o servidor de banco de dados standby estiver no modo de recuperação gerenciada, então primeiro você precisa encerrar a recuperação. Para fazer isso, emita o comando RECOVER MANAGED STANDBY DATABASE CANCEL do outro terminal, como mostrado na Listagem 9.119.

Listagem 9.119: Cancelamento de recuperação
```
On Terminal #2
SVRMGR> RECOVER MANAGED STANDBY DATABASE CANCEL
Media recovery complete.
SVRMGR>

After sometime you will see that the RECOVER MANAGED command running on the
    other terminal is cancelled automatically.
```

```
On Terminal #1
SVRMGR> RECOVER MANAGED STANDBY DATABASE
ORA-00283: recovery session canceled due to errors
ORA-16037: user requested cancel of sustained recovery operation
SVRMGR>
```

Agora, emita o seguinte comando, para disponibilizar o banco de dados no modo READ-ONLY (Listagem 9.120):

Listagem 9.120: Abertura do banco de dados no modo READ-ONLY
```
SVRMGR> ALTER DATABASE OPEN READ ONLY;
Statement processed.
SVRMGR>
```

Se você tentar abrir um banco de dados READ-ONLY enquanto ele ainda estiver no processo de recuperação, receberá a mensagem de erro mostrada na Listagem 9.121.

Listagem 9.121: Falha ao abrir o banco de dados
```
SVRMGR> ALTER DATABASE OPEN READ ONLY;
ALTER DATABASE OPEN READ ONLY
*
ORA-01154: database busy. Open, close, mount, and dismount not allowed
now
SVRMGR>
```

Caso nº 3 — Quando o banco de dados standby está no modo de recuperação normal

Se o servidor de banco de dados estiver no modo de recuperação normal, então primeiro você precisará encerrar a recuperação, emitindo o comando RECOVER CANCEL de outro terminal, como mostrado na Listagem 9.122.

Do outro terminal emita o seguinte comando:

Listagem 9.122: Cancelamento de recuperação
```
On Terminal #2
SVRMGR> RECOVER CANCEL
Media recovery complete.
SVRMGR>
```

After sometime you will see that the RECOVER command running on the other terminal is cancelled automatically.

```
On Terminal #1
SVRMGR> RECOVER STANDBY DATABASE
ORA-00283: recovery session canceled due to errors
ORA-16037: user requested cancel of sustained recovery operation
SVRMGR>
```

Agora, emita o seguinte comando para disponibilizar o banco de dados no modo READ-ONLY:

Listagem 9.123: Como abrir o banco de dados no modo READ-ONLY
```
SVRMGR> ALTER DATABASE OPEN READ ONLY;
Statement processed.
SVRMGR>
```

Conclusão

A partir do Oracle8*i*, você pode tornar o servidor de banco de dados standby apenas de leitura, desde que ele não esteja no modo de recuperação.

10

Reprodução avançada de banco de dados

Referência rápida
Se você quiser...
- Conhecer as diferentes formas de reprodução... veja 10.1
- Implementar snapshot (tomada instantânea) apenas de leitura... veja 10.2
- Implementar reprodução assíncrona bidirecional... veja 10.3
- Implementar procedimento de reprodução... veja 10.4
- Solucionar conflitos... veja 10.5
- Comparar tabelas reproduzidas... veja 10.6
- Retificar tabelas desiguais... veja 10.7
- Implementar reprodução síncrona bidirecional... veja 10.8
- Implementar reprodução avançada no Oracle8*i*... veja 10.9

Visão geral

O recurso de reprodução avançada do Oracle8 oferece alta disponibilidade e uma funcionalidade distribuída a banco de dados. Ele permite que você distribua os seus dados entre bancos de dados Oracle de maneira síncronas ou assíncrona. Você pode implementar tomadas instantâneas, tomadas instantâneas atualizáveis e reproduções bidirecionais. A reprodução avançada também inclui métodos predefinidos de solução de conflitos ou pode ser personalizada para adequar-se às necessidades de seu aplicativo. O Oracle8 e o Oracle8*i* agora incluem vários aperfeiçoamentos de desempenho no produto de reprodução, incluindo propagação paralela e trigger interno. Usando o Oracle Replication Manager (gerenciador de reprodução Oracle) você pode, com facilidade, implementar um ambiente reproduzido, apontando e clicando.

Perguntas

10.1 — Quais formas diferentes de reprodução estão disponíveis no Oracle8i?

Aplica-se a: Oracle8 e Oracle8*i*	Índice do CD: Reprodução
Sistema operacional: Todos	

Problema

Eu gostaria de fornecer a reprodução de algumas de minhas tabelas entre dois bancos de dados remotos. Quais formas de reprodução estão disponíveis no Oracle8? Também gostaria de conhecer os prós e os contras de cada uma delas.

Solução

A reprodução avançada Oracle oferece um recurso distribuído a banco de dados, permitindo que você mantenha objetos em banco de dados através de diferentes bancos de dados para desempenho, maneabilidade e disponibilidade.

Servidor de reprodução Oracle

O Oracle oferece uma funcionalidade avançada de reprodução, que permite a dois ou mais bancos de dados Oracle compartilharem assíncrona ou sincronamente os dados, dependendo das exigências de seu aplicativo. Cobriremos a implementação da reprodução avançada na pergunta 10.3.

As diferentes formas de reprodução são como a seguir:

CREATE TABLE AS SELECT... (criar tabela conforme selecionado) Nesse tipo de reprodução, você pode criar uma nova tabela usando a declaração CREATE TABLE AS SELECT. Essa técnica permite que você referencie qualquer tabela em qualquer banco de dados remoto e a use localmente. No entanto, você só pode fazer consultas e inserções à tabela. Ele também suporta apenas uma direção — de um banco de dados para o outro. Não é bidirecional.

Para esse exemplo, criaremos uma nova tabela no servidor SFO baseada no esquema e dados do servidor NewYork (veja a Figura 10.1). O exemplo seguinte mostra como criar uma tabela chamada NEW_CUSTOMER em SFO usando o esquema do servidor NEWYORK.

```
SVRMGR> CREATE TABLE new_customer
    2> AS
    3> SELECT * from customer@NEWYORK.WORLD;
Statement processed.
SVRMGR>
```

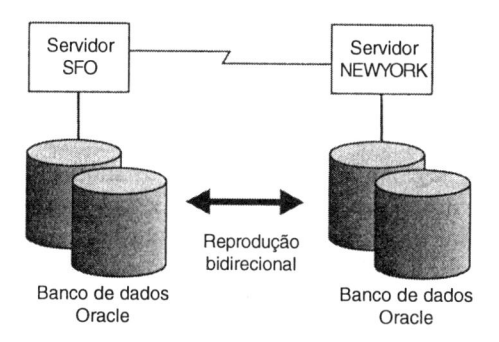

Figura 10.1: Reprodução avançada Oracle

EXPORT/IMPORT (exportação/importação) Usar o utilitário Export/Import também oferece um recurso de reprodução. Sob esse método, você só pode transferir dados de um banco de dados para outro. Não há funcionalidade bidirecional e, portanto, sempre que você precisar dos dados mais recentes, precisa exportar e importar novamente. Também não existem atualizações automáticas.

Vamos percorrer um exemplo simples de como exportar e importar uma tabela. Aqui, usaremos a tabela DEPARTMENT, que tem 455 linhas e foi criada no servidor SFO. Primeiro, a exportaremos usando o utilitário EXPORT e depois usaremos ftp no arquivo gerado para o servidor NEWYORK, onde finalmente faremos uma importação do arquivo, através do utilitário Import.

Em SFO

```
/export/home/oracle8.0.5> exp noel/noel tables=department
Export: Release 8.0.5.0.0 — Production on Wed Oct 28 11:36:45 1998
(c) Copyright 1998 Oracle Corporation. All rights reserved.
Connected to: Oracle8 Enterprise Edition Release 8.0.5.0.0 — Production
With the Partitioning and Objects options
PL/SQL Release 8.0.5.0.0 — Production
Export done in US7ASCII character set and US7ASCII NCHAR character set
About to export specified tables via Conventional Path . . .
. . exporting table          DEPARTMENT      455 rows exported
Export terminated successfully without warnings.
/export/home/oracle8.0.5>
```

Após a exportação, movemos o arquivo EXPDAT.DMP para o outro servidor (NEWYORK), depois executamos o utilitário Import para carregar o esquema e os dados.

Em NEWYORK

```
ORACLE> imp noel/noel file=expdat.dmp full=y
Import: Release 8.0.5.0.0 — Production on Wed Oct 28 11:25:44 1998
(c) Copyright 1998 Oracle Corporation. All rights reserved.
Connected to: Oracle8 enterprise Edition Release 8.0.5.0.0 — Production
With the Partitioning and Objects options
PL/SQL Release 8.0.5.0.0 — Production
Export file created by EXPORT:V08.00.05 via conventional path
. importing NOEL's objects into NOEL
. . importing table        "DEPARTMENT"     455 rows imported
Import terminated successfully without warnings.
ORACLE>
```

Comando COPY. Você também pode usar o comando COPY no utilitário SQL*Plus para copiar uma tabela de um banco de dados para outro. De novo, usando-se essa abordagem, os dados são transferidos com base em uma tabela e não há funcionalidade bidirecional. Para obter os últimos dados atualizados, você precisa repetir o COPY. Não há atualização automática.

O seguinte mostra como executar o comando COPY.

```
SQL> COPY FROM noel/noel@SFO.WORLD -
> CREATE student_sfo -
> USING SELECT * FROM student
Array fetch/bind size is 15. (arraysize is 15)
Will commit when done. (copycommit is 0)
Maximum long size is 80. (long is 80)
Table STUDENT_SFO created.
  52 rows selected from noel@SFO.WORLD.
  52 rows inserted into STUDENT_SFO.
  52 rows committed into STUDENT_SFO at DEFAULT HOST connection.
SQL>
```

Triggers. Os triggers são outra maneira de implementar a reprodução. Com base em qualquer inserção, atualização ou remoção de linha em uma tabela, você pode escrever o seu próprio procedimento para mover dados para outro banco de dados. Você pode implementar a reprodução bidirecional com essa abordagem; entretanto, não é necessária qualquer programação. Essa forma é de reprodução síncrona, onde os dados são movidos instantaneamente entre bancos de dados, mas exige que o outro banco de dados esteja online. (Veja a pergunta 4.2 para mais detalhes sobre como implementar triggers de banco de dados.)

Snapshot (tomada instantânea). A tomada instantânea é outra maneira de implementar a reprodução. Aqui você pode fazer reprodução em nível de linha ou em nível de tabela. Ela é feita assincronamente. No entanto, não oferece reprodução bidirecional. Além disso, a copia dos dados disponíveis no banco de dados remoto é READ-ONLY. (Veja a pergunta 10.2 para detalhes sobre a criação de uma tomada instantânea.)

Reprodução avançada. A reprodução avançada, que é um produto disponível do Oracle, oferece a reprodução em nível de tabela, síncrona ou assíncrona e bidirecional, com mudanças automáticas reproduzidas para outros arquivos principais. A Tabela 10.1 resume as diferentes formas de reprodução. Veremos mais sobre reprodução avançada na pergunta 10.3.

Tabela 10.1: Formas de reprodução

	Nível linha/ tabela	Atualizações/ inserções	Bidire-cional	Modo assim/ síncrono	Mudanças/ atualizações automáticas
CREATE TABLE AS SELECT	Linha e tabela podem fazer recuperação seletiva	Apenas insere	Não	Assíncrona	Não
Utilitário Exp/ Import	Nível de tabela	Apenas insere	Não	Assíncrona	Não
Comando COPY	Nível de tabela	Apenas insere	Não	Assíncrona	Não
Triggers	Nível de linha	Insere e atualiza	Sim	Síncrona	Sim
Tomada instantânea	Linha ou tabela	Insere e atualiza	Não	Assíncrona	Sim
Reprodução avançada	Tabela	Insere e atualiza	Sim	Assíncrona/ síncrona	Sim

Conclusão

Existem maneiras diferentes de reproduzir os seus dados no Oracle. A reprodução avançada oferece maior maneabilidade, desempenho e flexibilidade.

10.2 — Como implemento uma tomada instantânea básica apenas de leitura?

Aplica-se a: Oracle8 e Oracle8*i*   **Índice do CD:** Tomada instantânea apenas de leitura

Sistema operacional: Todos

Problema

Temos uma grande empresa de varejo, com muitas lojas na Califórnia. Atualmente, estamos usando o Oracle8 em todas as lojas e também nos escritórios centrais. Gostaríamos de implementar um sistema que nos permitisse atualizar as listas de preços das lojas. Esses novos preços seriam atualizados nos escritórios centrais diariamente e depois baixados para as lojas, durante a noite. Como podemos implementar tal recurso?

Solução

A reprodução básica é um modo no qual você tem uma funcionalidade de tomada instantânea simples, apenas de leitura — uma cópia de uma tabela que pode ser disponibilizada para outros bancos de dados. A tomada instantânea pode conter todas as linhas da tabela principal, ou apenas algumas delas. O Oracle permite que você faça uma tomada instantânea apenas de leitura, ou tabelas a partir de um site principal, mas não suporta triggers em tabelas baseadas em tomadas instantâneas apenas de leitura, que se ativam durante a atualização de uma tomada instantânea. Esse recurso pode ser implementado de maneiras diferentes. Vamos percorrer a tomada instantânea em mais detalhes.

Características de uma tomada instantânea (snapshot)
- Uma tomada instantânea pode ser apenas de leitura
- Pode conter dados de uma única tabela ou de várias tabelas
- Pode conter um subconjunto de uma tabela
- É uma consulta distribuída que referencia um ou mais principais

Você pode ter uma tomada instantânea simples ou complexa. Uma tomada instantânea simples é baseada em uma tabela, onde cada linha corresponde a uma única linha, enquanto em uma tomada instantânea complexa você pode ter uma cláusula CONNECT BY, uma cláusula GROUP BY, subconsultas, ligações e assim por diante. A vantagem de ter uma tomada instantânea é que um aplicativo distribuído não precisa puxar os dados o tempo todo. Ele pode usar um banco de dados local para armazenar tomadas instantâneas e acessar os dados a partir de lá. Além disso, capacita maior disponibilidade, pois a tabela agora fica em duas localizações remotas. Quando o Oracle cria uma tomada instantânea, também cria uma tabela adicional, de suporte. Essas tabelas nunca devem ser manipuladas pelo DBA ou por qualquer outro usuário.

Os vários métodos de atualizar tomadas instantâneas são:
- rápido
- completo
- forte

Uma atualização completa é usada para atualizar toda a tomada instantânea. Você também pode limitar a atualização para mudar apenas uma única tomada instantânea, que é chamada de uma atualização rápida. Ela usa um registro de tomada instantânea para conter as mudanças no site principal e depois as irradia para o site da tomada instantânea. A atualização forte é a combinação das atualizações completa e rápida. Se possível, o Oracle realizará a atualização rápida; caso contrário, fará uma atualização completa.

Para fazer uma atualização manual, use o pacote DBMS_SNAPSHOT. O Oracle faz uma recuperação manual durante a criação inicial da tomada instantânea.

```
DBMS_SNAPSHOT.REFRESH ('schema.name' , 'refresh options')
```

Por exemplo:

```
Execute DBMS_SNAPSHOT.REFRESH('noel.employee', 'f');
```

onde "f" significa atualização rápida (fast) e "c" atualização completa (complete).

Para atualizar automaticamente uma tomada instantânea individual, você precisa especificar o intervalo de atualização nos parâmetros START WITH (começar com) e NEXT (a seguir) na declaração CREATE SNAPSHOT.

Você precisa ter certeza de que os processos do fundo de fila de trabalho estão sendo executados . (Para saber mais sobre fila de trabalho, consulte pergunta 4.17.)

O registro de tomada instantânea é usado para fazer uma atualização rápida. Ele é a tabela que fica no site principal e armazena todas as mudanças feitas na tabela principal. Depois, é usado pelo site de tomada instantânea para fazer uma atualização rápida em uma única tomada instantânea. Quando você cria um registro de tomada instantânea, o Oracle gera alguns objetos internos. Ele cria um trigger AFTER ROW (após linha), que é ativado em cada inserção, atualização ou remoção na tabela principal. Esse trigger insere o ROWID e o timestamp no registro principal da tomada instantânea.

Para garantir consistência, durante uma tomada instantânea as tabelas SNAP$_<snapshot_name> e SYS.SNAP$ são bloqueadas exclusivamente no lugar da tomada instantânea. De modo a garantir alta competitividade, nada é bloqueado no site principal.

Etapas

Etapa 1 — Crie os esquemas e links de banco de dados do site de tomada instantânea. Antes de ajustar uma tomada instantânea apenas de leitura, você deve decidir qual tabela deseja reproduzir. Como você pode ver a partir da Listagem 10.1, criamos uma tabela chamada PROJECT para o usuário de nome RICHARD. Ela tem sete colunas e uma chave principal. Também inserimos uma linha na tabela, conforme mostrado na Listagem 10.1.

Capítulo 10 - Reprodução avançada de banco de dados

Listagem 10.1: Criação de uma tabela project
```
No site principal
SQL> connect richard/richard
Connected.
SQL>
SQL> CREATE TABLE project
  2       (project_number    NUMBER PRIMARY KEY
  3        description       CHAR(40),
  4        Manager_name      CHAR(40),
  5        location          CHAR(40),
  6        start_date        DATE,
  7        end_date          DATE,
  8        status            CHAR(10));
Table created.
SQL>
SQL> insert into project
  2    values (100, 'Year 2000 Project', 'Richard', 'San Francisco',
  3       '10-JAN-98', -'09-dec-98', 'OPEN');
1 row created.
SQL>
```

Etapa 2 — Crie um registro de tomada instantânea. Agora, no site principal, crie um registro de tomada instantânea para a tabela PROJECT. Como você pode ver da Listagem 10.2, a declaração CREATE SNAPSHOT foi executada com sucesso.

Listagem 10.2: Criação de um registro de tomada instantânea
```
No site principal
SQL>  CREATE SNAPSHOT LOG ON
  2       richard.project
  3          TABLESPACE
  4             userts
  5          STORAGE
  6             (initial 1K next 1K pctincrease 0);
Snapshot log created.
SQL>
```

Etapa 3 — Crie um link no banco de dados. Agora, no site da tomada instantânea, crie um link no banco de dados para apontar para o site principal. Isso deve ser feito usando-se a declaração CREATE DATABASE LINK, como mostrado na Listagem 10.3. Aqui, USING SFO.WORLD é o nome alias (processo alternativo), conforme definido no arquivo TNSNAMES.ORA.

Listagem 10.3: Criação de um link no banco de dados
```
SQL> CREATE DATABASE LINK sfo.world
  2  CONNECT TO richard
  3  IDENTIFIED BY richard
  4  USING 'sfo.world';
Database link created.
SQL>
```

Teste o link. Isso pode ser feito consultando-se uma tabela remota no site principal. Como você pode ver da Listagem 10.4, estamos consultando a tabela RICHARD.PROJECT em SFO.WORLD, especificando a opção "@". Imediatamente, recuperamos uma linha da consulta. No entanto, se tentarmos consultar apenas a tabela RICHARD.PROJECT, ela aponta para o banco de dados local e, como você pode ver da Listagem 10.4, a consulta falha, visto que a tabela não existe.

Listagem 10.4: Como testar o link no banco de dados
```
SQL> select project_number,description
  2  from richard.project@sfo.world;

PROJECT_NUMBER      DESCRIPTION
--------------      ---------------
          100       Year 2000 Project
SQL> select project_number,description
  2  from richard.project;
from richard.project
         *
ERROR at line 2:
ORA-00942: table or view does not exist
SQL>
```

Etapa 4 — Crie uma tomada instantânea. Agora vamos criar uma tomada instantânea. Para fazer isso, você precisa usar a declaração CREATE SNAPSHOT, como mostrado na Listagem 10.5.

Listagem 10.5: Criação de uma tomada instantânea para habilitar atualização rápida
```
SQL> CREATE SNAPSHOT richard.project
  2     TABLESPACE userts
  3     REFRESH FAST
  4  AS
  5     SELECT *
  6     FROM
  7     richard.project@sfo.world;
Snapshot created.
SQL>
```

Etapa 4.1. Visto que criamos um registro de tomada instantânea no site principal, será possível fazer uma atualização rápida (Listagem 10.6). Para tanto, você precisa especificar isso na declaração CREATE SNAPSHOT. O exemplo a seguir mostra o processo necessário. Estamos fazendo uma atualização diária da tabela PROJECT, como especificado por (SYSDATE+1).

Listagem 10.6: Como habilitar a atualização rápida
```
CREATE SNAPSHOT richard.project
TABLESPACE users
     REFRESH FAST
NEXT SYSDATE + 1
AS
     SELECT *
FROM
     richard.project@sfo.world;
```

Etapa 4.2. Para habilitar uma atualização automática. Para habilitar uma atualização automática, você deve especificar os parâmetros START WITH e NEXT na cláusula REFRESH da declaração CREATE SNAPSHOT. Você também precisa habilitar JOB_QUEUE_PROCESSES e JOB_QUEUE_INTERVAL no arquivo INIT.ORA. O seguinte mostra um exemplo de como fazer uma atualização automática em uma tomada instantânea individual.

Listagem 10.7: Como habilitar atualização automática
```
CREATE SNAPSHOT richard.project
TABLESPACE users
     REFRESH FAST
START WITH SYSDATE
NEXT SYSDATE + 1
AS
     SELECT *
FROM
     richard.project@sfo.world;
```

A Listagem 10.8 mostra os objetos que foram gerados por Oracle. No site da tomada instantânea, Oracle criou a tabela SNAP$_PROJECT e a visão PROJECT, enquanto no site principal criou a tabela MLOG$_PROJECT para o registro de tomada instantânea

Listagem 10.8: Objetos gerados por Oracle

No site da tomada instantânea
```
SQL> select table_name from user_tables
  2  where table_name like '%PROJ%';
TABLE_NAME
-----------
SNAP$_PROJECT
SQL> select view_name from user_views
  2  where view_name like '%PROJ%';
VIEW_NAME
-----------
PROJECT
SQL>
```

No site principal
```
SQL> select table_name from user_tables
  2  where table_name like '%PROJ%';
TABLE_NAME
-----------
MLOGS_PROJECT
PROJECT
SQL>
```

Etapa 5 — Como testar a tomada instantânea. Agora, testaremos a tomada instantânea, consultando a tabela PROJECT em ambas as localizações. Como você pode ver a partir da Listagem 10.9, no site principal e no site da tomada instantânea temos uma linha retornada ao consultarmos a tabela PROJECT.

Listagem 10.9: Como testar o site principal
```
No site principal
SQL> select project_number, description
  2  from project;
PROJECT_NUMBER        DESCRIPTION
--------------        -----------
          100         Year 2000 Project
SQL>
```

Listagem 10.10: Como testar o site de tomada instantânea
No site de tomada instantânea
```
SQL> select project_number, description
  2  from project;
PROJECT_NUMBER        DESCRIPTION
--------------        -----------
          100         Year 2000 Project
SQL>
```

Capítulo 10 - *Reprodução avançada de banco de dados* | 537

O que acontecerá se tentarmos inserir uma linha na tabela PROJECT no site da tomada instantânea? Como você pode ver na Listagem 10.11, não é possível fazer quaisquer atualizações ou inserções na tabela PROJECT no site de tomada instantânea.

Listagem 10.11: Inserção de linhas na tabela project no site de tomada instantânea
```
SQL> insert into project(project_number, description)
  2  values
  3  (200,'Oracle8 Migration');
insert into project (project_number, description)
            *
ERROR at line 1:
ORA-01733: virtual column not allowed here
SQL>
```

O que acontece se tentarmos apagar uma linha da tabela PROJECT no site de tomada instantânea? Recebemos uma mensagem de erro ORA-01752, como mostrado na Listagem 10.12.

Listagem 10.12: Remoção de linhas da tabela PROJECT no site de tomada instantânea
```
SQL> delete from project
  2  where project_number = 200;
delete from projects
       *
ERROR at line 1:
ORA-01752: cannot delete from view without exactly one key-preserved
    table
SQL>
```

Como posso atualizar uma tomada instantânea?

Conforme mencionado anteriormente, você pode especificar uma atualização automática usando os parâmetros START WITH e NEXT na cláusula REFRESH da declaração CREATE SNAPSHOT. Esses parâmetros especificam a hora da primeira atualização e o intervalo até a atualização automática. Embora geralmente esse método funcione bem, você pode querer implementar a atualização automática, usando a atualização de grupo. A vantagem disso é que você pode reunir diversas tabelas que precisam ser atualizadas em um grupo e depois atualizar todo o grupo de uma vez. Isso permite consistência de dados.

Etapa 1. Para criar uma atualização de grupo, você precisa executar o procedimento DBMS_REFRESH.MAKE, conforme mostrado na Listagem 10.13. Criaremos o novo grupo atualizado chamado REFRESH-GROUP1, que inicialmente conterá apenas uma tabela, chamada PROJECT. A execução da tomada instantânea inicialmente acontecerá de imediato, porque NEXT_DATE (a próxima data) é SYSDATE (data do sistema). Também, o INTERVAL é ajustado para SYSDATE+1 (60*24), que equivale a um minuto. Assim, depois da atualização inicial, a tomada instantânea será atualizada a cada minuto.

Listagem 10.13: Criação de uma atualização em grupo
```
SQL> execute DBMS_REFRESH.MAKE ( -
>   NAME => 'richard.refresh_group1', -
>   LIST => 'richard.project', -
>   NEXT_DATE => SYSDATE, -
>   INTERVAL => 'SYSDATE+1/(60*24)');
PL/SQL procedure successfully completed.
SQL>
```

Etapa 2. Vamos agora experimentar a atualização. Iremos inserir um novo projeto na tabela PROJECT. Como você pode ver na Listagem 10.14, estamos inserindo um projeto de número 200.

Listagem 10.14: Inserção de um novo projeto

No site principal
```
SQL> insert into project
2   values (200, 'Oracle8 migration Project', 'Richard', 'San Francisco',
3     '10-jan-98', '09-dec-98', 'OPEN');
1 row created.
SQL> commit;
Commit complete.
SQL>
SQL> select * from mlog$_project;
PROJECT_NUMBER   SNAPTIME$      D      O
----------       ------         --     --
CHANGE_VECTOR$$
-----------------------------------------
        200 01-JAN-00            I      N
FE
SQL>
```

Depois de inserido o novo projeto na tabela PROJECT, podemos consultar para ver as linhas, como mostrado na Listagem 10.15.

Listagem 10.15: Consulta à tabela project no site principal
No site principal
```
SQL> select project_number, description
  2  from projects;
PROJECT_NUMBER      DESCRIPTION
----------          -----------
       100          Year 2000 Project
       200          Oracle8 migration Project
SQL>
```

Depois de cerca de um minuto, você notará que os dados foram reproduzidos no site de tomada instantânea, conforme mostrado na Listagem 10.16.

Listagem 10.16: Consulta à tabela project no site de tomada instantânea
```
No site de tomada instantânea
SQL> select project_number, description
  2  from projects;
PROJECT_NUMBER      DESCRIPTION
----------          -----------
       100          Year 2000 Project
       200          Oracle8 migration Project
SQL>
```

Atualização manual no site de tomada instantânea
Você pode atualizar manualmente o site de tomada instantânea, executando o procedimento DBMS_REFRESH_REFRESH, como mostrado na Listagem 10.17.

Listagem 10.17: Atualização manual do site de tomada instantânea
```
SQL> execute DBMS_REFRESH.REFRESH('richard.refresh_group1');
PL/SQL procedure successfully completed.
SQL>

SQL> select project_number, description
  2  from project;
PROJECT_NUMBER      DESCRIPTION
----------          ----------
       100          Year 2000 Project
       200          Oracle8 migration Project
SQL>
```

Conclusão

Tomadas instantâneas são diretas na implementação. São meios básicos para oferecer distribuição de banco de dados e disponibilidade. Tomadas instantâneas podem ser simples ou complexas. Você pode fazer uma atualização rápida ou uma atualização completa, dependendo de suas necessidades. Se a quantidade de dados que você estiver trocando na tabela principal for maior do que 50 por cento, então você deve considerar fazer uma atualização completa.

10.3 — Como implemento uma reprodução assíncrona bidirecional em algumas de minhas tabelas?

Aplica-se a: Oracle8 e Oracle8*i*	Índice do CD: Reprodução assíncrona
Sistema operacional: Todas	

Problema

Somos uma grande empresa de telefonia usando um banco de dados Oracle em muitos lugares. Temos duas localidades (leste e oeste) que lidam com chamadas de clientes para suporte. Sempre que um cliente chama, rastreamos sua chamada na tentativa de oferecer melhor serviço. O sistema permite equilíbrio de carregamento automático, encaminhando as chamadas de clientes para uma das duas localidades, dependendo de qual estiver sendo menos usada. Eu gostaria de implementar uma solução que oferecesse reprodução bidirecional assíncrona de tabelas de cliente, que rastreasse chamadas de suporte. Essa solução nos permitiria garantir que todas as localidades estivessem em *sincronia* em determinada ocasião. Ele também oferecia alta disponibilidade de funcionalidade. Como posso implementar tal solução?

Capítulo 10 - *Reprodução avançada de banco de dados* | 541

Solução

Reprodução é o processo de mover dados entre dois ou mais bancos de dados de uma maneira síncrona ou assíncrona. A reprodução assíncrona também é conhecida como reprodução de armazenar-e-encaminhar, onde as mudanças entre os bancos de dados não são imediatamente aplicadas, porém mais tarde. Nesse modelo de reprodução, quaisquer mudanças em uma tabela primeiro são armazenadas em uma fila local e depois encaminhadas para os outros sites de reprodução. É um modelo onde os outros participantes do site de reprodução não precisam estar disponíveis, visto que os dados são irradiados por um período de tempo. No entanto, a desvantagem é que nenhum dos bancos de dados no modelo de reprodução é *sincronizado*. Dependendo da exigência de seu aplicativo, o modelo assíncrono pode ser uma escolha certa. Entretanto, se você quiser consistência de dados em tempo real, então deve optar pelo modelo de reprodução síncrona, como discutido na pergunta 10.8. A reprodução oferece disponibilidade e distribuição de carregamento de trabalho. Se um dos servidores cair, você ainda poderá acessar seus dados a partir do outro servidor reproduzido.

As vantagens de usar reprodução assíncrona são:
- Ela não exige rede de alta velocidade.
- Ela não exige que outros servidores estejam disponíveis.
- Ela não torna lento o tempo de resposta de transação

Entretanto, existem desvantagens no uso de reprodução assíncrona:
- Suas mudanças não são imediatamente refletidas
- Pode haver conflitos de atualização
- Ela não oferece consistência de dados através dos servidores participantes

Para implementar tal solução, você precisa usar a opção de reprodução avançada Oracle. Para conseguir isso, percorreremos as etapas de como fazer uma reprodução assíncrona.

Etapas

Etapa 1 — Ajuste o ambiente. Antes de implementar a reprodução assíncrona, assegure-se de ter executado o catálogo de sistema de reprodução CATREP.SQL. Isso criará todas as tabelas necessárias para fazer a reprodução.

Catálogo CATREP.SQL
Catrep.sql contém:
```
Rem Packages used by replication catalog views
@@utlraw

Rem Views and tables for the replication catalog
@@catrepc
Rem pl/sql packages used for rdbms replication functionality
@@prvtrawb.plb
Rem pl/sql packages necessary for snapshots
@@catreps
Rem pl/sql packages necessary for masters
Rem comment out the next line for snapshot only functionality
Rem note that the catreps script is always required
@@catrepm
```

Neste exemplo, primeiro criaremos duas tabelas, chamadas phone_number e track_call (número do telefone e rastrear chamada). O esquema para essas tabelas é mostrado nas Listagens 10.18 e 10.19.

Listagem 10.18: Tabela phone_number
```
SQL> CREATE TABLE phone_number
  2       (phone_no    CHAR(14)    PRIMARY KEY
  3        name        CHAR(20),
  4        add1        CHAR(20),
  5        add2        CHAR(20),
  6        city        CHAR(20),
  7        state       CHAR(2),
  8        type        CHAR(1),
  9        comments    CHAR(40));
Table created.
SQL>
```

Listagem 10.19: Tabelas phone_number e track_call
```
SQL> CREATE TABLE track_call
  2       ( track_no    NUMBER PRIMARY KEY,
  3        phone_no    CHAR(14),
  4        type        CHAR(1),
  5        Date_Time   DATE,
  6        comments    CHAR(40));
Table created.
SQL>
```

Fila de trabalho

Periodicamente, o processo em background SNP acorda e, então, executa quaisquer trabalhos que estejam enfileirados. O recurso de reprodução avançada usa a funcionalidade JOB QUEUE (fila de trabalho) para fazer reprodução. (Para saber mais sobre fila de trabalho, consulte a pergunta 4.17.)

Em SFO
```
SVRMGR> connect sys/change_on_install
Connected.
SVRMGR> ALTER DATABASE RENAME GLOBAL_NAME TO SFO.WORLD;
Statement processed.
SVRMGR> show parameters GLOBAL
NAME                  TYPE           VALUE
----------            ----           ------
global_names          boolean        TRUE
SVRMGR>
```

Em NEWYORK
```
SVRMGR> connect sys/change_on_install
Connected.
SVERMGR> ALTER DATABASE RENAME GLOBAL_NAME TO NEWYORK.WORLD;
Statement processed.
SVRMGR> show parameters GLOBAL
NAME                  TYPE           VALUE
----------            ----           ------
global_names          boolean        TRUE
SVRMGR>
```

Etapa 1.1. Inicialize o Oracle Replication Manager. Quando você iniciar o gerenciador de reprodução Oracle8, se não existirem sites principais definidos, ele chamará o assistente de inicialização, que permite definir um. O Setup Wizard (assistente de inicialização), mostrado na Figura 10.2, primeiro perguntará se você deseja criar um site principal ou um site de tomada instantânea. Visto que estamos interessados em reprodução bidirecional, escolheremos o botão de rádio do Setup Master Site (inicialização de site principal).

Etapa 1.2. Defina o novo site principal. Quando você tiver clicado em Next na janela do assistente de inicialização, verá uma outra janela. Como estamos criando um novo site principal, não teremos quaisquer sites principais mostrados na coluna de lista, assim, clique em "New...", como mostrado na Figura 10.3.

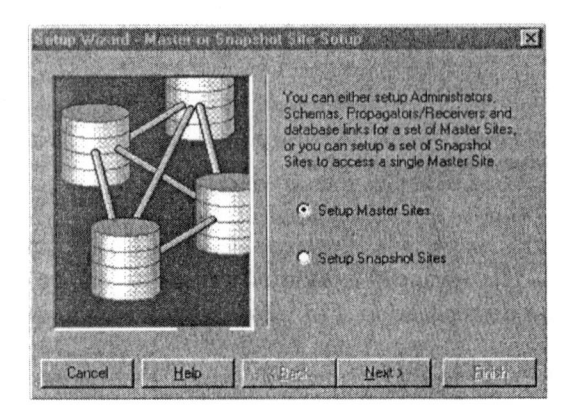

Figura 10.2: Assistente de inicialização para a criação de site principal ou de tomada instantânea

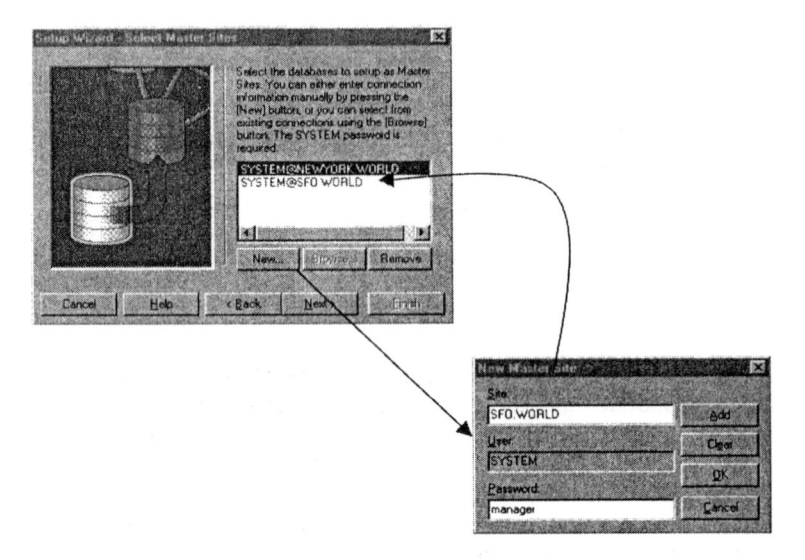

Figura 10.3: Criação de um novo site principal

A partir da janela New Master Site (novo site principal), entre com o nome do banco de dados global do site principal e a senha do usuário de sistema, como mostrado na Figura 10.3. Clique em OK e você retornará à janela Setup Wizard, com uma entrada para SFO.WORLD.

Capítulo 10 - *Reprodução avançada de banco de dados* | 545

Criaremos um outro site principal para NEWYORK.WORLD. Depois de entrar com o nome global/serviço e a senha para o banco de dados remoto, o Setup Wizard agora contém duas definições principais.

Quando tivermos entrado com os sites principais, clicamos no botão Next, que então exibirá a janela Default Admin/Propagator/Receiver (administração padrão/propagador/receptor), mostrada na Figura 10.4.

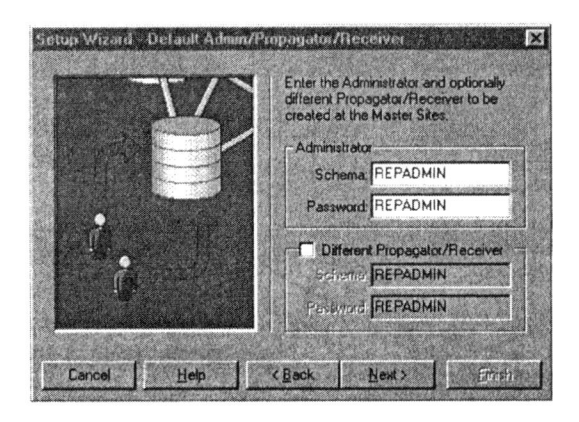

Figura 10.4: Janela Administração Padrão/Propagador/Receptor

Etapa 1.3. Especifique o Admin/Propagator/Receiver padrão. Nessa janela (Figura 10.4), você pode optar por entrar com um nome de usuário para o administrador de reprodução ou escolher o padrão, que é REPADMIN, com REPADMIN como a senha. Você também pode ter um usuário diferente para o Propagator/Receiver, ou, de novo, optar pelo padrão, que é o mesmo que o administrador. Depois, clique em Next para completar a seleção de nomes de usuários.

Etapa 1.4. Selecione os objetos reproduzidos. Quando você tiver fornecido as informações de usuário, o Replication Manager exibirá a janela Replicated Object Schemas (esquemas de objeto reproduzido), conforme mostrado na Figura 10.5.

Aqui, especificaremos o nome de usuário das tabelas a serem reproduzidas. Depois de entrar com NOEL, tendo NOEL como a senha, clicamos em OK para voltar para a janela Replicated Object Schema, onde você pode acrescentar mais esquemas ou escolher ir para a próxima etapa. Clicaremos no botão Next.

Etapa 1.5. Especifique links programados. Na tela seguinte, você verá padrão dos links programados. Aqui você pode escolher o intervalo de reprodução, bem como o número de processos para fazer irradiação paralela, como mostrado na Figura 10.6.

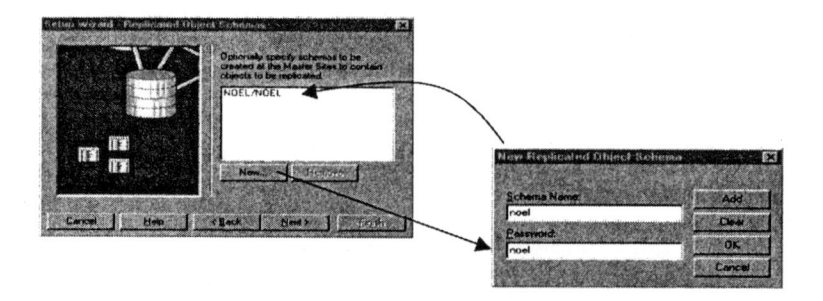

Figura 10.5: Janela de esquema de objeto reproduzido

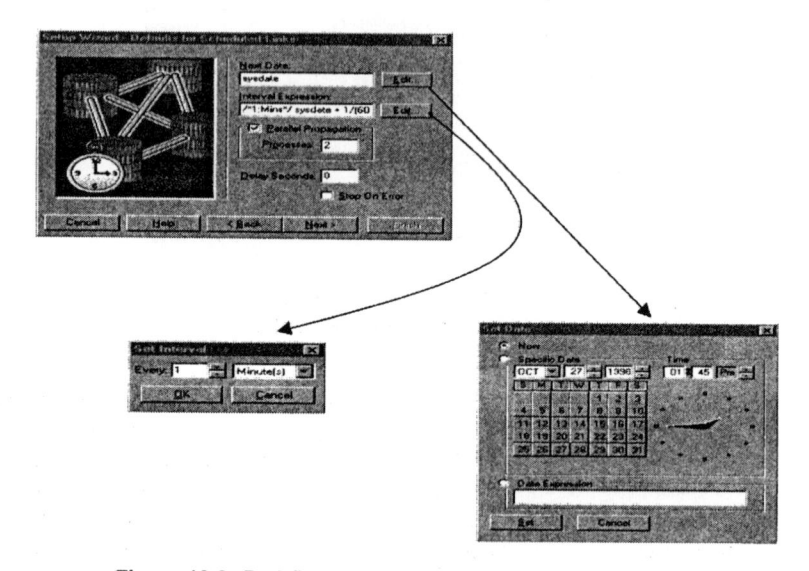

Figura 10.6: Padrões para a janela de links programados

Etapa 1.6. Especifique o padrão de programação de limpeza. Se você clicar no botão Next, verá a janela que controla a configuração para a programação de limpeza padrão, como mostrado na Figura 10.7. Em nosso exemplo, escolhemos limpar a cada 24 horas. Basicamente, a limpeza apaga todas as entradas antigas da fila da tabela.

Capítulo 10 - *Reprodução avançada de banco de dados* | 547

Etapa 1.7. Personalize os sites reproduzidos. Finalmente, após selecionar a programação de limpeza, você obterá uma janela que mostra os seus sites (Figura 10.8). Aqui você pode escolher um deles e personalizar a configuração, para adequá-la ao seu ambiente, ou pode clicar em Next para encerrar o Setup Wizard.

Etapa 1.8. Veja o script gerado pelo Oracle Replication Manager. Ao final do Setup Wizard, você pode ou clicar em Finish (encerrar), para criar o modelo de reprodução, ou "registrar um script", para salvar o script em um arquivo para execução posterior. A Listagem 10.20 mostra o script que foi gerado pelo Setup Wizard, de todas as entradas que fornecemos.

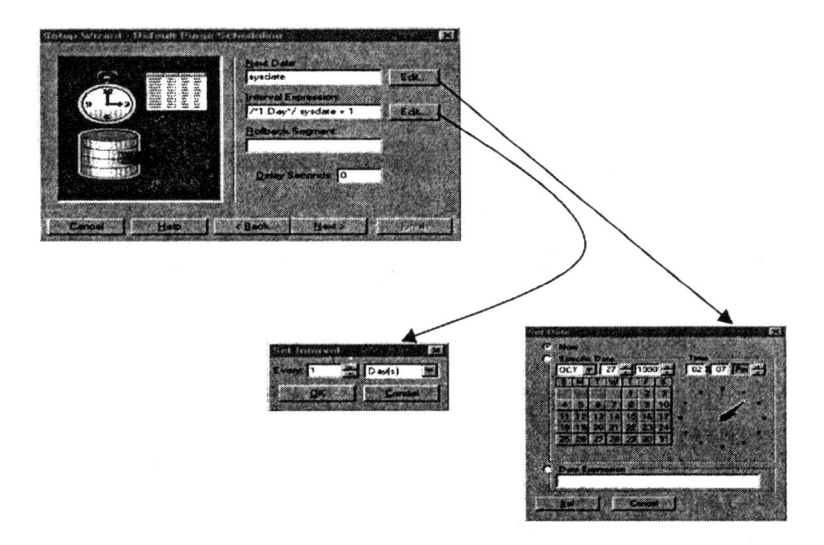

Figura 10.7: Programação padrão de limpeza

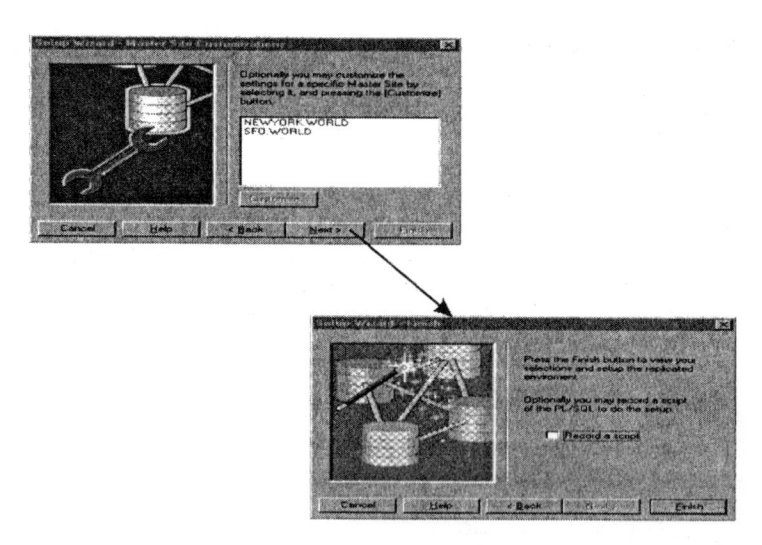

Figura 10.8: Personalização de sites

Listagem 10.20: Script gerado pela reprodução Oracle

```
/*- - Connection to: SYSTEM@NEWYORK.WORLD -*/
/*- - -
Granting admin privileges to used 'REPADMIN' at site 'NEWYORK.WORLD'
- - -*/
begin
       dbms_repcat_admin.grant_admin_any_schema(
       username => 'REPADMIN');
end;
/
/*- - -
Granting admin privileges to user 'REPADMIN' at site 'NEWYORK.WORLD'
- - -*/
grant comment any table to REPADMIN;
/*- - -
Granting admin privileges to user 'REPADMIN' at site 'NEWYORK.WORLD'
- - -*/
grant lock any table to REPADMIN;
/*- - - Connection to: SYSTEM@SFO.WORLD - - -*/
/*- - -
Granting admin privileges to user 'REPADMIN' at site 'SFO.WORLD'
- - -*/
begin
       dbms_repcat_admin.grant_admin_any_schema(
       username => 'REPADMIN');
```

Capítulo 10 - Reprodução avançada de banco de dados

```
end;
/
/*- - -
Granting admin privileges to user 'REPADMIN' at site 'SFO.WORLD'
- - -*/
grant comment any table to REPADMIN;
/*- - -
Granting admin privileges to user 'REPADMIN' at site 'SFO.WORLD'
- - -*/
grant lock any table to REPADMIN;
/*- - - Connection to: SYSTEM@NEWYORK.WORLD - -*/
/*- - -
Granting privileges to user'REPADMIN'
- - -*/
      grant execute any procedure to REPADMIN;
/*- - - Connection to: SYSTEM@SFO.WORLD - -*/
/*- - -
Granting privileges to user 'REPADMIN'
- - -*/
      grant execute any procedure to REPADMIN;

/*- - Connection to: SYSTEM@NEWYORK.WORLD - -*/
/*- - Connection to: REPADMIN@NEWYORK.WORLD - -*/
/*- - -
Scheduling database link 'SFO.WORLD'.
- - -*/
begin
      dbms_defer_sys.schedule_push(
         destination => 'SFO.WORLD'.
         interval => '/*1:Mins*/ sysdate + 1/(60*24)',
         next_date => sysdate,
         stop_on_error => FALSE,
         delay_seconds => 0,
         parallelism => 2);
end;
/
/*- - -
Scheduling purge at site 'NEWYORK.WORLD'
- - -*/
begin
      dbms_defer_sys.schedule_purge(
         next_date => sysdate,
         interval => '/*1:Day*/ sysdate +1',
         delay_seconds => 0,
         rollback_segment => ' ');
end;
/
/*- - Connection to: SYSTEM@SFO.WORLD - -*/
/*- - Connection to: REPADMIN@SFO.WORLD - -*/
/*- - -
Scheduling database link "NEWYORK.WORLD'.
- - -*/
```

```
begin
        dbms_defer_sys.schedule_push(
            destination => 'NEWYORK.WORLD',
            interval => '/*1:Mins*/ sysdate + 1/(60*24)',
            next_date => sysdate,
            stop_on_error => FALSE,
            delay_seconds => 0,
            parallelism => 2);
end;
/
/*- - -
Scheduling purge at site 'SFO.WORLD'
- - -*/
begin
        dbms_defer_sys.schedule_purge(
            next_date => sysdate,
            interval => '/*1:Day*/ sysdate +1',
            delay_seconds => 0,
            rollback_segment => ' ');
end;
/
/*- - Connection to: REPADMIN@NEWYORK.WORLD - -*/
/*- - Connection to:SYSTEM@NEWYORK.WORLD - -*/
/*- - -
Granting privileges to user 'NOEL'
- - -*/
        grant alter session to NOEL;
/*- - -
Granting privileges to user 'NOEL'
- - -*/
        grant create cluster to NOEL;
/*- - -
Granting privileges to user 'NOEL'
- - -*/
        grant create database link to NOEL;
/*- - -
Granting privileges to user 'NOEL'
- - -*/
        grant create sequence to NOEL;
/*- - -
Granting privileges to user 'NOEL'
- - -*/
        grant create session to NOEL;
/*- - -
Granting privileges to user 'NOEL'
- - -*/
        grant create synonym to NOEL;
/*- - -
Granting privileges to user 'NOEL'
- - -*/
        grant create table to NOEL;
```

Capítulo 10 - *Reprodução avançada de banco de dados* | 551

```
/*- - -
Granting privileges to user 'NOEL'
- - -*/
      grant create view to NOEL;
/*- - -
Granting privileges to user 'NOEL'
- - -*/
      grant create procedure to NOEL;
/*- - -
Granting privileges to user 'NOEL'
- - -*/
      grant create trigger to NOEL;
/*- - -
Granting privileges to user 'NOEL'
- - -*/
      grant unlimited tablespace to NOEL;
/*- - -
Granting privileges to user 'NOEL'
- - -*/
      grant create type to NOEL;
/*- - -
Granting privileges to user 'NOEL'
- - -*/
      grant create any snapshot to NOEL;
/*- - -
Granting privileges to user 'NOEL'
- - -*/
      grant alter any snapshop to NOEL;
/*- - Connection to: SYSTEM@SFO.WORLD -*/
/*- - -
Granting privileges to user 'NOEL'
- - -*/
      grant alter session to NOEL;
/*- - -
Granting privileges to user 'NOEL'
- - -*/
      grant create cluster to NOEL;
/*- - -
Granting privileges to user 'NOEL'
- - -*/
      grant create database link to NOEL;
/*- - -
Granting privileges to user 'NOEL'
- - -*/
      grant create sequence to NOEL;
/*- - -
Granting privileges to user 'NOEL'
- - -*/
      grant create session to NOEL;
```

```
/*- - -
Granting privileges to user 'NOEL'
- - -*/
     grant create synonym to NOEL;
/*- - -
Granting privileges to user 'NOEL'
- - -*/
     grant create table to NOEL;
/*- - -
Granting privileges to user 'NOEL'
- - -*/
     grant create view to NOEL;
/*- - -
Granting privileges to user 'NOEL'
- - -*/
     grant create procedure to NOEL;
/*- - -
Granting privileges to user 'NOEL'
- - -*/
     grant create trigger to NOEL;
/*- - -
Granting privileges to user 'NOEL'
- - -*/
     grant unlimited tablespace to NOEL;
/*- - -
Granting privileges to user 'NOEL'
- - -*/
     grant create type to NOEL;
/*- - -
Granting privileges to user 'NOEL'
- - -*/
     grant create any snapshot to NOEL;
/*- - -
Granting privileges to user 'NOEL'
- - -*/
     grant alter any snapshot to NOEL;
```

Etapa 2 — Conecte-se com os sites reproduzidos. Uma vez que o modelo de reprodução tenha sido montado, você pode conectar-se com os bancos de dados, usando o Oracle Replication Manager. Como você pode ver na Figura 10.9, temos dois sites que conectamos a ambos.

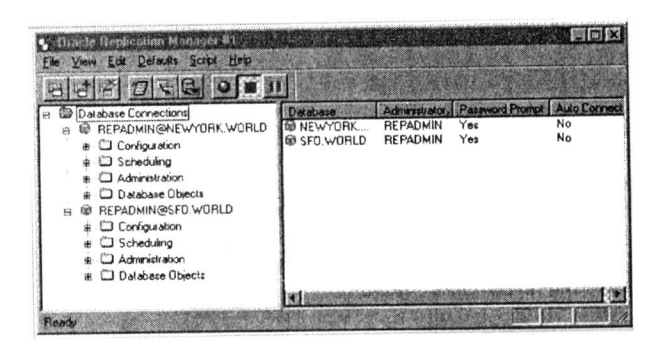

Capítulo 10 - *Reprodução avançada de banco de dados* | 553

Figura 10.9: Uso do gerenciador de reprodução Oracle

Etapa 3 — Crie um grupo principal. Uma vez que você tenha se conectado com os bancos de dados, precisará criar um grupo principal. A Figura 10.10 mostra como fazê-lo, usando o Oracle Replication Manager.

Etapa 4 — Acrescente um destino para o grupo. Se você não tiver uma chave principal, Oracle lhe dirá para entrar com uma chave alternativa. Você também precisa acrescentar um destino ao grupo principal. No exemplo mostrado na Figura 10.11, você pode ver que o destino é NEWYORK, com reprodução assíncrona para o grupo principal.

Etapa 5 — Gere suporte de reprodução. Finalmente, você precisa escolher a linha das propriedades de suporte de reprodução. Essas incluem Generate, para gerar suporte para reprodução, e Min Communications (minimizar comunicações), que está disponível no Oracle8 para minimizar a reprodução de comunicação de rede (veja a Figura 10.12).

Etapa 6 — Reinicie a atividade de reprodução. Escolhendo-se Resume Replication Activity (reiniciar atividade de reprodução), Oracle automaticamente reiniciará a reprodução, uma vez que o suporte à mesma foi completado. Como você pode ver na Figura 10.13, a reprodução do Oracle está gerando suporte para o grupo.

Se você vir que existem solicitações administrativas pendentes e que não estão se completando, pode executá-las manualmente, clicando à direita na pasta Admin Requests (solicitações administrativas) no grupo apropriado e escolhendo "aplicar agora todas as solicitações administrativas" no site principal e a definição do site principal. Quando todas as solicitações tiverem sido executadas, você verá uma exibição informando "Não foram encontradas solicitações administrativas." Você também pode clicar no grupo principal e escolher a opção de propriedades. Na guia Operations, escolha Apply Now (aplicar agora) para todos os sites. A janela Master Group (grupo principal) mostrará a situação, conforme apresentado na Figura 10.14.

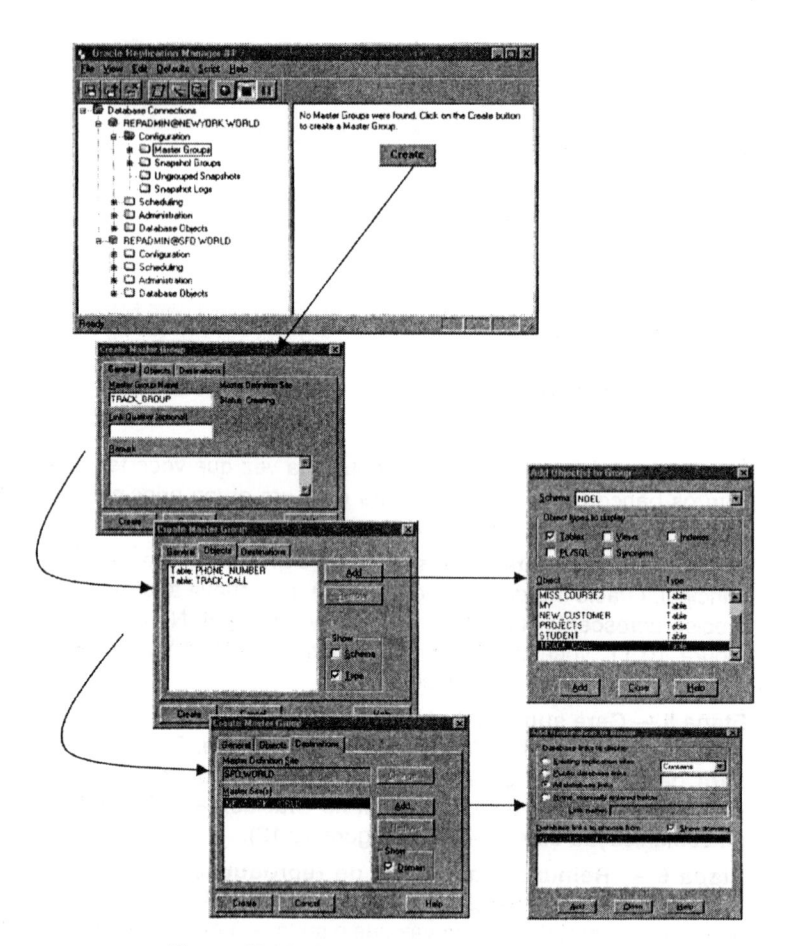

Figura 10.10: Criação de um grupo principal usando o gerenciador de reprodução Oracle

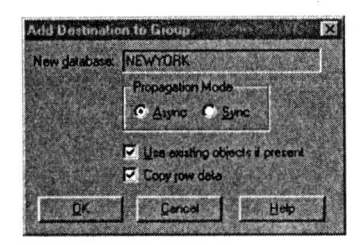

Capítulo 10 - *Reprodução avançada de banco de dados* | 555

Figura 10.11: Acréscimo de um destino a um grupo

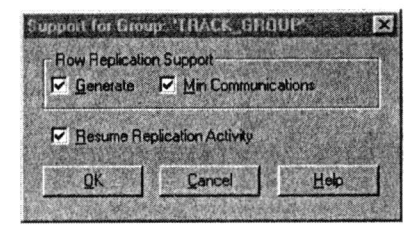

Figura 10.12: Geração de suporte a reprodução

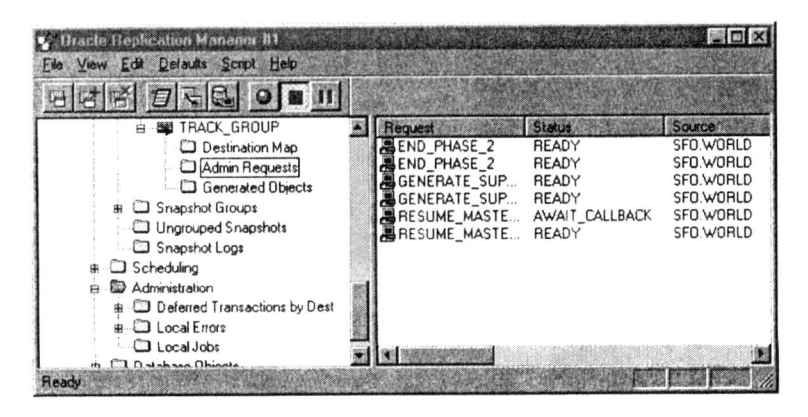

Figura 10.13: Gerenciador de reprodução Oracle

Etapa 7 — O grupo foi ativado. Quando a reprodução do grupo estiver pronta, você deverá ver uma exibição gráfica da iniciação da reprodução para o seu ambiente, clicando no Destination Map (mapa de destino) no grupo, como mostrado na Figura 10.15.

Etapa 8 — Teste a reprodução. Agora, estamos prontos para experimentar a reprodução. Vamos percorrer o processo.

Em SFO

Como você pode ver a partir da Listagem 10.21, existem duas linhas na tabela PHONE_NUMBER.

Listagem 10.21: Consulta à tabela phone_number
```
SQL> select phone_no,name from phone_number;
PHONE_NO              NAME
---------             -----
1-123-456-7890        Noel Y
1-783-999-8888        Adrian B
SQL>
```

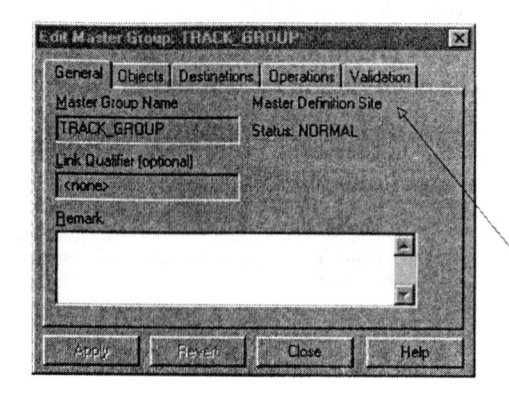

Figura 10.14: A 'rodução do grupo ACK_GROUP está pronta

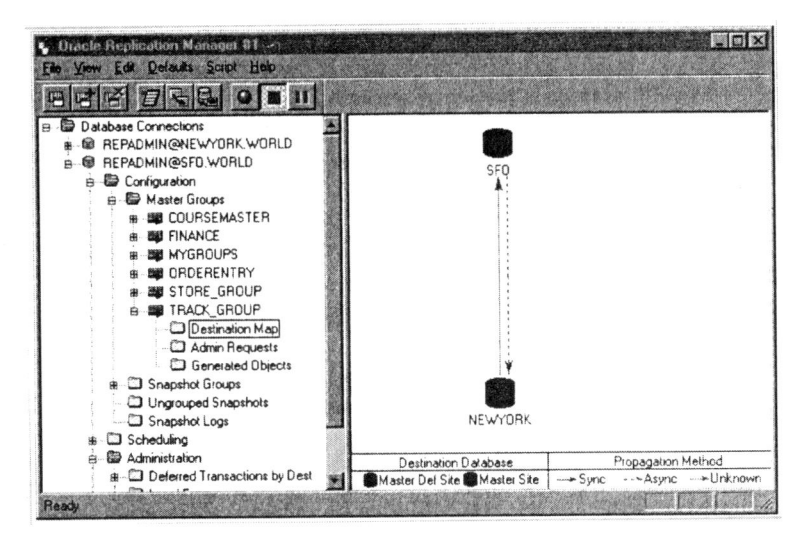

Figura 10.15: Mapa de destino

Em SFO

Agora, inseriremos dois novos números de telefone no site SFO, como mostrado na Listagem 10.22.

Listagem 10.22: Inserção de novos números de telefone
```
SQL> insert into phone_number(phone_no,name)
  2  values ('1-444-555-6666', 'George A');
1 row created.
SQL> insert into phone_number(phone_no,name)
  2  values ('1-555-777-8888','Ronald N');
1 row created.
SQL> commit;
Commit complete.
SQL>
```

Em NEWYORK

Depois de 60 segundos, a linha se move para o servidor NEWYORK. Por que demora 60 segundos para a linha ser irradiada para o destino? Porque ajustamos o intervalo de irradiação para 60 segundos.

Agora, se consultarmos o servidor NEWYORK na tabela PHONE-NUMBER, você poderá ver que ele contém quatro linhas (Listagem 10.23).

Listagem 10.23: Consulta à tabela phone_number
```
SQL> select phone_no,name from phone_number;
PHONE_NO          NAME
---------         -----
1-123-456-7890    Noel Y
1-783-999-8888    Adrian B
1-444-555-6666    George A
1-555-777-8888    Ronald N
SQL>
```

Agora, vamos inserir um novo empregado em NEWYORK e ver se ele chega a SFO e quantos segundos isto leva.

A Listagem 10.24 mostra que inserimos um novo número de telefone no site NEWYORK.

Listagem 10.24: Inserção de um novo número de telefone no site NEWYORK
```
SQL> insert into phone_number(phone_no,name)
  2  values ('1-777-888-9999', 'Steve Y');
1 row created.
SQL> commit;
Commit complete.
SQL>
```

Em SFO

Depois de 60 segundos somos capazes de obter o registro do novo empregado em SFO. Agora, se consultarmos a tabela PHONE_NUMBER, você verá cinco linhas (Listagem 10.25).

Listagem 10.25: Consulta à tabela de número de telefone no site SFO
```
SQL> select phone_no,name from phone_number;
PHONE_NO          NAME
---------         -----
1-123-456-7890    Noel Y
1-783-999-8888    Adrian B
1-444-555-6666    George A
1-555-777-8888    Ronald N
1-777-888-9999    Steve Y
SQL>
```

Conclusão

Para implementar tal solução, você precisa usar a opção de reprodução avançada Oracle. Embora você possa escrever os seus próprios scripts para implementar o recurso de reprodução, é recomendado que use o Oracle Replication Setup Wizard. O assistente de inicialização também pode gerar um script para você, que pode ser personalizado para o seu ambiente.

Capítulo 10 - Reprodução avançada de banco de dados | 559

10.4 — O que é reprodução processual e como posso implementá-la?

Aplica-se a: Oracle8 e Oracle8*i*	Índice do CD: Reprodução processual
Sistema operacional: Todos	

Problema

Eu já tenho implementada a reprodução assíncrona bidirecional em algumas de minhas tabelas. No entanto, uma das tabelas, que atualmente tem mais de 1 milhão de linhas, precisa ser atualizada durante à noite em processos de grupo. Esse programa atualiza mais de 60 por cento das linhas, usando as declarações DML. Infelizmente, isso gera muitas mudanças que têm que ser reproduzidas para o site principal. Isso não apenas toma tempo, mas também torna lenta a nossa rede. O que posso fazer para que as mudanças sejam reproduzidas para o outro principal com um mínimo de atraso e código extra de rede?

Solução

A solução para esse problema é a reprodução processual. Ela aperfeiçoa o desempenho se você estiver mudando uma grande porcentagem de suas linhas usando declarações DML. O conceito por trás da reprodução processual é que você não precisa enviar as linhas que foram mudadas, mas enviar a própria declaração DML para os sites principais, para execução. Essa abordagem não apenas reduz o código extra de rede, mas melhora o desempenho das atualizações.

Antes de tudo, você precisa implementar pacotes e procedimentos em seu aplicativo. DML simples não será reproduzido em uma solução de reprodução processual. Portanto, se você tiver muitas declarações DML, deve agrupá-las, juntando-as em procedimentos, que devem ser colocados em um pacote.

Para implementar essa solução, copie os procedimentos de cada um dos sites principais envolvidos na reprodução. A reprodução processual usa um procedimento de envoltório para chamar os procedimentos armazenados com os argumentos e depois os executa em outros sites. Embora você possa ter ambas as reproduções, em nível de linha e processual, na mesma tabela, isso não é recomendado.

A forma como a reprodução processual trabalha é a seguinte: Quando um procedimento armazenado é executado no site principal local, automaticamente o envoltório insere linhas relevantes ao procedimento, bem como os argumentos, na tabela de sistema DEFCALL. Então, as entradas na tabela de sistema DEFCALL são encaminhadas para os outros sites principais, onde o procedimento também é executado.

Para garantir que a reprodução processual funcione sem problemas, você deve ajustar os seguintes parâmetros INIT.ORA:

```
JOB_QUEUE_PROCESSES=2            # Or more
JOB_QUEUE_INTERVAL=30            # In seconds
SHARED_POOL_SIZE=25000000        # At least 25 MB
GLOBAL_NAMES=TRUE                #
DISTRIBUTED_TRANSACTION=10       #
DISTRIBUTED_LOCK_TIMEOUT=300     #
OPEN_LINKS=5                     # At least 5
```

Etapas

Nessa inicialização, teremos dois principais, chamados SFO e NEWYORK. A definição do site principal será SFO. Teremos um procedimento chamado UPDATE_EMP.

> **Etapa 1 — Ajuste o ambiente.** Primeiro, faça uma inicialização básica. Crie um usuário chamado NOELY e conceda-lhe privilégios (Listagem 10.26). Depois, registre aquele usuário e crie um link para o banco de dados (Listagem 10.27). Finalmente, crie uma tabela chamada VIDEOS, conforme mostrado na Listagem 10.28.
>
> **Etapa 1.1 Crie um usuário**
>
> **Listagem 10.26: Criação de um usuário**

```
Em SFO
SQL> @sfsetup1
SQL> set echo ON;
SQL>
SQL> CONNECT system/manager;
Connected.
SQL> CREATE USER noely
  2  IDENTIFIED BY noely;
User created.
SQL> GRANT CONNECT TO noely;
Grant succeeded.
SQL> GRANT RESOURCE TO noely;
Grant succeeded.
SQL>
```

Etapa 1..2. Crie um link para o banco de dados.

Listagem 10.27: Criação de um link para o banco de dados
```
SQL> CONNECT noely/noely;
Connected.
SQL> CREATE DATABASE LINK NEWYORK.WORLD
  2    CONNECT TO noely
  3    IDENTIFY BY noely
  4    USING 'NEWYORK.WORLD';
Database link created.
SQL>
SQL> connect sys/change_on_install;
Connected.
SQL> grant EXECUTE ON SYS.DBMS_DEFER TO noely;
Grant succeeded.
SQL> grant EXECUTE ON SYS.DBMS_DEFER_SYS TO noely;
Grant succeeded.
SQL>
```

Etapa 1.3. Crie uma tabela demonstrativa.

Listagem 10.28: Criação de uma tabela videos
```
SQL> connect noely/noely;
Connected.
SQL> CREATE TABLE videos (
  2      video_number      NUMBER PRIMARY KEY,
  3      name              CHAR(40),
  4      description       CHAR(40),
  5      release_date      DATE,
  6      price             NUMBER,
  7      stock_in_hand     NUMBER);
Table created.
SQL>
```

Etapa 2 — Inicialize outro principal. No outro site (NEWYORK), repetiremos a mesma inicialização mostrada na Listagem 10.29.

Listagem 10.29: Inicialização do ambiente
```
Em NEWYORK
SQL> @nysetup1
SQL>
SQL> CONNECT system/manager;
Connected.
SQL> CREATE USER noely
  2  IDENTIFIED BY noely;
User created.
SQL> GRANT CONNECT TO noely;
Grant succeeded.
SQL> GRANT RESOURCE TO noely;
Grant succeeded.
SQL>
SQL> CONNECT noely/noely;
Connect.
SQL> CREATE DATABASE LINK SFO.WORLD
  2  CONNECT TO noely
  3  IDENTIFIED BY noely
  4  USING 'SFO.WORLD';
Database link created.
SQL>
SQL> connect sys/change_on_install;
Connected.
SQL> grant EXECUTE ON SYS.DBMS_DEFER TO noely;
Grant succeeded.
SQL> grant EXECUTE ON SYS.DBMS_DEFER_SYS TO noely;
Grant succeeded.
SQL>
SQL> connect noely/noely;
Connected.
SQL> CREATE TABLE videos (
  2     video_number      NUMBER PRIMARY KEY,
  3     name              CHAR(40),
  4     description       CHAR(40),
  5     release_date      DATE,
  6     price             NUMBER,
  7     stock_in_hand     NUMBER);
Table created.
SQL>
```

Etapa 3 — Insira alguns dados de teste. Em ambos os sites, faremos agora algumas inserções à tabela VIDEOS, para simular uma tabela cheia (Listagem 10.30).

Listagem 10.30: Inserção de dados na tabela videos

```
Em SFO e NEWYORK
SQL> @insert_videos
SQL> insert into videos values
  2  (1, 'Godzilla', 'Action', '10-OCT-1998', 19.99,1000);
1 row created.
SQL> insert into videos values
  2  (2, 'Titanic', 'Action', '15-SEP-1998', 19.99,1000);1
1 row created.
SQL> insert into videos values
  2  (3,'Men in Black', 'Action', '6-AUG-1998',19.00,1000);
1 row created.
SQL> insert into videos values
  2  (4, 'Lost in Space','Science Fiction', '2-NOV-1998',19.99,1000);
1 row created.
SQL>
```

Etapa 4 — Crie um pacote e um corpo de pacote. Agora, criaremos um pacote e um corpo de pacote chamado VIDEOS_UPDATE, conforme mostrado na Listagem 10.31. O procedimento, chamado PRICE_UPDATE_PROC atualizará a coluna PRICE (preço) na tabela VIDEOS. Basicamente, ele aumentará em 10 por cento todos os preços de vídeo.

Listagem 10.31: Criação de um pacote e um corpo de pacote

```
Em SFO
SQL> @sfsetup2
SQL> connect repadmin/repadmin;
Connected.
SQL> CREATE or REPLACE PACKAGE noely.videos_update
  2  IS
  3  PROCEDURE price_update_proc;
  4  END videos_update;
  5  /
Package created.
SQL> CREATE or REPLACE PACKAGE BODY noely.videos_update
  2  IS
  3  PROCEDURE price_update_proc
  4  IS
  5  BEGIN
  6  UPDATE videos set price = price + (price* 0.1);
  7  END price_update_proc;
  8  END videos_update;
  9  /
Package body created.
SQL>
```

Etapa 5 — Crie um grupo principal. No site SFO, criaremos um grupo principal, chamado STORE_GROUP e teremos o pacote e o corpo do pacote declarados naquele grupo (Listagem 10.32).

Listagem 10.32: Criação do grupo principal
```
SQL> @sfsetup3
CONNECT repadmin/repadmin;
Connected.
SQL> execute DBMS_REPCAT.CREATE_MASTER_REPGROUP( -
>      gname= > 'STORE_GROUP');
PL/SQL procedure successfully completed.
SQL> execute DBMS_REPCAT.CREATE_MASTER_REPOBJECT(-
>      sname= > 'noely', -
>      oname= > 'videos_update', -
>      type= > 'PACKAGE', -
>      gname= > 'STORE_GROUP');
PL/SQL procedure successfully completed.
SQL> execute DBMS_REPCAT.CREATE_MASTER_REPOBJECT( -
>      sname= > 'noely', -
>      oname= > 'videos_update', -
>      type= > 'PACKAGE BODY', -
>      gname= > 'STORE_GROUP');
PL/SQL procedure successfully completed.
SQL>
```

Etapa 6 — Gere suporte de reprodução para os objetos. Uma vez que o grupo principal tenha sido criado, então geraremos suporte para a reprodução de objetos, conforme mostrado na Listagem 10.33

Listagem 10.33: Geração de suporte para reprodução
```
SQL> @sfsetup4
SQL> set ECHO ON;
SQL> execute DBMS_REPCAT.GENERATE_REPLICATION_SUPPORT( -
>      sname= > 'noely', -
>      oname=> 'videos_update', -
>      type= > 'PACKAGE');
PL/SQL procedure successfully completed.
SQL> execute DBMS_REPCAT.GENERATE_REPLICATION_SUPPORT( -
>      sname= > 'noely', -
>      oname= > 'videos_update', -
>      type= > 'PACKAGE BODY');
PL/SQL procedure successfully completed.
SQL>
```

Capítulo 10 - *Reprodução avançada de banco de dados* | 565

Etapa 7 –Acrescente um novo principal. Podemos, então, acrescentar o site NEWYORK como um principal do STORE_GROUP, como mostrado na Listagem 10.34. Desta vez, NEWYORK terá recebido a definição de pacote e corpo de pacote.

Listagem 10.34: Definição de um novo principal para o grupo
```
SQL> @setup5
SQL> set ECHO ON;
SQL> execute DBMS_REPCAT.ADD_MASTER_DATABASE( -
>     gname= > 'STORE_GROUP', -
>     master= > 'NEWYORK.WORLD');
PL/SQL procedure successfully completed.
SQL>
```

Etapa 8 — Reinicie a atividade de reprodução. E, finalmente, ativamos aquele grupo, como mostrado na Listagem 10.35.

Listagem 10.35: Reinício de store group (grupo de lojas)
```
SQL> @sfsetup6
SQL> set ECHO ON;
SQL> execute DBMS_REPCAT.RESUME_MASTER_ACTIVITY( -
>     gname=> 'STORE_GROUP', -
>     override= > TRUE);
PL/SQL procedure successfully completed.
SQL>
```

Etapa 9 — Execute o procedimento no servidor NEWYORK. Agora, vamos tentar executar o procedimento PRICE_UPDATE_PROC em NEWYORK e o executaremos tanto local quanto remotamente, como mostrado na Listagem 10.36.

Listagem 10.36: Execução do procedimento

Em NEWYORK
```
SQL> @nysetup2
SQL> set ECHO ON;
SQL> execute noely.DEFER_VIDEOS_UPDATE.PRICE_UPDATE_PROC( -
>     call_local= > 'Y', -
>     call_remote= > 'Y');
PL/SQL procedure successfully completed.
SQL>
```

Se consultarmos a tabela deftran em NEWYORK, devemos ver uma transação que foi alinhada (Listagem 10.37).

Listagem 10.37: Consulta à tabela DEFTRAN

```
SQL> @nysetup3
SQL> connect repadmin/repadmin
Connected.
SQL> select * from deftran;
DEFERRED_TRAN_ID      DELIVERY_ORDER        D       START_TIM
----------------      --------------        --      ---------
7.17.479              207858                R       06-NOV-98
SQL> select * from defcall;
CALLNO DEFERRED_TRAN_ID                      SCHEMANAME
------ ----------------                      ----------------------
PACKAGENAME            PROCNAME                       ARGCOUNT
------------           ------------                   ---------
     0 7.17.479                               NOELY
VIDEOS_UPDATE          PRICE_UPDATE_PROC                     0
SQL>
```

Etapa 10 — Valide os dados em ambos os servidores. Vamos agora garantir que o procedimento seja executado como pretendido, consultando a tabela VIDEOS. Como você pode ver a partir da Listagem 10.38, o preço, que originalmente era de $19.99 em NEWYORK, agora é de $21.99.

Listagem 10.38: Consulta à tabela videos em NEWYORK

```
SQL> connect noely/noely
Connected.
SQL> select name,price from videos;
NAME                     PRICE
---------------          ------
Godzilla                 21.99
Titanic                  21.99
Men in Black             21.99
Lost in Space            21.99
SQL>
```

Entretanto, se consultarmos a tabela VIDEOS em SFO, o preço ainda mostra $19.99 (Listagem 10.39). Isso ocorre porque o procedimento ficou na fila em NEWYORK.

Listagem 10.39: Consulta à tabela videos em SFO
```
SQL> select name,price from videos@sfo.world;
NAME                            PRICE
----------------                ------
Godzilla                        19.99
Titanic                         19.99
Men in Black                    19.99
Lost in Space                   19.99
SQL>
```

Etapa 11 — Force a execução de transações adiadas. Você pode esperar até Oracle execute os trabalhos na fila, ou forçar a execução de todas as transações adiadas, em NEWYORK, conforme mostrado na Listagem 10.40.

Listagem 10.40: Como forçar a execução de transações adiadas
Em NEWYORK
```
SQL> execute DBMS_DEFER_SYS.EXECUTE('SFO.WORLD');
PL/SQL procedure successfully completed.
SQL>
```

Finalmente, se consultarmos ambos os locais, os resultados agora são iguais (Listagem 10.41).

Listagem 10.41: Consulta à tabela videos em ambos os locais
```
SQL> select name,price from videos;
NAME                            PRICE
----------------                ------
Godzilla                        21.99
Titanic                         21.99
Men in Black                    21.99
Lost in Space                   21.99
SQL> select name,price from videos@sfo.world;
NAME                            PRICE
----------------                ------
Godzilla                        21.99
Titanic                         21.99
Men in Black                    21.99
Lost in Space                   21.99
SQL>
```

Conclusão

A reprodução processual melhora o desempenho se você estiver mudando um grande percentual de suas linhas usando declarações DML. A idéia por trás da reprodução processual é que você não precisa enviar linhas que foram mudadas, apenas a própria declaração DML para os sites principais, para a execução. Essa abordagem não apenas reduz o código extra da rede, como melhora o desempenho total.

10.5 — Como soluciono conflitos em meu ambiente reproduzido?

Aplica-se a: Oracle8 e Oracle8*i*	Índice do CD: Solução de conflito
Sistema operacional: Todos	

Problema

Somos uma grande emprega de telefonia que já tem implementada uma reprodução assíncrona bidirecional para rastrear chamadas de suporte. No entanto, estamos vendo muitos conflitos em algumas de nossas tabelas. Como podemos implementar uma solução para que tenhamos controle total sobre como os conflitos são solucionados?

Solução

Se você tiver um ambiente de reprodução avançado, no qual você permite a cada site principal atualizar assincronamente os dados, então há possibilidades de que um conflito ocorra. Portanto, antes de implementar um recurso de reprodução avançado, você deve considerar as tabelas que serão atualizadas e removidas e os sites nos quais as mudanças serão feitas. Basicamente, você precisa pensar um pouco sobre o estágio de projeto ao implementar o recurso de reprodução avançada. Os projetistas de aplicativo devem estar cientes de como a reprodução Oracle funciona e as melhores formas de solucionar conflitos, se houver. Conflitos só podem surgir com reprodução assíncrona e não com reprodução síncrona, visto que, na última implementação, a transação faz um comprometimento (commit) em duas fases, para garantir que a transação se completa ou retorna para cada um dos sites principais.

Tipos de conflitos

Conflitos de atualização. Esse tipo de conflito ocorre quando duas transações se originando de diferentes sites principais atualizar. a mesma linha, mais ou menos ao mesmo tempo.

Conflitos de individualidade. Quando duas transações se originam de diferentes sites principais, ambas tentando inserir a mesma chave principal, pode acontecer o conflito de individualidade.

Conflitos de remoção. Ocorrem quando duas transações se originam de diferentes sites principais e uma transação está apagando uma linha, enquanto a outra está atualizando ou apagando a mesma linha, simultaneamente.

Tipos de propriedades

Propriedade principal do site. No modelo de propriedade principal do site, não há conflitos, pois apenas um site principal pode atualizar os dados.

Propriedade dinâmica do site. Esse modelo é menos restritivo do que a propriedade principal do site. Nesse modelo, o site atualizado se move de um principal para outro, dependendo de quem quer atualizar a linha. Esse modelo garante que nenhum dos dois sites será capaz de atualizar a mesma linha, ao mesmo tempo.

Grupos de coluna

Grupos de coluna são usados por Oracle para detectar e solucionar conflitos de atualização. Basicamente, esse procedimento agrupa colunas em uma tabela para formar uma "coluna lógica."

Características de grupos de coluna
- Uma coluna pode pertencer apenas a um grupo de coluna
- Conflitos podem ser solucionados por colunas no grupo de coluna

Métodos de solução de conflitos

Valor anterior de timestamp. Neste método, o Oracle aplica o valor das mudanças anteriores. Você precisa especificar a coluna, no grupo de colunas contendo o timestamp.

Valor do último timestamp. Neste método, o Oracle aplica o valor com as últimas mudanças. Novamente, você precisa especificar a coluna no grupo de coluna, contendo o timestamp.

Site prioritário. Este método usa o nome do banco de dados global para determinar a prioridade. Você precisa especificar a coluna, no grupo de colunas, que contém as informações do site prioritário.

Aditivo. Este método acrescenta a diferença entre os antigos e os novos valores de coluna ao valor da coluna atual no site de destino. Você só pode ter uma coluna no grupo de coluna.

Valor mínimo. Para solucionar conflitos, este método usa o menor de dois valores de cada um dos sites principais. Para usar esse método, você precisa especificar uma coluna, no grupo de colunas, que será usada para solucionar o conflito.

Valor máximo. Como você pode supor, este método usa o maior de dois valores de cada um dos sites principais. Para usá-lo, novamente você precisa especificar uma coluna, no grupo de colunas, que será usada para solucionar o conflito.

Sobregravar e descartar. No método de sobregravar, Oracle sobregrava o valor atual no site local com o novo valor de outro site principal, enquanto no método de descartar, descarta o novo valor juntamente com o site remoto.

Então, o que não pode ser solucionado?

Existem alguns tipos de conflito que não têm solução. Você está sozinho para desenvolver tais soluções de conflitos.

- apagar conflitos
- conflitos de chave principal de coluna
- conflitos de reprodução processual
- conflitos de restrições de integridade referencial

Etapas

Vamos dar continuidade ao nosso exemplo, com base na pergunta 10.3, onde criamos duas tabelas em um aplicativo de suporte a cliente, uma tabela PHONE_NUMBER para armazenar informações pertencentes ao cliente, e TRACK_CALL para rastrear chamadas de suporte. Ambas as tabelas foram armazenadas no grupo principal TRACK_GROUP, com a definição do site principal em SFO. Usaremos a coluna DATE_TIME para armazenar a data do sistema e a usaremos para a solução de conflito.

Antes de você acrescentar o método de solução de conflito, precisa parar a atividade de reprodução. Se não o fizer, a reprodução Oracle lhe dirá para fazê-lo.

Etapa 1. Usando o Oracle Replication Manager, crie um grupo de colunas chamado TRACK_COLUMN_GROUP, como mostrado na Figura 10.16.

Etapa 2. Agora, escolha a coluna DATE_TIME e depois acrescente Add Update Resolution Method (acrescentar método de solução de atualização), conforme mostrado na Figura 10.17.

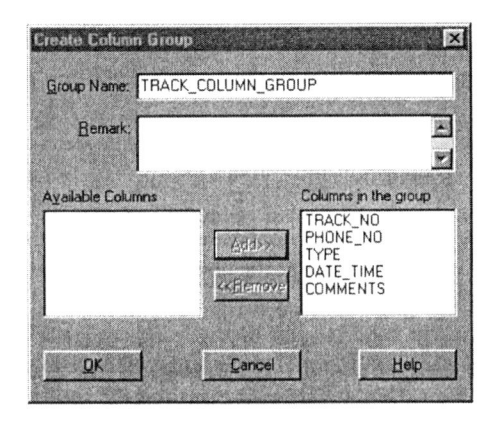

Capítulo 10 - *Reprodução avançada de banco de dados* | 571

Figura 10.16: Criação de um grupo de colunas

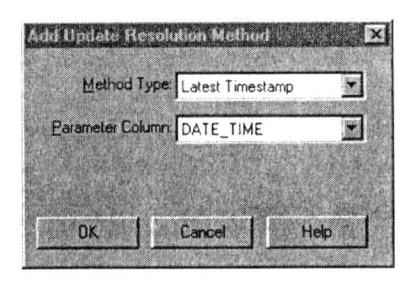

Figura 10.17: Acréscimo do método de solução de atualização

Como pode ser visto na Figura 10.18, em TRACK_COLUMN_GROUP acrescentamos um método de solução baseado no timestamp mais recente.

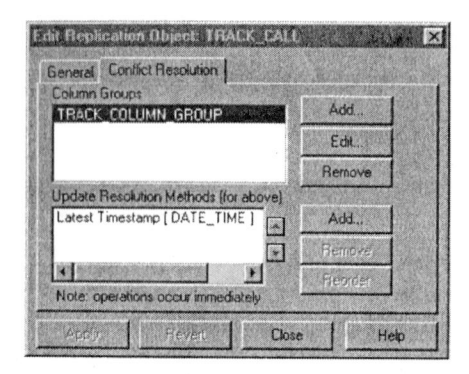

Figura 10.18: Visão do método de solução

Etapa 3. Finalmente, gere o suporte para as mudanças em TRACK_GROUP, como mostrado na Figura 10.19.

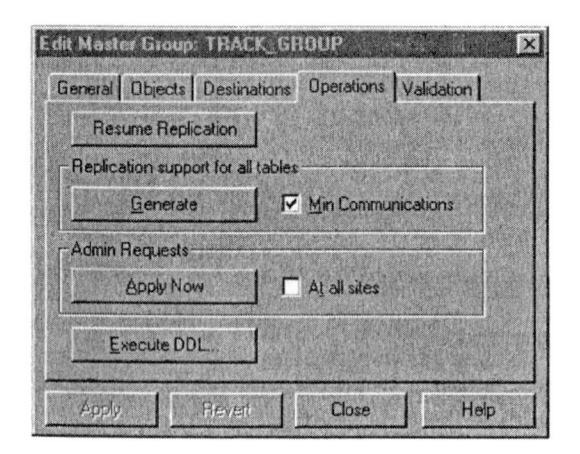

Figura 10.19: Geração de suporte para as mudanças

O código SQL gerado pela reprodução Oracle é mostrado na Listagem 10.42. Isso fornece detalhes com relação a quais procedimentos serão chamados.

Listagem 10.42: Código SQL gerado por Oracle para solução de conflitos

```
/*- - -
creating column group 'TRACK_COLUMN_GROUP'
- - -*/
begin
 dbms_repcat.define_column_group(
       sname => '"NOEL"',
       oname => '"TRACK_CALL"',
       column_group => '"TRACK_COLUMN_GROUP"',
       comment => ' ');
end;
/
/*- - -
adding column(s) to column group 'TRACK_COLUMN_GROUP'.
- - -*/
begin
 dbms_repcat.add_grouped_column(
       sname => '"NOEL"',
       oname => '"TRACK_CALL"',
       column_group => '"TRACK_COLUMN_GROUP"',
       list_of_column_names =>
'"TRACK_NO", "PHONE_NO", "TYPE", "DATE_TIME", "COMMENTS"');
end;
/

/*- - -
adding conflict resolution method 'Latest Timestamp'.
- - -*/
begin
 dbms_repcat.add_update_resolution(
       sname => '"NOEL"',
       oname => '"TRACK_CALL"',
       column_group =>'"TRACK_COLUMN_GROUP"',
       sequence_no => 0 + 1,
       method => 'Latest Timestamp',
       parameter_column_name => '"DATE_TIME'");
end;
/
/*- - -
generating replication support for table 'PHONE_NUMBER'.
- - -*/
begin
 dbms_repcat.generate_replication_support(
       sname => '"NOEL"',
       oname => '"PHONE_NUMBER"',
       type => 'TABLE',
       min_communication => TRUE);
end;
```

```
/
/*- - -
generating replication support for table 'TRACK_CALL'.
- - -*/
begin
 dbms_repcat.generate_replication_support(
        sname => '"NOEL"',
        oname => '"TRACK_CALL"',
        type => 'TABLE',
        min_communication => TRUE);
end;
/
/*- - -
resuming replication on group 'TRACK_GROUP'.
- - -*/
begin
 dbms_repcat.resume_master_activity(
        gname => '"TRACK_GROUP"');
end;
/
```

Etapa 4. Vamos supor, agora, que temos algumas linhas na tabela TRACK_CALL. Primeiro, atualizamos a tabela TRACK_CALL, onde o TRACK_NUMBER é 2 para ambos os sites, e vemos se há quaisquer conflitos.

Em SFO

Como você pode ver a partir da Listagem 10.43, estamos atualizando a tabela TRACK_CALL com os comentários "Still working on Problem-NY" (ainda trabalhando no problema-NY) em TRACK_NO 2. Comprometemos a transação e depois consultamos a tabela TRACK_CALL para ver as mudanças.

Listagem 10.43: Atualização da tabela track_call em SFO

```
SQL> update track_call set comments = 'Still working on problem-NY'
  2  where track_no = 2;
1 row updated.
SQL> commit;
Commit complete.
SQL> select * from track_call;
TRACK_NO   PHONE_NO             T DATE_TIME         COMMENTS
--------   ---------            ---------           ---------
       1   1-333-444-5555       11-NOV-98
       2   1-222-333-4444       11-NOV-98           Still working on problem-NY
SQL>
```

Em NEWYORK

Agora, em NEWYORK, fazemos o mesmo, mas atualizamos o comentário para "Line Fixed-NY" (linha corrigida-NY), como mostrado na Listagem 10.44. Então, comprometemos a atualização e consultamos a tabela TRACK_CALL para ver as mudanças.

Listagem 10.44: Atualização da tabela track_call em NewYork

```
SQL> update track_call set comments = 'Line fixed-NY'
  2  where track_no = 2;
1 row updated.
SQL> commit;
Commit complete.
SQL> select * from track_call;
TRACK_NO    PHONE_NO        T  DATE_TIME    COMMENTS
--------    ---------       -  ---------    ---------
     2      1-222-333-4444     11-NOV-98    Line fixed-NY
     1      1-333-444-5555     11-NOV-98
SQL>
```

Agora, se consultamos a tabela de transações deferidas, receberemos uma mensagem de erro com ORA-01403 "no data found" (não encontrados dados). Isto significa que a transação falhou devido a conflito. A Figura 10.20 mostra a mensagem de erro usando o Oracle Replication Manager.

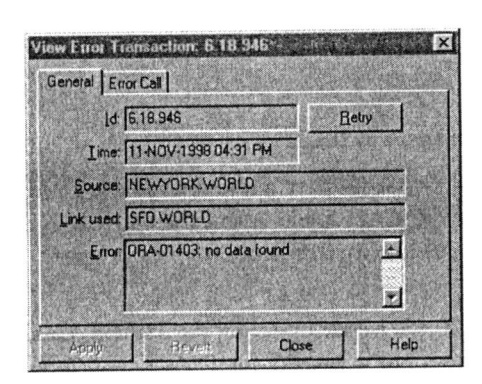

Figura 10.20: Visão de erros

Como solucionar isso?

Basicamente, inserimos uma nova coluna na tabela que contém DATA-TIME. Depois, garantimos que a coluna seja atualizada pela função SYSDATE, colocando a data atual do sistema. Além disso, especificamos que os conflitos devem ser solucionados, comparando o timestamp na coluna DATE_TIME, e a reprodução Oracle cuida do restante da solução.

Em SFO

Agora vamos tentar atualizar a tabela TRACK_CALL com os comentários e a coluna DATE_TIME ajustados para SYSDATE no site SFO (Listagem 10.45). Depois, comprometemos a transação e consultamos a tabela TRACK_CALL para ver as mudanças.

Listagem 10.45: Atualização da tabela track_call em SFO

```
SQL> update track_call set comments='Still working on Problem-NY',
  2  date_time=SYSDATE
  3  where track_no = 2;
1 row updated.

SQL> commit;
Commit complete.
SQL> select * from track_call;
TRACK_NO    PHONE_NO         T  DATE_TIME    COMMENTS
--------    ----------       -  ---------    -------------------------
       1    1-333-444-5555      11-NOV-98
       2    1-222-333-4444      11-NOV-98    Still working on Problem-NY
SQL>
```

Em NEWYORK

Alguns segundos depois, no site NEWYORK, atualizamos a tabela TRACK_CALL com os comentários "Line Fixed" (linha corrigida) e ajustamos a coluna DATE_TIME para SYSDATE, conforme mostrado na Listagem 10.46. Depois, comprometemos a transação e consultamos a tabela TRACK_CALL, para ver as mudanças.

Listagem 10.46: Atualização da tabela track_call em NEWYORK

```
SQL> update track_call set comments='Line Fixed-NY',
  2  date_time=SYSDATE
  3  where track_no = 2;
1 row updated.
SQL> commit;
Commit complete.
SQL> select * from track_call;
TRACK_NO    PHONE_NO         T  DATE_TIME    COMMENTS
--------    ----------       -  ---------    -------------
       2    1-222-333-4444      11-NOV-98    Line Fixed-NY
       1    1-333-444-5555      11-NOV-98
SQL>
```

Agora o que você pensa que vai acontecer? A reprodução falhará ou a atualização da tabela TRACK_CALL acontecerá? Se ela atualizar, qual transação sobregravará a outra?

Em SFO (após 60 segundos)

Se consultarmos a tabela TRACK_CALL depois de 60 segundos (intervalo de reprodução), vemos então em SFO que os comentários dizem "Line Fixed-NY", como mostrado na Listagem 10.47, o que significa que a solução de conflito funcionou bem, visto que foi feito o comentário no site NEWYORK.

Listagem 10.47: Consulta à tabela Track_call em SFO
```
SQL> select * from track_call;
TRACK_NO   PHONE_NO         T  DATE_TIME   COMMENTS
------     ----------       -  --------    ----------
    1      1-333-444-5555      11-NOV-98
    2      1-222-333-4444      11-NOV-98   Line Fixed-NY
SQL>
```

Em NEWYORK (após 60 segundos)

Agora, antes de ficarmos muito confiantes de que a solução de atualização funcionou perfeitamente, vamos consultar a tabela TRACK_CALL em NEWYORK, só para ter certeza. Como você pode ver na Listagem 10.48, o comentário diz "Line Fixed-NY", o que significa que a solução de conflito está completa.

Listagem 10.48: Consulta à tabela track_call em NEWYORK
```
SQL> select * from track_call;
TRACK_NO   PHONE_NO         T  DATE_TIME   COMMENTS
------     ----------       -  --------    ----------
    2      1-222-333-4444      11-NOV-98   Line Fixed-NY
    1      1-333-444-5555      11-NOV-98
SQL>
```

Nota: Um ponto importante aqui é que você precisa ter certeza de que o horário do sistema é igual em todas as máquinas. Se não for, então o método de solução de conflito em timestamp é insignificante.

Conclusão

Se você tiver implementado a reprodução assíncrona bidirecional e capacitado cada um dos sites principais para atualizar os dados, então há chances de que possa ocorrer um conflito. Se você tiver tal conflito, não conseguirá atualizar o outro site principal. Os conflitos devem ser evitados, ou solucionados, usando-se os métodos de solução de conflitos.

10.6 — Como posso comparar tabelas através de dois bancos de dados remotos?

Aplica-se a: Oracle8 e Oracle8*i*	Índice do CD: DBMS_RECTIFIER_DIFF
Sistema operacional: Todos	

Problema

Implementei a reprodução assíncrona em minhas tabelas. No entanto, não tenho certeza se minhas tabelas estão *sincronizadas*. Como verifico se as tabelas reproduzidas têm dados consistentes?

Solução

Para ver as diferenças, existe um recurso chamado pacote DBMS-RECTIFIER_DIFF, que compara duas tabelas remotas. Ele informa se existem quaisquer diferentes naquelas tabelas. Junto com esse pacote, você precisa criar duas tabelas que armazenarão os dados e a localização dos sites. Uma tabela é chamada MISSING_ROWS_DATA (table_name) e a outra é chamada MISSING_ROWS_LOC (table_name). Por exemplo, se você tiver uma tabela chamada MASTER_EMP, então os nomes de tabela serão chamados MISSING_ROWS_DATA_MASTER_EMP e MISSING_ROWS_LOC_MASTER_EMP. Quando o pacote DBMS_RECTIFIER_DIFF é executado, ele armazena quaisquer diferenças.

MISSING_ROWS_DATA (table_name) é exatamente igual à definição table_name. No entanto, MISSING_ROWS_LOC (table_name) é diferente, pois só contém três colunas, chamadas PRESENT (presente), ABSENT (ausente) e R_ID (row identity — identidade de linha), como mostrado na Listagem 10.49.

Listagem 10.49: Tabela missing_rows_loc
```
missing_rows_loc_phone_number
    present         VARCHAR(128),
    absent          VARCHAR(128),
    r_id            rowid;
```

Pacote DBMS_RECTIFIER_DIFF — A definição é como a seguir:
```
CREATE PACKAGE dbms_rectifier_diff AS
       PROCEDURE differences ( ... . );
       PROCEDURE rectify (... .);
       ...
       nosuchsite              EXCEPTION;
            PRAGMA EXCEPTION_INIT(nosuchsite, -23365);

PROCEDURE differences(
     Sname1               IN VARCHAR2,
     Oname1               IN VARCHAR2,
     Reference_site       IN VARCHAR2    := '',
     Sname2               IN VARCHAR2,
     Oname2               IN VARCHAR2,
     Comparison_site      IN VARCHAR2:= ",
     Where_clause         IN VARCHAR2 := ",
     Column_list          IN VARCHAR2 := ' ',
     Missing_rows_sname       IN    VARCHAR2,
     Missing_rows_oname1      IN    VARCHAR2,
     Missing_rows_oname2      IN    VARCHAR2,
     Missing_rows_site        IN    INTEGER,
     Commit_rows              IN    INTEGER := 500);
```

Etapas

Etapa 1 — Inicialize o ambiente. Vamos percorrer um exemplo de como encontrar as diferenças. Vamos supor que temos uma tabela chamada PHONE_NUMBER, que armazena números de telefone de vários clientes. Primeiro, precisamos criar duas tabelas, uma chamada MISSING_ROWS_DATA_PHONE_NUMBER, que armazenará os dados de quaisquer diferenças encontradas, e uma segunda chamada MISSING_ROWS_LOC_PHONE_NUMBER, que nos dirá quais são os dois sites que refletem aquelas diferenças (Listagem 10.50).

Listagem 10.50: Criação da tabela missing_rows
```
SQL> CREATE TABLE missing_rows_data_phone_number(
  2      phone_no     CHAR(14) PRIMARY KEY,
  3      name         CHAR(20),
  4      add1         CHAR(20),
  5      add2         CHAR(20),
  6      city         CHAR(20),
  7      state        CHAR(2),
  8      type         CHAR(1),
  9      comments     CHAR(40));
Table created.
SQL>
SQL> CREATE TABLE missing_rows_loc_phone_number
  2      ( present    VARCHAR2(128),
  3      absent       VARCHAR2(128);
  4      r_id         rowid );
Table created.
SQL>
```

Em NEWYORK

Vamos consultar a tabela PHONE_NUMBER em NEWYORK. Como você pode ver na Listagem 10.51, existem duas linhas na tabela.

Listagem 10.51: Consulta à tabela phone_number

```
SQL> select phone_no, name from phone_number;
PHONE_NO              NAME
--------              -----
1-333-444-5555        Noel Y
1-444-555-6666        Adrian B
SQL>
```

Em SFO

Agora, vamos consultar a tabela PHONE_NUMBER em SFO. Você pode ver que há apenas uma linha (Listagem 10.52).

Listagem 10.52: Consulta à tabela phone_number

```
SQL> select phone_no,name from phone_number;
PHONE_NO              NAME
--------              -----
1-333-444-5555        Noel Y
SQL>
```

Etapa 2. Execução do pacote DBMS_RECTIFIER_DIFF.

Em SFO

Agora, na Listagem 10.53, executaremos o pacote DBMS_RECTIFIER_DIFF.

Listagem 10.53: Execução do pacote DBMS_RECTIFIER_DIFF

```
SQL> execute DBMS_RECTIFIER_DIFF.DIFFERENCES (-
>      'noel', -
>      'phone_number', -
>      'SFO.WORLD', -
>      'noel', -
>      'phone_number', -
>      'NEWYORK.WORLD', -
>      ' ', -
>      ' ', -
>      'noel', -
>      'missing_rows_data_phone_number', -
>      'missing_rows_loc_phone_number', -
>      'SFO.WORLD', -
>      1000, -
>      10);
PL/SQL procedure successfully completed.
SQL>
```

Etapa 3 — Veja as linhas que estão faltando. Agora, consultamos a tabela MISSING_ROWS_DATA_PHONE_NUMBER. Na Listagem 10.54, você nota que está faltando uma linha com os dados mostrados na tabela MISSING_ROWS_DATA_PHONE_NUMBER. Ela está presente em NEWYORK, mas faltando no servidor SFO.

Listagem 10.54: Consulta à tabela missing_rows
```
SQL> select * from missing_rows_data_phone_number;
PHONE_NO            NAME                ADD1            ADD2
-------------------------------------------------------------
CITY              ST    T   COMMENTS
----------        --    -   ----------
1-444-555-6666    Adrian    B
SQL>

SQL> select * from missing_rows_loc_phone_number;
PRESENT
-------------------------------------------------------------
ABSENT
-------------------------------------------------------------
R_ID
-------------------------
NEWYORK.WORLD
SFO.WORLD
AAAtuAABAAAFTtAAA
SQL>
```

Conclusão

Oracle oferece um pacote chamado DBMS_RECTIFIER_DIFF, que compara duas tabelas remotas e informa se existem quaisquer diferenças. Isso é muito útil se você tiver reprodução em seus sites.

10.7 — Como posso retificar tabelas que não são idênticas?

Aplica-se a: Oracle8 e Oracle8*i*	**Índice do CD:** DBMS_RECTIFIER_DIFF
Sistema operacional: Todos	

Problema

O procedimento DIFFERENCES identificou que estão faltando algumas linhas no ambiente reproduzido. Como posso atualizar minhas tabelas reproduzidas para que elas fiquem *sincronizadas*?

Solução

O Oracle tem outro pacote, chamado DBMS_RECTIFIER_DIFF.RECTIFY (Listagem 10.55) que buscará as tabelas MISSING_ROWS (como discutimos na pergunta 10.6) e depois sincronizará ambas as tabelas remotas.

Listagem 10.55: Pacote DBMS_RECTIFIER_DIFF.RECTIFY

```
DBMS_RECTIFIER_DIFF.RECTIFY (
    Sname1                  IN   VARCHAR2,
    Oname 1                 IN   VARCHAR2,
    Reference_site          IN   VARCHAR2 := '',
    Sname2                  IN   VARCHAR2,
    Oname2                  IN   VARCHAR2,
    Comparison_site         IN   VARCHAR2,
    (column_list            IN   VARCHAR2,
    (array_columns          IN   dbms_utility.name_array,
    missing_rows_sname      IN   VARCHAR2,
    missing_rows_oname1     IN   VARCHAR2,
    missing_rows_oname2     IN   VARCHAR2,
    missing_rows_site       IN   VARCHAR2,
    commit_rows             IN   INTEGER := 500)
```

Etapas

Etapa 1 — Execute o pacote DBMS_RECTIFIER_DIFF.RECTIFY. Vamos continuar com o exemplo da pergunta 10.6, onde descobrimos algumas diferenças na tabela PHONE_NUMBER. O pacote difference descobriu uma linha presente no site NEWYORK, mas faltando no servidor SFO. Como você pode ver na Listagem 10.56, o procedimento RECTIFY foi executado apropriadamente.

Listagem 10.56: Execução do pacote DBMS_RECTIFIER_DIFF

```
SQL> execute DBMS_RECTIFIER_DIFF.RECTIFY( -
>       'noel', -
>       'phone_number', -
>       'SFO.WORLD', -
>       'noel', -
>       'phone_number', -
>       'NEWYORK.WORLD', -
>       ' ', -
>       'noel', -
>       'missing_rows_data_phone_number', -
>       'missing_rows_loc_phone_number', -
>       'SFO.WORLD', -
>       100);
PL/SQL procedure successfully completed.
SQL>
```

Etapa 2 — Consulte a tabela missing rows. Agora, vamos consultar a tabela MISSING_ROWS para determinar se existem quaisquer entradas. Na Listagem 10.57, vemos que ambas as tabelas *data* (dados) e *loc* (local) agora estão vazias, pois elas foram retificadas pelo pacote e removidas da tabela de linhas em falta.

Listagem 10.57: Consulta à tabela missing_rows
```
SQL> select * from missing_rows_data_phone_number;
no rows selected
SQL> select * from missing_rows_loc_phone_number;
no rows selected
SQL>
```

Etapa 3 — Consulte as tabelas de usuário em ambos os locais. Agora, consulte a tabela PHONE_NUMBER em ambos os locais. Você pode ver, na Listagem 10.58, que cada uma telas contém os mesmos dados.

Listagem 10.58: Consulta à tabela phone_number

Em SFO
```
SQL> select phone_no,name from phone_number;
PHONE_NO           NAME
---------          -----
1-333-444-5555     Noel Y
SQL>
```

Em NEWYORK
```
SQL> select phone_no,name from phone_number;
PHONE_NO           NAME
---------          -----
1-333-444-5555     Noel Y
SQL>
```

Mas espere um minuto. Há duas linhas no servidor NEWYORK e agora ele está mostrando uma. Por que o pacote retificador apagou uma linha?

Porque de acordo com o procedimento RECTIFY, quaisquer linhas que são encontradas na primeira tabela (em SFO) e não na segunda (em NEWYORK) são inseridas na segunda tabela (NEWYORK). Quaisquer linhas encontradas na segunda tabela (NEWYORK) e não na primeira (SFO) são removidas da segunda tabela (NEWYORK). Se você vir o procedimento RECTIFY que executamos, especificamos o nó SFO como o primeiro nó, enquanto NEWYORK foi o segundo nó. Assim, porque tínhamos uma linha adicional em NEWYORK, o procedimento RECTIFY simplesmente o apagou de lá, para ser consistente com SFO. Se tivéssemos mais linhas em SFO, então elas seriam inseridas no nó NEWYORK.

Conclusão

O Oracle tem um pacote chamado DBMS_RECTIFIER_DIFF.RECTIFY que consulta os dados da tabela MISSING_ROWS e depois sincroniza as tabelas remotas.

10.8 — Como implemento uma reprodução síncrona bidirecional?

Aplica-se a: Oracle8 e Oracle8*i* **Índice do CD:** Reprodução síncrona
Sistema operacional: Todos

Problema

Somos uma empresa bancária usando banco de dados Oracle. Temos dois servidores de banco de dados Oracle localizados nas costas oeste e leste, respectivamente. O servidor da costa oeste (SFO) lida com os estados do sul e oeste, enquanto o servidor da costa leste (NEWYORK) lida com os estados do norte e leste. Atualmente, um cliente que tem uma conta só pode fazer seu movimento bancário dentro do Estado onde abriu sua conta, visto que as informações desta são mantidas somente naquela região. Gostaríamos de oferecer ao cliente a flexibilidade de fazer seu movimento bancário em qualquer lugar do País. Como posso implementar a reprodução síncrona bidirecional?

Solução

Reprodução é o processo de mover dados entre dois ou mais bancos de dados de uma maneira síncrona ou assíncrona. Na reprodução síncrona, também conhecida como aplicativo em tempo real, as mudanças entre os bancos de dados são imediatamente aplicadas. Diferente do modelo de reprodução assíncrona, as mudanças são alinhadas e depois encaminhadas ao outro site reproduzido. Já no modo síncrono, Oracle atualiza os outros sites dentro da mesma transação, usando o protocolo de duas fases de comprometimento (commit). No entanto, em um modelo síncrono, se um dos sites participantes não estiver disponível, então a sua transação local também falhará. Para fazer a reprodução síncrona funcionar, você precisa se assegurar de ter uma alta velocidade, uma rede confiável e os outros servidores participantes disponíveis o tempo todo.

Nota: Para usar eficazmente a reprodução síncrona, você precisa ter certeza de que tem uma conectividade de rede de alta velocidade entre os servidores e de que eles estão prontamente disponíveis. Se um dos servidores do modelo de reprodução síncrona estiver fora do ar, você não conseguirá enviar quaisquer mudanças ao outro servidor, e até a sua transação local falhará.

As vantagens de usar a reprodução síncrona são:
- as mudanças são imediatamente refletidas
- não existem conflitos de atualização
- oferece consistência de dados através de todos os servidores participando da reprodução

No entanto, existem desvantagens em usar a reprodução síncrona:
- se mesmo um dos sites reproduzidos não estiver disponível, a transação falhará
- exige alta velocidade de rede e servidores
- pode tornar lento o tempo de resposta da transação, visto que precisa fazer um comprometimento (commit) de duas fases.

Vamos supor que você tem, em seu aplicativo bancário, duas tabelas, chamadas CUSTOMER e TRANS. A tabela customer (cliente) (Listagem 10.59) armazena basicamente as informações de cliente, endereço, informações de conta, saldo etc., enquanto a tabela TRANS (transferência) (Listagem 10.60), armazena informações tais como o histórico de transação sobre quaisquer retiradas, depósitos e transferências.

Listagem 10.59: Tabela customer

```
SQL> CREATE TABLE customer
  2       ( cust_no        NUMBER PRIMARY KEY,
  3         name           CHAR(20),
  4         add1           CHAR(20),
  5         add2           CHAR(20),
  6         city           CHAR(20),
  7         state          CHAR(20),
  8         acct_type      CHAR(2),
  9         balance        NUMBER,
 10         comments       CHAR(40));
Table created.
SQL>
```

Listagem 10.60: Tabela trans

```
SQL> CREATE TABLE trans
  2       ( tran_no        NUMBER PRIMARY KEY,
  3         cust_no        NUMBER,
  4         tran_type      CHAR(2),
  5         amount         NUMBER,
  6         comments       CHAR(40));
Table created.
SQL>
```

Criação de um novo grupo

Para criar um novo grupo, siga as etapas mostradas na pergunta 10.3. A única diferença seria como irradiar os dados entre os nós.

Como você pode ver na Listagem 10.21, quando criamos o grupo, podemos especificar o modo de irradiação para Async (assíncrona) ou Sync (síncrona). Aqui, escolheremos Sync para a reprodução síncrona.

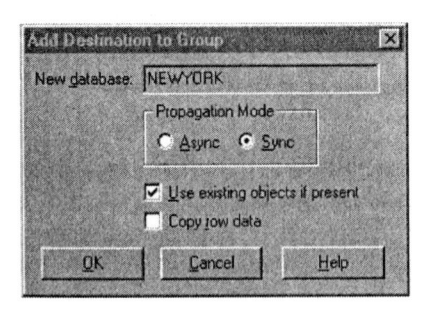

Figura 10.21: Configuração de reprodução síncrona

Etapas

Para percorrer as etapas, primeiro criamos um novo grupo principal, chamando o procedimento DBMS_REPCAT.CREATE_MASTER_REPGROUP. Depois de ter criado o grupo, acrescentamos a tabela CUSTOMER e a tabela TRANS ao grupo, chamando o procedimento DBMS_REPCAT.CREATE_MASTER_REPOBJECT. Depois, acrescentamos um banco de dados principal ao grupo, chamando o procedimento DBMS_REPCAT.ADD_MASTER_DATABASE. Depois disso, precisamos gerar o suporte para o modelo de reprodução, chamando o procedimento DBMS_REPCAT.GENERATE_REPLICATION_SUPPORT. E, finalmente, reiniciamos a atividade do grupo principal, usando DBMS_REPCAT.RESUME_MASTER_ACTIVITY A Listagem 10.61 mostra o código SQL gerado pelo Oracle Replication Manager para fazer reprodução síncrona.

Listagem 10.61: Implementação de reprodução síncrona

```
/*- - Connection to: REPADMIN@SFO.WORLD - -*/
/*- - - -
creating master group 'BANK_GROUP'.
- - -*/
begin
  dbms_repcat.create_master_repgroup(
        gname => 'BANK_GROUP',
        qualifier => ' ',
        group_comment => ' ');
end;
/
```

```
/*- - -
adding 'CUSTOMER' to master group 'BANK_GROUP'.
- - -*/
begin
 dbms_repcat.create_master_repobject(
         gname => '"BANK_GROUP"',
         type => 'TABLE',
         oname => '"CUSTOMER"',
         sname => '"BANK"',
         use_existing_object => TRUE,
         copy_rows => TRUE);
end;
/
/*- - -
adding 'TRANS' to master group 'BANK_GROUP'.
- - -*/
begin
 dbms_repcat.create_master_repobject(
         gname => '"BANK_GROUP"',
         type => 'TABLE',
         oname => '"TRANS"',
         sname => '"BANK"',
         use_existing_object => TRUE,
         copy_rows => TRUE);
end;
/
/*- - -
adding master database 'NEWYORK' to master group 'BANK_GROUP'.
- - -*/
begin
 dbms_repcat.add_master_database(
         gname => '"BANK_GROUP"',
         master => 'NEWYORK.WORLD',
         use_existing_objects => TRUE,
         copy_rows => FALSE,
         propagation_mode => 'SYNCHRONOUS');
end;
/
/*- - -
generating replication support for table 'TRANS'.
- - -*/
begin
 dbms_repcat.generate_replication_support(
         sname => '"BANK"',
         oname => '"TRANS"',
         type => 'TABLE',
         min_communication => TRUE);
end;
/
```

```
/*- - -
generating replication support for table 'CUSTOMER'.
- - -*/
begin
 dbms_repcat.generate_replication_support(
         sname => '"BANK"',
         oname => '"CUSTOMER"',
         type => 'TABLE',
         min_communication => TRUE);
end;
/

/*- - -
resuming replication on group 'BANK_GROUP'.
- - -*/
begin
 dbms_repcat.resume_master_activity(
         gname => '"BANK_GROUP"');
end;
/
```

Podemos ver, na Figura 10.22, que BANK_GROUP agora está ativado para reprodução síncrona.

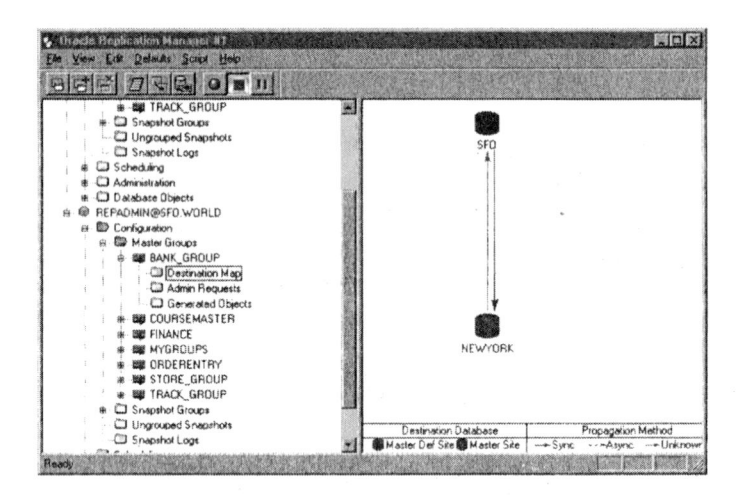

Figura 10.22: Visão do modelo de reprodução

Capítulo 10 - *Reprodução avançada de banco de dados* | 589

Mudança de um grupo existente para síncrono

Se já tivermos um grupo existente e quisermos configurá-lo para reprodução síncrona, podemos mudá-lo facilmente, sem precisar recriar o grupo. Para fazer isso, simplesmente escolha o grupo que você gostaria de configurar para reprodução síncrona e clique no mapa de destino. Agora, mova o mouse para clicar nas setas apontadas para o site principal. Isso destacará a seta, então você poderá clicar com o botão direito para exibir as opções associadas ao link. Além de outras opções, você tem Make Asynchronous e Make Synchronous. Para esse exercício, escolheremos Make Synchronous e o Oracle então habilitará a reprodução síncrona.

No entanto, para habilitar um grupo existente, Oracle precisa interromper a atividade de reprodução e informar caso ela não tenha sido suspensa, como mostrado na Figura 10.23.

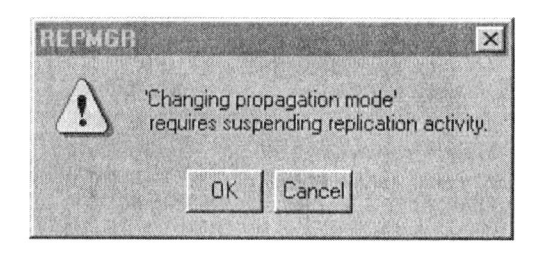

Figura 10.23: Suspensão da atividade de reprodução

Depois de interromper a atividade de reprodução, Oracle faz alguns ajustes de configuração para a reprodução síncrona. Como mostrado na Figura 10.24, você precisa gerar o suporte para reprodução, para habilitar a reprodução síncrona. E, finalmente, você precisa reiniciar a reprodução, para disponibilizá-la para o aplicativo.

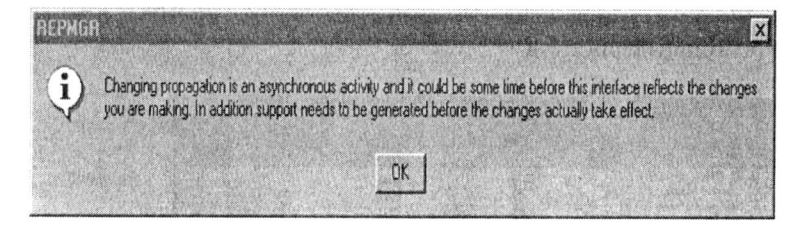

Figura 10.24: Mensagem mostrada ao configurar para reprodução síncrona

Como testar a reprodução síncrona

Tendo criado BANK_GROUP com as tabelas CUSTOMER e TRANS para reprodução síncrona, agora podemos efetuar algumas transações e ver como elas funcionam.

Em NEWYORK

Vamos inserir um novo cliente em nosso site NEWYORK. Como você pode ver da Listagem 10.62, uma nova linha foi inserida e comprometida com sucesso.

Listagem 10.62: Inserção de um novo cliente no site NEWYORK
```
SQL> insert into customer(cust_no,name,balance)
  2  values (1, 'Noel Y',10000);
1 row created.
SQL> commit;
Commit complete.
SQL>
```

Em SFO

Se consultarmos a tabela CUSTOMER imediatamente depois de fornecer COMMIT no site NEWYORK, podemos ver que as informações do cliente estão lá (Listagem 10.63). Síncrono significa imediatamente, isto é, a transação no outro site principal não se completará a menos que ele também seja comprometido. Basicamente, ele usa o protocolo de comprometimento de duas fases para garantir o comprometimento (commit) da transação em todos os sites em um ambiente de reprodução síncrona.

Listagem 10.63: Consulta à tabela customer no site SFO
```
SQL> select cust_no,name,balance
  2  from customer;
CUST_NO      NAME             BALANCE
------       -----            --------
      1      Noel Y             10000
SQL>
```

O que acontece se os dois tentarem atualizar o mesmo cliente ao mesmo tempo? Para evitar isso você pode aumentar o parâmetro DISTRIBUTED_LOCK_TIMEOUT INIT.ORA e ter transações que são formadas por menos declarações SQL. Assim, o comprometimento (commit) é mais rápido e evita quaisquer retenções de bloqueio.

Vejamos um exemplo prático de uma situação de impasse.

Em NEWYORK

Atualize o saldo do cliente número 1 e, ao mesmo tempo, atualize-o no site SFO. Como você pode ver da Listagem 10.64, a atualização falhou, devido a um impasse.

Listagem 10.64: Atualização da tabela customer em NEWYORK
```
SQL> update customer
  2   set balance = balance + 500
  3   where cust_no = 1;
update customer
*
ERROR at line 1:
ORA-02049: timeout:distributed transaction waiting for lock
ORA-06512: at "BANK.CUSTOMER$RP", line 536
ORA-01085: preceding errors in deferred rpc to 'BANK.CUSTOMER$RP.REP_
   UPDATE"
ORA=02063: preceding 3 lines from SFO
SQL>
```

Em SFO

Essa atualização precisa ser executada ao mesmo tempo em que o é no site NEWYORK. Como você pode ver na Listagem 10.65, essa atualização falha, devido ao impasse.

Listagem 10.65: Atualização da tabela customer em SFO
```
SQL> update customer
  2   set balance = balance - 100
  3   where cust_no = 1;
update customer
*
ERROR at line 1:
ORA-02049: timeout: distributed transaction waiting for lock
ORA-06512: at "BANK.CUSTOMER$RP", line 536
ORA-01085: preceding errors in deferred rpc to "BANK.CUSTOMER$RP.REP_
   UPDATE"
ORA-02063: preceding 3 lines from NEWYORK
SQL>
```

Agora, aumente o valor do parâmetro DISTRIBUTED_TIMEOUT_LOCK INIT.ORA para algo como 120 segundos de espera pelo tempo de encerramento.

Em SFO

Primeiro, entre com a transação em SFO, sem um comprometimento (commit), como mostrado na Listagem 10.66.

Listagem 10.66: Atualização da tabela customer
```
SQL> update customer
  2    set balance = balance - 100
  3    where cust_no = 1;
1 row updated.
SQL>
```

Em NEWYORK

Depois, entramos com uma transação em NEWYORK, mas não há resposta à atualização, em virtude do bloqueio, como mostrado na Listagem 10.67.

Listagem 10.67: Atualização da tabela customer em NEWYORK
```
SQL> update customer
  2    set balance = balance + 500
  3    where cust_no = 1;
```

Em SFO

Entramos com COMMIT no site SFO (Listagem 10.68), que funcionou bem.

Listagem 10.68: Comprometimento da transação em SFO
```
SQL> commit;
Commit complete.
SQL>
```

Em NEWYORK

Tão logo entramos com COMMIT em SFO, a linha informa "updated" (atualizado) em NEWYORK, para a transação que foi anteriormente fornecida (Listagem 10.69).

Listagem 10.69: Comprometimento da transação em NEWYORK
```
1 row updated.
SQL>
SQL> commit;
Commit complete.
SQL>
```

Em ambos

Como você pode ver, a primeira transação subtraiu $100 e depois acrescentou $500. Portanto, o ganho bruto foi de $400, mais o saldo anterior de $10,000, o que totaliza $10,400.

Listagem 10.70: Consulta à tabela customer
```
SQL> select cust_no,name,balance
  2  from customer;
CUST_NO    NAME            BALANCE
-------    -----           -------
      1    Noel Y            10400
SQL>
```

O que acontece se um dos sites for desativado? Uma transação DML ficará na espera e não completará, como mostrado na Listagem 10.71.

Listagem 10.71: Atualização da tabela customer quando o site está desativado
```
SQL> update customer
  2  set balance = balance - 1000
  3  where cust_no = 1;
update customer
*
ERROR at line 1:
ORA-02068: following severe error from SFO
ORA-03113: end-of-file on communication channel
SQL>
```

Assim, você precisa se certificar de que todos os sites na reprodução síncrona estão ativos e disponíveis; caso contrário, a transação falhará. Você só deve considerar a reprodução síncrona se tiver uma conectividade de rede confiável, de alta velocidade. Além disso, sua rede também deve ter um servidor confiável.

Conclusão

Oracle oferece ambas as reproduções, síncrona e assíncrona. Você só deve considerar reprodução síncrona se tiver uma rede rápida, confiável e não precisar reproduzir grandes quantidades de dados.

10.9 — Como posso implementar reprodução avançada no Oracle8i?

8i	Aplica-se a: Oracle8*i*	Índice do CD: Reprodução avançada
	Sistema operacional: Todos	

Problema

Somos uma pequena loja de vídeos que vende vídeos e DVDs. Eu gostaria de implementar a reprodução, para que sempre que houver vendas de vídeos ou DVDs, os sites principais também sejam atualizados para fornecer a funcionalidade de controle de inventário. Como posso implementar a reprodução avançada no Oracle8*i*?

Solução

Em termos gerais, Oracle aperfeiçoou o desempenho, a segurança e a interface para o produto de reprodução Oracle no Oracle8*i*. Houve melhoras significativas no desempenho, através da internalização de pacotes de reprodução PL/SQL. Agora você pode ter atualizações mais rápidas de tomada instantânea, e um único grupo atualizado agora pode conter até 400 tomadas instantâneas.

Além disso, Oracle agora oferece um recurso que permite emprego em massa de seus dados reproduzidos. Aplicações como vendas e serviços se beneficiarão em casos onde ambos os nós não precisam estar online para fazer a reprodução. Agora você também pode selecionar colunas que precisam ser reproduzidas — anteriormente, só podia fazer reprodução horizontal (linhas selecionadas), especificando a condição WHERE.

Oracle8*i* também oferece um novo aspecto e sentido ao Replication Manager, de acordo com o novo Oracle Enterprise Manager. Esses agora são escritos em Java e podem ser executados a partir de qualquer lugar na rede, além de não serem limitados por um sistema baseado em Windows. A reprodução Oracle é mostrada graficamente na Figura 10.25.

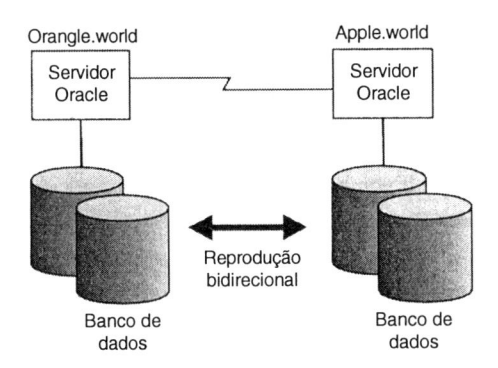

Figura 10.25: Reprodução Oracle

Etapas

Etapa 1 — Inicialize o ambiente. Primeiro, vamos criar um usuário chamado NOEL, que tem uma tabela chamada MOVIE. A tabela movie (filme) tem quatro colunas e tem o picture id (PID — quatro de identidade) como a chave principal. Vamos supor que temos o filme chamado "Armageddon" em estoque e que existem 100 cópias disponíveis. Como você pode ver a partir da Listagem 10.72, o comando INSERT insere a linha com o título do filme.

Listagem 10.72: Inicialização do ambiente
```
SQL> create user noel identified by noel;
User created.
SQL> grant connect,dba to noel;
Grant succeeded.
SQL> CREATE TABLE movie(
        pid number primary key,
        title char(40),
        rdate date,
        stock number);
Table created.
SQL> commit;
Commit complete.
SQL> INSERT into movie values(1, 'ARMAGEDDON', '01-JAN-1999',100);
1 row created.
SQL> commit;
Commit complete.
SQL>
```

Etapa 2 — Inicie o Oracle Replication Manager. Começaremos a reprodução a partir de ORANGE.WORLD para APPLE.WORLD. Clique no Replication Manager, no menu Programs em Windows NT.

Ele pedirá o nome de usuário, senha e serviço. Aqui, forneça a conta de usuário de sistema e a senha com ORANGE.WORLD como o nome do serviço, conforme mostrado na Figura 10.26.

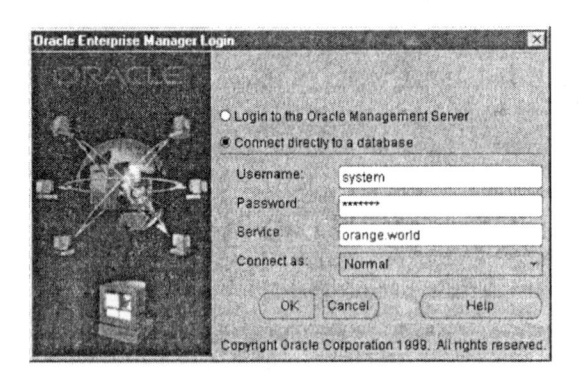

Figura 10.26: Registro de entrada no Replication Manager (gerenciador de reprodução)

Então, você obterá a janela Oracle Replication Manager com alguns ícones no canto esquerdo e uma lista de drop-down (suspensa) de suas conexões de banco de dados, como mostrado na Figura 10.27. Primeiro, criaremos o ambiente reproduzido, especificando os sites que vão ser envolvidos no processo de reprodução. Escolha o segundo ícone à sua esquerda, que é o Setup Wizard.

Etapa 2.1. Tipo de janela Setup. Primeiro ela perguntará qual o tipo de ajuste. Ele pode ser de principais múltiplos ou um ambiente de site de tomada instantânea. Visto que gostaríamos que ambos os sites de atualizassem sincronamente, selecionaremos o botão de rádio "setup master sites" (ajustar sites principais) e clicaremos em Next.

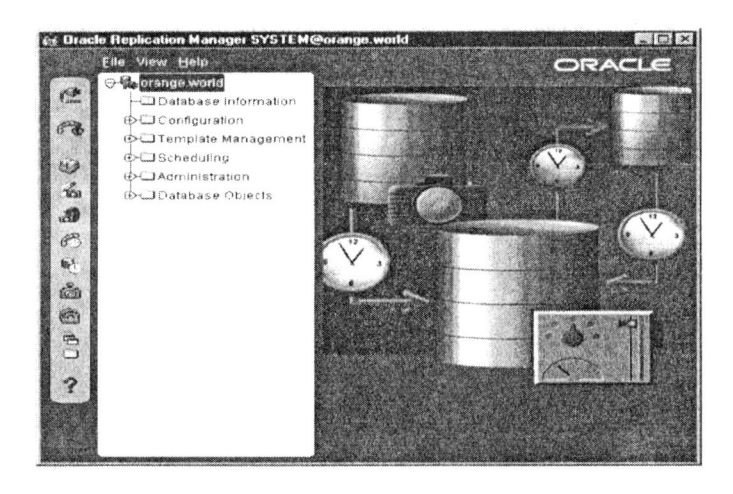

Capítulo 10 - *Reprodução avançada de banco de dados* | 597

Figura 10.27: Oracle Replication Manager (gerenciador de reprodução Oracle)

Etapa 2.2. Janela de sites principais. Na tela a seguir, você será solicitado a especificar os sites que serão envolvidos na reprodução. Clique em Add, que pedirá o nome do site, conta de sistema e senha. Aqui, entraremos ORANGE.WORLD como o site e SYSTEM como o usuário e senha. Agora, clique novamente no botão Add, que acrescentará e entrada na caixa da lista inferior. Precisaremos também acrescentar outro site principal, chamado APPLE.WORLD e clicar no botão Add. Agora devem existir duas entradas, ORANGE.WORLD e APPLE.WORLD, mostradas na caixa de lista inferior. Clique em OK e você deve retornar à tela original, com os sites principais. Clique em Next para prosseguir.

Etapa 2.3. Janela padrão de usuário. Na tela seguinte, será exibido o usuário REPADMIN com nome de esquema e senha. Você pode escolher o administrador de reprodução padrão ou ter um diferente em cada site principal. Manteremos o padrão, clicando em Next.

Etapa 2.4. Janela de esquemas do site principal. Nessa tela você pode optar por especificar o nome de usuário que deseja ter no ambiente reproduzido. Em nosso exemplo, gostaríamos de reproduzir alguns dos objetos do usuário NOEL, e, portanto, clicamos em Add e especificamos o nome de usuário e senha. Depois disso, clique em Next.

Etapa 2.5. Ajuste a janela de programação de link padrão. Agora a janela deve exibir as informações de programação mais algumas outras opções. Aqui estamos preocupados com o intervalo que determina a freqüência da reprodução. A próxima data especifica quando ocorrerá a próxima reprodução, e o intervalo indica a demora antes de reproduzir novamente. O padrão é "1 hora", mas você pode mudar isso para 1 segundo ou qualquer outro valor de tempo. Visto que planejamos implementar a reprodução síncrona em tempo real, ficaremos com os padrões. Clique em Next para continuar.

Etapa 2.6. Ajuste a janela de programação de limpeza padrão do trabalho. Essa janela mostrará em qual intervalo e data o Oracle irá limpar os trabalhos e os dados. Novamente, o padrão é de "1 hora." Clique em Next para continuar.

Etapa 2.7. Janela de personalização dos sites principais. Você também tem a opção de personalizar cada um dos sites principais ao escolher o principal. Você pode personalizar programação, programação de limpeza, uso de cláusula e outras opções. Clique em Next para continuar.

Etapa 2.8. Janela de encerramento. Finalmente, o Oracle pedirá que você pressione o botão Finish para inicializar o ambiente reproduzido. Você também pode registrar todos os scripts que o Oracle executará, para que possa executá-los mais tarde ou com objetivos de depuração (Listagem 10.73).

Listagem 10.73: Script gerado por Oracle usando o Replication Manager

```
/* Setting up a multi-master replication environment */
/* Granting admin privileges to "REPADMIN' at site 'orange.world'. . . */
BEGIN
 DBMS_REPCAT_ADMIN.GRANT_ADMIN_ANY_SCHEMA(
       username => 'REPADMIN');
END:
grant comment any table to REPADMIN
grant lock any table to REPADMIN
/* Granting admin privileges to 'REPADMIN' at site 'apple.world'. . . */
BEGIN
 DBMS_REPCAT_ADMIN.GRANT_ADMIN_ANY_SCHEMA(
       username => ' REPADMIN');
END:
grant comment any table to REPADMIN
grant lock any table to REPADMIN
/* Creating receiver 'REPADMIN' at site 'orange.world'. . . */
grant execute any procedure to REPADMIN
/* Creating receiver 'REPADMIN' at site 'apple.world'. . .*/
grant execute any procedure to REPADMIN
/* Scheduling purge at site 'orange.world'. . .*/
BEGIN
 DBMS_DEFER_SYS.SCHEDULE_PURGE(
  next_date => SYSDATE,
  interval => '/*1:Hr*/ sysdate + 1/24',
  delay_seconds => 0,
  rollback_segment => ' ');
END;
/* Scheduling purge at site 'apple.world'. . .*/
BEGIN
 DBMS_DEFER_SYS.SCHEDULE_PURGE(
  next_date => SYSDATE,
  interval => '/*1:Hr*/ sysdate + 1/24',
  delay_seconds => 0,
  rollback_segment => ' '0:
END:
```

```
/* Connecting to site 'orange.world' as user 'REPADMIN'. . .*/
/* Scheduling link 'APPLE' at site 'orange.world'. . .*/
BEGIN
 DBMS_DEFER_SYS.SCHEDULE_PUSH(
    destination => 'APPLE.WORLD',
    interval => '/*1:Min*/ sysdate + 1/(60*24).
    next_date => SYSDATE,
    stop_on_error => FALSE,
    delay_seconds => 0,
    parallelism => 0);
END;
/* Connecting to site 'apple.world' as user 'REPADMIN'. . .*/
/* Scheduling link 'ORANGE' at site 'apple.world'. . .*/
BEGIN
 DBMS_DEFER_SYS.SCHEDULE_PUSH(
    destination => 'ORANGE.WORLD',
    interval => '/*1:Mins*/ sysdate + 1(60*24)',
    next_date => SYSDATE,
    stop_on_error => FALSE,
    delay_seconds => 0,
    parallelism => 0);
END;
/* Conecting to site 'orange.world' as user 'REPADMIN'. . .*/
/* Connecting to site 'apple.world' as user 'REPADMIN'. . .*/
/* Creating user 'NOEL' at site 'orange.world'. . .*/
/* Granting privileges to schema 'NOEL' at site 'orange.world'. . .*/
grant alter session to NOEL
grant create cluster to NOEL
grant create database link to NOEL
grant create sequence to NOEL
grant create session to NOEL
grant create synonym to NOEL
grant create table to NOEL
grant create view to NOEL
grant create procedure to NOEL
grant create trigger to NOEL
grant unlimited tablespace to NOEL
grant create type to NOEL
grant create any snapshot to NOEL
grant alter any snapshot to NOEL
/* Creating user 'NOEL' at site 'apple.world'. . .*/
create user NOEL identified by noel
```

```
/* Granting privileges to schema 'NOEL' at site 'apple.world'. . .*/
grant alter session to NOEL
grant create cluster to NOEL
grant create database link to NOEL
grant create sequence to NOEL
grant create session to NOEL
grant create synonym to NOEL
grant create table to NOEL
grant create view to NOEL
grant create procedure to NOEL
grant create trigger to NOEL
grant unlimited tablespace to NOEL
grant create type to NOEL
grant create any snapshot to NOEL
grant alter any snapshot to NOEL
```

Etapa 3 — Crie o grupo principal. Agora criaremos o grupo principal que especifica os objetos que precisamos reproduzir, assíncrona ou sincronamente, e quais sites participarão. Clique no terceiro ícone à sua esquerda. Isso o levará à tela Create Master Group ... (criar grupo principal), com três guias: General (geral), Objects (objetos) e Master Sites (sites principais), conforme mostrado na Listagem 10.28.

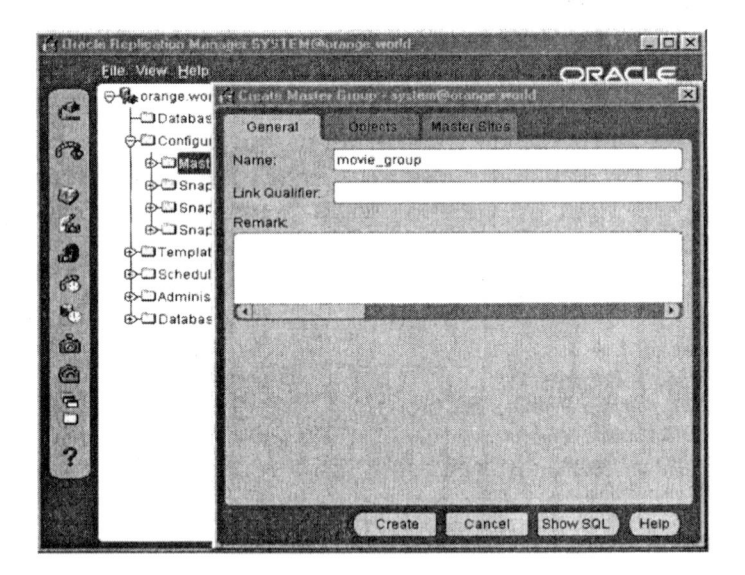

Figura 10.28: Criação de um grupo principal

Capítulo 10 - *Reprodução avançada de banco de dados* | 601

Geral

Na guia de informações General, você precisa fornecer o nome do grupo principal. Dê qualquer nome, desde que ele seja único. Chamaremos o nosso grupo de MOVIE_GROUP. Você também pode entrar com comentários no campo Remark (observações).

Objetos

Na guia Objects, clique em Add e você irá para outra janela, com os esquemas. Aqui, escolha NOEL como o esquema e clique na opção Tables. Você deve ver os objetos disponíveis relacionados com o usuário NOEL. Selecionaremos o objeto MOVIE e clicaremos em Add. Feito isso, clique em OK. Se a sua tabela não tiver uma chave principal, Oracle lhe dirá que escolha uma chave alternativa.

Sites principais

Clique na tabela Master Sites, que mostrará outros sites principais no ambiente de múltiplos principais. Clique em Add para obter a janela a seguir. Aqui, escolha um dos botões de rádio para a lista de links disponíveis. Em nosso exemplo, escolhemos "All database links" (todos os links de banco de dados), que devem exibir automaticamente o link do principal APPLE.WORLD. Selecione o link e clique em OK. Isso exibirá outra janela com o tipo de irradiação "assíncrona" ou "síncrona" e opções tais como "usar objeto existente" e "copiar dados de linha". Visto que gostaríamos de fazer uma irradiação síncrona, selecionaremos aquela opção. Clique em OK para prosseguir.

Quando isso estiver encerrado, clique em Create para montar o ambiente reproduzido.

> **Etapa 4 — Conecte-se com os sites reproduzidos usando o Oracle Replication Manager.** Se você clicar na conexão de banco de dados ORANGE.WORLD a partir da lista drop-down e selecionar o Master Groups, deve ver que MOVIE_GROUP existe. Uma vez que o grupo está ativado, você vê que a situação mudou para NORMAL, o que significa que agora você pode iniciar a reprodução de dados.
>
> **Etapa 5 — Teste o ambiente reproduzido.** No ORANGE.WORLD ou mesmo no APPLE.WORLD, se fizermos agora qualquer DML na tabela MOVIE, veremos instantaneamente a mudança no outro site principal. Como você pode ver a partir da Listagem 10.74, atualizamos o estoque de filmes em ORANGE.WORLD e, se consultarmos imediatamente APPLE.WORLD (Listagem 10.75), veremos o estoque reduzido em um.

Listagem 10.74: Atualização da tabela movie em orange.world

Em orange.world
```
SQL> update movie set stock = stock-1 where pid = 1;
1 row updated.
SQL>
SQL> select * from movie
PID        TITLE                    RDATE           STOCK
---        ------------             ------          ------
1          ARMADEGGON               01-JAN-99       99
SQL>
```

Listagem 10.75: Consulta à tabela movie em apple.world
```
Em apple.world
SQL> select * from movie;
PID        TITLE                    RDATE           STOCK
---        ------------             ------          ------
1          ARMAGEDDON               01-JAN-99       99
SQL>
```

Conclusão

No Oracle8*i*, temos diversos aperfeiçoamentos de desempenho no recurso de reprodução. Há também um novo aspecto em seu GUI Replication Manager, que agora é escrito em JAVA. Você pode implementar a reprodução avançada, seja usando scripts ou o GUI Replication Manager.

11

Oracle8 em Linux

Referência rápida
Se você quiser...
- Saber as exigências para executar em Linux... veja 11.1
- Instalar o Oracle no LINUX... Veja 11.2
- Configurar o Oracle Net8... veja 11.3
- Monitorar o desempenho... veja 11.4
- Compilar programas PRO*C... veja 11.5
- Migrar de UNIX para LINUX... veja 11.6
- Migrar de NT para LINUX... veja 11.7

Visão geral

De acordo com uma recente pesquisa do Datapro Gardner, o LINUX ficou no grau mais alto dentre todos os sistemas operacionais UNIX e Windows NT na satisfação geral de cliente, custo de propriedade, flexibilidade, disponibilidade, desempenho e maneabilidade. A International Data Corporation prevê uma taxa de crescimento anual de vinte e cinco por cento para o LINUX no novo milênio. Esse crescimento maciço deveu-se principalmente ao sentimento anti-Microsoft, forte desempenho e baixo preço.

A Oracle acredita que deve ser dada liberdade de escolha ao cliente. O LINUX, que começou como um projeto em desenvolvimento, tornou-se, agora, bastante maduro. Está conseguindo ganhar terreno e sendo aceito como um OS (sistema operacional) preferido por muitos clientes. O Oracle8 no LINUX agora está disponível como um lançamento de produção, desde a (versão) 8.0.5.

Perguntas

11.1 — Quais são as exigências básicas para executar o Oracle8 no LINUX?

Aplica-se a: Oracle8	Índice no CD: Linux
Sistema operacional: Linux	

Problema

Eu tenho uma máquina Pentium 100Mhz executando o LINUX. Gostaria de instalar o Oracle8 no LINUX como um servidor de banco de dados. Quais são as exigências básicas para executar o Oracle8 no sistema LINUX?

Solução

O servidor de banco de dados Oracle8 é montado diretamente no kernel base do LINUX. A atual produção de lançamento de Oracle em LINUX é a versão 8.0.5, que é suportada no LINUX 2.0.34 ou superior.

A Tabela 11.1 mostra as exigências mínimas de hardware. A Tabela 11.2 mostra as exigências de sistema operacional, e a Tabela 11.3 as exigências de rede.

Tabela 11.1: Exigências de hardware

Recurso de H/W	Exigências mínimas	Recomendado
Memória	32 MB	64 MB
Espaço de troca	2 vezes o tamanho da memória	3 vezes o tamanho da memória
Espaço de disco (para o software Oracle)	400 MB	600 MB
Banco de dados	100 MB	Dependendo das exigências
Drive de CD-ROM	Para instalação de s/w Oracle	Formato ISO 9660

Tabela 11.2: Exigências de sistema operacional

Recurso de O/S	Exigência
Sistema operacional	LINUX 2.0.34 ou superior
Bibliotecas do sistema	GNU C Library 2.0.7

Tabela 11.3: Exigências de rede

Recurso de rede	Exigência
Software de rede	Precisa estar instalado e sendo executado

Restrições do Oracle em LINUX

No que se refere ao Oracle 8.0.5 em LINUX, aplicam-se algumas restrições. São essas:
- Visor de texto — Em 8.0.5 não há visor de texto no CD do Oracle. Você precisa usar um browser para ver a documentação.
- Arquivos muito grandes — o LINUX não suporta tamanhos de arquivos maiores do que 2 GB.

Produtos atualmente não disponíveis em Oracle 8.0.5 para LINUX

- Os seguintes produtos não estão disponíveis atualmente:
- Oracle Parallel Server, opção 8.0.5
- Oracle8 Image Cartridge 8.0.5
- Oracle8 ConText Cartridge 2.4.5
- Oracle On-Line Text Viewer 1.0.1.0

- Oracle8 Data Gatherer 8.0.5
- NIS Native Naming Integration 8.0.5
- Oracle Security Server 2.0.4
- OSS Authentication Adapter 2.0.4
- OSS Repository 2.0.4
- OSS Toolkit 2.0.4

Conclusão

O Oracle8 em LINUX está disponível como uma produção de lançamento, a partir da versão 8.0.5. Executar o produto Oracle8 em LINUX é muito semelhante a executar o Oracle em qualquer outro sistema operacional UNIX.

11.2 — Como instalo o Oracle8 no LINUX?

Aplica-se a: Oracle8	**Índice no CD:** Linux
Sistema operacional: Linux	

Problema

Instalei o LINUX em meu sistema Pentium, que está executando a versão 2.0.34. Como posso instalar Oracle8 em LINUX e fazer um pequeno banco de dados de teste?

Solução

Existem diferentes "sabores" de LINUX. O Oracle 8.0.5 exige pelo menos a versão 2.0.34 do LINUX, ou superior. Alguns sites ftp oferecem o kernel LINUX, distribuições variadas, drivers, documentação, aplicativos e mais. Existem até fabricantes de PC que pré-instalam o LINUX. Uma relação completa de tais fabricantes está disponível em http://www.linux.org.

Etapas

Como carregar o LINUX

Se você quiser carregar o LINUX usando FTP, deve visitar os seguintes sites:
- Site LINUX FTP em ftp://ftp.linux.org/
- Site Caldera FTP em ftp://ftp.caldera.com/pub/
- Site Debian FTP em ftp://ftp.debian.org/
- Site RedHat FTP em ftp://ftp.redhat.org/pub/

Como comprar uma cópia de LINUX

Você também pode comprar uma cópia do software LINUX em seu revendedor local de software, ou mesmo de uma livraria próxima. A seguir está uma lista de revendedores que vendem software LINUX:
- Caldera, Inc. em http://www.caldera.com
- CD-ROM Shop em http://www.cdromshop.com
- Computer Underground em http://www.tcu-inc.com
- Cosmos Engineering em http://www.CosmosEng.com
- GreenBush Technologies em http://www.greenbush.com/cds.html
- Informagic em http://www.informagic.com
- Linux Central em http://www.linuxcentral.com
- Linux System Lab em http://www.lsl.com
- Pacific HiTech em http://www.pht.com
- Redhat, Inc. em http://www.redhat.com
- S.u.S.E em http://www.suse.com
- TransAmeritech Systems Inc. em http://www.trans-am.com
- Universal CD-ROM em http://www.bigmall.com
- Walnut Creeks CDROM em http://www.cdrom.com
- Yggdrasil Computing em http://www.yggdrasil.com

Sistemas LINUX pré-instalados

Você até pode ter um sistema PC entregue com o LINUX pré-instalado. A seguir está uma lista de empresas que enviam o LINUX pré-instalado em uma variedade de sistemas de hardware. Assegure-se de verificar o site da Web http://www.linux.org/ para obter a lista detalhada mais recente de tais fornecedores.

- Advanced Systems Labs em http://www.aslab.com
- AmNet Computers em http://amnet-comp.com
- Apache Digital Corporation em http://www.apache.com
- ASA Computers em http://www.asacomputers.com
- Aspen Systems Inc. em http://www.aspsys.com
- Castle Computers em http://www.castlec.com
- Central Computers em http://www.drscc.com
- Cobalt Networks INC. em http://www.cobaltnet.com
- Computer Gallery em http://www.cgallery.com
- Computer Underground Inc. em http://www.tcu-inc.com
- Creative Consultants em http://www.creativec.com
- DCG Computers Inc. em http://www.dcginc.com
- Intergraph Computer Systems em http://www.intergraphsystems.com
- Kachina Technologies, Inc. em http://www.kachinatech.com
- Linux Hardware Solutions em http://www.linux-hw.com
- Microway Inc. em http://www.netactive.com
- Net Express em http://www.tdl.com/~netex/
- Penguin Computing em http://www.penguincomputing.com
- Promo X Systems em http://www.promox.com
- Telenet Systems Solutiobns em http://www.tesys.com
- Workstation 2000 em www.w2000.com

O LINUX que eu instalei foi Red Hat LINUX versão 5.1, que tinha o kernel 2.0.34 LINUX. A tela de registro de entrada é mostrada na Listagem 11.1

Listagem 11.1: Registro de entrada no LINUX

```
Red Hat Linux release 5.1 (Manhattan)
Kernel 2.0.34 on an i586
login: oracle
Password:
Last login: Sat Nov 14 11:46:14 on tty1
```

Etapas

Se você já tiver instalado o Oracle8 em um sistema UNIX, então instalá-lo em LINUX deve ser bem fácil. Primeiro, você precisa ajustar o kernel LINUX com parâmetros de memória compartilhada, acrescentar um grupo e um usuário, ajustar as variáveis de ambiente, criar diretórios de dados e, depois, seguir o seu próprio caminho. Antes de instalar Oracle8, assegure-se de que tem as exigências básicas de hardware e software, como mostrado na Tabela 11.1.

Etapa 1 — Ajuste o kernel LINUX com parâmetros de memória compartilhada.

Primeiro, você deve configurar o kernel LINUX com parâmetros de memória compartilhada. Você pode usar o comando ipcs para ver a lista de memória compartilhada de sistema e segmentos semáforos. Lembre-se de que mudar qualquer dos parâmetros de kernel exige que você recompile o kernel LINUX (para recompilar, consulte o conjunto de documentação LINUX). Você deve ajustar os seguintes parâmetros de memória compartilhada e semáforos:

Parâmetros de memória compartilhada:
- SHMMAX   42949672295
- SHMMIN   1
- SHMSEG   10

Parâmetros de sinalizadores
- SEMMNS   200
- SEMMNI   70
- SEMMSL   100

Você precisa mudar o arquivo shmparam.h para parâmetros de memória compartilhada. Esse arquivo está localizado na fonte de LINUX, sob o diretório include/asm-i386 ou include/asm. Os parâmetros semáforo que precisam ser configurados devem estar localizados no arquivo sem.h, localizado na fonte de LINUX, no subdiretório include/linux. Novamente, quando você mudar qualquer desses parâmetros, precisará recompilar o kernel LINUX.

Nota: Se você estiver usando RedHatLINUX5.1 ou superior, Oracle instalará sem configurar quaisquer dos parâmetros de kernel de memória compartilhada ou de semáforo.

Etapa 2 — Acrescente um grupo e um usuário. De fato, antes de instalar o software Oracle, você precisa ter um grupo e um usuário em seu sistema. É recomendado que você tenha um grupo chamado DBA e um usuário chamado ORACLE. Você pode acrescentar manualmente um grupo, editando o arquivo /etc/group ou usando o comando groupadd, mostrado na Listagem 11.2. Para acrescentar um usuário, edite o arquivo /etc/passwd ou use o comando useradd. A Listagem 11.2 mostra como usar o comando groupadd para criar o grupo DBA. Também é demonstrado o acréscimo do usuário ORACLE através do comando useradd. A opção -d no comando useradd especifica a localização do diretório, -c é destinada a comentários, -g ao grupo, -s ao shell inicial e -u é ao número de id (identidade) do usuário, Em nosso exemplo na Listagem 11.2, estamos acrescentando o usuário chamado ORACLE com os comentários como "Oracle DBA". A residência inicial do usuário será /home/oracle, que está sob o grupo DBA, e terá o shell bash. A identidade do usuário será 101. Você pode mudar a localização do diretório, comentários e shell para adaptá-los ao seu ambiente.

Listagem 11.2: Acréscimo de um grupo e um usuário

```
dba::101:oracle  # /etc/group
oracle::101:101::/home/oracle:/bin/bash  #/etc/passwd

[root@mars /home]# groupadd dba
[root@mars /home]# useradd oracle -c "Oracle DBA" -d "/home/oracle" -g dba -s "/bin/bash" -u 101
```

Etapa 3 — Ajuste as variáveis de ambiente. Uma vez criados o grupo e o usuário, você pode registrar a entrada como ORACLE. Aqui, pode editar .bash_profile para ajustar as variáveis de ambiente que serão usadas por ORACLE. Precisaremos ajustar ORACLE_SID para indicar para uma cópia de nome, ORACLE_HOME para especificar o diretório do software oracle e PATH (caminho) para especificar o diretório do software Oracle, para que o sistema operacional possa localizar os executáveis. Esses três parâmetros são os básicos exigidos para instalar o Oracle. Veja na Listagem 11.3 o arquivo .bash_profile.

Listagem 11.3: Como ajustar as variáveis de ambiente

```
# .bash_profile
# Get the aliases and functions
if [ -f ~/.bashrc ]; then
    . ~/.bashrc
fi
# User specific environment and startup programs
PATH=$PATH:$HOME/bin
ENV=$HOME/.bashrc
USERNAME=" "
export USERNAME ENV PATH
ORACLE_HOME=/home/oracle
export ORACLE_HOME
ORACLE_SID=man
export ORACLE_SID
PATH=.:$PATH:/home/oracle
export PATH
PS1="Oracle> "
```

Etapa 4 — Crie diretórios necessários. Antes de instalar o Oracle, você deve ter bastante espaço em disco disponível. Crie diretórios separados para armazenar os dados e registros. Como pode ser visto a seguir, criamos os diretórios /u01 a /u04, que serão usados para o diretório do banco de dados Oracle (Listagem 11.4). Assegure-se de que você executou o comando chown (change owner — mudar proprietário) para tornar o novo diretório propriedade de Oracle. O grupo deve ser ajustado para DBA, executando o comando chgrp (change group — mudar grupo). Se você quiser saber mais sobre os comandos chown e chgrp, por favor, consulte o manual LINUX.

Listagem 11.4: Criação de diretórios

```
[root@mars /]# mkdir /u01 /u02 /u03 /u04
[root@mars /]# chown oracle /u*
[root@mars /]# chgrp dba /u*
```

Etapa 5 — Monte o CD-ROM Oracle. Insira o CD Oracle no drive de CD-ROM e, como ROOT, monte o CD emitindo o comando mount. A Listagem 11.5 mostra como montar o CD-ROM.

Listagem 11.5: Montgem do CD-ROM Oracle

```
[root@mars /root]# mount /mnt/cdrom
ou
[root@mars /root]# mount -t iso9660 /dev/cdrom /mnt/cdrom
mount: block device /dev/cdrom is write-protected, mounting read-only
[root@mars /root]#
```

Etapa 6 — Execute o instalador Oracle. Agora, como Oracle, mude o diretório para /mnt/cdrom/orainst e execute o programa orainst, como mostrado na Listagem 11.6.

Não execute o instalador como usuário ROOT. Use a tecla [Tab] para mover para o próximo bloco e as teclas de seta para mover entre campos.

Listagem 11.6: Execução do instalador Oracle
```
Oracle> cd /mnt/cdrom
Oracle> cd orainst
Oracle> ./orainst
```

Uma vez que o instalador esteja sendo executado, você será solicitado a fazer entradas, tais como as mostradas na Figura 11.1.

Figura 11.1: Execução do instalador Oracle

Se você escolher uma instalação padrão, o Oracle criará um banco de dados, copiando arquivos de dados pré-montados a partir do CD. O instalador oferece duas escolhas básicas: "Install New Product" (instalar novo produto) e "Add/Upgrade Software" (acrescentar/atualizar software). Você pode escolher um desses para instalar o software Oracle8. No entanto, a opção Install New Product cria uma estrutura de diretório compatível com OFA, enquanto a opção Add/Upgrade não o faz. O instalador cria quatro arquivos de registro no diretório $ORACLE_HOME/orainst. Se um registro de instalação já existir, ele será salvo como filename.old.

Durante a instalação, o Oracle perguntará por suas escolhas de um grupo de usuário para o Oracle DBA. O padrão é o grupo principal da conta ORACLE; entretanto, se você mudá-lo, o instalador religará o executável Oracle. A cópia do nome não pode ter mais do que quatro caracteres de comprimento em Oracle8.0 para LINUX.

Etapa 7 — Execute o oratab.sh. Uma vez completa a instalação de Oracle, você precisa executar o oratab.sh, que está na localização ORACLE_HOME, conforme mostrado na Listagem 11.7.

Listagem 11.7: Execução de Oratab.sh

```
[root@mars orainst]# ORACLE_OWNER=oracle
[root@mars orainst]# export ORACLE_OWNER
[root@mars orainst]# . oratab.sh
*****************************************
Following conditions should be met to run this script successfully.
1. Needs root permission to run this script.
2. Need to set ORACLE_OWNER environment variable to the user who
installs oracle product.
3. This ORACLE-OWNER should be part of group "dba".
If any of these conditions are not met, please re-run after satisfying
these conditions.
*****************************************
Is it OK to continue (Y/N)? [Y]: Y
The ORACLE_OWNER is set as: oracle
Are these settings correct (Y/N)? [Y]: Y
Checking for "oracle" user id. . .
Oracle>
```

Etapa 8 — Inicialize o Oracle. Quando a instalação estiver sido completada com sucesso, você poderá trazer o Oracle, usando o software Server Manager (svrmgr1), como mostrado na Listagem 11.8. Como Oracle, execute svrmgr1 no prompt e emita CONNECT INTERNAL, seguido pelos comandos STARTUP.

Listagem 11.8: Inicialização de Oracle8 em LINUX

```
[oracle@mars oracle]$ svrmgrl
Oracle Server Manager Release 3.0.5.0.0 - Production
(c) Copyright 1997, Oracle Corporation. All rights Reserved.
Oracle8 Release 8.0.5.0.0 - Production
PL/SQL Release 8.0.5.0.0 - Production
SVRMGR> connect internal
Connected.
SVRMGR> startup
ORACLE instance started.
Total System Global Area        4853008 bytes
Fixed Size                        48400 bytes
Variable Size                   4321280 bytes
Database Buffers                 409600 bytes
Redo Buffers                      73728 bytes
SVRMGR.
```

Etapa 9 — Veja os processos Oracle. Uma vez inicializado o Oracle, você pode ver os processos Oracle, executando o comando ps com a opção x. Como você pode ver a partir da Listagem 11.9, o Oracle iniciou oito processos, começando com ora_xxx.

Listagem 11.9: Visão dos processos Oracle em LINUX

```
[oracle@mars admin]$ ps x
  PID      TTY      STAT    TIME    COMMAND
  387      1        S       0:00    /bin/login - - oracle
  395      1        S       0:00    -bash
  478      ?        S       0:00    ora_pmon_orcl
  480      ?        S       0:00    ora_dbw0_orcl
  482      ?        S       0:00    ora_lgwr_orcl
  484      ?        S       0:00    ora_ckpt_orcl
  486      ?        S       0:00    ora_smon_orcl
  488      ?        S       0:00    ora_reco_orcl
  490      ?        S       0:00    ora_s000_orcl
  492      ?        S       0:00    ora_d000_orcl
  495      p0       S       0:00    /bin/login -h 90.0.0.1 -p
  496      p0       S       0:00    -bash
  532      p0       R       0:00    ps x
[oracle@mars admin]$
```

Etapa 10 — Faça conexão com o Oracle. E, finalmente, os clientes conseguirão se conectar com o seu banco de dados usando o SQL*Plus ou o software Oracle Server Manager. A Listagem 11.10 mostra que estamos consultando a tabela de sistema chamada DBA_DATA_FILES.

Listagem 11.10: Consulta à tabela de sistema DBA_DATA_FILES
```
[oracle@mars oracle]$ svrmgrl
Oracle Server Manager Release 3.0.5.0.0 - Production
(c) Copyright 1997, Oracle Corporation. All Rights Reserved.
Oracle Release 8.0.5.0.0 - Production
PL/SQL Release 8.0.5.0.0 - Production
SVRMGR> connect internal
Connected.
SVRMGR> select file_name from dba_data_files;
FILE_NAME
----------
/u02/oradata/orcl/system01.dbf
/u02/oradata/orcl/rbs01.dbf
/u02/oradata/orcl/temp01.dbf
/u01/app/oracle/product/8.0.5/dbs/T_Music97
/u01/app/oracle/product/8.0.5/dbs/I_Music97
5 rows selected.
SVRMGR>
```

Conclusão

Instalar o Oracle em LINUX é muito parecido com instalar o Oracle em qualquer outra plataforma UNIX. Tenha certeza de que você tem pelo menos o LINUX 2.0.34 ou superior instalado em seu sistema, com suficiente memória e espaço em disco.

11.3 — Como configuro o Oracle Net8 em LINUX?

Aplica-se a: Oracle8   **Índice no CD:** Linux, Net8

Sistema operacional: Linux

Problema

Eu gostaria que o meu servidor LINUX, que está executando em Oracle8, fosse acessível aos clientes executando o Windows 95, o Windows 98 e o Windows NT. Atualmente, posso pular de cada um dos clientes para o servidor LINUX. Como posso configurar o Oracle Net8 para que os clientes se conectem com o servidor LINUX?

Solução

Para configurar o SQL Net em LINUX, você precisa editar o arquivo LISTENER.ORA para incorporar as informações do seu ambiente de rede. Uma vez que o arquivo LISTENER.ORA tenha sido mudado, você pode trazer o listener (ouvinte), executando o comando lsnrctl a partir do prompt do sistema.

Etapas

Etapa 1 — Edite o listener.ora. O arquivo LISTENER.ORA está localizado no diretório ORACLE_HOME/network. Como mostrado na Listagem 11.11, editamos o arquivo LISTENER.ORA para mudar o host para um endereço IP 10.0.0.2 e a porta como 1521, que é o padrão. O SID_NAME é ORCL.

Listagem 11.11: Edição de listener.ora

```
LISTENER =
   (ADDRESS_LIST =
      (ADDRESS=
         (PROTOCOL= TCP)
         (Host= 10.0.0.2)
         (Port= 1521)
      )
   )
STARTUP_WAIT_TIME_LISTENER = 0
CONNECT_TIMEOUT_LISTENER = 10
TRACE_LEVEL_LISTENER = 0
SID_LIST_LISTENER =
   (SID_LIST =
      (SID_DESC =
         (ORACLE_HOME = /u01/app/oracle/product/8.0.5)
         (SID_NAME = orcl)
      )
   )
```

Etapa 2 — Inicie o listener (ouvinte). Uma vez editado o arquivo LISTENER.ORA, você pode inicializar o listener (ouvinte), executando o comando lsnrctl1 com a opção start (iniciar), como mostrado na Listagem 11.12. Quando você executar o comando listener com a opção start, ele deve exibir "orcl has 1 service handler" (o Oracle tem um alavancador de serviço), que especifica que o listener agora iniciou o serviço.

Listagem 11.12: Inicialização de listener em LINUX
```
[oracle@mars oracle]$ lsnrctl start
LSNRCTL for Linux: Version 8.0.5.0.0 - Production on 14-NOV-98 12:00:55
(c) Copyright 1997 Oracle Corporation. All rights reserved.
    Starting /u01/app/oracle/product/8.0.5/bin/tnslsnr: please wait . . .
TNSLSNR for Linux: Version 8.0.5.0.0 - Production
System parameter file is /u01/app/oracle/product/8.0.5/network/admin/
    listener.ora
Log messages written to /u01/app/oracle/product/8.0.5/network/log/
    listener.log
Listening on: (ADDRESS=(PROTOCOL=tcp) (DEV=6) (HOST=90.0.0.2) (PORT=1521) )
Connecting to (ADDRESS=(PROTOCOL=TCP) (Host=90.0.0.2) (Port=1521) )
STATUS of the LISTENER
-------------------
Alias                     LISTENER
Version                   TNSLSNR for Linux: Version 8.0.5.0.0 - Production
Start Date                14-NOV-98 12:02:39
Uptime                    0 days 0 hr. 0 min. 0 sec
Trace Level               off
Security                  OFF
SNMP                      OFF
Listener Parameter File   /u01/app/oracle/product/8.0.5/network/admin/
    listener.ora
Listener Log File         /u01/app/oracle/product/8.0.5/network/log/
    listener.log
Services Summary. . .
  orcl       has 1 service handler(s)
The command completed successfully
[oracle@mars oracle]$
```

Etapa 3 — Faça conexão com o servidor. Uma vez que o listener esteja ativado e sendo executado, os usuários devem conseguir se conectar, usando o software SQL*Net. Para fazer isso, configure o arquivo TNSNAMES.ORA em cada máquina de usuário executando qualquer sistema operacional. A Listagem 11.13 mostra um exemplo do arquivo TNSNAMES.ORA, que deve estar localizado na rede ou no diretório NET8, no subdiretório ADMIN.

Listagem 11.13: Inicialização de listener em LINUX
```
# TNSNAMES.ORA Configuration File
linux.world =
   (DESCRIPTION =
      (ADDRESS_LIST =
         (ADDRESS = (PROTOCOL = TCP)(HOST = 10.0.0.2) (PORT = 1521) )
      )
      (CONNECT_DATA =
      (SID = ORCL)
   )
)
```

Uma vez configurado o TNSNAMES.ORA, execute o seu software SQL*Plus na máquina do cliente, para se comunicar com o banco de dados. Como você pode ver da Listagem 11.14, estamos nos conectando com o banco de dados do servidor, identificado como LINUX.WORLD no arquivo TNSNAMES.ORA.

Listagem 11.14: Conexão com Oracle usando SQL*Net

```
Oracle> sqlplus noel/noel@linux.world
SQL*Plus: Release 8.0.5.0.0 - Production
(c) Copyright 1997, Oracle Corporation. All Rights Reserved.
Connected to:
Oracle8 Release 8.0.5.0.0 - Production
PL/SQL Release 8.0.5.0.0 - Production
SQL> select c_number, c_name from customer;

C_NUMBER         C_NAME
- - - - - - -    - - - - - - -
       1         NOEL
SQL>
```

Conclusão

Configurar SQL*Net no LINUX é semelhante a executar o Oracle em qualquer outra instalação UNIX. Primeiro, você precisa editar o arquivo LISTENER.ORA e depois inicializar o listener, usando o comando lsnrctl. Verifique se a conexão está funcionando, executando o SQL*Plus a partir de um cliente.

11.4 — Como posso monitorar o desempenho em LINUX?

Aplica-se a: Oracle8	Índice no CD: Desempenho
Sistema operacional: Linux	

Problema

Instalei o Oracle8 no LINUX e comecei a executar aplicativos no banco de dados. No entanto, gostaria de saber como posso monitorar meu banco de dados em LINUX.

Solução

Existem muitas ferramentas disponíveis em LINUX para fazer análise de desempenho — top, vmstat, free, netstat e outras, para monitorar o desempenho do seu sistema.

Comando TOP

O comando top exibe os processos mais intensos de CPU que estão sendo executados em seu sistema. Ele oferece uma interface interativa que permite separar as tarefas pelo uso de CPU, uso de memória e assim por diante. O comando top, como apresentado na Figura 11.2, mostra os principais consumidores da CPU.

A seguir está o uso de top:

```
Top [-] [d delay] [q] [c] [S] [i]
```

A opção –d especifica o intervalo de tempo em segundos para a tela se atualizar. A opção q ocasiona a atualização imediata, S é destinado ao modo cumulativo e i indica que você pode ignorar quaisquer processos ociosos ou apáticos.

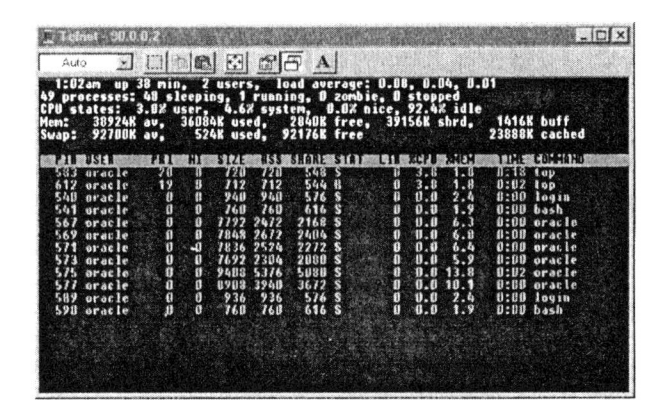

Figura 11.2: O comando top

Comando VMSTAT

Vmstat é um comando de relata informações sobre o processo, memória, CPU, paginação, I/O e mais. É muito útil para monitorar memória livre, cache de buffer e informações de paginação. Para utilização de CPU, veja o as colunas "us" e "sy" da extrema direita da saída, que representa "tempo de usuário" e "tempo de sistema." Se ambos estiverem acima de 90, então você sabe que a CPU está saturada. Nos sistemas de multiprocessador, essa coluna representa estatísticas cumulativas de todos os processadores.

O seguinte mostra o uso de mvstat:

```
Vmstat [-n] [delay [count]] [-V]
```

A opção –n leva o cabeçalho a ser exibido apenas uma vez. O atraso, na verdade, é o intervalo de tempo da atualização das estatísticas, em segundos. Se você não especificar um atraso, vmstat só mostrará um relatório. O count (contador) é o número de vezes que o relatório é exibido. A opção –V é usada para exibir a versão das informações.

A seguir está um exemplo de saída de vmstat:

```
   procs                memory          swap         io     system        cpu
   r b w  swpd    free    buff   cache   si   so   bi   bo   in   cs   us   sy   id
   0 0 0   128    1988    7292   6380     0    0    0    0   29   12    0    0   28
```

Comando FREE

O comando free mostra a quantidade de memória no sistema, disponível e usada. A seguir você vê sua utilização:

```
Free [-b | -k -m] [-s delay] [-t ] [-V]
```

onde -b é uma opção usada para exibir a quantidade de memória em Bytes, -k é destinada Kilobytes e –m é destinada a megabytes. A opção –s é usada para intervalos de tempo entre atualizações de tela. A opção –t é usada para exibir uma linha que contém os totais. –V é usada para exibir a versão das informações.

Exemplo de saída do utilitário free:

```
                   total       used       free     shared    buffers     cached
     Mem:          30824      28876       1948      23540       7292       6432
     -/+ buffers/cache:       15152      15672
     Swap:         72256        128      72128
```

Conclusão

O LINUX oferece ferramentas de desempenho de sistema operacional semelhantes a outras plataformas UNIX. O comando top é muito útil para informar sobre a utilização da CPU e da memória. Outros comandos úteis incluem free, vmstat e netstat.

11.5 — Como compilo meus programas PRO*C em LINUX?

Aplica-se a: Oracle8	Índice no CD: Pro*C
Sistema operacional: Linux	

Problema

Eu gostaria de escrever um programa Pro*C no ambiente LINUX que executasse em meu aplicativo. Preciso saber como compilar o programa Pro*C em LINUX.

Solução

Para compilar programas PRO*C em LINUX, você precisa de um compilador C. Você pode usar o compilador gcc, que vem com a instalação LINUX, mas assegure-se de ter o compilador GNU C, versão 2.0.7 ou posterior.
A Listagem 11.15 mostra como compilar um programa de demonstração, localizado no diretório ORACLE_HOME/precomp/demo/proc. A Listagem 11.16 mostra a saída do programa que foi compilado.

Listagem 11.15: Como executar uma produção

```
[oracle@mars proc]$ make -f demo_proc.mk sample1 > OUT
make -f /u01/app/oracle/product/8.0.5/precomp/demo/proc/demo_proc.mk
    OBJS=sample
1.0 EXE=sample1 build
make[1]: Entering directory '/u01/app/oracle/product/8.0.5/precomp/demo/
    proc'
/u01/app/oracle/product/8.0.5/bin/proc iname=sample1
Pro*C/C++: Release 8.0.5.0.0 - Production on Sat Nov 14 14:5:54 1998
(c) Copyright 1998 Oracle Corporation. All rights reserved.
System default option values from:/u01/app/oracle/product/8.0.5/precomp/a
dmin/psccfg.cfg
c c -I. -I/u01/app/oracle/product/8.0.5/precomp/public -I/u01/app/oracle/
    product/8.0.5/rdbms/public -I/u01/app/oracle/product/8.0.5/rdbms/demo
    -I/u01/app/oracle/product/8.0.5/plsql/public -I/u01/app/oracle/
    product/8.0.5/network/public
-c sample1.c
cc -o sample1 sample1.0 -L/u01/app/oracle/product/8.0.5/lib/ -lc /lclntsh
    /u01/app/oracle/product/8.0.5/lib/scorept.o /u01/app/oracle/product/
    8.0.5/lib/sscoreed
.o /u01/app/oracle/product/8.0.5/rdbms/lib/kpudfo.o -lclient -lsql /u01/
    app/oracle/product/8.0.5/lib/nautab.o /u01app/oracle/product/8.0.5/
    lib/naeet.o /u01/app/oracle/product/8.0.5/lib/naect.o /u01/app/oracle/
    product/8.0.5/lib/naedhs.o `ca
```

```
t /u01/app/oracle/product/8.0.5/lib/naldflgs` -lnetv2 -lnttcp -lnetwork -
lncr -lnetv2 -lnttcp -lnetwork -lclient -lvsn -lcommon -lgeneric -lmm -
lnlsrtl3 -lcor
e4 -lnlsrtl3 -lcore4 -lnlsrtl3 -lnetv2 -lnttcp - lnetwork -lncr -lnetv2 -
lnttcp -lnetwork
-lclient -lvsn -lcommon -lgeneric /u01/app/oracle/product/8.0.5/lib/
    libplsf.a /u01/app/oracle/product/8.0.5/lib/libplsb.a /u01/app/oracle/
    product/8.0.5/lib/
libextp.a -lepc -lnlsrtl3 -lcore4 -lclsrtl3 -lcore4 -lclsrtl3 -lclient -
lvsn -lcommon -lgeneric -lclsrtl3 -lcore4 -lnlsrtl3 -lcore4 -lnlstrl3
`cat
/u01/app/oracle/product/8.0.5/lib/sysliblist` /ldl -lm
make[1]: Leaving directory `/u01/app/oracle/product/8.0.5/precomp/demo/
    proc'
[oracle@mars proc]$
```

Listagem 11.16: Execução do programa compilado

```
[oracle@mars proc]$ sample1
Connected to ORACLE as user: SCOTT
    Enter employee number (0 to quit): 7369
Employee    Salary     Commission
------      -----      ----------
SMITH       800.00     NULL
Enter employee number (0 to quit): 0
Total rows returned was 1.
G'day.
[oracle@mars proc]$
```

Conclusão

Para compilar programas Pro*C, você pode usar o compilador GNU C que vem com a instalação LINUX.

11.6 — Como posso migrar meu banco de dados Oracle de outra plataforma UNIX para o LINUX?

Aplica-se a: Oracle8	Índice no CD: Migração
Sistema operacional: Linux	

Problema

Atualmente, estou executando o meu banco de dados em Solaris 2.5 e gostaria de migrá-lo para um sistema Pentium INTEL executando o LINUX. Como posso conseguir isso?

Solução

Para migrar dados de um banco de dados Oracle que está no UNIX para o LINUX, você pode usar o utilitário Export/Import. Vamos percorrer um exemplo de como migrar dados.

Etapas

Etapa 1 — Exporte dados do UNIX. Para exportar dados do Oracle sendo executado em uma caixa UNIX (SUN Solaris), você precisa executar o utilitário Export. Como mostrado na Listagem 11.17, estamos exportando os dados para o usuário chamado BANK. A exportação despejou duas tabelas, chamadas CUSTOMER e TRANS, no arquivo EXPDAT.DMP. Nesse exemplo, exportamos todas as tabelas para o usuário BANK, mas você também pode exportar dados de uma tabela específica, usando a cláusula table no utilitário Export.

Listagem 11.17: Exportação de dados do UNIX

```
Oracle8.0.5> exp bank/bank file=expdat.dmp
Export: Release 8.0.5.0.0 - Production on Sat Nov 21 12:54:50 1998
(c) Copyright 1998 Oracle Corporation. All rights reserved.
Connected to: Oracle8 Enterprise Edition Release 8.0.5.0.0 - Production
With the Partitioning and Objects options
PL/SQL Release 8.0.5.0.0 - Production
Export done in US7ASCII character set and US7ASCII NCHAR character set
About to export specified users. . .
. exporting foreign function library names for user BANK
. exporting object type definitions for user BANK
About to export BANK's objects . . .
. exporting database links
. exporting sequence numbers
. exporting cluster definitions
. about to export BANK's tables via Conventional Path . . .
. . exporting table                CUSTOMER         3455 rows exported
. . exporting table                TRANS           12890 rows exported
. exporting synonyms
. exporting views
. exporting stored procedures
. exporting referential integrity constraints
. exporting triggers
. exporting posttables actions
. exporting snapshots
. exporting snapshot logs
. exporting job queues
. exporting refresh groups and children
Export terminated successfully without warnings.
/export/home/oracle8.0.5>
```

Etapa 2 — Importe dados para o LINUX. Uma vez que os dados tenham sido exportados da máquina SUN, você pode usar FTP no arquivo EXPDAT.DMP através do sistema LINUX, mas assegure-se de que o seu FTP esteja no modo binário, em vez de no modo ASCII. Antes de importar, você também precisa ter certeza de que já existe um usuário chamado BANK em seu banco de dados Oracle no servidor LINUX. Como você pode ver da Listagem 11.18, a importação foi executada com sucesso, trazendo duas tabelas para o banco de dados Oracle no LINUX.

Listagem 11.18: Importação de dados
```
[oracle@mars oracle]$ imp bank/bank file=expdat.dmp.comp full=y
Import: Release 8.0.5.0.0 - Production on Sat Nov 14 12:12:0 1998
(c) Copyright 1998 Oracle Corporation. All rights reserved.
Connected to: Oracle8 Release 8.0.5.0.0 - Production
PL/SQL Release 8.0.5.0.0 - Production
Export file created by EXPORT:V08.00.05 via conventional path
. importing BANK's objects into BANK
. . importing table      "CUSTOMER"       3455  rows imported
. . importing table      "TRANS"         12890  rows imported
Import terminated successfully without warnings.
[oracle@mars oracle]$
```

Etapa 3 — Valide os dados. Quando a tabela tiver sido importada, você deve verificar se o utilitário Import não relatou erros. A consulta na tabela CUSTOMER, a seguir (Listagem 11.19), mostra que os dados foram importados corretamente.

Listagem 11.19: Consulta à tabela customer
```
SQL> select cust_no,name,balance
  2  from customer;
CUST_NO     NAME              BALANCE
-------     -------           -------
     1      Noel Y             10000
     2      Adrian B           10000
     3      Ronald N           10000
     4      Parag B            10000
     5      Richard H          10000
     6      Puneet P           10000
     7      Veronica V         10000
     8      Paul L             10000
     9      Neil B             10000
    10      Marty C            10000
. . . .
SQL>
```

Conclusão

Se você quiser migrar alguns de seus dados, ou todo o seu banco de dados, entre sistemas operacionais, deve usar o utilitário Export/Import. Primeiro, assegure-se de que há espaço suficiente em ambos os seus sistemas.

11.7 — Como posso migrar o meu banco de dados Oracle do Windows NT para o LINUX?

Aplica-se a: Oracle8	Índice no CD: Migração
Sistema operacional: Linux	

Problema

Atualmente, estou executando o meu banco de dados em Oracle7.3.4 no Windows NT. O sistema está em um Pentium INTEL PRO, sendo executado em 200 Mhz, com quatro processadores, e tem 256 MB de RAM. Eu gostaria de migrar as tabelas Oracle7 do usuário man para um banco de dados Oracle8 executando LINUX. Como posso migrar essas tabelas?

Solução

Para migrar dados de um banco de dados Oracle que está no Windows NT para o LINUX, você pode usar o utilitário Export/Import. As seguintes etapas apresentam um exemplo de como migrar os dados.

Etapas

Etapa 1 — Inicialize o ambiente. Vamos supor que temos uma tabela EMPLOYEE em um banco de dados Oracle, que queremos migrar de um ambiente Windows NT para o LINUX. O esquema da tabela é mostrado na Listagem 11.20, na fonte do banco de dados sendo executado no Windows NT. Se consultarmos a tabela, veremos que há 885 linhas, como mostrado na Listagem 11.21.

Listagem 11.20: Tabela employee

```
SQLWKS> desc employee;
Column Name            Null?    Type
-----------            -----    ------
EMP_NUMBER                      NUMBER
EMP_NAME                        CHAR(30)
GRADE_LEVEL                     NUMBER
DEPT_NUMBER                     NUMBER
LOCATION_CODE                   CHAR(2)
MANAGER                         NUMBER
SALARY                          NUMBER(7, 2)
BONUS                           NUMBER(7, 2)
```

Listagem 11.21: Consulta à tabela employee

```
SQLWKS> select emp_number,emp_name,salary
  2> from employee;
EMP_NUMBER     EMP_NAME       SALARY
----------     --------       ------
        10     Noel Y         5000
      1580     Adrian B       7500
      2315     Ronald N       3500
      3411     Punnet P       6000
      5880     Richard        7500
      8870     Paul L         7500
...
SQLWKS>
```

Etapa 2 — Exporte os dados do Windows NT. Para exportar os dados do Oracle sendo executados no Windows NT, usaremos o utilitário Export (exp). Na Figura 11.3, vemos que exportamos a tabela EMPLOYEE do usuário MAN, que tinha 885 linhas.

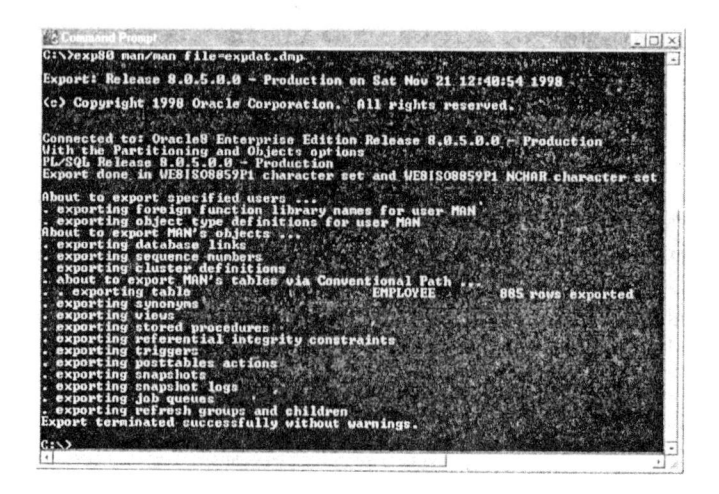

Figura 11.3: Uso do utilitário Export (exportação)

Etapa 3 — Importe o arquivo no LINUX. Feita a exportação, você pode usar FTP no arquivo exportado para o sistema LINUX, que está executando o Oracle. Em nosso exemplo, usaremos o FTP no arquivo EXPDAT.DMP para o sistema LINUX. Quando o arquivo tiver sido exportado, você poderá importar os dados, executando o utilitário Import, conforme mostrado na Listagem 11.22.

Listagem 11.22: Importação de dados
```
[oracle@mars oracle]$ imp man/man file=expdat.dmp.comp full=y
Import: Release 8.0.5.0.0 - Production on Sat Nov 14 12:12:0 1998
(c) Copyright 1998 Oracle Corporation. All rights reserved.
Connected to: Oracle8 Release 8.0.5.0.0 - Production
PL/SQL Release 8.0.5.0.0 - Production
Export file created by EXPORT:V08.00.05 via conventional path
. importing MAN's objects into MAN
. . importing table        "EMPLOYEE"      885 rows imported
Import terminated successfully without warnings.
[oracle@mars oracle]$
```

Etapa 4 — Valide os dados. Uma vez que os dados tenham sido importados usando-se o utilitário Import, verifique se não existem mensagens de erro. Assegure-se também de que o número de linhas importadas combina com a contagem de linhas da tabela no banco de dados. Faça a validação dos seus dados, consultando a tabela importada. Em nosso exemplo, consultaremos a tabela EMPLOYEE para validar os dados, como mostrado na Listagem 11.23.

Listagem 11.23: Consulta à tabela employee
```
SQL> select emp_number,emp_name,salary
  2  from employee;
EMP_NUMBER      EMP_NAME        SALARY
--------        --------        ------
    10          Noel Y          5000
  1580          Adrian B        7500
  2315          Ronald N        3500
  3411          Punnet P        6000
  5880          Richard S       7500
  8870          Paul L          7500
. . .
SQL>
```

Conclusão

Para migrar dados do Oracle no Windows NT para o LINUX, o método recomendado é usar o utilitário Export/Import.

Índice

Símbolos
.cshrc, 40
.profile, 40
/etc/group, 39
diretório /etc/init.d, 9
/etc/passwd, 40
/etc/system, 38

Numéricos
3GL, 220
rotina externa 3GL, 221

A
acesso aleatório, 367
acesso a tabelas, 414
acesso seqüencial, 367
acrescentar partições, 260
ADD DATAFILE, 120
ADD PARTITION, 278
administrador de reprodução, 545
admintool, 39-40
algoritmo de separação, 409
alocação de extensões, 412
alta disponibilidade, 256, 452-456, 532
alta largura de banda I/O, 417
ALTER DATABASE ARCHIVELOG, 327, 332, 460, .499
ALTER DATABASE, 21, 126-127, 140, 144-146
ALTER DATABASE DATAFILE, 132
ALTER DATABASE DATAFILE...AUTOEXTEND, 132
ALTER DATABASE OPEN, 142
ALTER SESSION, 271
ALTER SYSTEM, 363, 512
ALTER SYSTEM ARCHIVE, 461
ALTER SYSTEM RESUME, 360-362
ALTER SYSTEM SUSPEND, 360-362
ALTER TABLE, 100, 272, 282, 313
ALTER TABLE, 125
ALTER TABLE...MOVE, 105
ALTER TABLESPACE, 109, 114, 120, 132, 134, 333
ALTER TABLESPACE BEGIN BACKUP, 326
ALTER TABLESPACE END BACKUP, 326
alto desempenho de carregamento, 426
ANALYZE, 398
ANALYZE TABLE, 89
ação disparada, 173
apagar conflitos, 569
apagar declaração, 177
apenas de leitura, 110, 456, 513
aperfeiçoamento de separação, 409
API terceirizada, 316
aplica-se a registros arquivados, 469
aplicativo em nível de linha, 559
aplicativos DSS, 70
ARCHIVE LOG geração de novo, 514
ARCHIVE LOG LIST, 327, 332
armazenagem de dados, 153, 360
aplicativos, 54, 95, 256
armazenagem de tablespace, 271
arquivamento
habilitar, 327-328, 461
arquivo de banco de dados, 43, 317
arquivo de controle standby, 475
arquivo de dados, 118, 126-127, 132-135, 143, 147, 346
conversão para bruto, 140
faltando, 355
mover, 145-147
não fragmentado, 135
arquivo de dados faltando, 355
arquivo de dados offline, 355-356
arquivo de dados Oracle, 397
arquivo externo de leitura e escrita usando PL/SQL, 216
arquivo ORATAB, 8
arquivos de controle, 477, 503-504
cópia para rastrear, 21
criação, 425, 461, 500
despejar para rastrear, 23
múltiplos, 20-21
recriação, 19
recuperação, 21
arquivos de registro de arquivamento, 327
array de disco, 458, 480-481
assíncrona, 382, 600
atingir razão, 411
ativar servidor standby, 482
atualização automática, 537
habilitar, 535
atualização completa, 532
atualização de conflitos, 568
atualização de grupo, 538
atualização de tomada instantânea, 530-531
atualização forçada, 531-532
atualização manual, 539
atualização rápida, 531-532
autônomo, 246
AUTOALLOCATE, 166-167
AUTOEXTEND, 132-134
AUTONOMOUS_TRANSACTION, 244-245

B
backup, 317
cold ('frio'), 316, 319
hot ('quente'), 316, 319
incremental, 316, 319
paralelo, 320, 352

630 | Oracle8i — Administração de bancos de dados

recuperação para determinada época, 346
sem catálogo de recuperação, 325
sistema operacional, 319
tablespace, 323
uso do utilitário export/import, 348-352
backup de banco de dados
método agendado pelo OS, 342-345
UNIX, 339-341
Windows NT, 335-338
backup de banco de dados em paralelo, 352-354
backup de sistema operacional, 319
backup fria, 316, 319
backup incremental, 317, 319
backup integrada, 317
backup OS, 319
backup paralelo, 352
backup 'quente' de banco de dados, 316, 319, 326
UNIX, 331-335
Windows NT, 326-329
baixa cardinalidade, 63, 66, 69
banco de dados
backup, 497-498
criação, 2, 10-16
grande, 62
personalizar, 3-4
teste xvi, 2, 10
típico, 3-4
banco de dados de arquivo de sistema, 140-143
banco de dados de leitura, 452, 467, 515
banco de dados principal, 456, 473-474, 478, 482-483, 486, 490-493, 504, 511, 517-518
banco de dados 'quente' suspenso, 456
banco de dados standby, 164-166, 452, 456, 461, 466-474, 477, 479, 482-487, 489-493, 495, 505-506, 511-513, 517, 519-524
modo de recuperação gerenciada, 494-520
mount, 504
'quente', 456
banco de dados standby MOUNT, 466
BFILE, 56-57
bidirecional, 527
BLOB, 55-56
bloco
espaço de dados, 87
bloco PL/SQL, 248, 251
transação autônoma, 245
blocos
necessários para índice, 88

blocos de dados, 136
blocos de dados Oracle, 136
danificados, 357
bloqueio DML-S, 103
bloqueio PL/SQL autônomo, 170
implementação, 243-248
bloqueios, 411
BUFFER_COOL, 374
buffer de ligação de array, 423
BUFFER_POOL_KEEP, 374
BUFFER_POOL_RECYCLE, 374
buffers sujos, 408
BULK COLLECT, 250

C

cache de disco, 395
cadeias, 420
canais, 352
canal FIBRE, 480
cancelar RECOVERY, 470, 482, 517
capacitação de suspensão, 478
cardinalidade, 69
carregador paralelo, 426
execução, 426
carregamento direto de caminho, 423
vantagens, 423
carregamento paralelo, 421-426
restrições, 421
CASCADE CONSTRAINTS, 100
CATALOG.SQL, 14
catálogo de recuperação, 320, 323-324
CATREP.SQL, 542
CATRMAN.SQL, 321
código oculto PL/SQL, 170
código PL/SQL
criptografado, 204
oculto, 204-206
chamada de procedimento externo, 170, 219-225
chave de grupo, 75-76
chave hash, 80, 83
chave particionada, 267
CHECKPOINT, 100
ciente de partição, 256, 268-287
cálculo de espaço bruto, 84-85
CLOBs, 55
cluster hash, 80, 98
criação, 80-82
desempenho aperfeiçoado, 80
cluster hash de tabela individual, 54, 98
criação, 98-99
cláusula PARALLEL, 443-444, 447
cláusulas
BUFFER POOL, 375
COALESCE, 114
COLLECT.SH, 389-390
colocar em paralelo, 125
backup, 320

recuperação, 320
colocar em paralelo backup e recuperação, 317
colunas
excluindo, 54, 99-102
colunas indexadas
espaço exigido, 87
colunas particionadas, 290, 301-302
comando AT, 343
comando COPY, 529
comando CREATE TRIGGER, 173
comando crontab, 344-345
comando dd, 140, 142
comando FTP, 158
comando partition, 371-372
comando ps, 388, 420
comandos
ALTER DATABASE, 21, 126, 146-147
ALTER SESSION, 272
ALTER TABLE, 100, 282
ALTER TABLESPACE, 109-110, 114, 120, 333
ANALYZE, 398
ANALYZE TABLE, 89
AT, 342-343
COALESCE, 114
CREATE CONTROLFILE SQL, 20
CREATE INDEX, 289
CREATE TABLE, 124, 258, 302
CREATE TRIGGER, 172
CREATE USER, 129-130
crontab, 343-345
DBV, 147
diskperf, 392
DROP TABLESPACE, 356
ENABLE/DISABLE ROW MOVEMENT, 312
EXCHANGE PARTITION, 273
format, 136
FREE, 620
groupadd, 610
ps, 388, 420
RECOVER DATAFILE, 346, 355
sar, 386
SET CONSTRAINT, 61
SHOW PARAMETERS, 25
top, 619
useradd, 610
UTLCHAIN.SQL, 89
vmstat, 619-620
XHOST, 40-41
comando sar, 386
combinações de buffer
DEFAULT, 374
KEEP, 374
RECYCLE, 374
combinações de buffer DEFAULT, 374

Índice   631

combinação de buffer KEEP, 374
combinação de buffer RECYCLE, 374
COMMIT, 246
comparando tabelas, 578-581
comparação de métodos de ligação de bens, 250
compatível com OFA, 613
compilador GNU C, 621
compilador Microsoft C, 221
compressão, 334
comprometer a transação, 576
comprometimento de duas fases, 568
COMPUTE STATISTICS, 398
confiabilidade maior, 165
conflito individual, 569
conflitos
    apagar, 569
    individualidade, 569
    update, 568
CONSTRAINT, 58
consulta paralela, 448-449
consultas escravas, 448
consulta à tabela V$LOGMNR_CONTENTS, 406
contenção de bloco, 367
conversão à tabela de faixa particionada, 264-265
    criação, 256-264
    gerenciamento, 277-282
corpo de pacote, 563
cota de tablespace, 149
    para usuários, 129-130
cópias múltiplas, 26-27
cpio, 333
CREATE_BITMAP_AREA_SIZE, 64
CREATE BITMAP INDEX, 64
CREATE CLUSTER, 75, 99
CREATE CONTROLFILE, 20, 24
CREATE DATABASE LINK, 437
CREATE_DATABASE.SQL, 13-14
CREATEDB.SQL, 5
CREATE INDEX, 73, 104, 289, 429
CREATE SEQUENCE, 209
    declaração, 206
CREATE SESSION, 348
CREATE SNAPSHOT, 533
CREATE TABLE, 121-122, 124, 258, 261, 302-303, 314
CREATE TABLE ... AS SELECT, 125, 434
CREATE TABLE AS SELECT, 527
CREATE TABLESPACE, 132
CREATE TABLESPACE...AUTOEXTEND, 133
CREATE USER, 129
criação de funções definidas por usuário, 225-227
criação de pacote, 563

criação de partição de tabela com base em faixa, 310
criação de uma view, 182
criação de um banco de dados, 2, 10-16, 43
criar funções definidas de usuário, 170
criar tablespace, 492
CRON, 486
CURRVAL, 207

D

dados
    distribuição em CD, 160-164
    validação, 515-516
dados em CD-ROM, 160-161
Database Assistant, 10
Data Manager, 426
Data Migration Assistant, 43
dba_data_files, 30, 144
DBA_DATA_FILES, 34, 157
DBA_IND_COLUMNS, 301
dba_indexes, 33
DBA_IND_PARTITIONS, 301
DBA_JOBS, 237
DBA_JOBS_RUNNING, 237
DBA_PART_COLUMNS, 301
DBA_PART_INDEXES, 299, 301
DBA_SEGMENTS, 276
dba_tables, 32
dba_tablespaces, 31
DBA_TABLESPACES, 34, 159
DBA_TAB_PARTITION, 284
dba_ts_quotas, 148-149
dba_users, 32
DB_BLOCK_BUFFERS, 374
DB_BLOCK_CHECKSUM, 357
DB_BLOCK_LRU_LATCHES, 374
DB_BLOCK_SIZE, 84
DB_FILE_NAME_CONVERT, 465, 493, 504
DBMS_ALERT.REGISTER, 229
DBMS_JOB, 233
DBMS_LOB, 55, 57
DBMS_OUTPUT.PUT_LINE, 214
DBMS_RECTIFIER_DIFF, 578, 580
DBMS_RECTIFIER_DIFF.RECTIFY, 582
DBMS_SQL, 170, 174, 248
DBMS_SQL.COLUMN_VALUE, 214
DBMS_SQL.DEFINE_COLUMN, 214
DBMS_SQL.EXECUTE, 214
DBMS_SQL.FETCH_ROWS, 214
DBMS_SQL.OPEN_CURSOR, 214
DBMS_TTS, 155-156
DBNAME, 13-14
    mudança, 23-24
DBV, 148
dbv, 358
dbverf73, 358

dbverf80, 358
DB_VERIFY, 358-360
DBWn, 408
DDL, 417
declarações
    ALTER SYSTEM RESUME, 360
    ALTER SYSTEM SUSPEND, 360
    ALTER TABLE, 272, 313
    ALTER TABLE...MOVE, 105
    ALTER TABLESPACE BEGIN BACKUP, 326
    ALTER TABLESPACE END BACKUP, 326
    CASCADE CONSTRAINTS, 100
    CHECKPOINT, 100
    CREATE CONTROLFILE, 24
    CREATE DATABASE LINK, 533
    CREATE INDEX, 73, 103
    CREATE SEQUENCE, 206, 209
    CREATE TABLE, 121-122, 314
    DROP COLUMN, 100
    DROP UNUSED COLUMN, 100
    RECOVER STANDBY DATABASE, 469
    SET CONSTRAINT, 59
    SET UNUSED COLUMN, 100
declarações DML, 559
declaração CREATE LIBRARY, 222
declaração de disparo, 173, 185
declaração FORALL, 251
declaração FOR...LOOP, 251
declaração paralela, 432, 439, 441-442, 444
DEFERRABLE, 59
DEGREE, 429
desempenho, 108, 136, 366, 434, 618-626
desempenho de consulta, 398-401
desempenho de escrita, 382
desempenho maior, 256
despejar arquivo de controle para rastrear, 23
dicas paralelas, 432, 439-443
dicionário de dados, 108, 166
digitalização completa de tabela, 417, 435
digitalização paralela, 446
diálogo Create Index, 297
diálogo Exchange Partition, 276
diretório home, 3
Diretório pessoal Oracle, 4
diretório rd0.d, 9
diretórios
    /etc/init.d, 9
    rc0.d, 10
DISABLE PARALLEL DML, 437
disco de I/O, 394
Disk Administrator, 138, 369
diskperf, 392
DISPLAY, 40

disponibilidade, 257, 263, 265, 287, 289, 306-307
  superior, 108
dispositivo bruto, 108, 128, 135, 140-143, 369
  desvantagens, 136
  vantagens, 136
distribuição de dados
  on CD-ROM, 108
distribuição de I/O, 397
DISTRIBUTED_TIMEOUT_LOCK, 591
diview de partições, 309
DLL, 220
DML, 417
DML paralela, 102, 105, 416, 436-437, 441
DOCUMENT.SQL, 28, 33, 37
DROP COLUMN, 100, 102
DROP PARTITION, 280, 296
DROP TABLESPACE, 357
DROP UNUSED COLUMN, 100
DSS, 366, 374
Dynamic Link Library, 219

E
eliminação de partição, 287
em LINUX, 618-620
ENABLE/DISABLE ROW MOVEMENT, 313
ENABLE PARALLEL DML, 437
END BACKUP, 334
Enterprise Backup Utility, 317-319
entrada de índice
  estimativa de espaço, 87
entradas redo
  view, 405
envoltório, 204, 206
eqüiparticionamento (particionamento equalitário), 301
escalonamento, 108, 171
escritor de banco de dados, 109, 408
escritor de registro, 363
espaço de linha
  cálculo, 84-85
espaço de troca, 37-38
espaço, estimativa de quantidade necessária, 83-85
espaço livre em tablespace, 412
espaço usado, 69
espelhamento, 360, 381
espelhamento triplo, 360
espelhos
  interrupção, 360-361
espera, 413
estatísticas de disco, 392-393
estatísticas de I/O, 397
  UNIX, 395
estatísticas I/O Oracle, 397
ESTIMATE STATISTICS, 398
EXCHANGE, 276-277

EXCHANGE PARTITION, 272
excluir uma coluna, 54
execução paralela, 416-420
  habilitar, 432-433, 419
EXECUTE IMMEDIATE, 249
exigências de hardware
  LINUX, 604-605
  Oracle8i, 37-38
  Oracle8i Windows NT, 48
  Solaris, 38
exigências de rede LINUX, 605
exigências de sistema operacional
  LINUX, 605
exigências de software
  Oracle8i Windows NT, 48
expansão de I/O, 302
EXPLAIN PLAN, 398, 433, 439-440, 447
exportação, 266, 348
exportação de dados de Windows NT, 626
export/import, 153, 317
expressão aritmética, 97
extensões, 167
  inicial, 119
  seguinte, 119
extensões ilimitadas, 150-151, 153
extensões máximas, 150, 153
extensão inicial, 119
EXTENT MANAGEMENT, 165
EXTENTS_USER_REP.SQL, 151

F
faixa de partição, 256-258, 306-309
FAST_START_IO_TARGET, 408
ferramentas administrativas, 369
ferramentas de configuração, 44
ferramentas UNIX, 141, 385-391
ferramentas Windows NT, 391-394
FETCH INTO, 251
fila de trabalhos, 231-236, 388, 532
  monitoramento, 237-242
  submissão de trabalhos, 233
FOPEN, 217
FORALL, 251
FOR LOOP, 252
formas de reprodução, 526-524
format, 135
formato ROWID, 377-380
FREE, 620
FTP, 462, 475, 501
funcionalidade INSTEAD OF, 182-183
funções
  definida por usuário, 225-227
funções PL/SQL, 96, 171-172
função armazenada, 225
função C, 95
função CLOSE_CURSOR, 214
função DEFINE_COLUMN, 213

função empacotada
  transação autônoma, 245
função hash, 80, 302
função JAVA, 95
função SQL, 95
fusão de espaço livre, 108, 112-115
fusão de extensões livres, 166
fusão de partições, 312

G
gargalo de I/O, 397
geração, 206-208
geração de conjunto de tablespace transportável, 156-157
geração de seqüência de números, 206-207
geração de suporte de reprodução, 553, 564
GET_LINE, 218-219
grande objeto, 54
  criação, 54-58
grandes tabelas, 54
grau de paralelismo, 445
grau paralelo, 444
GROUPADD, 39
groupadd, 610
grupo, acréscimo
  LINUX, 610
grupo, criação, 586
grupo operador DBA &, 39
grupo principal, 553
  criação, 553, 564, 600
grupos
  operador de grupo DBA &, 39
grupos de coluna, 569
  características, 569
  criação, 569
grupos, hash, 80

H
habilitar, 261
habilitar arquivamento, 327
Home Selector, 28
homes, múltiplos, 2

I
imagens
  armazenamento, 55
impasse, 590
implementação RAID, 381
importando para LINUX, 627
importação, 351, 527-528
INCLUDING, 72
INCLUDING CONTENTS, 356
índice agrupado
  criação, 75-79
índice baseado em função, 54
  criação, 54, 95-97
  otimizador baseado em custo, 96

Índice 633

restrições, 96
vantagens, 95
índice bit-mapeado, 54, 66-68, 95
   armazenamento, 64
   criação, 62-65, 69
índice B-Tree, 70, 95
índice chave, 288-289
índice de chave inversa, 54-74
índice global
   limitações, 294
índice global particionado, 289
   criação, 294-298
índice global prefixado, 297
índice local, 291, 293
índice local não prefixado, 290
   criação, 293
índice local particionado, 292
   criação, 289-293
índice local prefixado
   criação, 291-292
índice não particionado, 289
índice paralelo, 428-431
índice particionado, 54, 289
   monitoramento, 298-302
índice prefixado, 290, 294, 297
índices
   baseado em função, 54
   bit mapeados, 54, 95
   chave inversa, 54-74
   criação online, 102-105
   espaço estimado para, 86
   local, 293
   local não prefixado, 290
   índice B-Tree, 70
   não particionado, 288-289
   não prefixado, 289, 298
   paralelo, 428-432
   particionado, 54, 289
   prefixado, 289, 294, 297
   prefixado global, 297
índices não prefixados, 289, 298
inicialização
   automática, 7
inicialização automática, 7-8
INITIALLY DEFERRED, 59-60
INITIALLY DEFERRED DEFERRABLE, 60-61
INITIALLY IMMEDIATE, 59
INIT.ORA, 13, 26, 465, 477, 508
   editar, 504
inserção paralela, 436, 443-445
instalador baseado em Java, 2
instalação de Oracle8
   Windows NT 2, 8
integridade de estrutura de dados, 358-360
integridade referencial, 421
INTEREST.SQL, 203
internacionalização, 171
internalização de PL/SQL, 594

interrupção de espelhos, 360-361
I/O assíncrona, 136, 317, 320
I/O de banco de dados, 410
   equilíbrio, 394-397
iostat, 387
irradiador, 545

J

janela Create Partition, 261
janela de localizações de arquivo, 49-50
JAVA, 37, 97
JOB QUEUE, 543
JOB_QUEUE_INTERVAL, 233, 535
JOB_QUEUE_PROCESSES, 233, 535
JOBS.SQL, 239

K

KDBT, 84
kernel LINUX, 607-608
kernel UNIX
   configuração, 38

L

LARGE POOLSIZE, 447
leitura-escrita, 109
ligação, 250
BITMAP_MERGE_AREA_SIZE, 64
linhas
   encadeadas, 88
   migradas, 88
   quantidade de blocos necessários, 85
   quantidade em arquivo de dados, 143-145
linhas encadeadas
   eliminação, 88-92
   view, 88-92
linhas migradas, 398
   eliminação, 88
link de banco de dados
   criação, 533
link simbólico, 137-138
   criação, 373
links programados, 545-546
LINUX, 604
   exigências básicas, 605-606
LISTENER.ORA, 616
lista de disco, 382
LOB, 54
   criação, 54-58
localizações de arquivo, 42
localização de inventário, 42
LOG_ARCHIVE_DEST, 508
LOG_ARCHIVE_MAX_PROCESSES, 363
LOG_FILE_NAME_CONVERT, 465, 492, 504
Logical Unit, 480
Log Miner, 401
   sessão, 404

LOGMNR_START, 406
última vez em que foi comprometido, 479-480
LUN (Logical Unit), 480

M

maneabilidade, 135, 257, 265
manipulação paralela de dados, 436-437
MANUAL RECOVERY, 515
mapa de destino, 589
Massively Parallel Processor (MPP), 416
MAXSIZE, 132, 134
MAXVALUE, 257, 261
   opção, 278
memória compartilhada, 39
menos fragmentação, 165
mensagens de erro
   bloco de dados Oracle danificado, 357
   ORA-00372, 110
   ORA-00376, 263
   ORA-01109, 510
   ORA-01110, 110, 163
   ORA-01141, 146
   ORA- 01157, 163
   ORA-01403, 575
   ORA- 01495, 89
   ORA-01502, 296
   ORA-01511, 146
   ORA-01628, 150
   ORA-01630, 150
   ORA-01631, 150
   ORA-01632, 150
   ORA-01659, 112
   ORA-01776, 183
   ORA-12012, 237
   ORA-14024, 291
   ORA-14038, 294
   ORA-14074, 279
   ORA-14255, 309
   ORA-14400, 257, 261
   ORA-14402, 261, 313
   ORA-27072, 371
migração, 43, 625-626
migração de banco de dados de UNIX para LINUX, 622-623
múltipla combinação de buffer, 373-377
múltiplos homes Oracle, 2
modelo de reprodução, 546
modo apenas de leitura, 520-524
modo de recuperação standby, 467, 507
modo standby, 517-518
MON_BUFFERS.SQL, 375
MON_CHAIN.SQL, 90
mon_chain.sql, 90-91
MON_DBIO.SQL, 395-396

MON_FILEIO.SQL, 115
mon_free_space.sql, 113
MON_PART_INDEXES.SQL, 299, 301
MON_PART_STRUCT, 286
MON_PART_TABLES, 284
MON_PART_TAB_STRUCT.SQL, 284
mon_rowid.sql, 379-380
MON_ROWS.SQL, 143-144
MON_SEQ.SQL, 210
MON_SOURCE.SQL, 198-201
MON_SP.SQL, 197-198
MON_TRIGGERS.SQL, 180-181
MON_VERSION.SQL, 17
MOUNT, 146
mount, 41
mover um arquivo de dados, 144-147
movimento de linha, 313-314
    desabilitar, 314
    habilitar, 314
MPP, 416
mpstat, 387
métodos de solução de conflitos, 568-577
    carimbo de horário anterior, 569
    carimbo de horário posterior, 569
multimaster, 600

N
NCLOB, 55-56
netstat, 388
NEW_LINE, 217
NEW_TABLE.SQL, 122
NEXTVAL, 207
NOLOGGING, 124
nome de banco de dados global, 52, 544
NON-DEFERRABLE, 59-60
nova extensão, 119
novo principal
    acréscimo, 564
níveis RAID, 380-384
    espelhamento, 381
    paridade, 381
    redundância de dados, 380
    separação, 381
número de blocos exigidos para linhas, 85
número de linhas em um bloco
    cálculo, 85

O
objetos reproduzidos, 545
OCI, 55
Ocopy80, 329
OEM, 77, 81, 108, 128, 133, 177, 195, 426
OLTP, 366, 373
opções
    ADD DATAFILE, 120
    ADD PARTITION, 278
    AFTER, 173
    AUTOEXTEND, 133-134
    BEFORE, 173
    COMPUTE STATISTICS, 398
    CONSTRAINT, 59
    CREATE INDEX, 429
    DEGREE, 429
    DROP COLUMN, 100, 102
    DROP PARTITION, 280
    END BACKUP, 334
    ESTIMATE STATISTICS, 398
    EXCHANGE, 272, 276
    FOR EACH ROW, 174
    INCLUDING CONTENTS, 356
    MAXSIZE, 134
    MAXVALUE, 278
    MOUNT, 146
    NOLOGGING, 124
    PARALLEL, 67, 124
    RENAME FILE, 147
    UNLIMITED, 134
    UNRECOVERABLE, 124m, 425
opções de backup, 316-319
opções de banco de dados, 17-18
opção AFTER, 173
opção BEFORE, 173
opção EXCHANGE, 272
opção FOR EACH ROW, 174
opção INAME, 204
opção PARALLEL, 67
opção RENAME FILE, 145
opção RESIZE, 126
opção UNLIMITED, 132, 134
operações DML, grande, 103
OPS, 73, 456
Optimizer, 287, 398, 447
ORA-00372, 110
ORA-00376, 263
ORA-01110, 110, 163
ORA-01141, 146
ORA-01157, 163
ORA-0119, 519
ORA-01403, 575
ORA-01495, 89
ORA-01502, 296
ORA-01511, 146
ORA-01628, 150
ORA-01630, 150
ORA-01631, 150
ORA-01632, 150
ORA-01659, 112
ORA-01776, 183
ORA-12012, 237
ORA-14024, 291
ORA-14038, 294
ORA-14074, 279
ORA-14255, 309
ORA-14400, 257, 261
ORA-14402, 261, 313
ORA-19510, 139
ORA-27041, 163
ORA-27072, 371
Oracle8
    instalação no Windows NT, 2, 8
Oracle8 ConText Cartridge, 70
Oracle8i
    exigências de hardware, 37-38
    instalação no UNIX, 37-44
    instalação no Windows NT, 45, 49-52
Oracle8i Enterprise Edition, 39, 49-50
Oracle8 no LINUX
    instalação, 606-616
Oracle8 Replication Manager, 543
Oracle Database Assistant, 10
Oracle Data Manager, 267
Oracle Data Migration Assistant, 43
Oracle Enterprise Manager, 426-427, 594
Oracle Fail Safe, 453
ORACLE_HOME, 26, 610-611
Oracle Installer, 5
    LINUX, 612
Oracle Net8
    LINUX, 615-618
Oracle Parallel Server, 73, 453-456
Oracle Recovery Manager, 316, 320-326
Oracle Replication Manager, 547, 586, 596
Oracle Replication Server, 452-453, 527
Oracle Schema Manager, 276
Oracle Services, 6
Oracle SGA, 374
ORACLE_SID, 27, 610-611
Oracle Standby Server, 455
Oracle Storage Manager, 111
Oracle Universal Installer, 37
ORGANIZATION INDEX, 71
OSDBA, 39
OSOPERATOR, 39
otimizador baseado em custo, 95
OUI, 37

P
pacote DBMS_ALERT, 288, 230-231
pacote DBMS_JOB, 233, 243
pacote DBMS_LOGMNR, 401
pacote DBMS_OUTPUT, 252
pacote DBMS_ROWID, 379-380
pacote DBMS_SNAPSHOT, 532
pacote DBMS_SQL, 171, 211-212
pacote de sistema UTL_FILE, 201
pacote UTL_FILE, 201, 216-217
palavra-chave NOREVERSE, 74
palavra-chave REVERSE, 73
paralelismo, 306-307, 316-318
paralelização de cópia e recuperação, 317

Índice

PARALLEL, 124, 423
PARALLEL_ADAPTIVE_MULTI_USER, 447
PARALLEL_AUTOMATIC_TUNING, 446-447
PARALLEL_COMBINED_WITH_CHILD, 431
PARALLEL_COMBINED_WITH_PARENT, 432, 447-448
PARALLEL_MAX_SERVERS, 419, 447
PARALLEL_MIN_SERVERS, 419
Parallel Query Option, 416, 436
PARALLEL_SERVER_IDLE_TIME, 419-420
PARALLEL_TO_PARALLEL, 430
PARALLEL_TO_SERIAL, 430, 439, 448
paridade, 380
    fixa, 383
paridade fixa, 383
parâmetros
    BUFFER_POOL, 374
    DISPLAY, 40
    INIT.ORA, 357
REMOTE_LOGIN_PASSWORDFILE, 322
    USER_DUMP_DEST, 23
    UTL_FILE_DIR, 216, 403
parâmetros de inicialização, 24-25
parâmetros Oracle não documentados, 414
particionamento, 143, 256-257, 263
    composto, 256
    decisão de quais tabelas, 265
    faixa, 256
    hash, 256
particionamento-chave, 302
particionamento composto, 256, 306-307, 309
    características, 306-307
partições
    acréscimo, 260, 278
    diview, 281, 309
    especificação de número, 302
    excluindo, 280-281
    fusão, 309-312
    movendo, 280
    movimento entre linha, 312-314
    número de, 302
    renomeando, 282
    truncar, 281
partições de disco, 128
    criação, 135
partições de tabela, 265, 293-294
    armazenamento, 265-266
partição, 77, 136, 139, 155-156, 256, 259, 261, 272, 311-312
    bruta, 139
partição bruta, 136, 139, 371

partição-chave, 265, 284
partição de colunas, 260
partição de tabela, 265, 278
partição hash, 256, 306, 309
    inserção de dados, 304
PARTITION, 305-306
PARTITION_VIEW_ENABLED, 271
PCTFREE, 84, 86
PCTTHRESHOLD, 71
pedaços de disco, 118
Performance Monitor, 391-393
    Windows NT, 395
PLAN.SQL, 400
PL/SQL, 55, 93, 97, 170, 211, 216, 251
    arquivo externo de leitura e escrita, 215-216
PL/SQL8
    recursos, 170-171
plug-in no tablespace, 158
ponto de verificação, 408
PQO, 416, 437
PRAGMA, 244
preencher uma tabela, 93
prefixado, 289
PRO*C, 621-622
procedimento, 402
procedimento ADD_LOGFILE, 401, 404
procedimento armazenado
    PROC_ORDER, 191
procedimento
    DBMS_ALERT.SIGNAL, 230
procedimento DBMS_JOB.CHANGE, 242
procedimento de envolvimento, 559
procedimento externo, 171, 219, 224
    registrando, 223
procedimento OPEN_CURSOR, 213
procedimento
    PROC_EXTRACT_ORDER, 223
procedimentos armazenados, 170, 172-173, 188-195, 201, 227, 236, 250
    criação, 191-192
    execução, 195
    geração de relatório, 196-198
    PROC_ORDER, 191-192
    transação autônoma, 244
    view de código-fonte, 198-200
procedimento SIGNAL, 229
procedimentos PUT_LINE, 217-218
procedimento SUBMIT, 233
procedimento WAITANY, 228
processo de fundo SNP, 232
processos ativos, 410-412
processos de arquivamento
    aumento, 360-363
processos múltiplos, 416-417
processo SMON, 115

processos Oracle, 7-8, 614
produção de banco de dados, 496
produtos disponíveis, 42
programa C, 221
programação de remoção, 546
programação de remoção de trabalho, 597
programação de serviço, 342-343
propagação, 586
propriedades de combinação de buffer, 377
propriedades de partição, 260-261

Q-R

quebra, 482
QUOTA UNLIMITED, 129
RAID0, 382, 426
RAID1
    espelhamento, 382
RAID3
    paridade fixa, 383
    separação, 383
RAID, 395, 481
RAID5
    redundância, 384
    separação, 384
razão de cache de buffer, 367
READ_ONLY, 480, 520-521
READ_ONLY_OPEN_DELAYED, 164
REBUILD ONLINE, 102
RECOVER CANCEL, 522
RECOVER DATAFILE, 346, 355
RECOVER MANAGED STANDBY DATABASE, 522
RECOVER STANDBY DATABASE, 469, 482, 486, 522
Recovery Manager, 316-318
recuperação, 316-317
recuperação com indicação de tempo, 347
recuperação de arquivo de dados, 354-356
recuperação de banco de dados, 479-480
recuperação de banco de dados em determinada ocasião, 346-347
recuperação de banco de dados standby, 478, 493
recuperação de cópia, 408
recuperação de servidor standby, 473
recuperação de transação, 458
recuperação de transação comprometida, 479
recuperação em época determinada, 345
recuperação gerenciada, 494, 509, 515-516, 522
Red Hat LINUX, 608
redundância, 387

redundância de dados, 381
registrando o procedimento externo, 223
registro
  Windows NT, 4
registro de arquivo, 403
registro de entradas, 401-407
registro de tomada instantânea, 532
  criação, 532
registros arquivados, 472, 478, 480, 494, 512
  aplica-se a, 469
  transferência, 494
registros de arquivamento, 475, 490
registros de transferência de arquivo, 468
registros redo, 326-346, 382, 405, 413, 475, 480-481, 482-483
  arquivo, 499
  reajuste, 347
registro temporário, 486-487
registro Windows NT, 4-5
relatórios de banco de dados, 28-37
remoção paralela, 437, 441-443
REMOTE_LOGIN_PASSWORD_FILE, 322
RENAME_FILE, 147
renomear tablespace, 108
Replication Manager, 594
reprodução, 527-530
  assíncrona, 568
  avançada, 527, 529, 568, 593-601
  básica, 531
  comando COPY, 529
  CREATE TABLE AS SELECT, 527
  exportação, 527-528
  importação, 527-528
  nível de linha, 559
  tomada instantânea, 529
  triggers, 553
reprodução assíncrona, 568
reprodução assíncrona bidirecional, 541-559
reprodução avançada, 526, 529, 568, 593-601
reprodução bidirecional, 526-527
reprodução bidirecional síncrona, 584-593
reprodução básica, 530
reprodução horizontal, 594
reprodução processual, 559-568
reprodução síncrona, 584, 586, 589, 593
  habilitar, 589
restrições
  DEFERRABLE, 58-59
  INITIALLY DEFERRED, 59
  INITIALLY IMMEDIATE, 59

NON-DEFERRABLE, 58-59
UNIQUE, 60
restrições deferidas, 54-61
  desempenho aperfeiçoado, 58-59
restrição de trigger, 173
restrição UNIQUE, 60
retificar tabelas, 582-584
retomada de atividade de reprodução, 553
retomada/suspensão de banco de dados, 360-361
RETURNING INTO, 252
RMAN, 316-318, 320, 352
ROLLBACK, 177, 246-247
root.sh, 44
ROWID, 143-145, 377
  formato de caractere ampliado, 378
  formato de caractere restrito, 377
  informações, 380
ROWID_TO_RESTRICTED, 380

S
saldo de I/O, 144
script de backup, 340
scripts
  CREATE_DATABASE.SQL, 13-14
  CREATEDB.SQL, 5
  DOCUMENT.SQL, 28, 37
  EXTENTS_USER_REP.SQL, 151
  JOBS.SQL, 239
  MON_BUFFERS.SQL, 375
  MON_CHAIN.SQL, 90-91
  MON_DBIO.SQL, 395
  MON_FILEIO.SQL, 115
  MON_PART_INDEXES.SQL, 299, 301
  MON_PART_TAB_STRUCT, 286
  MON_ROWS.SQL, 143-144
  MON_SEQ.SQL, 210
  MON_SOURCE.SQL, 198-201
  MON_SP.SQL, 197-198
  MON_TRIGGERS.SQL, 180-181
  MON_VERSION.SQL, 17-18
  PLAN.SQL, 400
SCSI, 480
segmentos de dados, 272
  EXCHANGE, 275
segmentos de dados EXCHANGE, 275-276
segmentos de rollback, 15-16, 117, 412
SELECT INTO, 25100
semáforos, 39
senha de arquivo
  geração, 322
separações lingüísticas, 95

seqüência, 206, 210
seqüência de números, 170, 191, 206-208
  relatório gerado, 209-211
seqüência de tabela, 207-208
SEQUENCE, 207-208
SERIAL_TO_PARALLEL, 430
Server Manager, 26
servidor de banco de dados standby, 467, 475
  ajuste, 464, 504
  ajuste do banco de dados, 481
  validade de, 491-492
servidores paralelos mínimos, 419
servidores paralelos máximos, 419
servidor paralelo, 428
servidor principal, 465
servidor principal de banco de dados, 467, 470-471
  configuração, 496-497
servidor standby
  ativar, 481
  recuperar, 473
sessão de pressão de razão, 414
SET CONSTRAINT, 59, 61
SET UNUSED COLUMN, 100
SGA, 26, 62, 69
SHOW PARAMETERS, 25
SID, 51
simples tomada instantânea, 531
sintonização de banco de dados
  UNIX, 386-391
  Windows NT, 391-394
sintonização de banco de dados, 366
  UNIX, 385-391
  Windows NT, 391-394
sintonização de consulta paralela, 445-449
sistemas LINUX
  pré-instalados, 607
site de tomada instantânea
  criação, 532
site prioritário, 569
sites principais, 543, 596
S-LOCK, 104
SMP, 416
síncrono, 600
Solaris 2.6, 38
Solaris 2.7, 38
Solaris, 366
  exigências de hardware, 38
SORT_DIRECT_WRITES, 409
SORT_MULTIBLOCK_READ_COUNT, 409
SORT_READ_FAC, 338
SQL dinâmica, 170, 212, 248-249
SQL dinâmica usando PL/SQL
  escrevendo, 248-250
  execução, 211-215

Índice 637

SQL*Loader, 423
SQL*Net, 617
SQL*Plus, 618
standby, 462
STANDBY_ARCHIVE_DEST, 510
STANDBY_ME.CMD, 490
STAR TRANSFORMATION, 69
 START_LOGMNR, 402, 405
striping, 381, 383-385
strip, tablespace, 108, 115-120
subpartições, 306-307
supressão de partição, 287-288
suspensão de atividade de reprodução, 589
Symmetric Multiprocessor Processor (SMP), 416
System Global Area, 26

T
tabela
   excluir, 121
tabela agrupada, 77, 263
tabela de cluster hash, 54
tabela de grupo, 54, 76
tabela de índice organizado, 54, 69-72
tabela de sistema DBA_JOBS, 239
tabela de sistema USER_JOBS, 237
tabela não particionada, 54
   movendo, 105-106
tabela particionada, 54, 258, 267-268, 272438, 441
   criação, 258, 274-275
   geração de relatório, 214
   monitoramento, 283-286
tabelas
   agrupadas, 77-78, 264
   cluster hash de tabela individual, 54
   comparação, 578-581
   grande, 54, 256, 264, 287
   grupo, 54, 76
   grupo hash, 54
   movendo, 120-125
   índice organizado, 54, 69-72
   não agrupadas, 257, 289
   não particionadas, 54
   particionadas, 54, 258
   retificar, 581-584
tabelas de sistema, 28
tabelas hash particionadas, 302
   criação, 301-306
tabelas não agrupadas, 257, 289
TABLE PARTITION, 275
tablespace, 108, 117-118, 125, 127, 131-134, 139-141, 145, 153-154
   apenas de leitura, 108-111
   automaticamente estendido, 108, 132-134
   backup, 323

   criação, 137, 373, 493
   em dispositivo bruto, 108
   mover, 105
   redimensionando, 126
   renomeando, 108
   striping, 108, 115-120
   temporário, 15, 16
   usuário, 14-15
tablespace apenas de leitura, 108-111
tablespace em dispositivo bruto, 135-139
   criação, 368-373
tablespace INDEX, 382, 384-385
tablespace localmente gerenciado, 164-167
tablespace TEMP, 382
tablespace temporário, 15, 16
tablespace transportável, 108, 153-160, 164
   restrições, 153
tamanho de bloco, 150, 153, 367-368
tamanho de bloco de cabeçalho, 84, 87
tamanho de bloco Oracle, 368
tamanho de tabela estimado, 83-85
tamanho de tablespace
   diminuição, 126-128
telas
   arquivo de banco de dados, 43
   criação de banco de dados, 43
   ferramentas de configuração, 44
   localizações de arquivo, 42
   localização de inventário, 42
   produtos disponíveis, 42
   tipos de instalação, 43
teste de banco de dados xvi, 2, 8
teste de soma, 357-358
teste de tabela
   criação, 93-94
testes de bancada, 385-386
tipo de índice, 293
tipos de instalação, 43
tipos objeto, 171
TNSNAMES.ORA, 508, 617
tomada instantânea, 264, 529
   apenas de leitura, 531-540
   atualização, 537-538
   atualização automática, 537
   atualização completa, 531-532
   atualização de grupo, 538
   atualização forçada, 531
   atualização manual, 539
   atualização rápida, 531
   completa, 531-532
   criação, 534
   simples, 532
   teste, 537
tomada instantânea completa, 531-532

tomadas instantâneas atualizadas, 526-527
top, 619
trabalhos
   gerenciamento, 241-243
transações comprometidas, 178, 398, 484-485, 495, 516-517
transações deferidas, 567
transações faltando, 472, 484
transação autônoma, 244, 248
transferência de registros de arquivamento, 468-469
   automação, 485-491
transferências de registro
   automatizado, 507, 511-512
TRANSPORT_SET_CHECK, 156
TRANSPORT_SET_VIOLATIONS, 156
trigger, 246-247
   AFTER ROW, 532
   criação, 176, 230
   desabilitar, 174
   habilitar, 174
trigger AFTER ROW, 532
trigger de banco de dados, 172, 178
trigger INSTEAD OF, 170, 181-182, 184, 185-186
   testando, 185-186
triggers, 170, 257, 529
   INSTEAD OF, 182-187
   relatório gerado, 179-181
   transação autônoma, 243-244
triggers internalizados, 527
troca de segmentos de dados, 266
ts_quota_rep.sql, 149

U
uniões hash, 417
união de loop aninhado, 417
UNION ALL, 272
UNIX, 366
   backup de script, 340
   instalação de Oracle8i, 37-44
UNIX para LINUX, 622-623
UNRECOVERABLE, 124, 423, 425, 492
update paralela, 437, 440
useradd, 40, 610
USER_DUMP_DEST, 21-22
USER_JOBS, 237
USER_OBJECTS, 34, 196
USER_SOURCE, 198
USERS_SEQUENCES, 210
USER_TRIGGERS, 179, 181-182
uso de CPU, 388, 413
uso de PL/SQL em ligações de bens, 250-254
uso de tablespace, 148-149
uso UNLIMITED, 129

usuário
    acréscimo
        LINUX, 609-610
usuário de tablespace, 15
usuário Oracle, 39-40
utilitário export, 121, 348, 623, 626
utilitário export/import, 100, 126, 319
utilitário format, 371
utilitário import, 162, 268, 348
utilitário OEM, 110
UTLCHAIN.SQL, 89-90
UTL_FILE, 216, 219
UTL_FILE_DIR, 216, 403
UTL_FILE.FCLOSE, 202
UTL_FILE.FFLUSH, 202
UTL_FILE.FOPEN, 202
UTL_FILE.PUT, 202
UTLXPLAN.SQL, 399

V
validação de dados, 515
VALUES LESS THAN, 257
V$ARCHIVE, 467
V$ARCHIVED_LOG, 506, 513-514
V$buffer_pool, 376
v$database, 29
verificação de registros redo, 357
Veritas, 479
versões
    Oracle, 17
versão Oracle, 17
V$FILESTAT, 116
V$FILE_STAT, 395
view
    criar, 182-183
view de partição, 256, 269, 272
    conversão a tabela particionada, 272-278
    criação, 270-271
    retrocessos, 269
V$LOG, 466-467
v$logfile, 30
V$LOG_HISTORY, 486
v$log log, 30
V$LOGMNR_CONTENTS, 403
vmstat, 387, 619-620
volume espelhado, 479
V$OPTION, 18, 34
v$option, 29
v$parameter, 500
v$sga, 30
V$SGA, 34
V$tables, 412
V$TYPE_SIZE, 84-85
VV$DATABASE, 467
V$VERSION, 17, 34
v$version, 29

W-X
WAITONE, 229
Windows NT, 366
    exportando dados, 626
    processos Oracle, 7-8
Windows NT para LINUX, 625
WRITE_TO_FILE, 201
XHOST, 40-41

ANOTAÇÕES

Impressão e acabamento
Editora Ciência Moderna Ltda.
Rua Alice Figueiredo, 46
CEP: 20950-150, Riachuelo – Rio de Janeiro – RJ – Brasil
Tel: (021) 201-6662 /201-6492 /201-6511 /201-6998
Fax: (021) 201-6896 /281-5778
E-mail: lcm@lcm.com.br